[redacted]

Bovet · Huwendiek (Hrsg.)

Leitfaden Schulpraxis

Pädagogik und Psychologie für den Lehrberuf

2., erweiterte und bearbeitete Auflage

Cornelsen

Herausgeber

Gislinde Bovet, Staatliches Seminar für Schulpädagogik (Gymn.) Königstraße 31, 78628 Rottweil
Volker Huwendiek, Staatliches Seminar für Schulpädagogik (Gymn.),
Bismarckstraße 10 a, 76133 Karlsruhe

Autoren

Gislinde Bovet, Rottweil; Wulf Datow, Heidelberg; Manfred Dick, Rottweil;
Rolf Dürr, Tübingen; Helmut Frommer, Bodman; Egon Gramer, Tübingen;
Otfried Halirsch, Heidelberg; Birgit Hauck-Bühler, Esslingen; Arthur Haug, Esslingen;
Marianne Haun-Just, Heilbronn; Volker Huwendiek, Karlsruhe;
Erika Kern-Felgner Karlsruhe; Susanne Lin, Esslingen;
Hans Merkel, Karlsruhe; Otto-Walter Müller, Heidelberg; Günter Trenz, Esslingen;
Werner Weißbrodt, Stuttgart I; Hans Gert Wengert, Stuttgart I;
Angelika Wolters, Heilbronn

Die Deutsche Bibliothek – CIP-Einheitsaufnahme

Leitfaden Schulpraxis : Pädagogik und Psychologie für den Lehrberuf/
Bovet/Huwendiek (Hrsg.). – 2., erw. und bearb. Aufl. –
Berlin : Cornelsen, 1998
ISBN 3-464-49117-X

2. Auflage ✔ Druck 4 3 2 Jahr 01 2000 99

Druck: Lengericher Handelsdruckerei, Lengerich/Westfalen

ISBN 3-464-49117-X

Bestellnummer 491170

gedruckt auf säurefreiem Papier, umweltschonend hergestellt aus chlorfrei gebleichten Faserstoffen

Inhalt

Vorwort **6**

LEHRERBILDUNG/SCHULE

1 **Aktuelle Anforderungen an die Lehrerbildung am Seminar** 9
(H. Frommer)
1.1 Vorbemerkung 9
1.2 Veränderte Voraussetzungen in Gesellschaft und Familie 10
1.3 Notwendige Rahmenbedingungen für dieSchule 13
1.4 Erwartungen an das Gymnasium der Zukunft 14
1.5 Notwendige Veränderungen im gymnasialen Bildungsgang 17
1.6 Lehrerbildung für das neue Gymnasium 19
1.7 Schlussbemerkung 25

2 **Die Vielfalt schulischer Bildungsgänge und -ziele** **27**
(O. Halirsch)
2.1 Bildungspolitik in der Europäischen Union 28
2.2 Das Bildungssystem in Baden-Württemberg als Beispiel deutscher Bildungspolitik 29
2.3 Schulen in freier Trägerschaft 39
2.4 Schulreform............................. 42

3 **Schule als Sozialisationsinstanz** – Voraussetzungen, Aufgaben, Wirkungen, Qualität **50**
(A. Haug)
3.1 Sozialisation und Schule 50
3.2 Sozialisationsaufgaben der Schule ... 53
3.3 Sozialisationswirkungen der Schule 56
3.4 Schulqualität 63

UNTERRICHT

4 **Didaktisches Denken und Unterrichtsplanung** **74**
(V.Huwendiek)
4.1 Einführung in die Allgemeine Didaktik 74
4.2 Pragmatische Unterrichtsplanung ... 82
4.3 Bildungstheoretische Didaktik 90
4.4 Das Handlungsorientierte Unterrichtskonzept 99
4.5 Überblick zu weiteren didaktischen Modellen und Unterrichtskonzepten 108
4.6 Synopse der „klassischen“ didaktischen Modelle 113

5 **Projekt- und Fächerübergreifender Unterricht** **121**
(A. Wolters)
5.1 Projektpädagogik als Reformpädagogik 121
5.2 Begriffliche Annäherung an ein projektpädaogisches Verständnis ... 122
5.3 Vom Projektverständnis zum pädagogischen Gesamtkonzept 123
5.4 Aufnahme der Projektpädagogik in Deutschland 127
5.5 Perspektiven der Projektpädagogik in den 90er-Jahren 131
5.6 PU und FU zwischen didaktischer Charakterisierung und schulpraktischer Realisierung 133

LERNEN

6 **Lernpsychologie für die Schule** ... **159**
(G. Bovet)
6.1 Klassisches Konditionieren........... 159
6.2 Operantes Konditionieren 162

6.3 Komplexe Konditionierungsprozesse 167
6.4 Beobachtungslernen 169
6.5 Gedächtnis 175
6.6 Entwicklung kognitiver Strukturen ... 181
6.7 Problemlösen 185
6.8 Selbststeuerung des Lernens 191

7 Lernen lehren – ein fächerübergreifendes Unterrichtsprinzip 195
(A. Haug)
7.1 Wissen 196
7.2 Allgemeine Lern- und Gedächtnisstrategien 199
7.3 Strategien vermitteln 206

8 Lern- und Arbeitstechniken 213
(H. Merkel)
8.1 Lern-, Arbeitstechniken – Definition und Gründe für ihre Konjunktur 213
8.2 Lern- und Arbeitstechniken – ein Tätigkeitsfeld für Spezialisten? 214
8.3 Lern- und Arbeitstechniken – ein Tätigkeitsfeld für die Schule! 216

9 Ganzheitliche Lehr- Lernkonzepte am Beispiel der Suggestopädie 228
(M. Haun-Just)
9.1 Schulisches Lernen im Wandel 228
9.2 Ursprünge ganzheitlicher Pädagogik – zur Einordnung der Suggestopädie ... 229
9.3 Grundannahmen der Suggestopädie 230
9.4 Suggestopädie in der Schule 238

10 Lernmotivation 251
(W. Weißbrodt)
10.1 Einleitung 251
10.2 Wissenschaftliche Theorien und Resultate zur Lernmotivation 254
10.3 Motivieren im Unterricht 259
10.4 Zusammenfassung und Ausblick: ... 272

BEURTEILUNG UND BERATUNG

11 Leistungsbeurteilung in der Schule
(H. G. Wengert) **275**
11.1 Funktionen der Notengebung 276
11.2 Bezugsnormen 278
11.3 Güterkriterien 281
11.4 Neuralgische Punkte der Notengebung 283
11.5 Exkurs: Tests – eine Alternative? ... 287
11.6 Notengebung in der Praxis 291
11.7 Schlussbemerkungen 301

12 Beratung und Gesprächsführung
(O.-W. Müller) **304**
12.1 Beratungsanlässe 304
12.2 Sind Gespräche mit Eltern nötig? ... 306
12.3 Qualifikationen 308
12.4 Bildungsberatung 315

INTERAKTION

13 Interaktionsprozesse im Unterricht
(G. Trenz) **318**
13.1 Missverständnisse zwischen Lehrern und Schülern – ein unvermeidbares Problem? 318
13.2 Theoretische Grundlagen 319
13.3 Lehrerverhalten 325
13.4 Schüler in der Gruppe 339

14 Zum Umgang mit Konflikten im Schulalltag
(M. Dick) 343
14.1 Konflikte als wesentlicher Bestandteil der Lehrer-Schüler-Beziehung 343
14.2 Die Bedeutung der Gordon-Methode 334
14.3 Darstellung der Gordon-Methode in Grundzügen 345
14.4 Fazit: Hilfreiche Aspekte der Gordon-Methode in Kurzfassung 355

15 Lehrerbilder 357
(E. Gramer)
15.1 Kunstbilder 357
15.2 Wunschbilder 360
15.3 Wissenschaftliche Bilder 363
15.4 Die Schülerperspektive 365
15.5 Lieblingsschüler aus Lehrersicht 366
15.6 Selbstbilder oder Berufsethos 367
15.7 Die Lehrerrolle 368

ENTWICKLUNG

16 Kindheit und Jugend heute 371
(B. Hauck-Bühler)
16.1 Probleme der Jugendforschung 371
16.2 Kindheit und Jugend heute – veränderte Rahmenbedingungen 373
16.3 Bestimmungsmerkmale von Jugend 379
16.4 Ergebnisse der Shell-Studie 1997 ... 381
16.5 Jugendliche heute – Leben in Widersprüchen 385

17 Intelligenz, Begabung und Kreativität 387
(O.-W. Müller)
17.1 Intelligenz 387
17.2 Begabung 394
17.3 Kreativität 400

18 Schulschwierigkeiten 409
(E. Kern-Felgner)
18.1 Veränderte Kindheit und Jugend 409
18.2 Zum Begriff Schulschwierigkeiten ... 410
18.3 Bedingungen von Schulschwierigkeiten 412
18.4 Teufelskreis Schulschwierigkeiten ... 415
18.5 Konzentrationsmängel und motorische Unruhe................................... 417
18.6 Stress und Angst in der Schule 421
18.7 Bewältigung von Schulschwierigkeiten 425

ERZIEHUNG

19 Moralerziehung – Erziehung zur Demokratie 434
(R. Dürr)
19.1 Konzepte der Moralerziehung 435
19.2 Kohlbergs Theorie der Entwicklung moralischer Urteilsfähigkeit 437
19.3 Realisierungsmöglichkeiten in der Schule 445

20 Aggression 450
(Susanne Lin)
20.1 Schlagzeilen und Realität 450
20.2 Begriffe 450
20.3 Befunde 451
20.4 Aggressionstheorien 455
20.5 Strategien 462

21 Umwelterziehung als zentrale Zukunftsaufgabe 469
(W. Datow)
21.1 Krise des Systems Erde 469
21.2 Wege aus der Krise 475
21.3 Erziehung zu umweltgerechtem Verhalten................................ 479
21.4 Möglichkeiten des Unterrichts 483
21.5 Umweltethik 491

Stichwortverzeichnis 494
(Literaturverzeichnis bei jedem Beitrag)

Vorwort zur 2. Auflage

Bildung ist beinahe wider Erwarten in den letzten Jahren zu einem vieldiskutierten politischen Thema geworden. Gute Schulen und guter Unterricht, Garanten für Bildung, brauchen gut ausgebildete Lehrerinnen und Lehrer. Damit stehen der Lehrerberuf und die Lehrerbildung verstärkt im Blickfeld der Öffentlichkeit.

Der Lehrerausbildung in der Zweiten Phase kommt dabei besondere Bedeutung zu, da sie den Übergang von der wissenschaftsbestimmten Ersten Phase zur eigenverantwortlichen Unterrichtspraxis gewährleisten soll. Für die Seminararbeit ist es wichtig, sich über grundlegende Perspektiven und bedeutsames Orientierungs- und Handlungswissen für den Lehrberuf zu verständigen. Deshalb haben wir vor vier Jahren in der Nachfolge von Helmut Frommers Handbuch „Praxis des Vorbereitungsdienstes“ einen Leitfaden mit Beiträgen für die Referendarausbildung zusammengestellt. Er fand eine so gute Aufnahme, dass wir nun für die Lehrerbildung 2000 eine neue, veränderte und ergänzte Auflage herausgeben können.

Was will und kann der Leitfaden leisten? Er bietet praxis- und handlungsrelevante Information zu fachübergreifenden Aufgaben, die sich in der Schule stellen und er zeigt Möglichkeiten zu deren Bewältigung auf. Nach wie vor ist ja die Ausgangsfrage, was die Referendarinnen und Referendare brauchen, um die praktischen Anforderungen des Schulalltags heute vernünftig bewältigen zu können. Ziel der Ausbildung ist der Aufbau einer breiten und fundierten pädagogischen und psychologischen Kompetenz für den Lehrberuf, wobei in der Zweiten Ausbildungsphase die Theorie im Dienst der Praxisklärung steht. Die berufliche Praxis ist Ausgangs- und Zielpunkt der Arbeit im Seminar: Theoriegeleitetes Handeln und Reflexion der Praxis sind intendiert, wobei die Bedingungen der praktischen Berufsarbeit in der Schule, besonders auch im Gymnasium, berücksichtigt werden. Angesichts der heterogenen Voraussetzungen im Bereich der Erziehungswissenschaften zu Beginn des Referendariats wollen wir auch eine Entlastung der Seminarveranstaltungen ermöglichen durch systematische Überblicke über wichtige Teilbereiche der Lehrertätigkeit. Alle besprochenen Themen sind Gegenstand der Seminarausbildung in Pädagogik und Psychologie. Wir denken, dass das Buch wie sein Vorgänger dazu beiträgt, einzelne Konzepte und Kenntnisse besser einzuordnen und damit auch kritischer Reflexion zugänglich zu machen. Es kann als Begleit- und Übersichtslektüre zu den Seminarveranstaltungen und auch als Lehrbuch für die Prüfungsvorbereitung gute Dienste leisten.

Die Beiträge wurden neu geordnet, ergänzt und zu Themenbereichen zusammengefasst. Der Einführung in den gesamten Problembereich dienen die ersten Blöcke zu Lehrerbildung und Schule sowie Unterricht. Vorangestellt ist ein Problemaufriss zu den aktuellen Anforderungen an die Lehrerbildung im Seminar.

Die Beiträge zum Bereich Schule liefern grundlegende Informationen zur vielgestaltigen deutschen Schullandschaft und orientieren besonders über die Sozialisationsaufgaben und -wirkungen der Schule. Der Themenbereich Unterricht gibt zum einen eine neugefasste Einführung in die Allgemeine Didaktik und in wichtige Modelle und Perspektiven der Unterrichtsplanung, zum anderen eine differenzierte Übersicht und Praxisanleitung zum Projekt- und Fächerübergreifenden Unterricht. Breit gefächert sind die Beiträge zum Bereich des Lernens: Nach einer zusammenfassenden Darstellung der lernpsychologischen Theorien, ihres Geltungsbereiches und Anwendungspotenzials in der Schule, werden exemplarisch die allgemeinen Lern- und Gedächtnisstrategien der kognitiven Psychologie, wichtige Lern- und Arbeitstechniken, neuere ganzheitliche Lehr-Lernkonzepte am Beispiel der Suggestopädie sowie der wissenschaftliche Erkenntnisstand und praktische Möglichkeiten zur Lernmotivation präsentiert. Im nächsten thematischen Bereich Beurteilen und Beraten geht es praxisnah um Probleme der Leistungsbeurteilung bzw. die Qualifikation zur Gesprächsführung und Beratung. Eine Übersicht zur Komplexität unterrichtlicher Interaktionsprozesse und zum Lehrerverhalten, Überlegungen zum Umgang mit Konflikten im Schulalltag und eine Skizze verschiedenartiger Lehrerbilder sind in Komplex Interaktion zusammengestellt. Zum thematischen Bereich der Entwicklung finden sich ein neu konzipierter Jugendalter-Beitrag, der neuere empirische Befunde integriert, und – ebenfalls weiterhin neu entworfen – eine praxisorientierte Aufarbeitung grundlegender Konzepte zu Intelligenz, Begabung und Kreativität. Zum Schluss kommen unter der Rubrik Erziehung, in die zwei neue Beiträge aufgenommen wurden, zentrale zukunftsgerichtete Aufgaben aller Schulen in den Blick: die Moralerziehung in den Spuren Kohlbergs als Erziehung zur Demokratie, die theoretische und praktische Auseinandersetzung mit der Aggression im Dienste der Friedenserziehung sowie – last but not least – der weite Weg vom Wissen zum Handeln in der Umwelterziehung.

Die Autorinnen und Autoren sind Fachleiterinnen und Fachleiter für Pädagogik und Psychologie sowie Lehrbeauftragte an den Staatlichen Seminaren für Schulpädagogik (Gymnasien) in Baden-Württemberg. Sie alle sind neben der Seminarausbildung auch in der Schule tätig und verfügen über eine breite Schul- und Unterrichtserfahrung. Sie haben neben oder nach dem Studium ihrer Schulfächer Pädagogik, Psychologie oder Soziologie studiert. Die meisten von ihnen sind auch mit Fortbildungsaufgaben betraut, und einige verfügen zudem über erziehungswissenschaftliche Lehr-Erfahrungen in der ersten Phase an der Universität.

Die Publikation verdanht den Unterrichts- und Ausbildungserfahrungen der Autoren und deren Kontext ihr besonderes Profil. Die erste Auflage des Leitfadens hat gezeigt, dass er angesichts ähnlicher und verwandter Bedingungen in anderen Bundesländern und Lehrämtern generell für alle jungen Lehrerinnen und Lehrer im Vorbereitungsdienst geeignet ist. Des weiteren richtet er sich auch an berufserfahrene Lehrkräfte, die eine Klärung für ihren Unterrichtsalltag anstreben bzw. darüber hinaus informiert werden möchten, welche erziehungswissenschaftlichen Konzepte und Erkenntnisse heute – für die praktische Arbeit und deren Reflexion – für wichtig erachtet werden. Schließlich ist das Buch auch für Lehrende und Lernende in der Ersten Ausbildungsphase an den Hochschulen und für die Kollegenschaft an den Seminaren und in Fortbildungsinstitutionen aufschlussreich.

Wir bedanken uns bei allen, die zum Zustandekommen und Gelingen der zweiten Auflage beigetragen haben, vor allem bei den vielen Kolleginnen und Kollegen, Referendarinnen und Referendaren, die die erste Auflage wohlwollend aufgenommen und durch ihr Interesse, ihre Kooperation und kritische Stellungnahme die Arbeit nachhaltig gefördert haben. Besonderer Dank gilt auch Herrn Schmidt-Dransfeld vom Cornelsen Verlag für seine umsichtige Betreuung der Publikation. Wir hoffen, daß sich der Leitfaden als eine gute Orientierungshilfe auf den oftmals verschlungenen Wegen im Schulalltag erweist und auch immer wieder neue Pfade in den Blick kommen lässt.

Rottweil/Karlsruhe, im Februar 1998
Gislinde Bovet – Volker Huwendiek

1 Aktuelle Anforderungen an die Lehrerbildung am Seminar

Helmut Frommer

1.1 Vorbemerkung

Lehrerbildung in der Bundesrepublik

Nirgendwo in der Bundesrepublik gibt es eine Lehrerbildung, von der alle direkt Beteiligten – Ministerien, Schulleiter, Fachleiter, Mentoren, Referendare – überzeugt wären, sie sei optimal; von den betroffenen Schülern und Eltern soll hier lieber gar nicht die Rede sein. Nirgendwo in der Welt werden so viele verschiedene Modelle von Lehrerbildung praktiziert wie in den deutschen Ländern, vom streng einphasigen zum konsequent zweiphasigen, vom allgemein stufenbezogenen zum rein schulartspezifischen, vom auf Schulfächer zentrierten fachdidaktischen zum hauptsächlich auf die pädagogisch-erzieherischen Aufgaben zugeschnittenen – und dies mit allen denkbaren Abstufungen und in den unterschiedlichsten Kombinationen. Nirgendwo gibt es so viele wohlbegründete Vorschläge zur Verbesserung der Lehrerbildung, grundsätzlicher Art, bezogen auf bestimmte Inhalte, zielend auf die tatsächliche Durchführung, Organisationsformen und Prüfungen betreffend. Nirgendwo blieben die tatsächlichen Änderungen in den vergangenen Jahrzehnten so marginal wie in Deutschland, wie vor allem in Baden-Württemberg. Also: kein Grund, zum Thema Lehrerbildung noch weiteres zu sagen?

Bildungspolitische Veränderungspotentiale

Wer so denkt, übersieht zwei neue, parallel verlaufende schulpolitische Entwicklungsstränge. Zum ersten: Die derzeitige Finanzknappheit der Länder und Kommunen, die zumindest für einen Zeitraum von zehn Jahren vorprogrammiert ist, wird im Schulwesen Veränderungen erzwingen, von denen sich heute die meisten noch kaum eine realistische Vorstellung machen. Die dazu beginnende schulpolitische Diskussion wird so geführt, als ob Kürzungen einerseits, zum Beispiel bei der Zahl der Schuljahre, der Unterrichtsstunden pro Woche oder der Oberstufenkurse, Aufstockungen andererseits, zum Beispiel beim Klassenteiler, der Gruppenstärke, den Lehrerdeputaten, die Lösung bringen könnten, ohne dass sich inhaltlich-strukturell etwas ändern müsste. Zum zweiten: Unsere Gesellschaft ist im Laufe der letzten zwei Jahrzehnte eine andere geworden, mit Problemen, für deren Lösung in der Vergangenheit nichts Entscheidendes getan wurde. Die Vereinigung mit den neuen Bundesländern hat diese Entwicklung nicht – wie oft behauptet wird – überraschend herbeigeführt, sie hat lediglich bereits vorhandene Fehler deutlicher markiert, schon schwelende Brandherde in offenes Feuer verwandelt. Jetzt muss gehandelt werden, und dies auch im schulischen Bereich: Neuakzentuierung der Bildungs- und Lernziele, Überarbeitung der tradierten Inhalte, Anpassung der Organisationsformen an die veränderten gesellschaftlichen Verhältnisse. Beide Stränge des Denkens und Handelns laufen bis heute beinahe unverbunden nebeneinander her. Sie müssen aber zusammengeführt werden, denn nur unter vernünftiger Berücksichtigung beider kann das aktuell dringend notwendige Reformvorhaben gelingen.

Referendariat neu denken

Deswegen also wird hier ein weiterer Versuch gewagt, Lehrerbildung neu zu beschreiben. Ausgehend von den anders gearteten gesellschaftlichen Voraussetzungen und denVeränderungen in Kindheit und Jugend (vgl. auch Kap. 3 und Kap. 16) soll auf die veränderte Bedeutung von Schule eingegangen werden. Ein weiterer Abschnitt ist der Zukunft des Gymnasiums gewidmet, der letzte der für diese Schule notwendigen Lehrerbildung. Dabei erfolgt bewusst eine Beschränkung auf deren zweite Phase, um bei allem Wunschdenken doch einigermaßen realistisch zu bleiben, vor allem im Hinblick darauf, dass die Zweiphasigkeit der Gymnasiallehrerausbildung in diesem Land fest verankert erscheint und dass die Universität in ihrer gegenwärtigen Verfassung mit Sicherheit in absehbarer Zeit nicht in der Lage sein wird, Lehrerstudiengänge grundlegend zu reformieren. Somit bleibt als aktuelles bildungspolitisches Handlungsfeld allein das Referendariat.

1.2 Veränderte Voraussetzungen in Gesellschaft und Familie

Gesellschaftliche Dauerkrise

Seit dem Ende des real existierenden Sozialismus befinden sich die freiheitlich-demokratischen Gesellschaften westlicher Prägung in einer Dauerkrise. Diese ist letzten Endes dadurch verursacht, dass sich immer häufiger ökonomisch-rationales Handeln einzelner Individuen in allen möglichen Bereichen als die allein richtige und wirtschaftlich vertretbare Vorgehensweise darstellt. Dabei wird übersehen, dass eine sich darauf gründende Marktwirtschaft nie Selbstzweck sein kann, sondern dass sie, um wirklich zum Nutzen aller zu funktionieren, eines sinnvoll ausgestalteten ethisch-politischen Rahmens bedarf.

Veränderung der Familiensituation

Auch die Situation in den Familien hat sich im Lauf der letzten Jahre in wesentlichen Punkten verändert. Feste Strukturen wurden aufgebrochen, grundlegende Verhaltensweisen zwischen Eltern und Kindern sind anders geworden, Erziehungsgrundsätze und -ziele haben sich pluralistisch an die Erfordernisse einer individualisierten Gesellschaft angepasst.

Verändertes Menschenbild

Beide Entwicklungen bewirken, dass das Menschenbild, auf das in der schulischen Ausbildung und Erziehung hingearbeitet weren soll, sich mehr verändert hat, als dies Öffentlichkeit, offizielle Bildungspolitik und Schule selbst wahrhaben wollen.

1.2.1 Wirtschaftsbürger versus homo oeconomicus

Ernsthafte wirtschaftsethische Reflexionen führen zu einem Menschenbild, in dem der Zwischenmenschlichkeit – also „der Anerkennung des anderen Menschen im Hinblick auf die Ermöglichung einer ganzen Persönlichkeit, eines umfassenden Selbst" (Maak 1997, 38) – als übergreifendem Moralprinzip der Vorrang vor der Logik des Marktes, bestimmt durch das rein rational begründete Streben des homo oeconomicus nach individueller Gewinnmaximierung, eingeräumt wird. Eine unabhängige Zivilgesellschaft, bestehend aus Wirtschaftbürgern, gewährleistet angesichts pluralistischer Lebensstile aus ethischer Sicht ein Mindestmaß an moralischen Normen durch kritische Selbstreflexion und aufgeklärten Diskurs. Das Menschenbild des mündigen politischen Wirtschaftsbürgers vereinigt in sich den Staatsbürger, den Organisationsbürger und den reflektierenden Konsumenten. Als Staatsbürger vertritt er das republikanische Ideal politischer Bürgertugend, das den Vorrang von Solidarität im Gemeinwesen anerkennt und gleichzeitig festschreibt, dass der Bürgerstatus, der die Rechte und Pflichten innerhalb einer politischen Gemeinschaft bestimmt, Gültigkeit hat „unabhängigvon Herkunft, sozialer Stellung oder Arbeitsleistung, allein um seiner selbst willen" (Maak 1997, 41). Als Organisationsbürger hat er in einer Zivilgesellschaft das Recht auf freie, auch kritische Meinungsäusserung; die weiterhin erwünschte und geforderte Loyalität findet damit dort ihre ethische Grenze, wo durch unternehmerische Handlungen Grundrechte anderer Menschen verletzt oder höherrangige moralische Güter geschädigt werden. Als reflektierender Konsument nutzt er seine Souveränität und setzt als mündiger Verbraucher Zeichen – im Extremfall durch gemeinsamen Boykott –, wenn allgemein anerkannte moralische Standards nicht befolgt werden.

Mündiger politischer Wirtschaftsbürger

Der Wirtschaftsbürger schafft also den ethisch-moralischen Rahmen, innerhalb dessen der homo oeconomicus sich entfalten kann. Das Umgekehrte ist aber gegenwärtig der Fall, wenn durch ökonomische Nutzenmaximierung viele ethisch - polititsche Schranken durchbrochen werden, um die Anpassung im weltwirtschaftlichen Wettbewerb zu erleichtern.

1.2.2 Familie als Sozialisationsinstanz

Landläufiger Meinung nach, aber auch nach Ansicht von Soziologen und Pädagogen, hat die moderne Familie ihre traditionelle Erziehungsfunktion eingebüßt. Quintessenz dieser eher pessimistischen Sicht: Die moderne Familie versagt als Sozialisationsinstanz.

Neuere Untersuchungen (Bertram 1997) aus Deutschland, West und Ost, deuten darauf hin, dass die tatsächlichen Verhältnisse in der modernen Familie ganz anders sind. Sie gestatten zudem einen Vergleich, wie sich verschiedene gesellschaftliche Systeme auf Familie und Kindererziehung auswirken. Um es gleich vorweg zu sagen: Bezogen auf beinahe alle der Befragung zugrundeliegenden Items ergaben sich keine signifikanten Unterschiede! Der bildungspolitisch immer wieder aufflammende Streit, in wie weit Ganztageseinrichtungen und volle Berufstätigkeit der Mütter die familiären Sozialisationsprozesse beeinträchtigen, scheint demnach müßig zu sein.

Die Untersuchung selbst (22.000 Kinder, 12.000 Eltern) zielte ab auf die Zeit, in der Eltern sich ihren Kindern widmen, auf Wertvorstellungen, die sie ihnen vermitteln, und auf die sozialen Beziehungen zwischen Eltern und Kindern. Es zeigte sich, dass berufstätige Mütter in Ost und West ihre Kinder die zusätzliche Belastung nicht spüren lassen. Sie sind bereit, die für Haushalt und Kinder erforderliche Zeit zusätzlich aufzubringen. Die in allen Familien für die Kinder aufgewendete Zeit dürfte somit gut ausreichen, das kulturelle Erbe weiterzugeben und zu mehren.

Primäre Orienientierung: persönliche Entfaltung

Bezogen auf die Wertvorstellungen erweist es sich als richtig, dass „in individualisierten Gesellschaften Werte, die die persönlichen Entfaltungsmöglichkeiten des Individuums, seine Freiheiten und seine subjektiven Lebensziele in den Mittelpunkt stellen, heute als wichtiger eingestuft werden als ökonomische Sicherheit und Orientierung an traditionellen Vorgegebenheiten". (Bertram 1997, 25) Letztere Einstellung wird in West und Ost aber immerhin noch von ca. 30 Prozent bevorzugt, die postmateriell-individualistische Orientierung dagegen von 40 Prozent der Eltern West und nur von 18 Prozent der Eltern Ost vertreten. Eltern mit höherem Schulabschluss neigen mehr zu postmateriellen Einstellungen und halten die sogenannten Sekundärtugenden für weniger wichtig; Eltern mit niedrigem Schulabschluss verhalten sich umgekehrt, was vermutlich auch die große Differenz zwischen Ost und West bezüglich der Individualisierungstendenzen in der Erziehung erklärt. Bemerkenswert auch, dass Eltern heute mehr auf die eigenständige Entwicklung der Persönlichkeit ihres Kindes denn auf die Wirkung von (väterlicher) Autorität setzen. Schließlich: Zu den individualisierenden Wertvorstellungen heutiger Eltern zählen neben persönlicher Freiheit und eigener Selbstverwirklichung der Kinder auch Kommunikations- und Kooperationsfähigkeit, die Fähigkeit, selbstkritisch zu denken und zu handeln und die Fähigkeit, Verantwortung zu übernehmen.

Die Beziehungen zwischen Eltern und Kindern wurden bei der Erhebung durch das Abfragen gemeinsamer Aktivitäten bezüglich Freizeit und Gespräche und gefühlsmäßiger Einstellungen zueinander überprüft. Enge gefühlsmäßige Bindungen der Eltern an ihre Kinder und umgekehrt, belegt durch die miteinander verbrachte Freizeit und durch eine bewusste Gesprächspartnerschaft, sind über den ganzen Zeitraum hinweg stark ausgeprägt. Daraus kann geschlossen werden, dass die Ablösungsprozesse im Jugendalter weniger krisenhaft verlaufen, als dies früher der Fall war, was auf die veränderten Erziehungseinstellungen zurückgeht, auch dass Eltern ihre Verpflichtungen den Kindern gegenüber trotz der Komplexität differenzierter Anforderungen sehr ernstnehmen.

Veränderte Erziehung in der Familie

Quintessenz dieser eher optimistischen Sicht: Die moderne Familie nimmt ihre Erziehungsfunktion durchaus wahr. Ihre Erziehungsziele sind aber nicht mehr so sehr die traditionellen; die jedoch bleiben für Schule und Unterricht weiterhin bestimmend. Die Familien haben den Wandel vom „utilitaristischen zum kooperativen Individualismus"(Durkheim 1984) bereits vollzogen, Schule und Hochschule dagegen in der Regel noch nicht. Die sich

Fehlende Anpassung seitens der (Hoch-)Schulen

daraus ergebenden pädagogischen Probleme liegen dann weniger an den Mängeln elterlicher Erziehung, als vielmehr an der Rückständigkeit des für Schule und Hochschule (noch) gültigen Menschenbildes.

1.3 Notwendige Rahmenbedingungen für die Schule

Der entscheidende Neuansatz muss von der Schule ausgehen. H. v. Hentig (1994) spricht davon, dass wir „Schule neu denken" sollten. Damit meint er, dass die Grundfunktionen von Schule überdacht werden müssen. Die traditionell im Mittelpunkt stehende Wissensvermittlung ist zurückzunehmen, damit Schule in erster Linie Lebensort für ihre Schüler wird. Eine solche Lebensschule braucht drei Rahmenbedingungen, um ihrer Funktion gerecht zu werden: Autonomie, Freiräume und Zeit.

1.3.1 Autonomie

Zunächst muss es gelingen, die Schule für das Leben zu öffnen, ohne ihr den Charakter des Schonraums zu nehmen. Dies ist kein Widerspruch in sich. Die Lösung liegt in der Entwicklung eines eigenen Schulprofils, abhängig von sachlichen (Umfeld im weitesten Sinn, aktuelle Probleme) und personellen Faktoren (Schüler, Lehrer, Eltern). Dafür ist ein weitgehender Verzicht auf einengende Vorschriften in Organisation und Verwaltung unabdingbar, ebenso auf zentral ausgewiesene Prüfungssysteme, die als heimliche Regulative stärker den Unterricht bestimmen als alle anderen Vorschriften. Was hier eingefordert wird, ist eine – in anderen politischen Bereichen durchaus akzeptierte – Dezentralisierung, und dies bedeutet die Stärkung der Autonomie jeder einzelnen Schule. Sie ist dann zum Beispiel in der Lage, abhängig von den zur Verfügung stehenden Ressourcen (durch Betriebserkundungen, Schnupperlehre, an der heimischen Wirtschaft orientierte schuleigene Projekte u.ä.), die am Ende der Schulzeit fällige Berufsentscheidung langfristig und intensiv vorzubereiten, somit Übergangsängste gar nicht erst entstehen zu lassen.

1.3.2 Freiräume

Rahmenlehrpläne/ Wahlpflichtbereiche

Sicher gibt es für die Gestaltung von Schule und Unterricht schon jetzt weite Freiräume in den Bereichen von Erziehung, Didaktik, Methodik, Lehrmitteln, Lernmitteln, Beratung und Beurteilung. Aber diese werden nicht genügend genützt. Von Lehrern, Eltern und Schülern werden die Einschränkungen als zu groß empfunden, die durch Gesetze und Verordnungen, durch Lehr- und Bildungspläne, durch zentrale Prüfungen vorgegeben sind. Um pädagogisch sinnvolle, wirklich schulisch nutzbare Freiräume zu schaffen, müssten alle genannten Vorschriften bereinigt werden. Eine Ausdehnung des Freiraumes auf die Inhalte ist unabdingbar: Rahmenlehrpläne sollten zum Beispiel den Pflichtstoff so begrenzen, dass er in einem Bruchteil der zur Verfügung stehenden Zeit erledigt werden kann, darüberhinaus Wahlpflichtbereiche im Fach und über die Fachgrenzen hinweg so festschreiben, dass für Lehrer und Schüler eine tatsächliche Wahlmöglichkeit besteht. Der so erweiterte Freiraum bedarf natürlich einer verstärkten Schulaufsicht, denn je mehr Freiheitsgrade, um so mehr Möglichkeiten des Abgleitens, des sich Verirrens, auch des Missbrauchs. Dabei ginge es aber nicht in erster Linie um Beurteilung, sondern um Beratung zwischen Kollegen, um gestaltende Schulaufsicht. Sie müsste vom Vertrauen des Übergeordneten in die Nachgeordneten getragen sein, dem Untergebenen die Unterstützung des Vorgesetzten sichern, dem konstruktiven Gespräch zwischen gleichwertigen Partnern viel Zeit einräumen. Nach und nach würde sich daraus eine Kultur des Umgangs der Lehrer untereinander und mit ihren Vorgesetzten entwickeln, die es möglich macht, Fragen und Probleme gemeinsam zu klären.

1.3.3 Zeit

Zeit zu leben, Zeit zu lernen

Wenn derzeit aufgrund der veränderten Strukturen in Gesellschaft, Wirtschaft und Politik das Einüben sozialer Fähigkeiten, die Stärkung der Eigenverantwortung, die Selbstständigkeit des Denkens und Handelns und vieles andere mehr zu vorrangigen Bildungszielen erhoben werden, wenn ein ganzheitliches Vorgehen bezogen auf Inhalte, auf Personen und Methoden, ein Einüben in die Vorgehensweisen beim Lernen lernen verlangt wird, ebenso die Entfaltung von vorhandener Phantasie und Kreativität, dann wird deutlich, dass man dafür viel Zeit benötigt. Zeit, die in der gegenwärtigen Unterrichtsrealität durch die Vermittlung von immer mehr Stoff in immer schnellerem Tempo aufgefressen wird. Der Nürnberger Trichter lässt grüßen! Für das Erreichen der oben genannten Bildungsziele ist wichtig: Eigentätigkeit – sie braucht Zeit; Irrwege, Selbstkorrektur – sie brauchen Zeit; Konflikte bearbeiten und lösen – braucht Zeit; Teamarbeit lernen – braucht Zeit. Und vielleicht wäre es von besonderer Bedeutung – weil auch die Erwachsenen es immer weniger beherrschen – mit den Schülern den richtigen Umgang mit der Zeit zu erlernen; aber auch dafür wäre wieder Zeit notwendig!

1.4 Erwartungen an das Gymnasium der Zukunft

In seinem Aufsatz „Kennt die Bildungstheorie die Bildungsprozesse junger Erwachsener" urteilt A. Gruschka vernichtend über den gymnasialen Bildungsgang: „Die Oberstufe wird angesichts der veränderten Schülerschaft mehr und mehr zu einem prekären Moratorium für viele Schüler. Diese sehen weder deren Funktion für die Studierfähigkeit noch eine inhaltliche propädeutische Aufgabe in ihr für eine absehbare nächste Ausbildungsphase. Am Ende der Oberstufe sind die meisten so ratlos wie am Anfang: Am Erwachsenwerden behindert, auf der Suche nach den Entwicklungsaufgaben, die die Schule ihnen nicht zu bearbeiten abverlangt." (Gruschka 1992, 366). Diese Diagnose gibt Hinweise darauf, durch welche spezifischen Erwartungen die gegenwärtige Situation an Gymnasien geprägt ist.

1.4.1 Abschied vom Elitedenken

Bildungswunsch und Bildungsangebot

Der Bildungswunsch der Eltern geht für weit über die Hälfte der Kinder in Richtung Abitur. In Baden-Württemberg besucht schon heute ein Drittel eines Altersjahrgangs das Gymnasium.
Diese soziographische Entwicklung lässt sich nicht stoppen, auch nicht durch Verschärfung der Aufnahmebedingungen. Im Gegenteil: Gerade unsere wirtschaftliche Situation als High-Tech-Land verlangt nach immer besser vorgebildeten Mitarbeitern, ganz zu schweigen von der bildungspolitisch angestrebten und anzustrebenden Wirkung auf die Entwicklung der Persönlichkeit des Heranwachsenden.
Das Gymnasium wird sich auf eine im Durchschnitt veränderte Schülerschaft einstellen müssen. Dies bedeutet, dass es endgültig Abschied nehmen muss von seinem Elitedenken, das einerseits von einem für diese veränderte Population ungeeigneten Bildungsideal geprägt war, andererseits alle schwerwiegenden erzieherischen und pädagogischen Probleme durch Abschieben in einen anderen – niedereren – Bildungsgang lösen konnte. Die zunehmenden Schülerzahlen der nächsten Jahre, die das Gymnasium ganz besonders stark belasten werden, verlangen geradezu sachlich wohlfundierte und pädagogisch tragfähige Lösungen.

1.4.2 Studierfähigkeit

Nach dem Durchlaufen des Gymnasiums soll der Schüler in der Lage sein, ein Studium an einer wissenschaftlichen Hochschule aufzunehmen.

Grundwissen, Lernfähigkeit, Persönlichkeit

Neben einem bestimmten Grundwissen wird für die Aufnahme eines Studiums die Fähigkeit, selbstständig zu lernen, das Beherrschen wissenschaftlichen Arbeitens und eine gewisse Persönlichkeitsbildung für notwendig erachtet. Um selbstständig lernen zu können, bedarf es der Problemoffenheit, der geistigen Beweglichkeit, der Phantasie und Kreativität, der Reflexions- und Urteilsfähigkeit, der Fähigkeit zu planvollem und zielstrebigem Arbeiten. Das Beherrschen wissenschaftlichen Vorgehens und Arbeitens ist abhängig von der Kenntnis wesentlicher Strukturen und Methoden, dem Verständnis komplexer Denkformen, der Einsicht in das Zusammenwirken von Wissenschaften, dem Verstehen wissenschaftstheoretischer und philosophischer Fragen, dem Erkennen der Grenzen wissenschaftlicher Aussagen. Persönlichkeitsbildung umfasst das Erkennen eigener Möglichkeiten und Grenzen, die Fähigkeit, eigene Interessen sachgemäß zu vertreten und Kompromisse einzugehen, die Bereitschaft zu Toleranz, Verständigung, Partnerschaft und Fürsorge, den Willen zu verantwortlichem Handeln, Werturteile selbstständig zu finden und zu begründen. Was von alle dem, was die Studierfähigkeit ausmacht, leistet das Gymnasium der Gegenwart? Selbst die Vermittlung des notwendigen Grundwissens wird seitens der Universitäten in Frage gestellt.

1.4.3 Schlüsselqualifikationen

Fachliche, methodische und soziale Kompetenz

Schon jetzt wird im Abitur eine gute Grundlage für die Ausbildung in einem anspruchsvollen Beruf gesehen. Bei immer höher geschraubten theoretischen Anforderungen – man vergleiche nur die neuen Berufsbilder für den Metall- und den Elektrobereich mit den alten – wird von der Wirtschaft ein breites Grundwissen im Sinne der Anwendbarkeit im Beruf gefordert. Die damit zu sichernde fachliche Kompetenz muss aber ergänzt werden durch eine methodische und eine soziale eines jeden Mitarbeiters, wenn die deutsche Wirtschaft in der internationalen Konkurrenz bestehen soll. Bei diesen Schlüsselqualifikationen geht es um Selbstständigkeit, um Entscheidungs- und Verantwortungsfähigkeit, um das Lernen lernen, um Kommunikations-, Kooperations- und Teamfähigkeit. Auf sie alle muss bereits in der Schule vorbereitet werden. Vergleicht man diesen Anforderungskatalog mit den Bedingungen für die Studierfähigkeit, so stellt man fest, dass es zwischen den Zielen allgemeiner und beruflicher Bildung einen großen gemeinsamen Nenner gibt. Damit ist es, vielleicht zum ersten Mal in der deutschen Bildungsgeschichte möglich, durch eine entsprechende Gestaltung des Gymnasiums die Jahrhunderte dauernde Spaltung zwischen den beiden Bildungszweigen – dem allgemeinen und dem beruflichen Schulwesen – zu überwinden. Zugleich könnte das einseitige Wahlverhalten der Abiturienten in Richtung auf ein Studium durchbrochen werden, weil eine Berufsausbildung als gleichrangig und gleichwertig empfunden würde. Die dann an das Abitur sich immer häufiger anschließende Berufsausbildung würde auch Bedenken zerstreuen, die zur Zeit von gewissen Seiten noch immer gegen den großen Zulauf zum Gymnasium bestehen.

1.4.4 Selbstbestimmung als Motivationsimpuls

Errgebnisse der Motivationspsychologie

Untersuchungen zur Motivationspsychologie haben ergeben, „dass optimales Lernen unmittelbar an die Entwicklung des individuellen Selbst geknüpft ist und gleichzeitig von der Beteiligung des Selbst abhängt. Eine Lernmotivation, die nicht den Prinzipien des individuellen Selbst entspricht, zum Beispiel weil sie von außen aufoktroyiert wird, beeinträchtigt die Effektivität des Lernens und hindert zugleich die Entwicklung des individuellen Selbst" (Deci, Ryan 1993, 235f.). Gefördert wird sie aber vor allem durch Möglichkeiten, entsprechend eigenen Wertvorstellungen Ziele für das eigene Tun festzulegen und diese, frei von Eingriffen Dritter, auch selbst verfolgen zu können, angetrieben von intrinsischer Motivation. Dazu bedarf es einer Lernumgebung, die das Streben nach Selbstständigkeit unterstützt, in der sich Mitschüler, Lehrer, Eltern für das gewählte Vorgehen interessieren und die erreichten Fortschritte beachten und begrüßen. Die so erfahrbare eigene Kompetenz bewirkt in der Folge eine größere Aktivität des Lernenden und damit eine höhere Qualität seines Lernens. Entscheidend ist letztendlich, dass der Wunsch nach Selbstständigkeit von der sozialen Umwelt aufgegriffen und unterstützt wird.

Selbstbestimmungstheorie der Motivation

Für diese sogenannte „Selbstbestimmungstheorie der Motivation" wurde der Nachweis erbracht, dass Lernmotivation sowohl durch äußere Kontrollmechanismen, wie sie derzeit in der Schulrealität vor allem üblich sind, als auch durch selbstbestimmte Formen der Verhaltens- und Handlungssteuerung erzeugt werden kann. Die Lernergebnisse sind in beiden Fällen gleich gut, soweit dies das Auswendiglernen, überprüft direkt im Anschluss an den Lernvorgang, betrifft. Aber die Lernergebnisse, auf die es wirklich ankommt, fallen ohne kontrollierende Lernumgebung wesentlich besser aus, also die längerfristige Behaltensleistung und das qualitativ höherwertige, verständnisvolle Lernen. Von schulischer Bedeutung ist auch die Erkenntnis, dass Lernvorgänge sehr stark von den Beziehungen des Schülers zu seinem Lehrer abhängen, insbesondere, wenn der Schüler wahrnimmt, dass der Lehrer seine persönliche Autonomie unterstützt,und dessen persönliche Anteilnahme erlebt. Damit bewahrheitet sich, was jedem Schüler und Lehrer längst bekannt ist, was aber im Schulalltag immer wieder untergeht: Das gute Verhältnis zwischen Lehrer und Schüler spielt für hohe Lernleistungen eine entscheidende Rolle. Auch besteht zwischen dieser Art des freibestimmten autonomen Lernens und der Persönlichkeitsentwicklung ein enger Zusammenhang. Die selbst gewählte Aktivität erweist sich als eine der wichtigsten Entwicklungsaufgaben, die dem Schüler von der Schule zur Bearbeitung abverlangt wird und die ihm beim Erwachsenwerden hilft.

1.5 Notwendige Veränderungen im gymnasialen Bildungsgang

Die Lehrplananpassung des Jahres 1994 greift in Baden-Württemberg einige der genannten Punkte für eine Veränderung des gymnasialen Bildungsganges auf. Erinnert sei an die inhaltliche Entrümpelung, die Betonung der fächerübergreifenden Elemente, an die neuen Unterrichtsformen. Aber dieser erste Schritt ist viel zu zaghaft. Er kann weder durch eine Reform, noch durch eine Revision, schon gar nicht durch eine Anpassung vollzogen werden. Was nottut, ist ein durchdachter Neuansatz, der von aktuellen Zielen und Inhalten ausgeht und sich an gegenwärtigen und zukünftigen Ansprüchen von Bildung orientiert, ohne bewährte Traditionen über Bord zu werfen. (vgl. dazu auch Mandl, Gruber, Renkl 1993). Wie müsste dieser aussehen?

1.5.1 Zeit- und zukunftsgerechte Allgemeinbildung

Weniger Stoff – mehr Verständnis

Wichtigstes Ziel der Neuordnung ist eine zeit- und zukunftsgerechte Allgemeinbildung. Sie wird gekennzeichnet durch ein solides Wissen – so breit wie notwendig, so kompakt wie möglich. Im aktiven Umgang mit ihm lernt der Schüler seine eigenen Lernprozesse zu steuern, Verantwortung zu übernehmen, Selbstständigkeit zu üben, seine Kreativität und Phantasie einzusetzen. Dabei stehen Sinnfragen des Lebens immer im Hintergrund, wird, wo irgend möglich, an selbsterfahrenen, realen Problemen angeknüpft, Denken in Zusammenhängen trainiert, werden Lösungsstrategien gesucht und Ergebnisse in praktisches Handeln umgesetzt. Es kommt darauf an, weniger Stoff und mehr Verständnis zu vermitteln, sich mit den unterrichtlichen Aufgabenstellungen in öffentliche Probleme (Gesellschafts-, Umwelt-, Lokalbezug als Beispiele) einzuklinken, dadurch an das wirkliche Leben und an die tatsächliche Berufswelt heranzuführen.

1.5.2 Inhaltlicher Rahmen

Grundlegende Fächer und Schlüsselthemen

Inhaltlich sind im Lehrplan die unverzichtbaren Grundlagen je Fach festzuschreiben, nachdem schonungslos, ohne Rücksicht auf vorhandene Tabus, geprüft worden ist, welche Inhalte und Fächer sich als notwendig erweisen. Auf jeden Fall muss die Muttersprache gestärkt und eine tiefergehende naturwissenschaftliche Grundbildung für alle Schüler realisiert werden. Die wirklich schwerwiegenden Probleme unserer Zeit – Umwelt, Atmosphäre, Energie – verlangen zum Verständnis und zur Lösung ein profundes technisch-naturwissenschaftliches Wissen eines möglichst großen Teils der Menschheit. Im Hinblick auf Europa muss eine Fremdsprache – die Eurosprache, auf die sich alle Staaten einigen – intensiv erlernt werden, nicht eine möglichst große Zahl von Fremdsprachen. Damit ist nichts gegen die Bildungswirksamkeit des Fremdsprachenlernens an sich gesagt! Der Unterricht ist, teils innerhalb des Fachs, teils fächerübergreifend durch das Einbeziehen von Lebensbereichen und von sogenannten Schlüsselthemen – wie zum Beispiel „Leben in der Demokratie", „Leben in der einen Welt", „Leben im Frieden", „Leben im Wandel gesellschaftlicher Werte" (Gossmann 1986, 120f.) – anzureichern. In diesen Teilen wird dann auf die sonst übliche und richtige fachsystematische Aufarbeitung verzichtet. Das erworbene Mindestwissen, vor allem aber die im Unterricht erlernten spezifischen Arbeits- und Erkenntniswege und die dort als durchgängiges Prinzip eingeübten Schlüsselqualifikationen, garantieren sowohl die Studier- als auch die Berufsfähigkeit.

1.5.3 Organisatorischer Rahmen

Schulmanagement und Unterrichtsorganisation

Die wöchentliche Unterrichtszeit wird auf höchstens dreißig Stunden, lieber weniger, begrenzt. Die gegenüber dem jetzigen Zustand freigewordenen Stunden werden als freiwilliger zusätzlicher Unterricht oder als Arbeitsgemeinschaften angeboten, eingerichtet aufgrund von Anregungen, die von der Schüler-, der Lehrer- oder der Elternseite ausgehen.
Die Lehrpläne sind so aufgebaut, dass der Pflichtstoff je Fach, der das Mindestwissen abdeckt, nur die Hälfte der vorgesehenen Unterrichtszeit beansprucht. Für die andere Hälfte existieren Rahmenrichtlinien, die breit

gefächerte Bereiche abstecken, innerhalb derer sich Lehrer und Schüler auf der Basis eigener Entscheidungen frei bewegen können, sei es, dass sie im Fach selbst vertiefen, sei es, dass sie zum Beispiel in fächerübergreifendem Projektunterricht die Fachgrenzen weit überschreiten.

Schulmanagement und Schulorganisation bekommen viel Freiheit, zum Beispiel dadurch, dass im Lehrplan nicht mehr Wochenstunden, sondern Stunden je Fach und Schuljahr ausgewiesen werden, dass Projekte halb- oder ganztägig, aber auch in ganzen Wochen, abgewickelt werden können und zwar zu dem Zeitpunkt, der nach der dann von der Schule selbst zu leistenden Jahresplanung der pädagogisch richtige und sinnvolle ist. Die für das Erlernen des selbstständigen Arbeitens so wichtige Facharbeit lässt sich in vielen Fällen organisch an die Projektarbeit anschließen. Die wegen der geringen Gruppengrößen – nicht wegen ihrer Bildungswirksamkeit – umstrittenen Leistungskurse der Oberstufe werden durch das Aufstocken von Grundkursen eines Leitfachs mit entsprechenden fächerübergreifenden Projekten gesichert, ohne dass die Wahlfreiheit der Schüler, auch an kleineren Schulen, wesentlich beschnitten würde. Das in Baden-Württemberg ab dem Schuljahr 1998/99 mögliche sogenannte „Seminarfach" ist ein wichtiger Schritt in die gewünschte Richtung.

Nicht zuletzt: Die zentrale Abiturprüfung, die derzeit viele Bildungsbemühungen in der Oberstufe zunichte macht, wird auf den Pflichtteil eines jeden Faches reduziert, oder besser noch, ganz abgeschafft. Die Vorbereitung auf sie verbraucht wichtige Unterrichtszeit, bringt nur scheinbar etwas bezogen auf die Vergleichbarkeit der Abschlüsse und kostet eine Menge Geld. Individuelle Aufgabenstellungen des Fachlehrers aus dem Wahl- und Projektbereich ermöglichen es dem Schüler zu zeigen, was er gelernt hat und kann. Sie geben außerdem eine breite und ergiebige Grundlage für die erwünschte gestaltende Schulaufsicht ab, sowohl von Seiten des Schulleiters als auch des Oberschulamts.

Ein so ausgestattetes neues Gymnasium bereitet – anknüpfend an seine bewährte Tradition – die Schüler auf die Anforderungen der „Postmoderne“ vor, sich „autonom, souverän, solidarisch“ (Keupp 1993, 56) zu verhalten. Als Gesamtprofil fordert und fördert der Lebensraum Gymnasium die Entwicklung der Persönlichkeit seiner Schüler; solides Fachwissen verbindet sich mit der Lebenswirklichkeit.

1.6 Lehrerbildung für das neue Gymnasium

Diese so grundlegend veränderte Schule braucht andere Lehrer. Dabei ist davon auszugehen, dass in den nächsten Jahren immer größere Zahlen von Junglehrern eingestellt werden, die dann ihrerseits auch eine Chance haben, verkrustete Strukturen in gemeinsam älter gewordenen Kollegien aufzubrechen. Welche Konsequenzen ergeben sich daraus für die zweite Phase der Lehrerbildung, das Referendariat?

1.6.1 Wesensmerkmale des zukünftigen Gymnasiallehrers

Entscheidungs- und Begeisterungsfähigkeit

Wie bisher bringt er von der Universität hervorragende Kenntnisse in seinen Fächern mit in das Referendariat. Er braucht diese umso mehr, als künftig nicht der Lehrplan ihm alle Ziele und Inhalte vorschreibt, sondern er selbst für sich und seine Schüler Entscheidungen herbeiführen und verantworten muss. Der richtige Umgang mit dem für die Schule reduzierten Grundwissen ist an profunde Kenntnisse des gesamten Wissensbereichs geknüpft, welche die notwendige didaktische Reduktion im Blick auf das Ganze eines Faches überhaupt erst ermöglichen.

Die Wahlbereiche – wenn man so will, der Zwang zu wählen – verlangen, dass der Lehrer einerseits in der Lage ist, die Bildungswirksamkeit der in Frage stehenden Gebiete im Sinne der Ziele seines Unterrichts zu erkennen, dass es ihm andererseits gelingt, die Schüler für ein bestimmtes Gebiet zu motivieren, ihr Interesse zu wecken. Denn Schüler können ja nicht wissen, was sie erwartet, wenn sie sich entscheiden sollen. Es wäre falsch und würde den durch die Wahlfreiheit angestrebten Motivationsschub geradezu konterkarieren, würden die Schüler in dieser Phase alleingelassen. Der Lehrer muss also aufgrund seiner fachlichen Überlegenheit und seiner Persönlichkeit in der Lage sein, Schülern ein Gebiet schmackhaft zu machen, ihnen verdeutlichen, was sie bei einer Beschäftigung damit gewinnen können, welche Arbeitsmethoden ihnen bevorstehen, was die Ergebnisse für ihre Gegenwart und für ihre Zukunft bedeuten könnten. Dazu ist es erforderlich, dass der Lehrer sich für dieses Gebiet selbst erwärmt, ja geradezu begeistert, und dass es ihm gelingt, diese Begeisterung an seine Schüler weiterzuvermitteln, damit sie geneigt sind, ihm zu folgen.

Die Lehrerpersönlichkeit

Damit sind wir bei der anderen Seite des zukünftigen Gymnasiallehrers, seiner Persönlichkeit, ihrer Ausstrahlung auf Kinder und Jugendliche. An sie muss die zweite Phase sich hauptsächlich wenden. Zwar erhebt die Universität noch immer den Anspruch auf Bildung der ganzen Person; ihre heutige realexistierende Ausprägungsform ist davon, allein schon auf Grund des Massenproblems, jedoch meilenweit entfernt. Zu sich selber als Lehrer finden ist also die Aufgabe des Referendariats, nicht Nachahmung von Unterricht im Sinne der Meisterlehre, nicht unkritische Übernahme von methodischem Vorgehen oder didaktischen Konzepten, nicht das Befolgen von Anweisungen und Rezepten, und sei es auch nur zu Prüfungszwecken. Der Referendar hat in der zweiten Phase die einmalige Chance, unter Mitwirkung seiner zukünftigen Klientel, bei gleichzeitiger Beratung durch erfahrene Kollegen, mit Rückgriff auf wissenschaftliche Ergebnisse aus Pädagogik, pädagogischer Psychologie und Fachdidaktik, durch begrenzte, aber direkte Erfahrungen in Schule und Unterricht an sich selbst intensiv zu arbeiten. Das Referendariat muss ihm dazu verhelfen, mit sich selbst als zukünftigem Lehrer ins Reine zu kommen, zu sich selbst auch vor der Klasse zu finden und somit Echtheit auszustrahlen. Er muss lernen, sich auf Schüler wirklich einzulassen oder sie, wenn nötig, zurück oder in ihre Schranken zu weisen, muss erfahren, dass es ihm gelingt, ein persönliches Verhältnis zu seinen Schülern

aufzubauen und er muss seine Kooperationsfähigkeit mit Kollegen erproben und Vertrauen in seine eigenen Aktivitäten gewinnen, sodass er überzeugt davon ist, sich und seine Schüler im Fach und über dieses hinaus weiterzubringen im Sinne der übergeordneten Bildungsziele.
Wie kann das Referendariat nun dazu verhelfen, diesen neuen Gymnasiallehrertyp zu schaffen?

1.6.2 Die veränderten Ziele des Referendariats

Wenn Unterricht in Zukunft weniger Wissensvermittlung sein, weniger frontal ablaufen, die in den Schülern steckenden geistigen, seelischen und motorischen Kräfte mobilisieren soll, dann dürfen Fachsitzungen – gleichgültig ob in Fachdidaktik oder in den allgemeinen Fächern – nicht mehr in erster Linie vom Seminarfachleiter bestritten werden. Anzustreben sind Aktiv-Fachsitzungen, durch die die Referendare zum Beispiel in praxisnahe Forschungsvorhaben im Bereich Pädagogik oder Fachdidaktik eingebunden werden, in denen sie über ihre impliziten Theorien zu Schule, Unterricht und Schülern, die sie ja alle mitbringen, an die wissenschaftlichen Grundlagen von Pädagogik und Didaktik herangeführt werden, durch die ihre erzieherische Phantasie und pädagogische Kreativität herausgefordert wird und in die sie ihre eigenen, tatsächlichen oder vermeintlichen methodischen Kompetenzen einbringen können.

Gemeinsame innovative Unterrichtsgestaltung

Die Chance, die in der intensiven Zusammenarbeit zwischen einführenden Lehrern und Referendaren steckt, muss besser genutzt werden. Die Referendarausbildung ist immer gleichzeitig auch Lehrerfortbildung. Ein oder mehrere, dem Referendar persönlich zugeordnete Mentoren nehmen an den Fachsitzungen teil, bereichern sie einerseits, bekommen andererseits selbst Anregungen für ihre weitere Lehrtätigkeit. Einführender Lehrer und Referendar können auf dieser Grundlage gemeinsam innovative Unternehmungen im Unterricht starten und sich dabei als gleichberechtigte Partner erfahren, die sich gegenseitig kompetent beraten. Nirgendwo sonst im Schulalltag können zwei Lehrer so eng zusammenarbeiten und für ihre eigene Entwicklung als Lehrer und zum Vorteil von Schülern und Unterricht so viel voneinander profitieren, wie dies im ersten Ausbildungsjahr der Referendare möglich wäre, wenn wirklich beide Seiten sich voll darauf einließen.

Selbstständigkeit und Eigenverantwortlichkeit

Während des ganzen Referendariats muss alles getan werden, um die Selbstständigkeit und Eigenverantwortlichkeit des angehenden Lehrers zu stärken, denn in dem neuen Gymnasium sind es genau diese Eigenschaften, die ihm in fachlicher, pädagogischer und sozialer Hinsicht vor allem abverlangt werden. Was er also in der Referendarzeit braucht, das sind weniger Vorgaben und Vorschriften, dafür mehr an Gewähren- und Ausprobierenlassen. Die Hilfe durch den Seminarfachleiter und den Mentor beschränkt sich auf die Fälle, in denen sie entweder vom Referendar angefordert wird oder der erfahrene Lehrer sie für absolut unumgänglich hält. Unterrichtsstunden, außerunterrichtliche Veranstaltungen, der Umgang mit einzelnen Schülern,

Schülergruppen oder ganzen Klassen sind Gegenstand des gemeinsamen Gesprächs im Sinne des gegenseitigen Verständnisses und der einfühlsamen Beratung, weniger der Besserwisserei oder der Kritik, schon gar nicht der Beurteilung. Es gibt für einen Anfänger nichts Niederdrückenderes als den Hinweis des Könners auf seine Erfahrung. Sie ist das einzige, was sich der Anfänger mit Sicherheit nicht beschaffen, was von ihm mit Fug und Recht nicht angezweifelt werden kann. Nimmt der Könner aber eine solche Position ein, wird ein Gespräch zwischen gleichberechtigten Partnern von vornherein unmöglich gemacht.

Beratungskompetenz

Schließlich geht es während des Referendariats auch darum, die Beratungskompetenz des zukünftigen Lehrers zu stärken. Das eben genannte, beinahe täglich zu führende Gespräch mit dem Mentor, das mit dem Fachseminarleiter, das sich an einen Unterrichtsbesuch oder eine Fachsitzung anschließt, könnte dafür ein erstes Übungsfeld sein, ebenso Besprechungen mit dem Schulleiter, dem Seminarleiter oder die aktive Mitarbeit in Fach-, Klassen- oder Gesamtlehrerkonferenzen. Am Seminar selbst sind Trainingskurse für Gesprächsführung anzubieten, eventuell auch TZI- oder Gordonkurse (Cohn 1983, Gordon 1977). Das erreichte Know-how wird dann hineingetragen in die Fachsitzungen, in den eigenen Unterricht, in außerunterrichtliche Veranstaltungen, in Klassenpflegschaftssitzungen. Beratung in dem hier unterstellten, weiten Sinn muss den Schülern eine Hilfe bei der Entscheidungsfindung sein, um zum Beispiel Wahlgebiete oder Projekte gemeinsam festzulegen. Sie dürfen sich dadurch weder überfordert noch manipuliert vorkommen, müssen die ehrliche Überzeugung des Lehrers für seine Stellungnahme fühlen, gleichzeitig sicher sein, dass er auch bereit wäre, eine andere Entscheidung als die von ihm favorisierte zu akzeptieren. Eine bestimmt nicht leichte Aufgabe des zukünftigen Lehrers, aber wahrscheinlich – folgt man der skizzierten „Selbstbestimmungstheorie der Motivation“ – die Schnittstelle, an der über Erfolg oder Misserfolg schulischen Lernens entschieden wird.

1.6.3 Möglichkeiten der Umsetzung im Referendariat

Praxisnahe Forschung

Die Seminare beteiligen sich stärker als bisher an praxisnaher pädagogischer oder fachdidaktischer Forschung, indem sie für sich selbst Schwerpunkte festlegen, denen sie eine bestimmte Zeit lang nachgehen wollen. Sie nehmen spezielle Interessen auf, die von Schulen des Seminarbereichs, vom Oberschulamt, vom Ministerium oder auch von universitären Einrichtungen an das Seminar herangetragen werden. Sie begleiten die Einführung eines neuen Lehrplans durch Erprobung von zum Beispiel neuen Unterrichtsformen. Wenn dann die Referendare in solche Vorhaben miteinbezogen werden, können sie einerseits die an der Universität erworbenen Techniken wissenschaftlichen Arbeitens auf ihre neue Tätigkeit übertragen, lernen andererseits Pädagogik, Psychologie und Fachdidaktik als Wissenschaftsdiziplinen kennen, sehen selbst, dass diese nicht nur Anwendungs- und Erfahrungsgrundsätzen gehorchen. Weil Neuland erforscht wird, können Referendare ihre eigenen Vorstellungen selbstbewusst einbringen, unkonventionelle Ideen ausprobieren, ihre Phantasie walten lassen, denn der Erfahrungsvorsprung des Seminarfachleiters könnte sich für die Planung und Durchführung eines solchen Vorhabens als ebenso hinderlich wie förderlich erweisen. Seminarfachleiter und Referendar arbeiten in echter Partnerschaft zusammen. Jeder bringt in die aktuelle Situation originäre eigene Gedanken ein, jeder hilft dem anderen, den nach gemeinsamer Ansicht besten Weg zu finden. Die von der Prüfungsordnung vom Referendar geforderte schriftliche Arbeit könnte der krönende Abschluss eines solchen Vorhabens sein, wäre dann nicht mehr l'art pour l'art, wie heute von den Referendaren häufig empfunden, sondern eine beachtenswerte, aus der Praxis erwachsene, aber doch wissenschaftliche Veröffentlichung, mit der ein junger Lehrer sich in seine Berufswelt einführt. Der Zusammenhang zur seminarspezifischen Lehrerfortbildung ist deutlich.

Gestaltung der Fachsitzungen

Als Teil der Verwaltungsvorschrift zur Prüfungsordnung existiert derzeit für alle Fächer (einschließlich Schulrecht und Pädagogik/Psychologie) ein für die Durchführung der Fachsitzungen verbindlicher Themenkatalog, der selbst noch die Gewichtung zwischen einzelnen Bereichen festschreibt. Er verführt die Fachseminarleiter dazu, einen Überblick über die verschiedenen Bereiche zu geben und Ergebnisse aus Forschung, Lehre und Praxis mitzuteilen. Als Rahmen könnte er durchaus auch in Zukunft bestehen bleiben. Den an der Fachsitzung Beteiligten muss aber die Möglichkeit eingeräumt werden, Ziele und Inhalte ihrer Arbeit eigenverantwortlich selbst zu bestimmen, also nach möglichst alle interessierenden Gesichtspunkten eine spezifische Auswahl zu treffen. Und beteiligt wären an den Fachsitzungen auch einführende Lehrer – nicht immer dieselben, sondern je nach Thema andere –, die ihrerseits sich nicht nur in die Entscheidungsprozesse miteinbringen, sondern im weiteren Verlauf der Fachsitzung engagiert mitarbeiten. So werden aus einer eher theoretischen , oft monologisierend vom Fachseminarleiter vorgetragenen Vorstellung von vorgeschriebenen Themenbereichen farbige Berichte der verschiedenen Fachsitzungsteilnehmer, kommt ein lebhafter Erfahrungsaustausch in Gang, werden in reger Diskussion Erklärungsansätze und -möglichkeiten aus der Fachdidaktik und den Erziehungswissenschaften eingebracht, die sich nach und nach zu einem vollständigeren Bild dieser Wissenschaftsdisziplinen abrunden, nicht zuletzt auch durch ergänzende Hinweise auf entsprechende Literatur.

Enger Bezug zum Mentor

Wie schon gezeigt, werden Schulen und ausbildende Lehrer stärker in die Referendarausbildung integriert, und zwar inhaltlich und personbezogen. Die derzeitige Zusammenarbeit zwischen einem Seminar und den Gymnasien bezieht sich hauptsächlich auf den organisatorischen Bereich und garantiert den reibungslosen Ablauf des Referendariats. Ob sich darüberhinaus ein guter Kontakt des Referendars zu einem oder mehreren einführenden Lehrern ergibt, bleibt mehr oder weniger dem Zufall überlassen. Anzustreben wäre die enge Bindung des Referendars an einen oder zwei Mentoren, deren person- und sachgerechte Auswahl wohl die größte Schwierigkeit darstellen dürfte. Weder Funktionsstelle noch Dienstalter sollten dabei im Vordergrund stehen, auch eine Korrekturmöglichkeit müsste von vornherein vorgesehen werden, für den Fall, dass die beiden, aus welchen Gründen auch immer, nicht miteinander können. Der persönliche Mentor ist für die schulische Seite der Ausbildung verantwortlich. Er arbeitet eng mit dem Fachseminarleiter zusammen, macht an einem Teil der Fachsitzungen mit. Zusammen mit dem Referendar, in besonderen Fällen auch mit dem Fachseminarleiter, bildet er eine Art Mini-Workshop zur Planung und Vorbereitung von Unterrichtseinheiten. In enger Kooperation wird der Unterricht dann von dem einen oder anderen, eventuell von beiden in Form des Teamteaching, durchgeführt, vom jeweils nicht Unterrichtenden beobachtet, hinterher gemeinsam ausgewertet und intensiv besprochen. Darüber hinaus sind beide immer im Gespräch, über Erfahrungen in anderem Unterricht, über den Umgang mit Kollegen oder Klassen, über Schwierigkeiten mit bestimmten Schülern oder über Erlebnisse bei außerunterrichtlichen Veranstaltungen. Alle Gespräche haben die pädagogische Reflexion als Ziel, die beiden, Mentor und Referendar, hilft, zu ihrem persönlichen, den Schülern, dem Unterricht und der Sache zugutekommenden Stil zu finden und diesen fortlaufend zu optimieren.

Selbsterfahrungen

Um an sich selber, an der eigenen Lehrerpersönlichkeit, arbeiten zu können, sind Selbsterfahrungen die einzige tragfähige Grundlage. Das Referendariat muss dafür so viel Möglichkeiten, wie überhaupt denkbar, bereitstellen. Dazu dienen während der Fachsitzungen im Seminar Fallbesprechungsgruppen oder verschiedene Formen des Lehrerverhaltenstrainings, angefangen von Minisequenzen in Abwandlung des ursprünglichen Mikro-Teachings, über Plan- und Rollenspiele bis hin zu Kursen in Themenzentrierter Interaktion (Cohn 1983) oder zur Klassenkonferenz (Gordon 1977). An den Schulen wird allen Referendaren, die dies wollen, schon im ersten Jahr Gelegenheit zu selbstständigem Arbeiten gegeben, indem sie zum Beispiel während der Projektwochen eine eigene Veranstaltung anbieten und durchführen, indem sie mindestens für ein halbes Schuljahr eine Arbeitsgemeinschaft übernehmen, indem sie Schüler für ein zusätzliches Praktikum in einem naturwissenschaftlichen Fach oder zu einem fächerübergreifenden Thema gewinnen, Teile eines Schullandheimaufenthalts zu ihrer besonderen Angelegenheit machen. Die in der Regel kleineren Gruppen und die Freiwilligkeit der Teilnahme wird es den meisten Referendaren ermöglichen, erfolgreich zu arbeiten. Trotzdem muss auf den Experimentalcharakter solcher Veranstaltungen hingewiesen werden: Auch ein Scheitern ist als reale Möglichkeit in Kauf zu nehmen. Schulisch lässt sich dies unter den genannten Bedingungen durchaus verantworten. Der Referendar, im steten Gespräch mit seinem Mentor und dem Fachseminarleiter, lernt aus dem Fehlschlag unter Umständen mehr, als aus einer gelungenen Veranstaltung, wenn er, ehrlich vor sich selber, versucht, den Ursachen auf die Spur zu kommen. Welch' ein Anknüpfungspunkt für eine gestaltende Beratung!

Beratung statt Beurteilung

Damit ist auch der letzte wesentliche Punkt der Neugestaltung des Referendariats angesprochen. Beurteilung und Beratung, insbesondere im zweiten Ausbildungsjahr, müssen anders gewichtet werden. Die verschiedenen Prüfungsteile – mindestens vier Lehrproben, mindestens drei mündliche Prüfungen, die Langzeitbewertung durch den Schulleiter der zweiten Schule – stehen heute im Mittelpunkt des letzten Ausbildungshalbjahres, immerhin einem Viertel der gesamten Referendarzeit. Auf sie konzentrieren sich nolens-volens die Anstrengungen des Referendars, zu Recht, denn von der erreichten Gesamtnote hängen seine Einstellungschancen ab. Dabei ist längst klar, dass die errechnete Leistungsziffer eine Scheingenauigkeit angibt, die von den tatsächlichen Leistungen häufig Lügen gestraft wird und die erwünschte Gerechtigkeit zwischen Konkurrenten auf keinen Fall herstellt. Viel guter Wille, viel Zeit aller Beteiligten und viel Geld werden hier verschwendet, um eine Fiktion aufrechtzuerhalten! Nicht Beurteilung, sondern weiterhin Beratung, Gespräche, Reflexion sollten auch das letzte Halbjahr bestimmen, das damit im Sinne der Ausbildung besonders fruchtbar werden kann. Weil der Referendar jetzt bereits auf weiter gespannte eigene Erfahrungen zurückschaut, fachdidaktisch und erziehungswissenschaftlich einigermaßen versiert ist, sich selbst in verschiedenen unterrichtlichen Situationen kennengelernt hat, weiß er, welche Möglichkeiten der Veränderung für ihn tatsächlich existieren. Die Beurteilung, verbalisiert, mit einer ganzen Note abschließend, kommt dann durch Kollegialbeschluss zustande, an dem vor allem die Fachseminarleiter und die Mentoren, die Schulleiter und eventuell die Seminarleiter beteiligt sind.

1.7 Schlussbemerkung

Wünsche der Referendare

Das Gymnasium kann nicht so bleiben wie es ist. Die erforderlichen strukturellen und inhaltlichen Schritte sind durch die bereits eingetretenen Entwicklungen in unserer Gesellschaft, in Kindheit und Jugend vorgezeichnet. Die Bildungspolitiker haben damit begonnen, diese Erkenntnisse umzusetzen. Dabei stoßen sie auf hinhaltenden, teils mehr, teils weniger offenen Widerstand. Eine an der eigenen Schulzeit sich orientierende Elternschaft und eine gemeinsam älter gewordene Lehrergeneration versuchen, in ihren Augen zu retten, was zu retten ist. In dieser eher nach rückwärts orientierten Schullandschaft, verstärkt durch den Prüfungsdruck (die Prüfer stammen ja aus dem eben beschriebenen Personenkreis), passen sich die Referendare den vorgefundenen Gegebenheiten an. Das in ihnen und in der Lehrerbildung an sich angelegte Veränderungspotential verpufft. Dabei wünschen die Referendare sich anderes. Eine Umfrage (Frommer 1992, Scheilke 1992) hat ergeben, dass in den Fachsitzungen mehr Praxisbezug erwartet wird: durch mehr Möglichkeit zur aktiven Mitarbeit, durch die Vorstellung konkreter Unterrichtseinheiten, durch gemeinsame Besprechung von Unterrichtsbeispielen, nicht nur von Musterlehrproben. Referendare wollen weniger Konkurrenz, dafür mehr Kooperation untereinander und mit den einführenden Lehrern, mehr Eigentätigkeit und gemeinsame Planung, eine intensive Begleitung bei der Analyse ihrer Unterrichtsversuche. Besuche der Fachseminarleiter sollen vor allem der Beratung dienen und stärker den Umgang mit den Schülern berücksichtigen. Die Referendare möchten ernst genommen werden, eigene Entscheidungen fällen können. Sie wünschen sich eine intensivere Zusammenarbeit zwischen Seminar und Schule, sprich zwischen Fachseminarleiter und Mentor. Gerade die schlechten Einstellungschancen scheinen sich also so auszuwirken, dass die in das Referendariat eintretenden jungen Menschen besonders engagierte Lehrer sind!

Veränderungschancen

Indem man nun das, was Referendare wollen, und das, was eine zukunftsträchtige Lehrerbildung leisten müsste, zur Deckung bringt, Lehreraus- und Fortbildung gleichzeitig in der beschriebenen Weise miteinander verknüpft, könnte von diesem Punkt aus der sich abzeichnende Teufelskreis der Stagnation durchbrochen werden. Mit minimalen Änderungen der Ausbildungsordnung – eine umfangreichere Korrektur wäre nur bei den Prüfungsbestimmungen erforderlich – ließe sich ein überaus großer Effekt erzielen. Wenn dann noch bisher bei der Fortbildung angesiedelte Ressourcen in das Ausbildungsmodell übertragen würden, z.B. die Mentorentätigkeit als Fortbildung im Deputat verankert werden könnte – eine zweieinhalbtägige Veranstaltung an einer Akademie kostet im Durchschnitt immerhin zwölf Unterrichtsstunden –, dann ergäbe sich daraus ein, weil direkt vor Ort angesiedeltes, wirksames Instrumentarium zur Veränderung der Schulwirklichkeit. Natürlich bedarf es zusätzlicher Maßnahmen, durch neue Bildungspläne, durch weitere Fortbildungsangebote, durch auf der politischen Ebene herbeizuführende Einstellungs- und Verhaltensänderungen bei Lehrern, Eltern und Schülern. Aber nirgendwo sonst kann es gelingen, mit so viel ungebrochener Kraft, so viel Einsatz und Begeisterung und so wenig zusätzlichem – auch finanziellem – Aufwand so viel im Sinne notwendiger und erwünschter Veränderungen zu erreichen, zumal etwa zwei Drittel der baden-württembergischen Gymnasien Ausbildungsschulen sind. Diese einmalige Chance darf nicht ungenutzt verstreichen!

Literatur

Cohn, R. C. (1983). Von der Psychoanalyse zur themenzentrierten Interaktion. Stuttgart: Klett-Cotta.

Bertram, H. (1997). Kulturelles Kapital in individualisierten Gesellschaften. Seminar, Heft 2, 15 - 33

Deci, E.L., Ryan, R. M. (1993). Die Selbstbestimmungstheorie der Motivation und ihre Bedeutung für die Pädagogik. Zeitschrift für Pädagogik, Heft 2, 223 - 238.

Durkheim, E. (1984). Erziehung, Moral und Gesellschaft. Frankfurt a.M.

Frommer, H. (1992). ... und Perspektiven. Schlussfolgerungen – nicht nur am Seminar Rottweil. Pädagogik, Heft 9, 12 - 14.

Gordon, Th. (1977). Lehrer- Schüler- Konferenz. Wie man Konflikte in der Schule löst. Hamburg: Hoffmann und Campe.

Goßmann,K. (Hrsg). (1986). Reformziel Grundbildung. Comenius-Institut Münster, 117 - 123.

Gruschka, A. (1992). Kennt die Bildungstheorie die Bildungsprozesse junger Erwachsener? Neue Sammlung, Heft 3, 355 - 370.

Hentig, H. v. (1994. 3. bearb., erw. Aufl.). Die Schule neu denken.München, Wien: Hanser

Keupp, H. (1993). Postmoderne Welt des fröhlichen Durcheinanders. Psychologie Heute, Heft 6, 50 - 57.

Maak, Th. (1997). Wirtschaftsbürgerethik. Seminar, Heft 2, 34 - 43.

Mandl, H., Gruber, H., Renkl A. (1993). Das träge Wissen. Psychologie Heute, Heft 9, 64 - 69.

Scheilke, Ch. Th. (1992). Bilanz ... Eine Befragung zur Ausbildung der Studienreferendare. Pädagogik, Heft 9, 10 - 12.

2 Die Vielfalt schulischer Bildungsgänge und -ziele

Otfried Halirsch

Einleitung: Schule in der Gesellschaft

Die Schule hat die Aufgabe, jeden jungen Menschen durch Erziehung und Ausbildung auf die Wahrnehmung von Verantwortung, Rechten und Pflichten in Staat und Gesellschaft sowie in der ihn umgebenden Gemeinschaft vorzubereiten. Dabei nehmen nicht nur der Staat als Ganzes oder die Länder als seine in Bildungsangelegenheiten zuständigen Teile Einfluss auf die Schule. Auch verschiedene Teilbereiche der Gesellschaft, wie zum Beispiel politische Parteien, die Eltern, Religionsgemeinschaften, die Wirtschaft und die Wissenschaft mit verschiedenen, oft erheblich differierenden Vorstellungen von Schule und Bildungspolitik versuchen jeweils spezifische Interessen durch Beeinflussung des politischen Entscheidungsprozesses durchzusetzen.
Die Schule, ihre Struktur, ihre Bildungsziele und Bildungsgänge stehen daher permanent in der politischen Diskussion. Zur Problemlösung werden dabei häufig Veränderungen dieser Strukturen vorgeschlagen. Beispiele dafür sind die Gesamtschuldiskussion, die Reform der gymnasialen Oberstufe, die autonome Schule und das achtjährige Gymnasium. Mit der Schaffung der Europäischen Union wurden in Maastricht Richtlinien einer europäischen Bildungspolitik erarbeitet, deren Umsetzung die Zusammenarbeit zwischen den Mitgliedstaaten im Bereich allgemeiner und beruflicher Bildung fördern wird.

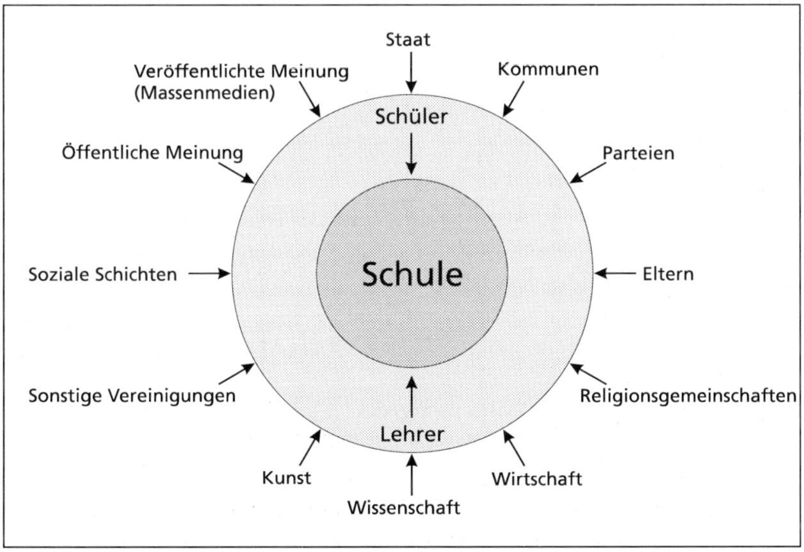

Bild 1: Gesellschaftliche Einflussfaktoren nach Oblinger 1981, S.18

2.1 Bildungspolitik in der Europäischen Union

2.1.1 Der Weg zur Europäischen Union

Entwicklung zur EU

Am Anfang der Entwicklung, die zur Europäischen Union führen sollte, stand nicht die Besinnung auf die gemeinsamen geschichtlichen oder kulturellen Wurzeln Europas. Wirtschaftliche Integration war das Ziel, das angestrebt wurde: Der Gründung der Europäischen Gemeinschaft für Kohle und Stahl (Montanunion) im Jahre 1951 folgten die Europäische Atomgemeinschaft (Euratom) und die Europäische Wirtschaftsgemeinschaft (EWG) im Jahre 1957. Durch Fusion der drei Gemeinschaften entstand 1967 die Europäische Gemeinschaft (EG). Im Jahre 1986 wurde die Einheitliche Europäische Akte, mit dem Hauptziel der Vollendung des Binnenmarktes bis 1993, unterzeichnet. Am 3. Oktober 1990 wurde durch die Wiedervereinigung Deutschlands das Gebiet der ehemaligen DDR Teil der EG. Im Dezember 1991 einigten sich die Staats- bzw Regierungschefs der zwölf EG - Mitgliedstaaten im Vertrag von Maastricht auf die Schaffung der Europäischen Union (EU), einer Weiterentwicklung der EG zu einer politischen Union und zu einer Wirtschafts- und Währungsunion. Der Vertrag ist seit 1. November 1993 in Kraft.

2.1.2 Ziele allgemeiner und beruflicher Bildung in der EU

Rechtsgrundlagen der Bildungspolitik in der EU

Mit dem Vertrag von Maastricht erhielt die Bildungspolitik der Europäischen Union ihre rechtliche Grundlage. Unter dem Titel VIII „Sozialpolitik, allgemeine und berufliche Bildung und Jugend" ist im Kapitel 3 der Artikel 126 der allgemeinen Bildung und der Artikel 127 der beruflichen Bildung gewidmet. Die EU trägt nach Artikel 126 „zur Entwicklung einer qualitativ hochstehenden Bildung bei". Ihr Auftrag wird aber dahin eingeschränkt, „dass sie die Zusammenarbeit zwischen den Mitgliedstaaten fördert und die Tätigkeit der Mitgliedstaaten unter strikter Beachtung der Verantwortung der Mitgliedstaaten für die Lehrinhalte und die Gestaltung des Bildungssystems sowie der Vielfalt ihrer Kulturen und Sprachen erforderlichenfalls unterstützt und ergänzt.". (Art. 126 Abs1 [neu])

Subsidiaritätsprinzip

Auf keinen Fall wird eine Vereinheitlichung der Bildung oder gar eine Zentralisierung der Bildungseinrichtungen angestrebt. Jegliche Form von Harmonisierung der Bildungssysteme bleibt ausgeschlossen. Ein Europa der Regionen, der Erhalt kultureller Vielfalt ist das Ziel. Das Subsidiaritätsprinzip ist von zentraler Bedeutung: Die EU soll die Maßnahmen der Mitgliedstaaten nur ergänzen und unterstützen!

Ziele allgemeiner Bildung

Als Ziele der allgemeinen Bildung werden genannt:

- Entwicklung der europäischen Dimension im Bildungswesen, insbesondere durch Erlernen und Verbreiten der Sprachen der Mitgliedstaaten.
- Förderung der Mobilität von Lernenden und Lehrenden, u. a. durch Förderung der akademischen Anerkennung von Diplomen und Studienzeiten.
- Förderung der Zusammenarbeit zwischen Bildungseinrichtungen.

- Ausbau des Informations- und Erfahrungsaustauschs über gemeinsame Probleme der Bildungssysteme in den Mitgliedstaaten.
- Förderung des Jugendaustauschs und des Austauschs sozialpädagogischer Betreuer.
- Förderung der Fernlehre.

Ziele beruflicher Bildung

Als Ziele beruflicher Bildung werden genannt:

- Erleichterung der Anpassung an die industriellen Wandlungsprozesse, insbesondere durch berufliche Bildung und Umschulung.
- Verbesserung der beruflichen Erstausbildung und Weiterbildung zur Erleichterung der beruflichen Eingliederung und Wiedereingliederung in den Arbeitsmarkt.
- Erleichterung der Aufnahme einer beruflichen Bildung sowie Förderung der Mobilität der Ausbilder und der in Ausbildung befindlichen Personen, insbesondere von Jugendlichen.
- Förderung der Zusammenarbeit in Fragen der beruflichen Bildung zwischen Unterrichtsanstalten und Unternehmen.
- Ausbau des Informations- und Erfahrungsaustauschs über gemeinsame Probleme im Rahmen der Berufsbildungssysteme der Mitgliedstaaten.

(nach: Amt für amtliche Veröffentlichungen der Europäischen Gemeinschaften, 1992, S.13)

Bildungsprogramme

Durch eine Vielzahl von Bildungsprogrammen wurde auch schon vor Maastricht Zusammenarbeit und gegenseitiges Kennenlernen gefördert. Nach Maastricht besteht ein offizielles Mandat, die bisherigen Bemühungen auf die Gebiete der allgemeinen und der beruflichen Bildung und auf alle Bildungsebenen, auch die Primar- und Sekundarschulen, zu erstrecken. Unter den Namen Sokrates und Leonardo sollen Programme im Bereich der allgemeinen Bildung bzw der beruflichen Bildung stattfinden.
Der Aufbau des Bildungswesens in den Mitgliedstaaten der EG wurde im Rahmen des Programms EURYDICE untersucht und dargestellt. (Kommission der Europäischen Gemeinschaften, 1987) Hierauf einzugehen übersteigt den Rahmen dieses Beitrags. (Vergl. Anweiler u. a., 1996)

2.2 Das Bildungssystem in Baden-Württemberg als Beispiel deutscher Bildungspolitik

2.2.1 Rechtliche Grundlagen der Bildungspolitik

Staat und Schule in Preußen

Die Schule ist eine Institution unseres demokratischen Rechtsstaates. Aus bildungsgeschichtlicher Sicht geht dies auf die preußische Reformepoche zu Beginn des 19. Jahrhunderts zurück. Unter der Leitung von Wilhelm v. Humboldt (1767-1835) wurden die Schulformen durch den Staat festgelegt. Unter Federführung des Staatsrats Süvern wurde ein neuer Lehrplan in staatlicher Verantwortung erstellt. Die facultas docendi, eine Staatsprüfung für das höhere Lehramt, wurde im Jahr 1810 eingeführt und damit der examinierte und juristisch definierte Gymnasiallehrer geschaffen. Für die Schüler der

Gymnasien wurde im Jahr 1812 eine Abgangsprüfung, das Abiturientenexamen, eingerichtet, das zum Studium an den Universitäten berechtigte.
Heute sind die wichtigsten rechtlichen Grundlagen für das Schulwesen das Grundgesetz für die Bundesrepublik Deutschland sowie die Verfassungen und Schulgesetze der Länder. Im Folgenden soll dies exemplarisch für Baden-Württemberg dargestellt werden.

Grundgesetz

Im Grundgesetz von 1949 ist festgelegt, dass das gesamte Schulwesen unter der Aufsicht des Staates steht. Allerdings wird Bildungspolitik nicht zentralistisch, sondern föderativ gestaltet: Nicht der Bund, sondern die Länder sind in ihrem Bereich für die Bildungspolitik zuständig. Diese Kulturautonomie der Länder ist im Grundgesetz nicht expressis verbis festgelegt. Sie ergibt sich aus Art. 70 GG, demzufolge die Länder das Recht der Gesetzgebung haben, soweit das Grundgesetz nicht dem Bunde Gesetzgebungsbefugnisse verleiht, was für die Bildungspolitik jedoch nicht der Fall ist.

Landesverfassung und Schulgesetz Baden-Württemberg

Die Verfassung des Landes Baden-Württemberg wurde 1953 verkündet. Die Artikel 11 bis 22 im III. Teil enthalten Bestimmungen über Erziehung und Unterricht. Hier ist der Erziehungs- und Bildungsauftrag der Schule verankert. Die Schulorganisation ist hier jedoch nicht genauer geregelt. Das Schulgesetz für Baden-Württemberg aus dem Jahr 1976 (gültige Fassung vom 1.8.1983) beschreibt dagegen Aufbau und Gliederung des Schulwesens. Hier wird in §3 und §4 SchG eine vertikale und horizontale Gliederung in Schularten und Schulstufen festgelegt, die charakteristisch für das gegliederte Schulsystem ist.

2.2.2 Beschreibung des gegliederten Schulsystems

2.2.2.1 Gliederung des Schulwesens

Schularten

Die Paragraphen 3 bis 15 des Schulgesetzes für Baden-Württemberg bestimmen die Gliederung des Schulwesens in diesem Land. Die Teilbereiche des Schulsystems werden als Schularten bezeichnet. Schularten sind die Grundschule, die Hauptschule, die Realschule, das Gymnasium, das Kolleg, die Berufsschule, die Berufsfachschule, das Berufskolleg, die Berufsoberschule, die Fachschule und die Sonderschule.

Schulstufen

Aufeinanderfolgende Abschnitte des Bildungsweges werden Schulstufen genannt. Schulstufen sind die Primarstufe, die Sekundarstufe I mit Orientierungsstufe und die Sekundarstufe II. Eine Elementarstufe als Vorstufe der Primarstufe ist im Schulgesetz nicht vorgesehen. Weitere Stufen nach der Sekundarstufe, etwa eine Tertiärstufe für das Studium und eine folgende Stufe allgemeiner oder berufsbezogener Weiterbildung, liegen außerhalb des Rahmens des Schulgesetzes.

2.2.2.2 Die Grundschule

Die Schullaufbahn eines Kindes beginnt in der Regel im Alter von 6 bis 7 Jahren mit der Einschulung in die Grundschule, die vier Schuljahre umfasst.

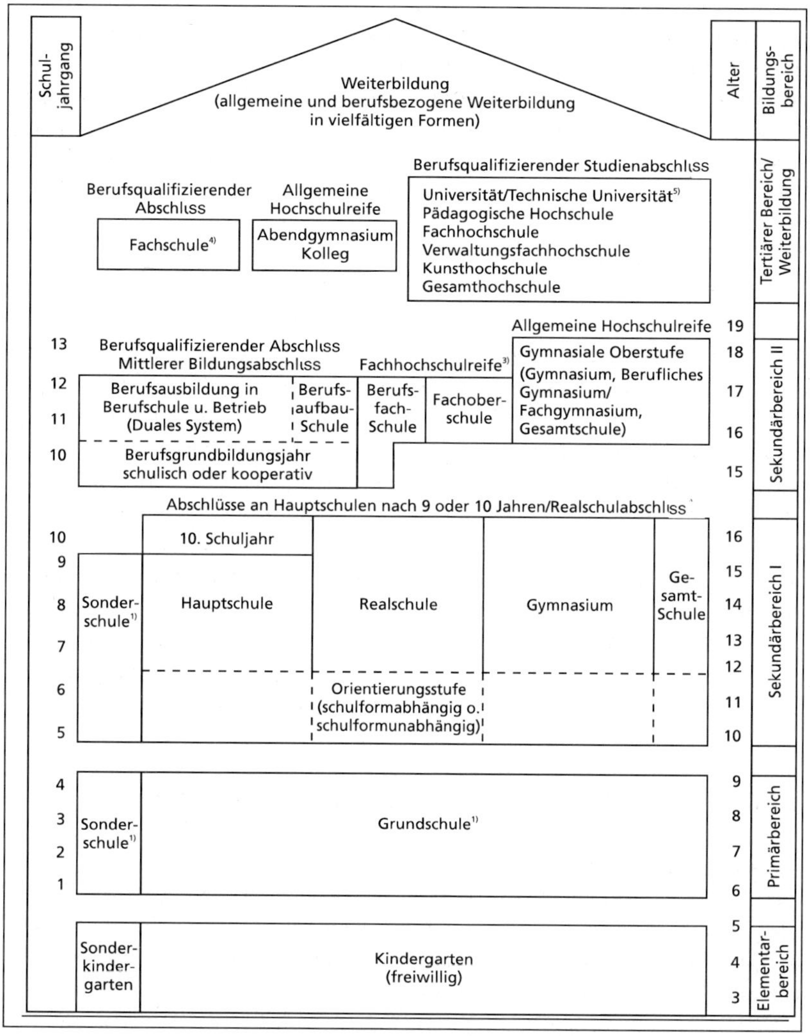

Bild 2: Struktur des Bildungswesens in der Bundesrepublik Deutschland

In dieser Zeit werden alle Kinder gemeinsam in Jahrgangsklassen unterrichtet. Die Schulstufe, die die ersten vier Schuljahre umfasst, wird als Primarstufe bezeichnet.

Der Unterricht der Grundschule vermittelt gundlegende Kenntnisse und Fertigkeiten. Die Schüler vollziehen einen Übergang vom spielerischen Lernen des Kindergartens zum schulischen Lernen. Es werden ihnen die Grundlagen vermittelt, die den Besuch der weiterführenden Schulen ermöglichen. Gelernt werden Grundfertigkeiten im Lesen, Schreiben und Rechnen, sowie eine Einführung in ausgewählte natur- und sozialwissenschaftliche Themen im Rahmen der Sachkunde. Hinzu kommen die Fächer Musik, Bildende Kunst, Werken sowie Religions- und Sportunterricht. In dieser Zeit werden aber auch eigene Wertungen, Einstellungen und Haltungen entwickelt

und differenziertere Formen des sozialen Umgangs von den Schülern erlernt, so dass der Erziehungsauftrag hier besonderes Gewicht besitzt.
Am Ende der Klasse 4 wird von der Grundschule eine Grundschulempfehlung ausgesprochen, die die Berechtigung zum Besuch der empfohlenen weiterführenden Schulen beinhaltet.

2.2.2.3 Die Orientierungsstufe

Weiterführende Schulen sind die Hauptschule, die Realschule und das Gymnasium. Dies sind die Schularten, die in Sekundarstufe I entsprechend der Grundschulempfehlung gewählt werden können.

Orientierungsstufe: Klassen 5 und 6

Die Klassen 5 und 6 bilden die schulartabhängige Orientierungsstufe. Sie dient der Korrektur falscher Schullaufbahnentscheidungen. In diesen Klassen wird überprüft, ob die getroffene Wahl einer Schulart für den jeweiligen Schüler richtig war und nicht zu Über- oder Unterforderungen führt. Wird ein Wechsel der Schulart auf der Orientierungsstufe notwendig, so ist er besonders leicht zu vollziehen, da die Lehrpläne der beteiligten Schularten aufeinander abgestimmt sind.

2.2.2.4 Vertikale und horizontale Gliederung im Schulsystem

Die Gliederung in Schularten, die je nach Interesse und Qualifikation alternativ besucht werden können, wird als vertikale Gliederung bezeichnet. Die Gliederung in Schulstufen, die zeitlich im Entwicklungsprozess des Schülers aufeinander folgen, wird horizontale Gliederung genannt.

Pädagogische Ziele vertikaler und horizontaler Gliederung

Vertikale und horizontale Gliederung sind aber nicht nur strukturelle Elemente des Schulsystems, sie sind auch Ausdruck unterschiedlicher pädagogischer Überzeugung: Die vertikale Gliederung der Sekundarstufe I in Hauptschule, Realschule und Gymnasium beruht auf der Ansicht, dass eine so frühzeitige Wahl des künftigen Bildungsganges und Berufsweges möglich ist und dass eine rechtzeitige Differenzierung der beste Weg ist, jedem jungen Menschen eine seiner Begabung entsprechende Ausbildung zu ermöglichen. Bei horizontaler Gliederung wird dagegen dem Gedanken der Integration Vorrang beigemessen: Die Schüler eines Jahrgangs werden wie in der Grundschule zusammen ohne leistungsmäßige Differenzierung unterrichtet. Der Leitgedanke der Chancengleichheit und der Gleichheit der Bürger in einer Demokratie wird hier in den Vordergrund gestellt. In der Praxis kommen aber auch die integrierten Gesamtschulen, die in der Sekundarstufe I eine rein horizontale Gliederung am stärksten repräsentieren, nicht ohne Differenzierung in verschiedene Kurse mit gestaffelten Leistungsanforderungen aus.
In Baden-Württemberg wird der vertikalen Gliederung Vorrang eingeräumt, wenngleich auch hier, etwa in der Orientierungsstufe oder in den Sekundarstufen I und II, eine horizontale Komponente, von allerdings untergeordneter Bedeutung, vorhanden ist. Die Schularten Hauptschule, Realschule und Gym-

nasium zeigen als Teile des gegliederten Schulsystems jeweils ein eigenes, besonders zugeschnittenes Profil, das es erlaubt, den besonderen Begabungen, Leistungsfähigkeiten und Neigungen jedes Kindes Rechnung zu tragen.

2.2.2.5 Die Profile der weiterführenden allgemeinbildenden Schulen

Profil der Hauptschule

Die Hauptschule wird von Schülern gewählt, die eher an praktischen als an abstrakt theoretischen Lerninhalten interessiert sind. Nach dem Hauptschulabschluss schließt sich die berufliche Ausbildung oder ein berufsbezogener Bildungsgang an.

Profil der Realschule

Die Realschule vermittelt eine in sich abgeschlossene, erweiterte allgemeine Bildung und ein vertieftes Grundwissen. Sie legt die Grundlagen für die spätere Ausübung von Berufen mit verstärkten theoretischen Anforderungen. Selbständigkeit, Verantwortung und Menschenführung sind bei der Ausübung der angestrebten Berufe in Handwerk, Industrie, Handel und Verwaltung vonnöten.

Profil des Gymnasiums

Das Gymnasium führt über das Abitur zur allgemeinen Hochschulreife und vermittelt den Schülern eine breite und vertiefte Allgemeinbildung. Der Erwerb von Kenntnissen und Fertigkeiten und die Verfolgung von Erziehungszielen und Bildungszielen stehen dabei gleichrangig nebeneinander. Erforderlich für den Besuch des Gymnasiums „sind Neugierde und Aufgeschlossenheit für theoretische und abstrakte Zusammenhänge, Freude am Beobachten, Experimentieren und Ordnen, am Finden von Ursachen, Regeln, Lösungen und Gesetzmäßigkeiten. Hierher gehören auch die Bereitschaft, über längere Zeit hinweg an einem Problem zu verweilen, gemeinsam mit anderen an Aufgaben zu arbeiten ein überdurchschnittliches Maß an Konzentrationsfähigkeit, geistige Belastbarkeit und Denkfähigkeit sowie auch Aufgeschlossenheit für alles Musische und Künstlerische." (Bildungsplan für das Gymnasium 1994, S.10) Das Gymnasium eröffnet den Schülern den Zugang zu Berufen mit erhöhten geistigen Anforderungen und zu Führungspositionen.

2.2.3 Allgemeinbildung und berufliche Bildung

2.2.3.1 Allgemeinbildung als Ziel gymnasialer Bildung

Geschichtlicher Exkurs zur Allgemeinbildung

Allgemeinbildende Schulen und berufsbildende Schulen unterscheiden sich im Kern durch eine unterschiedliche Gewichtung von Allgemeinbildung und Spezialisierung.

Die Diskussion über die Lernziele der Schulen und insbesondere des Gymnasiums reicht weit zurück. Zu Beginn des 19. Jahrhunderts, als unter Wilhelm von Humboldt das Schulwesen in Preußen neu geregelt wurde, war das Ziel allseitiger Bildung fundamental für die Neubegründung des Gymnasiums. Griechisch, Latein, Deutsch und Mathematik waren vor allen anderen die

Fächer, in denen die Kräfte des Geistes entfaltet werden sollten, die Bildung des Gemüts zur Freisetzung der schöpferischen Kräfte im Menschen führen sollte. Spezialisierung, die auf die Bedürfnisse des Lebens oder einen Beruf hin ausgerichtet ist, sollte erst nach vollendetem allgemeinen Unterricht erfolgen. So allgemein geschult, erwirbt man nach Humboldts Meinung die besonderen Fähigkeiten eines Berufs später um so leichter und behält immer die Freiheit, sich bei Bedarf in neue Berufe einzuarbeiten und den Tätigkeitsbereich zu wechseln. Außerdem kommt die Erlernung schöpferischen Arbeitens auch der Ausübung des Berufs zustatten. Denn auch hier ist nicht nur nachzuahmen, was andere vorab getan haben, sondern Erweiterungen und Verbesserungen, die der schöpferischen Arbeit entspringen, sind ständig erforderlich. Im weiteren Verlauf des 19. und 20. Jahrhunderts wurde auch den Realien ein wichtiger Beitrag zur Allgemeinbildung zugestanden. Physik, Chemie, Biologie, Erdkunde und Geschichte wurden nicht wegen der Vorbildung für ein Fachstudium, sondern wegen ihrer Bildungsfunktion unterrichtet. Nach Beendigung des Zweiten Weltkriegs, in der Zeit des Wiederaufbaus, fand eine starke Rückbesinnung auf Humboldtsches Gedankengut statt.

Auch heute wird in der allgemeinen Bildung das Ziel gymnasialen Unterrichts gesehen. Die Prinzipien

„– ganzheitliche Betrachtung von Problemstellungen
– Förderung der Selbstständigkeit / Selbsttätigkeit
– Förderung des Verantwortungsbewusstseins“

Schlüsselqualifikationen als pädagogische Ziele

und die Nennung der Schlüsselqualifikationen „Kooperationsfähigkeit, Teamfähigkeit, Kommunikationsfähigkeit, das Denken in Zusammenhängen, Kreativität, Problemlösungsvermögen, aber auch das Bewusstsein für lebenslanges Lernen“ (Fächerverbindendes Lehren und Lernen... 1991, S. 401) kann man als zeitgemäßen Versuch verstehen, den Begriff der Allgemeinbildung zu spezifizieren und zu konkretisieren. Nicht die Aneignung speziellen Tatsachenwissens steht im Vordergrund. Wesentlich ist es, die spezifischen Arbeitsweisen und Denkstrukturen in den verschiedenen Fächern und Aufgabenfeldern zu verstehen und Methoden der Aneignung und Durchdringung des Stoffes in selbständiger und eigenverantwortlicher Arbeit zu erproben und zu erlernen. Die Spezialisierung in den Wissenschaften ist heute soweit vorangeschritten, neues Wissen kommt in solch großem Umfang hinzu, und neue Forschungsrichtungen entwickeln sich mit solcher Geschwindigkeit, dass das Gymnasium selbst schon mit groben Überblicken über den aktuellen Wissensstand überfordert wäre. Die Ausbildung in den Wissenschaften muss die Aufgabe der Universität bleiben.

Die Allgemeinbildung als das Ziel gymnasialer Bildung schließt aber nicht aus, dass das Gymnasium auch berufsorientierende Bildungsinhalte vermitteln und zu berufsbezogenen Bildungsgängen führen kann. Die Typen der beruflichen Gymnasien können zusätzlich zu berufsqualifizierenden Abschlüssen hinführen, wie es das Schulgesetz für Baden-Württemberg vorsieht. Darüber hinausgehende Möglichkeiten der Integration von gymnasialer Bildung und beruflicher Ausbildung muss man mit Skepsis beurteilen. Es erscheint mir kaum realisierbar, dass ohne Minderung des Anforderungsniveaus in drei Jahren die Inhalte der gymnasialen Oberstufe und zusätzlich die Inhalte einer Berufsausbildung gelernt werden können. Aus diesem Grund ist es wünschenswert, das Gymnasium und das berufsbildende Schulwesen als eigenständige Teile des Schulsystems mit jeweils eigenen Zielen zu erhalten.

2.2.3.2 Berufsbildende Schulen

Das duale System

Generell ist das berufliche Schulwesen durch die Verbindung von beruflicher und allgemeiner Bildung gekennzeichnet, wobei die Spezialisierung in der Berufsausbildung, entsprechend der großen Anzahl der Berufsfelder und Berufe, Vorrang hat und die Allgemeinbildung ergänzend gefördert, vertieft und erweitert werden soll. Die Ausbildung erfolgt überwiegend im dualen System: Die Berufsausbildung in Form der Lehre ist eine praktische Ausbildung im Ausbildungsbetrieb, die durch den Unterricht in der Berufsschule ergänzt wird.

Berufsfachschule

Neben dem dualen System gibt es auch rein schulische Formen der Berufsausbildung. Die Berufsfachschule, deren Dauer ein bis drei Jahre beträgt, ist eine Vollzeitschule, die in theoretischer und praktischer Ausbildung auf einen Beruf vorbereitet und bis zur Fachschulreife führen kann.

Berufskolleg

Das Berufskolleg baut auf der Fachschulreife, dem Realschulabschluss oder einem gleichwertigen Bildungsstand auf und kann bis zur Fachhochschulreife führen. Es ist in der Regel eine Vollzeitschule, kann aber auch in Teilzeitunterricht durchgeführt werden.

Berufsoberschule

Die Berufsoberschule setzt die Berufsschule und eine praktische Berufsausbildung oder Berufsausübung voraus und führt bis zur fachgebundenen Hochschulreife.

Fachschule

Die Fachschule vermittelt vor allem Spezialkenntnisse im Beruf. Sie setzt eine abgeschlossene Berufsausbildung und mehrjährige Berufserfahrung voraus. Ihre Absolventen kehren in der Regel als hochqualifizierte Spezialisten in die Berufswelt zurück.

2.2.3.3 Der zweite Bildungsweg

Der zweite Bildungsweg ermöglicht es Berufstätigen, Bildungsabschlüsse nachzuholen.

Abendgymnasium

Das Abendgymnasium kann von Berufstätigen mit Realschulabschluss oder gleichwertigem Abschluss besucht werden und führt zur Hochschulreife.

Das Kolleg setzt die Fachschulreife, den Realschulabschluss oder einen gleichwertigen Bildungsstand und eine abgeschlossene Berufsausbildung oder einen gleichwertigen beruflichen Werdegang voraus. Es ist eine Vollzeitschule und führt nach mindestens zweieinhalb Schuljahren zur Hochschulreife.

2.2.4 Abschlüsse und Übergänge

2.2.4.1 Abschlüsse

Kein Abschluss ohne Anschluss

Obwohl es keinen Grundschulabschluss gibt, übernimmt die Ende Klasse 4 erstellte Grundschulempfehlung für alle Schüler eine solche Funktion und reguliert den Übergang in eine der weiterführenden Schularten. Hauptschule, Realschule und Gymnasium verfügen mit dem Hauptschulabschluss, dem Realschulabschluss und dem Abitur über jeweils eigene Abschlüsse. Dabei stellt kein Abschluss eine Sackgasse in Bezug auf schulische Weiterbildung dar. So erlaubt der Hauptschulabschluss mit anschließendem Abschluss in der Berufsausbildung eine Fortsetzung der Ausbildung bis hin zur Fachhochschulreife und zum Abitur. Auch der Realschulabschluss ermöglicht die weitere Ausbildung bis hin zu Fachhochschulreife und Abitur. Andererseits erreicht ein Gymnasiast mit dem Versetzungszeugnis nach Klasse 11 eine Qualifikation, die dem Realschulabschluss oder auch der Fachschulreife gleichwertig ist und die Möglichkeiten des beruflichen Bildungswesens eröffnet.

2.2.4.2 Übergänge zwischen den Schularten

Das gegliederte Schulsystem zeichnet sich dadurch aus, dass häufige Übergänge zwischen Zügen verschiedener Leistungsstärke entbehrlich sind. Bei einem Wechsel in eine weiterführende Schule müssen sich die Schüler zwar in eine neue Klassengemeinschaft eingewöhnen, aber die Klasse bleibt dann für Jahre als soziale Umgebung für den Schüler erhalten. Voraussetzung dafür ist allerdings, dass es nicht durch eine falsche Wahl der weiterführenden Schulart zu Über- bzw. Unterforderungen des Schülers kommt.
Aber genau für diese Fälle ist die Orientierungsstufe eingerichtet worden. In Klasse 5 und 6 erfolgt eine Beurteilung der gewählten Schullaufbahn durch die weiterführende Schule. Falls Leistungsfähigkeit und Schulwunsch deutlich divergieren, wird hier durch entsprechende Empfehlungen und Beratungen auf den nötigen Wechsel der Schulart und damit die Korrektur der Schullaufbahn hingewirkt.
Aber nicht nur in Klasse 5 und 6, sondern auch in den folgenden Klassen sind vielfältige Möglichkeiten des Übergangs zwischen den Schularten gemäß der multilateralen Versetzungsordnung gegeben. Allerdings führt im gegliederten Schulsystem nicht jede Nichtversetzung dazu, dass ein Wechsel der Schulart erfolgen muss . Durch Repetieren eines Schuljahrs können Leistungsschwächen innerhalb derselben Schulart ausgeglichen werden.
In der Tat ist die Anzahl der Übergänge, die der Korrektur der Schullaufbahn dienen, im Vergleich zur Gesamtzahl der Schüler gering. So waren zum Beispiel im Gymnasium von den Schülern, die in der 5. Klasse begannen, in Klasse 10 im Schuljahr 1990/91 noch 98,5% übrig (vgl. Bargel, Kuthe 1992, 225) Man kann darin eine Bestätigung sehen, dass sich das Beurteilungsverfahren

Ende Klasse 4, das zu diesem frühen Zeitpunkt sicher schwierig und mit der Möglichkeit von Fehlurteilen belastet ist, in der Praxis bewährt hat.

Übergänge auf Realschule und Gymnasium mit steigender Tendenz

Beim Übergang von der Grundschule auf weiterführende Schulen hat sich in den zurückliegenden zehn Jahren ein deutlicher Trend zugunsten der Realschule und vor allem zugunsten des Gymnasiums ergeben. Während noch 1983 in Baden-Württemberg die Hauptschule von 41,9%, die Realschule von 26,3% und das Gymnasium von 26,8% der Schüler gewählt wurden, wählten zum Schuljahr 1996/97 nur noch 36% die Hauptschule, 30,2% die Realschule, aber 32% das Gymnasium (Statistisches Landesamt Baden-Württemberg)

Etwa 17% der Gymnasiasten verließen im Jahr 1991 das Gymnasium mit der mittleren Reife Ende der 10. Klasse, um ihren Bildungsweg entweder im beruflichen Gymnasium oder in einer anderen berufsorientierten Ausbildung fortzusetzen. Im Verlauf der Oberstufe verlassen etwa 10% der Schüler das Gymnasium ohne Abitur. Knapp unter 70% der Schüler, die im 5. Schuljahr auf dem Gymnasium anfingen, machen das Abitur.

Die Übergänge in die berufsbildenden Gymnasien erfolgen hauptsächlich von den Realschulen. Im Jahr 1990 setzten 25% der Realschulabsolventen ihren Bildungsweg an einem beruflichen Gymnasium fort. Etwa 10% der Schüler allgemeinbildender Gymnasien wechseln nach Klasse 10 auf ein berufliches Gymnasium. (vgl. Bargel, Kuthe 1992, S. 225)

2.2.5 Schulverbund, Ganztagsschulen

2.2.5.1 Der Schulverbund

Der Schulverbund kann nach dem Schulgesetz für Baden-Württemberg als Verbund von Schularten, als Bildungszentrum oder als regionaler Verbund realisiert werden.

Verbund von Schularten

Beim Verbund von Schularten können mehrere Schularten organisatorisch in einer Schule verbunden sein. Es handelt sich um die engste, gesetzlich vorgesehene Form eines Verbundes. Obwohl verschiedene Schularten organisatorisch in einer Schule zusammengefasst sind, existieren diese Schularten in pädagogischer Eigenständigkeit fort. Das gegliederte Schulsystem wird in seiner Struktur nicht aufgegeben, eine Integration der beteiligten Schularten nicht durchgeführt. Die Schulverwaltung kann jedoch vereinfacht sein, und durch die räumliche und organisatorische Nähe können Kooperation und Durchlässigkeit zwischen den Schularten erhöht werden. Jede Verbundlösung erhöht aber die Schülerzahl der Schule. Bei Schulen mit sehr großer Schülerzahl und weitläufig verteilten Gebäuden könnte die Schulatmosphäre durchaus negativ beeinflusst werden.

Bildungszentrum

In Bildungszentren arbeiten räumlich zusammengefasste, selbständige Schulen pädagogisch und organisatorisch zusammen. Auch hier ergeben sich verbesserte Kooperationsmöglichkeiten sowie die Förderung der Durchlässigkeit zwischen den beteiligten Schularten.

Der regionale Verbund

Beim regionalen Verbund, der losesten Form eines Verbundes, sollen benachbarte Schulen pädagogisch zusammenarbeiten. Aber auch eine bessere organisatorische Nutzung der vorhandenen Lehr- und Lernmittel soll so erreicht werden.

2.2.5.2 Ganztagsschulen

Soziale Funktion von Ganztagsschulen

In Baden-Württemberg wird grundsätzlich an der Halbtagsschule festgehalten. Trotzdem gibt es eine begrenzte Anzahl von Ganztagsschulen. Sie sind in erster Linie für die Kinder alleinerziehender Eltern wichtig, da diese aus beruflichen Gründen vielfach nachmittags nicht zu Hause sein können. Aber auch für Ehepaare, bei denen Mutter und Vater einen Beruf ausüben und erst abends nach Hause kommen, stellt eine Ganztagsschule eine erhebliche Hilfe dar. Ganztagsschulen werden im Rahmen von Schulversuchen als Schulen besonderer Art geführt.

2.2.6 Das achtjährige Gymnasium

Ab dem Schuljahr 1991/92 wurde in Baden-Württemberg mit der Erprobung des achtjährigen Gymnasiums begonnen. An dem Schulversuch beteiligten sich zunächst vier Gymnasien. Seit dem Schuljahr 1997/98 gibt es weitere Gymnasien, die neben dem neunjährigen auch einen achtjährigen gymnasialen Bildungsgang anbieten. 15 Gymnasien haben bis Februar 1997 einen solchen Schulversuch beantragt.

Entscheidung durch die Eltern

Die Entscheidung, ob ein Kind den achtjährigen Zug besucht ,liegt bei den Eltern. Grundschule und Gymnasium sind dabei beratend tätig. Sollte sich herausstellen, dass ein Kind den Anforderungen des achtjährigen Bildungsganges nicht gewachsen ist, kann es ohne Zeitverlust in die nächsthöhere Klasse des neunjährigen Zuges überwechseln oder die Klasse im achtjährigen Zug wiederholen.

Klasse 6 wird gestrichen; der Stoff auf Klasse 5 bis Klasse 10 verteilt

Die Vermittlung der Ausbildungsinhalte der Klassen 5 bis 11 des neunjährigen Zuges wird im achtjährigen Zug um ein Jahr verkürzt, indem die Inhalte der Klasse 6 des neunjährigen Zuges in die Jahrgangsstufen 5 bis 10 des achtjährigen Zuges integriert werden. Die Einsparung eines Schuljahres erfolgt also bis zum Beginn des Kurssystems. Dieses wird von den Schülern des achtjährigen und des neunjährigen Zuges gemeinsam besucht. Die Abiturprüfung ist für alle Gymnasiasten gleich.

Da die von der KMK geforderten 265 Wochenstunden für die Sekundarstufe I und die gymnasiale Oberstufe erreicht werden, wird das Abitur des achtjährigen Zuges bundesweit anerkannt. Die mittlere Reife wird im achtjährigen Gymnasium nach sechs Jahren, also mit der Versetzung nach Klasse 11, erreicht.

Außer der Kürzung der Schulzeit war ursprünglich für den achtjährigen Zug auch eine besondere pädagogische Förderung vorgesehen:

„Die neuen Lehrpläne berücksichtigen
- *möglichst viele fächerverbindende Elemente durch eine weitgehende Verzahnung der Einzelfächer*
- *dass möglichst viel selbständig und kreativ in allen Fächern gearbeitet wird*
- *gemeinsames Arbeiten im Team als wichtiges Unterrichtsprinzip"*

(Ministerium für Kultus und Sport, 1991, S.8)

Argumente für das achtjährige Gymnasium

Der achtjährige Bildungsgang sollte nicht als ein erster Schritt zur Kürzung der Ausbildungszeit für alle Gymnasiasten missverstanden werden. Er ist ein besonderes Angebot für Schüler mit geeigneter Begabung und besonderem Leistungswillen. Die versuchsweise Einführung des achtjährigen Gymnasiums stellt eher die konsequente Weiterentwicklung des gegliederten Schulsystems dar. Bedenkt man, dass in Baden-Württemberg etwa ein Drittel, in einigen Städten sogar bis zur Hälfte eines Jahrgangs das Gymnasium besuchen, so könnte eine Differenzierung im Gymnasialbereich einem zu starken Leistungsgefälle in den Klassen entgegenwirken. Von den Befürwortern des Schulversuchs wird auch betont, dass eine Verkürzung der Ausbildungszeiten und eine Angleichung an europäische Standards nötig sei.

Argumente gegen das achtjährige Gymnasium

Von den Gegnern des achtjährigen Gymnasiums wird argumentiert, dass bei dem Erwerb von Bildung vor allem Zeit für Reifungsprozesse nötig ist. Selbst wenn Kinder die rein intellektuellen Anforderungen des achtjährigen Zuges bewältigen, so heißt das nicht, dass die personale und die soziale Entwicklung ebenfalls akzeleriert verläuft. Bleibt bei der stärkeren zeitlichen Unterrichtsbelastung genügend Zeit für Musik, Sport, Spiel, Entspannung und Reflektion? Im übrigen ist das Überspringen von Klassen im neunjährigen Gymnasium stets möglich, wenn die Leistungsfähigkeit und die Persönlichkeit des Schülers es pädagogisch sinnvoll erscheinen lassen.
Wie erfolgreich der Schulversuch mit dem achtjährigen Gymnasium sein wird, muss die Zukunft erweisen.

2.3 Schulen in freier Trägerschaft

2.3.1 Die Bedeutung der Freien Schulen im Schulsystem

In Baden-Württemberg gab es im Schuljahr 1996/97 27 Grundschulen, 14 Hauptschulen, 27 Realschulen und 47 Gymnasien in freier Trägerschaft. 4,18% aller Schüler an Realschulen und 10% aller Schüler an Gymnasien besuchten diese Schulen. (Statistisches Landesamt Baden-Württemberg) Damit leisten vor allem die Gymnasien in freier Trägerschaft einen erheblichen Anteil an der schulischen Versorgung des Landes.
Die Existenz Freier Schulen wird durch das Grundgesetz garantiert. Die Länder haben die Aufgabe, durch Privatschulgesetze diesen Teil des Schulwesens zu regeln und die Schulaufsicht auszuüben. Für die Freien Schulen ergibt sich hieraus ein beträchtlicher Freiraum bei der Gestaltung des Unterrichts, der Organisation der Schule, der Auswahl der Lehrer und der Aufnahme von Schülern.

Dieser Freiraum wird vor allem dazu genutzt, dass Unterricht und Schulorganisation sich verstärkt an den Fähigkeiten, Interessen und Bedürfnissen der Schüler ausrichten: „Wir wollen in unseren Schulen das Kind in seinen individuellen Anlagen und Möglichkeiten achten und fördern." (Handbuch Freie Schulen 1984, 28) Dem erzieherischen Bereich wird Priorität eingeräumt, und die Ansätze, den Erziehungsauftrag umzusetzen, sind vielfältig. Sie reichen vom gemeinsamen Leben im Internat bis hin zur Bildung kleiner Klassen oder Arbeitsgruppen im Unterricht, die sich nicht an Vorschriften über den Klassenteiler orientieren muss. Auch die stärkere Einbeziehung praktisch-handwerklicher oder künstlerischer Tätigkeiten sowie ein oft starkes Engagement im sozialen Bereich können die Entwicklung Jugendlicher nachhaltig fördern.

Freie Schulen mit vielfältigen Möglichkeiten zur Umsetzung des Erziehungauftrages

Im Lauf der Jahre hat das staatliche Bildungswesen viele Ideen und Praktiken übernommen, die von den Freien Schulen erprobt und praktiziert wurden: So ist heute der Erziehungs- und Bildungsauftrag als gleichrangig mit der kognitiven Ausbildung im Bildungsplan festgeschrieben. Projektunterricht oder zumindest projektorientierter Unterricht findet, wenn auch noch in geringem Ausmaß, auch an der Regelschule statt. Ganzheitliche Verfahren bei der Unterrichtsgestaltung halten etwa beim fächerübergreifenden Unterricht Einzug in den Alltag der staatlichen Schulen, und auch praktisches Lernen wird zunehmend im Unterricht eingesetzt. Für mich war der Besuch von Freien Schulen und die Diskussion mit den Kollegen, die dort unter anderen Rahmenbedingungen arbeiten, stets lehrreich und anregend.

Ein vollständiger Überblick über die Freien Schulen ist an dieser Stelle nicht möglich (vgl. Handbuch Freie Schulen 1984 oder Röhrs 1986). Katholische und evangelische Schulen, die deutschen Landerziehungsheime und die Freien Waldorfschulen sind Beispiele für Schulen in freier Trägerschaft.

2.3.2 Die deutschen Landerziehungsheime

In diesen Schulen wird eine besondere Form der Internatserziehung verwirklicht, die auf Hermann Lietz (1868-1919) und die Reformpädagogik zurückgeht. Mit Absicht wurden diese Schulen auf dem Land eingerichtet. Das Erleben der Natur, des Wechsels der Jahreszeiten und der Besonderheiten der jeweiligen Landschaft bildet einen deutlichen Kontrast zur Erfahrung von Hektik und Reizüberflutung in den Städten. Die vorrangige Aufgabe ist die Erziehung der Jugendlichen. Kopflastigkeit im Unterrichtsangebot und einseitige Überbewertung von intellektuellen Leistungen sollen vermieden werden. Das Internat ist das Heim der Schüler. Leben und Schule sollen zu einer Einheit verschmolzen werden. Der Name Land-Erziehungs-Heim steht für dieses Programm. In der Praxis wird dieses Programm an den Landerziehungsheimen mit unterschiedlichen Organisationsformen realisiert. So sind zum Beispiel die Schule Schloss Salem und der Birklehof staatlich anerkannte Gymnasien für Jungen und Mädchen. Dagegen ist die Odenwaldschule, in Hessen gelegen, eine Gesamtschule.

Erziehungsziele eines deutschen Landerziehungsheims

Die Erziehungsziele, die angestrebt werden, sollen hier aus der Monographie „Erziehung an der Schule Schloss Salem“ zitiert werden.
Erziehungsziele sind:
„1) Akademische Bildung
2) Erziehung zur Verantwortung
3) Religiöse Erziehung
4) Toleranz, Rücksichtnahme und Helfen
5) Fähigkeit, mit anderen zusammenzuleben (Anstand und Fair play, Bescheidenheit, Höflichkeit, Koedukation)
6) Gesundheit und körperliche Leistungsfähigkeit
7) Mut, Verantwortung, Sicherheit
8) Weltoffenheit
9) Musische Erziehung
10) Praktische Fähigkeiten“ (Schule Schloß Salem 1989, 4-6).

2.3.3 Die Freien Waldorfschulen

Rudolf Steiner (1861-1925) gründete die erste Freie Waldorfschule 1919 in Stuttgart. Steiner, ein engagierter Pädagoge, Goethe-Forscher und Anthroposoph, richtete diese Schule auf Bitten von E. Molt, dem Direktor des Zigarettenkonzerns Waldorf-Astoria, für die Kinder der Angestellten und Arbeiter dieser Firma ein.
Steiner ging es um eine ganzheitliche Erziehung, um die Entwicklung und Entfaltung aller Fähigkeiten, die im Menschen angelegt sind. Geistiges und gefühlsmäßiges Erleben, moralische und religiöse Einstellungen, künstlerische und handwerkliche Begabung und soziale Umgangsformen sollen genauso gefördert werden wie die Aneignung von Wissen.

Steiners Phasenmodell der Entwicklung

Zu einer Zeit, als es die Entwicklungspsychologie im heutigen Sinne noch nicht gab, entwickelte Steiner ein Phasenmodell der Entwicklung, das von siebenjährigen Reifungsphasen ausgeht (vgl. Leber 1992, S. 65ff.).

- Die erste Phase, die frühe Kindheit, umfasst die ersten sieben Lebensjahre und endet mit dem Zahnwechsel. In ihr ist die Nachahmung die Grundform des kindlichen Lernens.
- Die zweite Phase, die Kindheit, dauert etwa vom 7. bis zum 14. Lebensjahr. Lernen geschieht jetzt durch Handlungserfahrung. Ein Bild der Welt wird aufgebaut. Denken ist noch nicht abstrakt, sondern wird durch Bilder geleitet.
- Die dritte Phase, das Jugendalter, ist die Zeit vom 14. bis zum 21. Lebensjahr. Jetzt wird auch das begriffliche Denken entwickelt. Die Ausbildung der Urteilskraft und der Arbeitstüchtigkeit sind Aufgaben für diese Phase.

Aus diesem Entwicklungsmodell ergeben sich Abfolge und Inhalte des Lehrstoffes.
An Freien Waldorfschulen werden alle Schüler derselben Jahrgangsstufe ohne leistungsmäßige Differenzierung zusammen unterrichtet, und selbst in

Altersgemäße Förderung als pädagogisches Ziel an Waldorfschulen

der Oberstufe wird Differenzierung möglichst weitgehend vermieden. Den Schulen ist in der Regel ein eigener Kindergarten angeschlossen, so dass die Kinder ihre gesamte Vorschulzeit und Schulzeit unter einem einheitlichen Schulkonzept durchlaufen. Dem Leistungsgedanken kommt untergeordnete Bedeutung zu. Die altersgemäße allgemeine und individuelle Förderung des Kindes hat Vorrang vor Zeugnissen und Ziffernnoten. Im Jahreszeugnis wird ein Bericht gegeben, der die Entwicklung des Schülers schildert, seinen Arbeitsstil beschreibt und seine Auseinandersetzung mit den verschiedenen Sachgebieten darstellt. Sitzenbleiben gibt es nicht.

Im Unterricht findet der künstlerisch-handwerkliche Bereich stärkere Förderung als an der Regelschule. Auch die Organisation des Unterrichts unterscheidet sich stark vom Stundenplan an staatlichen Schulen mit seinem 45-minütigen Unterrichtstakt. Im Epochenunterricht wird für etwa vier Wochen dasselbe Unterrichtsfach jeden Morgen zu Beginn eindreiviertel bis zwei Stunden lang ohne Pause behandelt. In dieser Zeit wird ein großes Stoffgebiet oder sogar der gesamte Stoff des Jahres durchgenommen. So werden eine große Anzahl von Fächern wie etwa Deutsch, Geschichte, Erdkunde, Mathematik, Physik, Chemie und Biologie unterrichtet. An diesen „Hauptunterricht“ schließen sich von 10 bis 12 Uhr die Fächer an, die im Stundentakt das ganze Jahr über unterrichtet werden müssen, weil in ihnen regelmäßige Übung unabdingbar ist.

Kollegiale Selbstverwaltung der Schule ohne Direktor, intensive pädagogische Gespräche bei wöchentlichen Konferenzen und enger Kontakt und die Zusammenarbeit von Eltern und Lehrern runden dieses alternative Schulkonzept ab.

2.4 Schulreform

2.4.1 Gesamtschulen

Die Gesamtschule wurde Mitte der sechziger Jahre als Alternative zum gegliederten Schulsystem entwickelt und in den siebziger und achtziger Jahren erprobt.

Hinsichtlich der Organisationsform ist zwischen kooperativen und integrierten Gesamtschulen zu unterscheiden.

Kooperative Gesamtschule

Kooperative Gesamtschulen sind Zusammenschlüsse von Hauptschulen, Realschulen und Gymnasien und enthalten diese drei Schularten als Abteilungen einer Schule. Die Schule besitzt einen Schulleiter und ein gemeinsames Kollegium, dem Hauptschullehrer, Realschullehrer und Gymnasiallehrer angehören. Schüler, die wegen mangelnder Leistungen nicht im gymnasialen Zweig bleiben können, müssen nicht die Schule verlassen, sondern wechseln in den Realschulzweig. Schüler können auch in einzelnen Fächern bei entsprechender Qualifikation am Unterricht der jeweils anspruchsvolleren Schulart teilnehmen. Trotz dieser weitreichenden Kooperation bleibt das pädagogische Profil der einzelnen Schularten erhalten.

Integrierte Gesamtschule

In der integrierten Gesamtschule sind die Schularten Hauptschule, Realschule und Gymnasium des gegliederten Schulsystems zu dem alternativen System integrierte Gesamtschule verschmolzen. Die vertikale Gliederung ist zugunsten einer rein horizontalen Gliederung aufgehoben. Differenzierung nach Neigung und Leistungsvermögen ist in vielfältiger Weise durch Wahl aus einem Unterrichtsangebot oder Zuweisung zu Kursen möglich. Im Kursunterricht erfolgt eine Zuweisung zu unterschiedlich anspruchsvollen Kursen je nach Leistungsvermögen. Typische Fächer für Kursunterricht sind Englisch oder Mathematik. Der Wahlpflichtunterricht wird aus einem Unterrichtsangebot gewählt und ist dann verbindlich. Beispiele dafür sind die zweite Fremdsprache oder verstärkter naturwissenschaftlicher Unterricht. Der Wahlunterricht ist dagegen freiwillig besuchter Unterricht, wie etwa Chor oder Orchester. Neben differenziertem Unterricht gibt es Kernunterricht, bei dem die Schüler unterschiedlicher Leistungsfähigkeit in Klassen zusammengefasst sind. Typische Fächer für den Kernunterricht sind Gesellschaftskunde, Kunst, Musik und Sport.

Vorläufer der Gesamtschule

Vorläufer der Gesamtschule finden sich in Deutschland aber schon in der ersten Hälfte dieses Jahrhunderts im Rahmen der Reformpädagogik. Als Peter Petersen in den zwanziger Jahren dieses Jahrhunderts den Jena-Plan entwickelte, hatte er eine freie, allgemeine Schule im Auge, bei der keine Auswahl unter Leistungskriterien stattfand. Auch die Odenwaldschule in Oberhambach/Hessen, ein deutsches Landerziehungsheim, 1910 von Paul und Edith Geheeb gegründet, kann als Vorläufer der Gesamtschule angesehen werden. Die erste Waldorfschule wurde von Rudolf Steiner 1919 in Stuttgart eingerichtet. Sie war von Beginn an eine Gesamtschule für Jungen und Mädchen verschiedener sozialer Schichten und unterschiedlicher Begabungen. Wichtige Vorbilder aus dem Ausland waren das englische Comprehensive-System, die US-High-School und die seit 1962 in Schweden eingeführte neunjährige Grundschule.

Die Diskussion um die Gesamtschule stellt inzwischen ein Stück Schulgeschichte der Bundesrepublik Deutschland dar. Früh schon geriet, was ursprünglich pädagogische Argumentation war, zur parteipolitischen Auseinandersetzung: Die CDU/CSU hielt am gegliederten Schulsystem fest, während die SPD dieses durch Gesamtschulen ersetzen wollte. Heute ist die Situation in den verschiedenen Bundesländern sehr unterschiedlich: In Bayern und Baden-Württemberg etwa sind Gesamtschulen kaum von Bedeutung. In Baden-Württemberg haben die vier vorhandenen integrierten Gesamtschulen den Status von Schulen besonderer Art. Sie dienten eher dem Schulversuch, als dass sie die Schullandschaft entscheidend determiniert hätten. In anderen Bundesländern sind Gesamtschulen teils stärker vertreten und nehmen etwa die Stellung einer vierten Schulart im gegliederten Schulsystem ein (vgl. Hansen 1993, 25ff.) In Hamburg, Bremen, Berlin, Nordrhein-Westfalen und Hessen ist die Gesamtschule als Regelschule eingeführt. In Hessen etwa gab es 1987/88 71 integrierte Gesamtschulen, die von 15,1% aller Schüler der 7. Klasse besucht wurden und 115 kooperative Gesamtschulen, die von 32,0% aller Schüler der 7. Klasse besucht wurden. In der Bundesrepublik gab es 1987/88 253 integrierte Gesamtschulen, die von 5,3% aller Schüler der 7.Klasse besucht wurden und 186 kooperative Gesamtschulen, die von 4,7% aller Schüler der 7. Klasse besucht wurden. (vgl. Arbeitsgruppe Bildungsbericht 1990, 310). Diese Daten darf man durchaus dahingehend interpretieren, dass sich, im Ganzen gesehen, die Gesamtschule mit ihrem ursprünglichen Anspruch, das gegliederte Schulsystem abzulösen, nicht durchgesetzt hat.

Argumente der Befürworter

Die Argumentationsschiene der Befürworter des Gesamtschulgedankens verläuft etwa wie folgt:

- Eine demokratische Gesellschaft muss für die soziale Integration der Jugendlichen sorgen und sie zu gegenseitigem Verständnis, wechselseitiger Achtung und zur Kooperation erziehen. Dies ist eher möglich, wenn alle Kinder dieselbe Schule besuchen.
- Im gegliederten Schulsystem ist die Chancengleichheit nicht genügend gewährleistet.
- In integrierten Schulsystemen ist die Durchlässigkeit des Differenzierungssystems besser zu realisieren.
- Im 4. Schuljahr können Eltern und Lehrer noch keine Entscheidung über den zukünftigen Bildungsweg treffen.
- Sitzenbleiben sollte vermieden werden. Ein Wechsel in einen Kurs mit geringeren Anforderungen erspart dem Kind das Repetieren.

Gegenargumente

Andererseits wirft die Idee und die Praxis der Gesamtschule auch viele Probleme auf. Das Leistungsvermögen bei Kindern und Jugendlichen ist weit gestreut und die Interessen divergieren stark. Will man nicht auf Leistung verzichten, so wird es ohne Differenzierung im Unterricht weit stärker zu Über- und Unterforderungen kommen, als es im gegliederten Schulwesen der Fall ist. Unsere Gesellschaft ist aber auf die Erbringung von Leistung in einem arbeitsteiligen Produktionsprozess angewiesen. Hier erlaubt ein gegliedertes Schulsystem eher, die besonderen Begabungen jedes Kindes, auch im Hinblick auf den späteren Beruf, zu entfalten. Sicher sieht auch die Gesamtschule teilweise Differenzierung vor und ist insofern von der Idee einer undifferenzierten Einheitsschule abgerückt. Damit stellt die Gesamtschule aber auch keine prinzipielle pädagogische Alternative zum gegliederten Schulsystem dar, sondern strebt nur etwas weniger Differenzierung oder auch Differenzierung in anderer Organisationsform an. Ob soziale Integration bei häufig wechselnden Gruppierungen besser zu erreichen ist als bei fester Klassengemeinschaft, darf zumindest bezweifelt werden.

Ergebnisse von Schulvergleichsuntersuchungen

Die Erprobung der Gesamtschule hat gezeigt, dass sie keineswegs dem gegliederten Schulsystem überlegen ist. Aurin kommt nach Auswertung verschiedener Schulvergleichsuntersuchungen zu dem Schluss: „Stärker als die Wirkung des Faktors „Schulsystem" erwies sich in allen vier Ländern die des Faktors „Einzelne Schule" (einer jeden Schulform/-art)." (Aurin 1987, S. 183) Auch der Anspruch, dass die Gesamtschule benachteiligte Schüler besonders fördert und dadurch die Chancengleichheit erhöht, konnte nicht bestätigt werden. „Durch die Analysen der vier neuesten Vergleichsuntersuchungen werden keine eindeutigen und insbesondere keine durchgängigen

Befunde ausgewiesen, die dafür sprächen, dass Schüler bestimmter Sozialgruppen generell in einem der beiden Schulsysteme deutlich bessere Fördererfolge erreichten." (Aurin 1987, S. 185) Hinsichtlich der Leistungsfähigkeit wird festgestellt, dass „im Leistungsbereich auf dem mittleren und oberen Anforderungsniveau die höheren Förderwirkungen bei den Schulen des gegliederten Schulsystems" liegen. (Aurin 1987, S. 190)
Man hat nach der Lektüre neuerer Literatur deutlich den Eindruck, dass der noch in den achtziger Jahren heftig geführte Streit abgeklungen ist und sich die Perspektive von der Wirksamkeit von Schulsystemen hin zur pädagogischen Wirksamkeit einzelner Schulen verschoben hat.

2.4.2 Die reformierte Oberstufe des Gymnasiums

2.4.2.1 Die Ziele der Oberstufenreform

Die Grundlage der Oberstufenreform war die „Vereinbarung zur Neugestaltung der gymnasialen Oberstufe in der Sekundarstufe II" der Ständigen Konferenz der Kultusminister vom 7. 7. 1972. Zwei Jahrzehnte der Vorbereitung und der Diskussion über Abituranforderungen und Organisation der gymnasialen Oberstufe waren dieser Vereinbarung vorausgegangen. So entstand eine Reform, die Westphalen als „ohne Zweifel die einschneidendste Veränderung der sogenannten höheren Schulbildung seit der Gymnasialreform Wilhelm von Humboldts aus dem Jahre 1809" bezeichnete (Westphalen 1979, 51)
Bei dieser Reform wurde von folgenden allgemeinen Zielen der gymnasialen Oberstufe ausgegangen:

Pädagogische Ziele der gymnasialen Oberstufe

- Selbstverwirklichung in sozialer Verantwortung,
- wissenschaftspropädeutische Grundbildung mit Vertiefung in Schwerpunktsbereichen,
- Studierfähigkeit und
- Erwerb von Grundlagen für eine berufliche Ausbildung oder Tätigkeit.

Neu war eine starke Betonung der Selbstverantwortung der Schüler, wie sie in der Möglichkeit einer Wahl oder Abwahl von Fächern zum Ausdruck kommt. Neu war auch das Bestreben im Wahlbereich weitere Fächer in den Bildungskanon aufzunehmen und dadurch der Allgemeinbildung eine breitere Basis zu verleihen.

2.4.2.2 Strukturelle Grundzüge der reformierten Oberstufe

Um die oben genannten Ziele zu erreichen, wurde eine umfassende Strukturreform durchgeführt:

Aufgabenfelder

1) Die Fächer wurden drei verschiedenen Aufgabenfeldern zugewiesen:
   - dem sprachlich-literarisch-künstlerischen Aufgabenfeld mit den Fächern Deutsch, Englisch, Französisch, Latein, Griechisch, Russisch, Musik und Bildende Kunst;

- dem gesellschaftswissenschaftlichen Aufgabenfeld mit den Fächern Geschichte, Erdkunde und Gemeinschaftskunde;
- dem mathematisch-naturwissenschaftlich-technischen Aufgabenfeld mit den Fächern Mathematik, Physik, Chemie und Biologie.

Sport ist ohne Zuordnung zu einem Aufgabenfeld. Religionslehre kann nach Schulgesetz einem Aufgabenfeld zugeordnet werden. Katholische und evangelische Religionslehre sowie Ethik sind dem gesellschaftswissenschaftlichen Aufgabenfeld zugewiesen worden.

Die Aufgabenfelder sind Kernbereiche der Allgemeinbildung. Durch Regelungen, die den Besuch von Kursen in allen drei Aufgabenfeldern sicherstellen, soll eine hinreichende Allgemeinbildung und die Studierfähigkeit gewährleistet werden. Durch Wahlmöglichkeiten innerhalb der Aufgabenfelder wird der Selbstverantwortung der Schüler Rechnung getragen und eine Individualisierung der Schullaufbahn ermöglicht.

Grundkurse – Leistungskurse

2) Mit Grundkursen und Leistungskursen wurde im selben Fach Unterricht auf verschiedenen Niveaus eingeführt. Die Grundkurse dienen der allgemeinen Orientierung innerhalb eines Faches sowie der Sicherung einer breiten Grundbildung. Die Leistungskurse sollen ein vertieftes wissenschaftspropädeutisches Verständnis vermitteln und dienen so in besonderem Maße der Vorbereitung auf das Studium.

Pflichtbereich – Wahlbereich

3) Das Unterrichtsangebot wurde in einen Pflichtbereich und einen Wahlbereich gegliedert. Während der Pflichtbereich oben unter 1) dargestellt ist, umfasst der Wahlbereich die Fächer Astronomie, Darstellende Geometrie, Geologie, Informatik, Literatur, Philosophie, Psychologie und Fremdsprachen.

   Dieser Wahlbereich und die außerdem vorhandenen Arbeitsgemeinschaften wie zum Beispiel Chor und Orchester ermöglichen es einer Schule, ein individuelles und unverwechselbares Profil zu entwickeln, durch das die vormals vorhandenen Gymnasialtypen abgelöst wurden. Für den Schüler bietet der Wahlbereich verstärkt die Chance, ein individuelles Lernprogramm nach seinen Neigungen und Fähigkeiten zusammenzustellen.

Abiturprüfung

Die Oberstufe des Gymnasiums beginnt mit der Klasse 11 als Einführungsphase. Es ist die letzte Klasse, in der der Klassenverband erhalten bleibt. Vorbereitungskurse dienen im Bedarfsfall dazu, den nötigen Leistungsstand für die Leistungskurse in Klasse 12 zu erreichen. Durch Kurswahlen wird die Kursstufe mit den Jahrgangsstufen 12 und 13 vorbereitet. Mit der Versetzung Ende Klasse 11 erfolgt der Übergang in die Kursstufe mit vier halbjährigen Kursen, die mit der Abiturprüfung abschließt. In dieser wird der Schüler in vier Fächern geprüft. Die schriftliche Prüfung erfolgt in den beiden Leistungsfächern und in einem vom Schüler gewählten Grundkursfach des Pflichtbereichs. Die mündliche Prüfung erstreckt sich auf die Fächer der schriftlichen Prüfung und ein weiteres vom Schüler gewähltes Grundkursfach. Durch die vier Prüfungsfächer müssen alle drei Aufgabenfelder abgedeckt sein. In der Gesamtqualifikation werden die in den Jahrgangsstufen 12 und 13 erzielten Ergebnisse in den Leistungskursen und in bestimmten anrechenbaren Grundkursen sowie die Ergebnisse der Abiturprüfung zusammengefasst. Sie ist maßgebend für die Zuerkennung der allgemeinen Hochschulreife.

Kritik an der Oberstufenreform

Über zwei Jahrzehnte sind nun seit der KMK-Vereinbarung von 1972 vergangen. Im Wesentlichen hat sich die Oberstufenreform sicher bewährt. Es gibt aber auch ernstzunehmende Kritik, die kurz zusammengefasst werden soll:

- Vom Schüler wird verlangt, dass er die richtigen Wahlentscheidungen für seinen Bildungsgang treffen kann. Durch die Zulassungsbeschränkungen, die an den Universitäten für die meisten Studiengänge heute bestehen, entsteht ein starker Druck durch taktisches Punktesammeln, die Zulassungschancen für das angestrebte Studium zu erhöhen. Nicht immer werden die Kurse gewählt, die am ehesten zur Allgemeinbildung beitragen, oder für die Interesse und Fähigkeiten vorhanden wären. Oft werden diejenigen Kurse gewählt, von denen man sich die höchsten Punktezahlen verspricht. Damit aber wird der Sinn der gewährten Wahlfreiheit pervertiert.
- Es ist auch in Zweifel gezogen worden, ob die individuell zusammengestellte Kursauswahl bei allen Schülern in gleicher Weise den Erwerb der Voraussetzungen für ein Studium sicherstellt. Die gegebene Wahlmöglichkeit zwischen gewissen Fächern setzt voraus, dass diese Fächer als gleich schwierig und als gleich wichtig für die Ausbildung anzusehen sind.
- Durch die Organisationsform der reformierten Oberstufe werden ein Stück weit die Bedingungen des Studiums vorweggenommen. Ein Übergang von der Schule zur Universität wird hergestellt. Es ist eine kontrovers diskutierte Frage, ob der Verlust der sozialen Einbettung in die Klassengemeinschaft nicht zu früh kommt. Muss das Gymnasium wirklich eine Einübung in universitäre Organisationsformen bereitstellen? Der Organisationsaufwand von seiten der Schule ist jedenfalls beträchtlich.

2.4.2.3 Weiterentwicklung der gymnasialen Oberstufe durch die KMK

Zum Ende des Jahres 1995 hat sich die Kultusministerkonferenz mit der Weiterentwicklung der gymnasialen Oberstufe beschäftigt und hat in ihrem Beschluss vom 1.12.1995 „Richtungsentscheidungen zur Weiterentwicklung der Prinzipien der gymnasialen Oberstufe und des Abiturs" verabschiedet. Danach bleiben die allgemeine Hochschulreife als Zugangsberechtigung für alle Studiengänge und die oben beschriebene Struktur der gymnasialen Oberstufe erhalten.

Fördermaßnahmen

Zum Ausgleich von individuellen Lerndefiziten sollen in der Einführungsphase verstärkt Intensivkurse in Deutsch, Fremdsprache und Mathematik angeboten werden. Auslandsaufenthalte und Betriebspraktika sollen die personalen, sozialen und fachlichen Kompetenzen fördern.

Die Fächer Deutsch, Fremdsprache und Mathematik sind durchgehend zu belegen und in die Gesamtqualifikation einzubringen.

mehr fächerübergreifendes Lernen

Fächerübergreifendes und fächerverbindendes Lernen sollen gestärkt werden. Die Länder können die Belegung entsprechender Kursangebote verbindlich festlegen.

Zur Weiterentwicklung der Oberstufe sind den Ländern zeitlich befristete Abweichungen von den Richtungsentscheidungen gestattet.

ein neues Seminarfach

Die Länder können vorsehen, dass wahlweise eine besondere Lernleistung im Rahmen eines zweisemestrigen Kurses erbracht wird, die mit einem Fünftel in die Gesamtpunktzahl der Abiturprüfung eingeht.

Transparenz und Einheitlichkeit zwischen den Bundesländen

Transparenz, Vergleichbarkeit und Einheitlichkeit zwischen den Ländern sollen gesichert werden. Dazu dienen der regelmäßige Austausch von schriftlichen Aufgaben und Ergebnissen, die Offenlegung der Bewertungsmaßstäbe und die gegenseitige Teilnahme bei mündlichen Abiturprüfungen. Die Leistungsfähigkeit der Schule an zentralen Gelenkstellen von Bildungsgängen und die Aussagekraft der Abiturzeugnisse sollen durch Forschungsaufträge regelmäßig geprüft werden.

13-jährige Schulzeit

Die Schulzeit bis zum Abitur dauert nach dem Hamburger Abkommen dreizehn Jahre. Das Abitur nach zwölf Jahren wird anerkannt, wenn ein Gesamtvolumen von mindestens 265 Wochenstunden für die Sekundarstufe I und die gymnasiale Oberstufe nachgewiesen wird. Dabei ist den einschlägigen Vereinbarungen der KMK in quantitativer und qualitativer Hinsicht zu entsprechen.

Literatur

Anweiler, O. u.a. (1996, 4. überarb. Aufl.). Bildungssysteme in Europa. Weinheim und Basel: Beltz Verlag.

Arbeitsgemeinschaft Freier Schulen (Hrsg.). (1984). Handbuch Freie Schulen. Reinbek: Rowohlt Verlag.

Arbeitsgruppe Bildungsbericht am Max-Planck-Institut für Bildungsforschung. (1990). Das Bildungswesen in der Bundesrepublik Deutschland. Reinbek: Rowohlt Verlag.

Aurin, K. (Hrsg.). (1991). Gute Schulen – worauf beruht ihre Wirksamkeit? Bad Heilbrunn: Verlag Julius Klinkhardt.

Aurin, K. (Hrsg.). (1987). Schulvergleich in der Diskussion. Stuttgart: Klett - Cotta.

Aurin, K. (1978). Sekundarschulwesen. Stuttgart: Verlag W. Kohlhammer.

Bargel, T., Kuthe, M. (1992). Schullandschaft in der Unordnung, Band 1: Bestandsaufnahme. Mössingen-Talheim: Talheimer Verlag.

Bargel, T., Kuthe, M. (1993). Schulstruktur und regionale Schulversorgung: das Lehrstück Baden-Württemberg. Pädagogische Führung, 4. Jahrgang, Heft 1, 50-55.

Baumgart, F. (1990). Zwischen Reform und Reaktion – Preußische Schulpolitik 1806-1859. Darmstadt: Wissenschaftliche Buchgesellschaft

Bildungsplan für das Gymnasium (1994). K. u. U. Baden-Württemberg. Lehrplanheft 4/1994

Bildungskommission NRW, (1995). Zukunft der Bildung – Schule der Zukunft. Berlin: Luchterhand.

Blättner, F. (1960). Das Gymnasium. Heidelberg: Quelle & Meyer

Büchner, P. (1985). Einführung in die Soziologie der Erziehung und des Bildungswesens. Darmstadt: Wissenschaftliche Buchgesellschaft.

Fächerverbindendes Lehren und Lernen als Zusatzaufgabe der Schule (1991). K. u. U. Baden-Württemberg 191, 401ff.
Fontaine, P. (1992). Europa in zehn Lektionen. Luxemburg: Amt für amtliche Veröffentlichungen der Europäischen Gemeinschaften.
Friedeburg, L. v. (1989). Bildungsreform in Deutschland. Frankfurt a. M.: Suhrkamp Verlag.
Geißler, E. E. (1984). Die Schule. Stuttgart: Klett Verlag.
Hansen, R. (1993). Quantitative Entwicklungen und strukturelle Veränderungen der Schule in der BRD. Dortmund: Projekt Verlag.
Heldmann, W. (1980). Gymnasium und moderne Welt – Bildungs- und gesellschaftstheoretische Überlegungen zur Aufgabe und Struktur des gegliederten Schulwesens. Düsseldorf: Pädagogik- und Hochschul-Verlag.
Heldmann, W. (1990). Kultureller und gesellschaftlicher Auftrag von Schule. Krefeld: Pädagogik und Hochschul Verlag.
Hochstetter, H., Muser, E. (1992, 18. Aufl.). Schulgesetz für Baden-Württemberg. Stuttgart: Kohlhammer Verlag.
Humboldt, W. v. (1993). Schriften zur Politik und zum Bildungswesen (Werke in V Bänden, Band IV, 4. unveränderte Auflage). Darmstadt: Wissenschaftl. Buchgesellschaft.
Kommission der Europäischen Gemeinschaften. (1987). Der Aufbau des Bildungswesens in den einzelnen Mitgliedstaaten der Europäischen Gemeinschaft. Luxemburg: Amt für amtliche Veröffentlichungen der Europäischen Gemeinschaften.
Kommission der Europäischen Gemeinschaften. (1992). Die Europäische Union. Luxemburg: Amt für amtliche Veröffentlichungen der Europäischen Gemeinschaften.
Leber, L. (1992, 3. Überarb. Aufl.). Die Pädagogik der Waldorfschule und ihre Grundlagen. Darmstadt: Wissenschaftliche Buchgesellschaft.
Meyer, E., Winkel, R. (Hrsg.). (1991). Unser Ziel: Humane Schule. Hohengehren
Ministerium für Kultus und Sport BW. (1991). 8jähriges Gymnasium in Baden-Württemberg
Oblinger, H. (1981). Die Schule in der Gesellschaft. Donauwörth: Verlag Ludwig Auer.
Philologenverband Baden-Württemberg. (Hrsg.). (1986). Allgemeine Bildung und berufliche Bildung. Stuttgart: PhV
Profil (1996). Im Wortlaut: Die „Richtungsentscheidungen" der Kultusminister. Heft 1-2. Seite 8.
Röhrs, H. (Hrsg.). (1986). Die Schulen der Reformpädagogik heute. Düsseldorf: Schwann.
Rodax, K. (Hrsg.). (1989). Strukturwandel der Bildungsbeteiligung 1950-1985. Darmstadt: Wissenschaftliche Buchgesellschaft.
Scheble, Q. B. (1996). 8 neben 9 – eine gymnasiale Variante. Schulintern. 7/96
Schleicher, K. (Hrsg.). (1993). Zukunft der Bildung in Europa. Darmstadt: Wissenschaftliche Buchgesellschaft.
Schleicher, K., Bos, W. (1994). Realisierung der Bildung in Europa. Darmstadt: Wissenschaftliche Buchgesellschaft.
Schmidt, A. (1991). Das Gymnasium im Aufwind – Entwicklung, Struktur, Probleme seiner Oberstufe. Aachen-Hahn: Hahner Verlagsgesellschaft.
Schmoldt, B. (1989). Zur Geschichte des Gymnasiums. Baltmannsweiler: Pädagogischer Verlag Burgbücherei Schneider.
Schule Schloss Salem. (1989). Erziehung an der Schule Schloss Salem.
Seydel, O. (1995). Zum Lernen herausfordern – Das reformpädagogische Modell Salem. Stuttgart: Klett-Cotta.
Tillmann, K.-J. (Hrsg.). (1989). Was ist eine gute Schule?. Hamburg: Bergman und Helbig Verlag.
Westphalen, K. (1979). Gymnasislbildung und Oberstufenreform. Donauwörth: Verlag Ludwig Auer.
Woischnik, E. (1993). Länderreport Baden-Württemberg. Pädagogische Führung, 4. Jahrgang, Heft 1, 45-49.
Zacharias, T. (1991). Deutschlands Schularten im Überblick. Leipzig: Militzke Verlag.
Zimmermann, W., Hoffmann, J. (1985). Die gymnasiale Oberstufe. Stuttgart: Klett Verlag.

3 Schule als Sozialisationsinstanz

Voraussetzungen, Aufgaben, Wirkungen, Qualität

Arthur Haug

Einleitung

Bis zu zwanzigtausend und mehr Stunden ihres Lebens verbringen Kinder und Jugendliche in der Schule. Die Unausweichlichkeit, mit der dies geschieht, macht Schule zu einem höchst bedeutsamen Faktor im individuellen und kollektiven Lebenslauf der Heranwachsenden. Die Tatsache wiederum, dass die Gesellschaft sich dies sehr viel kosten lässt, zeigt, dass dabei massive Interessen im Spiel sind.
Vor diesem Hintergrund werden im folgenden Beitrag Überlegungen angestellt zur Stellung der Schule im Sozialisationsprozess, zu Zielen der Schule und – soweit das möglich ist – zu ihren Wirkungen. In einem weiteren Abschnitt wird schließlich versucht, unter dem Stichwort Schulqualität Merkmale einer guten Schule zu erfassen und zu benennen.

3.1 Sozialisation und Schule

3.1.1 Der Begriff Sozialisation

Der Begriff Sozialisation soll hier den Prozess des Hineinwachsens des Kindes in die es umgebende Gesellschaft bezeichnen mit dem Ziel einer verantwortungsvollen Teilnahme am kulturellen, politischen und wirtschaftlichen Leben der Erwachsenen.
Formal lässt sich der Sozialisationsvorgang als Lernprozess beschreiben. Dieser umfasst alles organisierte und nichtorganisierte Lernen. Dabei bedeutet Lernen nicht nur das mühselige und anstrengende Aneignen bestimmter Lernpensen, sondern umfasst auch alle Erfahrungen, die der Mensch in ständiger – aktiver – Auseinandersetzung mit der sozialen, materiellen und ideellen Umwelt macht, der er angehört. Dieses Lernen ist ein lebenslanges Lernen, besonders wichtig sind jedoch die Kindheit und das Jugendalter: Hier geschehen die grundlegenden Lernvorgänge, auf denen alle weiteren aufbauen. Beteiligt ist auf der Basis genetischer Dispositionen das ganze Ensemble der – vielfach untereinander verschränkten – Lernarten vom Reiz-Reaktions-Lernen bis zu den komplizierten Formen sozialen und kognitiven Lernens.

Aneignung eines kulturellen Grundbestands

Inhaltlich umfasst der Sozialisationsprozess das Erlernen des kulturellen Grundbestands einer Gesellschaft in einer aktuellen historischen Situation. Dazu gehören die – mehr oder weniger für verbindlich gehaltenen – sozialen, moralischen und ästhetischen Standards ebenso wie psychomotorische

Fertigkeiten, kognitive Fähigkeiten und Kenntnisse und emotional-affektive Reaktionsweisen. Je komplizierter und reicher der angesammelte kulturelle Grundbestand einer Gesellschaft ist, desto intensiver muss gelernt werden, je komplexer, differenzierter und pluralistischer eine Gesellschaft ist, desto verschachtelter und mit mehr Widersprüchen behaftet ist der Lernprozess.

Lernorte sind in unserer Gesellschaft: die Familie, der Kindergarten, die Gruppe der Gleichaltrigen ... die Disco und die Jugendherberge, Kino und religiöse Zentren ebenso wie Bundeswehr oder Ehe oder Altersheim oder Arbeitsplatz; alle Orte eben, an denen freiwillig oder erzwungenermaßen, allein oder im Umgang mit anderen, mit und ohne Medien teils spezifische, teils übereinstimmende, teils sich ergänzende und teils konkurrierende Erfahrungen im oben beschriebenen Sinne gemacht werden können und Erwünschtes oder Unerwünschtes, Beiläufiges und Wichtiges gelernt wird. In unserem Zusammenhang ist der besonders interessierende Lernort die Schule.

Sozialisation dient Individuum und Gesellschaft

Die Unumgänglichkeit des Sozialisationsprozesses ergibt sich zunächst einmal aus der Perspektive des einzelnen heranwachsenden Kindes daraus, dass durch diesen Prozess sein ureigenes Überleben gesichert oder wenigstens befördert wird, und zwar zunächst im Wortsinn, umfassender aber im Sinne einer geglückten und erfüllten Lebensgestaltung. Aus der Perspektive der Gesellschaft, der das Kind angehört, ergibt sich die Unausweichlichkeit aus dem Bestreben, die Strukturen der Gesellschaft zu erhalten und womöglich zu verbessern durch eine entsprechende Formung der nachwachsenden Generation. Es liegt auf der Hand, dass diese beiden Perspektiven – hier das Wohl des Individuums, dort das der Gesellschaft – keineswegs deckungsgleich sein müssen, ja es ist evident, dass das „Wohl des Kindes" selbst sehr unterschiedliche Auslegungen finden kann ebenso wie das „Wohl der Gesellschaft".

3.1.2 Besonderheiten schulischer Sozialisation

Schule ist also ein Sozialisationsort unter vielen anderen, der nur einen Teil eines umfassenderen Lernprozesses ermöglicht und organisiert, und zeichnet sich durch einige spezifische Gegebenheiten aus, darunter diese:

– Schule ist ein künstliches / „kultürliches" Ereignis.
  Schulen werden immer dann eingerichtet, wenn der überlebenssichernde kulturelle Grundbestand einer Gruppe oder einer Gesellschaft Sachverhalte und Ideenkomplexe enthält, die nicht mehr beiläufig im Leben selbst durch Dabeisein, Mittun, Nachahmen und Belehrung aus der Situation heraus von den heranwachsenden Mitgliedern dieser Gruppe oder Gesellschaft angeeignet werden können. Es wird eine eigene Vermittlungsinstanz geschaffen, und die Sorge für die Weitergabe des Kulturgutes wird Spezialisten anvertraut. Dafür werden Zeit, Räume und Materialien zur Verfügung gestellt. Die Heranwachsenden selbst bezie-

hungsweise der Teil der Heranwachsenden, an den das Kulturgut weitergegeben werden soll, werden zeitweise freigestellt vom Produktionsprozess und somit mehr oder weniger deutlich herausgenommen aus unmittelbaren Handlungs- und Lebensvollzügen. Schule bedeutet eine künstliche Isolation des Lernens aus der Lebenswelt.

- Hauptzweck der Schule ist Unterricht.
  „Das Besondere der pädagogisch gemeinten Kommunikation in der Schule (...) ist, dass sie hauptsächlich in Form von Unterricht stattfindet." (Schulz 1969, 31) Unterricht aber bedeutet systematisches Lehren und Lernen nach Absicht, Plan und Methode in vorgegebenen Zeiteinheiten und in stufenweisem Fortschritt und, sofern Unterricht in Gruppen stattfindet, auch im Gleichschritt [1]. Vorschriften und Richtlinien, Lehrpläne und Curricula regeln seinen inhaltlichen Gang und seine äußere Verlaufsform seit alters her.
- Besuch der Schule ist Privileg und Pflicht.
  Die weit überwiegende Zahl der Heranwachsenden in Deutschland besitzt das Privileg des regelmäßigen Schulbesuchs und damit auch die Freistellung von der „Kinderarbeit" erst seit rund zweihundert Jahren, nachdem aus wirtschaftlichen und politisch-sozialen und schließlich auch pädagogischen Gründen die öffentliche Staatsschule eingerichtet wurde. Zugleich ist das Zur-Schule-Gehen zu einer Pflicht geworden und wird in seiner Dauer und in seinem Verlauf geregelt durch Gesetze und Verordnungen.
- Der Umgang in der modernen Schule basiert auf Gleichheit und Leistung und macht das Kind zum Schüler.
  In jeder Gemeinschaft unterliegt der Mensch bestimmten Maßstäben der Wertschätzung. Diese Maßstäbe sind in der Schule gleichsam normiert und standardisiert. Eigenschaften, die in anderen Lebensvollzügen hoch geschätzt werden, sollen vor dem Gebot der Gleichheit und Leistung zurücktreten. „Niemand darf wegen seines Geschlechtes, seiner Abstammung, seiner Rasse, seiner Sprache, seiner Heimat und Herkunft, seines Glaubens, seiner religiösen oder politischen Anschauungen benachteiligt oder bevorzugt werden." (Art. 3.3 GG) Für alle Kinder und Jugendlichen soll in der Schule Leistung – als Manifestation von Begabung – als Kriterium der Beurteilung gelten. Dabei bedeutet die „demokratische Leistungsschule" unzweifelhaft einen gewaltigen Fortschritt gegenüber der Ständeschule vergangener Zeit.
- Lernen in der Schule ist auf eine Zukunft hin ausgerichtet.
  Lernen in der Schule mag und soll für den einzelnen immer auch erfüllte Gegenwart bedeuten. Ihrem Zweck nach aber ist Schule ausgerichtet auf ein erfolgreiches Erwachsenenleben. Non scholae, sed vitae discimus. Man muss sich daher darüber klar sein, dass der Staat nicht Schulen (für alle) ausschließlich zur privaten Ergötzung und Bereicherung einrichtet und die Gemeinschaft die gewaltigen finanziellen Kosten dafür trägt. Schule bereitet in wesentlichen Teilen vor aufs Nichtprivate, auf die Übernahme von öffentlichen, gesellschaftlichen Aufgaben.

3.2 Sozialisationsaufgaben der Schule

Theodor Ballauff (1982), einer der bedeutendsten Vertreter der moderneren geisteswissenschaftlichen Pädagogik, hat in einer groß angelegten historisch-systematischen Analyse über dreißig verschiedene Funktionen der Schule herausgearbeitet, „triviale / pervulgate“, „kommunikative“, „projektive“ und „paideutische“, so dass sich ein äußerst widersprüchliches Bild von der Schule ergibt, in dem die verschiedenen Aspekte von der Kinderbewahranstalt bis zur Stätte höchster Menschenbildung reichen.
Das facettenreiche Bild soll hier vereinfacht werden. Wir unterscheiden im folgenden gesellschaftliche und personale Aufgaben der Schule.

3.2.1 Gesellschaftliche Funktionen

Dass Schule Teil einer geschichtlich gegebenen Gesellschaftsformation ist und als solche in einen gesellschaftlichen Funktionszusammenhang eingebunden ist, weiß man schon lange. Was die Aufgaben im einzelnen sind, die dem modernen Schulsystem für wichtige Bereiche des gegenwärtigen gesellschaftlichen Lebens gestellt sind, haben die struktur-funktionalen Analysen der Schule (im Anschluss an Talcott Parsons) herauszuarbeiten versucht. Insbesondere Helmut Fend hat diese Analysen für Deutschland adaptiert und in seinen Beiträgen zur Theorie der Schule (zusammenfassend: Fend 1980) dargestellt, ohne allerdings bei dem struktur-funktionalen Ansatz stehen zu bleiben.

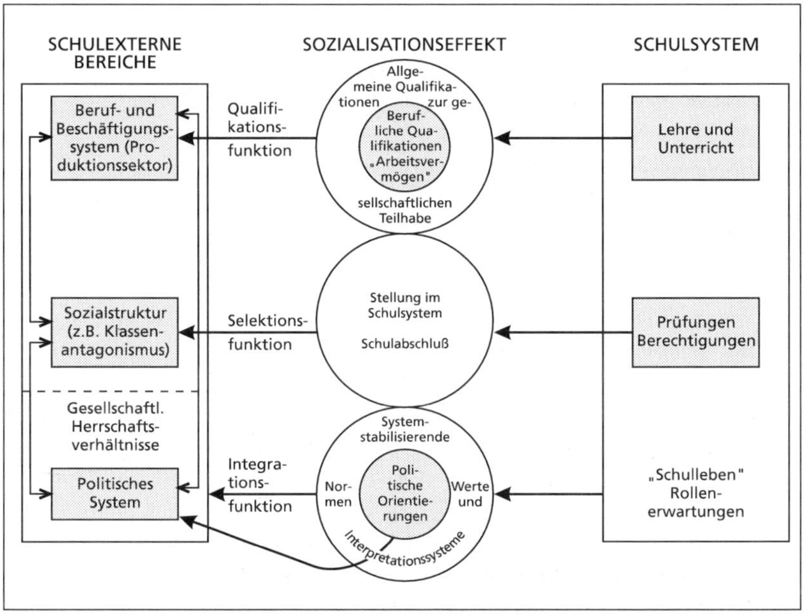

Bild 1: Zusammenhang zwischen Schulsystem und Gesellschaft. Aus Fend 1980, S. 17.

Qualifikation
Selektion
Integration

Kurz zusammengefasst ergibt sich, dass die Schule in der modernen Industrie- und Dienstleistungsgesellschaft unter anderem die Aufgabe hat, durch die Vermittlung von Wissen und Fertigkeiten und entsprechendem Arbeitsverhalten wichtige Sockel-Qualifikationen für das Beschäftigungssystem bereitzustellen, aufgrund der Leistungsbeurteilung Berechtigungen für unterschiedliche Schullaufbahnen und damit Ränge und Positionen in der Sozialstruktur, jedenfalls an die Kinder bestimmter Bevölkerungsgruppen, zu verteilen und durch Unterricht und das gesamte schulstrukturelle Arrangement dafür zu sorgen, dass diese Verteilung und die damit einhergehende Teilhabe am kulturellen und ökonomischen Besitz der Gesellschaft als gerecht und legitim erachtet wird und auch die übrigen Werte und Normen anerkannt werden. Fend spricht in diesem Zusammenhang von den drei Funktionen der Qualifikation, der Selektion (beziehungsweise Allokation) und der Integration (beziehungsweise Legitimierung). In Bild 1 wird dieser funktionale Zusammenhang zwischen dem Schulsystem und der Gesellschaft verdeutlicht.
Fend fasst diesen Teil seiner Arbeit so zusammen: „Charakterisiert man Schulsysteme im Lichte dieser gesellschaftlichen Funktionen, die sie erfüllen oder erfüllen sollen, dann erhalten Schulsysteme eine ganz andere Bedeutung als die rein formale, nämlich Anstalten zur systematischen Organisation von Lernprozessen zu sein. Ihre wirtschaftliche, soziale und politische Relevanz wird deutlich (...)." (Fend 1980, 18)
Fend hat mit seiner markanten Begriffs-Trias einen alten Tatbestand und Gegenstand pädagogischen Nachdenkens für die Gegenwart und für das gegenwärtige Schulsystem in Deutschland aktualisiert. Obwohl er bei dieser Analyse keineswegs stehen bleibt, sei an dieser Stelle – der schärferen Konturierung wegen – zunächst der Gewährsmann für das Weitere gewechselt.

3.2.2 Die Aufgabe der Persönlichkeitsbildung

„Und wie steht es um die Personalität, die Selbstbestimmung des einzelnen, seine Mündigkeit? Sollte ihm die in Schule ermöglichte Bildung nicht die Befreiung aus gesellschaftlicher Prägung und Normierung gewähren? Sollte er nicht Werk seiner selbst werden, wie die humanistische Bildungstheorie diese Zielsetzung seit Pico della Mirandola formulierte und postulierte?" (Ballauff 1982, 234)
Theodor Ballauff hat in seiner schon erwähnten historisch-systematischen Analyse der Funktionen der Schule die drei von Fend herausgestellten – erweitert um eine beträchtliche Anzahl von in ihrer Orientierung auf die Gesellschaft korrespondierenden bzw. „konvenienten" Funktionen – bis auf die Anfänge der Schulgeschichte zurückverfolgt und fasst diesen Teil seiner Arbeit so zusammen (1982, 340):
„Streng genommen haben die gängigen – traditionell-trivialen – Funktionen mit der Schule nur ‚akzidentell', nicht ‚substantiell' zu tun. Für den von außen kommenden Betrachter, z.B. den Soziologen, fallen jene zunächst ins Auge; bleibt man bei ihnen stehen, kommen wir nie ‚in die Schule', in ihren

konstitutiven Sinnhorizont, der das Ergebnis einer langen Geschichte ist. Die Schule qualifiziert. Sicher, aber sie ist doch nicht bloß Ausbildungsstätte, Trainingslager, Kaderschulung…
Die schulischen Funktionen in sozio-politischem Sinn werden ihr abverlangt, aufgezwungen und mit der legitimierenden Funktion verbunden, die dadurch in ihrer Bedeutung eingeschränkt oder umgedeutet wird. Der Sinn der Schule kann sich auch nicht darin erschöpfen, ‚sozialer Filter' zu werden oder die Menschen als Bürger und Arbeitskräfte zu lenken und zu ordnen. Die Schule kann auch nicht bloß ‚vorbereiten' für etwas, das zugegebenermaßen gar nicht recht absehbar ist. Ebenso wird man von ihr nicht erwarten, dass sie nur ‚sozialisiert' im Sinne von ‚Disziplinierung', Moralisierung (Internalisation von Normen und Werten), Zivilisierung (soziales Lernen, Umgangsformen, kommunikative Kompetenz); auch nicht dass sie vor allem die Jugend ‚bewahrt' oder die Erwachsenen vor ihr ‚schützt'… Daher betreten wir erst ‚die Schule selbst', wenn wir die Konversion all jener Funktionen erreicht haben und ihren paideutischen Sinn verstehen." (Ballauff, 1982, 340)
Die „Konversion", von der Ballauff spricht, ist eine „Wende" von den „trivialen / pervulgaten" gesellschaftlichen Funktionen zu den „paideutischen". Deren Mitte ist für Ballauff die eruditive Funktion. Um sie herum ist ein Kranz „flankierender" Funktionen – zum Beispiel die asketische, die emanzipatorische, die partizipatorische – geflochten. Diese paideutischen Funktionen zusammen intendieren und aktualisieren „Bildung". (340f.)

Personalisation

Vereinfachend und verkürzend lässt sich das Gemeinte unter dem Begriff der Personalisation zusammenfassen, umschreibbar als ein Überschreiten der gesellschaftlichen Funktionstüchtigkeit, Befreiung aus vorgegebener Prägung und Normierung, Emanzipation von einem unangemessenen Vorstellungs- und Empfindungskreis, Selbstverwirklichung, Selbstbestimmung und Mündigkeit: „Selbständigkeit im Denken aufgrund eines weiten Interpretationshorizontes". [2)]

3.2.3 Das Verhältnis zwischen gesellschaftlichen Funktionen und personalbildendem Auftrag

Es soll hier nicht und kann gar nicht Ballauff gegen Fend ausgespielt werden. Es ging bei dem Wechsel der Perspektive – wie erwähnt – um die möglichst scharfe Konturierung zweier Traditionslinien. Fends Ausgangspunkt ist die struktur-funktionale, soziologische Position von Parsons, deren zentrales Anliegen die theoriegeleitete empirische Erforschung des Verhältnisses zwischen sozialen Institutionen und gesamtgesellschaftlichem System und dessen Strukturen ist. Ballauffs Ausgangspunkt ist die Tradition der geisteswissenschaftlichen, hermeneutisch-philosophischen Pädagogik, deren Zentralgedanke die optimale Förderung des einzelnen Kindes und Jugendlichen und die Entfaltung aller in ihnen liegender Kräfte und Möglichkeiten vor aller gesellschaftlicher Brauchbarkeit ist. Ohne nun die Unterschiede einebnen zu wollen, die nach wie vor zwischen Ballauff und Fend bestehen, ist zu betonen, dass die beiden Autoren sich zumindest einander annähern und damit diese beiden Traditionslinien miteinander mehr oder weniger eng verknüpfen.

Doppelaufgabe: Erhaltung der Gesellschaft und Förderung des Individuums

Fend stellt die Doppelaufgabe schulischer Sozialisation, die Erhaltung der Gesellschaft und die Förderung des Individuums, immer wieder deutlich in den Vordergrund. Ballauff seinerseits erkennt die notwendige Vereinnahmung der Schule auch für gesellschaftliche Zwecke an, betont aber die Individualbesorgung als die eigentliche pädagogische Aufgabe der Schule und als Zielpunkt aller pädagogischen Bemühungen in der Schule.

Das Verhältnis zwischen den beiden Aufgabenbereichen ist kein alternatives, aber auch nicht einfach ein additives, sondern ein integratives.

Rollen und Individualität bedingen sich wechselseitig

Der Begriff Personalität verweist auf die Besonderheit des Individuums, das zwar nicht aufgeht in den von außen zugemuteten Rollen, diese aber auch nicht einfach abstreift, sondern jeweils in einer spezifischen Identitätsleistung sich aneignet und dabei umgestaltet. Man muss sich z.B. mit Josef Derbolav klarmachen, „dass hier nicht der Mensch, die persona, jenseits der beruflichen und gesellschaftlich-politischen Rollen, gleichsam vorbei an ihnen und für sich selber kultiviert wird, sondern nur im Durchgang durch sie zu ihrer Verarbeitung und Ausbalancierung gelangt.“ (Derbolav 1977, 26) Mit Recht warnt Derbolav davor, „Individualität und Rollenträger so auseinanderzureißen, wie Kant das transzendentale vom empirischen Ich oder Heidegger das Selbst-Sein vom Man-Sein getrennt hat“. Man muss sehen, „dass Personalität, Individualität keine Qualifikation neben anderen ist, sondern eher ein synthetisches Arrangement unter den erworbenen Qualifikationen, das das Individuum an sich selber vornimmt. Die Fähigkeit zu solchen Identitätsleistungen und ihrer balancierenden Synthese könnte man dabei als Metaqualifikation ansprechen, die zwar nicht auf dieselbe Weise wie andere Qualifikationen vermittelt werden kann, aber auch nicht jenseits aller Belangbarkeit durch Vermittlung steht“.

3.3 Sozialisationswirkungen der Schule

Es ist eine Sache, Aufgaben der Schule zu bestimmen oder zu reklamieren. Eine andere Sache ist es zu überprüfen, inwieweit Schule nun auch diese Aufgaben erfüllt. Wenn im folgenden der Versuch unternommen wird, unter Beibehaltung der Kategorien des vorausgehenden Abschnitts ansatzweise Wirkungen der Schule aufzuzeigen, so soll das der Übersichtlichkeit der Darstellung dienen. Wir sind uns im klaren darüber, dass die Isolierung der einzelnen Funktionsbereiche angesichts ihrer Interdependenz ein sehr künstliches Unterfangen darstellt.

3.3.1 Qualifikation

Unabhängig von der Frage, ob alle Abnehmer mit dem Ergebnis zufrieden sind oder nicht: Die Schule vermittelt tatsächlich jeweils schulartspezifisch und auf unterschiedlichen Niveaus fachlich und überfachlich Wissen, Fähigkeiten und Fertigkeiten, über die die Schüler zuvor nicht verfügt haben und die für die spätere Arbeitskraft im ökonomischen System der Gesellschaft als Sockelqualifikationen wichtig sind. Sicher ließe sich ein Teil dieser Leistungen auch durch andere denkbare Systeme erbringen, und Lernfortschritte sind auch nicht ausnahmslos auf die Schule zurückzuführen. Gleichwohl berichten neuere Arbeiten große schulbezogene Wirkungen. In einer Untersuchung von Mortimer und Mitarbeitern erwies sich beispielsweise der Einfluss der (englischen) Grundschule auf den Lernfortschritt in Mathematik als zehnmal so bedeutsam wie der des Elternhauses. „Sogar beim Fach ‚Lesen', welches wahrscheinlich in hohem Maße vom allgemeinen kulturellen Hintergrund der Familie abhängt, war der Schuleinfluss viermal größer als der des Elternhauses." (Reynolds, 1990, 91) – Durch den funktionalen und formalisierten Tagesablauf und die in der Schule herrschende Rollenverteilung werden wichtige soziale Lernerfahrungen gemacht und Arbeitstugenden vermittelt: Ordentlichkeit, Pünktlichkeit, Verantwortlichkeit für das, was man selbst tut, für einmal übernommene Pflichten, und viele andere sozial erwünschte Verhaltensweisen werden eingeübt und verstärkt.

3.3.2 Selektion

Karrieren sind an Schullaufbahnen gebunden

Äußerst umstritten ist die Bewertung der Selektionsfunktion der Schule und im Zusammenhang damit die Frage, ob die bei der Selektion verwendeten Instrumente und die zum Zuge kommenden Mechanismen gerecht oder diskriminierend sind. Tatsache aber ist: Durch das schulische Auslesesystem werden Plätze in der Sozialstruktur der Erwachsenengesellschaft zugewiesen (s. a. Tabelle 1). Zu keiner Zeit waren weiterführende Ausbildungsgänge und berufliche Karrieren enger an Schullaufbahnen gekoppelt als heute. Nur wenige spezifische Begabungen werden sich unabhängig vom Schulabschluss eine der angesehenen Positionen erobern können, z.B. Models oder Fußballstars; und nur wirklich Privilegierte können fehlende Schulabschlüsse kompensieren, wenn diese Privilegien eng an die Herkunft gebunden sind und familial vererbt werden. Bild 2 zeigt anschaulich den Zusammenhang zwischen Schulabschluss (Dauer des Schulbesuchs) und (berufsabhängigem) Einkommen.

Was Eltern sich wünschen

Als ausreichend für einen angemessenen Arbeitsplatz halten folgenden Bildungsabschluss

Einstellung/Bildungsabschluss	*Anteil der befragten Eltern*
Abitur/Studium	60 %
Realschule	35 %
Hauptschule	5 %

Tabelle 1: Angestrebter Bildungsabschluss (Jahrbuch der BRD. 1996, S.93)

Dass für die konkrete Berufsposition des einzelnen neben der Schulbildung zusätzliche Faktoren wie zum Beispiel Glück oder Protektion eine Rolle spielen, kann die grundsätzliche Wirksamkeit schulischer Selektion nicht in Frage stellen. Dies ist ein Tatbestand, der sich höchst ausgeprägt in den Bildungsaspirationen aller Bevölkerungsgruppen widerspiegelt und das anhaltende Streben nach höherwertigen und möglichst vielseitig verwertbaren Schulabschlüssen erklärt. Leider freilich bedeutet Schule vor diesem Hintergrund für immer mehr Schülerinnen und Schüler lediglich eine unvermeidbare Durchgangsstation zum Erwerb von Berechtigungen für den Eintritt in das (Berufs-)Leben, hat also keinen Eigen-Sinn. Dieser Aspekt ist von großer Durchschlagskraft auf Integration und Persönlichkeitsbildung.

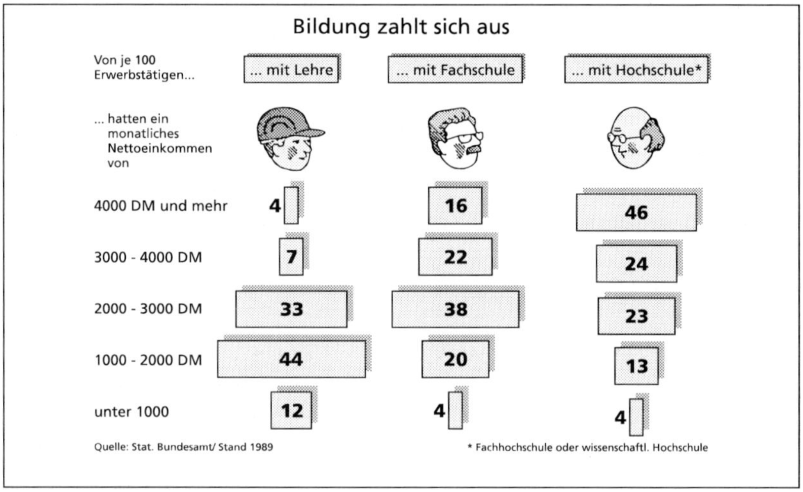

Bild 2: Der Zusammenhang zwischen Schulabschluss und Einkommen.

3.3.3 Integration

Die spezifische Wirksamkeit der Schule gerade in diesem Bereich ist nur schwer einzuschätzen oder empirisch zu überprüfen. Sowohl über den offiziellen Lehrplan als auch durch das gesamte schulstrukturelle Arrangement versucht Schule für wichtig gehaltene Werte und Normen und daraus resultierende Haltungen – zentral zum Beispiel die Leistungsideologie und das Leistungshandeln – und über diese wiederum politische Loyalität gegenüber dem Gesellschaftssystem zu vermitteln. Immer dringender werden die Appelle an die Schule, auch Verhaltensweisen, die früher fraglos von der Familie eingeübt wurden, der nachwachsenden Generation nahezubringen. „Wegen der Komplexität der notwendigen Einstellungsmessungen, welche die ‚Tiefenstruktur' der Einstellungen und Wahrnehmungen von Schülern erschließen sollen, ist es außerordentlich schwierig, diesen gesamten Bereich zu untersuchen." (Reynolds 1990, 98) Groß ist auch die Abgrenzungsproblematik: Andere Sozialisationskräfte greifen ein, teils die Anstrengungen der Schule korrumpierend, teils diese verstärkend. Auch darf nicht übersehen werden, dass zumal die strukturelle Seite der Schule auch gegenläufige Auswirkungen auf das Wert- und Haltungsgefüge von Kindern und Jugendlichen haben kann. Die partikularistische Darbietung etwa des Unterrichtsstoffs in Fünfundvierzig-Minuten-Einheiten erschwert das Denken in Zusammenhängen, erschwert überhaupt die Erkenntnis vom Wert des Wissens, indem sie es als etwas Beliebiges erscheinen lässt, für das sich zu engagieren nicht lohnt. Das Benotungs- und Beurteilungsverfahren in der Schule kann Vorstellungen von der Wettbewerbssituation der Menschen bestärken, in der der Vorteil des einen durch den Nachteil des anderen erkauft werden muss. Ein durch das Auslesesystem sich ergebender ständiger Degradierungsdruck kann zur Anpassung führen, aber auch zu Loyalitätskrisen und schließlichem Loyalitätsentzug.

Von Anpassung bis zum Loyalitätsentzug

3.3.4 Persönlichkeitsbildung

Wie steht es um die Wirksamkeit der Schule im Bereich der Persönlichkeitsbildung? Ausdrücklich sei gerade hier noch einmal auf die Künstlichkeit der Trennung der Funktionsbereiche hingewiesen. Es wäre absurd zu glauben, die bisher berichteten Wirkungen seien ohne Einfluss auf die Persönlichkeitsentwicklung, zumal ja Persönlichkeit – wie weiter oben zu zeigen versucht wurde – keine Qualifikation neben anderen ist, sondern eher deren „synthetisches Arrangement".

Von dieser Problematik abgesehen: Die geisteswissenschaftliche Pädagogik, die die Persönlichkeitsbildung ja in das Zentrum ihrer schultheoretischen Betrachtungen gerückt hatte, hat im wesentlichen auf die Tradierung der Kultur und der in ihr verborgenen Bildungswerte im Medium des Lehrer-Schüler-Bezugs gesetzt. Eine Überprüfung der Wirksamkeit dieses Modells hat sie im übrigen souverän vernachlässigt. Nicht ganz zu unrecht wirft man ihr gelegentlich vor, angesichts eines eher tristen Schulalltags von unerfüllbaren Wunschvorstellungen beherrscht gewesen zu sein [3)].

Es sind die Human- und wiederum die Sozialwissenschaften, die versuchen, aufgrund von Plausibilitätserwägungen und neuerdings auch aufgrund von präzisen empirischen Untersuchungen persönlichkeitsbildende Sozialisationsprozesse in der Schule fassbar zu machen. Dabei erwies sich ein globaler Persönlichkeitsbegriff mit Merkmalsbeschreibungen wie „Weite des Erlebnishorizontes", „Selbständigkeit im Denken", „Mündigkeit" als wenig praktikabel, die Differenzierung in psychologische Persönlichkeitsmerkmale als unumgänglich. Als außerordentlich schwierig erweist sich auch hier immer mehr die Abgrenzungsproblematik: Wie sind die Wirkungen der Schule abzugrenzen von Einflüssen anderer sozialisierender Umwelten, zum Beispiel der Familie, der Gruppe der Gleichaltrigen, der Medien; werden die Wirkungen der Schule verstärkt oder kompensiert oder konterkariert; welchen Stellenwert haben die der Schule vorauslaufenden Sozialisationserfahrungen, genetische Dispositionen; wie verändern sich die Einflussmöglichkeiten mit steigendem Entwicklungsalter, mit zunehmenden intellektuellen Fähigkeiten? „Wer ein abgeschlossenes Bild zum Persönlichkeitseinfluss der Schule erwartet, der wird von der vorliegenden Forschung enttäuscht sein: Sie liefert erste Antworten und manchen Stoff für Spekulation, aber vorerst nur in begrenztem Umfang erhärtete Wahrheiten. Erst im Prozess solcher Forschung nämlich stellte sich heraus, mit welcher Komplexität sozialer Wirklichkeit wir beim Aufwachsen von Kindern und Jugendlichen tatsächlich zu rechnen haben." (Pekrun/Fend 1991, 3)

Weiter oben wurde bereits in einem anderen Zusammenhang darauf hingewiesen, dass Personalität nicht auf dieselbe Weise wie andere Qualifikationen vermittelt werden kann, aber auch nicht jenseits aller Belangbarkeit durch Vermittlung steht. Außer im offiziellen Bildungsangebot, in den Methoden des Unterrichtens und im lebendigen Vorbild des Lehrers – drei Einflussgrößen, die keineswegs gering eingeschätzt werden sollen, auch wenn sie an dieser Stelle nicht thematisiert werden können – sind persönlichkeitswirksame Faktoren auch zu suchen, wie bei der Integration, in den strukturellen Arrangements der Schule.

Nur wenige – auf diesen Sachverhalt zutreffende – Ergebnisse können hier kurz herausgestellt werden:

– Leistung und Persönlichkeitsentwicklung

Leistungsprinzip und Persönlichkeitsentwicklung

Das in wesentlichen Teilen auf sozialem Vergleich beruhende und durch Sozialvergleich konkretisierte Leistungsprinzip in der Schule erweist sich als „Dreh- und Angelpunkt" nicht nur der Eröffnung oder Verschließung schulischer wie nachschulischer (Lebens-)Chancen und als wichtiger Faktor der Integration, sondern ebenso der Entwicklung der Schülerpersönlichkeit. (Pekrun/Fend 1991, 328)

Aufgrund der Dauerbeurteilung können Schülerinnen und Schüler Gleichgültigkeit und Desinteresse gegenüber den Inhalten ihres Lernens entwickeln; sie lernen die Gegenstände unabhängig von ihrem aktuellen Lebensbezug, weil das Lernen an sich, also vor allem die Gedächtnisleistung belohnt wird; ihre Motivation ist nicht (oder nur selten) inhaltlich, sondern auf Leistung orientiert; es geht um gute Noten. „Genau darin, nämlich in der Forderung und Förderung einer abstrakten, eben inhaltsunabhängigen, Leistungsbereitschaft, liegt der wahrscheinlich wichtigste Sozialisationseffekt von Schule ... Im Vergleich mit außerschulischen Einflüssen auf die Interessenentwicklung Jugendlicher hat jedenfalls die Schule nur marginale Bedeutung." (Ulich 1991, 388)

Erfolgs- bzw. Mißerfolgsbilanz und Persönlichkeitsentwicklung

Darüber hinaus aber haben nun die durch die Dauerbeurteilung kumulierten Erfolgs- oder Misserfolgsbilanzen der Schülerinnen und Schüler nachweislichen – fördernden oder hemmenden – Einfluss auf die Entwicklung ihres Selbstkonzepts mit Merkmalen wie Erfolgszuversicht, Selbstwirksamkeitserwartungen, Leistungsängstlichkeit und Hilflosigkeit mit unmittelbaren Auswirkungen auf das körperliche und psychische Wohlbefinden und mit weitreichenden schulischen und außerschulischen Konsequenzen [4)]. „Eine als negativ eingeschätzte Schulkarriere kann zu einem Belastungsfaktor für die weitere Lebensplanung und zu einem schwierigen Topos der Biographie werden." (Holler & Hurrelmann 1991, 270) Lehrer bieten gerade in dieser Lage offensichtlich wenig Unterstützung: Schüler beklagen beim pädagogischen Engagement der Lehrer vor allem das mangelnde Eingehen auf schwächere und auffällige Schüler. (Ulich 1991, 386) Wiederholer sehen weniger Chancen auf gute Noten und Abschlüsse, erfahren weniger Hilfe durch die Lehrer und fühlen sich häufiger als Abweichler typisiert. (Ulich 390)

– Schulische Sozialumwelten und Persönlichkeitsentwicklung

Unterrichtsklima und Persönlichkeitsentwicklung

Eine wichtige Sozialisationsbedingung in der Schule stellt auch das – stark vom Lehrer beinflusste – Unterrichtsklima dar.
Jerusalem und Schwarzer zum Beispiel haben in einer Untersuchung an Schülern der fünften und sechsten Klassen (N = 808) deutliche Zusammenhänge zwischen Schülermerkmalen wie Leistungsängstlichkeit, Schulunlust, Selbstwirksamkeitserwartung und Hilflosigkeit einerseits und Klassenklima andererseits (verstanden als kollektive subjektive Wahrnehmung von Leistungsdruck, Konkurrenzdruck, Anonymität und Regellosigkeit in einer Schulklasse aus der Schülerperspektive) gefunden. „Auf längere Sicht finden sich ... in klimanegativen Klassen Schüler mit einem schwächeren Selbstkonzept als in klimapositiven." (1991, 127) Das Klassenklima selbst ist vor allem durch die wahrgenommenen Lehrerverhaltensweisen wie individualisierende Lehrerbezugsnormorientierung, Objektivität, Hilfsbereitschaft, Toleranz, Gelassenheit, Tadel und Lob bestimmt.

Schülergruppe und Persönlichkeitsentwicklung

Für die Persönlichkeitsentwicklung von Kindern und Jugendlichen wird Schule nicht zuletzt deshalb höchst bedeutsam, weil sie auf formeller und informeller Ebene die Begegnung von Gleichaltrigen mit verschiedenen biographischen und sozialen Hintergründen ermöglicht und erzwingt. „Dieser ‚Nebeneffekt' der Schule ist um so wichtiger geworden, als Nachbarschaften soziales Kinderleben wegen der ‚Unwirtlichkeit' öffentlicher Räume, wegen baulicher Gestaltung, Verkehr, normativer Spielrestriktionen oder auch schlicht wegen Mangels gleichaltriger Kinder in der näheren Umgebung nicht mehr sicher garantieren." (Oswald & Krappmann 1991, 202)
Die Bedeutung der Schülergruppe für die soziale Entwicklung als Teil der Persönlichkeitsentwicklung, ihr „Entwicklungspotential" beschreibt Petillon (1991, 183) folgendermaßen:
„Die Gruppe bietet die Möglichkeit,
- sich mit anderen zu vergleichen (Aspekt: Bezugsgruppe);
- sich einen Status in Hinsicht auf Einfluss, Beliebtheit u.a. zu erwerben (Aspekt: Gruppenstruktur);
- Normen mitzubestimmen und befolgen zu lernen (Aspekt: Gruppennormen);
- Zugehörigkeit zu erleben (Aspekt: Sozialklima);
- Gedanken auszutauschen, sich selbst darzustellen (Aspekt: Kommunikation);
- Sozialbeziehungen aufzunehmen (Aspekt: Beziehung);
- sich in Publikumssituationen zu bewähren (Aspekt: soziales Selbstbewusstsein);

- Selbsterfahrungen zu machen (Aspekt: Identität);
- Auseinandersetzungen zu bestehen (Aspekt: Konflikt);
- intensive Bindungen einzugehen (Aspekt: Freundschaft);
- gemeinsam zu arbeiten und zu spielen (Aspekt: Kooperation);
- Andersartigkeit zu erfahren (Aspekt: Toleranz);
- sich für Gruppeninteressen zusammenzuschließen (Aspekt: Solidarität)."

Das Potential der Gruppe der Altersgleichen für entwicklungspsychologische Prozesse ist hier positiv beschrieben. Aber Petillon stellt anlässlich seiner Untersuchung über soziale Erfahrungen in der Schulanfangszeit auch fest: „Viele Befunde sprechen dafür, dass es in den Schülergruppen Kinder gibt, deren ungünstige soziale Stellung eine befriedigende Sozialentwicklung als äußerst gefährdet erscheinen lässt. Etwa 15% aller Kinder werden von keinem Mitschüler als Freund genannt... Auch bei Spielkontakten und Sitznachbarschaft finden sich jeweils in 10% der Fälle Kinder, die man als sozial isoliert betrachten kann. Besonders alarmierend ist die Tatsache, dass solche Außenseiterpositionen sehr stabil bleiben." 5) Wenn man bedenkt, dass sozialer Erfolg und soziale Zugehörigkeit für die meisten Kinder und Jugendlichen ein zentrales Thema und geradezu ein Identitätsproblem ist, bietet das Gruppenleben für einen beträchtlichen Teil der Schülerinnen und Schüler also alles andere als entwicklungsfördernde Bedingungen. Dabei werden die Weichen offensichtlich schon früh in den ersten Grundschulklassen gestellt. In vielen Fällen zeigen sich übrigens die Lehrer über das Sozialleben der Schüler nur unzureichend informiert! (Petillon, 196)

Auf die wichtigen Arbeiten zum Thema Schule und Entwicklung der Schülerpersönlichkeit aus psychoanalytischer und interaktionistischer Sicht kann hier nur verwiesen werden 6).

Zusammenfassend lässt sich zur Frage der Wirksamkeit von Schule sagen: Man hat ausgerechnet, dass Kinder und Jugendliche heute bis zu zwanzigtausend und mehr Stunden ihres Lebens in der Schule verbringen. Auch auf diesem Hintergrund ist Schule für die meisten Schülerinnen und Schüler – objektiv und subjektiv – ein zentrales Ereignis im Lebenslauf mit weitreichenden Konsequenzen. Besonders die – noch in den Anfängen stehenden und hier nur in Ansätzen dokumentierten – Untersuchungen zum Thema Schule und Persönlichkeitsentwicklung geben zu denken.

Schule und Schulklasse können für Kinder und Jugendliche ein Podium für glänzende Selbstentfaltung mit daraus resultierenden Konsequenzen für eine geglückte Persönlichkeitsentwicklung sein. Darüber kann kein Zweifel bestehen.

Für nicht wenige Kinder und Jugendliche aber stellen Schule und Schulklasse Risikoumwelten für ihre Entwicklung dar. Offensichtlich ist die Annahme der geisteswissenschaftlichen Pädagogik, Schulbesuch könne auf die jungen Menschen in ihrer Persönlichkeitsentwicklung nur positive Wirkungen haben, falsch, so dass gerade von diesen Forschungen starke Impulse zur Schulkritik ausgegangen sind und ausgehen.

3.4 Schulqualität

Was ist eine „gute" Schule? Was macht eine gute Schule „gut"? In den letzten Jahren rückt zunehmend das Thema Schulqualität in den Betrachtungshorizont der Schulforschung [7)].
Auf abstrakter Ebene lässt sich diese Frage relativ leicht beantworten: Eine gute Schule ist diejenige, in der es gelingt, die ihr gestellten Aufgaben mit humanen Mitteln erfolgreich zu erfüllen. Schwierig wird es, wenn man daran geht, konkret Merkmale für Schulqualität zu benennen: Die unmittelbar Beteiligten – Eltern, Schüler und Lehrer, im weiteren Sinn auch die Schulverwaltung – haben naturgemäß unterschiedliche Erwartungen an die Schule, die verschiedenen gesellschaftlichen Gruppen und ihre bildungspolitischen Repräsentanten aufgrund ihrer unterschiedlichen Interessenlagen und ideologischen Positionen erst recht. Der Begriff „Schulqualität" ist somit vieldeutig und umfasst neben bildungs- und schultheoretischen Komponenten unter anderem wirtschafts-, arbeitsmarkt- und sozialpolitische Aspekte und außerdem viel Atmosphärisches und darunter wieder viel subjektive Befindlichkeit.
Festzustehen scheint, dass Systemunterschiede – zum Beispiel Gesamtschulsystem gegen dreigliedriges Schulsystem – weniger Bedeutung für die Qualität der einzelnen Schule besitzen als spezifische Bedingungen vor Ort. Kurt Aurin stellt hierzu fest: „Es kommt daher darauf an, *wie die systemspezifischen Bedingungen einer Schule von ihren Handlungsträgern gestaltet und für das Erreichen der Schulziele genutzt werden.* Insofern sind wirksame oder gute Schulen innerhalb vieler Schulformen oder ‚Schulsysteme' möglich. Die Art der von einer Schule realisierten pädagogischen Handlungs-, Einstellungs-, Verhaltens- und Beziehungsstrukturen bestimmt ihre Qualität." (Aurin 1990, 74) Es hat sich immer wieder gezeigt, „dass auch unter ungünstigen Bedingungen als gut einzuschätzende Schulen zustande kommen können". (75)
In der neueren Literatur wird in diesem Zusammenhang das Konzept der Schulkultur immer wichtiger: Jede Schule hat – im Rahmen ihres gesetzlichen Bildungsauftrags – aufgrund ihres Standortes, ihrer Schulgeschichte, der Zusammensetzung des Lehrerkollegiums und der pädagogischen Vorstellungen der Lehrerinnen und Lehrer, aufgrund der Art, wie die Schule geleitet wird, und aufgrund des Engagements und der Bildungsvorstellungen der Eltern und Schüler ihr eigenes Profil, ihre eigene „Schulkultur". Diese exakt zu beschreiben, ist schwierig, weil sie sich aus vielen wechselseitig interagierenden Variablen jeweils spezifisch zusammensetzt. Immerhin ergeben sich in einer Vielzahl ausländischer und deutscher Untersuchungen ähnliche, zum Teil übereinstimmende Merkmale.
Besonders wichtig für die Kultur der einzelnen Schule ist danach – bei allen Interessenunterschieden der unmittelbar Beteiligten – ein möglichst hoher Konsens in den pädagogischen Vorstellungen bezüglich der hier und jetzt zu erreichenden Ziele und der dabei zu beschreitenden Wege, eine von allen getragene Erziehungsauffassung. Damit ist nicht Uniformität gemeint, son-

Konsensuelle Erziehungsauffassung

dern Gleichsinnigkeit. „Durch Konsens wird für alle Beteiligten, Lehrer, Schüler und Eltern, der Handlungsrahmen abgesteckt, werden Prinzipien pädagogischen Handelns verbindlich gemacht, auf deren Basis individuelle Kompetenz und Originalität zur besseren, weil gleichsinnigen, Auswirkung gelangen. Zielklarheit und Einheitlichkeit der Zielausrichtung einer Schule sowie eine auf ihnen beruhende Stimmigkeit des Unterrichts- und Erziehungsgeschehens geben auch Kindern und Jugendlichen für ihr Verhalten Orientierung und Sicherheit." (Aurin 1990, 78) Dieser Konsens ist nur herzustellen bei gegenseitiger Zusammenarbeit und Offenheit für die Interessen der anderen und setzt Konfliktbereitschaft und demokratische Strategien der Konfliktbewältigung voraus.

Eine Schlüsselrolle bei der Herstellung eines solchen möglichst hohen Konsenses spielen die Schulleiterin beziehungsweise der Schulleiter. Nach einer Zusammenstellung von Kleinschmidt (1993, 33) zeichnen sich erfolgreiche Schulleiterinnen und Schulleiter unter anderem durch diese Fähigkeiten aus:

„– sie verfügen über eine eigene Schulphilosophie und wissen, welche Ziele der ‚Schulkultur' für sie erstrebenswert sind;
– sie orientieren sich am kooperativen Führungsstil und legen auf die Offenlegung von Konflikten großen Wert;
– sie sind an neuen schulpädagogischen Konzepten, neuen Lehrstilen und Unterrichtsformen interessiert und versuchen, diese in ihrer Schule zu erproben;
– sie sind offen für konstruktive kollegiale Kritik und an einer Aufarbeitung von Problemen und Konflikten stark interessiert;
– sie schützen ihre Lehrer vor unberechtigter Kritik und sind an der weiteren Qualifizierung des Kollegiums besonders interessiert;
– sie beteiligen die Eltern intensiv am Schulleben;
– sie legen auf die Beteiligung der Schule am Leben der Gemeinde großen Wert und lassen außerschulische Institutionen am Schulgeschehen teilhaben (Öffnung der Schule)..."

Sie stärken – so ist hinzuzufügen – die Rolle der Schülermitverantwortung und Schülermitverwaltung im gesamten Bereich des Schullebens.

Neben dem gewichtigen Faktor Konsens – einer Grundvoraussetzung einer positiven Schulkultur und damit der Schulqualität – und der Rolle der Schulleitung bei der Herstellung desselben werden vielfach die folgenden Merkmale genannt, hier zusammengestellt nach Aurin (1990, 85f.):

- Ordnungen als notwendige Voraussetzung für Handlungs- und Orientierungssicherheit,
- ein auf Kooperation beruhendes Netz von Arbeitsbeziehungen und mitmenschlichen Verbindungen,
- humane Kultur mitmenschlichen Umgangs,
- Balance von Fordern und Fördern,
- leistungs- und wertbezogene Persönlichkeitsbildung,
- Redlichkeit pädagogischen Handelns,
- die konstruktive Kooperation der Lehrer,
- die Zusammenarbeit zwischen Schule und Elternhaus,

- Unterstützung von seiten der Eltern,
- die Planung und Umsetzung des Curriculums entsprechend den Zielen und Erfordernissen der Schule und
- die Lehrerfortbildung.

Mit anderen Autoren unterscheidet Aurin dabei zwischen Strukturelementen und prozessvariablen. Strukturelemente „durchdringen das Interaktions- und Handlungssystem ‚Schule' auf allen Organisations- und Gestaltungsebenen und bestimmen die Ausrichtung und den Ablauf aller Prozesse des Erziehungs- und Unterrichtsgeschehens ... (Sie) bewirken das spezifische Klima einer Schule und beeinflussen ihre Wirksamkeit." (85) Es sind im wesentlichen die gemeinsamen verhaltensrelevanten Überzeugungen und Wertvorstellungen eines Schulkollegiums, zum Beispiel der oben beschworene Konsens.

Prozessfaktoren sind solche Faktoren, die die Realisierung der Strukturelemente erleichtern beziehungsweise vermitteln – in der Liste der aufgezählten Merkmale die letzten fünf, in ihrer Funktion oben beispielhaft verdeutlicht an der Rolle der Schulleiterin oder des Schulleiters.

Schulautonomie

Eine besonders wichtige Prozessvariable in diesem Sinne dürfte für die Entwicklung einer eigenen Schulkultur die relative Schulautonomie sein, das heißt die Verlagerung von administrativen Entscheidungen von der zentralen Steuerung durch Ministerium und (Ober-)Schulämter nach unten in die Schulen und in die Lehrer- und Schulkonferenzen hinein und die Verringerung der „Regulierungsdichte" bei der Gestaltung der Schulpraxis. Dies erhöht nicht nur die Arbeitsplatzzufriedenheit der Lehrer und der Schüler, sie motiviert auch zu Eigeninitiative und Innovationsbereitschaft und nutzt die Problemlösekapazitäten vor Ort. (Kleinschmidt 1993, 32)

Dieser Aspekt ist umso wichtiger, als immer deutlicher hervortritt, dass Verbesserungen der Schulqualität nicht einfach von oben nach unten verordnet werden können. „Neuere Forschungen und Theorieeinsichten haben die Vorstellung widerlegt, dass Schulen klassische bürokratische Organisationen seien, die hierarchisch strukturiert und einer rationalen Kontrolle zugänglich sind, und dass auf der untersten Ebene, der Schulklasse, im hohen Maße Zugänglichkeit für die Ziele besteht, die von der Schuladministration gesetzt werden." (Purkey & Smith, 1990, 33)

Verantwortung der Lehrerinnen und der Lehrer

Die Bildungspolitiker sind also weniger in der Hinsicht gefordert, dass sie permanent Reformen verordnen, als dass sie einen institutionellen Rahmen schaffen, in dem den unmittelbar Betroffenen innerhalb einer verstärkten Schulautonomie mehr Spielraum bei Entscheidungen zugestanden und das Bewusstsein vermittelt wird, dass sie wirklichen Einfluss haben auf das Schulgeschehen. Dann freilich sind es die Betroffenen selbst, die sich in die Pflicht zur Selbsthilfe nehmen lassen müssen. Neben der Schulleiterin beziehungsweise dem Schulleiter sind das in erster Linie die Lehrerinnen und die Lehrer, die an ihrer eigenen Schule überzeugende Leitfiguren einer – auf der Basis der lokalen Gegebenheiten – je neu zu schaffenden Schulkultur sein müssen, die das Geschehen in Unterricht und Schule für die Beteiligten in humaner Weise erlebbar und ertragbar macht. Darüber nämlich soll kein

Zweifel bestehen: Mit dem Konzept der Schulkultur ist mancher beliebten Ausflucht in Form von Hinweisen auf ungünstige äußere Bedingungen der Boden entzogen. Anders gewendet: jeder einzelne Lehrer und jede einzelne Lehrerin können – im Konsens mit den Kollegen und Kolleginnen – hier mithelfen, dass ein im angedeuteten Sinne gedeihliches Klima an ihrer Schule herrscht. Es ist keineswegs gleichgültig, ob Projekte an einer Schule stattfinden oder nicht, wie mit Leistungsschwächen umgegangen wird oder mit Verstößen gegen die Schulordnung, welchen Stellenwert Lob und Tadel haben, wie Pausenaufsicht durchgeführt wird, wie Feste gefeiert werden, wie das Schulhaus und die Umgebung gestaltet sind, welche Stellung die Schülervertretung hat... Lehrer und Lehrerinnen müssen diesen „heimlichen Lehrplan" bewusst gestalten, und sie müssen sich darüber im klaren sein, dass gerade auch von nicht kontrolliertem Lehrerverhalten in der täglichen Interaktion mit den Schülern und im Umgang mit Sachen und Sachverhalten, mit Ideen und Ideologien sehr disfunktionale Wirkungen ausgehen. Fest steht: „Die Lehrer sind selbst das wichtigste Mittel, das für die Durchführung ihrer beruflichen Aufgaben vorhanden ist." (Brezinka 1990, 21) – Es gibt zu denken, dass von Schülerinnen und Schülern das Verhältnis zu den Lehrern als versachlichte, wenig persönliche Beziehung erlebt, die Lehrermacht bei der Durchsetzung von Situationsdefinitionen und Entscheidungen deutlich gespürt und die Formen der sozialen Kontrolle überwiegend restriktiv erfahren werden. Ulich (1991, 386) zieht daraus den wenig tröstlichen Schluss: „Jahrelange Erfahrungen in dieser Rolle tragen zu einer Internalisierung von Hierarchie-Strukturen bei, die für andere gesellschaftliche Bereiche (Arbeit, Politik) durchaus funktional ist."

Abschließend und kommentarlos noch eine Liste mit Merkmalen für „Schuleffektivität" bezogen auf den Leistungsaspekt. Diese ist zwar nicht identisch mit Schulqualität, aber doch ein wichtiger Teilbereich derselben.

Schuleffektivität

Bei einer vergleichenden Analyse ergeben sich nach Kleinschmidt (1993, 33) die folgenden Punkte als bedeutsame Kriterien für „effektive Schulen":

„– Effektive Schulen zeichnen sich durch ein eigenes Schulethos und eine besondere ‚Schulkultur' aus;
– In effektiven Schulen ist der ‚kooperative Führungsstil' entscheidend. Diese Schulen sind innovationsfreudig. Kennzeichnend sind Formen der schulpädagogischen und didaktischen Selbstevaluation.
– Effektive Schulen haben Schulleiter/innnen, die sehr stark an qualitativen Verbesserungen ihrer Schule interessiert sind.
– Effektive Schulen entwickeln Strategien zur Verbesserung des Schulklimas und der Arbeitsatmosphäre.
– Effektive Schulen legen auf ein hohes Leistungsniveau besonderen Wert.
– Effektive Schulen verfügen über einen Grundkonsens in den Erziehungszielen und haben Vorstellungen über die Werterziehung und Wertvermittlung (Höflichkeit, Umgangsformen, einfache Sittlichkeit usw.).
– Effektive Schulen legen auf eine enge, vertrauensvolle und möglichst konfliktarme Zusammenarbeit mit den Eltern großen Wert.

- Effektive Schulen messen dem Lernklima, der Lerneffektivität und der Unterrichtsatmosphäre große Bedeutung zu. Dies bedeutet, dass die Lehrer auch über verschiedene Lerntechniken verfügen, die sie den Schülern bei der Stoffaneignung vermitteln. Die Lehrer verfügen nicht nur über Lerntechniken, sondern kennen auch die verschiedenen Lerntypen und stimmen diese mit den Lehrstilen und Unterrichtsformen ab.
- Effektive Schulen sind bereit, auch neue didaktische Konzepte zu erproben und dabei mit besonders befähigten Schülern ungewöhnliche Wege zu gehen (didaktische Kreativität)."

3.5 Wege in die Zukunft

Was bisher beschrieben wurde, ist ein aktuelles Zustandsbild. Die Frage drängt sich auf, wie sieht die Schule morgen oder übermorgen aus? Oder noch weiter gefragt: Wird es sie in absehbarer Zeit überhaupt noch geben? Es sind Kritiker der Schule aufgetreten, die allen Ernstes ihre Abschaffung gefordert haben: Was die Schule lehrt, ist wertlos, wenn nicht gar schädlich. Was wir können und was wir sind, verdanken wir der Schule des Lebens. Entweder es gelingt, das Leben in seiner ganzen Fülle in die Schule hereinzuholen, oder die Losung muss lauten: Abschaffung der Staatsschule, freier Bildungsmarkt, universelles Lehrertum.

Um die Frage nach der Schule der Zukunft beziehungsweise nach der Zukunft der Schule zu beantworten, ist es ganz hilfreich, sich die Kategorien vor Augen zu halten, die man wohl verwenden müsste, wollte man die Schule einer früheren Zeit zur Darstellung bringen. Da zeigt sich, was auch die schon erwähnte Arbeit Ballauffs sehr deutlich macht, dass wir nicht ein anderes Begriffsinstrumentarium oder ein anderes Kategoriensystem brauchen würden, jedenfalls nicht, solange wir kein besseres haben. Was wir bräuchten, wäre eine Methode, das jeweilige zeitkonforme Mischungsverhältnis der Aufgaben und Funktionen der Schule zu analysieren und zu charakterisieren. Mit anderen Worten: Seien es die, um in Ballauffs Terminologie zu sprechen, „trivialen/pervulgaten" Funktionen der Schule, wie etwa die, für Kinder und Jugendliche auf eine gewisse Zeit auch als Bewahranstalt zu dienen, oder seien es die bildende, die „eruditive" Funktion, die Ballauff als den eigentlichen Kern der Schule ansieht, oder die anderen, die er nennt: Sie alle gehören mehr oder weniger zur Schule, seit es sie gibt als kultürliche Einrichtung der Gesellschaft oder einer bestimmten gesellschaftlichen Gruppe. Was für die Schulen verschiedener Zeiten und – so kann man hinzufügen – für die verschiedenen Schularten in einer Zeit jeweils charakteristisch ist, ist die Gewichtung und Verteilung der Aufgaben und Funktionen, in der sie sich im konkreten Fall vorfinden, und die inhaltliche Repräsentanz dieser Gewichtung und Verteilung in der Organisation der Schule. Auf einen ersten Blick hin scheint die mittelalterliche Dom- und Klosterschule nur schwer vergleichbar mit unserer gegenwärtigen Staatsschule. Aber beim zweiten Hinsehen erkennt man, dass auch in ihr gelehrt und unterrichtet wurde, Be-

Aufgaben und Funktionen …

…in verschiedenen Epochen

rechtigungen für bestimmte Ämter vergeben, Werte und Normen vermittelt und schließlich auch die Persönlichkeit gebildet und vieles andere „Triviale" oder „Pervulgate" oder „Akzidentielle" noch dazu geleistet wurde. Das gilt auch, wenn man so verschiedene schulische Einrichtungen wie die Waldorfschule unserer Zeit mit der aktuellen Staatsschule vergleicht. Die Aufgaben und Funktionen sind die gleichen, das Verhältnis, in dem sie zueinander stehen, ist ein anderes.

Wir werden in der Schule der Zukunft andere Fächer und andere Inhalte in den Fächern vorfinden, als sie uns heute bekannt sind, so wie wir, wenn wir uns umsehen, in der Schule der Vergangenheit andere Fächer und andere Inhalte vorfinden. Und das ergibt sich in eben dem Maße für die Lehrmethoden und Unterrichtsformen, für die Schularten und Schulstufen, für die Art, wie Schulen verwaltet und geführt werden, für die Materialien, für die zur Verfügung gestellten Räume und Gebäude, für die Dauer im ganzen und die Zeiteinteilung im einzelnen und für vieles mehr. Was sich nicht ändern wird, ist dass die Schule neben vielen anderen Aufgaben, zum Beispiel eben auch immer in einem gewissen Ausmaß eine kustodiale Funktion haben wird, ob das dem Pädagogen gefällt oder nicht. Der mag sich ärgern und pädagogisch deduktiv und induktiv beweisen, dass genau diese Aufgabe die Schule nicht haben sollte. Solange es alleinerziehende Mütter und Väter gibt, die einem Erwerb nachgehen müssen, oder auch nur Mütter und Väter, wird die Schule zumindest in deren Vorstellung die Aufgabe haben, die Kinder unter anderem auch für ein paar Stunden am Tage zu behüten, und die Schule wird - recht oder schlecht - diese Aufgabe erfüllen. Und damit ist möglicherweise keine pädagogisch erwünschte, aber eine gesellschaftlich relevante Aufgabe in der Realität der Schule real gegenwärtig.

Dauer

In der Diskussion um die Schule der Zukunft wird nur allzu oft das, was „pädagogisch" sein soll, verwechselt mit dem, was gesellschaftlich sein wird.

Ein Beispiel soll das Gesagte verdeutlichen. Hermann Giesecke, seit den 70er-Jahren unter anderem bemüht, dem Lehrer und der Lehrerin zu einem professionelleren Berufsbild zu verhelfen – ein Anliegen, wie uns scheint, von größter Wichtigkeit –, fordert für die Schule der Zukunft eine „Reduktion und Konzentration des schulischen Anspruchs"auf ihren eigentlichen Sinn, nämlich das Unterrichten und Bewerten. Für Giesecke ist Schule nicht „Lebensraum" für Kinder und Jugendliche, den Lehrer und Lehrerinnen sozialpädagogisch zu gestalten hätten, sondern Ort, an dem vor allem anderen systematische Lernprozesse geleistet werden müssen, „der Ort, wo man lernt, gemeinsam mit anderen geistige Arbeit - und nicht irgend etwas - zu betreiben. Die Schule kann nur insofern erziehen, als sie die dafür nötigen Tugenden und Verhaltensweisen abverlangt. Damit Unterricht gelingen kann, ist ein gewisses Maß an Selbstdisziplin, an Kooperationsfähigkeit, an Aufmerksamkeit und Artikulationsfähigkeit nötig. Diese Fähigkeiten und Verhaltensweisen muss die Schule mit ausbilden, aber darüber hinaus hat sie keine Legitimation mehr, zu irgend etwas zu erziehen …" (1988, 114) Giesecke bekennt sich ausdrücklich zu einem partikularen Verständnis einer

Definition des Lehrerberufs: „Hat also ein Lehrer seine Aufgaben der Lernhilfe und der Verteilung von Berechtigungen optimal erfüllt, dann hat er auch die ihm mögliche Verantwortung erfüllt, alles weitere unterliegt der Verantwortung des Schülers bzw. – je nach Alter – seiner Eltern." (1990, 24) Zur optimalen Erfüllung dieser Aufgaben bedürfen Lehrer und Lehrerinnen nicht besonderer Tugenden, sondern fachlicher und didaktischer Kompetenz einschließlich einer angemessenen Kommunikationsfähigkeit und den „professionellen Ehrgeiz, Ängstliche mutiger zu machen, Schwächere zu ermuntern und zu fördern und vor den Stärkeren zu schützen" (1988, 116).

Natürlich hat Giesecke recht, wenn er die Verantwortung der Schüler und der Eltern für die Erziehung anmahnt. Und natürlich hat er recht, wenn er aufzuräumen versucht mit dem überkommenen Unfug, an den Lehrer und an die Lehrerin in Form von Tugendkatalogen oder in der Form zum Beispiel der Ideologie des geborenen, will heißen: begnadeten Menschenbildners besondere moralische Ansprüche zu stellen. Und auch hat er recht, wenn er beim Lehrer und bei der Lehrerin eine angemessene Kommunikationsfähigkeit und die anderen von ihm genannten Kompetenzen verlangt. Andererseits hat er aber nicht recht, wenn er in Verkennung der uns umgebenden Wirklichkeit ein Berufsbild vermittelt, das geeignet ist, den Adressaten Sand in die Augen zu streuen. Es ist ja wahr, dass niemand so recht zu sagen weiß, wie eigentlich das „soziale Lernen" oder das „Mündigwerden" usw. vonstatten gehen sollen; und es ist wahr, dass die Psychologie zum Beispiel nachweist, dass Haltungen und Gesinnungen, um die es ja dabei geht, nur schwer auf planbare Weise aufgebaut, Vorurteile und Fehlhaltungen noch schwerer abgebaut werden können; und schließlich ist auch wahr, dass Unterrichten und Bewerten zwar schwierige, aber lösbare Aufgaben sind und die Fach- und Unterrichtswissenschaften immer besser in der Lage sind, das entsprechende Wissen und Können für die Lehrer bereitzustellen. Da ist es zweifellos attraktiv, wenn gleichsam mit einem Schlag die ganzen Schwierigkeiten des Lehrerberufs, so viele Spannungen und Antinomien und Ambivalenzen und Quellen der Verunsicherung, scheinbar dadurch beiseite geräumt werden, dass der Auftrag der Schule auf das Kontrollierbare und Überprüfbare reduziert, Ballauff würde sagen: trivialisiert wird. Aber das hält ja der Wirklichkeit nicht stand.

Gieseckes Versuch einer Standortbestimmung ist Ausfluss eines Wunschdenkens. Wenn die Staatsschule eine Pflichtschule bleibt, wird sie es über das Maß hinaus, in dem das heute schon der Fall ist, und auf allen Stufen und in allen Arten mit Kindern und Jugendlichen zu tun haben, die zu Hause gar nicht, inkonsequent oder falsch erzogen sind und die keine oder unscharfe oder falsche Orientierungen haben. Und die Schule wird, ob sie das will oder nicht, die Auffangstation für diese Defizite sein, und zwar aus dem einfachen Grunde, weil es keine andere denkbare gibt, an der man diese Kinder und Jugendlichen versammeln und zu beeinflussen versuchen könnte. Insofern – und darauf wollen wir eigentlich hinaus – wird das Ensemble der Aufgaben und der Funktionen von Schule an sich auch in der Zukunft nicht ein anderes sein, als es heute besteht und in der Vergangenheit bestanden hat. Es wird in

Ausgleich von Erziehungsdefiziten in der Schule

sich, das heißt in der Zusammensetzung, Mischung, Verteilung und in der Gewichtung und Ausbalancierung ein anderes werden, und dabei wird die Aufgabe zu erziehen eine sehr bedeutende Stellung einnehmen. Es deutet sogar vieles darauf hin, dass das von Giesecke favorisierte Unterrichten und Bewerten, insbesondere –wie schon einmal in früheren Zeiten – das letztere, für eine Weile zu den Aufgaben gehören werden, die gesellschaftlich weniger dringlich erscheinen.

In einer in der Zeitschrift PSYCHOLOGIE HEUTE Anfang 1996 geführten Diskussion über die Aufgaben der Schule und über die der Lehrerinnen und Lehrer führt der Vertreter einer – unausgesprochen – an Gieseckes Positionen orientierten Geymnasialpädagogik aus: „Wenn die elterliche Erziehung scheitert und die Rücksichtslosigkeit zu groß wird, dann kann sich Schule nur noch wehren. Ich fürchte, dass dieser Punkt schon bald erreicht sein wird. In den USA ist er sogar schon überschritten, und die Gesellschaft wehrt sich mit Verboten, rigorosen Strafen und Ausgrenzung gegen die Verwilderung des mitmenschlichen Umgangs. Dies, so steht zu befürchten, wird auch die Antwort in Deutschland sein." (Wulff Rehfus 1996, 46)

Aus den Worten wird deutlich, dass die Probleme, die andere Schularten bereits erreicht haben und zur Auseinandersetzung zwingen, schon auch an die Pforten des Gymnasiums pochen, die Sprecher der illustren Lehranstalt aber noch durchaus nicht darauf vorbereitet sind. Im übrigen: Viel pessimistischer kann man die Zukunft der Schule nicht zeichnen, und eigentlich verträgt sich Schwarzsehen nicht mit pädagogischer Gesinnung.

Schule ändert sich mit gesellschaftlichem Wandel

Es ist eben falsch, von einer wie immer gearteten Pädagogik her die Schule beziehungsweise ihren „eigentlichen Sinn" oder ihre „eigentümliche Aufgabe" (Giesecke, 1988, 113) zu bestimmen und ihr nach diesem Bild aus dem Ensemble dessen, was sie zu leisten versuchen kann, die bequemeren Aufgaben zuzuweisen und den Lehrern und Lehrerinnen beziehungsweise einem stringenteren Berufsbild zuliebe andere und undankbarere auszugrenzen. Pädagogik besitzt keine Autonomie und keine Legitimation, Schule zu definieren, sondern ist Teil der sie umgebenden Kultur, und Schule ist keine per se pädagogische Einrichtung, sondern eine „kultürliche". So wie sich die Gesellschaft ändert, ändern sich in ihrer Zusammensetzung die Aufgaben, welche die gesellschaftlich gestiftete Institution Schule zu bewältigen versuchen muss und wohl auch - wie zu allen Zeiten - mehr oder weniger gut und hoffentlich immer besser zu lösen vermag, und dies so lange, bis sich eine neue Aufgabenkonstellation ergibt. Die wirkliche Aufgabe der Pädagogik besteht darin, unter den gegebenen gesellschaftlichen Bedingungen in der Hoffnung auf bessere die besten und menschenwürdigen Wege herauszufinden, auf denen die aktuellen Aufgabenstellungen angegangen werden können.

Der Gegenredner des oben zitierten Gymnasialpädagogen hat an gleicher Stelle ausgeführt: „Einem hungernden Kind kann man nicht gut den Dreisatz beibringen; und weil das viele Lehrer in ihrem Alltag erkannt haben, reformieren sich gerade in Problemstadtteilen und in benachteiligenden ländlichen Regionen Schulen zur Zeit vor allem von unter her, aus ‚Not vor Ort',

als Stadtteil-, Nachbarschafts- oder Regionalschule, mit Schulfrühstück, Pädagogischem Mittagstisch, außerunterrichtlichen Neigungskursen, nachmittäglicher Hausaufgabenhilfe, Psychomotorischem Extraturnen oder der Einrichtung von Schlafplätzen... Lehrer müssen dann nicht nur mehr Erziehungsaufgaben übernehmen, sie wollen es auch, weil sie gelernt haben, ihr Engagement als Investition zu verstehen, über die sie am Ende weniger gestörte oder schwierige Schüler haben." (Peter Struck, ebd. 46)
Es mag offenbleiben, ob diese und andere Lösungen vor Ort der richtige Weg in die Zukunft sind. Es kann auch gefragt werden, ob die Lehrer die vermehrten Erziehungsaufgaben tatsächlich mir nichts dir nichts übernehmen wollen. Aber man kann getrost davon ausgehen, dass sie es tun werden und dass sie dabei ein erfinderisches Potential entwickeln werden, das der Administration viel zu verwalten und den akademischen Lehrstuhlinhabern viel wissenschaftlich zu reflektieren und zu inventarisieren und zu evaluieren Anlass geben wird.
Was man immerhin jetzt gleich tun könnte: Den jungen Leuten, die Lehrer werden wollen, könnte man sagen: Leute, Ihr braucht keine Angst zu haben, dass die Schule bald abgeschafft werden wird. Euch wird sie aller Wahrscheinlichkeit nach noch aushalten. Aber, was ihr euch merken müsst und worauf ihr euch einstellen müsst: Der Lehrberuf war immer ein schwieriger und anstrengender Beruf, und gar einer, der nur selten das Ansehen genießt, das er verdient. Schon 1834, lange bevor von einer „déformation professionelle" und von einem „burn-out"-Syndrom die Rede war, hat Diesterweg dem Lehrer deshalb „die Gesundheit und Kraft eines Germanen, den Scharfsinn eines Lessing, das Gemüt eines Hebel, die Begeisterung eines Pestalozzi, die Wahrheit eines Tillich (eines Pestalozzianers), die Beredsamkeit eines Salzmann, die Kenntnis eines Leibniz, die Weisheit eines Sokrates und die Liebe Jesu Christi" gewünscht (Nipkow 1971, 117). Mit Sicherheit wird es in der Zukunft nicht leichter oder anders sein. Wenn ihr trotzdem Lehrer oder Lehrerin werden wollt, dann macht euch klar, dass ihr bei der Entwicklung eurer Berufsvorstellungen kaum von dem ausgehen könnt, was ihr selbst bei euren Lehrern in der Schule gesehen habt. Ihr werdet zwar auch noch unterrichten und für eine Zeitlang wohl auch noch bewerten dürfen, aber daneben habt ihr eine Menge anderes zu tun. Die Zeiten ändern sich und mit ihnen auch die Aufgaben der Schule, weniger darin, was man überhaupt als ihre Aufgaben betrachten kann, als darin, wie diese Aufgaben unter eurer gesellschaftlichen Teilhabe heute und morgen und übermorgen gewichtet und bewertet werden.

Schlussbemerkung

Die Existenz der Schule in der Lebenswelt der Kinder und Jugendlichen ist nicht wegzudenken. Ihre Relevanz für deren Zukunft – das ist die Zukunft der Gesellschaft – ist unbestreitbar. Welcher Ernst ihr zukommt, macht am besten ein Wort von Adorno deutlich, gesprochen 1967, von erstaunlicher und zugleich erschreckender Aktualität auch heute noch. Theodor W. Adorno, der den beschränkten Bereich und die begrenzten Möglichkeiten der Schule und auch die möglichen Deformationen von Lehrern sehr wohl gekannt hat, hat gesagt: „Das Pathos der Schule heute, ihr moralischer Ernst, ist, dass unmittelbar, inmitten des Bestehenden nur sie, wenn sie sich dessen bewusst ist, auf die Entbarbarisierung der Menschheit hinzuarbeiten vermag. Mit Barbarei meine ich nicht die Beatles, obwohl ihr Kult dazu gehört, sondern das Äußerste: wahnhaftes Vorurteil, Unterdrückung, Völkermord und Folter; darüber soll kein Zweifel sein. Dagegen anzugehen, ist, so wie die Welt im Augenblick aussieht, in der, zumindest temporär, keine weiter reichenden Möglichkeiten sichtbar sind, vor allem anderen an der Schule. Deshalb ist es...so eminent wichtig, dass sie ihre Aufgabe erfüllt..." (Adorno 1973, 127f.)

Anmerkungen

1) Vgl. dazu folgende Definitionsversuche: „Von gelegentlicher absichtsvoller Belehrung unterscheiden wir Unterricht als einen Prozess, in dem zum Zweck planmäßiger Einflussnahme der Lebenszusammenhang, in dem Lernanlässe auftreten, verlassen wird, in der Annahme, dass der Lernanlass sich wegen seiner Komplexität nicht mehr in der aktuellen Situation vermitteln lässt." (Wolfgang Schulz, Unterricht. In Wörterbuch der pädagogischen Psychologie, 3. Aufl., Freiburg i.Br. 1976, 284f.) – „Unterricht kann bestimmt werden als ein aus dem Zusammenhang des Gesamtlebens ausgegliederter Lehr- und Lernprozess, in dem über den konkreten Lernanlass hinaus komplexere Sachzusammenhänge durch einen Lehrer an einen oder mehrere Schüler vermittelt werden, wobei das Interesse des Lehrenden nicht nur auf die Präsentation der Lerninhalte, sondern auch auf deren Aneignung durch den Schüler und eine darauf bezogene Erfolgskontrolle gerichtet ist." (G. Steindorf, Grundbegriffe des Lehrens und Lernens. Bad Heilbrunn. 1985, 18)

2) „Es ist keineswegs so, dass wir nach vielen Jahrhunderten ‚Bildungsgeschichte' nicht in der Lage wären, Bildung zu umschreiben. In der 2. Hälfte des 20. Jahrhunderts werden etwa genannt: selbständiges Urteilen, die Aufgeschlossenheit für Neues, das Problemsehen und -lösen, begleitet von sprachlicher Kompetenz und fachlichem Können. Wir haben die Umschreibung bevorzugt: Selbständigkeit im Denken aufgrund eines weiten Interpretationshorizontes." (Ballauff 1982, 362)

3) Dieses Defizit blieb übrigens auch der geisteswissenschaftlichen Tradition selbst nicht unverborgen, wie das folgende Zitat zeigt: „Durch die Schulgeschichte zieht sich die Klage, dass allen hohen Zielsetzungen und Proklamationen der Aufgaben der Schule, der Lehrer und Schüler das klägliche Zerrbild der faktischen Schule gegenüberstünde." (Ballauff 1982, 404)

4) Vgl. zum Beispiel die Untersuchungen von Andreas Helmke (Entwicklung des Fähigkeitsselbstbildes vom Kindergarten bis zur dritten Klasse) und Alex Buff (Schulische Selektion und Selbstkonzeptentwicklung), beide in R. Pekrun, H. Fend (Hrsg.), (1991) Schule und Persönlichkeitsentwicklung. 83-99, 100-114. Stuttgart: Ferdinand Enke Verlag.

5) S. 192; bezogen sind die Prozentangaben auf eine Längsschnittuntersuchung an 171 Kindern in 13 Klassen der ersten beiden Schuljahre.

6) Vgl. die zusammenfassenden Darstellungen: Mario und Gisela Muck, Bis auf Freud zurück – die Psychoanalyse der Schule als Institution. Micha Brumlik, Heinz Günter Holtappels, (1987). Mead und die Handlungsperspektive schulischer Akteure – interaktionistische Beiträge zur Schultheorie. Beide in K.-J. Tillmann (Hrsg.), Schultheorien. 73-86, 89-103. Hamburg: Bergmann und Helbig Verlag.

7) Ausgelöst hat diesen Forschungszweig u.a. die Rutter-Studie (M. Rutter u. Mitarb., Fifteen Thousand Hours. Secondary Schools and their effects on Children. London 1979).- Inzwischen ist international und in Deutschland ein umfangreiches Schrifttum dazu entstanden.

Literatur

Adorno, Th. W. (1973). Tabus über dem Lehrerberuf. Vortrag, gehalten am 21. Mai 1965 im Institut für Bildungsforschung in Berlin. Abgedruckt in B. Gerner (Hrsg.), Der Lehrer und Erzieher. 115-128. Bad Heilbrunn: Verlag Julius Klinkhardt.

Aurin, K. (1990). Strukturelemente und Merkmale guter Schulen – Worauf beruht ihre Qualität? In K. Aurin (Hrsg.). Gute Schulen – Worauf beruht ihre Wirksamkeit? (64-87). Bad Heilbrunn: Verlag Julius Klinkhardt.

Ballauff, Th. (1982). Funktionen der Schule. Historisch-systematische Analysen zur Scolarisation. Weinheim und Basel: Beltz.

Brezinka, W. (1990). Die Tätigkeit der Lehrer erfordert eine verbindliche Berufsmoral. Die Deutsche Schule, 82 (1), 17-21.

Brumlik, M. und Holtappels, H.G. (1987). Mead und die Handlungsperspektive schulischer Akteure – interaktionistische Beiträge zur Schultheorie. In K.-J. Tillmann (Hrsg.). Schultheorien. 89-103. Hamburg: Bergmann und Helbig Verlag.

Derbolav, J. (1977). Entwurf einer bildungspolitischen Rahmentheorie. In J. Derbolav (Hrsg.). Grundlagen und Probleme der Bildungspolitik. 17-66. München: R. Piper & Co. Verlag.

Fend, H. (1980). Theorie der Schule. München: Urban & Schwarzenberg. Holler, B. u. Hurrelmann, K. (1991). Die psychosozialen Kosten hoher Bildungserwartungen: Eine Vier-Jahres-Studie über das Bildungsverhalten im Jugendalter. In R. Pekrun,H. Fend (Hrsg.). Schule und Persönlichkeitsentwicklung. 255-271. Stuttgart: Ferdinand Enke Verlag.

Giesecke, H. (1987). Grundformen pädagogischen Handelns. Weinheim/München: Juventa

Giesecke, H. (1988). Das Ende der Erziehung. Stuttgart: Klett-Cotta.

Giesecke, H. (1990). Die Berufsethik des Lehrers ist seine Professionalität. Die deutsche Schule, 82 (1), 21 - 24

Jerusalem, M. und Schwarzer, R. (1991). Entwicklung des Selbstkonzepts in verschiedenen Lernumwelten. In R.Pekrun, H. Fend (Hrsg.). Schule und Persönlichkeitsentwicklung. 115-128. Stuttgart: Ferdinand Enke Verlag. Kleinschmidt, G. (1993). Schulautonomie und Schulqualität. Pädagogische Führung, 4 (1), 33-34.

Muck, M. und G. (1987). Bis auf Freud zurück – die Psychoanalyse der Schule als Institution. In K.-J. Tillmann (Hrsg.). Schultheorien. 73-86. Hamburg: Bergmann und Helbig Verlag.

Nipkow, K.E. (1971). Beruf und Person des Lehrers. In K. Betzen, K.E. Nipkow (Hrsg.). Der Lehrer in Schule und Gesellschaft. München: Piper

Oswald, H. und Krappmann, L. (1991). Der Beitrag der Gleichaltrigen zur sozialen Entwicklung von Kindern in der Grundschule. In R. Pekrun, H. Fend (Hrsg.). Schule und Persönlichkeitsentwicklung. 201-216. Stuttgart: Ferdinand Enke Verlag.

Pekrun, R., Fend, H. (1991). Einführung. In R. Pekrun, H. Fend (Hrsg.). Schule und Persönlichkeitsentwicklung. 1-5. Stuttgart: Ferdinand Enke Verlag.

Petillon, H. (1991). Soziale Erfahrungen in der Schulanfangszeit. In R. Pekrun, H. Fend (Hrsg.). Schule und Persönlichkeitsentwicklung, 183-200. Stuttgart: Ferdinand Enke Verlag.

Psychologie Heute. 1996, 1, 44 - 49. Schule in der Krise? Antworten von Peter Struck und Wulff Rehfus.

Purkey, St. C. und Smith, M.S. (1990). Wirksame Schulen – Ein Überblick über die Ergebnisse der Schulwirkungsforschung in den Vereinigten Staaten. In K. Aurin (Hrsg.). Gute Schulen – Worauf beruht ihre Wirksamkeit? 13-45. Bad Heilbrunn: Verlag Julius Klinkhardt.

Reynolds, D. (1990). Forschung zu Schulen und zur Wirksamkeit ihrer Organisation – das Ende des Anfangs? In K. Aurin (Hrsg.). Gute Schulen – Worauf beruht ihre Wirksamkeit?. 88-100. Bad Heilbrunn: Verlag Julius Klinkhardt.

Schulz, W. (1969). Umriss einer didaktischen Theorie der Schule. In Zur Theorie der Schule. 27-45. Weinheim usw.: Beltz. (Pädagogisches Zentrum. Veröffentlichungen Reihe B: Diskussionsbeiträge. Bd. 10.)

Ulich, K. (1991). Schulische Sozialisation. In K. Hurrelmann u. D. Ulich (Hrsg.). Neues Handbuch der Sozialisationsforschung. 377-396. 4., völlig neubearb. Aufl. Weinheim und Basel: Beltz Verlag.

4 Didaktisches Denken und Unterrichtsplanung

Volker Huwendiek

4.1 Einführung in die Allgemeine Didaktik

Stellenwert der Didaktik

Die Didaktik ist nach verbreiteter Einschätzung grundlegend für die Professionalität und Berufsidentität der Lehrer/innen. Lehrpersonen brauchen didaktisches Grundwissen und entsprechende Handlungskompetenz: Sie sollen Unterricht professionell vorbereiten und planen, durchführen und gestalten, reflektieren und auswerten können. Schon in der Ersten Phase der Lehrerausbildung an der Universität und bei den hoffentlich begleiteten Praktika spielen die Allgemeine Didaktik und die Fachdidaktiken zumeist eine nicht unwesentliche Rolle. Im Referendariat steht die Didaktik von Anfang an im Mittelpunkt, in der Schule *und* im Seminar. Dabei wird im Seminar der Erkenntnis- oder Forschungszusammenhang zumeist in den Hintergrund treten, weil der Handlungszusammenhang, die Auseinandersetzung mit der Praxis, die konkrete Umsetzung zur zentralen Herausforderung wird. Das Interesse der angehenden Lehrer/innen gilt im Allgemeinen weniger den Theorie-Konzepten als solchen, wie differenziert, imposant oder neu sie sich auch präsentieren mögen, sondern den Praxis-Konsequenzen, einer möglichst alltagstauglichen „Didaktik zum Anfassen“ (Jank/ Meyer 1991, 291; Gudjons 1997). Angesichts der gegebenen Bedingungen kann freilich beim Referendariat zum gymnasialen Lehramt in manchen Bundesländern (z. B. Baden-Württemberg) kaum didaktisches Basiswissen vorausgesetzt werden.

Didaktik-Begriff

Der Begriff Didaktik ist etymologisch von griech. didaktiké téchne: „Lehrkunst“ bzw. didáskein: „lehren, unterrichten“, im Passiv/ Medium auch: „gelehrt werden, lernen“/„lernen lassen“ abgeleitet. Im weiten Sinn verstanden, bezeichnet die Didaktik die erziehungswissenschaftliche Teildisziplin vom Lehr-Lern-Prozess oder die alle Perspektiven umfassende „Wissenschaft vom Unterricht“ in allen seinen Spielarten (Schulz; Peterßen 1992, S. 20/47). Die Allgemeine Didaktik beschreibt und erforscht die Unterrichtswirklichkeit generell und entwickelt theoretisch fundierte und von den Fächern, Schulstufen und Bereichen unabhängige Analyse- und Planungs-Konzepte für die Lehrenden in der Berufspraxis. Nach diesem weiten Verständnis ist die Methodik integraler Bestandteil der Didaktik. Gelegentlich ist auch von einer „Didaktik im engeren Sinne“ die Rede (z. B. „Didaktik und Methodik des ...Unterrichts“, d. h. ausschließlich auf Ziel-/Inhaltsfragen bezogen), sodass Didaktik und Methodik auch als Gegensatz- oder Ergänzungsbegriffe begegnen können. Von den Phänomenen her – nicht von den Forschungstraditionen – gibt es mancherlei Berührungspunkte oder Überschneidungen der Didaktik mit der stärker empirisch orientierten Unterrichtsforschung der Pädagogischen Psychologie und Konzepten der humanistischen Psychologie. Die Fach-, Stufen- oder Bereichsdidaktiken sind spezieller ausgerichtet, entwickeln konkretere Leitlinien und beanspruchen von vornherein eine entsprechend eingegrenzte Gültigkeit.

4.1.1 Hospitation: Reflexion und Analyse von Unterricht

Schon in der ersten Kompaktwoche werden die Erfahrungen und Vorstellungen vom „guten Unterricht“ und vom „guten Lehrer“ ausgetauscht und reflektiert. Eindrückliche Erlebnisse aus der eigenen Schulzeit, aus dem Studium und häufig eigener pädagogischer Praxis als Austauschlehrer, Tutor, Übungsleiter o. ä. lassen plastische Bilder von gelingendem und misslingendem Unterricht entstehen. Dass guter Unterricht sachgemäß und inhaltlich klärend, aber vor allem auch pädagogisch reflektiert, schülergemäß und motivierend sein solle, ist der erwartbare Mindestertrag, der sich bei einem ersten Gespräch als Konsens ergibt.

Als Vorbereitung auf die Hospitationswoche werden allgemeine Gesichtspunkte für die Unterrichtsbeobachtung erarbeitet und mit einem Fragenkatalog verglichen. Welche Verhaltensweisen lassen sich im Unterricht beobachten und auf welche Entscheidungen und Überlegungen sind die methodische, soziale, mediale und dramaturgische Gestaltung möglicherweise zurückzuführen? Was können die Schülerinnen und Schüler in diesem Unterricht lernen? (Bild 1 auf der folgenden Seite)

Hinterher können aus dem Miterleben des Unterrichtsvormittags einer Klasse mit den unterschiedlichen Fachstunden und Lehrkräften oder der Begleitung eines Lehrers in verschiedenen Klassenstufen die einzelnen didaktisch- methodischen Orientierungen verglichen werden. Es werden neben Gemeinsamkeiten auch unterschiedliche Erfahrungen und Bewertungen ausgetauscht. Was der einen als lebendiges und schülerorientiertes Lernen erscheint, wird von einem anderen schon als bedrohlich chaotisch erlebt. Es wird deutlich, dass Unterricht ein äußerst komplexes Bedingungsgefüge aufweist, das von vielen Einflussfaktoren bestimmt wird. So kann das Urteil von der eigenen Schülererfahrung, die nachwirkt, nicht unwesentlich mitbestimmt sein. Die möglichen Einflussfaktoren sind darüber hinaus sehr zahlreich: Neben dem didaktischen und lernpsychologischen Theoriewissen, dem Betriebswissen der Schulpraxis, der Berufs- und Fachsozialisation und Persönlichkeitsstruktur sind u. a. fachwissenschaftliche Ansprüche, eingeschliffene Verständigungsmuster und Handlungsroutinen, institutionelle und materielle Rahmenbedingungen zu nennen (vgl. Skizze bei Meyer 1991, 419).

Bedingungsgefüge von Unterricht

Es ergeben sich dabei grundsätzliche Anfragen: Lässt sich guter Unterricht überhaupt allgemeingültig von weniger gutem unterscheiden oder werden wir bei unseren Wahrnehmungen und Urteilen nicht immer auch – mehr oder weniger bewusst – von individuellen Setzungen und subjektiven Vorstellungen beeinflusst? Ist Unterrichten-Können überhaupt lehr- und lernbar,

Fragen zur Unterrichtsbeobachtung

1 Zur Unterrichtsgestaltung

1.1 Für welche Vorgehensweisen hat sich der Lehrer/die Lehrerin entschieden (z. B. induktiv – deduktiv; darbietende; erarbeitende, entdecken-lassende Methode; Vortrag, enge und weite Fragen?

1.2 Wie sind die Erklärungen, Arbeitsanweisungen und Fragen des Lehrers/der Lehrerin formuliert? Wie leitet er/sie die Schüler/innen beim Lernen an?

1.3 Wie berücksichtigt der Lehrende das Alter und die Klassenstufe der Schüler/innen (z. B. Vorkenntnisse) bei seinem Vorgehen?

1.4 Inwiefern bemüht sich die Lehrperson um eine anschauliche Darbietung des Stoffes? Welche Lernmittel oder Medien setzt er/sie ein? Welche Bedeutung haben sie?

1.5 Wie ist der Unterricht sozial gestaltet? Welche Sozialformen werden eingesetzt (Klassen-Unterricht, Einzel-, Partner-, Gruppenarbeit)? Welchen Einfluss hat die Sitzordnung?

1.6 Wie ist die „Dramaturgie" des Unterrichts? Wie ist der Verlauf gegliedert? Welche verschiede-nen Phasen sind erkennbar?

1.7 Wie ist die Anfangssituation gestaltet? Welche Anreize für das Lernen werden gegeben (Lernmotivation)?

1.8 Werden Ergebnisse des Unterrichts formuliert? In welcher Form werden sie kontrolliert und gesichert (Tafelanschrieb, Übung)?

1.9 Wie gewinnen der Lehrer/die Lehrerin Übersicht über das Unterrichtsgeschehen? Wie geht er/sie mit Schwierigkeiten einzelner Schüler bzw. mit Störungen um?

1.10 Gibt der Lehrer/ die Lehrerin Hausaufgaben, und wie werden sie gestellt? Wie werden gegebenenfalls die alten Hausaufgaben kontrolliert?

2 Zur Lehrperson

2.1 Wie zeigt sich der Lehrer/die Lehrerin in Sprechweise, Mimik, Gestik und Auftreten (Körpersprache)?

2.2 Wie ist der Umgangston des Lehrers/ der Lehrerin? Wie reagiert er/sie auf Schülerbeiträge? Was trägt er/sie insgesamt zum Unterrichtsklima bei?

3 Zu Schüler/inne/n und Klasse

3.1 Wie verhalten sich die Schüler/innen in der Klasse (auch in der Pause)? Wie gehen sie miteinander um? Wie ist das soziale Klima in der Lerngruppe, wie groß ist der Zusammenhalt?

3.2 Zeigen die Schüler und Schülerinnen Interesse und Anstrengungsbereitschaft? Wie verteilt sich die Mitarbeit (Großteil der Klasse/einzelne „Experten", Jungen/Mädchen, vorne/hinten)?

3.3 Auf welche Weise begegnen sie der „Sache"? Welche Sinne werden angesprochen? Zu welchen Aktivitäten werden sie veranlasst? Nehmen sie aufeinander Bezug beim Reden?

4 Zu Inhalt und Ziel(en) des Unterrichts

4.1 Was ist der Unterrichtsinhalt? Wie wird das Thema in der Fachwissenschaft behandelt (Stellenwert, Struktur, Erkenntnisstand, Probleme)? Gibt es fächerübergreifende Bezüge?

4.2 Wie lauten vermutlich die angestrebten Ziele des Unterrichts? Was können die Schüler und Schülerinnen in diesem Unterricht kognitiv lernen (Wissen, Erkenntnisse, Methode, Kritik)? Wofür werden sie aufgeschlossen oder sensibilisiert (affektive Dimension)? Welche sprachlichen und körperlichen Verhaltensweisen werden vorgestellt und geübt?

Bild 1

hängt es nicht ganz stark mit der Persönlichkeit und Mentalität, mit der individuellen Lern- und Lebensgeschichte des Einzelnen zusammen? Tatsächlich ist es inzwischen gut untersucht, z. B. durch die Methode des Nachträglichen Lauten Denkens, dass Lehrkräfte sich bei ihren unterrichtlichen Entscheidungen von ihrer subjektiven Theorie leiten lassen (Koch-Priewe 1986). Außerdem ergeben sich aus der deskriptiven Erfassung der unterrichtlichen Wirklichkeit nicht von selbst präskriptive Empfehlungen für eine bessere Unterrichtspraxis. Andererseits sind subjektive Theorien auch veränderbar. Es gibt ein breites didaktisch-methodisches Handlungswissen, phänomenologisch oder empirisch gewonnen, das lern- und umsetzbar ist. Und selbst die eigene Lehrer-Persönlichkeit ist hoffentlich nicht endgültig festgelegt, sondern kann im Blick auf pädagogische Haltungen und Verhaltensweisen weiter gefördert werden. Der gute Lehrer ist der entwicklungsfähige.

Bedeutung subjektiver Theorie

4.1.2 Gegenstandsfeld der Didaktik

Für didaktisches Denken und Handeln ist das Didaktische Dreieck konstitutiv: **L**ehrperson – **S**chüler/innen – **G**egenstand. Optisch sehr variabel darstellbar, ist es eine „grafische Darstellung des Sachverhalts, dass es im Unterricht immer um etwas ‚Drittes' geht" (Diederich 1988, 256; Prange 1986, 35ff.: didaktisches Dreieck als „Grundmaß"; vgl. auch neuerdings Winkel 1997, 164).

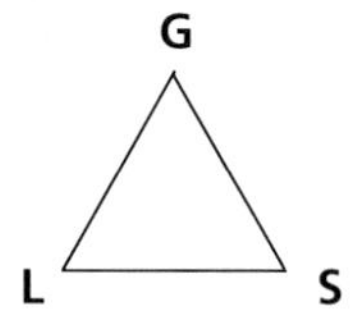

Zur ersten Orientierung ist auch das sog. Berliner Modell sehr geeignet, das in seiner eingängigen Grundstruktur rasch eingeführt oder aufgefrischt werden kann. Das thematische Feld der Didaktik wird fürs erste gerne mit den W-Fragen bezeichnet: Wer lehrt wem was, wie und wodurch, warum und wozu, wann und wo? Heimann formuliert es 1961 so:

„Im Unterricht geht stets folgendes vor:
a) Da ist jemand, der hat eine ganz bestimmte Absicht.
b) In dieser Absicht bringt er irgendeinen Gegenstand in den
c) Horizont einer bestimmten Menschengruppe.
d) Er tut das in einer ganz bestimmten Weise,
e) unter Verwendung ganz bestimmter Hilfsmittel, wir nennen sie Medien,
f) und er tut es auch in einer ganz bestimmten Situation.

Berliner Modell: Grundstrukturen von Unterricht

Indem ich das hier so einfach aufgezählt habe, habe ich die sechs grundlegenden Gesichtspunkte zum Betrachten der Grundstruktur des Unterrichtens mitgeteilt. Wir können sie auf einfache Weise in Fragen verwandeln. Dann stellt sich Unterricht dar als eine Beantwortung folgender Grundfragen:
1. In welcher Absicht tue ich etwas?
2. Was bringe ich in den Horizont der Kinder?
3. Wie tue ich das?
4. Mit welchen Mitteln verwirkliche ich das?
5. An wen vermittle ich das?
6. In welcher Situation vermittle ich das?" (Heimann 1976, 105f.)

Dies ist eine verfremdete, aber einleuchtende Perspektive, die die Konturen der spezifischen Handlungs- und Kommunikationssituation Unterricht immerhin umreißt und ein grobes formales Raster liefert. „Aller Unterricht ist offenbar so gebaut, dass in ihm immer … formal konstant bleibende, inhaltlich variable Elementar-Strukturen gegeben sind.“ (Heimann, zit. n. Peterßen 1982, 71) Ausgehend von diesen Überlegungen haben Heimann, Otto und Schulz Ende der 60er-Jahre ihr Berliner Struktur-Modell von Unterricht entwickelt, um Praktikanten ein solides Instrumentarium für Analyse und Planung von Unterricht in die Hand zu geben. Das wissenschaftliche Nachdenken über Unterricht schlägt sich vor allem nieder im Entwurf solcher theoretischen Modelle und Konzeptionen, im Herausarbeiten typischer Strukturen.

Das im wesentlichen „wertfreie Beschreibungsmodell“ (Schulz) mit seinen sechs strukturellen Konstanten soll die Analyse- und Planungsrisiken, etwas Wesentliches zu übersehen, vermindern. Diese „Elementar-Strukturen“ werden als die „Bedingungen der Möglichkeit von Unterricht (als Ort didaktischer Prozesse) überhaupt“ angesehen (Kochan).

wozu? — was?

wie? — wodurch?

Entsprechend ergeben sich für die Planung des Unterrichts charakteristische Entscheidungsfelder, nämlich die Intentionen oder Lernziele (wozu?), die Themen, Unterrichtsinhalte (was?), die Verfahren, das unterrichtsmethodische Vorgehen (wie?) und die Unterrichts-Medien (wodurch?). Die vier Felder sind wechselseitig aufeinander bezogen, voneinander abhängig, d. h. die Lehrkraft muss so unterrichten, dass keine Widersprüche zwischen den Feldern entstehen. Hinzu kommen die beiden Voraussetzungsfelder: die anthropogenen (wer? wen?) und die soziokulturellen Voraussetzungen (wobei?), die den Entscheidungen zugrunde zu legen sind.

4.1.3 Zur Geschichte didaktischen Denkens

Der Begriff Didaktik wurde zuerst im 17. Jahrhundert gebraucht (Ratke 1613) und damals sowie in der Folgezeit als „Kunst des Lehrens“ verstanden: „Die Didaktik ist die Kunst des Lehrens. Lehren heißt bewirken, dass das, was einer weiß, auch ein andrer wisse.“ (Comenius, zit. nach Kron 1993, 63). Sie vermittelt nach Ansicht der Autoren ein lernbares Können nach den Regeln der Natur mit konkreten Empfehlungen und ausgearbeiteten Musterlektionen. Sie systematisiert später als „Unterrichtslehre“ das Theoriewissen über Unterricht (besonders zur Stoffauswahl) im Kontext und in der Auseinandersetzung mit der zeitgenössischen Unterrichtspraxis.

Kron hat wichtige Etappen didaktischen Denkens von den „Weltverbesserern“ des 17. Jahrhunderts über die Aufklärer (wie Rousseau), die „ersten Systematisierer und Unterrichtsmethodiker“ (wie Herbart), die frühen „Bildungstheoretiker“ (wie Willmann) über die „Reformpädagogen“ bis zu den Curriculum-Reformern der 60er-Jahre näher entfaltet (Kron 1993, 57ff.). Ich begnüge mich mit einigen wenigen Streiflichtern.

Comenius' Lehrkunst

Zukunftsweisend sind die didaktischen Vorstellungen des Johann Amos Comenius. In seiner „Didactica magna“ oder „Großen Lehrkunst“ von 1657 entwirft er, eingebettet in eine theologische Gesamtsicht der Welt und des Menschenlebens, das wahrhaft große Ziel allgemeiner Bildung: Es soll „alle(n) alles von Grund auf (omnes, omnia, omnino) gelehrt werden", und zwar „rasch, angenehm und gründlich", auf dass die Welt verbessert werde (Comenius 1954, 63). Immer noch aktuell und zitierenswert ist auch sein Ansatz: „Erstes und letztes Ziel unsrer Didaktik soll es sein, die Unterrichtsweise aufzuspüren und zu erkunden, bei welcher die Lehrer weniger zu lehren brauchen, die Schüler dennoch mehr lernen; in den Schulen weniger Lärm, Überdruß und unnütze Mühe herrsche, dafür mehr Freiheit, Vergnügen und wahrhafter Fortschritt" (ebd., 9). In seinem „orbis sensualium pictus" bringt er die klassische Lehrer-Schüler-Beziehung auf den Begriff: „Der Schulmeister sitzt auf dem Lehrstul; die Schüler auf Bänken: jener lehret/diese lernen." (Comenius 1991,199).

Herbarts Unterrichtslehre

Herbart versteht zu Beginn des 19. Jahrhunderts Didaktik als „Unterrichtslehre", als Teilbereich der Erziehungstheorie, weil die Sache als das Dritte sich zwischen Erzieher und Zögling schiebt (didaktisches Dreieck). Die erzieherische Grundaufgabe, „vielseitiges Interesse" und Sittlichkeit auszubilden, bleibt aber erhalten. Der „erziehende Unterricht" soll nicht nur durch Vertiefungs- und Besinnungsphasen einen geordneten Gedankenkreis aufbauen, sondern immer auch affektive, soziale und methodische Nebenwirkungen erzielen.

Reformpädagogische Ansätze

Die praxis-, schüler- und gemeinschaftsorientierten Forderungen der Reformpädagogik im ersten Drittel dieses Jahrhunderts weisen über den didaktisch-methodischen Bereich weit hinaus. Ein neues Menschen- und Gesellschaftsbild führt zur vehementen Kritik an der tradierten Wissens- und Memorierschule und lässt neue Leitbilder von Unterricht und Schule entstehen (z. B. Landerziehungsheime, Waldorf-, Montessori-Schulen). Mehr Selbsttätigkeit wird für die „Arbeitsschule" eingefordert: „Es gilt, den Schüler aus dem Passivum in das Activum zu übersetzen." (Gaudig 1922, zit. n. Gudjons 1992, 9) Heute wird das reformpädagogische Innovationspotential mit neuen Gestaltungsformen des Unterrichts (z. B. Freiarbeit) vielerorts wiederentdeckt.

Nach dem Zweiten Weltkrieg: Modellvielfalt

Nach dem Zweiten Weltkrieg hat sich eine immer weiter ausdifferenzierte Didaktik an den Hochschulen etabliert, sodass – wiewohl als Wissenschaft „umstrittener denn je" – von einem „Siegeszug der Didaktik" gesprochen wurde (Jank/Meyer 1991, 61). Es entstand eine Vielzahl von allgemeindidaktischen Theorien, Modellen und Konzepten mit unterschiedlichen Akzenten und Reichweiten. Standen zunächst die Bildungsinhalte sowie später die Lernziele und der komplexe Lehr-Lern-Prozess im Mittelpunkt, so orientieren sich die Modelle seit den 80er-Jahren verstärkt an den Lernenden und an der Kommunikation. Die Stärke der Allgemeinen Didaktik, ihr fächerübergreifender Allgemeinheitsanspruch, ist nach Ansicht mancher fachdidaktischer Kritiker auch ihre Schwäche: Angesichts der „Inhaltsleere" sei – so die saloppe These – „Allgemeine Didaktik wie Stricken ohne Wolle", was mit der Bemerkung retourniert wird, dann sei Fachdidaktik wie „Stricken ohne Strickmuster" (Dietrich in Meyer, Plöger 1994, 235). Unstrittig ist – nicht nur – in der Universität mehr Kooperation zwischen den Vertretern der Allgemeinen Didaktik und der Fachdidaktiken vonnöten.

4.1.4 Aufgaben und Strukturebenen der Didaktik

Gesamtstruktur

Was sind didaktische Modelle? Was sollen sie leisten? Sie versuchen systematisch von einer bestimmten Warte die Gesamtstruktur des Unterrichts mit dem wechselseitigen oder funktionalen Zusammenspiel der verschiedenen Einzelfaktoren in den Blick zu nehmen. Als „vereinfachende, veranschaulichende Darstellungen von komplizierten Feldstrukturen und Funktionszusammenhängen" sind sie gekennzeichnet durch eine einheitliche Sichtweise bei verminderter Komplexität und der Hervorhebung von Faktoren, durch die Transparenz der Struktur und die Anregung zu produktiver Weiterentwicklung (Popp in Dohmen u. a. 1970, 50,53ff.). Ein didaktisches Modell ist „ein auf Vollständigkeit zielendes Theoriegebäude zur Analyse und Planung didaktischen Handelns" (Jank, Meyer 1991, 17).

Modelle als Denkbrillen

Die Modelle der Didaktik liefern also mehr als pragmatische Orientierungen und Handlungsanleitungen, sie systematisieren und strukturieren das Unterrichtsgeschehen und stellen dem Lehrer/der Lehrerin somit eine „Denkbrille" zur Verfügung, eine Theorie, die die Komplexität der unterrichtlichen Faktoren vor allem zu Analyse- und Planungszwecken ordnet (Knecht von Martial 1986, Peterßen 1983, 35). Die Autoren reflektieren meist ihre Voraussetzungen, begründen ihr Vorgehen mit wissenschaftstheoretischen Positionen und beziehen sich auf ein bestimmtes Menschen- und Gesellschaftsbild.

Es macht einen großen Unterschied, welche Brille ich trage oder von welchen Vorannahmen ich meine ausgehen zu können. So orientiert sich zum Beispiel eine neue „subjektive Didaktik" von Kösel am positiven Menschenbild der humanistischen Psychologie und an der postmodernen Erkenntnistheorie von Lyotard u. a.. Wenn es Wahrheit in der Postmoderne nur noch im Plural gibt, wird die ohnehin bedeutsame Verständigungsaufgabe im Unterricht fundamental.

Ebenen der Didaktik

Demnach lassen sich verschiedene Strukturebenen der Didaktik unterscheiden: die Ebenen der Praxis, der Theorie und der Metatheorie (so schon Weniger). Peterßen nennt die drei Strukturebenen der Didaktik auch die pragmatische Struktur (mit Handlungsanleitungen), die legitimatorische Struktur (Begründungen und Rechtfertigungen hinsichtlich oberster Zielbegriffe) und die paradigmatische Struktur (geprägte Gesamtperspektive aus wissenschaftstheoretischer Position: Metatheorie).

Didaktisches Denken hat inzwischen eine Fülle solcher unterschiedlicher Modelle hervorgebracht. Viele von ihnen können allenfalls noch akademisches Interesse beanspruchen (Übersichten bei Peterßen 1983, Bönsch 1986), zumal sie hauptsächlich die oberen Stockwerke didaktischer Theorie-Gebäude beleuchten. Demgegenüber gehen Unterrichtskonzepte wie zum Beispiel der Handlungsorientierte Unterricht oft von praktischen Problemen aus und liefern weniger paradigmatisch oder metatheoretisch ausgearbeitete Orientierungen für die Praxis (ausführlicher bei Jank, Meyer 1991, 92).

Der sukzessive Aufbau didaktisch-methodischer Handlungskompetenz ist eine zentrale Aufgabe des Referendariats. Zusammen mit den Fachdidaktiken leistet die Allgemeine Didaktik dazu durch Reflexion und Training in vielfältigen Formen ihren eigenständigen Beitrag. Insbesondere werden allgemeine Schemata der Planung und Analyse von Unterricht und konkrete Möglichkeiten der Unterrichtsgestaltung theoretisch eingeführt oder vertieft, praktisch angewendet und erprobt. Der Praxis und konkreten Handlungsanleitung gebührt im Referendariat sicherlich der Vorrang, aber die beiden anderen Ebenen können im Sinne praxisbezogener Reflexion und theoriegeleiteten Handelns nicht ganz ausgeklammert werden. Der mündige Umgang mit den Modellen setzt Hintergrundwissen und die Reflexion über Sinn und Grenzen der verschiedenen Perspektiven voraus. Die Auseinandersetzung mit wichtigen Bestimmungsstücken dieser Modelle kann das Problembewusstsein schärfen und helfen, auf dem Weg zu einem eigenen Konzept weiterzukommen. Jank und Meyer nennen deshalb diese Modelle „Katalysatoren" auf dem Weg zur eigenen Didaktik „im Hinterkopf" (Jank, Meyer 1991, 130).

Reflexion über Sinn und Grenzen

4.1.5 Rezeption didaktischen Denkens

Die Vielzahl der Modelle kann dabei als Bereicherung empfunden werden, wirkt aber oft eher verunsichernd und verwirrend. Tatsächlich sind die Untersuchungsperspektiven von Unterrichtsforschern beträchtlich unterschieden von der Handlungsperspektive der Lehrenden in der Schule. Viele allgemeine Konzepte erscheinen zu praxisfern, papieren und untereinander widersprüchlich, als dass sich eine gründliche Beschäftigung mit ihnen lohnen könnte. Erfahrene Lehrer lassen erkennen, dass für ihre tägliche Unterrichtspraxis die Allgemeine Didaktik nicht erforderlich ist. In Fortbildungskreisen kursiert gar der Witz, im Alltag seien die „Auto-", „Schwellen-" oder „Hammer-Didaktik" gültig (Vorbereitung erst bei der Fahrt zur Schule, beim Überschreiten der Schwelle zum Klassenzimmer oder gar am Beginn des Unterrichts: „Was hammer gestern gmacht?"). Lütgert erklärt die Unterschiede zwischen Theorie und Alltagspraxis pointiert folgendermaßen:

Praxisferne

„Didaktik dogmatisch: Unterrichtsplanung als ein rationaler, an keine personellen, materiellen und zeitliche Restriktionen gebundener Problematisierungs- und Entscheidungsprozess.
Didaktik empirisch: Unterrichtsplanung ist Teil einer Subkultur, die von der didaktischen Dogmatik nicht reflektiert wird. Die Subkultur ist geprägt von Strategien des ‚Sich-Durchwurstelns': Lehrer suchen unter Zeitdruck eine konstruktive Antwort auf zwei Fragen: ‚Was werde ich unterrichten?' und ‚Wie werde ich es unterrichten?'" (Lütgert 1981, 582 und 584)

Das undogmatische Vorgehen ist sicher nicht grundsätzlich begrüßenswert, aber vielleicht ist es auch nur die Konsequenz einer sehr wichtigen Alltagserfahrung: Selbst die umfassendste Vorbereitung und gründlichste Problematisierung im Vorfeld kann den Durchführungserfolg nicht herbeizwingen. Es gibt einen Perfektionsanspruch an Planung, der sich leicht kontraproduktiv zu lebendigem Unterricht auswirken kann, weil er die Spontaneität und Flexibilität behindert.

Planung und Offenheit

Planung ist notwendig, aber bei weitem nicht hinlänglich: Planung und Durchführung sind letztlich durchaus zweierlei.

Prozessmodell des Theorie-Erwerbs

Die „Aneignungsschwierigkeiten didaktischen Theoriewissens" hat Hilbert Meyer mit einem Prozessmodell des Theorie-Erwerbs zu erklären versucht. In den verschiedenen Phasen oder Stationen der Lehrerlaufbahn sei Didaktik unterschiedlich wichtig und habe ein je eigenständiges Profil: Von der einführenden und stärker rezeptorientierten „Anfänger-Didaktik" im Praktikum – Rezepte als Ersatz für Erfahrung – seien die prüfungsbezogene und legitimierende „Feiertagsdidaktik" mit ihrem umfassenden Anspruch am Ende des Referendariats und die eher karg-kompakte „Profi-Didaktik" des Unterrichtsroutiniers zu unterscheiden (H. Meyer 1983). „Stichworte auf dem Spickzettel des Routiniers sind Chiffren für eine breite Palette von Handlungsmöglichkeiten im Unterricht, die situationsabhängig verwirklicht werden können." (Meyer 1980, 59)

Danach scheint es das Schicksal nicht allein der allgemeindidaktischen Konzepte zu sein, besonders in dem schwierigen Durchgangsstadium der Ausbildung nützlich zu sein und als relevant zu gelten, um danach eher selektiv und latent zur Verfügung zu stehen (vgl. Schema von Jank/Meyer 1991, 45). Es spricht sehr vieles für diese These, zumal auch empirische Studien zum tatsächlichen Planungsverhalten erfahrener Lehrer/innen den Modellen immerhin als „Absink- und Trainingsmodellen" eine erhebliche Bedeutung einräumen: sie können als „rationaler Kern späterer Routinen" dienen (Wengert 1989, 457). Darüber hinaus kann gefragt werden, ob die Selbstauskünfte von routinierten Lehrern in jeder Hinsicht stimmen müssen. Im Blick auf die unterrichtlichen Standardsituationen können sie didaktisch-methodisches Nachdenken so selbstverständlich verinnerlicht haben und zu ihrem professionellen Habitus zählen, dass sie den Bezug zu einmal vermittelten Theorien gar nicht mehr wahrnehmen. Ihr Unterrichtskonzept und Elemente ihres Handlungsrepertoires könnten durchaus - mehr als sie selbst ahnen - der Lehrerausbildung und speziell der Seminararbeit verpflichtet sein. Zudem haben didaktische Theorien häufig metatheoretischen Charakter, d. h., sie wollen nicht als inhaltlich genau bestimmte und handlungsleitende Theorien benutzt werden, sondern zum situationsgerechten und selbstständigen Theoretisieren befähigen. In dieser Form können sie zwar nur mittelbar wirken, aber zur Bereitstellung von Denkmöglichkeiten und zum Aufbau einer wissenschaftlich fundierten und „reflektierten Routinebildung" (Meyer) sind sie gerade deshalb unverzichtbar.

Absink- und Trainingsmodelle

Reflektierte Routinebildung

4.2 Pragmatische Unterrichtsplanung

Im Blick auf das oben angeführte Prozess-Modell des Theorie-Erwerbs gebe ich im Folgenden zunächst einige Hinweise zur Unterrichtsplanung für den Anfang, bevor ich zwei besonders bedeutsame didaktische Konzepte gründlicher vorstelle. Ich skizziere Möglichkeiten einer eher pragmatischen Unterrichtsplanung, wobei selbstverständlich auch hier implizit und explizit Theorie-Annahmen zugrunde liegen. So sind zum Beispiel Aspekte aus verschiedenen Ansätzen und Konsequenzen der Modell-Diskussion eingeflossen. Aber die leicht überfrachtenden Hintergrund-Perspektiven können und sollen zunächst weitgehend ausgeblendet werden.

4.2.1 Enscheidungen und Ebenen der Planung

Ausgehend von den Analyse-Erfahrungen kann die Aufgabe der Vorbereitung und Planung von Unterricht in den Blick genommen werden. Die Unterrichtsdurchführung und die anschließende Reflexion und Analyse ergeben Konsequenzen für die neue Planung. Die drei Elemente sind aufeinander bezogen, ergeben einen zirkulären Prozess. Das Planen hat dabei die Aufgabe der vorausschauenden Strukturierung und Phasierung des Unterrichts, um in der „überkomplexen" Realsituation entlastet zu sein. Es hängt sehr viel davon ab, im Unterricht weitgehend frei zu sein von konzeptionellen Überlegungen, um wirklich mit den einzelnen Lernenden und der Gruppe in Kontakt zu kommen. In der Vorbereitungsphase kann ohne Handlungsdruck das unterrichtliche Geschehen simulativ vorgedacht werden. Es können dabei auch unterschiedliche Wege miteinander verglichen und gegebenenfalls Verzweigungen und Erweiterungen ins Auge gefasst werden. Planung wird also nicht als starre Vorgabe verstanden, eingezwängt in ein Prokrustesbett, sondern gerade als Ermöglichung elastischen Lehrerverhaltens, das die Schüler/innen ernst nimmt. Vernünftige Planung erhöht die Sicherheit und eröffnet so auch Räume für spontane Veränderungen. Die Planung hat große Bedeutung, aber Präsenz und Offenheit in der konkreten Situation sind ebenfalls sehr wichtig.

Elastisches Lehrerverhalten

So gilt nach Ruth Cohn für die Planung der Themenzentrierten Interaktion (TZI): „Jeder Plan ‚muss' falsch sein, da nie alle Faktoren bekannt sein können und so auch nie der Prozess, der sich aus vielfältigen Geschehnissen zwischen verschiedenen Menschen und Sachlagen ergibt, genau vorhergesehen werden kann. TZI-Strukturierung bedeutet: Vorplanen mit allen bekannten Fakten und Wahrscheinlichkeiten und Offen-Sein für Wahrnehmung im Hier-und-Jetzt des Prozesses, um notwendige Umstellungen vornehmen zu können. Starre Planung und Planlosigkeit sind gleichermaßen unbrauchbar." (Cohn 1980, 206) Aus den Planungsunterlagen und dem Feedback der Praxiserfahrungen können sich verbesserte Pläne ergeben, kann sich didaktische Handlungskompetenz entwickeln.

Die Planung bezieht sich auf sehr unterschiedlich lange Zeiträume. Im Schulalltag gehört neben der Gesamtplanung des Schuljahres in einem Fach besonders die Planung auf dem Niveau von Unterrichtseinheiten zu professionellen Standardsituationen. Die Vorbereitung von Einzelstunden ist dem nachgeordnet, zumal der 45-Minuten-Takt nicht notwendig eine inhaltliche Einheit darstellt. Grundlage der Planung ist der offizielle Bildungsplan mit seinem Bildungs- und Erziehungsauftrag, seinen Angaben zu den einzelnen Klassenstufen, Fächern und fächerverbindenden Themen, seinen Ziel- und Themenangaben und Zeitvorstellungen, Methoden- und Medien-Hinweisen, mit seiner Obligatorik und seinen fakultativen Vorschlägen.

Bildungsplan

Struktur- und Verlaufsplanung

Wie komme ich von den Formulierungen des Lehr- oder Bildungsplans zur Planung einer Unterrichtseinheit oder einer Einzelstunde? Die Lehrperson mit ihrer „pädagogischen Freiheit“ reflektiert und interpretiert den Bildungsplan, wählt eine Unterrichtseinheit aus und hat im Rahmen der „Konkretisierungsverantwortung“ (H.Meyer) die Aufgabe der Kleinarbeitung. Sie muss Entscheidungen treffen auf den verschiedenen miteinander verschränkten Planungsebenen. Dabei kann nochmals differenziert werden zwischen einer grundlegenden Inhalts-/Strukturplanung und ihrer sequentialisierten Form, der Verlaufs- oder Prozessplanung. Für die zweite Aufgabe der Phasierung ist seit Herbart auch das metaphorische Fachwort der Artikulation gebräuchlich. Die Lehrperson muss für die besondere Klassenstufe und Lerngruppe Ziele, Inhalte, Aktions- und Sozialformen, Medien, Lernerfolgskontrollen festlegen und in eine geeignete zeitliche Strukturierung bringen. Bei der Entscheidung helfen grundlegende Prinzipien des Unterrichts (vom Einfachen zum Komplizierten, vom Nahen zum Fernen, vom Konkreten zum Abstrakten etc.) und die unterrichtliche „Dramaturgie“ des Lehr-Lern-Arrangements (Spannungsbogen; Rhythmen der Vorstellung, Aneignung und Übung; Einstieg, Erarbeitung und Sicherung etc.). Außerdem sind adressatenbezogene und situative Gesichtspunkte (Motivation, Interessen, Vorkenntnisse; Stundenplan, Erkursions-

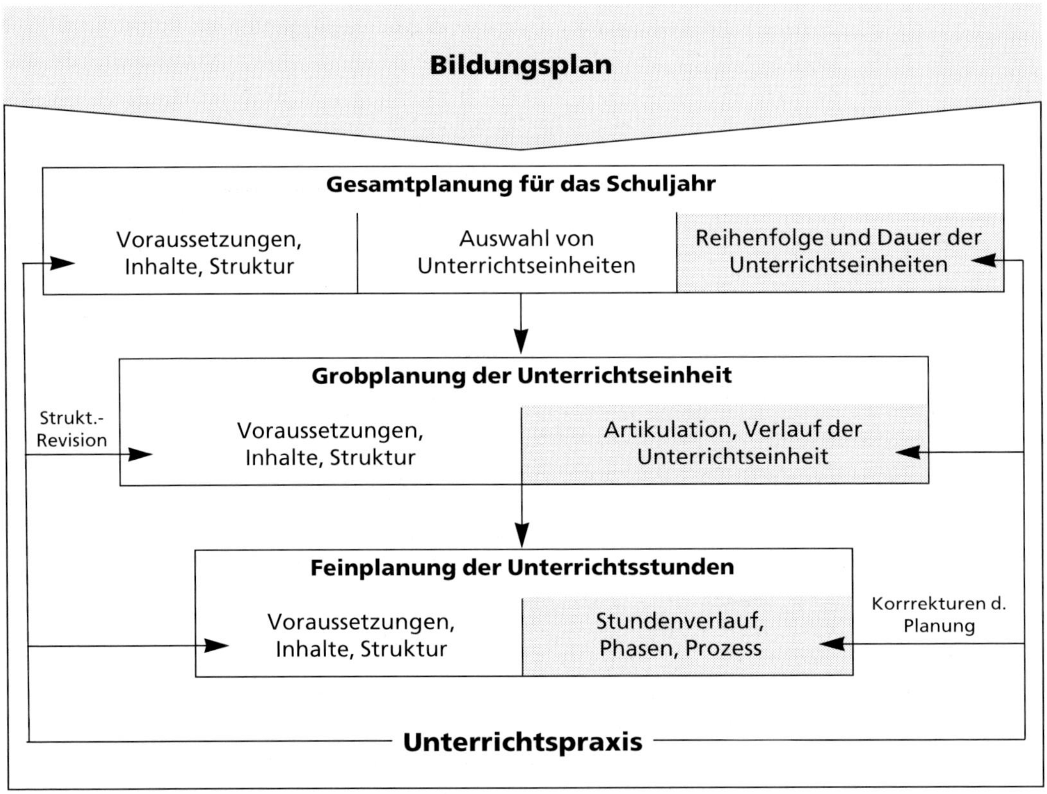

Bild 2: Ebenen der Unterrichtsplanung

oder Prüfungstermine etc.) zu berücksichtigen. Zielpunkt der Überlegungen im Vorfeld ist der stimmige Verlaufsplan einer Unterrichtseinheit oder einer Einzelstunde. Wie Bild 2 zeigt, unterliegen „theoretische" Planungen auf allen Ebenen aufgrund der „Praxis" permanenter Revision (bzw. Revidierbarkeit).

Planen und Revidieren

Wie können angehende Lehrer/innen ausgehend von diesen Überlegungen Unterricht planen? Im Prinzip wird sich dies an einer der üblichen Abfolgen orientieren, wobei beim angeleiteten Unterricht im ersten Jahr besonders bei der Auswahl der Unterrichtseinheit und bei der Zeitgestaltung Absprachen mit dem einführenden Lehrer oder der Lehrerin nötig sind.

- Die Lehrperson wird den Bildungsplan studieren, eine Unterrichtseinheit einer Klassenstufe aus wählen und die curricularen Vorgaben reflektieren und konkretisieren.
- Sie wird sich vertiefend in die ausgewählte Thematik einarbeiten – immer auch schon mit dem pädagogischen und fachdidaktischen Blick für den späteren Unterricht. Und sie wird sich selbst befragen nach ihren bisherigen Erfahrungen, Einstellungen und Einsichten zur Thematik. Die Lehrerbände zu den Schulbüchern und andere Unterrichtshilfen können kritisch zu Rate gezogen werden.
- Sie wird sich über den Entwicklungsstand der Schüler/innen in diesem Alter kundig machen (knappe Zusammenfassung in den pädagogischen Leitgedanken des Bildungsplans) und über die Vorkenntnisse, Interessen und die soziale Lernsituation in der Klasse nachdenken.
- Sie wird die hauptsächlichen Lehr-/Lernziele der Unterrichtseinheit festlegen und gewichten in engem Zusammenhang mit der thematischen Strukturierung und den avisierten Erfolgskontrollen.
- Sie wird das methodische Konzept festlegen (Gewichtung und Anteile darbietender, erarbeitender und entdecken-lassender Verfahren), Aktivitäten von Lehrer/in- und Schüler/innen und die Sozialformen (Informationsvermittlung, Schülerreferate, Gruppenaufträge, Leitfragen, Experimente, längerfristige Hausaufgaben, Exkursionen etc.) zusammenstellen und die Leitmedien bzw. das Medienarrangement (Lehrbuch, AV-Medien, Modelle, Arbeitsblätter, Mind-map, interaktive Lernprogramme etc.) zuordnen.

Planungsentscheidungen

- Sie entwickelt aus den Struktur-Überlegungen die Umriss-Skizze der Verlaufsplanung für die Unterrichtseinheit mit ihren verschiedenen Phasen (z.B. nach Roth: Phasen der Motivation, der Schwierigkeiten, der Lösung, der Ausführung, der Einübung und des Transfers). Dabei sind besonders die Gelenkstellen und Variationen zu bedenken.
- Bei der Struktur- und Verlaufsplanung der Einzelstunden kann in verkleinertem Maßstab genauso vorgegangen werden. Dabei ist aufgrund von Schülerbeiträgen oder -reaktionen, von äußeren Einflüssen und evtl. von Kurskorrekturen der Lehrer/in während des Unterrichts am Ende der Stunde eine gegenüber der Planung neue Situation möglich, ja wahrscheinlich. Die aktuelle Basis für die weitere Grobplanung der Unterrichtseinheit und die Feinplanung der nächsten Einzelstunden verändert sich permanent, sodass immer wieder Revisionen, Rück- und Vorgriffe und Aussteuerungen notwendig werden.

4.2.2 Lehr-/Lernziele und Methodenrepertoire

Die Bedeutung der Lehr-/Lernziele hat abegenommen, nachdem die Euphorie der behavioristischen Lernzieltheorie der 70er-Jahre verschwunden ist. Mager, Bloom und ihren deutschen Rezipienten ging es

Präzisierung und Differenzierung von Lernzielen

1. um die Unterscheidung von Richt-, Grob- und Feinzielen und ihre eindeutige Bestimmung, dabei besonders um die *Operationalisierung* von Feinzielen, d. h. ihre Kleinarbeitung, die messbare Angabe des gewünschten Endverhaltens,
2. die Dimensionierung von Zielen, d. h. die Unterscheidung nach dem kognitiven, affektiven und psychomotorischen Bereich (Denken, Fühlen, Handeln) sowie
3. ihre Hierarchisierung, d. h. eine Stufenfolge oder *Taxonomie* der Lernziele nach dem Komplexitäts-und Schwierigkeitsgrad (besonders im kognitiven Bereich: 1. Kenntnisse, 2. Verständnis, 3.Anwendung, 4. Analyse, 5. Synthese, 6. Beurteilung).

„Die Schüler/innen sollen an hand eines ausgegebenen Arbeitsblatts mit Textauszügen aus der Sekundärliteratur in arbeitsteiliger Gruppenarbeit jeweils mindestens drei Grundthesen einer biographischen, soziologischen oder tiefenpsychologischen Deutung von Kafkas ‚Verwandlung' erarbeiten und auf einer Folie notieren." Eine solche detaillierte Zielangabe ist schon sehr viel deutlicher als die lakonische Angabe, dass die Schüler/innen bestimmte andere Interpretationen „kennenlernen" sollen. Dieses Instrumentarium – moderat gebraucht – hat auch heute noch eine gewisse Bedeutung, es kann die Zielvorstellungen schärfen und insgesamt Nüchternheit und Realitätssinn beim Ansteuern der Lernziele fördern. Häufig ist es bei Zielangaben tatsächlich möglich, Tätigkeiten der Schüler/innen („Operatoren"), den vorrangigen Bereich und z. B. die kognitiven Anforderungsstufen grob anzugeben.

Realisitsche Klärungen

Andererseits ist es dieser Theorie nicht gelungen, aus den übergeordneten Zielen die konkreteren schlüssig abzuleiten und damit die Didaktik neu zu fundieren. Das Aufwand-Leistungs-Verhältnis gerät leicht aus der Balance. Insofern ist die Bedeutung dieser Zielanalysen heute zu relativieren. „Wer nicht genau weiß, wohin er will, der landet leicht da, wo er gar nicht hin wollte" (Mager 1973) Dieser Satz ist nur dann hilfreich, wenn man das „genau" nicht zu ernst nimmt. Die von Mager als narrativer Beleg vorangestellte Fabel vom Seepferdchen, das sein Glück sucht (ohne genau zu wissen, was das ist) und ergo! im Haifischrachen landet, enthält eine nicht zu unterschätzende Lebensweisheit, ist aber im Rahmen der Lernzieldiskussion leicht gegen die Autor-Absicht zu deuten: Als ob viele soziale, emotionale und ethische Ziele – wie das Glück in der Fabel – nicht auch dann (oder vielleicht sogar: gerade dann) erstrebenswert wären, wenn sie nicht hinlänglich operationalisiert und kontrolliert werden können. Wer als Lehrer/-in allzu genau meint wissen zu müssen, woraufhin das Lernen zu geschehen hat, unterschätzt die Möglichkeiten lebendigen Lernens, das Potential der Personen der Gruppe, den Anregungsgehalt von Themen und Situationen.

Einschränkungen lebendigen Lernens

Bedeutung der Methoden

Die Bedeutung des Methodenrepertoires hat demgegenüber erheblich zugenommen. Methoden sind mehr als nur technische Wege des Wissens-Transports zwischen Lehrenden und Lernenden, sie bestimmen die Sachbegegnung und -aneignung, die unterrichtliche Inszenierung und die soziale Interaktion im Klassenzimmer. Hilbert Meyer sieht Methoden sogar als Ziele, die Lehr-/Lernwege werden als Such- und Findemittel von neuen Inhalten verstanden. Gleichwohl gilt als Grundsatz in der Methodik, dass Unterrichtsformen, Methoden (Aktionsformen), Sozialformen und Verlaufsformen kein Selbstzweck sind, sondern in einem didaktischen Begründungszusammenhang mit Zielen und Inhalten stehen. Es geht nicht um die grundsätzlich beste oder bessere Unterrichtsform, sondern darum, die geeigneten Formen für die ausgewählten Ziele und Inhalte zu finden.

Kritik an der Monostruktur

In der didaktischen und methodischen Theorie wird eine Vielzahl von Gestaltungsmöglichkeiten unterschieden, vom Lehrervortrag bis zum Schülerexperiment, von der Stillarbeit bis zu Projekt und Freiarbeit, von der Leittext-Methode bis zum Rollenspiel. Eine gute Übersicht findet man z.B. in den Methoden-Bänden von Hilbert Meyer und dem Methoden-Lexikon von Peterßen (in: Lehrmethoden – Lernmethoden 19977, 120 ff.). Empirische Untersuchungen födern dagegen eher eine Gleichförmigkeit, eine methodische Monostruktur im Unterricht zutage – und zwar ziemlich unabhängig von der Schulart und vom Fach. Eine Hagener Forschergruppe klassifizierte zwei Drittel bis drei Viertel der Unterrichtsereignisse in allen Schulen und Fächern als „direktiven Frontalunterricht" mit der Aktionsform des fragend-entwickelnden Verfahrens (Hage u.a., 148 ff.). Dazu passen andere empirische Befunde: Pro Stunde werden im Schnitt etwas 50 Fragen an die Schüler/-innen gerichtet und zwei Drittel der Redezeit im Unterricht beansprucht die Lehrkraft, das restliche Drittel teilen sich die Lernenden (Flanders). Allenthalben wird das bestehende Methoden-Repertoire nur sehr selektiv genutzt.

Einschätzung des Klassenunterrichts

Tatsächlich ist dieses fragend-entwickelnde Verfahren häufig nur scheinbar ökonomisch, erarbeitend und schülerorientiert. Aber es gibt auch einen ganz anderen Klassenunterricht mit klar strukturierender und anregender Präsentation, echten Gesprächsformen (z.B. mit wenigen Leitfragen) und differentiellen Vermittlungshilfen. Besonders wichtig ist es, verschiedene Frage-Möglichkeiten gezielt einsetzen zu können: also auch anspruchsvolle Wissens- und Denkfragen, eher divergente, einstellungsorientierte Fragen oder Sondierungsfragen zum weiteren Vorgehen. Der pädagogische Ruf des Lehrgangs- oder Klassenunterrichts ist oder war erheblich schlechter, als er es verdient (wie auch viele seiner Kritiker inzwischen einräumen). So sind im Klassenunterricht auch immer wieder Phasen angeleiteten Entdecken-Lassens, individuellen Übens und gemeinsamen Erkundens integrierbar. Effiziente Instruktionen – gerade auch für die leistungsschwächeren Schülerinnen und Schüler unverzichtbar – ermögicht bei anderen Themen offenere Gestaltung.

Von den verschiedenen Formen innerer Differenzierung wird Einzelarbeit schon relativ häufig, Partnerarbeit leider nur sehr selten eigesetzt. (Klein-) Gruppenunterricht, arbeitsgleich oder -teilig organisiert, ist die Grundform

Vielfalt der Methoden

des sozialen Lernens und bei Aufgabentypen des Diskutierens, Analysierens, Konstruierens und Trainierens durchaus empfehlenswert. Besonders bewährt hat sich die Verbindung von Einzel- und Gruppenarbeit, von individueller Verantwortlichkeit und Kooperation. Es gibt viele praktikable Varianten und verwandte Formen, z.B. das Gruppen-Puzzle oder den Lernzirkel. Auch Lern-, Rollen und Planspiele sowie das Standbild-Bauen finden im Blick auf ein lebendiges Lernen verstärkte Aufmerksamkeit. Die Moderationstechnik verspricht effektivere Gespräche mit garantierter Beteiligung aller (Brainstorming). Formen ganzheitlichen Lernens wie Entspannungsübungen und Phantasiereisen kann neben der motivationalen auch eine aufschließende Bedeutung bei affektiven Zielen zukommen. Die reformpädagogischen Großformen Projekt (vgl. Kap. 5 von Wolters) und Freiarbeit sind an viele Voraussetzungen gebunden, eröffnen den Schüler/innen aber auch ganz neue Möglichkeiten, Selbstwirksamkeit und verantwortliche Kooperation zu erproben und einzuüben. Im Blick auf die unterschiedlichen Lernstile und Persönlichkeiten der Schüler/-innen und die Wechselwirkung mit den fahren ist Methoden- und Medienwechsel angeraten (vgl. auch Ziel-Methoden-Matrix in: Gage, Berliner 1986, 457; Huwendiek 1994, 123 ff.).

4.2.3 Planung von Einzelstunden

Am Anfang der schulpraktischen Ausbildung ist wegen der konkreten Überschaubarkeit auch die Planung von (isolierten) Einzelstunden in der Schule sinnvoll. Im Pädagogik-Seminar können exemplarische Unterrichtsvorbereitungen zu Einstiegsstunden (Einzel-/Doppelstunden) fächerverbindender Themen in arbeitsteiliger Gruppenarbeit erstellt werden. Ein Raster zur konkreten Unterrichtsplanung, das zur Verfügung gestellt wird, ist möglichst detailliert auszufüllen. Zu diesem Formular eines Stundenverlaufs gibt es viele Varianten. Neben organisatorischen Angaben zu Datum, Klasse etc. ist die Aufgliederung nach einzelnen zeitlichen Abschnitten zwingend– z.B. mit einer Gliederung nach Phasen oder durch Funktionsschritte, denen das geplante Verhalten und Lehrer/in und Schüler/innen sowie die Aktionsformen und Medien schrittig zugeordnet werden. Hilbert Meyer spricht konkret von Unterrichtsschritten. Als Anregung für eine solche Verlaufsplanung kann das Schema von Brummack dienen (Huwendiek 1994, 127; vgl. auch „Methodenkreuz" von Meyer, 1987, Kap. II 8/9).

Kooperative Planung

Aufgrund der unterschiedlichen Ideen, Herangehensweisen und Ergebnisse in den Gruppen und der Aufarbeitung im Plenum wird der Zugang zu Grundprmblemen und -perspektiven der Didaktik erleichtert. Die eher formalen Prinzipien des Berliner Modells können einbezogen werden:

Prinzipien der Planung

- Das Prinzip der *Interdependenz* verlangt die „widerspruchsfreie Wechselwirkung" und Kombination der einzelnen Strukturmomente in der Planung.
- Das Prinzip der *Variabilität* bedeutet, dass der Lernende, als Partner angesehen, den Unterricht mit steuern können soll. Elastische Planung und

Durchführung sind gefordert – nach dem Grundsatz: „Der Unterrichtsplan wird erst unter Mitsteuerung der Schüler fertig."

– Das Prinzip der *Kontrollierbarkeit* bezieht sich vor allem auf die professionelle Auswertung des Unterrichts. So sollte z. B. die Dauer der Unterrichtsphasen in Planung und Realität regelmäßig verglichen werden. (Schulz, in: Heimann/Otto/Schulz 1965, 44ff.)

Darüber hinaus kommen die Unterschiedlichkeit und die praktischen Konsequenzen didaktischer Prinzipien an Hand der vorgestellten Unterrichtsbeispiele in den Blick (z.B. Spannung zwischen der Orientierung an der Sachstruktur und der Schüler- oder Erfahrungsorientierung). In diesem Zu-

• Voraussetzungen

1.1 Lehr-/Lern-Ziele aus dem Lehrplan auswählen und reflektieren.
1.2 Themen (U.-Inhalte, -Gegenstände) auswählen und fachwissenschaftlich und -didaktisch vertiefend aufarbeiten.
1.3 Voraussetzungen und Potential der Schüler/innen (Kenntnisstand, Motivation, Interesse etc.) bewusst machen – als „Adressaten" und als mögliche Mitwirkende bei der Planung.
1.4 Situation der Gruppe (Interaktion und Gruppendynamik) bedenken und berücksichtigen.
1.5 Eigenen Ziel- und Sachbezug (Selbstklärung) reflektieren.
1.6 Organisatorische und technische Voraussetzungen vergegenwärtigen (z.B. Raum, Geräte).
1.7 Einordnung der Stunde in die Unterrichtseinheit festlegen.

• Strukturplanung

2.1 Lehr-/Lernziele der Stunde festlegen und konkret formulieren.
2.2 Zielbereiche (kognitiv, affektiv, psychomotorisch) und -stufen (Taxonomien) – sofern möglich und sinnvoll – unterscheiden.
2.3 Thematische Struktur (Wissen, Problem etc.) genau festlegen und inhaltlich analysieren.
2.4 Methoden-Arrangement (Verbund von Aktionsformen) entwerfen.
2.5 Sozialformen (und Sitzordnung) entscheiden.
2.6 Medien (Lehr-,Lernmittel) konkret auswählen bzw. selbst erstellen.
2.7 Lehr-/Übungsbuch evtl. integrieren bzw. Einbezug prüfen.

• Verlaufsplanung

3.1 Gesamtverlauf der Stunde und Dauer der einzelnen Phasen nach der Funktion der Phasen und nach der Dramaturgie (Spannungsbogen) festlegen.
3.2 Hausaufgaben der letzten Stunde kontrollieren, evtl. auch später integrieren.
3.3 Inhaltlichen Einstieg (Motivationsphase) für die Stunde planen.
3.4 Hauptphase der Erarbeitung konzipieren.
3.5 Form der Ergebnissicherung (Lernerfolgskontrolle) vorsehen.
3.6 Neue Hausaufgaben überlegen und einplanen.
3.7 Alternative Verlaufsmöglichkeiten durchspielen und evtl. Alternativ-Elemente und „Puffer" (falls Klasse schneller als geplant) vorbereiten.

Bild 3 : Vorgehen bei der Vorbereitung einer Einzelstunde

Didaktische Reduktion

sammenhang kann das Grundproblem der didaktischen Reduktion erhellt werden: die immer wieder schwierige Frage, inwiefern das wissenschaftliche Komplexitätsniveau des Themas zu reduzieren ist, damit die Schüler/innen einer bestimmten Altersstufe sich sinnvoll damit auseinandersetzen und das Wissen aneignen können. Besondere Probleme am Anfang machen zudem der Rollenwechsel vom Studenten zum Lehrer (oder die anhaltende Rollen-Spannung des zugleich Lehrenden und Lernenden), die Komplexität der Kommunikationssituation Unterricht, die auch dem besten Plan nur sehr relative Bedeutung beimessen lässt, und die motivationale Verknüpfungsfrage, wie denn – altertümlich formuliert – diese konkreten Schüler/innen in den „Sog der Sache" gebracht werden könnten. „Das Handeln unter Unsicherheit" (Terhart) als Kennzeichen der pädagogischen Profession aktiviert Unsicherheitsgefühle, die durch Austausch mit anderen und Vorbereitungshilfen besser bearbeitet werden können. Die Übersicht (Bild 3 auf der vorhergehenden Seite) zum konkreten Vorgehen bei der Vorbereitung einer Einzelstunde soll so den Planungsprozess auch nicht normieren, sondern erleichtern und das Risiko, einen wesentlichen Punkt völlig zu vergessen, mindern.

Handeln unter Unsicherheit

Auch später wird das Seminar immer wieder als „didaktische Werkstatt" fungieren – z. B. in der Kompakt- oder Projektwoche am Ende des ersten Jahres, in der die angehenden Lehrer/innen weitestgehend selbstständig fächerverbindende Themen erarbeiten (Veröffentlichung u. a. via Internet). Anschließend möchte ich zwei didaktische Ansätze exemplarisch näher erläutern, bevor ich überblickshaft und vergleichend die Entwicklung didaktischer Modelle und Konzepte insgesamt vorstelle und kommentiere.

4.3 Bildungstheoretische Didaktik (Wolfgang Klafki)

Bildung als zentrierende Kategorie

Die bildungstheoretische Didaktik, zuerst 1958 von Klafki formuliert und 1980 von ihm verändert und erweitert, ist nicht nur der älteste der klassischen Ansätze, sondern auch einer der praktisch ergiebigsten. Eine „neue Bildungstheorie" bilde „das wahre Fundament, die Bedingung der Möglichkeit der fruchtbaren Ansätze der modernen Didaktik" (Klafki 1963/75, 43). Das Modell steht in der Tradition der geisteswissenschaftlichen Pädagogik (besonders „Göttinger Schule": Nohl, Weniger) und sieht im Bildungsbegriff die „zentrierende Kategorie für die Didaktik" (Klafki 1964, 77). Eine solche Kategorie sei „unbedingt notwendig, wenn die pädagogischen Bemühungen nicht in ein unverbundenes Nebeneinander von Einzelaktivitäten auseinanderfallen sollen" (Klafki 1991, 252). Alle didaktischen Entscheidungen sind vor diesem Kriterium zu begründen. Unter dem Einfluss der Kritischen Theorie (Habermas) und der aktuellen didaktischen Diskussion hat Klafki 1980 seinen ursprünglichen Ansatz verändert und erweitert. Die beibehaltene bildungstheoretische Fundierung wird stärker emanzipatorisch ausgelegt und entfaltet.

4.3.1 Der geisteswissenschaftlich-bildungstheoretische bzw. kritisch-konstruktive Ansatz

Hermeneutik

Bedeutung der Praxis

Primat der Didaktik i.e.S.

Die geisteswissenschaftliche Pädagogik in der Spur Diltheys („Die Natur erklären wir, das Seelenleben verstehen wir.") bemüht sich mit Hilfe der Hermeneutik (Theorie des Verstehens, besonders von Texten) die historische und aktuelle Erziehungswirklichkeit zu erschließen. Der Pädagoge versucht die Unterrichtsrealität, der ein hoher Rang gebührt, „Dignität der Praxis" (Schleiermacher), wie einen Text im Wechselspiel von Gesamteindruck und Einzelbeobachtungen sinnhaft zu verstehen. Entsprechend gilt die „pädagogische Verantwortung" des Lehrers als „die ‚Generalinstanz' didaktischer Entscheidungen" (Klafki 1975, 101). Die geisteswissenschaftliche Didaktik versteht sich als „Wissenschaft von der Praxis für die Praxis" (Klafki). Teleologische Fragen (Ziele, Inhalte) sind dabei den methodologischen übergeordnet („Primat der Didaktik im engeren Sinn im Verhältnis zur Methodik", Klafki 1985, 36f.).

Kategoriale Bildung

Subj. <—> Obj.

Die grundlegende Maxime der geisteswissenschaftlichen Didaktik ist die zentrale Bedeutung des Bildungsbegriffs. Klafki führt die traditionell gegensätzlichen materialen und formalen Bildungstheorien zusammen: auf der Objektseite den „Objektivismus/Scientismus" (Summe wissenschaftlicher Erkenntnisse) bzw. die „Bildungstheorie des ‚Klassischen'" und auf der Subjektseite die Spielarten der „funktionalen" Bildung (Humboldts „Kräfte") bzw. der „methodischen" Bildung (Lernen lernen) (Klafki 1975, 27ff.). Klafki entwirft ein neues Verständnis „kategorialer Bildung", das den Objekt- und Subjektbezug dialektisch miteinander verschränkt. „Bildung ist kategoriale Bildung in dem Doppelsinn, dass sich dem Menschen eine Wirklichkeit kategorial erschlossen hat und dass eben damit er selbst – dank der selbstvollzogenen ‚kategorialen' Einsichten, Erfahrungen, Erlebnisse – für diese Wirklichkeit erschlossen worden ist." (Klafki 1963 a, 44)

Kultur- und Selbsterschließung

Es geht vor allem um dieses wechselseitige sachliche und persönliche Erschlossensein als wesentliche Aufgabe der Didaktik. In der traditionell geisteswissenschaftlichen Sicht wohnt dem Bildungsinhalt gleichsam eine eigene Kraft inne, die in der Begegnung aufschließend wirken kann. Insofern ist für Klafki Bildung im Kern eine Sach-Schüler-Begegnung, die die Erschließungshilfen eines kundigen Vermittlers im Bildungserlebnis nicht notwendig zu brauchen scheint. „Jeder besondere Bildungsinhalt birgt in sich also einen allgemeinen Bildungsgehalt."(Klafki 1975, 134). Kategoriales Bildungsdenken soll zugleich Kultur- und Traditionserschließung und Selbstklärung ermöglichen. Es geht Klafki in der Schule nicht um die Repräsentation der „structure of the discipline", nicht um die abbilddidaktische Einübung in eine Fachsystematik, sondern darum grundlegende pädagogische und philosophische Fragen an die Unterrichtsgegenstände zu richten, um ihren Sinngehalt zu erschließen. Bildung schließt Sinnerfahrung und Verantwortungsbewusstsein ein. In letzter Zeit hat Fend bedauert, dass z. B. im Blick auf den Literaturunterricht, das „Bewusstsein von der Verschränkung der personalen Individuation mit der kulturellen Initiation" zurückgegangen sei. – zum Nachteil der wichtigen schulischen Aufgabe der Weltorientierung und Enkulturation (Fend 1990, 260).

Begriff des Exemplarischen, Elementaren, Fundamentalen

Klafki entfaltete sein Bildungsverständnis unter Rückgriff auf das exemplarische Prinzip. Nach einer langen Traditionsgeschichte in der Pädagogik wurde es nach dem Zweiten Weltkrieg wiederentdeckt (Tübinger Resolution von 1951), um die ausufernde Stofffülle zu reduzieren. Aber es ging nie nur um ein quantitatives Problem. „Mut zur Lücke" war gefordert, aber vor allem auch „Mut zur Gründlichkeit". Das wird daran besonders deutlich, dass Klafki neben den Begriff des Exemplarischen die beiden anderen des Elementaren und des Fundamentalen gestellt hat: Das Exemplarische als Oberbegriff verknüpft die verallgemeinernden Merkmale der Sache (Elementaria) mit den grundlegenden Einsichten der Schüler/innen (Fundamentalia). Als Beispiele für Exemplarität nennt Klafki: Großbritanniens Weltmachtpolitik im 19. Jahrhundert (für das Zeitalter des Kolonialismus und Imperialismus), die Wüste Sahara (für die Besonderheiten des Wüstenklimas), das Grundgesetz der Bundesrepublik Deutschland (für Verfassungen – Wesen und Wirklichkeit), die Hausgans (für die Domestikation), Else Lasker-Schülers „Mein blaues Klavier" (für expressionistische Lyrik) und „Durch Sparen Geld vermehren" (für Zins- und Zinseszins-Rechnung) (vgl. Aschersleben 1993, 32f.).

Wagenscheins Aphorismen

Der bekannteste Vertreter des Exemplarischen ist der Physik-Didaktiker Martin Wagenschein. Dem engagierten pädagogischen Praktiker – u. a. an der Odenwaldschule – und nachdenklichen Theoretiker verdankt die Didaktik viele eindrückliche Unterrichtsbeispiele und geschliffen aphoristische Einsichten: „Die Lösung eines Problems wird dann exemplarisch, wenn der Schüler dabei MEHR versteht als nur die Lösung dieses EINZELNEN Problems. Es wird dann zu einem INITIATIONS-Thema, insofern es einweiht in die Denkweise des Faches und sie bewusst macht."– „Bildung gewinnt man nicht durch Einbruch ins oberste Stockwerk, nur wenn wir dabei sind, wie unser Wissen sich bildet, kann es uns bilden." – „Der Lehrer ist nicht der Verwalter der gefundenen Ordnung, sondern der Schützer des ursprünglichen Suchens nach ihr." (Wagenschein 1981, 186ff.) Wagenschein hat mit seinem „genetisch-sokratisch-exemplarischen" Vorgehen, dem Plädoyer für Sachlichkeit („Rettet die Phänomene!") und der Forderung nach „Einwurzelung" der Didaktik grundlegende Impulse vermittelt.

Selbstbestimmung, Mitbestimmung, Solidarität

In den 70er-Jahren hat Klafki einen wissenschaftstheoretischen Paradigma-Wechsel vollzogen: Der traditionell hermeneutisch-geisteswissenschaftliche Ansatz wird in der Spur von Habermas (Kritische Theorie) empirisch und ideologiekritisch erweitert. Der Begriff der Bildung bleibt im Zentrum, wird aber stärker emanzipatorisch zugespitzt: „Bildung muss m. E. heute als selbsttätig erarbeiteter und personal verantworteter Zusammenhang dreier Grundfähigkeiten verstanden werden: – als Fähigkeit zur Selbstbestimmung jedes einzelnen..., – als Mitbestimmungsfähigkeit..., – als Solidaritätsfähigkeit..." (Klafki, zit. nach Gudjons 1993, 216). Entsprechend wird der Unterricht als „Interaktionsprozess" verstanden, in dem die Schüler/innen stärker mitbestimmen sollen. Sprach Klafki früher vom Primat der Didaktik im en-

Primat der didaktischen Intentionalität

geren Sinn, so entwickelte sich daraus der „Primat der didaktischen Intentionalität“, also der Vorrang der Zielentscheidungen bei gleichzeitiger Einräumung der Interdependenz der verschiedenen Entscheidungsfelder (in Auseinandersetzung mit W.Schulz). „Mit welchen Inhalten und Gegenständen müssen sich junge Menschen auseinandersetzen, um zu einem selbstbestimmten und vernunftgeleiteten Leben in Menschlichkeit, in gegenseitiger Anerkennung und Gerechtigkeit, in Freiheit, Glück und Selbsterfüllung zu kommen?“ (Klafki 1986, 461) Im Vordergrund sollen solche „emanzipatorischen Themen“ stehen, „instrumentelle Themen“ können daneben ebenfalls einbezogen werden.

Schlüsselprobleme

Allgemeine Bildung bezieht sich nach Klafki immer auch auf das alle „gemeinsam Angehende“ und hat somit die übergreifenden Aufgaben und Probleme der Gesellschaft im Blick. Sie ist seiner Meinung nach heute nicht mehr zu gewährleisten durch die Festschreibung von Kultur- und Fachinhalten, über einen obligatorischen Kanon, sondern durch die bewusste Auseinandersetzung aller mit den für die Gegenwart und Zukunft grundlegenden „epochaltypischen Schlüsselproblemen“. Klafki nennt 1985 im Einzelnen 18 Themen, von der Friedens- und der Umweltfrage über die Problematik unterschiedlich entwickelter Länder, die Verteilung von Arbeit, das Generationen – und Geschlechterverhältnis bis zu Fragen nationaler und universaler Verantwortung und die heute leider sehr aktuellen Themen „Deutsche und Ausländer in Deutschland“, „Behinderte und Nichtbehinderte“ (Klafki 1985, 21).

4.3.2 Didaktische Analyse bzw. Perspektiven der Unterrichtsplanung

Klafki hat – ursprünglich für Praktika an der Päd. Hochschule Hannover – seine didaktischen Vorstellungen prägnant und praxiswirksam zusammengefasst. Der erste und wichtigste Schritt der Unterrichtsvorbereitung ist für ihn die Didaktische Analyse, mit deren Hilfe die Lehrer/innen den Bildungsgehalt der im Lehrplan genannten Unterrichtsthemen erkennen sollen. Die folgenden fünf Leitfragen (zu denen es weitere Unterfragen gibt), ursprünglich als offenes Problemations-Schema entworfen, haben vielerorts rasch normativen Charakter angenommen:

Leitfragen der Didaktischen Analyse

1. *Exemplarische Bedeutung:*
   Welchen größeren bzw. welchen allgemeinen Sinn- oder Sachzusammenhang vertritt und erschließt dieser Inhalt? Welches Urphänomen oder Grundprinzip, welches Gesetz, Kriterium, Problem, welche Methode, Technik oder Haltung lässt sich in der Auseinandersetzung mit ihm exemplarisch erfassen?
2. *Gegenwartsbedeutung:*
   Welche Bedeutung hat der betreffende Inhalt bzw. die an diesem Thema zu gewinnende Erfahrung, Erkenntnis, Fähigkeit oder Fertigkeit bereits

im geistigen Leben der Kinder meiner Klasse, welche Bedeutung sollte er – vom pädagogischen Gesichtspunkt aus gesehen – darin haben?

3. *Zukunftsbedeutung:*
   Worin liegt die Bedeutung des Themas für die Zukunft der Kinder?
4. *Sachstruktur:*
   Welches ist die Struktur des (durch die bisherigen Fragen in die spezifische pädagogische Sicht gerückten) Inhaltes?
5. *Zugänglichkeit:*
   Welches sind die besonderen Fälle, Phänomene, Situationen, Versuche, Personen, Ereignisse, Formelemente, in oder an denen die Struktur des jeweiligen Inhaltes den Kindern dieser Bildungsstufe, dieser Klasse interessant, fragwürdig, begreiflich, anschaulich werden kann? (Klafki 1975, 135ff.) Konkrete Beispiele für die Didaktische Analyse finden sich z. B. bei Peterßen (1982, 48ff.: zum „Biologischen Gleichgewicht zwischen Feldmäusen und Mäusebussard") und H. Meyer (1980, 89ff.: über „Die Deichschließung am Schwarzen Brack"; dabei Vergleich mit zwei anderen Entwürfen).

Wolfgang Klafki hat den Ansatz des exemplarischen Lehrens und Lernens in seine Didaktische Analyse zentral integriert: In der Fassung von 1962 ist die Frage nach der exemplarischen Bedeutung an die Spitze des Kataloges gestellt. Die ersten drei Fragen zeigen Klafkis ablehnende Haltung gegenüber einer unreflektierten Stoffvermittlungsdidaktik, die sich nur noch um die Frage des besseren Weges kümmert. Die Lehrperson muss sich vielmehr der Frage aussetzen, WARUM oder WOZU denn die Schüler/innen dieses Thema bearbeiten müssen. Eine gründliche pädagogische Besinnung soll am Anfang der Unterrichtsvorbereitung stehen. Inwiefern ist das Thema exemplarisch und ermöglicht kategoriale Einsichten? Die Voranstellung einer fachwissenschaftlichen Sachanalyse hält Klafki weder für notwendig noch für wünschenswert. Kontrovers dazu plädiert Roth nachdrücklich für eine Sachanalyse vor der pädagogischen Besinnung: „Es geht zunächst nur um die Sache, um das, was größer ist als wir. Was nicht wir zwingen, sondern was uns zwingt: die Wahrheit. Es geht nicht schon um das mögliche Verhältnis des Kindes zu dieser Wahrheit, sondern um das Verhältnis des Lehrers zu dieser Wahrheit..." (Roth 1963, 120).

Pädagogische Besinnung

Didaktische A. vor Sachanalyse

Für Klafki ergibt sich aus der Didaktischen Analyse (5. Frage) auch weitgehend die methodische Realisierung, die weiteren Planungsschritten vorbehalten bleibt. Er plädiert besonders für entdecken-lassende Verfahren, fruchtbare Momente und originale Begegnungen (vgl. Copeis Milchbüchsenbeispiel). „Alle methodische Kunst liegt darin beschlossen, tote Sachverhalte in lebendige Handlungen zurückzuverwandeln, aus denen sie entsprungen sind: Gegenstände in Erfindungen und Entdeckungen, Werke in Schöpfungen, Pläne in Sorgen, Verträge in Beschlüsse, Lösungen in Aufgaben, Phänomene in Urphänomene." (Roth 7. A. 1963, 116)

Methodische Orientierung

Eine ausführlichere Variante des bildungstheoretischen Planungsansatzes stammt von Kramp, der mit den folgenden vier Teilen: Pädagogische Vor-

Kramps Vorbereitungsmodell

besinnung, Didaktische Analyse, Methodische Vorbereitung und Unterrichtsplanung (d. h. Verlaufsplanung) den Ausgangspunkt der gängigen Grundraster für die schriftliche Vorbereitung von Lehrproben fixierte (häufig: Bedingungs-, Sach-, Didaktische - und Methodische Analyse sowie Verlaufsplan und Anlagen).

Revidiertes Schema

Aufgrund der aktuellen Diskussion und der wissenschaftstheoretischen Neuorientierung hat Klafki 1980 auch sein Vorbereitungsmodell erheblich verändert und erweitert. Als Basis dient eine „Bedingungsanalyse“ (wie im Berliner Modell), bei den Voraussetzungen der Lernenden und Lehrenden sind aber über jenes Modell hinaus eventuell auftretende Störungen vorab mitzubedenken. Im Wechselspiel damit sind sodann vier große Fragerichtungen zu reflektieren: der „Begründungszusammenhang“, die „thematische Strukturierung“, die „Bestimmung von Zugangs- und Darstellungsmöglichkeiten“ und zusätzlich die „methodische Strukturierung“.
Die ursprünglich erste Frage nach der Exemplarität erscheint nun als dritte, präzisiert als Frage nach den allgemeinen Zielsetzungen. Die Bedeutungsdimensionen (1. und 2.) sollen stärker gesellschaftlich und von der konkreten Alltagswelt der Jugendlichen her bedacht werden. Klafkis Leitfrage zum Unterrichtsthema „Gewerkschaften“ lautet: „Was kann die Gewerkschaft

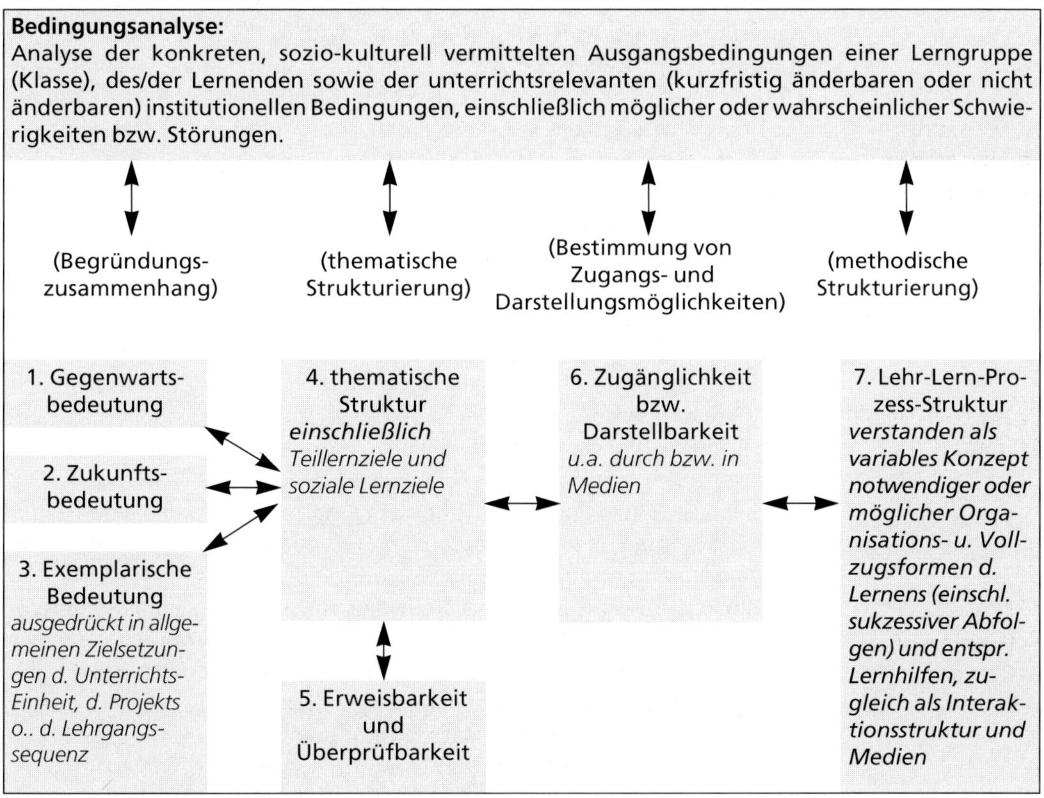

Bild 4: Ebenen der Unterrichtsplanung (Klafki, in: König u.a. 1980, 30)

für uns funfzehnjährige Schüler im Hinblick auf unsere zukünftige Lebens- und Berufssituation bedeuten?" (in: Gudjons u. a. 1981, 20). Im Anschluss an die thematische Strukturierung ist 5. neu die „Erweisbarkeit und Überprüfbarkeit" hinzugefügt. Diese bisher völlig fehlende Dimension der Lernerfolgskontrolle soll auch als Lehrer- und Schülerselbstkontrolle organisiert sein können. Bei der Festlegung der „Lehr-Lern-Prozessstruktur" darf das soziale Lernen nicht unberücksichtigt bleiben. Fachdidaktisch soll das Modell sehr flexibel gehandhabt werden können. Wie bei seinem ersten Vorbereitungskonzept geht es Klafki auch in der „kritisch-konstruktiven" Perspektivierung von Unterricht anhand dieses „Problematisierungsrasters" nicht um starre „‚Planerfüllung', sondern die Ermöglichung produktiver Lernprozesse" (Gudjons 1993, 220).

Produktive Lernprozesse

4.3.3 Überlegungen zur Vertiefung und Diskussion

Der bildungstheoretische Ansatz, Anfang der 70er-Jahre von manchen Didaktikern schon totgesagt, erfährt seit Mitte der achtziger Jahren wieder viel Zuspruch. Dafür gibt es gute Gründe: Angesichts der schier unübersehbaren Fülle von schulischen und außerschulischen Lernaktivitäten hat sich die Bildungstheorie als Fundament und orientierender Maßstab für die schulische Arbeit als unverzichtbar gezeigt.

Die Menschen stärken, die Sachen klären

Die in der bekannten Formel „Die Menschen stärken, die Sachen klären" (Hentig 1985) angedeutete Zweiseitigkeit des schulischen Bildungsauftrags mit ihren Konsequenzen für die Kommunikation und die inhaltliche Erschließung scheinen mir außerordentlich zeitgemäß. Bildung bedeutet mehr als das Verfügen-Können über einen gutsortierten Wissensspeicher und ein gründlich trainiertes Instrumentarium zum Lernen und Denken, auch wenn ein (am besten philosophisch) vertieftes Grundwissen und die „Kompetenz zum Kompetenzerwerb" dazugehören. Der Begriff enthält allenthalben eine werthaltige, normative Basis und zielt auf die humane Befähigung zu Selbstbestimmung, Teilhabe und Mitsprache. Bildung enthält die anthropologische Grundvorstellung, „dass der Mensch sich selbst aufgegeben sei, doch er legt nicht fest, wie dies im einzelnen zu fassen ist" (Thurow 1989, 18).
Gerade Klafki hat immer wieder betont, dass neben Kritik- und Argumentationsfähigkeit Empathie und Frustrationstoleranz vonnöten sind. Die Zielformel für die gymnasiale Oberstufe „Selbstverwirklichung in sozialer Verantwortung" nimmt wichtige Bestimmungsstücke des Begriffs auf. Die in jeder Zeit und Gesellschaft immer wieder neu auszuleuchtende anthropologische Dimension des Bildungsbegriffs zeigt sich auch in den drei existenziellen Grundfragen der „Selbstvergewisserung" („Wer bin ich?"), der „Sinnkonstitution" („Wozu bin ich da?") und der „zeitgeschichtlichen Ortsbestimmung" („Was ist zu tun?"), die einer neueren Bildungskonzeption zugrunde liegen (Hansmann, Marotzki 1988, 8). Der Begriff hat eine gewisse Affinität zu Begriffen wie Identität und Selbstkonzept, Personalität, Mündigkeit und Menschlichkeit (bzw. der Hilfe dazu), schließt aber bewusst und vorrangig

Anthropologische Dimension

das gründliche Kennenlernen, die Reflexion und die Auseinandersetzung mit Kultur, Tradition und Gesellschaft ein. Insofern ist für den Ansatz eine gute, dynamische Balance von Sach- und Personorientierung zentral.

Dynamische Balance von Sach- und Personorientierung

In dem Jahresband „Bildung" (1988) skizzieren Otto und Sauer in ihrem Einführungsbeitrag „Bildung – eine Praxis mit Programm" in ähnlicher Weise wie Klafki vier grundlegende Elemente des Bildungsverständnisses heute: Bildung sei „nur als Prozess beschreibbar und nicht als Kanon von Inhalten"; Bildung sei „die Fähigkeit, Perspektiven zu wechseln und Fachgrenzen zu überschreiten"; sie brauche „die Kombination differenter Zugriffe" und werde „durch Vereinseitigungen und Fixierungen" verhindert; schließlich geschehe Bildung „in sozialen Kontexten" und sei „gebunden an Selbstreflexion" (Bildung 1988, 4f.). Ebenfalls in diesem Band hat der vormalige Kritiker des „bildungsphilosophischen Stratosphärendenkens", Wolfgang Schulz, unter der Losung „Die Perspektive heißt Bildung" den Begriff der reflexiven Bildung als humane Leitidee von Schule und Unterricht in den Mittelpunkt der Didaktik gerückt. Die Bildung wird den Zielbegriffen des Hamburger Modells – Autonomie, Kompetenz und Solidarität – vorgeordnet. Sie hat eine vierfache Funktion in der Schule zu erfüllen: eine heuristische (neue Aufgaben und Schwerpunkte finden), eine legitimierende (Ansprüche begründen), eine strukturierende (Gewichtungen vornehmen) und eine kritische Funktion (Indienstnahme und Entfremdung verhindern). Nach Nipkow sind vier oder fünf „Sinndimensionen" konstitutiv für die allgemeine menschliche Bildung, die aufgrund der eingeschlossenen ethischen Aspekte durchaus mit dem Erziehungsauftrag von Schule korrespondiert: das Leben in der Demokratie, das Leben im „Haus" (Oikos) der einen Welt, das Leben im Frieden, das Leben im Wandel gesellschaftlicher Werte und – nicht immer hinzugefügt – das Leben im geschichtlichen Bewusstsein (Nipkow 1990, 68).

Bildung als humane Leitidee

Wie nach der These von der eigenen Würde der Praxis nicht anders zu vermuten, hat dieser Ansatz die großen curricularen und pädagogischen Freiheitsspielräume der einzelnen Lehrer und Fachkonferenzen immer erfreulich ernst genommen. Die Lehrer/innen sollen den Unterricht, verstanden vor allem als Gespräch und Erkundung, nicht in engem Sinne theoriegesteuert leiten, sondern den „pädagogischen Takt" als „unmittelbaren Regenten der Praxis" (Herbart) bei der konkreten Umsetzung entscheiden lassen. Ein Verhalten bzw. eine Haltung in diesem förderlichen Doppelsinn von Beeinflussung und Freigabe zeigt sich nach Muth „in der Verbindlichkeit der Sprache, der Natürlichkeit des Handelns, im Vermeiden der Verletzung des Kindes und Jugendlichen, in der Wahrung...der notwendigen Distanz, als Situationssicherheit, als dramaturgische Fähigkeit, improvisatorische Gabe und im Wagnis freier Formen schulischen Handlens" (Kratochwil 1992, 20ff.).

Freiheitsspielräume und pädagogischer Takt

An der grundsätzlich kritischen Einschätzung Klafkis gegenüber einer isolierten Sachanalyse hat sich in der Neufassung nichts geändert. Der Streit dreht sich um die zwei grundlegenden Prinzipien von Unterricht, die in Spannung zueinander stehen: das Prinzip der Sachgemäßheit und der Schülergemäßheit. Das erste Prinzip will gegen sachfremde Einflüsse und oberflächliche Verkürzungen den objektiven Sachanspruch und die Wissenschaftsorientierung verbürgt sehen: Unterricht als „Verständigungsprozess in der Sache" (Pleines). Das zweite Prinzip will das Recht des Schülers, in seiner Befindlichkeit, seinen Interessen, seinem Kennntnis- und Entwicklungsstand erstgenommen zu werden, gegen eine Überbetonung fachlicher Ansprüche sichern (vgl. Glöckel 1992, 276ff.).

Sowohl das Konzept von Klafki als auch die Empfehlung von Roths Verfahrensweisen bergen Risiken. Ich kann fälschlicherweise so tun, wie wenn mir an der Sache alles ganz vertraut wäre und so den Sachanspruch unterlaufen. In der Erziehungsgeschichte gibt es genügend Beispiele für einen Gesinnungsunterricht oder einen an den Schülerintereesen orientierten Gelegenheitsunterricht, der die nötige sachliche Fundierung vermissen lässt. Aber ich kann mich auch sehr kompetent nur mit der Sache auseinandersetzen, vielleicht deshalb, weil mich als Lehrer/in das (Zusatz-) Geschäft der didaktischen Reflexion und Reduktion überhaupt nicht interessiert. Es besteht dann die Gefahr, dass ich im Sinne abbilddidaktischen Denkens bei der Unterrichtsplanung einfach der Sachlogik folge – getreu dem Motto: „Was für Wissenschaft wichtig und richtig ist, muss auch für den Unterricht gut sein!" (Jank, Meyer 1991, 415) Tatsächlich werden fachwissenschaftliche Inhalte erst unter bestimmten pädagogischen Fragestellungen zu Unterrichtsthemen (sog. „methodische Frage" von Blankertz, Menck; Jank, Meyer 1991, 170).

Kritik an der Abbild-Didaktik

Meines Erachtens gibt es abhängig vom Anspruchsniveau der Themen – nicht nur am Anfang der Lehrtätigkeit – häufig die Notwendigkeit einer vorangestellten Sachanalyse. Dabei führt aber zumeist die pädagogische Aufgabe ganz automatisch zu einer gewissen Eingrenzung der Wahrnehmung auf die auch didaktisch relevanten Fragen, Erkenntnisse, Wissensbereiche. Sach- und Didaktische Analyse geschehen zum Teil nebeneinander und beeinflussen sich wechselseitig – ohne festgelegte Reihenfolge. Mir ist jedenfalls auch die Erfahrung vertraut, dass ich erst durch intensive fachliche Auseinandersetzung überhaupt einen Sinn für den Bildungswert eines Themas gewann. Auch beim Planen fächerverbindender oder fächerübergreifender Unterrichtseinheiten, die zurecht eine verstärkte Förderung auch im Bildungsplan erfahren, ist in der Regel eine gründliche fachliche Erschließung und interdisziplinäre Strukturskizze nötig, um die inhaltlichen Konvergenzpunkte zu finden und komplementäre Perspektiven einander sinnvoll zuordnen zu können.

Wechselwirkung der Analysen

Es kommt hinzu, dass gerade der gymnasiale Bildungsgang als Hinführung zum Studium wissenschaftspropädeutische Aufgaben zu erfüllen hat. Die Schüler/innen sollen Interesse an der theoretischen Durchdringung komplizierter Zusammenhänge bekommen. Sie sollen lernen, grundsätzliche, prinzipielle, philosophische Fragen zu stellen, in Begriffen und Systemen zu denken und distanziert zu reflektieren und zu urteilen (vgl. Heldmann 1990, 384). Auch für das Gymnasium ist es wichtig, sich an den Lernenden und ihrer Lebenswelt zu orientieren, die Schüler/innen dort „abzuholen", aber die Wissenschaftsorientierung sollte als Grundsatz nicht in Frage gestellt werden. Wir sehen heute zwar die Kehrseite eines flachen „Szientismus" und „Objektivismus" deutlicher, aber gerade in unsicheren Zeiten mit vielen neuen

Wissenschafts-propädeutik

(und alten) ideologischen Gruppierungen, fundamentalistischen und esoterischen Heilslehren und egozentrischen Orientierungen sollte die Bedeutung von distanzierender Rationalität und vernünftiger Erörterung auch nicht zu gering eingeschätzt werden.

In letzter Zeit betont Aschersleben mit besonderem Nachdruck die Bedeutung einer weitergeführten Didaktischen Analyse, die er „didaktische Transformation" nennt (Aschersleben 1993, 8). Bei ihm gehört im Unterschied zu Klafki die fachwissenschaftliche Sachanalyse dazu, ferner die Reflexion der Schülergemäßheit, die didaktische Legitimation (wissenschaftliche oder weltanschauliche Bedeutung, Lebensnähe) und die didaktische Reduktion, die er quantitativ (Stoffauswahl) und qualitativ (Verständlichkeit) näher bestimmt.

Didaktische Transformation

Klafki hat den methodischen Bereich weniger focussiert, sodass hier ein gewisses Defizit gesehen werden kann. Es gibt zwar nicht wenige leuchtende Beispiele, aber es liegt keine systematische Aufarbeitung methodischen Handelns aus dieser Perspektive vor. Insbesondere im Vergleich mit dem auf diesem Feld sehr produktiven handlungsorientierten Ansatz wird dies deutlich (Jank, Meyer 1991, 161, 173). Gegen die ursprüngliche Didaktische Analyse sind auch andere Kritikpunkte formuliert worden (vgl. Huwendiek 1982, 204). Es gibt sequentialisierte Wissensbereiche, auf die das Prinzip nicht anwendbar ist (z. B. Grammatik, sprachliche Grundkenntnisse), und die Repräsentativität wesentlicher Merkmale kann im Einzelfall ein großes Problem darstellen. Kann z. B. ein Gedicht-Exempel wirklich genügen (für die expressionistische Lyrik)? Bewirkt das nicht sachlich kaum zu rechtfertigende Vereinfachungen der kognitiven Schemata, die mehr schaden als positiven Transfer zu ermöglichen? Wie soll das Verhältnis zwischen Tiefe und Breite der Erkundung beschaffen sein? Schwierig bleibt die schlüssige Auswahl der geeigneten Themen, die positiven Transfer versprechen, etwas leichter fällt die Ausgrenzung der ungeeigneten (Jank, Meyer 1991, 151). Es leuchtet ein, dass in dem revidierten Schema der exemplarische Ansatz relativiert ist.

Einwände und Grenzen

Wie auch Wagenschein betont Klafki die Notwendigkeit, die exemplarischen Inseln durch weiträumige Brücken-Phasen „orientierenden" Lernens (Roth) miteinander zu vernetzen. Immerhin gibt es auch überzeugende Beispiele, und die prüfende Warum-Frage und Trasformation dürfte in jedem Fall förderlicher sein als eine nur sachstrukturell oder abbilddidaktisch vorgehende Unterrichtsplanung. Und es ist ein Modell aus einem Guss, bei dem der Prozess der inhaltlichen Auswahl, Legitimation und Reduktion eng mit der Entscheidung für bestimmte methodische Verfahren verbunden ist.

Orientierende Verknüpfungen

4.4 Das Handlungsorientierte Unterrichtskonzept (Hilbert Meyer)

Vielerorts wird eine vertiefte Aneignung durch ganzheitlich-personale Erfahrung und gemeinsames Tun als heute angezeigte pädagogische Leitvorstellung vertreten. Es sollte an allen Schularten mehr „handlungsorientiert" (Meyer, Jank, Gudjons), „schüleraktiv" (Bohnsack), auf „praktisches Lernen"

Gründe für das Konzept

hin (A. Flitner u. a.) unterrichtet werden. Dieser Ansatz ist der am gründlichsten entfaltete unter vielen praxisnahen „Unterrichtskonzepten“. Hilbert Meyer, dessen Konzept ich besonders beleuchten möchte, führt für die Handlungsorientierung praxisnah vor allem jugend-, schul- und gesellschaftsbezogene Gründe ins Feld: In den Schulen grassiere das „Langeweile-Syndrom“, Schüler/innen fühlten sich nicht verantwortlich für das Unterrichtsgeschehen. Die Verkopfung des Unterrichts begünstige störende Nebentätigkeiten. Die Orientierungsprobleme in der postmodernen „Risiko-Gesellschaft“ (Beck) machten den Aufbau einer eigenen Identität schwieriger. Didaktik als „Lernbeschleunigungsmaschinerie“ führe in Zeiten des Schwundes von Primärerfahrung in die falsche Richtung. Die Vertreter befürworten in reformpädagogischer Tradition eine schülerorientierte „Entschleunigung“ des Lernens, eine „Didaktik der Ruhe, der Konzentration und der Intensität“ (Jank, Meyer 1991, 345).

4.4.1 Merkmale des Handlungsorientierten Unterrichts

Definition

Das Handlungsorientierte Unterrichtskonzept ist eine spezifische Ausgestaltung eines didaktischen Denkens, das die Schüler/innen in den Mittelpunkt rückt. Dies zeigt schon die zusammenfassende Definition: „Handlungsorientierter Unterricht ist ein ganzheitlicher und schüleraktiver Unterricht, in dem die zwischen dem Lehrer/der Lehrerin und den SchülerInnen vereinbarten Handlungsprodukte die Gestaltung des Unterrichtsprozesses leiten, so dass Kopf- und Handarbeit der SchülerInnen in ein ausgewogenes Verhältnis zueinander gebracht werden können.“ (Jank, Meyer 1991, 354) Das Konzept wird von Jank und Meyer in einer umfangreichen Merkmals– oder Kriterien-Liste für die Gestaltung handlungsorientierten Unterrichts näher entfaltet. In diese Liste, die erst allmählich diese Gestalt gewonnen hat – 1982 begnügte sich Meyer noch mit drei Kriterien (Meyer 1982, 211) – sind viele reformpädagogische Ideen und neuere Anregungen von Bohnsack, Scheller, Gudjons u. a. eingeflossen:

1. „Handlungsorientierter Unterricht ist ganzheitlich“. Dies umfasst einen „personalen“ (der „ganze“ Schüler), „inhaltlichen“ (bezogen auf geplantes Produkt und nicht auf die Fachsystematik) und „methodischen Aspekt“ (passende Methoden).
2. „Handlungsorientierter Unterricht ist schüleraktiv.“ Selbsttätigkeit gilt als entscheidende Voraussetzung für Selbstständigkeit, wobei die „Dialektik von Führung und Selbsttätigkeit“ zu beachten ist.

Kriterienliste

3. „Im Mittelpunkt des Handlungsorientierten Unterrichts steht die Herstellung von Handlungsprodukten“. Sie sollten „veröffentlichungsfähig“ sein und können „in verschiedenen Symbolisierungsformen“ (Inszenierung, Herstellung, Vorhaben) vorgelegt werden.
4. „Handlungsorientierter Unterricht bemüht sich, die subjektiven Schülerinteressen zum Ausgangspunkt der Unterrichtsarbeit zu machen“ – ohne bei ihnen stehenzubleiben.

5. „Handlungsorientierter Unterricht beteiligt die SchülerInnen von Anfang an an der Planung, Durchführung und Auswertung des Unterrichts." Im „offenen Diskurs" aller Beteiligten sollen die Entscheidungen begründet werden.
6. „Handlungsorientierter Unterricht führt zur Öffnung der Schule": und zwar sowohl einer „Öffnung nach innen" (fächerübergreifender Unterricht, Schulleben u. a.) als auch einer „Öffnung nach außen" („Aufbau eines Lernorte-Netzes").
7. „Im Handlungsorientierten Unterricht wird versucht, Kopf- und Handarbeit in ein ausgewogenes Verhältnis zu bringen." Es soll während des gesamten Lernprozesses eine „dynamische Wechselwirkung" zwischen körperlichen und geistigen Tätigkeiten geben.

Mit dieser Definition und Merkmalsliste wird von vornherein ein sehr anspruchsvoller Horizont aufgespannt. Jank/Meyer, Gudjons u. a. wählen für den Ansatz bewusst die Formulierung „handlungsorientiert" (nicht handelnd). Sie wollen damit deutlich machen, „dass Lernen und Handeln zwar sehr eng miteinander verknüpft werden können, aber nicht ohne Rest ineinander aufgehen" (Jank, Meyer 1991, 353). Sie wehren sich gegen das Vorurteil, mindere kognitive Anforderungen zu stellen. Zur Fundierung des Ansatzes verweisen sie u. a. auf den hohen Stellenwert der Selbsttätigkeit in der Erziehungsgeschichte besonders in der Reformpädagogik, auf Deweys Leitbegriff der „denkenden Erfahrung", auf die Tätigkeitstheorie von Leontjew u. a. und auf die psychologische Didaktik Aeblis. Mit dem reformpädagogischen Arbeitsschulvertreter Hugo Gaudig plädiert Meyer dafür, „dass der Schüler die Arbeitstechnik gewinnt. So paradox das klingen mag: der Schüler muss Methode haben. Dem Lehrer aber muss die Methode, seinen Zögling zur Methode zu führen, eigen sein" (Gaudig 1917, zit. nach Meyer 1993, 417).

Selbsttätigkeit

Wie für den Piaget-Schüler Aebli sind für Meyer Denken und Handeln zuinnerst miteinander verknüpft. „Denken geht aus dem Handeln hervor, und es trägt – als echtes, d. h. noch nicht dualistisch pervertiertes Denken – noch grundlegende Züge des Handelns, insbesondere seine Zielgerichtetheit und Konstruktivität" (Aebli 1980, 26). „Denken: das Ordnen des Tuns": Das haptische Begreifen und Tun wird verinnerlicht und ermöglicht das Verstehen, den kognitiven Begriff, der wiederum auf das Handeln zurückwirkt. Das Denken ist die „Metatätigkeit" des Tuns. Denkstrukturen entwickeln sich aus Handlungsprozessen, die verinnerlicht wurden. Wo die Fundierung im Handeln ausbleibt, werden Begriffe von den Lernenden leicht als belanglose Worthülsen empfunden, denen nur zum Zwecke von Leistungsüberprüfungen eine gewisse Bedeutsamkeit zugesprochen wird.

Denken und Handeln

Insofern leuchtet die Wichtigkeit praktischer Erfahrungen für den Aufbau des Denkens unmittelbar ein. Der Lernort Unterricht, der sich traditionell eher durch Handlungsarmut auszeichnet, soll entsprechend durch sukzessive Anreicherung mit den Handlungsmustern anderer Lernorte eine neue Qualität erhalten. Der Unterricht soll sich stärker orientieren am Lernen, Forschen, Erkunden, Spielen und Leben in der Werkstatt, im Labor, im Theater, auf einer Expedition oder bei einem Fest (Meyer 1987 II, 403).

Meyer hat sein Konzept im Rahmen seiner neuen „Schulpädagogik" inzwischen weiter entfaltet und konkretisiert. Seine „T.E.A.M.-Schule", die **t**eilautonome, **e**ntwicklungsorientierte, **a**lternative **M**arktplatzschule, zeichnet sich durch drei Säulen des Unterrichts aus: Lehrgang, Freiarbeit und Projekt, die zusammen mit dem morgendlichen „Gemeinsamen Unterricht" und der „Teamarbeit" den Stundenplan bestimmen. Dabei läge es dann nach Ansicht der Autoren nahe, den Handlungsorientierten Unterricht „im Fachunterricht selten, in der Freiarbeit hin und wieder und in der Projektarbeit nahezu ausschließlich zu praktizieren" (Jank, Meyer 1991, 362). Der Marktplatz ist das sinnfällige Zentrum dieser Gesamt- und Ganztagsschule mit ihrer „doppelten Künstlichkeit" („Sie muss sich gegen das Leben abschotten, es aber in pädagogischer Absicht wieder hereinholen." Meyer 1997b II, 100) Es stehen viele gemeinsame Erfahrungen und Aktivitäten auf dem Programm, nach dem Modell der Bielefelder Laborschule gibt es fünf Arbeitsbereiche (und dazu fünf Lehrgänge), am Mittwoch ist „Markttag", an dem die Schüler ihre im Unterricht erstellten Produkte anbieten und öffentlich zugänglich machen.

Stellenwert in der T.E.A.M.-Schule

Verwandt ist das Konzept des „praktischen Lernens" (Gruppe um A. Flitner und Fauser von der Tübinger Akademie für Bildungsreform), das durch Arbeitskreise, Publikationen (darunter auch eine fachdidaktische Reihe!), Wettbewerbe und Ausstellungen Initiativen der Lehrer/innen vor Ort stärkt. Flitner u. a. wollen eine „stärker erfahrungsoffene Jugendschule, die Sinnlichkeit und Sinnhaftigkeit des Lernens in neuer Weise verbürgen soll" (Huwendiek 1990, 8). Viele bekannte Didaktiker haben sich für das praktische Lernen engagiert. So hat W. Schulz sich in den letzten Jahren seines Lebens als Leiter des Hamburger Arbeitskreises intensiv für diese Arbeit eingesetzt. Wenn oft geklagt wird, dass es zuviel didaktische Theorie und zuwenig Praxis gebe, hier ist ein Fundus von anregenden Exempeln - über die Fächer und die Schularten hinaus.

Konzept des praktischen Lernens

4.4.2 Das Planungsraster als Orientierungshilfe

Hilbert Meyer hat zusammen mit seinen Mitarbeitern in den letzten zwanzig Jahren durch seine Veröffentlichungen nicht nur die didaktische Theorie-Debatte, sondern auch die praktische Gestaltung des Unterrichts nachhaltig beeinflusst. Seine unverwechselbare Kleinarbeitung von Methoden und seine vielen konkreten Anregungen haben der Unterrichtsplanung insgesamt neue Möglichkeiten eröffnet. Sein Grundverständnis des Unterrichts als Inszenierung, die klare Unterscheidung von „Handlungsmustern" (Aktionsformen), Sozialformen und Unterrichtsschritten und die gründliche Entfaltung von Verlaufsvarianten weisen ihn auch als kundigen Praktiker aus.

Kleinarbeitung von Methoden

Als Orientierunghilfe für die praktische Arbeit der Unterrichtsplanung beschreiben Jank/Meyer speziell ein Planungsraster (siehe Bild 5), das den „idealtypische(n) Ablauf einer handlungsorientiert gestalteten Unterrichtseinheit skizziert" (Jank, Meyer 1993, 363).

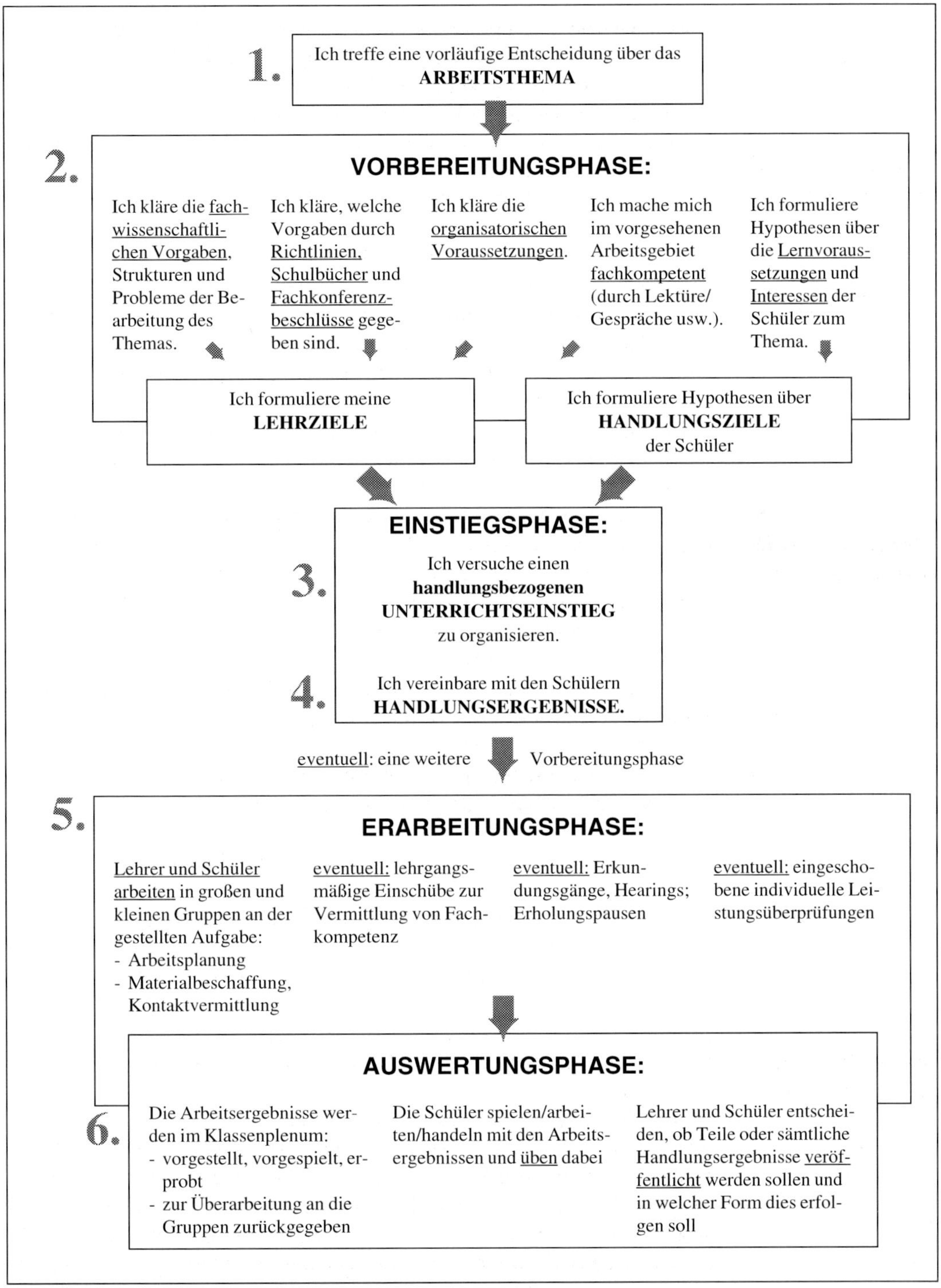

Bild 5: Planungsraster für eine handlungsorientiert gestaltete Unterrichtseinheit

Lehr- und Handlungsziele

Dieses Schema, das kreativ genutzt werden soll, ist dadurch besonders charakterisiert, dass es zwei „Strukturlinien" oder „Handlungsstränge" dialektisch zusammenführt. Lehrer/in und Schüler/in, die möglicherweise von durchaus unterschiedlichen Intentionen („Lehr-" bzw. „Handlungszielen") ausgehen, verständigen sich über das Handlungsergebnis, das im Rahmen des Arbeitsthemas angesteuert werden soll. Nach der Vorbereitungsphase folgen die drei nach einer „inneren Logik" miteinander verknüpften Phasen des Einstiegs, der Erarbeitung und der Auswertung, In der Einstiegsphase wird durch erste praktische Erfahrungen ein „Orientierungsrahmen" eröffnet, der erlaubt, dass anschließend zusammen mit der Schüler/innen-Gruppe das weitere Vorgehen im Blick auf die zu entwerfenden Produkte ausgehandelt werden kann. Die folgende Erarbeitungsphase ist „sicherlich in den meisten Fällen die längste (was im Raster optisch nicht zum Ausdruck kommt)" (Jank, Meyer 1991, 367). Sie ist variabel gestaltbar, umfasst u. U. auch Abschnitte „‚normalen' Unterrichts" und das Training von Lerntechniken, projektorientiert dürfte aber insgesamt arbeitsteilige Gruppenarbeit dominieren. Besondere Bedeutung gewinnt die Auswertungsphase, weil erst jetzt für alle Schüler/innen das Ganze in den Blick kommt. Im Rahmen des wechselseitigen Austauschs der „veröffentlichungsfähigen" Handlungsprodukte und der gemeinsamen Auswertung findet die Übung und Sicherung des Gelernten statt. Wer handlungsorientiert unterrichten möchte, davon ist Hilbert Meyer überzeugt, muss Unterricht besonders gründlich vorbereiten. Wenn die Lehrer/innen mehr Freiräume eröffnen, entwickelt sich nicht automatisch eine stärkere Selbsttätigkeit oder -verantwortlichkeit der Schüler/innen. „Diese Selbsttätigkeit der Schüler kommt nicht von selbst, sozusagen nach dem Laissez-faire-Verfahren zustande… Die Voraussetzungen und der Rahmen für die Selbsttätigkeit der Schüler müssen vielmehr in einem mühsamen, Kraft und Phantasie fordernden Arbeitsprozess vom Lehrer geschaffen werden." (Meyer 1987 II, 418) Zur näheren Ausfüllung der Phasen werden viele praktische Anregungen gegeben (auch Verweis auf weitere Projekt-Literatur). Praktische Planungsbeispiele zu dem Ansatz finden sich in vielen Oldenburger Veröffentlichungen (z. B. Meyer 1982, 236ff.: „Deichschließung am Schwarzen Brack"; Hauke in Jank, Meyer 1991, 376ff.: „Appelbräu e. G.").

Verabredung von Handlungsprodukten

Auswertung als Veröffentlichung

Ablehnung des Laissez-faire-Stils

4.4.3 Überlegungen zur Vertiefung und Diskussion

Was sollen die Schüler/innen tun?

Hilbert Meyer ist sicherlich einer der produktivsten und anregendsten Unterrichtstheoretiker unter den zeitgenössischen deutschen Erziehungswissenschaftlern. Ihm kommt das große Verdienst zu, theoretisch anspruchsvoll, praxisnah und verständlich neue Wege didaktisch-methodischen Denkens entworfen zu haben. Es ist außerordentlich wichtig, sich immer wieder die konkreten Schüler/innen vorzustellen und zu fragen: Was sollen sie tun? Welche Handlungsmöglichkeiten und Aneignungsformen sollen sie im Unterricht realisieren, während ich erkläre, vorlesen lasse, moderiere etc.?

„Das Schwierige am Unterricht ist die Tatsache, dass er sich an Schüler wendet“ – diese ironische Äußerung in einer Diskussion über Unterrichtsprobleme verweist auf ein häufiges Desiderat (Hornstein 1990, 10). Hilbert Meyers Unterrichtskonzept wird von dieser Kritik jedenfalls nicht getroffen: Er will gerade in einer Zeit der Unübersichtlichkeit, der Wissensexplosion und des Erfahrungsschwunds neue Perspektiven sinnvoller Arbeit eröffnen – und zwar gerade für das Gros der Schüler/innen, die nicht dem eher abstrakt-verbalen Lerntyp zuzurechnen sind. Er vertritt eine konsequente Schülerorientierung, wenn er die Aneignungsdimension schulischen Lehrens und Lernens besonders betont. Von Meyer selbst und anderen Autoren liegen inzwischen viele praxisnahe und gründliche Beiträge zur handlungsorientierten Unterrichtsgestaltung des Fachunterrichts, zur Verlaufsplanung, speziell auch zur Einstiegsphase, und zum häufig vernachlässigten Methodentraining vor (Meyer 1987 II; Greving, Paradies 1996; Gudjons 1989; Klippert 1994).

Konsequente Schülerorientierung: Aneignungsformen, Methoden-Lernen

Das Modell ist ohne Zweifel sehr hilfreich und anregend, wenn es darum geht, in Zusammenhängen zu lernen, gemeinsam mit den Schülern und Schülerinnen fächerübergreifende Projekte zu planen oder in einem Fach ein Produkt, z. B. eine Ausstellung, gemeinsam zu erarbeiten. Bei einer allgemeineren Betrachtung zeigen sich allerdings einige Probleme, die zumeist auch von den Autoren selbst gesehen werden. Zum einen ist es die Frage, inwieweit ein Thema durch einen dergestalt organisierten Unterrichtsprozess erschlossen werden kann. Kann es nicht z. B. Elemente und Verfahren der Thematik geben, die aufgrund der produktorientierten Erarbeitung im Unterricht leicht zu kurz kommen können (vgl. 1. Merkmal), weil sie vom Produkt her weniger „aktivierbar“ sind (Jank 1993)? Es ist z. B. sicher nicht selbstverständlich, bei einem integrativen Umweltprojekt „Mülldeponie“ anspruchsvolles chemisches Grundwissen erarbeiten zu lassen, wenn als Produkt eine Müll-Zeitung für alle Schüler/innen der Schule verabredet ist.

Thematische Einschränkung

Ein anderes Problem ist die Vielzahl der pädagogischen Hochwertwörter bei den Merkmalen: Die Kriterien sind fast ebenso hoch und umfassend wie heterogen, sodass in der praktischen Umsetzung das spezifische Profil gefährdet ist und eigentlich nur noch handlungsorientierter Unterricht als guter Unterricht denkbar ist (vgl. Dohnke 1996). Die Palette der Kennzeichen ist sukzessiv so erweitert worden (z. B. um das Kennzeichen „ganzheitlich“), dass es kaum möglich ist, ohne Überforderung der Lehrperson oder Überdehnung der Begriffe alle Elemente zu berücksichtigen. Es besteht, wie H. Meyer selbst darstelt, die Gefahr von Schlagworten, von „pädagogischen Slogans“ (Scheffler; Meyer 1997b II, 248), die mit ihrer diffusen Anspruchsfülle Skepsis und Distanz hervorrufen können. In der Spur von Dohnke kann man überlegen, ob nicht weniger großräumige Begriffe (z. B. die sieben Einzelmerkmale) häufig treffender und günstiger sind als der Oberbegriff (Dohnke 1996, 74). Zumindest ist eine konkrete Gewichtung der einzelnen Merkmale empfehlenswert.

Gefahren von pädagogischen Slogans

Eine weitere Anfrage markiert ein grundlegendes Problem, nämlich die Frage der inhaltlichen Füllung der Ziele und ihrer bildungstheoretischen Legi-

Aufgabe bildungstheoretischer Fundierung

timation: Die Ziele der Selbstständigkeit und des gemeinsamen Erstellens von Handlungsprodukten bleiben letztlich formal und missverständlich, wenn sie keine inhaltliche Fundierung erfahren. Es ist immer wieder neu die Frage zu klären, wie aus konkreten und begrenzten Erfahrungen verallgemeinerbare, kategoriale Einsichten erwachsen können. So heben auch die beiden Autoren hervor, dass ihr Konzept durch „eine Theorie allgemeiner Bildung ergänzt werden" müsse, wobei sie als Ansatzpunkt an Klafkis Schlüsselprobleme denken (Jank, Meyer 1991, 373).

Kritik am Primat der Methodik

Zu diesem Problem passt es, dass Hilbert Meyer in seiner neuen „Schulpädagogik" entgegen der allgemeinen Meinung einen „Primat der Methodik" ausruft (Meyer 1997 II, 159). Er bestätigt Hentigs These, dass die Lebensprobleme vielerorts die Lernprobleme überlagern: Folglich müsse dort die Lernbereitschaft überhaupt erst „methodisch" hergestellt werden. Besonders in „Grund-, Haupt- und Sonderschulen" habe sich „de facto ein Methodenprimat durchgesetzt" (ebd.). Das Problem, „an welchen Inhalten Methodenkompetenz vermittelt wird", werde damit „nicht belanglos, aber doch tendenziell unwichtiger"(ebd.). Aber muss das, was für die „Erfahrungsschule" Hilbert Meyers gelten mag, auch für alle Schulen gelten, und: darf der faktische Selbstlauf einer Entwicklung von kritischen Rückfragen entbinden?

Verknüpfung mit Lehrgängen

Terhart hat auf die „Verträglichkeit mit dem Lehrgangsprinzip" hingewiesen und von der durch die „Kleinräumigkeit der Erfahrung" gegebenen Grenze des handlungsorientierten „integrativen Lernens" gesprochen (Terhart 1989, 172). Auch Gudjons, der große Befürworter und Verbreiter handlungsorientierten Unterrichts, weist auf seine Grenzen hin: „Es fällt oft schwer, bei handlungsorientierten Unterrichtseinheiten den ‚roten Faden' im Blick zu behalten, weil Handlungsprozesse bisweilen eine starke Eigendynamik entfalten. Darum ist es von größter Wichtigkeit, den Bezug der Handlungsergebnisse zu dem übergeordneten Sachgebiet herzustellen, wenn der Handlungsorientierte Unterricht nicht zum Zufälligkeitslernen und zur Beliebigkeitsdidaktik verkommen soll. Damit bleibt dieser Unterricht auf die Systematik des Fachunterrichtes angewiesen. Seine Grenze liegt darin, dass er den systematisch aufgebauten Lehrgang niemals ersetzen kann." (Gudjons 1997, 127)

Ebenso stellt Weinert aufgrund von empirischen Untersuchungen den heute oftmals vertretenen Vorrang des „situierten Lernens" z. B. in Projekten in Frage und betont die grundsätzliche und bleibende Bedeutung des systematischen Lernens. Weinert unterscheidet zwischen dem „horizontalen Lerntransfer" (Anwendung des Gelernten auf neue Bereiche), dem „lateralen Lerntransfer" (Erwerb von Schlüsselqualifikationen) und dem „vertikalen Lerntransfer" im gleichen Inhaltsgebiet, der grundlegend für anspruchsvolle und differenzierte Fachkenntnisse sei und vor allem durch direkte Instruktion zu vermitteln sei. Er formuliert das „Wissens-Paradox" und das „Lerntransfer-Dilemma": „Je mehr jemand weiß, um so mehr Wissen kann er aufnehmen und abrufen." und „Je größer der vertikale (bereichssezifische) Lerntransfer ist, desto geringer ist im allgemeinen der (bereichsübergreifende) horizontale Transfer." Projekte, Lerntechniken und fundiertes Wissen sind demnach wichtig. Das Tätigsein allein genügt jedenfalls nicht. So warnt ein bekannter Erwachsenenbildner davor, „aus Angst vor dem ‚Fachidioten'" nunmehr „Erlebnisidioten" in der Erwachsenenbildung heranzubilden, „wenn jedes fremdbestimmte Lernen vermieden werden soll" (Tietgens; nach Arnold 1991, 89f.).

Einwand: unterschiedliche Lernstrategien

Dabei machen Jank, Meyer, Gudjons und Flitner sehr deutlich, dass sie gerade keine permissive „Action-and-fun"-Didaktik mit viel vordergründiger Umtriebigkeit wollen. Die gemachten Erfahrungen müssen solide, gründlich und verantwortlich bedacht werden. Der Lehrer wird also keineswegs überflüssig, er wird im Gegenteil sogar zu einer sehr komplizierten und anspruchsvollen Vorbereitung ermuntert. Zudem soll er sich auch als „‚Scheuerpfahl'" für den Aufbau der Ich-Stärke der Schüler/innen nicht verweigern (Jank, Meyer 1991, 342). Das ist auch nötig, denn zumindest kurzfristig ist der handlungsorientierte Unterricht eher noch störanfälliger als der traditionelle.

Jank benennt noch ein weiteres Problem, die starke Orientierung an den Interessen der Schüler/innen (4. Merkmal), und möchte die zusammenfassende Definition gerne ergänzt wissen: „Handlungsorientierter Unterricht geht von den immer schon mitgebrachten Erfahrungen der Schüler/innen aus und erweitert und ergänzt diese planmäßig mit dem Ziel, die Schüler/innen zu selbstständigem und eigenververantwortlichem Handeln zu führen." (Jank 1993, 15) Statt der „subjektiven Interessen" erscheinen so die „immer schon mitgebrachten Erfahrungen" als Ausgangspunkt. Dies ist ein weiter gespannter thematischer Bereich, der deshalb ergiebig sein dürfte, weil den Lernenden der individuelle Erfahrungshorizont gar nicht bewusst zu sein braucht. Jank verweist in diesem Zusammenhang auf das Modell von Meyers Oldenburger Kollegen Scheller, das durch seine besondere Betonung der Symbolisierungsformen bekannt geworden ist. Scheller unterscheidet drei Phasen:

Ausgang von Erfahrungen statt von Interessen

„1. Aneignung der bereits vorhandenen (subjektiven) Erlebnisse, Erfahrungen und Phantasien der Schüler zum neuen Thema,
2. Verarbeitung der eigenen Erfahrungen durch Konfrontation mit neuen Perspektiven, Erklärungen und den Erfahrungen anderer und
3. Veröffentlichung der verarbeiteten Erfahrungen" (nach Jank, Meyer 1991, 317).

Es ist ein Unterricht, in dem die subjektiven Deutungsmuster, Haltungen und Gefühle im Mittelpunkt stehen. Ihre „Vergegenständlichung" (Ziehe) in verschiedenartigen „Symbolisierungsformen" wie Texten, Reportagen, szenischen Spielen, Foto-Serien, Standbildern setzt Offenheit und Vertrauen unter den Teilnehmern voraus. Tatsächlich ist unsere übliche diskursive Sprache nicht für alle Erfahrungen gleich tauglich. Der Ansatz ist bisher vor allem bei literarischen, ästhetischen und sozialwissenschaftlichen Themenbereichen erprobt worden.

Deutungsmuster und Symbolisierungsformen

Es sollte mehr Handlungsorientierung und mehr Projekte in Schulen geben. Dazu brauchen Schulen und Kollegien mehr organisatorischen Gestaltungsspielraum, Kooperation und das Bewusstsein, dass die Erfahrung neuer Arbeitsformen für unsere Schüler/innen heute dringlich geworden ist. Die Unterschiede zwischen den Lernenden am Gymnasien und an anderen Schularten sind geringer geworden. Andererseits erscheint eine weitgehende Umgestaltung des Lehrgangssystems zu einem Projektsystem nach den bisherigen Erfahrungen nicht sinnvoll und wünschenswert. Selbst in der modellhaften und integrativen T.E.A.M.-Schule Hilbert Meyers spielen Lehrgänge noch eine ganz erhebliche Rolle (vgl. auch seine Rehabilitierung des Frontalunterrichts: H. Meyer, M. A. Meyer 1997; Meyer 1997 II, 166). Der handlungsorientierte Unterricht müsste besser integriert werden in das Gesamtsystem von Lehrgängen und Lernangeboten in den Schulen. Die „Nagelprobe auf die Eignung des Konzepts" liegt nach Ansicht von Jank und Meyer „bei den heimlichen Siegern der Bildungsreform der siebziger Jahre, d. h. bei den Realschulen und Gymnasien" (Jank, Meyer 1991, 375).

Integration des handlungsorientierten Unterrichts

4.5 Überblick zu weiteren didaktischen Modellen und Unterrichtskonzepten

Nach der ausführlichen Würdigung des bildungstheoretischen und des handlungsorientierten Ansatzes möchte ich in einem kursorischen Überblick andere wichtige Entwürfe, ihre Möglichkeiten und Grenzen skizzieren. Ich beziehe dabei auch einige Ansätze mit ein, die nicht dem üblichen Traditionsstrang didaktischen Denkens entstammen.

In der didaktischen Theoriebildung nach dem Zweiten Weltkrieg hat neben der bildungstheoretischen Didaktik, die über ein Jahrzehnt ohne Konkurrenz war, seit Mitte der sechziger Jahre das verschiedentlich erwähnte Berliner Modell (Heimann, Otto, Schulz 1965, s.o. 4.1.2) eine zentrale Rolle gespielt. Mit seiner formalen Grundstruktur (Entscheidungs- und Voraussetzungsfelder), seiner Interdependenz-These, der Aufwertung der Medien-Dimension und der Ermutigung zu selbstständigem didaktischen Denken hatte es größten Einfluss auf Schule, Lehrerbildung und didaktische Forschung. Obwohl später relativiert (Vorrang der Ziele), wurde die Vorstellung, dass alle Felder zuinnerst zusammenhängen, in einem „Implikationszusammenhang" (Blankertz) stehen, zum didaktischen Gemeingut. Dieser lehr- oder lerntheoretische Ansatz mit vielfältigen Ideen und pädagogischen Kategorien fand vor allem als eher technisch-instrumenteller Ansatz weite Verbreitung.

Lehr-/Lerntheoretischer Ansatz: Interdependenzen

Kybernetische Regelkreis- und Strategie-Modelle und andere zweckrationale Konzepte spielten in Zeiten der Lernzielorientierung ebenfalls eine wichtige Rolle. Die Problematik dieses Denkens zeigt sich zum Beispiel in dem kybernetischen Ansatz von Felix von Cube, der sich – vom Kritischen Rationalismus herkommend – schroff von den anderen didaktischen Theorien abgrenzt. Grundlegend für das kybernetisch-informationstheoretische Modell des ehemaligen Mathematik- und Physiklehrers ist der Regelkreis mit seinen Strategien und Stellgliedern und vor allem seinem Rückmeldungsprinzip, mit dem Abgleichen von Soll- und Ist-Werten, mit möglichst

Kybernetischer Ansatz: Regelkreise

häufigen und exakten Lernerfolgskontrollen (auch zwischendrin immer wieder als „didaktische Stationen"). Das dynamische Modell mit seinen fünf Planungsschritten und seiner griffigen Oberflächenstruktur (s. Bild 6) kann durchaus für manche Phasen der Vermittlung, des Wissenserwerbs oder des Trainings genutzt werden, und die Betonung der didaktischen Stationen ist sicherlich bei vielen Lernprozessen hilfreich. Aber das Modell darf nicht verabsolutiert werden zum universalen Programmier- und Steuerungsmodell, das für Selbstreflexion, Beteiligung und inhaltsspezifische Fragen kaum noch Raum lässt. Auch wenn es kein Personen-, sondern ein Instanzenmodell sein will, so erscheint hier die Lehrer-Schüler-Beziehung doch in einer sehr eingeschränkten Wahrnehmung. Zielentscheidungen, Inhaltsfragen und das „Regelobjekt" Schüler erhalten nicht das ihnen gebührende Gewicht.

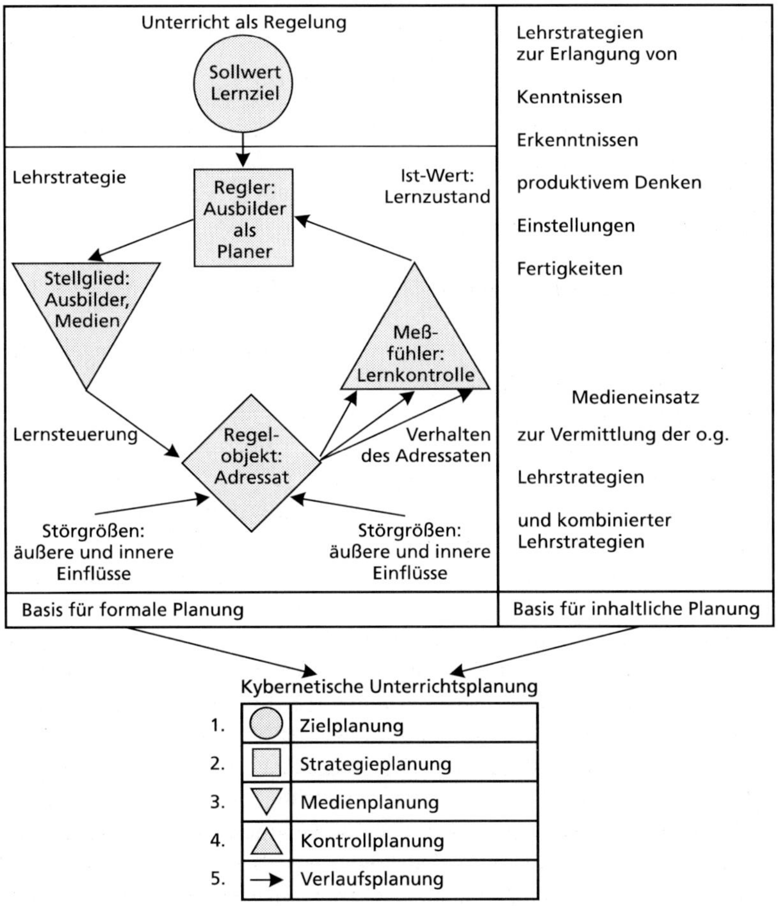

Bild 6: Cubes Regelkreismodell (Cube, 1982, 350)

Ansatz der Päd. Psychologie: differentielle Instruktion

Das seinerzeit von Weinert konzipierte Instruktionsmodell der Pädagogischen Psychologie wirkt demgegenüber sehr viel fundierter und perspektivenreicher. In seinem Acht-Schritte-Modell bezieht Weinert Position zwischen „Lernziel-Fetischismus“ und „Skeptizismus“, plädiert u. a. für mehr innere Differenzierung, Angleichung der Vorkenntnisse und gute Vorstrukturierung (Kurztext mit Ankerbegriffen, sog. „advance organizer“ nach Ausubel), eine Kombination des sinnvoll-rezeptiven mit dem entdeckenlassenden Lernen (Ausubel bzw. Bruner), mehr learning by doing sowie ein Angebot zusätzlicher Lernschleifen und -hilfen (Weinert 1974, 795ff.). Er präsentiert und problematisiert Möglichkeiten einer effizienten Instruktion in Lehrgangsform, hält aber auch andere Formen für wichtig und betont die Orientierung am einzelnen Schüler, die Notwendigkeit einer viel stärker differentiellen Vermittlung.

Kritisch-kommunikativer Ansatz

Seit 1970 zeigt sich eine starke Tendenz zu didaktischen Reformen: Unterricht als sozialer Prozess, als Interaktionsgeschehen und gesellschaftspolitisches Erfahrungsfeld rückt in den Vordergrund. Es wird Ernst gemacht mit der Erkenntnis: „Lehrer und Schüler machen Unterricht“ (Boettcher u. a. 1976). Kommunikation und Kooperation werden z. B. in den Modellen von Schäfer/Schaller und Winkel zu neuen kritisch getönten Grundworten der Didaktik. Schule und Unterricht sollen einen Beitrag zu Emanzipation, Demokratisierung und Humanisierung der Gesellschaft leisten. Wie in der späteren Maxime Hentigs „Beteiligung statt Belehrung“ sollen sich die Schüler/-innen in der kooperativen Schule mit verantwortlich gebraucht fühlen (Hentig 1993).

Beziehung, Beteiligung, Störungsaspekt

Die Didaktik erhält die doppelte Aufgabe zugewiesen, zum einen die Komplexität des Kommunikationsgeschehens im Unterricht analytisch aufzuarbeiten (z. B. anhand der Axiome Watzlawicks), und zum anderen in reformierender Absicht den Unterricht immer kommunikativer, also „schülerorien-tierter, kooperativer, transparenter, mit- und selbstbestimmender, störungsärmer usw.“ zu gestalten (Winkel 1981, 80). Schüler/innen sollen nicht als Bruchteile der Klasse, als austauschbare Belehrungsobjekte eingeschätzt werden, deren Vorkenntnisse, Interessen etc. von der Lehrperson nur stellvertretend berücksichtigt werden. Sie sind als Subjekte und potentiell ebenbürtige Partner an der Planung ihrer eigenen Lernprozesse unmittelbar zu beteiligen. Winkel und Boettcher gehen aus von einem „Kontinuum schrittweise zunehmender Mitsteuerung der Schüler“ (Boettcher u. a. 1976, 133). Stärker noch als der Inhaltsebene gilt der Beziehungsebene die pädagogische Aufmerksamkeit. „Symmetrische“, also gleichrangige Beziehungen, werden statt üblicherweise „komplementärer“ zwischen Lehrenden und Lernenden eingefordert. In seinen zehn Leitfragen zur Unterrichtsplanung rückt Winkel vor allem die „Problemzonen didaktischen Denkens und Handelns“ in den Mittelpunkt: Mögliche Störungen sollen präventiv mitbedacht werden, die kommunikative Wertigkeit von Verfahren wird bedeutsam. Diese Ansätze haben in Ausbildung und Schulpraxis allerdings nur eine begrenzte Resonanz gefunden.

Das dürfte tendenziell auch für das relativ bekannte Nachfolge-Konzept des Berliner Ansatzes von Wolfgang Schulz, das „Hamburger Modell“ von 1980

(Schulz lehrte inzwischen in Hamburg) gelten. Es markiert – wie auch fast zeitgleich Klafkis Neuansatz – den Wandel zu einem kritisch-emanzipatorischen Modell mit veränderten Leitbegriffen und Strukturen der Planung. Die didaktischen Handlungsmomente konstituieren sich nun als interdependentes Viereck von „Unterrichtszielen" (Intentionen/Themen), „Ausgangslage" (Schüler/innen und Lehrer/innen), „Vermittlungsvariablen" (Methoden/Medien) und „Erfolgskontrolle". Im Mittelpunkt steht die kooperartive Umrissplanung einer Unterrichtseinheit im Horizont einer stärkeren Projektorientierung von Unterricht. Jank/Meyer sprechen von einer „konkreten Utopie" oder einer „Feiertagsdidaktik" – „aber im besten Sinne", weil die „Grundlage" des Modells „zugleich seine zentrale Forderung" darstellt: „Unterrichtsplanung als Diskurs aller Beteiligten" (Jank, Meyer 1991, 230). Die gemeinsame Planung soll gewährleistet werden durch den Einbezug der Themenzentrierten Interaktion von Ruth Cohn.

Hamburger Modell: kritischer Ansatz, gemeinsame Planung

Der Ansatz der Themenzentrierten Interaktion (TZI) findet schon seit einiger Zeit verstärkte Aufmerksamkeit im Blick auf Unterricht (Cohn, Terfurth 1993). Die Gespräche in der Klasse sollen sich orientieren an den Kommunikationsregeln der TZI (z. B.: „Sei deine eigene Chairperson!" – „Störungen haben Vorrang."). Jedes Mitglied der Lerngruppe soll sich um die dynamische Balance von Sach-, Person- und Gruppenbezug, von Es, Ich und Wir, bemühen. Zu diesen drei Ansprüchen kommt als vierter noch der Bedingungen setzende „Globe" (Umfeld) hinzu (zur Veranschaulichung siehe auch Rad mit Es/Thema als Nabe in der Mitte, die Ichs als Speichen und das Wir als Reifen sowie Haus der TZI: Huwendiek 1982, 222; Gudjons 1997, 82).

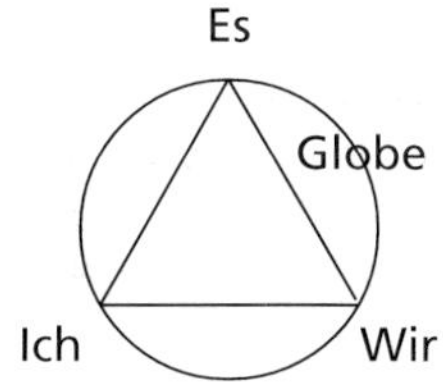

Der ursprünglich therapeutisch orientierte Ansatz mit seiner Wertbasis aus der humanistischen Psychologie will lebendiges Lernen in der Gruppe initieren helfen – durch das Ausbalancieren der Ansprüche im skizzierten TZI-Dreieck. Die Sichtweise ist tatsächlich von sehr eindrücklicher Gestalt, enthält viele förderliche Aspekte und kann auch bei Lernenden durch die Erfahrung von Selbstwirksamkeit und Wir-Gefühl in der Gruppe ein hohes Motivationspotential freisetzen. Ich bin gehalten, mir die eigene Einstellung angesichts eines Themas und einer Gruppe und das Befinden der Gruppe und der einzelnen Lernenden möglichst plastisch bewusst zu machen. Es bedarf klarer Regeln und einer kooperativen Gesprächskultur und Verantwortlichkeit, also „günstiger Rahmenbedingungen", denn: „TZI setzt voraus, dass alle Beteiligten tatsächlich nach diesem Konzept arbeiten *wollen.* Aber nur ein Teil der SchülerInnen sitzt freiwillig im Unterricht." (Jank, Meyer 1991, 229).

TZI: dynamisches Ausbalancieren der Ansprüche

Der Ansatz erinnert mich an eine Äußerung Wagenscheins: „Tugend des Lehrers: Zuzuhören. Tugend des Schülers: Allen Teilnehmern alles zu sagen, was ihn zur Sache bewegt. Haltung der Gruppe: Jeder Einzelne fühlt sich dafür verantwortlich, dass ALLE verstehen." (Wagenschein 1981, 190)
Von der Lehrperson wird viel Empathie und Perspektivenwechsel, aber auch Abgrenzungsbereitschaft und Enttäuschungsfestigkeit verlangt, um möglichem Gruppendruck und kommunikativen Belastungen gewachsen zu sein. Generell ist bei den kommunikativen Ansätzen zu bedenken, dass hohe An-

sprüche im Blick auf Beteiligung ohne entsprechende Einübung und Realitätssinn leicht umschlagen können in überfordernde Verstimmung.

Auch andere neuere Ansätze, die sich zunehmender Beliebtheit erfreuen, haben ihre Grundlagen im Bereich der Humanistischen Psychologie und Pädagogik. Die humanistische Pädagogik tritt ein für mehr ganzheitliches und lebendiges Lernen, für emotionale und kreative Prozesse und persönliches Wachstum (Buddrus 1995, Burow u. a. 1987, vgl. das ursprünglich aus der Erwachsenenbildung stammende gestaltpädagogische Konzept von Thanhoffer u. a. 1992). Bemerkenswerte neue Konzepte sind auch die Suggestopädie, das Neurolinguistische Programmieren (NLP) und die Edu-Kinesthetik, die z. B. durch mehr rechtshemisphärisches und multisensorisches Lernen, durch besseren Kontakt („Rapport"), Phantasiereisen, „Lernkonzerte" sowie denk- und konzentrationsfördernde Entspannungs- und Bewegungsübungen ein ganzheitlicheres und hirnbiologisch adäquateres Lernen ermöglichen wollen (vgl. die „Neurodidaktiken" in : Lehrmethoden – Lernmethoden 1997).

Humanistische Ansätze: ganzheitliches und kreatives Lernen

Von diesen Konzepten gibt es viele Berührungen mit dem konstruktivistischen Ansatz von Kösel, Voss u. a. für eine subjektive Didaktik und die kommunikative Gestaltung von Lernwelten in der Postmoderne. Ausgehend von der biologischen Erkenntnistheorie von Maturana/Varela, von Watzlawick, Welsch u. a. wird das Lernen als „Selbstentwicklung eines kognitiven Systems" (Aufschnaiter) verstanden. Lehrende und Lernende handeln aus ihrer subjektiven Sicht heraus und konstruieren als „geschlossene Systeme" ihre eigene Wirklichkeit „autopoetisch" immer wieder neu. Die Aufgabe der Lehrpersonen besteht vor allem darin „Anreizstrukturen" (Kösel: „didaktische Morpheme") zu finden, die die Schüler/innen ihre eigenen Lernwege (Kösel: „Chreoden") entwickeln lässt. Wie bei einer Kippfigur entsteht ein neues Bild vom Lernen: Belehren *kann* im strikten Sinn gar nicht mehr stattfinden, die wechselseitige Verständigung und das je subjektive Lernen, die individuellen Aneignungsmodi *müssen* zentralen Stellenwert bekommen. Innere Differenzierung wird vom Ansatz her obligatorisch. Das traditionelle „Schema eins" – so Miller in seiner neuen „Beziehungsdidaktik" – kann bei dieser Sichtweise nicht funktionieren: *ein* Lehrer, *ein* Thema, *ein* Lernziel, *eine* Methode, *eine* Zeitvorgabe, *ein* Ergebnis für 25-30 individuell verschiedene Lernpersonen (Miller 1997, 28). Nach Kösel haben die „Didaktiker aller Felder" zusätzlich „eine deutliche sozialpädagogische Aufgabe bekommen: Sie müssen Anreizstrukturen schaffen, in denen eine gemeinsame Biographische Selbstreflexion (!), also das Reden und Reflektieren über sich selbst und das Einüben in die Vielheit in einer Gruppe mit ihren verschiedensten (!) Werte-, Norm- und Wissenssystemen professionell möglich wird" (Kösel 1993, 27). „Pluralitätskompetenz" verlangt den permanenten Perspektivwechsel und den selbstverständlichen Umgang mit Fremdheit und Differenz, mit anderen Wahrnehmungsmustern und Denkstilen. Angesichts der verbreiteten Erfahrung individuellen Deutens, Erfindens und Konstruierens werden das persönliche und das Beziehungslernen sicher noch an Bedeutung zunehmen. Große Schwierigkeiten macht mir die radikale Version:

Konstruktivistische Ansätze: Verständigung emtscheidend

wenn fast nur noch die kommunikativen Beziehungswelten beleuchtet werden, weil Welt und Wirklichkeit, Sachen und Themen ohnehin nur in den Köpfen und als Vehikel von Verständigungsprozessen zu existieren scheinen (Huwendiek 1997).

4.6 Synopse der „klassischen" didaktischen Modelle und zusammenfassende Perspektiven

Die schematische Darstellung auf der folgenden Seite gibt eine vergleichende Merkmalsübersicht zu fünf häufig diskutierten Modellen (in ihrer letzten Version). Sie gibt knapp Auskunft über das Profil der jeweiligen Didaktik, nämlich über

Didaktische Profile

1. die Definition der Didaktik und das Verständnis von Unterricht,
2. den Gegenstandsbereich der Didaktik und die besondere Perspektive,
3. das Planungs- (und evt. Analyse-) Modell mit seinen Hauptmerkmalen,
4. die Sicht des Lehrer-Schüler-Verhältnisses sowie
5. die wissenschaftstheoretische Position und die bevorzugten Verfahren.

Ähnlichkeiten, Konvergenz

Wie die Übersicht zeigt, sind seit den achtziger Jahren mit den Kontroversen auch die Abschottungen und Alleinvertretungsansprüche der einzelnen Modelle zurückgegangen: Insbesondere zwischen dem weiterentwickelten bildungstheoretischen Modell, dem Hamburger Modell und der kritisch-kommunikativen Didaktik gibt es viele Ähnlichkeiten und Konvergenzen (keineswegs nur wissenschaftstheoretische; aber durch die gemeinsame kritische Brille wurde die Annäherung erleichtert). Der Gegenstandsbereich der Didaktik ist überall weitgespannt, lediglich die kybernetische Didaktik mit ihrer Eingrenzung auf methodologische Fragen und ihrem spezifischen Wissenschaftsbegriff vertritt eine deutlich andere Position. Sie hat sich auch am wenigsten verändert. Die Kluft zwischen dem kybernetischen Ansatz und den meisten anderen ist schon seit langem „unüberbrückbar" geworden (vgl. Gudjons u. a. 1981, 95ff.).

Keine universale Geltung, Kombinationsmöglichkeiten

Es bleiben auch zwischen den übrigen Modellen durchaus beträchtliche Unterschiede. So ist das revidierte bildungstheoretische Modell von Klafki viel stärker auf die Sachbegegnung focussiert als das kritisch-kommunikative oder handlungsorientierte Unterrichtskonzept. Für die meisten Didaktiker ist es selbstverständlich, dass die je spezifischen Ansätze nicht universale Geltung beanspruchen können, sondern zum Teil einander ergänzen und entsprechend kombiniert werden können. Eine grundlegende These von Jank/Meyer lautet: „Es gibt keine Allgemeingültigkeit einzelner didaktischer Modelle. Erst die Verschränkung der jeweiligen Einzelaspekte zu einem Aspektzusammenhang spiegelt den ‚Gegenstand der Didaktik' angemessen wider." (Jank, Meyer 1991, 94) Die beiden Autoren wollen Schule und Unterricht reformieren, halten aber schon „eine spürbare Ausweitung des Handlungsorientierten Unterrichts bis auf einen Anteil von etwa einem Drittel für sinnvoll" (Jank, Meyer 1991, 338). Es handelt sich bei den verschiedenen Modellen also nicht um einander völlig oder in den wesentlichen

Synopse der klassischen didaktischen Modelle/Unterrichtskonzepte

I. Die erweiterte bildungstheoretische Didaktik Wolfgang Klafkis

1. Bildung als zentrierende Kategorie der Didaktik, stärker emanzipatorisch akzentuiert
2. weites Didaktik-Verständnis, Primat der didaktischen Intentionalität
3. didaktisch-methodische Analyse und Konstruktion, Perspektivenschema mit sieben Fragedimensionen (mit Bedingungsanalyse, Überprüfbarkeit und methodischer Strukturierung)
4. personale Interaktion, Prinzip zunehmender Selbst- und Mitbestimmung der Schüler im Unterricht
5. Geisteswissenschaften und Hermeneutik vorrangig, Verknüpfung mit Empirie und sozialwissenschaftlicher Kritischer Theorie

II. Die kybernetisch-informationstheoretische Didaktik von Felix von Cube

1. Theorie der Steuerung, Regelung von Lehr-/Lernprozessen im Unterricht
2. Optimierung von Lehrstrategien, Redundanztheorie, Zielfragen außerwissenschaftlich entschieden
3. Fünfschritt der Planung nach dem Regelkreis-Modell (Ziel-, Strategie-, Medien-, Kontroll- und Verlaufsplanung)
4. Planer-Adressat-, Subjekt-Objekt-Schema, Instanzen- nicht Personen-Modell, Automation vor Kommunikation
5. Kybernetik, Informationstheorie; Kritischer Rationalismus

III. Die revidierte lern- bzw. lehrtheoretische Didaktik (Hamburger Modell) von Wolfgang Schulz

1. Engagierte Didaktik für emanzipatorisch relevanten Unterricht, Suchmatrix: Kompetenz, Autonomie, Solidarität; Sach-, Gefühls-, Sozialerfahrung
2. weiter Gegenstandsbereich, Betonung von Kommunikation und gesellschaftlichen Bedingungen
3. interaktionistisches Planungsmodell, Schüler als Planungspartner bei der Umrissplanung mit vier Handlungsmomenten: Unterrichtsziele, Ausgangslage, Vermittlungsvariablen, Erfolgskontrolle; Projektorientierung
4. Balance von Sach-, Person- und Gruppenbezug im Sinne der Themenzentrierten Interaktion
5. Kritische Theorie, Berücksichtigung hermeneutischer und empirischer Erkenntnisse

IV. Die kritisch-kommunikative Didaktik Rainer Winkels

1. kritische Theorie des Unterrichts, Unterricht als kommunikativer Prozess, Schülerorientierung
2. erweiterter Gegenstandsbereich der Didaktik, Betonung der Beziehungsebene und gesellschaftstheoretischer Reflexion
3. Unterrichtsanalyse im Blick auf Vermittlungs- Inhalts-, Beziehungs- und Störungsaspekt; offene, kooperative, schülerorientierte Unterrichtsplanung (z. B. Projekte)
4. Tendenz zu symmetrischer Kommunikation, Lehrer als Mitglied der Lehr-Lern-Gruppe, antinomische Pädagogik
5. Pragmatische Kommunikationstheorie, Kritische Theorie; Berücksichtigung hermeneutischer und empirischer Erkenntnisse

V. Das Handlungsorientierte Unterrichtskonzept Hilbert Meyers

1. Ganzheitlicher und schülerorientierter Unterricht im Blick auf Handlungsprodukte
2. weiter Gegenstandsbereich, Betonung der Aneignungsperspektive, dynamische Balance von Kopf- und Handarbeit, Jugend und Gesellschaft heute
3. Planungsraster mit Lehrer- und Schüler-Strang (Lehr- bzw. Handlungsziele), Vereinbarung von Handlungsergebnissen, Projektorientierung, entsprechende Verlaufsplanung
4. Lehrer-Schüler-Didaktik, Kooperation, subjektive Schülerinteressen, Identitätsbildung
5. kritische Hermeneutik, dialektische Unterrichtstheorie, Tätigkeitstheorie

Bild 7

Punkten widersprechende Ansätze, was angesichts der Unterschiedlichkeit der „Sprachen" und Herkünfte (z. B. Fächer) der Autoren manchem so erscheinen mag. Und bei Winkel heißt es explizit: „Nicht bildungstheoretische oder lehrtheoretische, informationstheoretische oder curriculare Didaktik lautet von daher die Frage, sondern: An welchen Stellen des didaktischen Handelns sind Klafkis Analysefragen unumgänglich? Die Schulzschen Raster hilfreich? Lernzielsequenzierungen und -operationalisierungen legitim? Regelungsmodelle effektiv?" (Winkel 1980, 204) Diese wechselseitige Akzeptanz ist erfreulich, wenn man Weinert glauben darf: „Je radikaler, monolithischer und rigider ein Lehr-Lernmodell praktiziert wird, umso größer sind neben den erwünschten Wirkungen die unerwünschten Nebenwirkungen." (Weinert 1997, 24)
Auch manche neueren Ansätze der humanistischen Pädagogik und des subjektiv-konstruktivistischen Ansatzes, die in der Synopse nicht aufgenommen sind, können vielfältige Anregungen geben. Sie haben zum Teil – etwa durch die Bedeutung der Beziehungsebene, durch die Integration der Themenzentrierten Interaktion und der subjektiven Aneignungsformen – eine gewisse Verbindung zu den klassischen Ansätzen. Andererseits betonen sie weniger die gesellschaftliche Ebene und emanzipatorische Ziele, sondern psychologisieren und individualisieren stärker und betonen mehr eine ästhetische und sozio-emotionale Lern- und Lebenskultur in der Schule.

Komplementäre Sichtweisen

Wenn man einen Schritt zurücktritt und die verschiedenen didaktischen Ansätze betrachtet, ergeben sich für mich strukturell vier komplementäre Perspektiven didaktischen Denkens, die teilweise in den ursprünglichen Ansätzen noch deutlicher voneinander zu unterscheiden sind: die Dimension der Erschließung und Sachbegegnung (Bildungstheoretischer Ansatz), die Dimension der Vermittlung und Instruktion (Lehr-/Lerntheoretischer Ansatz), die Dimension der Beteiligung, der Be- und Erziehung (Kommunikativ-Kooperative Ansätze) und die Dimension der Aneignung und Erfahrung (Handlungsorientiertes Unterrichtskonzept). Ich habe versucht, diese vier Perspektiven in einem integrativen Modell zusammenzuschauen und dazu die folgende Skizze (Bild 8 auf S. 115) vorgelegt (Huwendiek, 1994, 108):
Alle vier Dimensionen sind wichtig, keine kann für sich das gesamte Spektrum abdecken. Aus meiner Sicht bleiben die Sachen hochbedeutsam, zentral plaziert, wie es bildungstheoretischer Tradition entspricht und auch im Rad der Themenzentrierten Interaktion erkennbar wird. Mit Wagenschein formuliert: „Unterricht ist das gemeinsame Anschauen der Sache." Auch die Zeit-Vertikale der Lehr- und Lernziele sowie der Lernerfolgskontrollen und Handlungsprodukte konstituiert sich in der gemeinsamen Arbeit an Themen. Die soziale

Erläuterung und Akzentuierung der Dimension

Horizontale mit den Beziehungs-„Linsen" und dem breiten Pfeil zwischen Lehrer/in und Schülern bzw. Schülerinnen soll die große Bedeutung der Beziehungsebene verdeutlichen, die sich zumeist stark auf die Inhaltsebene auswirkt. Der Kontakt fundiert die Lehr- und die Lernzugriffe auf den Unterrichtsgegenstand. Die beiden anderen Dimensionen, die Vermittlungs- und die Aneignungsdimension, sind in der Skizze spiegelbildlich und einander ergänzend dargestellt. Empirische Untersuchungen belegen, wie wichtig auch

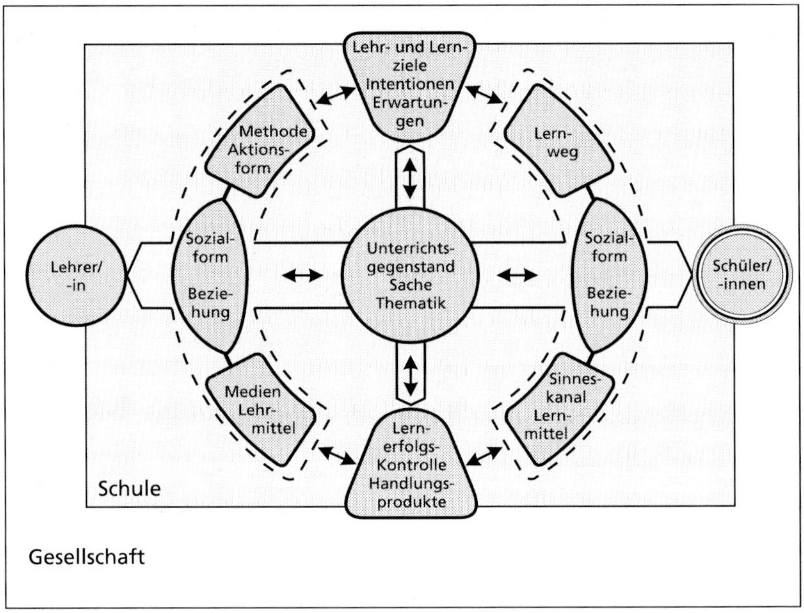

Bild 8: Strukturzskizze von Unterricht

heute effiziente und differentielle Vermittlungsformen sind, wie bedeutsam und unersetzlich die verantwortliche Lehrperson bleibt. Zugleich scheint es heutzutage im Blick auf die Schüler/innen und den gesellschaftlichen Wandel notwendig, auch in den Gymnasien den Beteiligungs- und Aneignungsaspekt stärker zu gewichten, schon um die Schüler/innen da abholen zu können, wo sie stehen, aber die Bedeutung dieser Dimension reicht weit darüber hinaus. Angesichts des Schwunds an Primärerfahrungen, einer „Welt der Sofortinformation rund um die Uhr" (Jencks) und der „Erosion des sozialen Kapitals" (Coleman) gewinnen Formen „ganzheitlichen", kooperativen und methodischen Lehrens und Lernens an Bedeutung (Huwendiek 1994 b). Statt lehrerbezogen nur die Lehrkunst der Didaktik zu verbessern – so Winkel – müsste schülerbezogen auch die „Mathetik", die „Kunst zu lernen", viel stärker ausgebildet wrden (Winkel 1997, 164). In der „lernenden Schule" der Zukunft – so der Schulreformer Dalin – geht es um das „Lernen des Lernens in Verbindung mit der systematischen Vermittlung der Grundstrukturen und Fächer: das ist es, worauf es in der Schule eigentlich ankommt – und immer mehr ankommen wird in dem Maße, wie im Medienzeitalter die Flut der Information zunimmt." (Dalin, 1997, 125). Anspruchsvolles fachliches Lernen, gedankliche Durchdrinung und exemplarisches und orientierendes „Tiefenlernen" bleiben wichtig, auch wenn Lernstrategien, Kooperation und Praxisorientierung zunehmende Bedeutung gewinnen. In diesem Sinn brauchen wir eine Erneuerung didaktischen Denkens, eine neue Lehr- und Lernkultur, und vor allem eine Ausweitung des traditionellen Methoden-Repertoires. Die vielen beeindruckenden neuen Ansätze und Methoden jenseits und teilweise auch im Rahmen des traditionellen Lehrgangs- und Klassenunterrichts (Projekte, Offener Unterricht, Freiarbeit, Formen innerer Differenzierung etc.) eröffnen

Neue Lehr-/Lernkultur in der Schule der Zukunft

den Schulen neue Möglichkeiten, die eine konstuktive Auseinandersetzung lohnen und Abarbeitung lohnen. Eine Immunisierung gegen diese neuen Formen wäre ebenso kontraproduktiv wie ihre Verabsolutierung. Es sind nicht nur Kapazitäten der Pädagogischen Psychologie und Bildungsforschung wie Weinert und Baumert, die aufgrund empirischer Erhebungen vor einer Idealisierung des Lernenden, einer Diffamierung der Lehrdenden und einer Dogmatisierung von Methoden warnen (Weinert, 1997, 26).

Immer wieder ist eine dynamische und von der Lehrperson zu verantwortende Balance gefordert, die Person-und Sachorientierung. Lebendigkeit und Struktur, geschlossene systematische Lehr-/Lernprozesse und offenere Unterrichtsformen miteinander verbindet. Auf der Ebene der didaktischen Ansätze sollte sich die partielle Verschiedenheit von Modellen als Herausforderung zum selbstständigen didaktischen Denken und Handeln auswirken. Die starre Vorgabe und Einübung eines Konzeptes ist nach dem wissenschaftlichen Stand der Dinge nicht gerechtfertigt. Ziel solte sein, zu einer persönlich verantworteten, zu einer eigenen „argumentativen Didaktik" (Lohmann 1993) zu kommen.

Argumentative Didaktik

Um den – mindestens – „vier-fältigen" Anforderungen im Unterricht gerecht werden zu können, ist gerade für das didaktische Denken und Handeln viel professionelles Rüstzeug erforderlich. Auch angesichts der neuen Lehrerleitbild-Diskussion ist festzuhalten, dass das Mandat Lehrer/innen weder diffus ins Sozialpädagogische ausgeweitet (Lehrersein als „Existenzform") noch auch eng fixiert allein auf die zweckrationale Unterrichtsgestaltung gesehen werden sollte (vgl. Huwendiek 1997). Lehrer und Lehrerinnen sind Experten von Unterricht, Erziehung und schulischem Lernen, die für ihre Professionalität viel fundiertes Wissen und Handlungskompetenz brauchen. Angesichts der neuen Herausforderungen gerade auch im Gymnasium sind die Lehrer/innen Kulturarbeiter und Jugendbildner, Fachinstruktoren, Unterrichtsdramaturgen und Erziehungsbegleiter, Gruppenmoderatoren und Lernberater. Und sie sind wichtig – der personale Kern der Profession – als menschliche Persönlichkeiten mit ihren Lebensspuren. Insofern scheint Erich Frieds „zusätzliche Bedingung" auch pädagogisch bedeutsam (zit. nach Grell 1993, 426):

Professionalität und Personalität

„Wichtig
ist nicht nur
daß ein Mensch
das Richtige
denkt
sondern auch
daß der
der das Richtige
denkt
ein Mensch ist"

Literatur

Adl-Amini, B., Künzli, R. (1980). Didaktische Modelle und Unterrichtsplanung. München: Juventa.

Aebli, H. (1980/81). Denken: Das Ordnen des Tuns. 2 Bände. Stuttgart: Klett.

Arnold, R. (1991). Erwachsenenbildung. Hohengehren: Schneider-Verlag.

Aschersleben, K. (1993). Welche Bildung brauchen Schüler? Vom Umgang mit dem Unterrichtsstoff. Bad Heilbrunn: Klinkhardt.

Beck, U. (1986). Risikogesellschaft. Auf dem Weg in eine andere Moderne. Frankfurt/Main: Suhrkamp.

Becker, G. E. (1984). Planung von Unterricht. Handlungsorientierte Didaktik Bd. 1. Weinheim, Basel: Beltz.

Bildung (1988). Die Menschen stärken, die Sachen klären. Jahresheft VI im Friedrich Verlag. Seelze

Bildungsplan (1994). Bildungsplan für das Gymnasium. Hrsg. vom MKS Baden-Württemberg.

Bönsch, M. (1986). Unterrichtskonzepte. Baltmannsweiler: Päd. Verlag Burgbücherei Schneider.

Böttcher, W. u. a. (1976). Lehrer und Schüler machen Unterricht. München.: Urban & Schwarzenberg.

Bohnsack, F. (1993). Veränderungen in Kindheit und Jugend und ihre Bedeutung für die Schule. M. W. unveröff. Manuskript.

Burow, O. A., Quitmann, H., Rubeau, M. P. (2. A. 1987): Gestaltpädagogik in der Praxis. Salzburg: Müller Verlag.

Cohn, R. (1980, 4. A.). Von der Psychoanalyse zur Themenzentrierten Interaktion. Stuttgart: Klett-Cotta.

Cohn, R., Terfurth, C. (Hrsg.)(1993). Lebendiges Lehren und Lernen macht Schule. TZI und Schule. Stuttgart: Klett-Cotta.

Comenius, J. A. (6. A. 1985). Große Didaktik. Hrsg. von A. Flitner. Stuttgart: Klett-Cotta

Comenius, J. A. (1991, 4. A.). Orbis sensualium pictus. Dortmund: Harenberg Edition.

Cube, F. von (1982). Kybernetische Grundlagen des Lehrens und Lernens.Stuttgart: Klett.

Dalin, P. (1997). Schule auf dem Weg in das 21. Jahrhundert. Neuwied: Luchterhand.

Diederich, J. (1988). Didaktisches Denken. Weinheim, München: Juventa.

Dohmen, G., Maurer, F., Popp, W. (Hrsg.). Unterrichtsforschung und didaktische Theorie. München: Piper.

Dohnke, H. (1996). Wie hilfreich ist der Begriff des „handlungsorientierten" Unterrichts für Schule und Ausbildung? In: SEMINAR 2/1996, 71ff.

Glöckel, H. (2. A. 1992). Vom Unterricht. Lehrbuch der Allgemeinen Didaktik. Bad Heilbrunn: Klinkhardt.

Gudjons, H., Teske, R., Winkel, R. (Hrsg.) (1981). Didaktische Theorien. Braunschweig: Westermann.

Gudjons, H. (1992, 3. A.). Handlungsorientiert lehren und lernen. Bad Heilbrunn: Klinkhardt.

Gudjons, H. (1993). Pädagogisches Grundwissen. Bad Heilbrunn: Klinkhardt.

Gudjons, H. (1997). Didaktik zum Anfassen. Bad Heilbrunn: Klinkhardt.

Hausmann, O., Marotzki, W. (Hrsg.) (1988). Diskurs Bildungstheorie I: Systematische Markierungen. Weinheim: Deutscher Studienverlag.

Heimann, P., Otto, G., Schulz, W. (1965). Unterricht – Analyse und Planung. Hannover: Schroedel.

Heimann, P. (1976). Didaktik als Unterrichtswissenschaft. Stuttgart: Klett

Heldmann, W. (1990). Kultureller und gesellschaftlicher Auftrag von Schule, Krefeld: Pädagogik & Hochschul Verlag.

Hentig, H. von (1985). Die Menschen stärken, die Sachen klären. Stuttgart: Reclam.

Hentig, H. von (1993). Schule neu denken. München, Wien: Hanser

Herbart, J. F. (1986). Systematische Pädagogik. Stuttgart: Klett-Cotta.

Hornstein, W. (1990). Aufwachsen mit Widersprüchen – Jugendsituation und Schule heute. Stuttgart: Klett.
Huwendiek, V. (1982). Modelle der Didaktik. In: Frommer, H. (Hrsg.) (1982). Handbuch des Vorbereitungsdienstes. Düsseldorf: Schwann.
Huwendiek, V. (Hrsg.) (1990). Praktisches Lernen im Seminar. Rinteln: Merkur. In: Mitteilungen des BAK 4/1990.
Huwendiek, V. (1994). Didaktisches Denken und Handeln. In: Bovet, G., Huwendiek, V. (Hrsg.) (1994). Leitfaden Schulpraxis. Berlin: Cornelsen.
Huwendiek, V. (1997). Schule, Lehrerbild und Lehrerbildung in der Diskussion: Wozu wir professionelle Lehrer/innen brauchen und was dies für die Lehrerbildung bedeutet. In: SEMINAR 3/1997.
Jank, W., Meyer, H. (Hrsg.). (1991). Didaktische Modelle. Frankfurt/M.: Cornelsen, Scriptor
Jank, W. (1993). „Veränderte Kindheit" – veränderte Schule. Gedanken zum Verhältnis von Sozialisation und Unterricht. In: Mitteilungen des BAK 3-4/1994, 12ff.
Klafki, W. (1963/1975). Studien zur Bildungstheorie und Didaktik. Weinheim, Basel: Beltz.
Klafki, W. (1985). Neue Studien zur Bildungstheorie und Didaktik. Beiträge zur kritisch-konstruktiven Didaktik. Weinheim, Basel: Beltz.
Klafki, W. (1986). Die Bedeutung der klassischen Bildungstheorien für ein zeitgemäßes Konzept allgemeiner Bildung. In: Zeitschrift für Pädagogik 4/1986, S.455ff.
Klingberg, L. (1990). Lehrende und Lernende im Unterricht. Zu didaktischen Aspekten ihrer Positionen im Unterrichtsprozess. Berlin: Volk und Wissen
Klippert, H. (1994). Methoden-Training. Übungsbausteine für den Unterricht. Weinheim, Basel: Beltz.
Knecht-von Martial, I. (1986). Theorie allgemeindidaktischer Modelle. Köln, Wien: Böhlau.
Kösel, E. (1993). Die Modellierung von Lernwelten. Ein Handbuch zur Subjektiven Didaktik. Elztal-Dallau: Laub.
Kösel, E., Scherer, H. (1997). Konstruktionen über Wissenserwerb und Lernwege bei Lernenden. In: Voß, R.(Hrsg.) (1997, 2. A.). Die Schule neu erfinden. Systemisch-konstruktivistische Annäherungen an Schule und Pädagogik. Neuwied: Luchterhand.
Kratochwil, L. (1992). Unterrichten können. Brennpunkte der Didaktik. Hohengehren: Schneider.
Kron, F. W. (1993). Grundwissen Didaktik. München, Basel: Ernst Reinhardt.
Lehrmethoden – Lernmethoden. Jahresheft 1997 des Friedrich-Verlages.
Lohmann, K. (1994). Argumentative Didaktik. In: SEMINAR /1994.
Lütgert, W. (1981). Was leisten die Modelle der allgemeinen Didaktik? Sechs polemische Thesen und ein Vorschlag. In: Neue Sammlung 21, 578-594.
Mager, R. F. (1965). Lernziele und Unterricht. Weinheim und Basel: Beltz.
Meyer, H. (1980). Leitfaden zur Unterrichtsvorbereitung. Königstein/Ts.: Scriptor.
Meyer, H. (1983). Aneignungsschwierigkeiten didaktischen Theoriewissens. Westermanns Pädagogische Beiträge H. 2/1983, 61-71.
Meyer, H. (1993, 5. A.). UnterrichtsMethoden. 2 Bände. Frankfurt/Main: Scriptor.
Meyer, H. (1997). Schulpädagogik, 2 Bände. Frankfurt/Main: Cornelsen-Scriptor.
Meyer, H., Meyer, M.A. (1997). Lob des Frontalunterrichts. Argumente und Anregungen. In: Lehrmethoden – Lernmethoden. Jahresheft 1997 des Friedrich-Verlages, S.34ff.
Meyer, M. A., Plöger, W. (Hrsg.) (1994). Allgemeine Didaktik, Fachdidaktik und Fachunterricht. Weinheim, Basel: Beltz.
Miller, R. (1997). Beziehungsdidaktik. Weinheim, Basel: Beltz.
Nipkow, K. E. (1990). Allgemeinbildung und Unterrichtsfächer. In: Mitteilungen des BAK 1/1990
Peterßen, W. H. (1982). Handbuch Unterrichtsplanung: Grundfragen, Modelle, Stufen, Dimensionen. München: Ehrenwirth.
Peterßen, W. H. (1992,3.Aufl.). Lehrbuch Allgemeine Didaktik. München: Ehrenwirth .

Prange, K. (2. A. 1986). Bauformen des Unterrichts. Bad Heilbrunn: Klinkhardt.

Roth, H. (1963, 7. A.). Pädagogische Psychologie des Lehrerns und Lernens. Hannover: Schroedel.

Schleiermacher, F. (1983). Pädagogische Schriften. Bd. 1. Frankfurt/M.: Ullstein.

Schulz, W. (1980). Unterrichtsplanung. München:

Terhart, E. (1989). Lehr-Lern-Methoden. Weinheim, München: Juventa

Thanhoffer, M., Reichel, R., Rabenstein, R. (1992). Kreativ unterrichten. Möglichkeiten ganzheitlichen Unterrichtens. Münster: Ökotopia.

Thurow, R. (1989). Menschlichkeit und Wissenschaft. Fächerübergreifendes Lernen als Aufgabe und Chance des Gymnasiums. In: Schola Anatolica. Tübingen: Osiander.

Voß, R. (Hrsg.) (1997, 2. A.). Die Schule neue erfinden. Systemisch-konstruktivistische Annäherungen an Schule und Pädagogik. Neuwied: Luchterhand.

Wagenschein, M. (1981). Anmerkungen zum exemplarisch-genetischen Prinzip. In: Twellmann, W. (Hrsg.) (1981). Handbuch Schule und Unterricht. Bd. 4.1, 178ff. Düsseldorf: Schwann.

Weinert, F. E. (1974). Instruktion als Optimierung von Lernprozessen. Teil I: Lehrmethoden. In: Weinert, F. E. u. a. (Hrsg.)(1974). Funkkolleg Pädagogische Psychologie. Bd. 2. Frankfurt/M.: Fischer, 795ff.

Weinert, F. E. (1997). Lernkultur im Wandel. In: Beck, E. u. a. (Hrsg.) (1997). Lernkultur im Wandel...St. Gallen: UVK sowie Vortragsmanuskript vom 07.01.1998.

Wengert, H. G. (1988). Untersuchungen zur alltäglichen Unterrichtsplanung von Mathematiklehrern. Frankfurt/M.: Lang.

Winkel, R. (1988, 2. A.). Antinomische Pädagogik und kommunikative Didaktik. Düsseldorf: Schwann.

Winkel, R. (1997). Theorie und Praxis der Schule. Oder: Schulreform konkret - im Haus des Lebens und Lernens. Baltmannsweiler: Schneider Verlag Hohengehren.

5 Projekt- und Fächerübergreifender Unterricht

Angelika Wolters

5.1 Projektpädagogik als Reformpädagogik

Kaum eine pädagogische Konzeption in unserem Jahrhundert ist mit so vielen schulreformerischen Hoffnungen verbunden worden wie die Projektpädagogik. Sie ist immer dann ernsthaft im Gespräch, wenn auch die Leistungsfähigkeit der Schule generell ins Gerede gekommen ist angesichts von Krisen, die mit „herkömmlichem Unterricht“ nicht mehr bewältigbar erscheinen. Was nun macht die große Attraktion von Projektpädagogik aus, die hohe Erwartungen weckt im Zusammenhang mit einer Schule, die man offensichtlich wieder „neu denken“ muss?
Davon handelt dieser gesamte Beitrag! Zum Zwecke der Einführung aber soll, an dieser Stelle bewusst verdichtet, ein erster Steckbrief gegeben werden. Projektpädagogik lässt sich demnach auf folgenden programmatischen Nenner bringen, in dem das zur Debatte stehende Projekt und der Fächerübergreifende Unterricht gleichermaßen intoniert werden sollen. Von der Didaktik als „offene Unterrichtsformen“ charakterisiert, zielt der Projektunterricht mehr auf eine Öffnung der Schule nach außen, während der Fächerübergreifende Unterricht eher eine innere Öffnung der Schule anstrebt (vgl. Frommer 1989, 19). Beide, wenn auch mit unterschiedlicher Akzentuierung, scheinen in besonderer Weise zu gewährleisten, dass sich in ihrem Rahmen Selbständigkeit und Selbsttätigkeit der SchülerInnen entfalten, sie in problemorientierter Auseinandersetzung mit einer Sache und in gleichberechtigter Kommunikation mit anderen Menschen, selbstbestimmt und in allen Dimensionen ihres Menschseins gefordert, ein möglichst greifbares, gesellschaftsrelevantes Produkt erstellen und öffentlich machen. So jedenfalls ihr theoretischer Anspruch.
Dabei waren Projekt- und Fächerübergreifender Unterricht geschichtlich und didaktisch zunächst wenig unterschiedene Realisierungen einer gemeinsamen, umfassenden Erziehungs- und Bildungstheorie. Um diesem „ungeschiedenen“ Zustand sprachlich zu entsprechen, subsumiere ich Projekt- und Fächerübergreifenden Unterricht zunächst unter die generelle Bezeichnung „Projektpädagogik“. Darin spiegelt sich auch mein eigenes Projektverständnis wider, das sich dem grundlegenden projektpädagogischen Ansatz der amerikanischen Pragmatisten zu Beginn unseres Jahrhunderts verpflichtet sieht. Seine Darstellung steht darum im Zentrum des ersten begrifflich-entwicklungsgeschichtlichen Teiles der Ausführungen.
Der Aufnahme der projektpädagogischen Ideen in Deutschland soll im weiteren nachgespürt werden. Ihre Rezeptionsgeschichte belegt in drei Reformschüben eindrucksvoll, was passiert, wenn einerseits einzelne projektme-

thodische Elemente aus dem Gesamtkonzept herausgelöst und verengt werden oder man andererseits das Gesamtkonzept so stark ausweitet, dass es seine charakteristischen Konturen verliert.
Erst im Laufe der pädagogischen und bildungspolitischen Diskussion der letzten 20 Jahre haben sich Projekt- und Fächerübergreifender Unterricht als relativ eigenständige didaktische Großformen mit zum Teil unterschiedlichen Bezugspunkten und Charakteristika herausgebildet. Inwiefern beide als Beiträge zur Reform der Schule anzusehen sind, dem soll anschließend nachgegangen werden. Ein perspektivischer Ausblick auf die zukünftigen schulischen Chancen und Möglichkeiten beider Unterrichtsformen, zumal in allgemeinbildenden, wissenschaftspropädeutisch ausgerichteten Schularten, beschließt den ersten Hauptteil.
Doch die projektpädagogischen Verheißungen stehen in deutlichem Kontrast zu ihrer schulorganisatorischen Durchsetzungsfähigkeit – zumindest im Gymnasium. Dort jedenfalls kann man nicht davon sprechen, Projekt und Fächerübergreifender Unterricht seien Bestandteil alltäglichen Unterrichtshandelns geworden. Liegt das daran, dass sie offenbar nur wenige der in sie gesetzten Erwartungen haben einlösen können und nun – nach dem Prinzip der Fallhöhe – die Enttäuschung umso größer ist? Oder ist das der Unsicherheit und mangelnden Ausbildung aller Beteiligten im Umgang mit diesen anspruchsvollen Unterrichtskonzepten zuzurechnen? Stehen gar grundsätzliche Skepsis, Schwerfälligkeit und fehlende Bereitschaft diesen innovativen Bestrebungen im Wege?
In einem zweiten Hauptteil möchte ich die hier anklingenden Bedenken ins Konstruktive wenden und versuchen, Projektunterricht und Fächerübergreifenden Unterricht als didaktische Großformen anhand einer idealtypischen Merkmalsbeschreibung im einzelnen näher zu bestimmen und gegebenenfalls auch voneinander abzugrenzen. Neben diesen systematischen Aspekten liegt der besondere Schwerpunkt in diesem Teil darauf, die Kennzeichen detailliert auf ihre jeweiligen unterrichtspraktischen Umsetzungs- und Organisationsmöglichkeiten hin abzuklopfen. Hilfestellungen mögen ihre Verwirklichung befördern, Beispiele sie veranschaulichen und Mut zur Nachahmung machen.

5.2 Begriffliche Annäherung an ein projektpädagogisches Verständnis

5.2.1 Der Projektbegriff in der aktuellen Diskussion

Weites Projektverständnis versus engen Projektbegriff

Seit kurzem ist erneut eine Kontroverse um den Projektbegriff entfacht. Sie spiegelt im Kern aber einen alten pädagogischen Streit wider, der auf unterschiedlichen Einschätzungen der Grundidee beruht (Kontroverse ist dokumentiert in Pädagogik 7-8/1993, 57-73). Den zahlreichen AnhängerInnen eines „weiten" Projektverständnisses mit umfassendem Bildungsanspruch (Hänsel, Duncker, Suin de Boutemard, Gudjons, Bastian, 1993) stehen neuerdings wieder einige wenige entgegen, die einen „engen" Projektbegriff propagieren. Ohne jeden weiterführenden konzeptionellen Anspruch wollen sie den Projektbegriff als Methode „praktisch-konstruktiven Problemlösens" verstanden wissen, die sich auf eine 300 Jahre alte Tradition stützen könne (Knoll, 1993, 63 sowie Frey, 1993a, 29ff.). Die Aufspaltung in diese zwei Projektlager ist symptomatisch für die Gesamtentwicklung des Projektbegriffs seit seiner Entdeckung; denn seine Geschichte führt in zwei unterschiedliche Richtungen mit gegensätzlichen pädagogischen Ausprägungen: „...in eine sozialreformerische und eine sozialtechnologische." (Emer, Horst 1991, 2). Als nicht immer bewusste Strömungen verfolgen sie mit gleicher Terminologie bis heute unterschiedliche gesellschaftliche Interessen.

5.2.2 Die Ursprünge des Begriffs

Projekt als Entwurf, Plan, Konstruktion

„Was dürfen künftige Autoren auf dem Gebiet der Projektmethode im Kapitel über Geschichte nicht mehr schreiben? Die Projektmethode sei am Anfang des Jahrhunderts entstanden. Sie stamme aus Amerika...." (Frey, 1993b, 69).
Was also die ursprüngliche Herkunft und Datierung des Projektes angeht, müssen mit Knolls Studien inzwischen Differenzierungen angebracht werden. Bereits im 16. Jahrhundert in Europa, und zwar im Zusammenhang mit einem Architekturwettbewerb an einer römischen Akademie, taucht der Begriff im Sinne von „Entwurf, Plan, Konstruktion" wohl erstmals auf, was von Knoll durchaus im pädagogischen Kontext gesehen wird. Bis Ende des 18. Jahrhunderts etabliert sich der Projektbegriff dann im europäischen Ingenieurwesen und tritt erst Mitte des 19. Jahrhunderts seine pädagogisch folgenreichere Reise über den Atlantik an (Knoll, 1993, 59).
Konsequenterweise entwickelte sich das Projekt im Rahmen der amerikanischen Schulreformbewegung zunächst bevorzugt als Lernform handwerklicher Bildung (Knoll 1993, ebda.). Dieser werkunterrichtliche Traditionsstrang ist für die didaktische Bestimmung des Projektunterrichtes aufgrund des ganzheitlichen Erfahrungsbegriffes, auf dem er aufbaut, sicherlich konstitutiv. Eine ausreichende erziehungsphilosophische Begründung dafür liefert er indes nicht.

5.3 Vom Projektverständnis zum pädagogischen Gesamtkonzept

Begriff im bildungstheoretischen Kontext

Da ist und bleibt es das Verdienst der zentralen Leitfiguren des „Progressive Education Movement", den amerikanischen Erziehungsphilosophen John Dewey (1859-1952) und William H. Kilpatrick (1881-1965), den rein praktisch definierten Projektbegriff in einen bildungstheoretischen Begründungszusammenhang gestellt zu haben. Er erscheint nicht nur den genannten AnhängerInnen des erweiterten Projektbegriffs bis heute als unhintergehbar.[1)]

Eben weil sich „die Projektdiskussion von heute vielfach jenseits des historisch einmal erreichten Reflexionsstandes bewegt" (Knoll 1984, 663), wird es notwendig, sich vorab seine uneingelösten pädagogischen Potentiale zu vergegenwärtigen. Vier zentrale Anliegen möchte ich im folgenden besonders herausarbeiten (vgl. auch Bastian, Gudjons 1993a, 23f. sowie Bastian 1993, 7).

5.3.1 Denkende Erfahrung

Handlungsorientierung

„Pragma", im Bedeutungskern „das Getane", aber auch „das, was zu tun ist", steht im Zentrum der lerntheoretischen Vorstellungen der Amerikaner und charakterisiert sich als Handeln des Menschen, das mit der zentralen Verarbeitungskategorie der Erfahrung eng verknüpft sei.

„Ein Gramm Erfahrung ist besser als eine Tonne Theorie, einfach deswegen, weil jede Theorie nur in der Erfahrung lebendige und der Nachprüfung zugängliche Bedeutung hat." (Dewey. In Schreier 1986, 145)

Handeln als Voraussetzung und Ziel des Denkens (Learning by doing) darf allerdings nicht Selbstzweck sein, sich in blindem Aktionismus totlaufen, in Beschäftigungstherapie oder gar Wurstelei ausarten, sondern wird nur dann erkenntnisfähige Erfahrung, wenn es ein Denken in Zusammenhängen gewährleistet.

„Das Denken ist ... das absichtliche Bemühen, zwischen unserem Handeln und seinen Folgen die Beziehungen im einzelnen aufzudecken, sodass sie zu einem Zusammenhange verschmelzen." (Dewey. In Schreier 1986, 147)

Im Modus der „denkenden Erfahrung" sind Welt- und Selbsterkenntnis nach Dewey aufgehoben (vgl. Dewey 1916. In Schreier 1986, 146ff.).

Unreflektiertes Handeln ist demnach wenig bildungsträchtig, und dies sollte jenen ProjektaktivistInnen zu denken geben, die ihr Tun schon dadurch meinen rechtfertigen zu können, dass die SchülerInnen ja Erfahrungen machten.

„Wie bei allen überzeugenden PädagogInnen bleiben diese theoretischen Überlegungen praktisch nicht folgenlos. Vielmehr bekam Dewey mit seinem Ruf an die Universität Chicago ab 1894 die Gelegenheit, in der dort angegliederten ‚laboratory school' seine Ideen umzusetzen." (Vorbach 1982, 254)

Schüler- *und* Fachorientierung

Für die aktuelle Wesensbestimmung der curricularen und didaktischen Organisation Fächerübergreifenden Unterrichts erscheint mir dabei folgendes bemerkenswert. Gemäß Deweys lerntheoretischem Anspruch, denkende Erfahrung in praktisch anzueignenden Zusammenhängen herauszubilden, geht sein Lehrplan von gesamtunterrichtlichen Themen und Problemen aus. Die Auswahl der Lerninhalte ist allerdings nicht beliebig oder willkürlich, sondern der „gegenwärtige Standpunkt des Kindes und die Tatsachen und Wahrheiten der Fächer" sind dafür gleichermaßen bestimmend (Dewey 1902, 147, zit. nach Hänsel 1988, 28). Didaktisch erwachsen dann aus dieser thematischen oder problemhaltigen „Sinnmitte" fachorientierte Lehrgänge und Übungen. Auch die im Zusammenhang mit Fächerübergreifendem Un-

terricht diskutierte Idee eines Leitfaches als Kristallisationspunkt finden wir hier vorgebildet.
„Geschichte der Arbeit als eine Art historische Sozialkunde wurde zum Kern des Unterrichts (Dewey 1915b, 137). Diese Geschichte war kein Fachunterricht. Sie gab den Leitfaden her für das Anknüpfen geographischer, physikalischer, chemischer usw. Unterrichtsinhalte. Sie wurde durch praktisches Tun vermittelt als Arbeit mit Holz und Metallen, als Weben und Kochen. In den Schulwerkstätten wurden Waffen und Höhlen, später eine Webmaschine gebaut.“ (Vorbach 1982, 255)

5.3.2 Offene Schule

Am Leben selbst lernen

Während die mehr philosophischen Aspekte des Pragmatismus die Bedeutung des Handelns für die Erkenntnisstruktur des Menschen herausstellen, sucht die Pädagogik des Pragmatismus danach, *welche* Erfahrungen, *welche* Handlungssituationen dafür notwendig sind. Deweys Antwort darauf lautet: „active and social occupations“, in anderen Worten: „Der einzige Weg, für das Leben im Staate vorzubereiten ist, sich zu bewegen im sozialen Leben.“ (Dewey 1909, zit. nach Boutemard 1975, 248) Orientierung an der Alltagswirklichkeit im Gemeinwesen bedeutet konsequente Öffnung der Schule nach außen. Eine bewusste und aktive Auseinandersetzung des Menschen mit seiner natürlichen und sozialen Umwelt, das ist für Dewey elementare Bedingung für die Ausprägung eines selbstständig handelnden Individuums ebenso wie für die Weiterentwicklung der Gesellschaft, die es umgibt. Beide stehen in einem Austauschverhältnis und sind aufeinander bezogen.
Das berühmte Typhusbeispiel (Collings 1923), das zum Zwecke didaktischer Belehrung mehr Dichtung als Wahrheit beinhaltet (vgl. dazu Knoll 1992, 571-587), zeigt „idealtypisch“ das o.a. Anliegen auf: MittelstufenschülerInnen einer amerikanischen Landschule finden die Ursachen für die Typhuserkrankung von zwei Klassenkameraden und deren Familie heraus und beheben sie mittels selbstgebasteltem Fliegenfänger und anderen hygienischen Maßnahmen. Was das Beispiel so märchenhaft suggeriert, muss in der schulischen Praxis dann als gefährliche Illusion gekennzeichnet werden, wenn Projektunterricht generell mit der Erwartung verbunden wird, „die Schüler könnten im Unterricht Lösungen für Aufgaben und Probleme finden, die die Erwachsenen außerhalb der Schule selber noch nicht gefunden haben.“ (Benner, Ramseger 1983, 11; vgl. auch Hänsel 1988, 36)

5.3.3 Demokratische Erziehung

Es ist also nicht beliebig, in welcher sozialen Umgebung und für welche Gesellschaftsform dieser Bildungsprozess stattfindet. Für Kilpatrick stellt sich absichtsvolles Handeln dar als „typische Einheit des wertvollen Lebens in einer demokratischen Gesellschaft. Sie sollte darum auch zur typischen Ein-

Demokratie als schulische Lebensform

heit des Schulverfahrens gemacht werden.“ (Dewey, Kilpatrick 1935, 165) Und auch Deweys Vorstellungen von der Auseinandersetzung mit der Welt sind unabdingbar an ein Verständnis von Demokratie gebunden, für das sie „mehr (ist) als eine Regierungsform, sie ist in erster Linie eine Form des Zusammenlebens, der gemeinsamen und miteinander geteilten Erfahrung.“ (Dewey 1916, zit. nach Schreier 1986, 109) Dewey wertet dies als einen qualitativen Sprung in der sozialen Entwicklung der Menschheit. Er ist bestrebt, mit seinen Erziehungsvorstellungen zum Ziel der individuellen wie sozialen Höherentwicklung und in diesem Sinne zur Demokratisierung beizutragen (Dewey 1916, 409 bzw. Hänsel 1988, 22).
Auch daran muss sich die Qualität von Projektunterricht bis heute bemessen lassen, nämlich inwieweit er durch kommunikative und soziale Prozesse den Anspruch von Demokratisierung befördert.
Im „childcentered curriculum“ von Deweys Reformschule wird diesem Anspruch in einem umfassenden Erziehungsplan Ausdruck gegeben. Den SchülerInnen werden Mitbestimmungs- und Planungsmöglichkeiten bei der Gestaltung der Unterrichtsprozesse eingeräumt. „So beschlossen in Deweys Schule Zehnjährige eine dreimonatige Übungszeit im Lesen und Exzerpieren und forderten tägliche Hausaufgaben, weil sie mangels Fertigkeit die Bücher, aus denen sie historische Informationen gewinnen wollten, nicht selbstständig auswerten konnten.“ (Mayhew 1936, 167, zit. nach Vorbach 1982, 255)

5.3.4 Experimentelles Problemlösen

Projektmethode im engeren Sinne: „learning by doing“

Schulisches Lernen im umfassenden Erfahrungszusammenhang nach demokratischem Muster zu organisieren, wird nach Dewey und Kilpatrick durch die Projektmethode gewährleistet. Sie ist von der Vorgehensweise her der experimentellen Methode und dem naturwissenschaftlichen Versuch nachgebildet, denen Dewey die größte Erkenntniskraft zuspricht (Dewey 1916, 289). Er unterscheidet folgende Schritte:

„1. Begegnung mit der Schwierigkeit
 ‚Der Schüler muss eine wirkliche und für den Erwerb von Erfahrung geeignete Sachlage vor sich haben.
2. Lokalisierung (Zielsetzung)
 In dieser Sachlage muss ihm ein echtes Problem erwachsen.
3. Lösungsansatz (Planung)
 Er muss das notwendige Wissen besitzen und die notwendigen Beobachtungen anstellen, um das Problem zu behandeln.
4. Simulation der logischen Lösungsmöglichkeiten (Ausführung)
 Er muss mögliche Lösungen für das Problem entwickeln.
5. Experimentelle Prüfung der Lösungsansätze (Beurteilung)“ (Dewey 1933, zit. nach Frey 1993a, 51)
 Er muss Möglichkeit und Gelegenheit haben, seine Gedanken durch praktische Anwendung zu erproben, um so ihren persönlichen Sinn und ihre soziale Bedeutung herauszufinden.‘ (Hänsel 1988, 25)

Dewey einen Vorwurf daraus zu machen: „Seine Pädagogik fußt auf einer kognitiven Theorie des Problemlösens" (Frey 1993a, 53), verkennt die Aussagekraft der Analogiebildung zwischen pädagogischem und naturwissenschaftlichem Experiment.

„learning by Deweying"

„Wie die Methode der denkenden Erfahrung das Pendant zur naturwissenschaftlichen Methode darstellt, so ist das Projekt des Pendant zum naturwissenschaftlichen Experiment. Es stellt ein pädagogisches Experiment dar, nämlich den geplanten Versuch, durch pädagogisches Handeln von Lehrern und Schülern Mensch und Welt höherzuentwickeln." (Hänsel 1988, 27)

Projektmethode im weiteren Sinn:

Statt von der „Methode der bildenden Erfahrung" (1916) spricht Dewey 1931 konkretisierend und zusammenfassend von der „Projekt-, Problem- oder Situationsmethode" und stellt nochmals die o.a. „essentials" wie in einem Dreiklang zusammen, die Kilpatrick 1918 erstmalig in der berühmt gewordenen, aber wenig prägnanten Projektdefinition verdichtet hatte:

Ein Projekt ist „absichtsvolles/planvollesHandeln von ganzem Herzen, das in einer sozialen Umgebung stattfindet." (Dewey, Kilpatrick 1935, 162)

5.4 Aufnahme der Projektpädagogik in Deutschland

5.4.1 Erster Reformschub um 1920: Projektpädagogische Elemente in der deutschen Reformpädagogik

Im Zuge der allgemeinen, international diskutierten Kritik an der lebensfernen und zwangsbelehrenden Buchschule zu Beginn unseres Jahrhunderts nimmt man auch in Deutschland einzelne Elemente der amerikanischen Projektpädagogik auf bzw. entwickelt eigenständige Formen.

Aufnahme von Einzelelementen bei verschiedenen Pädagogen

Da werden die *Fächer aufgesprengt* im Epochenunterricht der Waldorfschule Rudolf Steiners, *Schule und Leben verbunden* in den Landerziehungsheimen eines Hermann Lietz, und die von Hugo Gaudig vertretene freie geistige Tätigkeit schlägt sich in der *Planung* des Unterrichts *durch die Schüler* nieder. Als pädagogische Gesamtkonzeption kann sich die „Progressive Education" allerdings nicht durchsetzen, weil sie teilweise mit einheimischen Konzepten konkurriert. „Nur wenige Reformpädagogen fühlen sich aufgerufen, den Begriff „Projekt"- oder sein deutsches Gegenstück „Vorhaben" – für ihre eigenen Ansätze zu gebrauchen."(Knoll 1993, 62)[2)]

Dazu gehören z.B. der Gesamtunterricht von Berthold Otto, der die *kommunikativen Prozesse* fördern soll, sowie die Arbeitsschulbewegung des Georg Kerschensteiner, in der *konstruktive Betätigung* der Schüler und *produktorientierte Arbeit* im Vordergrund stehen. *Projektarbeit* bildet auch das Kernstück des berühmten Jena-Plans von Peter Petersen.

Abtrennung der Methode von der Idee und ideologische Zweckentfremdung

Allerdings stellt sich hier die Rezeption der Projektpädagogik in einem anderen gesellschaftspolitischen Licht dar und folgt spezifisch deutschen Traditionslinien, auch wenn man Abstriche bei einigen ihrer Vertreter machen muss (vgl. Krauth 1985). Die Projektidee wurde z.B. ideologisch für eine vorindustrielle Gemeinschaftsideologie missbraucht; denn man fasste die „Projektmethode" als rein methodische auf, die sich funktional für jeden Zweck einsetzen lasse. In Kerschensteiners Arbeitsschulbewegung z.B. dient die produktorientierte Arbeit am Starenkasten in der vorindustriell wiederbelebten Werkstatt des Handwerkers weniger der Befriedigung von Schülerbedürfnissen als dazu, die staatsbürgerliche Erziehung großer Volksmassen „zu unbedingtem Gehorsam und treuer Pflichterfüllung" zu garantieren (Kerschensteiner 1931, zit. in Vorbach 1982, 256). Dieser Zugriff hat mit dem erziehungsphilosophischen Gesamtkonzept der Amerikaner und ihren Vorstellungen von Demokratie nun gar nichts mehr zu tun und dokumentiert die große Gefahr eines rein werkunterrichtlichen Projektverständnisses. Und genau deshalb sollte Deweys „anthropologisch und ethisch begründete Dimension des Handelns als eines verantwortlichen Eingreifens in die soziale Lebenswelt für die Bestimmung des Projektunterrichtes nicht aufgegeben werden" (Duncker 1993b, 67).

Im Faschismus wird die Projektpädagogik als systemwidrig abgelehnt.

Projekte als „Vorhaben" zunächst nur in der Unterstufe

Nach der politischen Spaltung Deutschlands wird das Projekt in der ehemaligen DDR vordergründig als utilitaristische, wissenschaftsfeindliche und „bürgerliche Lernform" gebrandmarkt, aber hinterrücks im „Arbeitsvorhaben" ebenfalls als Kernstück polytechnischer Bildung institutionalisiert. Im Westdeutschland der 50er und 60er Jahre hingegen findet es als „Vorhabenpädagogik" zunächst fast nur in Grund- und Hauptschulen Eingang. Damit geht die implizite Unterstellung einher, dass Anschaulichkeit und Praxisnähe eher für die „Unterstufe" des Bildungswesens geeignet seien (Struck 1980, 13; Emer, Horst 1991, 617).

5.4.2 Zweiter Veränderungsschub seit den späten 60er-Jahren: Projektunterricht als Beitrag zur äußeren Schulreform

... dann auch in Sek. II

Erst im Zuge der schulreformerischen Bemühungen (Stichwort: Gesamtschule/Alternativschule) Anfang der siebziger Jahre erfährt die Diskussion um Projekt- und Fächerübergreifenden Unterricht eine Ausweitung und wird im Zusammenhang mit der Neugestaltung der Sekundarstufe II auch für die „Oberstufe" des Bildungssystems gefordert.

... als Projektwoche

Im Gegensatz zur Situation um 1920 sind diese „neuen Lernformen" nun nicht mehr an einzelne Erzieherpersönlichkeiten gebunden, sondern werden stärker von ganzen Lehrergruppen und -verbänden getragen. Im Gefolge dieser Auseinandersetzungen hält die Projektwoche als eine mögliche Organisationsform von Projektunterricht nahezu flächendeckend Einzug in alle Schulen. (vgl. Meyer 1987, 336).

Politisch überspanntes Projektverständnis

In dieser bildungseuphorischen Phase traut man dem projektorientierten Lernen die Innovationskraft zu, verkrustete Lehrformen in einer erstarrten äußeren Schulorganisation aufzubrechen und damit eine Bildungsreform „von unten" einzuleiten (vgl. b:e Redaktion 1978). Aber da Gesellschaft sich nicht einlinig über Schule verändern lässt, führte der an Deweys politischem Anspruch nicht nur orientierte, sondern mit systemkritischen Erwartungen überfrachtete und deshalb zu weit gespannte Projektbegriff als alleiniger „Weg politischer Emanzipation" nicht selten in eine schulpraktische Sackgasse. Die in den 70er Jahren z.T. sehr stark ideologisch gefärbte pädagogische Debatte zeitigte eine unfruchtbare Polarisierung zwischen Projektbefürworterinnen und -gegnern. Diese hat bis in die 80er Jahre hinein teilweise verhindert, eine integrative Sichtweise von Projektunterricht zwischen zu engem Begriff und zu weitem Verständnis zu entwickeln. Von den einen als pure Projektionsfläche progressiver PädagogInnenphantasien denunziert, ist er für andere seitdem der „ständige Stachel" im Fleisch des Regelunterrichtes (vgl. auch Gudjons 1992, 64f).

5.4.3 Dritter Innovationsschub in den 80er Jahren: Projektunterricht und Fächerübergreifender Unterricht als Beitrag zur inneren Schulreform

Projektelemente als Orientierungen im Regelunterricht

Auf die schulpolitische Desillusionierung, hervorgerufen durch die Stagnation der äußeren Schulreform, setzt in den 80er Jahren eine Konzentration auf die innere Schulreform ein. In der Besinnung auf die binnenstrukturellen Veränderungsmöglichkeiten von Schule sieht es fast so aus, als versuche man, den Projektunterricht in seine einzelnen Kennzeichen aufzulösen und dadurch in den „Regelunterricht" zu integrieren, dass sie diesem generell als Orientierungswerte dienen. Anstelle von Curriculum und Lernzielhierarchien werden nun Offener Unterricht, Schülerorientierung, praktisches und soziales Lernen sowie Handlungsorientierung verstärkt ins pädagogische Blickfeld gerückt. Oder andersherum ausgedrückt: Der Projektunterricht „als gleichermaßen offenes wie in sich strukturiertes Konzept" (Gudjons 1992, 60) stellt den großformatigen, aber schulorganisatorisch auch aufwendigeren Musterfall des Handlungsorientierten Unterrichts dar, der alle genannten Leitideen in sich vereint. Weil dieser aber so anspruchsvoll in Konzeption und Durchführung ist, werden Knoten seines interdependenten Merkmalsnetzes (vgl. Abschnitt 4.2) aufgeschnürt, und man versucht, einzelne Elemente seiner alternativen Lernkultur im Fachunterricht zu etablieren. Fallen dabei einige der Projektkennzeichen durch die Maschen des Merkmalsnetzes hindurch, so spricht man lediglich von *projektorientiertem* Unterricht.

Diese Entwicklung steht im Zusammenhang mit zwei weiteren Tendenzen.

Kritik an der Projektwoche

Zum einen wird Kritik an einer freizeitorientierten Projektwochenpraxis laut, deren Aktivitäten oft nicht als Lernprozesse begriffen würden und zu wenig Ausstrahlung auf den traditionellen Fachunterricht hätten. „Insofern könnte man diese erste Tendenz als Ausbreitung bei gleichzeitiger Reduzierung der Konzeption kennzeichnen." (Gudjons/Bastian 1993a, 10) Dem steuert neben der o.a. generellen didaktischen Perspektivenveränderung eine zweite, seit Mitte der 80er Jahre einsetzende, entgegen, nämlich den Gesamtcharakter der Projekte nicht aufzulösen, sondern lediglich als kleinformatigere im Schuljahr und im Fachunterricht auch des Gymnasiums, anzusiedeln.[3)]

Projekte im Fachunterricht

Etwa zeitgleich fand speziell in Baden-Württemberg eine bildungspolitische Neuaufnahme und -interpretation von Aspekten der Projektpädagogik unter dem Stichwort „Fächerübergreifender Unterricht“ statt. Dabei konnte man sich – jedenfalls anfänglich – des Eindrucks nicht erwehren, dass mit der Umbenennung der gängigen Terminologie auch die damit verbundene gesellschaftspolitische Brisanz zumindest sprachlich aufgehoben werden sollte. Dass sich dahinter auch kategorial eine in manchen Punkten vom Projekt zu unterscheidende Unterrichtsform verbirgt, das stellte sich bald in der breit einsetzenden öffentlichen Auseinandersetzung mit der projektpädagogischen Konzeption heraus. Sie trug einiges zur terminologischen Klärung, inhaltlichen Differenzierung und zu schulorganisatorisch unterschiedlichen Ausprägungen von Projekt- und Fächerübergreifendem Unterricht bei.

Allgemeine Definition „Fächerübergreifender Unterricht“

„Der fächerübergreifende Unterricht verbindet Inhalte, Fragestellungen und Verfahrensweisen traditioneller Schulfächer oder greift als überfachlicher Unterricht Inhalte und Lernintentionen auf, die von den Fächern nicht oder nur teilweise erfasst werden (z.B.: Umweltschutz)." (E. Neuhaus 1977, 9)

Fächerverbindender Unterricht als „Kleinform“

Dieser Definition entsprach zunächst die kultusministerielle Unterscheidung in „fächerübergreifenden Unterricht“ und „fächerverbindenden Unterricht“. Ersterer sollte für 13 herausgehobene Schlüsselthemen unserer Zeit wie z.B. „Europa im Unterricht“, „Umwelterziehung“, „Medienerziehung“, „Suchtprophylaxe“, „Verkehrserziehung“ usw. reserviert bleiben (vgl. Kultus und Unterricht 1987). Letzterer bezeichnet die kleinformatigere und deshalb organisatorisch leichter durchzuführende Variante, indem mindestens zwei, möglichst mehr Fächer aufgrund vorangegangener Planung zeitlich parallel oder in enger zeitlicher Folge ein gleichlautendes Thema aufgreifen. Inzwischen werden beide Termini jedoch oft synonym verwendet mit einer gewissen Favorisierung für die „kleine Lösung“ (In den Lehrplänen von 1994 heißt es z.B. Fächerverbindender Unterricht). Ich selber ziehe vor,

Fächerübergreifender Unterricht als didaktische „Großform“

beim alten pädagogischen Sprachgebrauch zu bleiben und von „Fächerübergreifendem Unterricht“ immer dann zu sprechen, wenn damit die besondere didaktisch-methodische Großform gemeint ist, die spezifischen personellen und organisatorischen Rahmenbedingungen unterliegt. Fächerübergreifender Unterricht liegt also nicht schon vor, wenn in irgendeinem Fach darauf hingewiesen wird, dass anderswo die gleiche Sache aus anderer Sicht zur Sprache kommt (vgl. auch W. Fischer 1989,3). Eine fächerüberschreitende Denk- und Bewusstseinsform, die sich grundsätzlich um eine Ausweitung der fachspezifischen Perspektive bemüht, ist als wünschenswerte Haltung der Lehrenden sicherlich eine wichtige Voraussetzung für Fächerübergreifenden Unterricht, stellt ihn aber nicht schon selber dar.

Fächerverbindender- und übergreifender Unterricht als Kernstück der inneren Schulreform in Baden-Württemberg

Inzwischen ist Fächerübergreifender Unterricht in BW zum „Herzstück“ der inneren Schulreform und der sie unterstützenden neuen Lehrpläne avanciert (Kultus und Unterricht 1993). Die Lehrkräfte aller Schularten sind einmal im Schuljahr dazu verpflichtet, über den fachlichen Tellerrand hinauszublicken und Fächerübergreifenden Unterricht zu organisieren. Von pädagogischer Seite kann nur begrüßt werden, dass endlich auch bildungspolitisch die Notwendigkeit projektpädagogischen Unterrichtens erkannt und in den Lehrplänen verankert wird. Problematisch erscheint allerdings die Vorstellung einer „kostenneutralen“ Umsetzung dieser einschneidenden schulorganisatorischen Maßnahme, wenn nicht die notwendigen personellen, materiellen und zeitlichen Rahmenbedingungen mitgeschaffen werden, also innere und äußere Schulreform Hand in Hand gehen.

5.5 Perspektiven der Projektpädagogik in den 90er-Jahren

Die Entwicklung der Projektpädagogik bis heute macht deutlich, dass sie sich in einem ständigen Spannungsverhältnis zwischen realer Reformpraxis und konkreter Utopie befindet, wohl kaum besser zu fassen als in von Hentigs Sprachbild von Projektunterricht als „vorausgeworfenem Wagnis“ (Hentig 1973, 28).
Die Auseinandersetzung mit Deweys Konzept zusammenfassend, im Vokabular der gegenwärtigen Pädagogik reformuliert und im jetzigen gesellschaftlichen Kontext aktualisiert, ergeben sich meines Erachtens nun folgende Perspektiven für eine Standortbestimung der Projektpädagogik in den 90er Jahren, besonders im Gymnasium (in Baden-Württemberg).

5.5.1 Projekt- und Fächerübergreifender Unterricht im Verbund mit anderen Unterrichtsformen

PU und FU als Grundformen des Unterrichts

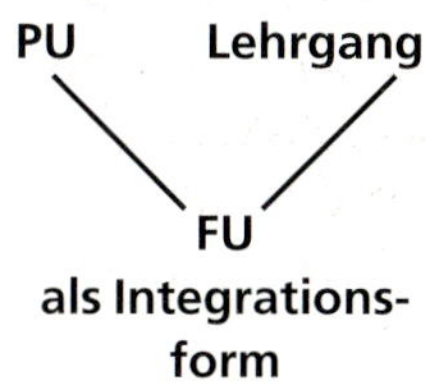

Im folgenden übernehme ich Klafkis Einteilung der vier Grundformen von Unterricht. Er unterscheidet „Projektunterricht“, „Lehrgänge“, „Unterricht in Gestalt relativ eigenständiger fachlicher oder fächerübergreifender Themen“ sowie „Trainingsunterricht“ (Klafki 1985, 233f.). Im Rahmen dieser Arbeit beschränke ich mich auf die ersten drei. Dabei stellen für mich der Projektunterricht und der Lehrgang die polaren Eckpfeiler schulunterrichtlichen Tuns dar (vgl. auch P. Struck, 1980 ,S. 20f.). Ersterer bildet eher als Ausnahme das Spielbein. Der Lehrgang hingegen ist in der systematischen, meist fachgebundenen Vermittlung gestufter Erkenntniszusammenhänge und -fähigkeiten die Regel, also das Standbein (vgl. Klafki, 1985, 243).
Als didaktische Integrationsform zwischen beiden hingegen möchte ich den Fächerübergreifenden Unterricht kennzeichnen. Er bezieht seine Impulse sowohl aus der didaktisch offeneren Form des Projektes als auch aus dem geschlossenen, strukturierten Lehrgang.[4)]
Nun geht es auf keinen Fall darum – das soll hier nochmals deutlich gemacht werden – die eine gegen die andere Unterrichtsform auszuspielen. Vielmehr gilt es, sie in ihrer jeweiligen Leistung und Eigenart für den Bildungsprozess beschreibbar zu machen. Aufgabe einer zukünftigen Didaktik müsste es dann sein, „...eine den jeweiligen Zielen, Inhalten und Lernvoraussetzungen angemessene zirkuläre Integration von verschiedenen Unterrichtsformen“ anzustreben (Gudjons/Bastian 1993a, 40). [5)]

Dass sich neben diesen idealtypischen Grundformen in der Schulpraxis eine Vielzahl von Mischformen entwickeln, möchte ich mit Klafki nochmals extra betonen:
„Keine dieser Grundformen ist unverzichtbar, jede hat im Optimalfall eine charakteristische Lehr-Lern-Struktur, die im Konkreten gewiss etliche Varianten erlaubt und erfordert." (Klafki 1985, 234)

Leitender Gesichtspunkt: kategoriale Bestimmung von PU und FU

Mein Hauptaugenmerk gilt aber weniger den Mischformen als vielmehr der genaueren kategorialen Herausarbeitung der beiden Grundformen „Projekt" und „überfachlicher" bzw. „fächerübergreifender Unterricht". Dazu möchte ich – ebenfalls im Sinne Klafkis – im weiteren einen Beitrag leisten:
„*Eine* Aufgabe innerer Schulreform besteht m.E. darin, Beispiele solcher *klar konturierter Unterrichts-Grundformen zu entwickeln*, entsprechende Beschreibungen anderen Kollegen und Kollegien zugänglich zu machen und sie zu diskutieren." (Klafki 1985 ebda.)

5.5.2 Projekt- und Fächerübergreifender Unterricht im Kontext von Bildungsvorstellungen

Perspektiviert man nun die oben angeführten Unterrichtsformen im Hinblick auf Erziehungsauftrag und Allgemeinbildungsaufgaben vor allem auch derjenigen Schulformen, die eine Sekundarstufe II aufweisen, dann könnte Fächerübergreifendem und Projektunterricht auch unter bildungstheoretischen Gesichtspunkten eine besondere Funktion zugeschrieben werden. Wegweisend für deren inhaltliche Bestimmung und curriculare Umsetzung erscheint mir das Oberstufen-Kolleg Hartmut von Hentigs (Emer, Horst 1991, 14ff).
Wissenschaftspropädeutische Ausbildung und Allgemeinbildungsanspruch sind diejenigen Charakteristika, die dem Gymnasium traditionellerweise ein eigenes Profil verliehen haben.

Bildungsanspruch des Gymnasiums mit zwei Komponenten

Die wissenschaftspropädeutische Ausbildung hat zwei Komponenten, nämlich die fachwissenschaftliche Spezialisierung und gleichsam als Gegengewicht ein Verständnis, das eine allgemeine Lebensweltorientierung ermöglicht. In welchem Verhältnis beide zueinander stehen und mit welchen konkreten Inhalten und Zielen spezielle und allgemeine Bildung zu füllen seien, darüber gibt es heftige Auseinandersetzungen. Von Hentigs Vorstellung von Allgemeinbildung beinhaltet drei Zieldimensionen:
„Sie ist bezogen auf das Gemeinsame aller Wissenschaften (also ihre Prinzipien, Prozeduren und Probleme) im Sinne einer Wissenschaftspropädeutik; sie bezieht sich darüber hinaus auf die Entwicklung sozialer und politischer Kompetenz und enthält schließlich eine individuell-persönliche Komponente." (Emer, Horst 1991, ebd.)
Diesem umfassenden Bildungsanspruch gemäß, findet der Lernprozess am Oberstufen-Kolleg – z.T. in Abkehr vom traditionellen Fächerkanon – in verschiedenen Unterrichtsarten statt, die mit unterschiedlicher Gewichtung je ihren spezifischen Beitrag dazu leisten.

Dabei kommt dem Fächerübergreifenden Unterricht (hier als „Ergänzungsunterricht“ bezeichnet) die Funktion zu, im wesentlichen auf einer theoretischen Ebene „Einsichten in das Verhältnis der Wissenschaften zueinander und zur Realität“ zu vermitteln, wohingegen sich der Projektunterricht (im OS-Kolleg als „Gesamtunterricht“ bezeichnet) durch die „Anwendung von Wissenschaft im Kontext gesellschaftlicher Realität“ und durch „Handlungsorientierung“ charakterisiert (vgl. Emer, Horst 1991, 15).

Bildungsfunktion von:
- **FU als allgemeine Wissenschaftsorientierung**
- **PU als allgemeine Lebensweltorientierung**

Ganzheitlichkeit als Maxime jeglicher Bildungsvorstellung konkretisiert sich in den hier zur Debatte stehenden Unterrichtsformen folglich im Hinblick auf unterschiedliche Bezugspunkte:
Während der Fächerübergreifende Unterricht versucht, komplexe Phänomene und Probleme im Schnittpunkt verschiedener Wissenschaftsdisziplinen als „ganze“ zu rekonstruieren, konzentriert sich der Projektunterricht auf die Ganzheit sinnlicher und praktischer Erfahrungsmöglichkeiten des Menschen in seinem Lebenszusammenhang. In beiden Fällen ist die Ergänzung durch die geistigen Ordnungsstrukturen und die Methodik des Lehrgangs in Form des spezialisierten Fachunterrichtes unabdingbar. Erst im Zusammenspiel aller menschlichen Dimensionen, in der Dynamik von praktischem Lebensweltbezug und grundsätzlicher Wissenschaftsorientierung im Ensemble mit einer spezialisierten Fachausbildung, entfalten sich besondere und allgemeine Bildung.

5.6 Projekt- und Fächerübergreifender Unterricht zwischen didaktischer Charakterisierung und schulpraktischer Realisierung

Darf die bildungstheoretische Bestimmung von Projektpädagogik hinter Dewey nicht zurückfallen, so muss für die didaktische Standortbestimmung des Projektunterricht festgestellt werden: „Die existierenden Versuche führen kaum über Dewey und Kilpatrick hinaus.“ (Emer, Horst 1991, 25) [6] Inzwischen gibt es in Baden-Württemberg, was den Fächerübergreifenden Unterricht angeht, vor allem in den kultusministeriellen Organen zahlreiche Einzelveröffentlichungen,[7] aber keinen didaktischen Gesamtentwurf.

5.6.1 Phänomenologische Annäherung durch Merkmalslisten

Am Anfang der Bemühungen, Projektunterricht als offene und prozessorientierte Lernform zu bestimmen, stehen Merkmalslisten.[8] Auch wenn die Zahl der ausgeführten Merkmale in den jeweiligen Listen schwankt und sie inhaltlich zuweilen unterschiedliche Gewichtungen vornehmen, zeigen sie doch einen grundsätzlichen Weg auf, sich diesem komplexen Phänomen in „einkreisender Umschreibung“ verstehend anzunähern (Gudjons 1991, 15).

Für Fächerübergreifenden Unterricht liegt – wenn ich es recht überblicke – bis auf die bereits erwähnte anregende Konzeption des Bielefelder Oberstufenkollegs nichts Gleichartiges vor.

Auch ich bediene mich im folgenden einer Merkmalsliste. Sie ist mir Vehikel, in einem ersten Schritt Funktion, Aufgaben und Möglichkeiten des Projektunterrichtes didaktisch einzufangen und in einem zweiten zu überlegen, inwieweit die jeweiligen Merkmale auch für Fächerübergreifenden Unterricht (ideal)typisch sind. Eine scharfe kategoriale Abgrenzung untereinander und gegenüber anderen Unterrichtsformen vermögen die Merkmale deshalb nicht immer zu leisten, weil vor allem der Fächerübergreifende Unterricht in seiner Mittlerstellung zwischen Projekt und Lehrgang Integrationsfühler nach beiden Seiten ausstreckt (vgl. Wolters 1989).

Merkmale als didaktische Markierungspunkte

Als didaktische Markierungspunkte sollen sie Orientierung in praktischer Absicht geben. Sie dürfen nicht als didaktisches Korsett missbraucht werden, in das sich der Projekt- und Fächerübergreifende Unterricht einzwängen müssen, sondern bilden ein elastisches Netz, das sich den Bedürfnissen des Schulalltags anschmiegt.

Allerdings ist die Liste nicht so misszuverstehen, dass einzelne Merkmale nach Belieben herausgeklaubt und zur Rechtfertigung der einen oder anderen Unterrichtsform herangezogen werden könnten. Im – wenn auch unterschiedlich gewichteten – Zusammenspiel aller Merkmale gewinnt der Projekt- und mit Abstrichen auch der Fächerübergreifende Unterricht seine wesentlichen Konturen.

Die umfangreichste Merkmalsliste hat Gudjons erstellt, in neueren Fassungen um die von Hänsel [9] konzipierten inhaltlichen Schritte erweitert und durch methodische Realisierungsvorschläge ergänzt (Gudjons, Bastian 1993a, 28ff. sowie Gudjons 1992, 67ff.).

Die von Gudjons erarbeiteten Merkmale dienen mir als Fixpunkte in einem eigenen didaktischen Gehäuse, [10] das ich dann an den gegebenen Stellen mit weiterführenden theoretischen Überlegungen etwa zur Trennschärfe von Fächerübergreifendem Unterricht und Projektunterricht sowie mit Beispielen und Realisierungshilfen aus der eigenen Schul- und Seminarpraxis auffüllen werde.

5.6.2 SCHRITT I: Auswahl und Inhalte

5.6.2.1 Orientierung an den Interessen der Beteiligten

Eine für den Erwerb von Erfahrungen geeignete problemhaltige Sachlage auswählen

Einer vielzitierten pädagogischen Weisheit zufolge gilt es, auch im Fachunterricht, die Schülerinnen dort abzuholen, wo sie stehen. Doch in den seltensten Fällen gelingt es uns, die individuellen Standorte der Schüler auszumachen. Meist gehen wir von einem angenommenen Interessen- und Lernniveau der Schüler aus, das eher Ausdruck unserer eigenen Phantasien, Wünsche und Spekulationen ist, als es die tatsächlichen Voraussetzungen der Schülerinnen trifft.

Für projektorientierte und fächerübergreifende Lernzusammenhänge, die sich allerdings in Auseinandersetzung mit einer Sache/einem Thema entfalten sollen, verschärft sich dieses Problem, ist doch für Dewey die Anbindung des Projektunterrichtes an Schülerinteressen von zentraler Bedeutung. Dazu werden in Projekten außerhalb des Fachunterrichtes vielfach die Jahrgangsklassen aufgelöst und in altersheterogene, oft stufen-, aber seltener schulartenübergreifende Interessengruppen überführt.

Didaktische Aufgaben in Projekten innerhalb und außerhalb des Fachunterrichtes:
- Wie komme ich an Schülerinteressen und Bedürfnisse heran? Denn Interessen sind weder plötzlich da, noch wissen viele SchülerInnen genau, welche Bedürfnisse sie in bestimmte Themenzusammenhänge „einbringen" wollen, ganz zu schweigen davon, dass im Regelunterricht „in der Regel" danach nicht gefragt wird (und dies auch nicht in allen schulischen Lernprozessen alleiniger Maßstab sein kann).
- Wie muss der in Gang gebrachte Prozess der Interessenbildung pädagogisch gestützt werden?
- Worauf richtet er sich, auf Inhalte oder die Gestaltung des Unterrichts oder auf beides?
- Welche entwicklungsbedingten, alters- oder sonstigen spezifischen Interessen gibt es zum in Frage stehenden Problem?
- Wie kann der äußerst dynamische Prozess von Suchen, Fragen, Nachdenken, Erleben und handelnder Auseinandersetzung aller Beteiligten so offen wie möglich und konkret wie nötig organisiert werden?
- In welcher Form gewährleistet er eine Verständigung über Lehrer- und SchülerInneninteressen?
- Wie ist eine möglichst hohe Identifikation der Teilnehmer mit ihrem Thema zu erreichen?[11)]

Im Bewusstsein, dass sich in der Realität der Projektwochen der Interessenbildungsprozess meist auf Themenvorschläge seitens der LehrerInnen reduziert, die auf Handzetteln eingereicht und damit mehr oder weniger verbindlich formuliert angeboten werden, möchte ich auf das äußerst anregende und für die Großform der Projektwochen engagiert gestaltete Prowo-Buch von Heller/Semmerling (1983) aufmerksam machen. Sie zerlegen den Interessenfindungsprozess in mehrere Teilschritte von der *Ideensammlung* und Werbung über ein erstes Brainstorming sowie der *Weiterentwicklung* von Ideen und Interessen an einem Thementag bis hin zur letztlich *genauen Festlegung* eines Themas, z.B. mittels Interessenlandschaften (ebda, 60-74).
Zahlreiche konkrete und praktische Hinweise, die sich auch auf Projekte, die im Fachunterricht angeregt werden, übertragen lassen, gibt Frey (1993, 72ff.). Für ihn ist die Offenheit der Ausgangssituation ebenfalls für die erste Projektinitiative entscheidend. Der Themenvorschlag – von wem auch immer – besitzt Angebotscharakter und mündet dann nach allgemeiner Akzeptanz in eine Projektskizze, die den zeitlichen, organisatorischen und auch gemeinsam vereinbarten Rahmen absteckt.

FU zwischen Lehrplanbezug und AdressatInneninteressen

Natürlich bezieht auch der Fächerübergreifende Unterricht seine Impulse ganz entscheidend aus den o.a. Artikulationsmöglichkeiten von Interessen und Bedürfnissen der Lehrenden und Lernenden. Dennoch ist hier der Rahmen enger gesteckt. Zum einen bleiben die Jahrgangsklassen gewöhnlich beieinander und können sich entweder Interessengruppen ihrer eigenen Klasse oder, was ungewöhnlicher ist, der gleichen Jahrgangsstufe zuordnen. Relativ selten finden sich stufenübergreifende Gruppierungen zusammen. Zum anderen ist das thematische Angebot eingeschränkt, denn Fächerübergreifender Unterricht geht zunächst von festgeschriebenen Inhalten des Lehrplans aus, die miteinander verknüpft werden sollen; eine Variante sind die in Baden-Württemberg verbindlich gemachten Schlüsselprobleme. Die SchülerInnen sind hier also nicht unmittelbar an der Themenauswahl, sondern an Schwerpunktsetzungen innerhalb eines gegebenen Themenbereiches beteiligt. Dies weist Fächerübergreifenden Unterricht als integrativen Teil des systematischen Lehrgangs aus, der sich an Rahmenvorgaben orientieren muss, um so etwas wie eine allgemeine Bildung für alle zu sichern und vor vermeintlicher Begrenztheit und Zufälligkeit von Lernerfahrungen zu schützen.

5.6.2.2 Situationsbezug:

Inhalte PU: Probleme der Lebenswirklichkeit

Auf die Frage an Dewey, welchen Auswahlkriterien die Inhalte des Projektunterricht unterliegen, haben wir noch seine klare Antwort im Ohr: Ausgangspunkt für diese Unterrichtsform bildet eine für die Schülerinnen und Lehrer „geeignete problemhaltige Sachlage“, die sich aus der Komplexität des wirklichen Lebens herleitet und womöglich einer Lösung harrt. Diese liegt meistens quer zu der gewohnten Fachaufteilung, obwohl sie natürlich viele Fachaspekte übergreifend einschließen kann. Daraus allerdings abzuleiten, dass grundsätzlich „alle Erscheinungen unseres Lebens“ Gegenstand einer Projektinitiative sein können, Projektunterricht also weitgehend inhaltsneutral ist und nur die Form der Auseinandersetzung über seinen Bildungswert entscheidet, muss wohl als methodische Kurzschlüssigkeit abgetan werden (Kritik an Frey 1993, 62). [12)]

Didaktische Aufgaben in Projekten außerhalb des Fachunterrichtes:
- Welche Probleme sind die „echten“, für den Erwerb von bildenden und pädagogisch verantwortbaren Erfahrungen geeigneten? Diese liegen nicht immer auf der Hand, sondern müssen in Auseinandersetzung mit allen Beteiligten gefunden und manchmal auch erst entwickelt werden.
- Welche Situationen sind „unterrichtsuntypisch“ genug, um in Anlehnung an Dewey die erste Beschäftigung mit jedem Gegenstand in der Schule „so unschulmäßig wie möglich“ zu gestalten (Dewey 1916,. 206), z.B. in Erkundungsgängen, Festen, Spielen Exkursionen, entspannten Gesprächssituationen, Besichtigungen, Klassenfahrten, usw (vgl. Hänsel, S. 38).

- Welche Institutionen, ExpertInnen, Informationsträger könnten zu Rate gezogen werden?
- Welche Art von Erfahrungen hält eine außerschulische Wirklichkeit, die sich vor allem durch „second-hand-Erfahrungen" auszeichnet, überhaupt noch bereit?
- Welche Probleme sind für SchülerInnen lösbar?

Auch sollte man bei allem berechtigten Interesse für außerschulische Institutionen die Schule selbst als problemhaltigen „projektwürdigen" Erfahrungsraum nicht aus dem Auge verlieren (Bastian, Gudjons 1989, 11)

Rückführung der Fachthematik in Lebenszusammenhänge

Für Projekte im Fachunterricht stellt sich das Problem der Rückführung der aus dem Fach erwachsenen Thematik in einen (natürlichen) Lebenszusammenhang, was nicht immer, aber öfter als bisher erprobt, möglich ist. In welchen Bereichen der Wirklichkeit sind sie aufgehoben, können sie sinnlich erfahrbar gemacht bzw. praktisch angeeignet werden?
So wurde z.B. bei der Lektüre von Judith Kerrs „Als Hitler das rosa Kaninchen stahl" im Deutschunterricht der 7. Klasse das Bedürfnis artikuliert, etwas über die Zeit des Nationalsozialismus zu erfahren. Nachdem ein von einer Schülerin unaufgefordert erstelltes 10seitiges geschichtliches Referat nicht als geeigneter „Aufklärungsmodus" für die Mitschülerinnen erschien, suchten wir nach anderen Möglichkeiten. Einer glücklichen Fügung war es zu verdanken, dass zu gleicher Zeit am Schulort von der Badischen Landesbühne eine „Sinti-Revue" inszeniert wurde, die die Lage der Zigeuner im Dritten Reich veranschaulichte. In Kooperation mit der ortsansässigen Theaterkritikerin, die uns vor der Aufführung im Unterricht besuchte, eine Einführung in das Theaterstück gab und uns auch während der Aufführung begleitete, wurden dann zur Verarbeitung dieses problematischen Wirklichkeitsausschnittes von den SchülerInnen kleine Rezensionen verfasst und gemeinsam mit der Kritikerin in der lokalen Presse veröffentlicht.

Inhalte FU: komplexe Phänomene und Probleme im Schnittpunkt der Fächer

Das Merkmal des Situationsbezuges grenzt den Projektunterricht damit nicht nur vom traditionellen Lehrgang, sondern auch vom Fächerübergreifenden Unterricht ab. Letzterer hat zwar didaktisch auch die Schwierigkeit der „Rekonstruktion" eines Problems, aber sein Bezugspunkt ist weniger die Lebenswirklichkeit als der Schnittpunkt der verschiedenen Fächer, in dem ein Sachverhalt beleuchtet werden soll. Wissenschaftsorientierung tritt als ein Korrektiv der bloßen Ausrichtung an der aktuellen Lebenswelt und den gegenwärtigen Erfahrungen der Schüler auf. Allerdings handelt es sich bei der Wissenschaftsorientierung nicht um die verkleinerte Abbildung des Erkenntnisstandes der jeweiligen Wissenschaften im Unterricht, „und schon gar nicht um möglichst vollständige Überblicke, sondern um vereinfachte Exempla dafür, was Wissenschaften für die Aufklärung von individuell und gesellschaftlich bedeutsamen Lebensproblemen leisten können und wo ihre Grenzen sind" (Klafki 1985, 113). Fächerübergreifender und -verbindender Unterricht bezieht seine Berechtigung daraus, dass er die Erarbeitung vielschichtiger Phänomene, die angemessen nur im Sach- und Personenverbund zur Darstellung kommen, didaktisch im Schnittpunkt der Fächer abbildet. Das können z.B. kulturgeschichtliche Epochen und/oder die Bearbeitung komplexer Probleme, auch im Lebenszusammenhang, sein. Es gilt also, entweder ein multiperspektivisches Phänomen in seinen vielschichtigen Dimensionen und Bezügen „aufzufächern" oder umgekehrt unterschiedliche (fachspezifische) Fragestellungen an ein fächerübergreifendes Problem anzutragen und dazu Antworten mit Hilfe des je fachspezifischen Instrumentariums zu finden. In beiden Fällen müssen in den Lehrplänen gegebene Fachinhalte wieder in Themenaspekte rückverwandelt und die fachlichen Konvergenzpunkte als „didaktische Knotenpunkte" mit übergreifenden Fragestellungen gebündelt werden.

Didaktische Fragen an die FachlehrerInnen:
- Wo finde ich einen Stoff, einen Gegenstand in meinem Sachbereich, der für unsere gemeinsame Fragestellung etwas hergibt?
- Wie muss ich mit meinen fachspezifischen Methoden an diesen Stoff herangehen, damit der Arbeitsertrag zur Beantwortung der gemeinsamen Frage etwas beiträgt.
- Wie muss meine Fragestellung im Team lauten? (Datow 1988, 84; für diesen Beitrag von mir aufbereitet)

Fächerübergreifendes Beispiel aus der Seminarausbildung zurAggression
Leitende fächerübergreifende Fragestellung: Was können Schulfächer zur Erklärung von und zum konstruktiven Umgang mit aggressiven Verhaltensweisen beitragen?

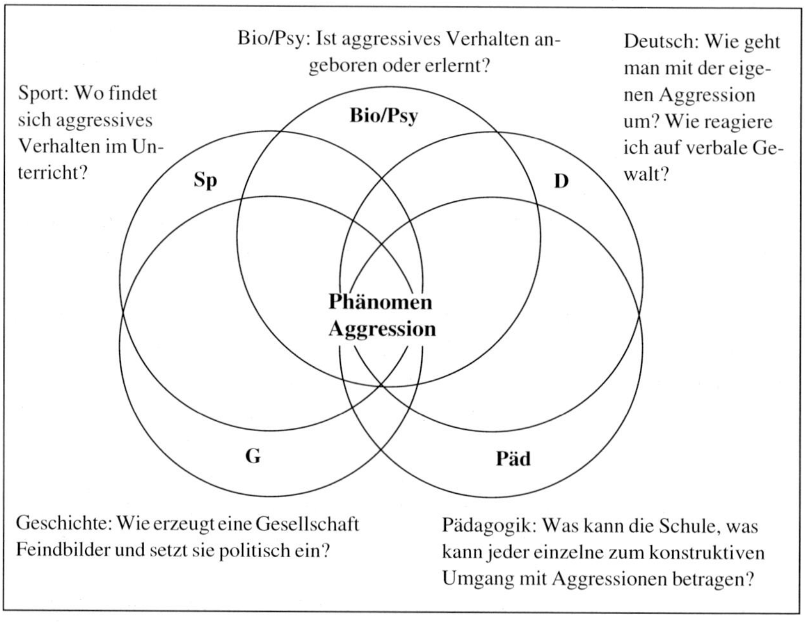

Bild 1: FU als Schnittpunkt der verschiedenen Fächer

Die einzelnen Fragestellungen wurden an folgenden Inhalten exemplarisch konkretisiert:
Sp: *Bestandsaufnahme* aggressiven Verhaltens in der Schule (Ausgangs-Filmbeispiel aus dem Sportunterricht).
Bio/Psy: Aggressionstheorien zur *Ursachenerklärung* (Rangordnungsverhalten und Milgram-Experiment).
D: *Ethische Dimension*: Literatur als Erziehungsmodell (Lessing, Nathan der Weise II, 5 und IV, 7).
G/GK: *Gesellschaftliche Dimension*: Zur Entstehung des Kalten Krieges (Quellenanalyse).
Päd: *„Lösungsversuche"*: Die Bedeutung von Erziehung zu Menschlichkeit, Konfliktfähigkeit und Friedensliebe im konkreten (Schul-)Alltag.

5.6.2.3 Gesellschaftliche Praxisrelevanz

Im PU: Korrektiv zur bloßen Ausrichtung an Schülerinteressen

Dieses Merkmal ist eines der konstitutivsten für Projektunterricht überhaupt und grenzt ihn in der unmittelbaren Umsetzung und Anwendungsperspektive kategorial am schärfsten gegenüber Fächerübergreifendem Unterricht und Lehrgang ab. Dewey hat an vielen Projekten kritisiert, sie seien „zu trivial, um bildend zu sein" (Dewey 1931,97). Als ein Korrektiv zur Ausrichtung an „SchülerInneninteressen" beinhaltet es wie kein anderes Kriterium den hohen und umfassenden Anspruch von Projektpädagogik, handelnd und wenn möglich verbessernd, in gesellschaftliche Prozesse einzugreifen. Dieses Merkmal verleiht dem Lernen Ernstcharakter und begreift es als Methode der Selbst- und Weltveränderung, die auch den Mikrokosmos Schule einschließt. Sich an diesem Merkmal zu vergewissern, ohne es wie in den 70er Jahren absolut zu setzen, hilft, dem bereits beklagten Verständnis von Projektunterricht als purer Freizeitunternehmung vorzubeugen.

Didaktische Aufgaben in Projekten innerhalb und außerhalb des Fachunterrichtes:
- Welche Bereiche gesellschaftlicher Wirklichkeit beinhalten objektiv und subjektiv Probleme, die im schulischen Rahmen aufgegriffen, bearbeitet, ja vielleicht sogar gelöst werden können?

Es liegt auf der Hand, dass ein Kooperationsprojekt einer Schule mit der größten Behinderteneinrichtung im Neckar-Odenwaldkreis, das schon über Jahre hinweg besteht und von gemeinsam mit Gymnasialschülerinnen durchgeführten Skifreizeiten, über Patenschaften und immer neuen, z.T. aus den Projektwochen erwachsenen Unternehmungen lebt, praxisrelevant ist. Einem von den Abiturienten eingerichteten „Asylcafe", einer wöchentlichen Betreuungseinrichtung für AsylbewerberInnen, wurde die gesellschaftliche Praxisrelevanz sogar von der Landeszentrale für Politische Bildung per Auszeichnung bescheinigt.

praxisnahe Perspektiven entwickeln

- Wie aber kann ich in Projekten, in denen diese Perspektive zunächst nicht sichtbar und auch nicht mitgedacht ist, eine solche entwickeln?

Grundsätzlich ist es hilfreich, bei der Projektarbeit von vornherein mitzubedenken:

- Für welchen Adressatenkreis könnte ein Projektergebnis „nützlich, anregend, brauchbar oder auch anstoßend/provozierend sein?“ (Gudjons 1992,70)
- Auf welche spezifische Öffentlichkeit zielt das Projekt?

Im Literaturkurs zum Thema Reisen entstandene Texte wurden z.B. zu Hörcollagen umgestaltet und als „Sondersendung“ im hausinternen Radioprogramm des Kreiskrankenhauses Mosbach ausgestrahlt.

Die Öffnung der Schule nach außen wird in einigen Bundesländern auch kultusministeriell angestrebt, z.B. in Baden-Württemberg in der Zusammenarbeit verschiedener Vereine und Institutionen am Ort. „Regionalisierung des Lernens“ bzw. „Communitiy education“ bezeichnen darüber hinaus pädagogische Bewegungen, die auf politische Handlungs- und Einflussmöglichkeiten im schulischen Umfeld abzielen (vgl. Emer 1991, 12/13).

Im FU: Reflexionsfähigkeit statt Aktionsfähigkeit

Fächerübergreifender Unterricht könnte sich z.B. mehrperspektivisch des Streites um die Erweiterung des Kernkraftwerkes Obrigheim annehmen und auf der Ebene der theoretischen Einsichten „gesellschaftliche Praxisrelevanz“ thematisieren, unterliegt jedoch nicht dem Anspruch, aktiv verändernd in diese gesellschaftlichen Prozesse einzugreifen. Wie bereits schon angedeutet, liegt sein Korrektiv zur bloßen Ausrichtung an SchülerInneninteressen im Wissenschaftsbezug. Reflexionsfähigkeit und nicht Aktionsfähigkeit ist hier Unterrichtsziel. Die zuweilen eingeschränkten Ausgangsinteressen der Lernenden gilt es hier im Hinblick auf wesentliche, umfassendere Perspektiven gesellschaftlicher Realität zu erweitern.

5.6.3 SCHRITT II: Planung und Organisation

5.6.3.1 Zielgerichtete Planung

Gemeinsam einen Plan zur Problemlösung entwickeln

„A purposeful activity“ nannte Dewey das Projekt, ein deutlicher Hinweis darauf, dass die Offenheit des Projektunterrichtes nicht als Planlosigkeit missverstanden werden darf. Vielmehr findet eine Verlagerung der Planungsarbeit weg von der alleinigen Verantwortung der Lehrenden hin zu den SchülerInnen statt. Lehrziele sollen zu Zielen der Lernenden, also Lernzielen mit Handlungsdimension und daraus wiederum Prozessentscheidungen entwickelt werden. Dieser zweifache Transformationsprozess stellt allerdings höchste Anforderungen an (Rollen-)Flexibilität und arbeitsmethodische Fertigkeiten aller Beteiligten, die angestrebt, aber nicht vorausgesetzt werden können. Das Planungsmonopol wird von den Lehrenden zwar aufgegeben, dennoch betonen Pädagogen von Dewey bis heute, dass ihnen die Letztverantwortung bleibt: „Der Lehrer hat die Verantwortung für die Planung der Selbstplanung.“ (Bastian 1984, 294) [13] Er/sie habe sogar die „Pflicht einer viel intelligenteren, konsequenteren und schwierigeren Planungsarbeit“, um einen großzügigen, aber deutlich konturierten Rahmen für

Produkt als Planungsfaktor

die Projektarbeit abzustecken (Dewey 1938, 87). Sie zielt – und dies ist wiederum wesentlich für Projektunterricht – auf die Erstellung eines Produktes und begreift die Gesamtplanung als Weg dazu. Auf der Sachebene strukturiert also das Produkt die Planung, die sich im übrigen an der Zielfestlegung, den Arten und der Übernahme der Tätigkeiten durch bestimmte Personen/Gruppen, ihrer zeitlichen Dauer und Abfolge zu orientieren hat. Charakteristisch für Projektarbeit ist allerdings, dass sich Lehrerinnen und Schüler *gemeinsam* kundig machen und daraus die notwendigen Planungen ableiten (vgl. auch Gudjons 1991, 19-21).

Didaktische Kompetenzen und Rolle der Leitenden von Projekten inner- und außerhalb des Fachunterrichtes:

- Welche Rolle nehme ich beim Planungsgeschehen (als Planungsverantwortliche/r) des Projektes ein?
- Von welchen aus dem traditionellen Unterricht gewohnten Rollen muss ich mich verabschieden, welche neu dazulernen?
- Über welche Planungskompetenzen muss ich verfügen können? (Initiieren, Regulieren, Informieren, Stützen, Auswerten; de Bie, Louwerse 1977, 137f.).

Planung als Prozess

Frey, der betont, dass Projektplanung keine einmalige Phase im Projektablauf ist, sondern eine„projektbegleitende Dauerbeteiligung“ (vgl. Frey 1993a, 111f., Zit. 136), weist zusätzlich auf die Bedeutung von Fixpunkten und Zwischenreflexionen hin. Fixpunkte sind spontane oder vorher vereinbarte Unterbrechungen, in denen sich die ProjektteilnehmerInnen gegenseitig über den Stand der Dinge und weitere Organisationsschritte informieren (Frey ebd. 149). Der Möglichkeit, innezuhalten und „sich selbst einmal auf den Kopf zu gucken“, wird durch „Metainteraktion“ (ebd., 157) Raum gegeben, indem nicht nur der Umgang miteinander, sondern auch der mit den Projektzielen, Ansprüchen, Erweiterungs- und Übertragungsmöglichkeiten kritisch hinterfragt wird.

Synthese von Teilantworten als Planungsfaktor

Auch Fächerübergreifender Unterricht ist ohne längerfristige Absprache und Planung gar nicht denkbar. Doch verbleibt hier das Planungsmonopol zunächst fast ausschließlich bei den Lehrenden, verteilt sich aber in der Regel auf mehrere FachlehrerInnen und „erfordert ein hohes Maß an Planung und Abstimmung von seiten der Schulleitung und des Kollegiums“ (Eisenbarth 1992, 2). Wird beim Projektunterricht auf die Gefahr hingewiesen, dass ihn eine Sachanalyse, wie sie üblicherweise dem Unterricht vorausgeht, geradezu verhindern könnte (Otto 1977, 163), so ist sie für den Fächerübergreifenden Unterricht unbedingte Voraussetzung. Die Synthese von Teilantworten der Fächer zu einer inhaltlichen Thematik, nicht das Produkt, bestimmt hier den Planungsprozess. Zum Zwecke der Aufarbeitung der das jeweilige Fach berührenden Thematik ist es notwendig, dass sich die FachlehrerInnen einer Klasse oder Jahrgangsstufe zusammensetzen und über die pädagogischen Ziele, deren didaktisch-methodische Umsetzung sowie den zeitlichen und organisatorischen Rahmen verständigen. „Im Grunde vollzieht sich die Arbeit auf zwei Ebenen der Realisierung: der Ebene der organisatorischen Planung bzw. Koordination und der Ebene der Kooperation" (Stripf 1988, 46). [14)] Der Schulleitung obliegt es dann, die Wünsche der kooperierenden KollegInnen durch entsprechende Lehraufträge und Stundenpläne zu stützen.

Organisationsformen von FU

Nach der inhaltlichen Themenfixierung werden die schulorganisatorischen und zeitlichen Rahmenbedingungen festgelegt. Dabei haben sich Organisationsformen herausgebildet, die bestimmte Inhalte gleichlaufend, zeitlich versetzt oder nacheinander behandeln (vgl. Kultus und Unterricht 1992, Oberschulamt Freiburg 1991 sowie Dietrich 1990, 7f.).

Zeitnah-verdichtete Form

Die gängigste Form bildet der zeitnah-verdichtete fächerverbindende bzw. -übergreifende Unterricht, in dem die Fachbeiträge unmittelbar aufeinanderfolgen. Das kann parallel und/oder getrennt in den einzelnen Fächern geschehen.

In Klasse 11 z.B. mündete das fächerverbindende Unterrichtsanliegen von KollegInnen der parallel und zeitgleich unterrichteten Fächer Latein (Lehrplaneinheit: Plinius) und Geographie (LP: Plattentektonik) in zwei gemeinsam gehaltene Stunden am Ende der Unterrichtseinheit unter der zusammenführenden Perspektive: „Verlauf des Vesuvausbruches – die beiden Plinius-Briefe ep.VI,16 und 20 aus geographischer Sicht".

Leitfunktionen

Aber in der Praxis hat es sich als sehr vorteilhaft erwiesen, dass ein Fach zum „Leitfach" erhoben wird bzw. eine Lehrkraft sozusagen die Patenschaft für die Dauer der Durchführung des Unterrichts übernimmt. Das bedeutet, dass ihr in der Vorbereitungs- und Planungsphase besondere Koordinationsaufgaben zuwachsen.

Team-Teaching

Die Kleinform fächerverbindenden Unterrichts kann nochmals gesteigert werden zur Hochform Fächerübergreifenden Unterrichtes, nämlich der fachlich, personell und zeitlich konzentrierten Interaktion, die im „Team-Teaching" ihren Kulminationspunkt und – wie ich meine – den für diese Unterrichtsform auch passendsten personellenAusdruck findet. Auch wenn sich diese konzertierte Unterrichtsaktion nicht über den gesamten für Fächerübergreifenden Unterricht vorgesehenen Zeitraum erstrecken kann, so erscheint es mir unerlässlich, dass die einzelnen fachspezifischen Beiträge zwischendurch immer wieder in solchen Integrationsstunden gebündelt werden bzw. in eine der Zusammenschau dienenden Kernphase einmünden.

Sonderformen

Neben den genannten zeitnah verdichteten bzw. zeitlich und personell konzentrierten fächerverbindenden und -übergreifenden Unterrichtsformen haben sich in der Praxis noch besondere Organisationsformen wie Exkursionen, Studienfahrten, Studien- bzw. Fachtage herausgebildet, die allerdings anderen Planungsgesetzmäßigkeiten unterliegen, denen an dieser Stelle nicht weiter nachgegangen werden soll. [15)]

Methoden- und Sozialkompetenzen der SchülerInnen stärken

5.6.3.2 Selbstorganisation und Selbstverantwortung

Dieses Merkmal ist eng mit dem vorangegangenen verknüpft, rückt sozusagen die didaktischen Rollen sowie Planungs- und Handlungsfähigkeiten der

SchülerInnen stärker ins Blickfeld. Vor allem die Methoden- und Sozialkompetenzen der SchülerInnen sollen ja im Projektunterricht erweitert und gestärkt werden.
Um einerseits der Erziehungsphilosophie vom autonomen Individuum gerecht zu werden, andererseits aber einzukalkulieren, dass dieses nicht aufrufbar in unseren Schulen sitzt, gibt Bastian wichtige Hinweise für einen Einstieg in eine kooperative Unterrichtsplanung, die der Konkretisierung eines Problems oder des angepeilten Produktes vorangehen sollte.

Didaktische Voraussetzungen und Rollen der SchülerInnen im Projektunterricht:
Zum ersten hält Bastian eine Einführung der Schüler und Schülerinnen in diese anspruchsvolle Unterrichtsform für unbedingt notwendig.
Zum zweiten ist als Mindestvoraussetzung auf SchülerInnenseite die Beherrschung bestimmter Arbeitstechniken anzusehen. Fähigkeiten wie „Arbeit in Gruppen, Dokumentieren von Erfahrungen, Exzerpieren von Literatur, Verarbeiten von Quellen, Referieren von (Zwischen-)Ergebnissen…“ (Bastian, Gudjons 1993a, 33) sollten im Regelunterricht vorbereitet, unterstützt, ja regelrecht trainiert werden (Bastian 1993).

Rollenflexibilität und -vielfalt nutzen

Wurde unter dem Merkmal „Zielgerichtete Projektplanung“ das veränderte bzw. erweiterte Rollenverständnis des/der Lehrenden angesprochen, so bleibt dies natürlich nicht ohne Auswirkungen auch auf die SchülerInnenrollen. Nicht nur über den für den Lehrgang charakteristischen Weg von Rezeption und Dialog vollzieht sich die Aneignung bestimmter Problem- und Sachbezüge im Projektunterricht, sondern über die Übernahme verschiedener Rollen, die einem Handlungsziel mit seinen kommunikativen und instrumentellen Erfordernissen verpflichtet sind.
Dabei sind die hier einzuübenden Rollen ungleich vielfältiger als im traditionellen Unterricht.
In einer ersten Bestandsaufnahme hat Duncker diesen bisher weniger beachteten Aspekt in drei komplementären Rollenpaaren herausgearbeitet, welchen den Schülern und Schülerinnen tragende Funktionen innerhalb eines dramaturgischen Geschehens – so hier das Konzept der didaktischen Rolle – zusprechen. (Duncker 1993a, 65ff.).
Neben dem auf Informationszugriff und -verarbeitung ausgerichteten Rollenpaar von *Journalist* und *Macher* sowie den mehr praktisch sammelnden Tätigkeiten von *Bastler* und *Archivar* nimmt das dritte Rollenpaar von *Experte* und *Laie* in besonderer Weise auf spezielle Kenntnisse und Fähigkeiten der SchülerInnen Rücksicht. Dabei können Spezialisten lernen, dass ihnen Aufmerksamkeit und Wertschätzung nur solange sicher sind, wie sie sich allgemein verständlich machen und sich vornehmlich im Interesse der Sache und nicht der eignen Person artikulieren. Hier kommt dem Laien eine integrierende und korrigierende Funktion zu. Seine Aufgabe ist es, sich nicht einschüchtern und blenden zu lassen, sondern immer wieder die allgemeine Dimension des Problems einzufordern. In größerer Dynamik als im Regelunterricht müssen hier diese beiden Rollen immer wieder austariert werden.

Im FU: Teamfähigkeit der KollegInnen unterstützen

Was Selbstverantwortung und -Organisation im Fächerübergreifenden Unterricht angeht, so sitzen auch kooperierende KollegInnen – zumal im Gymnasium, das sich traditionell einem eher einzelkämpferischen Selbst- und Fachverständnis verpflichtet sah, nicht einfach teambereit im Kollegium. Deshalb gilt hier erst recht, dass für eine so einschneidende schulorganisatorische Neuerung alle Betroffenen aus- und weitergebildet werden müssen. In vielen Kollegien hierzulande herrscht der Eindruck vor, ihnen werde eine zugegeben notwendige pädagogische Maßnahme einfach übergestülpt, ohne dass sie beratend begleitet werden:

„Ich kann verstehen, dass man in einer arbeitsteilig spezialisierten Welt noch stärker als je zuvor gebannt ist von der Sehnsucht nach universalem Weltverständnis. So wie uns der fächerübergreifende und -verbindende Unterricht dekretiert wird, kommt es mir vor, als wolle man das Waldorf-Prinzip kostenneutral im Dreitagekurs erreichen. Das kann so nicht funktionieren."

Selbstverantwortung wahrnehmen

Dieser Ausspruch eines Kollegen bei einem Pädagogischen Tag beschreibt tendenziell die Grundstimmung: Man fühlt sich gegängelt. Die Schulleitungen sollten deshalb den schuleigenen Freiraum zur Gestaltung Fächerübergreifenden Unterrichts nutzen. Hier wäre es der Einführung dieser Unterrichtsform ungleich zuträglicher, hauseigene „pressure und Lobby-Gruppen" zu bilden. Sie könnten vorbildhaft Modelle Fächerübergreifenden Unterrichtens entwickeln, ausprobieren und dafür auch aus dem schulinternen Deputatstopf Stundennachlass erhalten.

Diejenigen Lehrkräfte, die gerne in einer Jahrgangsstufe fächerübergreifend unterrichten wollen, könnten bereits vor Beginn des neuen Schuljahres ihren Wunsch anmelden, gemeinsam in einer Klasse eingesetzt zu werden.

Ein verändertes Rollenverhalten im Fächerübergreifenden Unterricht zielt auf die stärkere Herausbildung interdisziplinärer kommunikativer Kompetenzen gerade unter fachsozialisierten GymnasiallehrerInnen, die mit diesen Pfunden eigentlich sozial wuchern könnten. Das Rollenpaar *Laie–Experte* wird in der fächerübergreifenden Kommunikation auf andere Weise als im Projektunterricht virulent, da es hier nicht um Expertentum in besonderen Alltags- Lebens-, und Interessensgebieten geht, welche die hierarchischen Hürden zwischen LehrerInnen und SchülerInnen zuweilen umkehren, sondern um ein fachbedingtes Wechselspiel zwischen der Spezialistenrolle in den eigenen Fächern und dem Laiesein in anderen. Welche kommunikativen Konsequenzen dies zeitigt, möchte ich allerdings erst unter dem Merkmalen „Soziales Lernen" und „Interdisziplinarität" näher ausführen.

5.6.4 SCHRITT III: Methoden und Lernformen

5.6.4.1 Einbeziehen vieler Sinne

Integrale Kräfte der Person in ein Zusammenspiel bringen

Dieses ist eine Grundforderung an jeglichen ganzheitlich verstandenen Unterricht, der den Menschen nicht nur als Kopffüßler begreift, sondern als einen mit vielen Dimensionen. Dieser Bildungsanspruch zielt also auf die

Ganzheit der Person. In einer Welt, in der vieles immer mehr auseinanderfällt, scheint man sich wieder darauf zu besinnen, was den Menschen zusammenhält. So findet seit einem Jahrzehnt auch in der Psychologie eine verstärkte Hinwendung zu seinen integralen Kräften statt, die übrigens schon im ganzheitlichen Bildungsansatz der neuhumanistischen Klassiker und Ahnväter des Gymnasiums vorgedacht war (vgl. Wolters 1993). Von sehr unterschiedlichen psychologischen Richtungen her wendet man sich gegen eine atomisierte Betrachtung psychischer Teilfunktionen. Ob dies nun Ausdruck findet etwa im zweigeteilten Hirnhemisphären-Modell, in dem logisch-abstraktes, analytisches Denken mit bildlich-intuitivem, ganzheitlichem verbunden werden soll oder im kybernetischen Bild der „Vernetzung" (Vester 1986), welche durch die unterschiedliche Sinneskanäle ansprechende Verpackung eines Lernstoffes angeregt wird, das ist für unsere Belange weniger wichtig (vgl. dazu Haun-Just in diesem Handbuch). Maßgeblich ist die Idee der Komplementarität, die diesen Denkfiguren zugrundeliegt. „Lernen soll dann ganzheitlich genannt werden, wenn gegensätzliche Aspekte als sich notwendigerweise ergänzend angesehen werden." (Edelmann 1988, 118) Die dabei zentrale didaktische Frage Edelmanns: „ob dies geschehen kann, indem das verbale Lernen häufiger durch konkrete Erfahrungen ergänzt wird, oder ob es dazu neuer Lernmethoden, z.B. der Suggestopädie bedarf" (ebd., 28), wird im Projektunterricht jedenfalls zugunsten der Erfahrung beantwortet, die sich durch Handlungsformen herauskristallisiert. Projektunterricht erinnert immer wieder daran, dass Erkennen durch Handeln in einer entsinnlichten, handlungsarmen Welt geradezu als schulische „Kontraindikation" gegen die Verkopfung zu verabreichen ist. „Wenn Schule als sinnvolle Institution erhalten bleiben soll, wird sie etwas dagegensetzen, was moderne Medien nicht leisten: über Sinnlichkeit, Erfahrung, Tätigkeit/Handeln kognitive Strukturen aufzubauen." (Gudjons 1992, 51)

Im PU: unmittelbare Erfahrungen sichern

Bei diesem Merkmal sehen wir nun ganz deutlich, dass Handlungsorientierung und Einbeziehung aller Sinne allein Projektunterricht nicht vom Regelunterricht abgrenzen, sie vielmehr im Dienste von Praxisrelevanz und Produktorientierung stehen. Deshalb gelten hier die gleichen allgemeinpädagogischen Überlegungen, wie man sie ebenfalls an einen „handlungsorientierten ganzheitlichen Regelunterricht" stellen müsste:

- Welche besondere Erkenntnismöglichkeiten haben die jeweils unterschiedlichen Sinneskanäle, und was leisten sie „im Ensemble"?
- Wie kann man sie „multisensorisch" aufbereiten?
- Wie sind vermeintliche Gegensätze wie Verstand-Sinnlichkeit, Theorie-Praxis, Spielen-Arbeiten, Schule-Leben als Komplementärformen didaktisch zu „verzahnen"?

Je mehr aber Projektunterricht auf konkrete Situationen ausgerichtet ist, desto weniger muss Komplementarität didaktisch inszeniert werden. Sie ergibt sich bei Auswahl geeigneter Erfahrungssituationen unter obigen Kriterien von ganz allein. Denn als Alltags- und Lebensweltsituationen sind sie natürlicherweise ganzheitlich angelegt und beanspruchen bei ihrer Aneignung und produktiven Umgestaltung per se vielsinnliche und -sinnige Möglichkeiten des Menschen. Alles ist damit in der inhaltlichen Frage aufgehoben: Welche vielsinnlichen Handlungsformen haben obigem Verständnis gemäß „Bildungswert"?

Im FU: Phänomene als „ganze" betrachten

Auch für guten Fächerübergreifenden Unterricht ist ganzheitliches Lernen wünschenswert. Ganzheitlichkeit in dieser Unterrichtsform bezieht sich dabei zunächst auf die Wiederherstellung von in den einzelnen Fächern isolierten Teilaspekten zu „ganzen Phänomenen".

- Wie aber lässt sich die Mehrperspektivität eines Stoffes als „Ganzheit im erkennenden Subjekt", sprich: in den SchülerInnen „abbilden"?
- Wie können die in den einzelnen Fachdisziplinen gelagerten Informationen, Fertigkeiten, Perspektiven, Schwerpunktsetzungen und Methoden für die Schüler und von den Schülerinnen „sinnvoll" und mit vielen Sinnen angeeignet und problembezogen kombiniert werden?

Integrationsleistungen fördern

Die Lernorganisation im Fächerübergreifenden Unterricht unterliegt integrativen und nicht additiven Gesichtspunkten. Denn dadurch, dass man Themen einfach zeitlich parallelisiert, stellt sich in den Köpfen der SchülerInnen noch längst kein „ganzes Bild" ein. Dies ergibt sich auch nicht aus der bloßen Aneinanderreihung verschiedener Aspekte zum gleichen Thema oder Phänomen. Nicht auf summarische Aneinanderreihung von Einzelelementen gründet sich Ganzheitswahrnehmung im erkennenden Subjekt, sondern in der „subjektiven Bedeutsamkeitszuschreibung" des einzelnen.

„Schüler müssen lernen, Dinge in ihrer subjektiven Bedeutsamkeit und aus mehreren Blickwinkeln zu sehen, dabei Klarheit gewinnen über die Besonderheit und Grenzen ihrer jeweiligen Perspektive und über die Notwendigkeit, sich über unterschiedliche Betrachtungsweisen zu verständigen." (Thurow 1988, 50)

Die dazu nötigen, vielfältigen Integrationsleistungen müssen allerdings didaktisch unterstützt und gefördert werden. Aus kognitiver Sicht hat Ballstaedt (1993) ein Repertoire von Lernstrategien vorgeschlagen (siehe Beitrag 2 zur Sozialisation). Aus unterrichtsorganisatorischer Sicht sollte mindestens eine der am zeitgleich verdichteten Fächerübergreifenden Unterricht beteiligten Lehrerinnen – wenn möglich – nicht nur in den eigenen, sondern in allen diesen Unterricht betreffenden Stunden anwesend sein, um die dort ausgelegten roten Fäden zu einem Netzwerk verknüpfen zu helfen.

Vernetzung anregen

„Vernetzung" versinnbildlicht den Prozess der „Bildung von Denkknoten". Wo aber sind denn Knotenpunkte in der Vielperspektivität eines Problems oder Phänomens auszumachen, damit die SchülerInnen „querdenken statt dummdenken." Für die didaktische Unterstützung vernetzten Lernens kommt mir dabei immer wieder das Bild des Zoomens vor Augen. Aus dem großen Bereich der Umweltproblematik oder einer bestimmten Kulturepoche gilt es, auf der „Objektseite" genau die „Knotenpunkte" auszumachen und heranzuzoomen, die im Kleinen das repräsentieren, was auch charakteristisch für das Gesamtsystem ist, etwa ähnlich den fraktalen Strukturen in der Mathematik. Um deren Aneignung im „Subjekt" zu begünstigen, sollte dieses „Fraktal" so repräsentiert werden, das es in allen hier wichtigen sinnlichen Bezügen zu begreifen" ist.

Die KollegInnen vom Seminar Heidelberg wählten für ihren Fächerübergreifenden Unterricht zur Epoche des Barock das „Fraktal" des Schwetzinger Schloßparkes als Gestalt gewordenen Ausdruck einer umfassenden Bildungs- und Kulturidee. Zunächst in fachbezogenen Arbeitsgruppen eigneten sich ReferendarInnen die hier augen- und damit sinnfällig werdenden Aspekte „ganzheitlich" an, die dann in eine vielsinnliche „Vernetzung" mündeten: „Bei strahlendem Sonnenschein und Vogelgezwitscher im gerade aufblühenden Park hörte man angesichts von Rabatten, Vasen, Hecken, Tempelbauten oder künstlichen Felsen und Ruinen, von Wäldchen und Seen, Reliefs und Skulpturen hier Erklärungen, dort den Vortrag antiker und barocker Texte, oft thematisch einander zugeordnet; und schließlich nahmen alle – mal als Akteure, mal als Publikum – teil an Menuett und Pavane, an Szenen aus der Tragödie „Zaire" von Voltaire und an einem musikalischen Tafelkonfekt beim Picknick." (Müller, Datow 1993, 86, ausführliche Dokumentation ebd.) [16)]

5.6.4.2 Interdisziplinarität

So naheliegend dieses Merkmal für die Bestimmung des Projektunterrichts auf den ersten Blick sein mag, so wenig grundlegend erweist es sich bei genauerem Hinsehen. Denn zum einen werden zunehmend Projekte im Fachunterricht durchgeführt. Und zum anderen sprengt die Behandlung eines komplexen Problems im Situations- bzw. Lebenszusammenhang zwar sehr oft den schulischen Fächerkanon, beleuchtet es aber nicht auch notwendigerweise im Schnittpunkt verschiedener Fachdisziplinen.
So lässt sich unschwer bestreiten, dass sich Themen wie: Indianer gestern und heute/ Feste und Feiern / Wir lernen unsere Schule, unseren Stadtteil kennen/ Klassenraumgestaltung usw. sich besonders für Projekte anbieten, sie aber alle nicht unbedingt das Kriterium der Interdisziplinarität erfüllen.
Zu fragen wäre demnach, ob das für ein Projekt anvisierte Problem überhaupt einem oder mehreren Fachdisziplinen zuzuordnen ist und dessen Erkenntnisse und Methoden zu seiner Bearbeitung beitragen können. Ist diese Frage positiv zu beantworten, so sollte diese „Mischform" der Klarheit willen auch als „fächerübergreifender Projektunterricht" ausgewiesen werden.

Disziplinarität und Interdisziplinarität im Wechselspiel fruchtbar machen

Für Fächerübergreifenden und -verbindenden Unterricht hingegen ist Interdisziplinarität das Konstituens schlechthin. Leitet er doch geradezu seine Existenzberechtigung daraus ab, „Schlüsselprobleme" in der integrativen Sichtweise mehrerer Fächer zu beleuchten. Interdisziplinarität bedeutet im schulischen Rahmen Integration fachspezifischer Antworten auf gemeinsam entwickelte überfachliche Fragestellungen. Damit sei aber auf keinen Fall der Auflösung von Spezialistinnentum und Fachkompetenz das Wort geredet. Als Einsicht aus der interdisziplinären Forschung ist vielmehr festzuhalten, dass Interdisziplinarität stets verwiesen bleibt auf Disziplinarität. Denn Offenheit für Fragen und Antworten aus (benachbarten) Wissenschaften setzt zuallererst Eigenständigkeit und Kompetenz innerhalb der Einzeldisziplinen voraus. Jedoch: „ Wehe dem Lehrer, der nur sein Fach beherrscht! Aber auch: Wehe dem Lehrer, dem es gelingt, sich in den Grenzen seines Fachs zu halten! Ihm werden die Kinder innerlich davonlaufen." (Hentig 1987, 54) Die mit Hentig „richtig verstandene Disziplinarität" schließt Kommunikation und Verständlichkeit untereinander ein im Bewusstsein der eigenen Begrenztheit, aber auch Kompetenz (vgl. ebd., 51).

5.6.4.3 Soziales Lernen

Im FU

Bei diesem Merkmal möchte ich die bisher eingehaltene Reihenfolge umkehren und mich in meinen Ausführungen auf soziales Lernen vor allem im Fächerübergreifenden Unterricht und seine kommunikativen Aspekte konzentrieren, denn aus den bisherigen Ausführungen dürfte bereits an vielen Stellen deutlich geworden sein, welche vielfältigen Gelegenheiten der Projektunterricht zum sozialen Lernen bietet.

Sich überfachlich verständigen können

Fragt man nun nach den „Bedingungen der Möglichkeit interdisziplinärer Kommunikation", dann wird allerspätestens in der schulpraktischen Wirklichkeit deutlich, dass Verständigungsprobleme hier im Vordergrund stehen (Voßkamp 1992, 91).

In einer fächerübergreifenden Arbeitsgruppe zur Epoche der Romantik habe ich erlebt, dass die anwesenden kooperationswilligen und -fähigen (!) KollegInnen der „Nur-Geisteswissenschaften" Kunst, Musik und Deutsch einen ganzen Nachmittag (und das scheint mir nicht zu viel zu sein) dazu benötigten, um einen gemeinsamen kulturgeschichtlichen Verständnis- und Verständigungshorizont aufzuspannen, in dem so etwas wie ein Minimalkonsens über Basisbegriffe (z.B. zur zeitlichen Einordnung) und vergleichbare bzw. unterschiedliche epochale Strukturelemente festgelegt wurde. Klar eingegrenzte Fragestellungen erleichtern diese Phase der Vorverständigung im interdisziplinären Diskurs.

Das Maß an Offenheit und Bereitschaft, das nötig ist, um sich auf die vielleicht fachfremde und zuweilen auch befremdliche Denk- und Ausdrucksart anderer einzulassen, darf nicht unterschätzt werden.

In der interdisziplinären Seminararbeit habe ich selbst erst ganz allmählich gelernt, die (Fach)Perspektive der Kollegen und die daraus resultierenden unterschiedlichen Kategorien der Welt- und Menschenerfassung nicht von vornherein als Bedrohung, sondern als potentielle Bereicherung anzunehmen. Missverständnisse als produktives Stimulans zu begreifen, nicht alles in einen abschließbaren Konsens münden zu sehen, das setzt eine Wahrnehmungs- und Einstellungsänderung voraus, die GymnasiallehrerInnen, welche von einem Fach und seiner „Kultur" geradezu sozialisiert worden sind, zunächst nicht ganz leicht fällt (vgl. Huber 1991, 3-23).

KollegInnen auch menschlich respektieren

Auch ermutigen Unterrichtserfahrungen nicht, bei denen z.B. in einem fächerverbindenden Unterricht zum Thema „Alchemie" (Chemie) in E.T.A. Hoffmans „Goldenem Topf" (Deutsch) der Naturwissenschaftler den Deutschkollegen vor den SchülerInnen als „romantischen Spinner" stigmatisierte oder in einem anderen zu Christa Wolfs „Störfall“ (Physik/ Deutsch) der Naturwissenschaftler und Atomkraftbefürworter vom Deutschlehrer als potentieller Massenmörder beschimpft wurde.

„Produktive Zusammenarbeit“, so hat Hubert Markl einmal zu Recht betont, bedeutet dabei, „dass man nicht miteinander reden muss, sondern reden will, und dass man weiß, dass man von dem anderen etwas hat“ (W. Voßkamp 1992, 91).

Gesprächsanlässe in einem Kollegium wahrzunehmen, die über die ritualisierten hinausgehen und in denen man erfährt, dass und was man vom anderen haben könnte, kann nicht verordnet, aber institutionell unterstützt werden, so wie es z.B in Fallbesprechungsgruppen geschieht. In ähnlicher Weise wären auf pädagogische Themen zentrierte, über einen pädagogischen Tag hinausgehende regionale LehrerInnengruppen vorstellbar.

Team-Teaching ausprobieren

Koordination und interdisziplinäre Kommunikation erfahren in der Aktionsform des gemeinsamen Team-Teachings auf LehrerInnenseite ihren konsequentesten Ausdruck. Rechtfertigt sich diese Lehrform doch gerade dadurch, „dass in ihrer Handlungsstruktur die Perspektivität und Pluralität von Wissen in Form von Expertenkooperation abgebildet“ werden. „Spezialisierung ist nicht ‚ganzheitlich“ als Wissen aufhebbar, sondern nur in Formen der Kooperation“ (Thurow 1988, 51). Neben der rein personellen Abwechslung lernen SchülerInnen, dass bestimmte komplexe Sachverhalte nur im (Personen-)Verbund angemessen bearbeitet werden können. Sie erleben, dass „gebildete ExpertInnen“ sich über spezielles Fachwissen hinaus auch dadurch auszeichnen, dass sie dies in kooperativen Arbeitsprozessen allgemeinverständlich mitteilen und sozial „aushandeln“ können.

SchülerInnen zu Experten machen, sie miteinander ins Gespräch bringen

Auf SchülerInnenseite bieten sich neben interaktiv-kommunikativen Methoden wie Schüler-Referaten, Erkundungen, Interviews, Expertenbefragungen, Plan- und Rollenspielen, Streitgesprächen, Diskussion und Debatte besonders gruppenunterrichtliche (arbeitsteilige) Verfahren an. Darunter stellt das Gruppenpuzzle eine adäquate lernorganisatorische Aktionsform für die didaktischen Anliegen des Fächerübergreifenden Unterrichts dar.

Auf SchülerInnenebene wird nämlich die kooperative interdisziplinäre Arbeit so transponiert, dass sie sich mit Hilfe von Expertenmappen selbstständig und eigenverantwortlich zur Ziel- und Produktorientierung kundig machen und andere SchülerInnen darüber unterrichten.[17)]

Z.B. organisierten die KollegInnen der Seminare Tübingen/Esslingen das fächerübergreifende Projekt „Herbst 1989 – Innere Auflösung und Zusammenbruch der DDR“ in Form eines Gruppenpuzzles. Das hatte den Vorteil, dass es mit dem Fachunterricht verzahnt und in den Stundenplan eingepasst werden konnte. Statt eines Tests am Ende wurden hier die Ergebnisse in einem der methodischen Phantasie der jeweiligen Stammgruppe anheimgestellten Produkt zusammengefasst (Landeszentrale f. pol. Bildg. 1993).

Gruppendynamische Prozesse pädagogisch begleiten

In dieser kongenialen Abbildung von Teamarbeit der Lehrenden auf die Ebene der SchülerInnen und der damit einhergehenden Rollenflexibilität eröffnet der Fächerübergreifende Unterricht ein ebenso breitgefächertes Lernfeld für gruppendynamische Prozesse wie Projekte es tun, bei denen sie einen Schwerpunkt des sozialen Lernens darstellen. Ob sie dabei auch immer so explizit und zum Gegenstand der Reflexion gemacht werden, wie es in Projekten (idealiter) der Fall ist, darüber entscheidet neben dem zeitlichen Rahmen auch die Qualität der (gruppen-)pädagogischen Begleitung und Unterstützung durch das LehrerInnenteam.

5.6.5 SCHRITT IV: ERGEBNIS UND BEWERTUNG

5.6.5.1 Produktorientierung

Die erarbeitete Problemlösung an der Wirklichkeit überprüfen

Produkte mit Gebrauchs- und Mitteilungswert erstellen

Im sicht-, hör-, erleb-, fühl- oder anfassbaren Produkt, das in der Regel als „Ergebnis" am Ende eines Projektes steht, findet die Handlungsorientierung des Projektunterrichtes ihren letztlichen Ausdruck. Im Unterschied zum traditionellen Unterricht, der etwa in einer Klassenarbeit eher Reproduktionsleistungen als Ergebnis eines Lernprozesses bewertet, konzentriert sich Projektarbeit stärker auf die produktiven Prozesse, die mit der Herstellung eines Handlungsproduktes verknüpft sind. Im Bewusstsein, dass gerade dieses Kennzeichen den hohen Attraktionsgrad von Projektunterricht ausmacht, gibt es dennoch – nimmt man es absolut – Anlass zu Missverständnissen. Die Herstellung eines Produktes ist nicht im Sinne rein handwerklichen Lernens Selbstzweck, sondern bemisst sich an seinem „Gebrauchs- und Mitteilungswert" (Duncker, Götz 1984, 139).

Demnach genügt es nicht, wenn ein Schüler seine handgefertigten Lederwaren zum Eigengebrauch mit nach Hause nimmt, sondern zumindest sollten sie öffentlich und der Beurteilung anderer Lerngruppen zugänglich gemacht werden. Es sei hier auch nochmals an das Kriterium der gesellschaftlichen Praxisrelevanz erinnert, die in diesem Beispiel darin zum Ausdruck kam, dass die Gruppe den Erlös der verkauften Lederwaren den Yanomani-Indianern weiterleitete.

Produkte in ihrer Vielfalt präsentieren

Der Vielfalt der gesellschaftlichen Themen entspricht eine große Bandbreite von Produktformen (Aktions-, Kooperations-, Vorführungs- und Veranstaltungs-, Dokumentations-, Ausstellungs- und Gestaltungsprodukte). Sie werden meist am letzten Tag einer Projektwoche präsentiert. Handelt es sich um Produktergebnisse aus dem Fachunterricht, so könnten diese kurzfristig an einem regelmäßigen Termin, etwa in der großen Pause oder längerfristig in den dafür vorgesehen Ausstellungsgegebenheiten der Schule gezeigt werden.

Produkte angemessen bewerten

Was die Bewertungsmöglichkeiten solcher Produkte angeht, so ist grundsätzlich der Prozess mitzuberücksichtigen, aus dem sie hervorgehen. Zur Beurteilung solcher Lernprozesse liegen bislang nur wenige Handreichungen vor. Dennoch halte ich es, um Projektunterricht ernsthaft in der Schulwirklichkeit zu verankern, auf lange Sicht für unbedingt nötig und auch möglich, dazu Bewertungskriterien zu entwickeln (vgl. Goetsch 1993, 257). [18)]

Wichtiger jedoch als die Außenkontrolle durch Zensuren erscheinen mir Formen der den Projektprozess begleitenden Selbstüberprüfung etwa durch

Simultanprotokolle, Tagesberichte, Projekttagebücher und Planungsübersichten (vgl. Heller, Semmerling 1983, 82-88). Mit ihrer Hilfe können sich die SchülerInnen „selbst auf den Kopf schauen". Sie reflektieren kritisch Gelingen oder Fehlen der angepeilten Problemlösung sowie Anspruch und Wirklichkeit des jeweiligen Projektes und geben damit Aufschluss über den erreichten Stand von Produktkompetenz (Emer, Horst 1991, 28).

Produktive Tätigkeit im FU

Handelnde Eigentätigkeit im *engeren Sinn*, gar mit der Herstellung eines direkt greifbaren Produktes verbunden, das ist zwar Desiderat, aber nicht unbedingt Kennzeichen des Fächerübergreifenden Unterrichts. Die Herstellung eines Produktes, gar mit „gesellschaftlichem Gebrauchswert", soll nach den Zielvorstellungen einer handlungsorientierten Didaktik zwar auch im normalen Unterricht angepeilt werden, notwendig ist sie jedoch nicht und in Anbetracht der Komplexität mancher Sachverhalte der gymnasialen Oberstufe auch nicht möglich.

als aktive Weltaneignung im kleinen begreifen

Handelnde Eigentätigkeit im *weiteren Sinne* meint allerdings nicht die zahlreichen Aktivitäten im Rahmen irgendeinen praktischen Tuns, sondern den Gesamtzusammenhang, in dem sich der Mensch die Welt zu eigen macht (Gudjons 1992, 36) In diesem Sinne ist Fächerübergreifender Unterricht geradezu prädestiniert für das „Handeln", weil in ihm im kleinen aktive Weltaneignung ohne den einengenden Blick der Einzelfächer simuliert wird. Berücksichtigt man nochmals, dass in dieser Unterrichtsform Erfahrungslernen eher im Wissenschaftskontext steht, so charakterisiert sich seine Handlungsebene als eine der „Möglichkeiten und Probleme der Anwendung wissenschaftlicher Theorieanteile auf ein reales Problem" (Emer, Horst 1991, 28/29, Hervorhebg. von mir). Die (gestaltete) Integration von Einzelbeiträgen am Ende eines Fächerübergreifenden Unterrichts stellt sein eigentliches „Ergebnis" dar. Zusammenfassende Gespräche allein scheinen dafür jedenfalls nicht ausreichend zu sein. Hierbei besteht die Gefahr, dass die vorher erarbeiteten Differenzierungen wieder verlorengehen können.
Das würde bedeuten, dass das Integrieren der fachspezifischen Beiträge, das „Fächerverbinden" im Bewusstsein der GesprächspartnerInnen stattfinden muss. Das mag bei der Erwachsenenbildung gelingen, für die Schule müssen sicher auch andere Methoden gefunden werden (Datow 1988, 85).

Zusammenschau als „Ergebnis" des FU

Formen der (Selbst)Reflexion wie im Projekt sind hier ebenso möglich wie eine benotete Bewertung bestimmter Wissensaspekte. Worauf es aber besonders ankommt, ist das subjektive Gesamtverständnis des Schülers von einem Phänomen oder Problem (z.B. „Mein persönliches Bild von...") bzw. sind Vernetzungsaspekte der Schülerin von Stoffen (z.B. grafische Übersicht eines Inhaltsnetzes mit fachlichen und thematischen Schnittpunkten bis hin zu deren multimedialer Aufbereitung). Dies enthebt uns allerdings nicht der grundsätzlichen Überlegung, wann sich Fächerübergreifender Unterricht in Projekten ereignen kann, die auf sicht-, hör- und fühlbare Ergebnisse abzielen und von vornherein auf Öffentlichkeit ausgerichtet sind. Fächerübergreifenden Unterricht in der ‚Hochform von Projekten" zu realisieren, diese Verbindung zweier Großformen kann dann wohl zu den „Sternstunden" einer Schule gezählt werden, die sich auch als Kulturträgerin begreift.

Didakt. Aspekte	Projektunterricht	Fächerübergreifender Unterricht
Unterrichtsform	offen nach außen	offen nach innen
Bezugspunkte	Lebenswelt und Adressaten	Wissenschaft im Schnittpunkt der Fächer
Inhalte und Ziele	Probleme der Alltagswirklichkeit handelnd lösen	komplexe, mehrperspektivische Phänomene und überfachliche Probleme zusammenschauend begreifen und reflektieren
Planung	Mitsprache aller am Projekt Beteiligten: Lehrziele werden zu Lernzielen und diese zu Prozeß- bzw. Handlungsentscheidungen	Koordination und Kooperation durch die (Fach)KollegInnen
Organisation	- innerfachlich , - außerhalb der Fächer - Projekttage und -wochen - Sonderformen, z.B. Landheimaufenthalte, Erkundungen im sozialen Umfeld usw.	parallel, getrennt oder zeitnah verdichtet - in den einzelnen Fächern - in spezifischen Fach- und Personenkonstellationen - in Sonderformen, z.B. Fachtagen, Projekten, Studienfahrten usw.
Lerngruppen[19)]	Klassenverband Jahrgangsstufe Interessengruppen - innerhalb einer Klasse - innerhalb einer Klassenstufe - klassenstufenübergreifend - schulformübergreifend	Klassenverband Jahrgangsstufe Interessengruppen innerhalb einer Klasse oder Jahrgangsstufe, selten jahrgangsstufenübergreifend
Selbst-verantwortung	Gleichberechtigung aber nicht Gleichartigkeit aller ProjektteilnehmerInnen in der Moderation durch eine hauptverantwortliche Leitung	Kooperation der FachkollegInnen meist einer Klassen- oder Jahrgangsstufe, in der Koordination eines (Leitfach-) Lehrers oder der Klassenlehrerin
Rollen	ständig wechselnde flexible und situative Rollen- und Arbeitsteilung	durchlässige Lehrer- und Lernerrollen: - LehrerInnen als Lernende unter KollegInnen, - SchülerInnen als Lehrende unter MitschülerInnen
Methodische Ausrichtung	anwendungsbezogen	themenbezogen
Lernformen	soziales, praktisches Lernen in variablen Gruppenformationen selbsttätig und selbstentdeckend	interdisziplinäres Lernen interaktiv-kommunikativ
Zugriffsweisen	ganzheitlich (mit allen Sinnen)	integrierend und synthetisierend
Aneignungsmodi	exemplarisch	vernetzend
Ergebnisse	Produktpräsentation	Integrationsleistung
Bewertung	Selbstüberprüfung und Reflexion Binnenkontrolle	Selbst- und Fremdüberprüfung möglich

5.6.5.2 Zusammenschau

Den Leserinnen und Lesern dieses Beitrags möchte ich abschließend als „Integrationshilfe“ eine Synopse anbieten, damit sich die im zweiten Teil ausgelegten Mosaiksteine - gemäß dem eigenen Anspruch - zu einem ganzen Bild fügen lassen. Dies geschieht aber unter dem unbedingten Vorbehalt, der allen derartigen Schemata anhaftet, dass sie nämlich zum Zwecke der Prägnanz und Trennschärfe das vereinfachen und typisieren, was insgesamt hoffentlich detaillierter entfaltet und differenzierter begründet wurde. In diesem Bewusstsein ist die zusammenfassende Merkhilfe als eine zu lesen, die Tendenzen und Relativwerte angibt: In fast jeder Spalte müssten einschränkende Zusätze stehen wie „vorwiegend“, „eher“, „zumeist“, „in der Regel“. Keinesfalls dürfen die Kennzeichen absolut gesetzt oder gar als Kontrollbogen für die jeweilige Unterrichtsform missbraucht werden. Mögen Sie auf einen Blick nochmals vor Augen führen, wovon der gesamte Beitrag gehandelt hat!

Anmerkungen

1) Vgl. dazu z.B. die ausführliche Würdigung von Deweys Projekttheorie bei Hänsel (1988), 20ff., Bohnsack (1976), Trapp (1989) sowie: Dewey in Schreier (Hrsg.) (1986).

2) Vertiefend Knoll 1984. Weitere geschichtliche Übersichten finden sich in Frey (1993), 29-49, der auch die russsischen Arbeitsschulkonzepte vorstellt, 33-54, Boutemard (1991), 62-77; Struck (1980), 10-14; bezogen auf Fächerübergreifenden Unterricht Wolters (1989), 50-52.

3) Vgl. dazu die programmatischen Titel von z.B. Bastian und Gudjons (1993). Projektbuch II. Über die Projektwoche hinaus. Projektlernen im Fachunterricht.

4) Dies habe ich an anderer Stelle bereits ausführlich dargestellt, werde aber im zweiten Teil nochmals im einzelnen darauf zurückkommen; vgl. Wolters (1989).

5) Beide Autoren versuchen dies schon seit längerer Zeit in bezug auf den „Lehrgang“ und neuerdings auch auf die Freiarbeit als Teil des „Trainingsunterrichtes“ zu leisten. Vgl. zu letzterem Bastian (1993).

6) Das haben die letztgenannten Autoren zum Anlass genommen, zwar keine „kohärente Didaktik“ zu liefern, wohl aber eine – wie ich finde – sehr überzeugende „didaktische Orientierung zur Anregung und Reflexion für die eigene Praxis“ (Emer, Horst 1991, 25ff.). Vier didaktische Dimensionsfelder, a) eine inhaltsbezogene, b) eine lernzielorientierte, c) eine rollenbezogene und d) eine methodische Dimension dienen dazu, die didaktischen Probleme deutlicher zu fassen. Dies ist meiner Einschätzung nach ein Versuch, die bis zu diesem Zeitpunkt vorgenommenen didaktischen Entwürfe in einen Gesamtzusammenhang zu fassen.

7) Eine Fülle von Aufsätzen sind dazu erschienen in den Zeitschriften „Schulintern“ und „Lehren und Lernen“ neben den offiziellen Verlautbarungen aus Kultus und Unterricht. Ich beschränke mich auf eine Auswahl der Veröffentlichungen ab 1987: Dietrich (1990), Eisenbarth (1992), Koller (1993), Kultus und Unterricht/Sonderausgaben (1987), (1991), (1992), (1993), Kuntze (1993), Mohr (1992), Sonderbeilage Schulintern (1990), Stripf (1988) und (1993), Thurow (1988), Wolters (1989).

8) Vgl. Übersicht über Merkmalslisten bei Pütt (1983) sowie Flechsig, der als einer der ersten (1975) Merkmale zu bestimmen versuchte und sie mit starkem Gewicht auf der Interdisziplinarität aktualisiert hat.

9) Vgl. Hänsel 1988, 37ff.. Ihre inhaltliche und methodische Konzeption ist z.T. in Kritik an den Merkmalslisten, aber auch an bestimmten, rein methodisch ausgerichteten Stufenschemata entwickelt worden. Vgl. dazu auch ebd., 14-19.

10) Die Bezeichnungen der Merkmale sind von Gudjons, Bastian (1993a, 1992) übernommen, ihre Reihenfolge aber leicht verändert. Die Abfolge der Schritte bestimmt sich nach Hänsel (1988), 37; deren inhaltliche Kurzbeschreibungen finden sich z.T. in den Marginalien wieder.

11) Aus der Fülle der inzwischen generell entwickelten kreativen und kooperativen Möglichkeiten zu Interessenfindung und Themenkonkretisierung weise ich stellvertretend auf die „Fundgrube“ ganzheitlichen Lernens von Thanhoffer, Reichel, Rabenstein (1992) hin.

12) Das AOL-Projekte-Buch (1986) bietet „250 Projekte und Ideen für eine lebendige Schule“, die man unter den o.a. Kriterien „durchforsten“ kann, ebenso „Wie im richtigen Leben…“ von Emer u.a. (1991), das zahlreiche Einzelbeispiele von Projektunterricht für die Sekundarstufe II ausweist; dsgl. Hänsel (1988), hier nach Schularten gegliedert.

13) Vgl. auch Bastians Plädoyer für eine profilierte Lehrerrolle in schülerorientierten Lernprozessen. (1991), 28- 43.

14) Ebd. (1988) auch detaillierte Beschreibung und optische Aufbereitung von Planungsschritten zur Durchführung einer fächerübergreifenden Thematik, 47.

15) Zahlreiche unterschiedliche Organisationsformen von fächerverbindendem und Fächerübergreifendem Unterricht sind dokumentiert in Kultus und Untericht (1992) und in der vom Oberschulamt Freiburg herausgegebenen Dokumentation (1991). Zur projektorientierten und fächerübergreifenden Landheimgestaltung führt das Seminar Heilbronn z.B. zur praxisnahen Ausbildung mit ReferendarInnen in jedem Jahr eine Kompaktwoche in Murrhardt/Schwäb.Wald durch. Die Beschreibung dieser Konzeption und ein Überblick über weitere projektorientierte und fächerübergreifende Ausbildungsveranstaltungen dieses Seminars finden sich bei Datow (1988) und (1990). Im BAK-Heft „Praktisches Lernen“ sind ebenfalls Beispiele zur projekt- und fächerübergreifenden Ausbildung in den Seminaren Baden-Württembergs wiedergegeben; desgleichen in Frommer (1989).Aus einem anderen Bundesland, nämlich Hamburg, stammen anregende Ausführungen zu Projektorientierten Fachtagen. Vgl. Jürs u.a. (1990).

16) Eine für die Schule zugeschnittene fächerübergreifende Konzeption zur Epochenbehandlung „Barock“ ist mit ausführlichem Bild- und Quellenmaterial ausgearbeitet in Brendle, Datow, Deutsch, (1994).

17) Detaillierte Beschreibung des genauen Organisationsmodells sowie zahlreicher Realisierungshilfen in Landeszentrale für Politische Bildung BW (1993), 7; weitere Hinweise zur Organisationsform des Gruppenpuzzles auch in Feustel u.a. (Hrsg.) (1992).

18) Im Gespräch ist auch, den Kopfnotenbereich für die Berwertung sozialer und überfachlicher Qualifikation zu erweitern. Vgl. dazu Stripf (1993).

19) Hinweise in diesem Feld verdanke ich Struck (1980), 22.

Literatur

AOL (Hrsg.): (1986). Das AOL Projekte-Buch. 250 Projekte und Ideen für eine lebendige Schule. Reinbek: Rowohlt.

Ballstaedt, St.-P. (1993). Interdisziplinäres Lernen: Aspekte des fächerverbindenden Unterrichts. Unveröffentlichtes Handout.

Bastian, J. (1991, 3. Aufl.). Lehrer im Projektunterricht. Plädoyer für eine profilierte Lehrerrolle in schülerorientierten Lernprozessen. In J. Bastian, H.Gudjons (Hrsg.). Das Projektbuch. Theorie – Praxisbeispiele – Erfahrungen. 28-43. Hamburg: Bergmann + Helbig Verlag.

Bastian, J. (1993). Freie Arbeit und Projektunterricht. Eine didaktische Wiedervereinigung. Pädagogik, 1993 (10), 6-9.

Bastian, J. (1993a, 2. Auflage). Projektunterricht planen. In J. Bastian, H. Gudjons (Hrsg.). Das Projektbuch II. Über die Projektwoche hinaus. Projektlernen im Fachunterricht. Hamburg: Bergmann + Helbig Verlag.

Bastian, J. & Gudjons, H. (Hrsg.). (1984). Projekte – Bildungsreform von unten. (Themenheft) Westermanns Pädagogische Beiträge, 1984 (4).

Bastian, J., Gudjons, H. (1989). Über die Projektwoche hinaus. Pädagogik, 1989 (7/8), 8-13.

Bastian, J., Gudjons, H. (Hrsg.). (1991, 3. Aufl.). Das Projektbuch. Theorie – Praxisbeispiele – Erfahrungen. Hamburg: Bergmann + Helbig Verlag.

Bastian, J., Gudjons, H. (Hrsg.). (1993a, 2. Aufl.). Das Projektbuch II. Über die Projektwoche hinaus. Projektlernen im Fachunterricht. Hamburg: Bergmann + Helbig Verlag.

Bastian, J., Gudjons, H. (1993b). Das Projekt: Projektunterricht. Argumente gegen eine Reduzierung des Projektbegriffs. Pädagogik, 1993 (7/8), 73.

b:e Redaktion (Hrsg.). (1978, 2. Aufl.). Projektorientierter Unterricht. Lernen gegen die Schule?. Weinheim: Beltz.

Benner, D., Ramsegger, J. (1983). Erziehender Unterricht und Projekte. Grundschule, 15, 9-12.

Bie, D. de, Louwerse, C. (1977). Projektorientierung im pädagogischen und sozialen Feld. Konzepte – Erfahrungen – Probleme. Freiburg: Lambertus.

Bohnsack, F. (1976). Erziehung zur Demokratie. John Deweys Pädagogik und ihre Bedeutung für die Reform unserer Schule. Ravensburg: Otto Maier Verlag.

Bossing, N.L. (1942, 8. Aufl.). Die Projekt-Methode. In G. Geißler (Hrsg.). (1970). Das Problem der Unterrichtsmethode in der pädagogischen Bewegung (123-140). Weinheim: Beltz.

Boutemard, B. S. de (1975). Schule, Projektunterricht und soziale Handlungsperformanz. München: Fink.

Boutemard, B. S. de. (1991, 3. Aufl.). Projektunterricht – Geschichte einer Idee, die so alt ist wie unser Jahrhundert. In J. Bastian, H. Gudjons (Hrsg.). Das Projektbuch. Theorie – Praxisbeispiele – Erfahrungen (33-54). Hamburg: Bergmann + Helbig Verlag.

Boutemard, B. S. de (1993). Erblast einer „Verspäteten Nation“. Pädagogik, 1993 (7/8), 71.

Brendle, H., Datow, W., Deutsch, U. (1994). Literatur im Zeitalter des Barock. Materialien für einen fächerverbindenden Deutschunterricht. Bildfolien mit Texten und didaktischer Erschließung. Offenbach a.M.: Jünger Verlag.

Collings, E. (1923). Ein Versuch mit einem Projekt-Lehrplan. In J. Dewey, W. H. Kilpatrick. (1935). Der Projektplan. Grundlegung und Praxis. 180-189. Weimar: Böhlau.

Datow, W. (1988). Vorbereitung der Lehrer auf fächerverbindenden Unterricht: Beispiele aus der Seminarpraxis. In Philologenverband Baden-Württemberg (Hrsg.). Fächerübergreifender Unterricht am Gymnasium. Dokumentation der Bildungspolitischen Jahrestagung 1988. 70-86.

Datow, W. (1990). „Pädagogik des Schullandheims“ – Praktisches Lernen in einer Kompaktwoche. Mitteilungen des Bundesarbeitskreises der Seminar- und Fachleiter e.V., 1990 (4), Praktisches Lernen im Seminar, 97-100.

Dewey, J. (1916, 3. Aufl. 1964). Demokratie und Erziehung. Braunschweig: Westermann.

Dewey, J., Kilpatrick, W. H. (1931). Der Ausweg aus dem pädagogischen Wirrwarr. In J. Dewey, W. H. Kilpatrick. (1935). Der Projektplan. Grundlegung und Praxis. 85-101. Weimar: Böhlau.

Dewey, J., Kilpatrick, W. H. (1935). Der Projektplan. Grundlegung und Praxis. Weimar: Böhlau.

Dewey, J. (1938). Erfahrung und Erziehung. In J. Dewey, O. Handling, W. Corell. (1963). Reform des Erziehungsdenken. 27-99. Weinheim: Beltz.

Dewey, J. (1986). Erziehung durch und für Erfahrung. Eingeleitet, ausgewählt und kommentiert von H. Schreier (Hrsg.). Stuttgart: Klett – Cotta.

Dietrich, R. (1990). Überlegungen zum fächerverbindenden Unterricht. Grundlagen, Möglichkeiten und Leistungen. Lehren und Lernen, 16 (9), 1–12.

Duncker, L., Götz, B. (1984). Projektunterricht als Beitrag zur inneren Schulreform. Langenau-Ulm: Armin Vaas Verlag.

Duncker, L., Goetsch K., Riegel E., Schulz, W. (Hrsg.). (1989). Über die Projektwoche hinaus. Projektlernen im Fachunterricht. (Themenheft) Pädagogik, 1993 (7/8).

Duncker, L. (1993a, 2. Aufl.). Projektlernen. Neue Rollen für die Schüler. Eine schultheoretische Ortsbestimmung. In J. Bastian, H. Gudjons (Hrsg.). Das Projektbuch II. Über die Projektwoche hinaus. Projektlernen im Fachunterricht. 65-80. Hamburg: Bergmann + Helbig Verlag.

Duncker, L. (1993b). Handeln im Dienste von Aufklärung und Demokratie. Eine Entgegnung auf Michael Knoll. Pädagogik, 1993 (7/8), 67.

Edelmann, W. (1988). Suggestopädie/Superlearning. Ganzheitliches Lernen, das Lernen der Zukunft? Heidelberg: Asanger.

Eisenbarth, O. (1992). Planung und Organisation von fächerverbindendem Unterricht. Schulintern, 10, 2-3.

Emer, W., Horst, U., Ohly, K.-P. (Hrsg.). (1991). Wie im richtigen Leben. Projektunterricht für die Sekundarstufe II. Bielefeld: Arbeitsmat. aus d. Bielefelder Oberstufenkolleg (AMBOS 29).

Emer, W., Horst, U. (1991). Projektunterricht für die Sekundarstufe II: Theoretisch-didaktischer Aufriß. In W. Emer, U. Horst, K.-P. Ohly (Hrsg.). Wie im richtigen Leben. Projektunterricht für die Sekundarstufe II. 1-50. Bielefeld: Arbeitsmaterialien aus dem Bielefelder Oberstufenkolleg (AMBOS 29).

Feustel, E., Klafki, W., Meyer, E., Pallasch, W. (Hrsg.). (1992). Gruppenpädagogik. Von der Idee zur Praxis. (Themenheft) Pädagogik, 1992 (1).

Fischer, W. (1989). Über Sinn und Unsinn fächerverbindenden Unterrichts und fächerübergreifender Themen. Unveröffentlichtes Manuskript.

Flechsig, K.-H. (1975). Was ist ein Lernprojekt? In K.-H. Flechsig, D. Haller (Hrsg.). Einführung in didaktisches Handeln. 327-352. Stuttgart: Klett.

Frommer, H. (1989). Was machen wir eigentlich? Problemanzeige. In H. Frommer, S. Körsgen (Hrsg.). Über das Fach hinaus.9-29. Düsseldorf: Schwann-Verlag.

Frey, K. (1993a, 5. überarb. und erw. Aufl.). Die Projektmethode. Weinheim: Beltz.

Frey, K. (1993b). Geschichte der Projektmethode und die Folgen. Pädagogik, 1993 (7/8), 69.

Goetsch, K. (1993, 2. Aufl.). Projektunterricht bewerten. In J. Bastian, H. Gudjons (Hrsg.). Das Projektbuch II. Über die Projektwoche hinaus. Projektlernen im Fachunterricht. 240-252. Hamburg: Bergmann + Helbig Verlag.

Gudjons, H. (1991, 3. Aufl.). Was ist Projektunterricht. In J. Bastian, H.Gudjons (Hrsg.). (1991). Das Projektbuch. Theorie – Praxisbeispiele – Erfahrungen. 14-29. Hamburg: Bergmann + Helbig Verlag.

Gudjons, H. (1992, 3. überarb. und erw. Aufl.). Handlungsorientiert lehren und lernen. Schüleraktivierung – Selbsttätigkeit – Projektarbeit. Bad Heilbrunn: Verlag Julius Klinkhardt.

Hänsel, D., Müller, H. (Hrsg.). (1988). Das Projektbuch Sekundarstufe. Weinheim: Beltz.

Hänsel, D. (1988). Was ist Projektunterricht, und wie kann er gemacht werden? In D. Hänsel, H. Müller (Hrsg.). Das Projektbuch Sekundarstufe. 11-45. Weinheim: Beltz.

Hänsel, D. (1993). Die Wahrheit über die Projektmethode? Pädagogik, 1993 (7/8), 65.

Heller, A., Semmerling, R. (1993). Das Prowo-Buch. Leben, Lernen, Arbeiten in Projekten und Projektwochen. Königstein Ts.: Scriptor.

Hentig, H. von. (1973). Schule als Erfahrungsraum! Eine Übung im Konkretisieren einer pädagogischen Idee. Stuttgart: Klett.

Hentig, H. von. (1987). Polyphem oder Argos? Die Disziplinarität in der nichtdisziplinären Wirklichkeit. In J. Kocka (Hrsg.). Interdisziplinarität. Praxis – Herausforderung – Ideologie. 34-59. Frankfurt a.M.: Suhrkamp -Taschenbuch Verlag.

Huber, L. (1991). Fachkulturen. Über die Mühen der Verständigung zwischen den Disziplinen. Neue Sammlung, 31, 3-24.

Jürs, G., Tobel K., Goetsch, K. (1990, 6. Aufl.). Projekte an Hamburger Schulen. Anregungen und Hilfen. Hamburg: Didaktisches Zentrum.

Klafki, W. (1985). Neue Studien zur Bildungstheorie und Didaktik. Beiträge zur kritisch-konstruktiven Didaktik. Weinheim: Beltz.

Knoll, M. (1984). Paradoxien der Projektpädagogik. Zur Geschichte und Rezeption der Projektmethode in den USA und in Deutschland. Zeitschrift für Pädagogik, 30 (5), 663ff.

Knoll, M. (1992). Abschied von einer Fiktion. Ellsworth Collings und das „Typhusprojekt". Neue Sammlung, 32 (4), 571-587.

Knoll, M. (1993). 300 Jahre Lernen am Projekt. Zur Revision unseres Geschichtsbildes. Pädagogik, 1993 (7/8), 58-63.

Koller, D. (1993). Vernetztes Denken – Denken in Wirkungsnetzen. Bericht über ein fächerverbindendes Thema am Gymnasium. Schulintern, 12, 1-4.

Krauth, G. (1985). Leben, Arbeit und Projekt. Eine konzeptionsgeschichtliche und vergleichende Studie über die gesellschaftliche, pädagogische und didaktische Bedeutung der Projektidee in reformpädagogischen Bewegungen. Frankfurt a.M.

Kultus und Unterricht (1987). Erziehender Unterricht in Fächerübergreifenden Themen (Sonderausgabe Nr. 6). Villingen-Schwenningen: Neckar-Verlag.

Kultus und Unterricht (1991). Fächerverbindendes Lehren und Lernen als Zukunftsaufgabe der Schule. (Nr. 21) Vill.-Schw.: Neckar-Verlag., 401-403.

Kultus und Unterricht (1992). Neue Unterrichtsformen. Beispiele zum fächerverbindenden Unterricht (Sonderausgabe Nr. 9). Villingen-Schwenningen: Neckar-Verlag.

Kultus und Unterricht (1993). Lehrplanfortschreibung. Grundschule/Hauptschule/Realschule/ Gymnasien (Sonderausgabe Nr. 13). Villingen-Schwenningen: Neckar-Verlag.

Kuntze, W.-M. (1993). Auf dem Weg vom Fachdenken zu themenorientiertem Denken: Die fächerverbindenden Themen. Schulintern, 1993 (2), 3-6.

Landeszentrale für Politische Bildung Baden-Württemberg (Hrsg.). (1993). Herbst 1989 – Innere Auflösung und Zusammenbruch der DDR. Ein fächerverbindendes Projekt der Fächer Gemeinschaftskunde, Geschichte, Deutsch, Religion, Musik und Bildende Kunst. Deutschland und Europa, Heft 25. Stuttgart: LPB.

Meyer, H. (1990, 3. Aufl.). UnterrichtsMethoden Band. II Praxisband. Frankfurt a.M.: Cornelsen.

Mohr, H. (1992). Interdisziplinäres Denken – Perspektiven aus Wirtschaft und Wissenschaft. Schulintern, 1992 (6/7), 8-9.

Müller, U., Datow, W. (1993). Schwetzingen – Garten der Symbole. Fächerverbindendes Projekt am Heidelberger Seminar. Mitteilungen des Bundesarbeitskreises der Seminar- und Fachleiter e.V. , 1993 (1/2), 80-88.

Neuhaus, E. (1977). Gesamtunterricht, Fächerübergreifender Unterricht. In Wörterbuch der Pädagogik. Band 2. 7-9. Freiburg: Herder.

Oberschulamt Freiburg. (Hrsg.). (1991). Fächerverbindender und Fächerübergreifender Unterrricht am Gymnasium. Freiburg.

Philologenverband Baden-Württemberg. (Hrsg.). (1988). Fächerübergreifender Unterricht am Gymnasium. Dokumentation der Bildungspolitischen Jahrestagung 1988.

Pütt, H. (1982). Projektunterricht und Vorhabengestaltung. Essen: Neue Deutsche Schule.

Otto, G. (1977). Das Projekt – Merkmale und Realisationsschwierigkeiten einer Lehr-Lern-Form. In A. Kaiser, F.-J. Kaiser (Hrsg.). Projekstudium und Projektarbeit in der Schule. 151-171. Bad Heilbrunn: Klinkhardt.

Sonderbeilage Fächerverbindender Unterricht. (1990). Schulintern, 1990 (8/9), I -XII.

Steinbach, D. (1991). Der fächerverbindende Unterricht im zeitgeschichtlichen Bezug. Schulintern, 1991 (8/9), 1-4.

Stripf, R. (1988). Fächerverbindender Unterricht und Lernen in Projekten. Lehren und Lernen, 14 (8).

Stripf, R. (1993). Kopfnoten: Bewertung sozialer Fähigkeiten und überfachlicher Qualifikation. Schulintern, 1993 (7/8), 8-9.

Struck, P. (1980). Projektunterricht. Stuttgart/Berlin/Köln/Mainz: Kohlhammer.

Thanhoffer, M., Reichel, R., Rabenstein, R. (1992). Kreativ unterrichten. Möglichkeiten ganzheitlichen Lernens. Münster: Ökotopia.

Thurow, R. (1988). Zehn Thesen zum fächerübergreifenden Unterricht im Gymnasium. Lehren und Lernen, 14 (6), 42-55.

Trapp, S. (1989). Praktisches Lernen als erziehender Unterricht. Wurzeln bei Dewey und Kerschensteiner. In H. Frommer, S. Körsgen (Hrsg.). Über das Fach hinaus (S. 237-249). Düsseldorf: Schwann-Verlag.

Vester, F. (1986). Neuland des Denkens (4. Aufl.). München: dtv.

Vorbach, K. (1982). Projektunterricht. In H. Frommer (Hrsg.). Handbuch Praxis des Vorbereitungsdienstes. Band 2. 247-260. Düsseldorf: Schwann-Verlag.

Voßkamp, W. (1992). Grenzüberschreitungen. Interdisziplinarität als Chance der Universität in den 90er Jahren. Wissenschaft und Fortschritt, 42 (2), 89-93.

Wolters, A. (1989). Fächerübergreifender Unterricht: Erziehungswissenschaftliche und bildungspolitische Aspekte. Versuch einer didaktischen Standortbestimmung. Lehren und Lernen, 15 (12), 48-80.

Wolters, A. (1993). Persönlichkeitsbildung durch Einsatz spielerischer, bildnerischer und musikalischer Elemente in der Schule. Bildungstheoretische Überlegungen. Einleitung zum Modellprojekt Spielerisch lernen. Ministerium für Kultus und Sport (Hrsg.). Stuttgart

6 Lernpsychologie für die Schule

Gislinde Bovet

Weiter Lernbegriff

Was haben Sie in der Schule gelernt? Rechnen, Schreiben, Lesen, Erdkunde, Englisch, Zuhören, Hochdeutsch, logisches Denken, selbstständiges Arbeiten, Abgucken, Schlafen mit offenen Augen, Angst vor Klassenarbeiten, Verhandeln, Solidarität, Sichwehren …? Das Spektrum des in der Schule Lernbaren zeigt an, wie umfassend der Begriff des Lernens ist. Nicht nur Fakten werden gelernt, sondern auch motorische und geistige Fertigkeiten, Einstellungen, Gefühle, Sozialverhalten. Viele dieser Lernprozesse geschehen nicht mit Absicht, noch sind sie den Lernenden immer bewusst; Lernen kann ohne Intention und beiläufig geschehen. Das, was gelernt wird, muss auch nicht wertvoll und der eigenen Entwicklung oder der Gesellschaft dienlich sein. Man lernt auch neurotisches Verhalten. Dieses weite Verständnis von Lernen sollten Sie beim Lesen dieses Beitrags vor Augen haben.
Für die verschiedenen Dinge, die man lernt – also Fakten, Verhaltensweisen, Einstellungen, logisches Denken usw. –, gibt es verschiedene Theorien, die beschreiben, wie man sich das jeweilige Lernen prinzipiell vorstellt. Für das Lernen von Angst wird also eine andere Theorie herangezogen als für das Lernen von Sozialverhalten oder den Wissenserwerb. Das ergibt sich aus der Unterschiedlichkeit der Lernprozesse und der Perspektiven, die bei ihrer Beschreibung eingenommen werden.

Verschiedene Theorien

Im Folgenden werden die wichtigsten Lerntheorien mit ihren jeweiligen Geltungsbereichen nacheinander vorgestellt. Die Aneinanderreihung dient der Übersichtlichkeit und entspricht auch in etwa der Geschichte der Lernpsychologie. Sie trennt aber, was im realen Lerngeschehen zusammengehört. Man lernt ja – etwa im Unterricht – nicht Wissen getrennt von Affekten und sozialem Verhalten, sondern dieses Lernen geschieht oft gleichzeitig, bedingt sich auch gegenseitig. Das reale Lerngeschehen ist komplexer und vielschichtiger, als es mit einer Lerntheorie, die zwangsläufig reduktiv ist, beschrieben werden kann. Entsprechend kann ein- und dasselbe Lerngeschehen auch mit verschiedenen Theorien analysiert werden. Mit jeder Theorie wird aber eine andere Perspektive eingenommen, und es werden andere Facetten aus dem gesamten Lerngeschehen erfasst.

6.1 Klassisches Konditionieren

6.1.1 Das Paradigma des klassischen Konditionierens

Pawlows Hundeexperiment

Iwan Petrowitsch Pawlow (1849-1936), russischer Physiologe, führte um die Jahrhundertwende Experimente mit Hunden durch, um deren Verdauungs-

vorgänge zu erkunden. Nach mehreren Experimenten beobachtete er, dass seine Hunde bereits Speichel absonderten, wenn sie die Vorbereitungen zu ihrer Fütterung nur wahrnahmen. Sie geiferten also schon beim Anblick ihres Futters und nicht erst, wenn sie es im Maul hatten. Auf die Untersuchung dieses vorzeitig auftretenden Speichelreflexes konzentrierte Pawlow seine weitere Forschungsarbeit.
Er wählte einen Glockenton als neutralen Reiz und vergewisserte sich zunächst, dass sein Versuchshund darauf nicht mit Geifern reagierte. Der Hund zeigte lediglich eine Orientierungsreaktion, ein Aufmerken. In einer folgenden Konditionierungsphase, die sich über mehrere Tage erstreckte, ließ Pawlow dann jedesmal einen Glockenton erklingen, bevor er seinem Hund Futter gab. Am Ende dieser Konditionierungsphase geiferte der Hund schon, wenn er nur den Glockenton hörte; er hatte gelernt, den Glockenton als Signal für das Futter zu erkennen. Diese konditionierte Geiferreaktion verschwand wieder, wenn Pawlow Glockenton und Futter dauerhaft entkoppelte, also dem Hund wiederholt den Glockenton ohne Futter darbot; sie hielt sich, wenn Pawlow nicht jedesmal, aber doch hin und wieder Futter auf den Glockenton folgen ließ.
Verallgemeinernd spielt sich beim klassischen Konditionieren folgendes ab: Ein unbedingter Reiz (unconditioned stimulus, US, in Pawlows Experiment das Futter im Maul des Hundes) ruft natürlicherweise, also ohne dass der Organismus das erst lernen muss, einen Reflex, eine unbedingte Reaktion (unconditioned reaction, UR, die Speichelabsonderung) hervor. Ein neutraler Reiz (NS, der Glockenton) wird nun mehrfach mit dem unbedingten Reiz gekoppelt. Das führt dazu, dass auch der neutrale Reiz die Reaktion auslöst, die bis dahin nur auf den unbedingten Reiz hin erfolgte. Aus dem neutralen Reiz (Glockenton) wird so ein bedingter Reiz (conditioned stimulus, CS). Die auf ihn folgende Reaktion (die Speichelabsonderung) ist keine angeborene mehr, sondern eine erlernte, eine bedingte Reaktion (conditioned reaction, CR). Diese wird gelöscht, wenn der konditionierte Reiz wiederholt ohne den unkonditionierten auftritt; sie stabilisiert sich, wenn der unkonditionierte Reiz nur hin und wieder auf den konditionierten folgt.

6.1.2 Emotional-motivationale Konditionierung bei Menschen

Experiment mit Albert

Pawlows Befunde vom bedingten Speichelreflex gelten im Prinzip auch für den Menschen – bekanntlich läuft vielen ja schon das Wasser im Mund zusammen, wenn sie sich im hungrigen Zustand ein gutes Essen nur vorstellen. Aber das klassische Konditionieren hätte für das Verstehen menschlichen Erlebens und Verhaltens nur marginale Bedeutung, beschränkte es sich auf das Bedingen von Reflexen. Das tut es aber nicht. Auch emotionale und motivationale Reaktionen werden nach dem Muster des klassischen Konditionierens erlernt. Das grundlegende Experiment dazu – ein berüchtigtes, das auf eine Art Kindesmisshandlung hinauslief – lieferte 1920 der amerikanische Psy-

chologe Watson. Seine Versuchsperson war ein knapp einjähriger Bub namens Albert. Albert reagierte zunächst furchtlos und interessiert auf eine weiße Ratte, die Watson ihm präsentierte (NS). Dagegen erschrak er und weinte (UR), wenn Watson plötzlich mit einem Hammer auf ein Stahlrohr eindrosch (US). Watson koppelte nun wiederholt Ratte und Krach, und wie erwartet geriet Albert schließlich schon beim Anblick der Ratte in Panik (CR). Er generalisierte diese Reaktion auch auf andere fellartige Objekte, sogar auf Pelzmäntel. Leider kam Watson nicht mehr dazu, Alberts Furchtreaktion zu löschen. Mit einer einfachen Entkoppelung von Ratte und Krach wäre das vermutlich auch nicht zu leisten gewesen, denn bedingte Furchtreaktionen sind sehr löschungsresistent. 1924 fand eine Fortsetzung von Watsons Experiment durch Jones statt. Jones versuchte einen kleinen Jungen namens Peter von einer bedingten Kaninchenfurcht zu kurieren. Das gelang ihr schließlich durch eine sogenannte Gegenkonditionierung: Sie gab Peter jedesmal etwas Leckeres zu essen, wenn sie mit ihm arbeitete. Während Peter entspannt aß, führte sie das Kaninchen langsam an ihn heran, aber nur so weit, wie Peter es angstfrei ertragen konnte. Das wiederholte sie mehrfach, wobei immer größere Annäherungen möglich wurden. Schließlich konnte es Peter sogar zulassen, dass das Kaninchen an seinen Fingern knabberte. In seiner ausgefeilten Form nennt man dieses Vorgehen Systematische Desensibilisierung. Das Prinzip besteht darin, dass eine Reaktion herbeigeführt wird, die mit der konditionierten inkompatibel ist, und zugleich eine allmähliche Annäherung an den angstauslösenden Reiz stattfindet.
Mit dem klassischen Konditionieren lassen sich viele Gefühle erklären, Ängste, Aversionen, Vorlieben beispielsweise, aber auch Hunger- und Durstgefühle, sexuelle Gefühle, die in bestimmten Situationen auftreten. Oft wird das klassische Konditionieren auch für therapeutische Zwecke eingesetzt, beispielsweise zum Erwerb von Aversionen gegen Nikotin, Alkohol oder andere Drogen, oder zum Verlernen von Furcht und Aversionen gegenüber Objekten und Situationen, die ungefährlich sind. Anders als noch zu Pawlows und Watsons Zeit geht man heute jedoch nicht mehr davon aus, dass durch klassisches Konditionieren jeder beliebige neutrale Reiz zu einem bedingten werden kann. Man weiß inzwischen, dass das Individuum bewusst oder unbewusst mitbestimmt, ob eine Konditionierung zustandekommt und welcher neutrale Reiz aus der gesamten Versuchssituation schließlich zum bedingten wird. Dabei kommen stammesgeschichtliche und individuelle Erfahrungen ins Spiel. Es ist einfacher, einem Menschen Furcht vor Ratten oder Kaninchen anzutrainieren als beispielsweise vor Tischtüchern.

Unbedingte Angstauslöser

Zu den unbedingten Reizen, die bei Menschen natürlicherweise Angst auslösen, gehören überstimulierende Sinnesreize wie plötzliche laute Geräusche, aber auch der weitgehende oder völlige Entzug von Sinnesreizen; Reize, die unvereinbare motivationale Tendenzen hervorrufen, beispielsweise zugleich Annäherungs- und Vermeidungswünsche; Reize, die Schmerzen verursachen; phylogenetisch festgelegte Angstreize wie Schlangen oder Tiefen; Bestrafung und Bedrohung, Bloßstellung durch andere. Im Umfeld solcher Reize ist mit Angstkonditionierungen zu rechnen.

6.1.3 Klassische Konditionierungen in der Schule

Beispiele aus der Schule

Mit dem klassischen Konditionieren lässt sich das Lernen in der Schule nicht optimieren, aber man kann damit viele motivationale und affektive Reaktionen erklären, die im Schulalltag vorkommen. Zwei Beispiele:

- Manche Kinder tun sich schwer, wenn im Mathematikunterricht Sachverhalte in Formeln dargestellt werden. Sie sind noch nicht so weit, dass sie die damit einhergehende Abstraktion verstehen. Wenn sie deswegen bloßgestellt oder bestraft werden, reagieren sie mit Angst. Später befällt sie schon bei der Ankündigung von Mathematikarbeiten Panik, oder ihr Denkvermögen ist generell – also auch in Fächern wie Chemie, Physik – blockiert, sobald sie Formeln sehen.
- Eine Referendarin berichtet, dass ihr beim Betreten des Schulgebäudes oft etwas übel wird durch den Geruch, der ihr entgegenschlägt; sie bezeichnet ihn als schultypischen Butterbrot- und Schweißgeruch. Nach ihren eigenen Erfahrungen als Schülerin befragt, beschreibt sie diese als angstbesetzt. Sie hat sich als Schülerin in der Schule oft unwohl gefühlt, Angst vor Leistungsversagen und sozialer Isolation gehabt. Sie wollte auch nicht Lehrerin werden, entschied sich dann aber doch aus Mangel an anderen Möglichkeiten dafür. Nach einem Jahr erneut befragt berichtet sie, dass sie sich inzwischen im „Dunstkreis der Schule" wohl fühlt und den Mief überhaupt nicht mehr bemerkt. Das Unterrichten gelingt ihr gut, und sie hat im Kollegium gute Freundinnen und Freunde gefunden.

Konditionierung physiologischer Prozesse

Das zweite Beispiel zeigt, dass Angstkonditionierungen auch auf vegetative Funktionen Einfluss haben. Physiologische Prozesse, die das Angsterleben mitbestimmen, etwa Herzklopfen, Magenkontraktionen, Schwitzen, werden praktisch mitkonditioniert. Solche bedingten physiologischen Reaktionen sind oft sehr löschungsresistent. Sie können auch dann noch auftreten, wenn die damit verbundene Angst als unangemessen erkannt wurde, und rufen diese dann doch wieder hervor. Sie können auch psychosomatische Beschwerden verursachen, deren Angstgrundlage man nicht mehr erkennt, weil man sie längst überwunden glaubt.

6.2 Operantes Konditionieren

6.2.1 Das Paradigma des operanten Konditionierens

Thorndikes Katzenexperiment

Etwa zeitgleich mit Pawlow führte Thorndike (1874-1949) Lernexperimente mit Katzen durch. Er sperrte eine hungrige Katze in einen Käfig und stellte außerhalb des Käfigs Futter auf. Die Katze versuchte aus dem Käfig zu entkommen, indem sie sich an die Gitterstäbe drängte, festkrallte, kratzte, biss usw. Durch Zufall krallte sie sich irgendwann an eine Drahtschlaufe, mit der im Käfiginnern eine Klapptür verriegelt war. Dadurch öffnete sich die Klapptür, die Katze konnte entweichen und kam an das Futter. Wenn sie in der folgenden Zeit wieder in den Käfig gesperrt wurde, zog sie immer gezielter an der Drahtschlaufe. Sie hatte gelernt, sich damit zu befreien. Das erfolglose Verhalten, das sie noch beim ersten Versuch gezeigt hatte, verschwand allmählich. Ausgehend von diesen Beobachtungen formulierte Thorndike sein Gesetz des Effekts: Verhalten, das mit Erfolg verbunden wird, tritt häufiger auf; Verhalten, das nicht mit Erfolg verbunden wird, wird allmählich eliminiert.

Skinner

Skinner (1904-1989) experimentierte in ähnlicher Weise mit Tauben und Ratten, jedoch waren seine Experimente variantenreicher und raffinierter als Thorndikes. Er belohnte beispielsweise Tauben systematisch mit Futter, wenn sie kleinste Schritte in eine gewünschte Richtung machten, und dressierte sie so, dass sie komplizierte Bewegungen ausführten, die wie Tänzchen aussahen. Skinner wird heute als Hauptvertreter des operanten Konditionierens angesehen; er gab dieser Lernart auch ihren Namen. Mit „operant" meinte Skinner, dass – anders als beim klassischen Konditionieren – nicht ein definierter Reiz eine bereits verfügbare Reaktion hervorruft, sondern dass neue Reaktionen oder „Operatoren" entwickelt und stabilisiert werden, wenn die folgenden Reizbedingungen sie verstärken.

Vier Prinzipien

Das Paradigma des operanten, auch instrumentellen Konditionierens umfasst vier Prinzipien: Die positive und die negative Verstärkung, die Löschung durch Ignorieren und die Löschung durch Bestrafung. Verstärkung erhöht die Auftretenswahrscheinlichkeit eines Verhaltens. Von einer positiven Verstärkung spricht man, wenn die Verstarkung dadurch zustande kommt, dass dem Verhalten eine Belohnung folgt; von einer negativen, wenn die Verstärkung sich dadurch ergibt, dass etwas Unangenehmes wegfällt. Die Grenze zwischen positiver und negativer Verstärkung ist fließend; es gibt Fälle, in denen sich nicht eindeutig sagen lässt, ob eine Verstärkung positiv oder negativ ist. Löschung mindert die Auftretenswahrscheinlichkeit eines Verhaltens. Löschung durch Ignorieren findet statt, wenn ein Verhalten abnimmt, weil es nicht die erwarteten angenehmen Folgen nach sich zieht; Löschung durch Bestrafung, wenn es abnimmt, weil es unangenehme Folgen hat. Die Grenze zwischen Ignorierung und Bestrafung ist ebenfalls fließend.

6.2.2 Operantes Konditionieren bei Menschen

Beispiele

Die vier Prinzipien operanten Konditionierens gelten auch für menschliches Verhalten:

- Positive Verstärkung: Ein sonst stiller Schüler wird für seine gute Mitarbeit im Deutschunterricht gelobt. In der folgenden Deutschstunde beteiligt er sich noch reger.
- Negative Verstärkung: Ein Lehrer hat heftige Kopfschmerzen. Er nimmt eine Tablette; die Schmerzen lassen daraufhin schnell nach. Als sich später erneut Kopfschmerzen ankündigen, greift er vorbeugend zu Tabletten.
- Löschung durch Ignorieren: Eine Schülerin sucht Anschluss und gesellt sich deshalb auf dem Pausenhof zu einer Clique von anderen Mädchen.

Die beachten sie aber überhaupt nicht; sie überhören, was sie sagt, und schauen sie auch nicht an. Die Schülerin fühlt sich sehr verletzt und nimmt sich vor, so etwas nie wieder zu versuchen.
- Löschung durch Bestrafung: Ein Schüler kommentiert während des Unterrichts mehrfach halblaut, was die Lehrerin sagt, und bringt damit seine Nachbarn zum Lachen. Die Lehrerin fühlt sich durch das Verhalten des Jungen erheblich gestört. Nach zwei vergeblichen Ermahnungen setzt sie den Störenfried nach vorne. Der stellt daraufhin seine Kommentare ein.

Keine sicheren Vorhersagen möglich

Die Beispiele könnten natürlich auch anders ausgehen: Dem stillen Schüler könnte das Lob des Deutschlehrers peinlich sein und er könnte daraufhin wieder verstummen. Der von Kopfschmerzen geplagte Lehrer könnte vorsichtig sein und einen Spaziergang machen, statt erneut Tabletten zu nehmen. Die isolierte Schülerin könnte sich dickfellig zeigen und beharrlich weiter versuchen, Anschluss an die Mädchenclique zu finden; der störende Schüler könnte sich durch das Lachen seiner Mitschüler so beflügelt fühlen, dass er mit seinen Bemerkungen fortfährt.

Die operanten Lernprinzipien ermöglichen also keine sicheren Vorhersagen, ob Verstärkungen oder Löschungen wie geplant eintreten werden. Das hat im Wesentlichen zwei Gründe. Zum einen muss man wie beim klassischen Konditionieren einkalkulieren, dass Menschen selbst mitbestimmen, wie die Konditionierungen verlaufen. Es hängt von ihren individuellen Erfahrungen und Sichtweisen ab, wie sie den Zusammenhang zwischen Verhalten und Folgen interpretieren, auf welchen Verhaltensaspekt sie beispielsweise die Folgen beziehen und ob ein Reiz für sie tatsächlich Verstärker- oder Löschqualitäten hat. Zum anderen kann man im wirklichen Leben die Folgen eines Verhaltens weit weniger kontrollieren als im Experiment. Eine Verstärkung oder Löschung, die im abgeschotteten Einzelversuch durchaus funktionieren würde, kann im wirklichen Leben durch unkontrollierbare gegenläufige Einflüsse – beispielsweise durch Verstärkungen von seiten der Mitschüler oder Eltern – scheitern.

6.2.3 Regeln der Verhaltensmodifikation für die Schule

Obwohl diese prognostische Unsicherheit besteht, hat das operante Konditionieren häufigere Anwendung in allen Bereichen der Menschenführung gefunden als jeder andere psychologische Ansatz. Es wurden auch viele Untersuchungen durchgeführt, um die verschiedenen Bedingungen des Verstärkens und Löschens in spezifischen Situationen genauer zu erfassen und um die Kontrolle über Verstärkung und Löschung besser in den Griff zu bekommen.

Verhaltensmodifikation

Die systematische Anwendung der operanten Prinzipien für pädagogische Belange nennt man Verhaltensmodifikation. Im Folgenden werden einige Regeln der Verhaltensmodifikation aufgezählt, die für das Erziehen und Unterrichten in der Schule von Bedeutung sind:

Regeln

- Wenn man auf das Verhalten von Schülerinnen und Schülern mittels systematischer operanter Konditionierung Einfluss nehmen will, sollte man zunächst genau festhalten, welches unerwünschte Verhalten man beseitigen möchte, in welchen Situationen und wie oft dieses Verhalten auftritt und durch welche Folgen es verstärkt wird.
- Das erwünschte Verhalten, das die Schülerinnen und Schüler lernen sollen, sollte man so konkret wie möglich festlegen. Nur dann lässt sich nämlich prüfen, ob man mittels Verstärkungen und Löschungen seinem Ziel näherkommt. Man sollte sich also nicht zum Ziel setzen „Ich möchte, dass die Klasse mehr Interesse zeigt", sondern „Ich möchte, dass jeder Schüler und jede Schülerin mindestens einmal pro Stunde etwas sagt."
- Bei den Überlegungen, welche Verstärker man am besten einsetzt, sind die Vorlieben der Schülerinnen und Schüler zu berücksichtigen. Positive Verstärker sind negativen vorzuziehen.
- Das unerwünschte Verhalten kann man manchmal durch Ignorieren löschen. Wenn Ignorieren aber keine Wirkung zeigt, weil das Verhalten per se verstärkend wirkt oder durch andere verstärkt wird, muss man es konsequent bestrafen.
- Parallel zur Löschung des unerwünschten Verhaltens muss der Aufbau des erwünschten stattfinden. Man muss den Schülerinnen und Schülern also deutlich sagen, welches Verhalten man an Stelle des bestraften von ihnen erwartet, und muss das erwünschte Verhalten systematisch verstärken, anfangs auch Ansätze, die in Richtung auf das erwünschte Verhalten gehen.
- Unerwünschtes Verhalten und Bestrafungen lassen sich oft umgehen, indem man deutliche Hinweise – sogenannte diskriminative Reize – einsetzt, mit denen man signalisiert, dass jetzt das unerwünschte Verhalten zu unterlassen ist und das erwünschte folgen soll. Das können einfache Gesten oder kurze Ermahnungen sein.
- Anfangs, wenn das erwünschte Verhalten noch ausgeformt werden muss, sollte man viel und zuverlässig verstärken; später, wenn die Schülerinnen und Schüler das erwünschte Verhalten weitgehend beherrschen, ist es günstiger, wenn man nur hin und wieder und in unregelmäßigen Abständen verstärkt, denn unregelmäßige Verstärkungen stabilisieren ein Verhalten und machen es besonders löschungsresistent.
- Man sollte einkalkulieren, dass die kurzfristigen Folgen eines Verhaltens oft wirksamer sind als die langfristigen. Das gilt auch, wenn gedanklich eine Verbindung zwischen Verhalten und langfristiger Folge hergestellt werden kann.
- Man sollte auch einkalkulieren, dass Löschung durch Ignorieren zunächst zu einer Häufung und Intensivierung, dann erst zu einer Reduktion des unerwünschten Verhaltens führt.

Vorzüge

Die Verhaltensmodifikation hat gegenüber anderen psychologischen Methoden – etwa dem psychoanalytischen Vorgehen – mehrere Vorzüge. Sie richtet ihr Augenmerk nicht auf tieferliegende und weitzurückreichende Verhaltensursachen, sondern auf aktuelle, äußere, die ein Verhalten stützen.

Das bedeutet, dass sie weniger spekuliert und sich mehr auf äußere, änderbare Bedingungen konzentriert. Ein weiterer Vorzug ist, dass die Verhaltensmodifikation beobachtbare Verhaltensänderungen fordert, und die tragen zur Lösung eines Problems oft mehr bei als Einsichten, wo in der frühen Kindheit das Fehlverhalten seine ursprünglichen Wurzeln hat. Und schließlich kann man die Verhaltensmodifikation vielseitig anwenden, bei sich selbst, bei anderen und mit anderen. Schülerinnen und Schüler können eingeweiht und einbezogen werden, wenn man eine Verhaltensmodifikation mit ihnen durchführen will. Man kann sie informieren über das, was abgestellt und statt dessen erreicht werden soll, kann mit ihnen geeignete Verstärker und Hinweisreize festlegen, Absprachen treffen, wann diese erfolgen sollen usw. Das gemeinsame Vorgehen ist nicht nur demokratischer, sondern auch effizienter, weil es den Freiheitsspielraum berücksichtigt, den Menschen gerne behalten, wenn es um die Steuerung ihres Verhaltens geht.

6.2.4 Loben und Strafen

Da in der Schule vorzugsweise mit Lob als positivem Verstärker, aber auch mit Strafe als Verhaltenslöscher gearbeitet wird, sollen noch einige Untersuchungsbefunde und Regeln dazu wiedergeben werden:
Eine wiederholt gemachte Feststellung ist, dass in der Schule weniger gelobt wird, als Lehrerinnen und Lehrer selbst vermuten, und dafür mehr getadelt. Dabei sind die meisten Lehrerinnen und Lehrer vom Wert des Lobens überzeugt und haben Zweifel, was die Wirksamkeit des Tadelns betrifft.

Loben

Lob wirkt sich verstärkend auf das Schülerverhalten aus, wenn es kontingent, spezifisch, glaubwürdig und angemessen ist. Kontingent heißt, dass es in einem Zusammenhang mit dem Verhalten steht, das verstärkt werden soll. Ein Lob sollte also möglichst bald auf das zu verstärkende Verhalten folgen und nicht erst Wochen später. Spezifisch heißt, dass deutlich werden soll, auf welches Verhalten oder welchen Verhaltensaspekt sich das Lob bezieht. „Gut gemacht!“ als Kommentar unter einem Aufsatz lässt beispielsweise im Unklaren, was gut ist – der Stil, die Gliederung, die Argumentation? Glaubwürdig ist ein Lob, wenn es eine ernstgemeinte Anerkennung zum Ausdruck bringt und nicht nur als manipulative Technik eingesetzt wird. Angemessen meint, dass das Lob zur erbrachten Leistung im richtigen Verhältnis stehen muss. Ein überschwengliches Lob, das auf eine mäßige Leistung folgt, signalisiert, dass man von den Fähigkeiten der gelobten Person nicht viel hält.

Strafen

Entsprechend muss Strafe, wenn sie ein unerwünschtes Verhalten unterdrücken soll, kontingent, spezifisch, glaubwürdig und angemessen sein. Zur Angemessenheit ist anzumerken, dass viele intendierte Strafen deshalb nicht wirken, weil sie zu schwach sind. Je intensiver oder härter ein Strafreiz ist, desto wirksamer ist die Verhaltensunterdrückung (Befunde dazu siehe Spada 1990, 345f.). Strafen haben auch wenig Wirkung, wenn dem Verhalten gelegentlich positive Verstärkungen folgen – was in der Schule leider oft vorkommt. Die Verstärkung kann beispielsweise durch die Klasse erfolgen,

die einen Übeltäter wegen seines Muts bewundert, aber auch durch einen selbst, weil man nicht immer aufmerksam und konsequent sein kann. Am wirkungsvollsten für die Verhaltensänderung ist es, wenn man ein unerwünschtes Verhalten hart straft und zugleich ein erwünschtes Alternativverhalten aufbaut, das man so positiv verstärkt wie zuvor das unerwünschte Verhalten.
Die Forderung nach harten Strafen zeigt, dass lernpsychologische und pädagogische Erfordernisse nicht immer im Einklang stehen. Aus pädagogischer Sicht ist gegen harte Strafen einzuwenden, dass sie die Beziehungen belasten und bei den Bestraften emotionale und motivationale Reaktionen hervorrufen, die störender als das bestrafte Verhalten sein können.

6.3 Beispiele für komplexe Konditionierungsprozesse

6.3.1 Vermeidungsverhalten

Ausweichen vor Lastwagen nach Unfall

Vor mehr als zwanzig Jahren passierte mir folgender Unfall: Ich brachte mein Auto an einer Ampel zum Stehen. Während ich bremste, sah ich im Rückspiegel einen Lastwagen von hinten auf mich zurasen und wusste, dass das nicht gutgehen würde. Ein oder zwei Sekunden später fuhr der Lastwagen auf mich auf und schob mich auf das vor mir stehende Auto. Ich wurde dabei leicht verletzt. Seither gerate ich in ängstliche Unruhe, wenn ein Lastwagen dicht hinter mir fährt. Wenn ich nicht nach vorne ausweichen kann, schere ich rechts aus, halte an und lasse den Lastwagen vorbeifahren. Das ist lästig, aber erträglicher als die Angst, die mich nicht mehr klar denken lässt, wenn ich dicht vor dem Lastwagen ausharren muss.
Was liegt hier lerntheoretisch gesehen vor? Zunächst eine klassisch konditionierte Angst vor Lastwagen, die von hinten kommen. Um die drohende Gefahr zu vermeiden, weiche ich dem aversiven Reiz aus. Das Vermeidungsverhalten ist erfolgreich, es beseitigt die Angst. Es wird also negativ verstärkt, und deshalb verhalte ich mich in ähnlichen Situationen wieder so. Die Crux ist nur, dass ich auf diese Weise zwar der Gefahr und der Angst entgehe, aber nie lernen werde, gelassen und ruhig zu bleiben, wenn sich Lastwagen von hinten nähern.

Ausweichen vor Klassenarbeiten

In ähnlicher Weise können Ausweichmanöver in der Schule bedingt sein. Ein Schüler kann beispielsweise infolge klassischer Konditionierung Angst vor Leistungsüberprüfungen in Mathematik haben. Um denen zu entgehen, wird ihm mit schöner Regelmäßigkeit vor Klassenarbeiten schlecht. Solche somatischen Ausweichmanöver sind naheliegend, weil Angst ja meistens mit physiologischen Reaktionen einhergeht, die Unwohlsein, Unruhe hervorrufen. Diese Reaktionen werden dann aber nicht als Angst wahrgenommen, sondern als Anzeichen einer realen, rein somatischen Erkrankung. Wenn der Schüler dann zu Hause gehalten oder aus der Schule heim geschickt wird, ist das Kranksein als Vermeidungsverhalten verstärkt. Das Problem ist auch hier, dass der Schüler so nicht lernen kann, sich in Prüfungen zu bewähren. Auch

Verdrängungen können so erklärt werden: Es sind gedankliche Ausweichmanöver, die dazu dienen, peinliche und angstbesetzte Erinnerungen zu vermeiden.

6.3.2 Hilflosigkeit

Experiment von Hiroto und Seligman

In einem Experiment von Hiroto und Seligman (1975, dargestellt in West, Wicklund 1985) wurden Studenten und Studentinnen fünfundvierzigmal hintereinander einem lauten, unangenehmen Lärm ausgesetzt. Zuvor hatte man ihnen gesagt, dass sie den Lärm durch ein bestimmtes Verhalten beenden könnten. Einige (Gruppe 1) fanden bald heraus, dass sie dafür viermal auf einen Knopf drücken mussten. Andere (Gruppe 2) wurden ebenso instruiert, fanden auch einen Knopf an ihrem Tisch vor, mussten aber feststellen, dass sich damit wider Erwarten der Lärm nicht abstellen ließ. Wiederum anderen (Gruppe 3) wurde von vornherein gesagt, dass keine Möglichkeit bestünde, den Lärm abzustellen. Nachdem alle die erste Phase des Experiments überstanden hatten, sollten sie zwanzig Anagramme (ERLCK = Clerk) möglichst schnell lösen. Gruppe 1 brauchte für jedes Wort im Schnitt zwanzig Sekunden, Gruppe 3 fünfundzwanzig Sekunden, Gruppe 2 über vierzig Sekunden. Für Gruppe 2 gilt: Die Entdeckung, dass der aversive Reiz – der Lärm – wider Erwarten nicht kontrolliert werden konnte, beeinträchtigte die nachfolgende kognitive Leistung. Es kam zu einer Generalisierung der zuvor erlebten Hilflosigkeit.

Ähnlich wie den Studentinnen und Studenten der Gruppe 2 ergeht es Schülerinnen und Schülern, die sich bemühen und anstrengen, dennoch schlechte Leistungen bringen. Ihr Bemühen bewirkt wider Erwarten nichts, und sie sind Strafen ausgesetzt, die zu dem vorausgegangenen Verhalten in keiner Beziehung stehen. Daraus kann sich ein generelles und grundlegendes Gefühl von Hilflosigkeit in Leistungssituationen entwickeln, das auch dann auftritt, wenn ihnen durchaus bewältigbare Aufgaben gestellt werden.

6.3.3 Drogensucht

Positive und negative Verstärkung

Zimbardo (1995) beschreibt, wie das Verhalten Drogenabhängiger konditionierungstheoretisch zu erklären ist:

- Am Anfang ruft die Droge Entspannung, Euphorie, Aufregung hervor und führt zu Anerkennung in der Gruppe der User. Diese Folgen verstärken den Drogengebrauch positiv.
- Nach einiger Zeit gewöhnt man sich an die Droge. Sie abzusetzen wird unangenehm. Es treten schmerzhafte Entzugserscheinungen auf, die Strafreizen vergleichbar sind. Ihnen entgeht man, wenn man die Droge weiter nimmt. Der weitere Gebrauch wird also negativ verstärkt.
- Nach längerem Gebrauch entwickelt man eine Toleranz gegen die Droge; man benötigt größere Mengen, um eine Wirkung zu verspüren. Das liegt

Klassisch konditionierte Abwehrreaktion

an einer nachlassenden Sensitivität der Rezeptoren im Gehirn und an einer klassisch konditionierten Abwehrreaktion, mit der der Körper sich gegen das Gift schützt. Diese Abwehrreaktion tritt bereits ein, wenn die Einnahme der Droge erwartet wird – so, wie Pawlows Hunde bereits geiferten, wenn sie die Klingel hörten. Sie wird ausgelöst durch den Kontext, in dem die Drogeneinnahme gewöhnlich stattfindet, beispielsweise durch ein bestimmtes Vorbereitungsritual oder einen bestimmten Raum. Deshalb kann in einem ungewohnten Kontext dieselbe Dosis, die man sonst erträgt, leicht zu einer tödlichen Überdosis werden. In dem anderen Umfeld tritt die schützende Abwehrreaktion nicht auf.

6.4 Beobachtungslernen

6.4.1 Ein grundlegendes Experiment

In den fünfziger Jahren kamen Zweifel auf, ob mit den Konditionierungsparadigmen das Wesentliche menschlicher Lernprozesse erfasst würde. Da sie auf Tierexperimenten basierten, würden kognitive und Selbststeuerungsprozesse zu wenig berücksichtigt, Dressuren dafür überschätzt. Vor diesem Hintergrund entwarf der amerikanische Psychologe Bandura (geb. 1925) eine Theorie des Beobachtungslernens.

Experiment von Bandura

Eines der bekanntesten Experimente von Bandura (1965) wurde im Einzelversuch mit dreiundreißig Mädchen und dreiundreißig Jungen durchgeführt. Die Kinder waren zwischen dreieinhalb und sechs Jahre alt. Eine Mitarbeiterin bereitete sie darauf vor, dass sie gleich in einem „Überraschungsspielzimmer" spielen dürften; sie müssten sich aber noch einen Moment gedulden und sollten erst einmal ein bisschen fernsehen. Den Kindern wurde ein 5-minütiger Film vorgeführt, in dem ein erwachsener Mann – in Banduras Terminologie das Modell – eine lebensgroße Plastikpuppe namens Bobo aufforderte, ihm aus dem Weg zu gehen, und sie dann malträtierte. Genauer: Das Modell führte vier verschiedene Aggressionen an Bobo durch; jede bestand aus einer derben körperlichen Attacke, die verbal untermalt wurde. Die erste Aggression beispielsweise bestand darin, dass das Modell Bobo umlegte, wiederholt auf die Nase boxte und dazu sich selbst anfeuerte mit „Pow, right in the nose, … boom, boom, boom". Das Ende des Films wurde in drei verschiedenen Versionen gezeigt. Ein Drittel der Kinder (Gruppe 1) sah, wie ein erwachsener Mann zu dem Modell hinzutrat, es als tollen Kerl bezeichnete und mit Limonade, Kraftnahrung und Süßigkeiten belohnte. Ein weiteres Drittel (Gruppe 2) sah, wie ein Mann hinzutrat, das Modell schalt und ihm Strafen androhte, es schließlich zum Stolpern brachte und mit einer Zeitung nach ihm schlug. Für ein weiteres Drittel der Kinder (Gruppe 3) endete der Film, ohne dass jemand hinzutrat; die Aggressionen des Modells blieben folgenlos. Unmittelbar im Anschluss an die Filmvorführung ließ man die Kinder – weiterhin im Einzelversuch – im Überraschungsspielzimmer spielen. Darin gab es verschiedenes Spielzeug, darunter die Plastikpuppe Bobo aus dem Film.

Durch einen Einwegspiegel wurde nun beobachtet, ob und wieviele Aggressionen des Modells die Kinder beim Spiel nachahmten (Phase spontaner Nachahmung). Nach zehn Minuten trat Banduras Mitarbeiterin in das Spielzimmer und forderte die Kinder ausdrücklich auf, möglichst viele von den Verhaltensweisen des Modells nachzumachen. Dafür stellte sie ihnen als Belohnung Limonade, Süßigkeiten und Sticker in Aussicht (Phase der direkten Verstärkung). Wieder wurde das Verhalten der Kinder beobachtet. Bild 1 gibt wieder, wieviele Nachahmungsaggressionen die Kinder der einzelnen Gruppen in den beiden Phasen durchschnittlich zeigten.

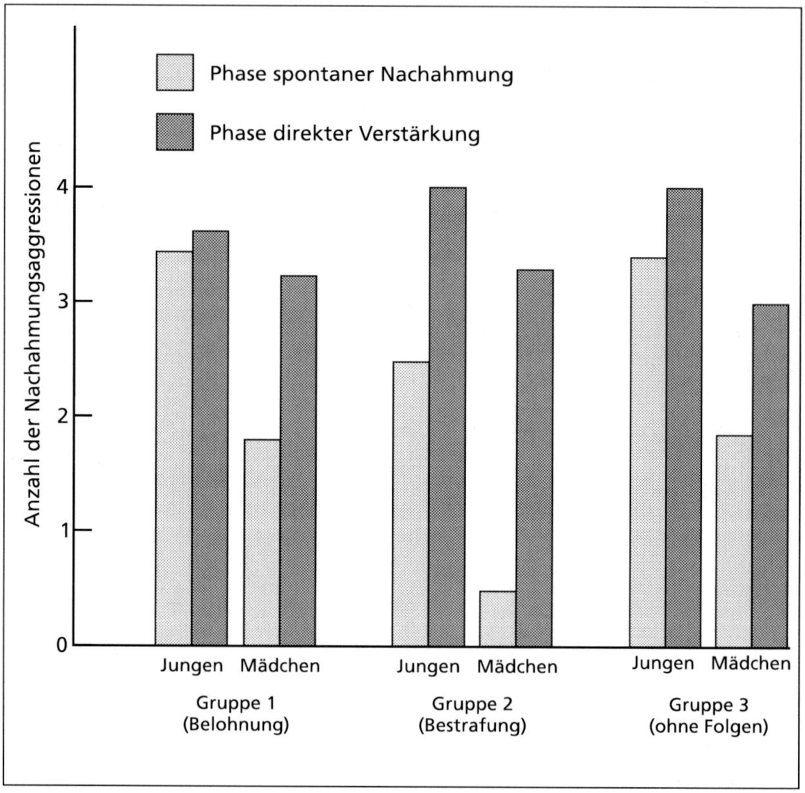

Bild 1: Durchschn. Zahl nachgeahmter Aggressionen (übersetzt aus Bandura 1965, 592)

Die Kinder der Gruppen 1 und 3 zeigen in der spontanen Nachahmungsphase annähernd gleich viele Nachahmungsaggressionen, die Kinder der Gruppe 2 weniger. Offensichtlich reizte das aggressive Modellverhalten die Kinder zum Nachahmen, auch wenn es nicht belohnt wurde; nur wenn es ausdrücklich bestraft wurde, hielten sie sich zurück. In der Phase der direkten Verstärkung treten in allen Gruppen deutlich mehr Nachahmungsaggressionen auf als zuvor in der Phase der spontanen Nachahmung; der Zuwachs ist besonders groß in der Gruppe 2, die sich zuvor ja zurückgehalten hatte. Mädchen zeigen weniger Nachahmungsaggressionen als die Jungen.

Stellvertretende Konditionierung

Die Ergebnisse lassen sich nur teilweise mit dem operanten Konditionieren erklären. Für die Reaktionen in der spontanen Nachahmungsphase muss man zur Hilfskonstruktion einer „stellvertretenden Konditionierung" greifen, also zu einer Konditionierung, die am Modell vorgenommen wird, aber auch auf Beobachter wirkt. Gesteht man aber die Möglichkeit einer solchen stellvertretenden Konditionierung zu, so kommt man nicht umhin, auch verschiedene vom Individuum gesteuerte Prozesse wie das aufmerksame Beobachten, Speichern und Übertragen des Modellverhaltens und seiner Folgen auf die eigene Person als notwendige Teile des Lernvorgangs anzusehen, und das tun Konditionierungstheorien nicht. Sie beschreiben Lernen so, als ob es nur von äußeren Bedingungen, von Reizen, gesteuert würde und den Lernenden ohne ihr Zutun widerführe. Die Ergebnisse weisen eine weitere Besonderheit auf, die mit dem operanten Konditionieren nicht zu erklären ist. Die Kinder der Gruppe 2 beherrschen die Aggressionen in der Phase der verstärkten Nachahmung ebenso wie die anderen Kinder. Also haben auch sie die Aggressionen beim Anschauen des Films gelernt. Sie haben sie nur zunächst nicht ausgeführt, weil sie unter dem Eindruck der Strafen standen, die dem Modell widerfuhren. Man spricht von „latentem Lernen" und meint damit ein Lernen, das sich nach außen nicht zeigt. Latentes Lernen ist aber auch nur zu verstehen, wenn man innere Steuerungsprozesse annimmt, die bewirken, dass zwar eine Aneignung des zu Lernenden stattfindet, die Ausführung des Gelernten aber aufgeschoben oder unterlassen wird. Als Resümee aus diesen Erklärungen, jetzt positiv formuliert für das Beobachtungslernen, lässt sich festhalten: Es ist ein Lernen, bei dem ein Modell beobachtet und nachgeahmt wird. Durch äußere Reize kann es forciert oder behindert werden, entscheidend sind letztlich jedoch die kognitiven und motivationalen Prozesse, die sich bei den Lernenden abspielen. Die Lernenden verarbeiten die Informationen, welche ein Modell bereitstellt, entsprechend ihren Fähigkeiten und Befindlichkeiten.

Latentes Lernen

Banduras Ergebnisse werden gerne erwähnt, um die Gefahren einer Aggressionssteigerung durch das Fernsehen zu belegen. Aber man muss mit einer Verallgemeinerung vorsichtig sein. Im Alltag ist es meistens nicht so, dass die Situation, in der man sich nach dem Fernsehen befindet, völlig der entspricht, in der das beobachtete Modell agierte. Auch dürfte die direkte Verstärkung der Nachahmungsaggressionen eher die Ausnahme als die Regel sein. Die Nachahmungsaggressionen werden im Alltag also nicht so nahegelegt wie im Experiment.

6.4.2 Günstige Voraussetzungen für das Beobachtungslernen

Den ersten Versuchsergebnissen Banduras zum Beobachtungslernen folgten eine Vielzahl von weiteren Experimenten, in denen der Geltungsbereich und die verschiedenen Bedingungen des Beobachtungslernens genauer untersucht wurden.

Beobachtungslernen im Alltag

Beobachtungslernen spielt besonders beim Erlernen von Sozialverhalten eine Rolle. Wie man sich beim Einkaufen verhält, U-Bahn fährt, einen Vortrag hält, Streit schlichtet, das alles lernt man in der Regel, indem man es von anderen abguckt. Aber auch das Vorgehen bei Sachaufgaben – etwa wie man eine Videoanlage aufbaut oder einen Hummer zerlegt – wird oft per Beobachtung gelernt, wobei sich an die Beobachtung das selbständige Ausprobieren und Üben anschließt. In den meisten Fällen geschieht das Beobachtungslernen beiläufig, ohne dass es die Modelle und die Lernenden gezielt darauf angelegt hätten. Die Neigung zum Beobachtungslernen ist am größten, wenn man handlungsunsicher ist, sich also in Situationen befindet, mit denen man wenig Erfahrung hat oder in denen man bisher erfolglos war. Beobachtungslernen dient der Reduzierung von Handlungsunsicherheit.

Folgende Voraussetzungen haben sich für das Beobachtungslernen als günstig erwiesen:

Günstige Voraussetzungen

- Die Lernenden verspüren einen Bedarf nach Handlungsorientierung.
- Die Modellperson wird von den Lernenden positiv bewertet.
- Die Modellperson ist „coping model" und nicht „master model", das heißt, sie hat auch mit Schwierigkeiten zu kämpfen und ist nicht perfekt.
- Das Modellverhalten ist deutlich erkennbar und abgehoben.
- Das Modellverhalten ist erfolgreich.
- Das Modellverhalten wird nicht nur in bildlicher, sondern auch in sprachlicher Form gespeichert.
- Das Nachahmungsverhalten wird verstärkt.

Reaktanz

Man muss aber davor warnen, das Beobachtungslernen allzu gezielt als Instrument einzusetzen, um andere zu beeinflussen. Solche Versuche enden oft mit dem gegenteiligen Effekt. Die Lernenden entziehen oder widersetzen sich und tun oft gerade nicht, was man von ihnen wünscht. Man nennt dieses Phänomen Reaktanz. Reaktant verhält man sich vor allem dann, wenn man sich in Bereichen manipuliert fühlt, in denen man ein Recht auf freie Entscheidung für sich Anspruch nimmt und dieses auch wertschätzt. Ein solcher Freiheitsanspruch besteht meistens, wenn es um Entscheidungen über das eigene Sozialverhalten geht.

6.4.3 Beobachtungslernen in der Schule

In der Schule werden viele Sozialverhaltensweisen per Beobachtung gelernt. Schüler und Schülerinnen lernen voneinander, wie man mit einer Lehrkraft verhandelt oder sich beim Zuspätkommen verhält; von Lehrerinnen und Lehrern schauen sie ab, wie man sich ausdrückt oder Kritik übt. Das meiste Lernen dieser Art geschieht beiläufig und ist Teil eines heimlichen Lehrplans, der sich so realisiert.

Beispiele aus der Schule

Ein schönes Beispiel für das Beobachtungslernen von Sozialverhalten stammt von einer Lehrerin, die an einer ihr bis dahin fremden Schule Schulleiterin wurde. Ihr fiel auf, dass an der neuen Schule Lernende und Lehrkräfte einander nicht grüßten. Weil ihr das missfiel, begann sie, laut und deutlich

alle Schülerinnen und Schüler, die ihr begegneten, zu grüßen. Sie wurde zurückgegrüßt, und nach einigen Wochen grüßten die Schüler und Schülerinnen auch schon von sich aus. Nach einem Jahr grüßten auch alle Kollegen und Kolleginnen und wurden ebenso zurückgegrüßt. Das Grüßen war durch das Verhalten eines einflussreichen Modells zum Brauch geworden.
Im Unterricht ist der gezielte Einsatz von Beobachtungslernen dort möglich, wo etwas an einem konkreten Verhalten demonstriert werden kann, was dann von den Schülerinnen und Schülern übernommen und geübt werden soll. Gezieltes Beobachtungslernen findet zum Beispiel im Sportunterricht statt, wenn Bewegungsabläufe vorgeführt und nachgemacht werden, im Mathematikunterricht, wenn ein Lösungsweg Schritt für Schritt vorgestellt und übernommen wird, im Englischunterricht, wenn die Lernenden ihre Aussprache der der Lehrkraft anpassen. In der Referendarausbildung wird das Beobachtungslernen gezielt bei der Hospitation und beim Verhaltenstraining eingesetzt.

Verschiedene Ebenen der Nachahmung

Da Beobachtungslernen aber auch der Selbststeuerung durch die Lernenden unterliegt, hat man die Regie darüber nie ganz in der Hand. Allgemein kann man nur sagen, dass, wenn man einen guten Kontakt zu den Schülerinnen und Schülern hat, man für diese in der Regel auch ein Modell, ein Vorbild darstellt – es sei denn, man legt es allzu deutlich darauf an. Dann besteht Gefahr, dass die zuvor beschriebene Reaktanz auftritt. Umgekehrt gilt: Auch wenn man gar nicht Modell sein möchte – weil man sich selbst auch noch als suchend erlebt und den Modellanspruch als anmaßend empfindet -, wird man von Schülerinnen und Schülern, die einen bewundern oder mögen, zum Modell gewählt; niemand fragt, ob einem das recht ist. Und bei keiner Modell-Beobachter-Beziehung ist vorhersehbar, auf welche Ebene des Verhaltens sich Beobachtung und Nachahmung der Lernenden beziehen werden. Das kann die Programmebene, die Ebene der konkret beobachtbaren Verhaltenselemente sein, das kann aber im anderen Extrem auch das ethische Prinzip sein, das hinter dem beobachtbaren Verhalten steht. Schülerinnen und Schüler können – und zwar jede und jeder verschieden und wechselnd – das eine wie das andere im Blick haben, wenn sie sich an ihren Lehrkräften orientieren. Es kann rein äußerlich, auf der Ebene des beobachtbaren Verhaltens, zu einer Kontraimitation kommen und zugleich auf der Ebene der moralischen Standards zu einer Imitation. Wenn beispielsweise eine Schülerin von ihrer Lehrerin übernimmt, dass man anderen nicht nach dem Mund reden, sondern eine eigene Meinung vertreten soll, kann das auf der Ebene des konkreten Verhaltens dazu führen, dass diese Schülerin ihrer Lehrerin, ihrem Modell, laufend widerspricht und scheinbar nichts von ihr annimmt.

6.4.4 Übernahme von Leistungsstandards

Untersuchungen zur Übernahme von Leistungsstandards – das sind Leistungsniveaus, die man anstrebt – haben zu differenzierten Ergebnissen geführt, welche die zuvor genannten Unwägbarkeiten deutlich erkennen lassen.

Halisch (1983; zit. in Halisch 1990) untersuchte, ob die Leistungsstandards, die Kinder sich setzen, per Vorbild und Beobachtungslernen veränderbar sind. Erkenntnissen der Motivationspsychologie zufolge nimmt man eher an, dass die Höhe der selbstgesetzten Leistungsstandards auf Gewohnheiten basiert, die früh in der Kindheit ausgebildet werden und deshalb schwer veränderbar sind. Halisch fand nun folgendes heraus: Wenn seine durchschnittlich zehnjährigen Versuchskinder mit einer Aufgabe noch keine Erfahrung hatten, neigten sie dazu, sich die Leistungsstandards des Vorbilds zu eigen zu machen, und zwar eher auf der Prinzipien- als auf der Programmebene. Sie übernahmen also das Prinzip des jeweiligen Vorbilds, sich als gut oder schwach zu beurteilen und das Anspruchsniveau für die folgenden Aufgaben hoch oder niedrig anzusetzen. Hatten sie aber Erfahrung mit den Aufgaben und kannten sie ihr eigenes Leistungsniveau bereits, dann waren sie nur teilweise für die Vorbildwirkung empfänglich. Teilweise meint: Misserfolgsorientierte Kinder passten sich weiter dem Vorbild an und berücksichtigten ihre eigenen Erfahrungen wenig; erfolgsorientierte Kinder dagegen verhielten sich weitgehend vorbildimmun und orientierten sich an ihren eigenen Vorerfahrungen, reagierten teilweise sogar kontraimitativ.

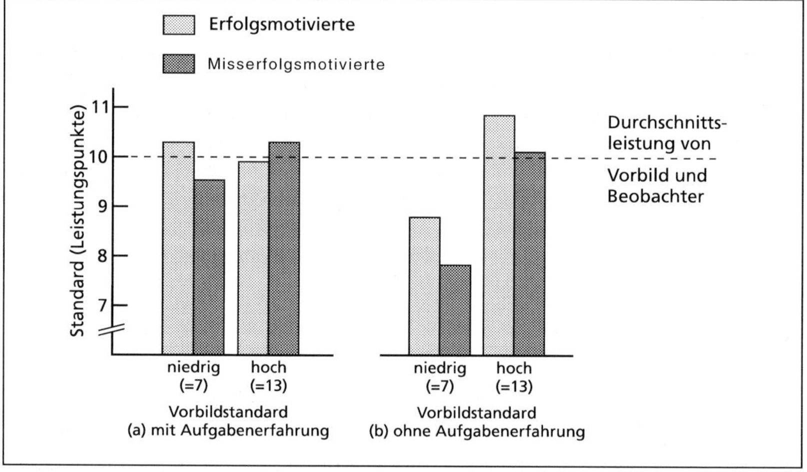

Bild 2: Standardsetzung Zehnjähriger bei einer Leistungsaufgabe (gemittelt aus mehreren Bearbeitungsdurchgängen) nach Beobachtung eines Vorbilds, das sich selbst hohe oder niedrige Standards setzte. Die Leistung sowohl der Kinder als auch des Vorbilds lag bei 10 (von 16 möglichen) Leistungspunkten, der hohe Vorbildstandard bei 13, der niedrige bei 7 Leistungspunkten. Die Kinder hatten entweder (a) Aufgabenerfahrung oder (b) nicht. (Nach Halisch, 1983; Daten aus zwei Experimenten kombiniert.)

Diese Ergebnisse bestätigen die Regel, dass Beobachtungslernen stattfindet, wenn Handlungsunsicherheit vorliegt. Handlungsunsicherheit wiederum entsteht nicht nur bei neuen Aufgaben oder Situationen. Sie kann – wie Misserfolgsorientierung – Merkmal der Beobachterpersönlichkeit sein. Darin zeigt sich die Abhängigkeit des Beobachtungslernens von Gegebenheiten, die nicht manipulierbar und oft auch nicht einkalkulierbar sind.

6.5 Gedächtnis

6.5.1 Die ältere Gedächtnisforschung

„Verbales Lernen"

Erste psychologische Experimente zur Untersuchung von Gedächtnisleistungen führte der Psychologe Ebbinghaus (1850-1909) durch; die von ihm eingeschlagene Forschungsrichtung des „Verbalen Lernens" wurde bis in die Mitte unseres Jahrhunderts fortgeführt. In zahlreichen Versuchsvarianten überprüfte man, wie viele sinnlose Silben oder Wörter unter bestimmten Bedingungen wie lange behalten werden. Heraus kam unter anderem, dass die Vergessensrate kurz nach dem ersten Erlernen des Wort- oder Silbenmaterials besonders groß ist und sich deshalb baldige Wiederholungen empfehlen; dass ein zeitlich verteiltes Einprägen, bei dem portionsweise und mit Wiederholungen gelernt wird, bessere Behaltensleistungen bewirkt als ein gleich langes Einprägen, bei dem man alles auf einmal lernt; dass Silben oder Wörter in herausgehobener Position besser als andere behalten werden; dass Lernhemmungen auftreten, wenn man viel ähnliches Material nacheinander lernt. Auf diese Ergebnisse greift man gerne zurück, wenn man Schülerinnen und Schülern bestimmte Arbeits- und Lerntechniken nahelegen will.
Ein Manko dieser Forschungsrichtung war, dass sie mit immer spezielleren Fragestellungen zu immer spezielleren Ergebnissen kam, aber keine Theorie des Gedächtnisses entwickelte, ein anderes, dass die Ergebnisse geringe Alltagsgültigkeit besaßen, weil sie nur das Lernen von sinnlosen Silben und Wörtern betrafen. Im realen Alltag hat man es aber häufig mit bedeutungsvollem Material zu tun, und es ist fraglich, ob dafür dieselben Behaltens- und Vergessensregeln gelten.

6.5.2 Das Gedächtnismodell

Drei-Speicher-Modell

1968 stellten Atkinson und Shiffrin ein psychologisches Gedächtnismodell vor, das sehr populär wurde, das sogenannte Drei-Speicher Modell. Kerngedanke des Modells war: Bei der Informationsaufnahme werden nacheinander drei separate Speicher durchlaufen, und zwar die sensorischen Register, der Kurzzeit- und der Langzeitspeicher. Sensorische Register und Kurzzeitspeicher sind Speicher mit kurzer Merkzeit und hoher Verlustrate. Der Langzeitspeicher ist dagegen ein permanenter, unbegrenzter Speicher, der nichts verliert und alle einmal aufgenommenen Informationen veränderungsresistent aufbewahrt.
Diese Einteilung in drei separate, zeitabhängige Speicher nimmt man heute nicht mehr so vor, denn sie weckt falsche Vorstellungen von der Struktur und der Funktionsweise des Gedächtnisses. Das Gedächtnis gleicht, so nimmt man heute an, eher einem komplexen, mehrschichtigen Netz als drei verschiedenen Behältnissen, von denen sich eines nach einer bestimmten Zeit in das nächste entleert.

Mehr-Ebenen-Modell

Das weiterentwickelte Modell nennt sich „Mehrebenen-Modell“ und geht von einem umfassenden Gesamtspeicher aus. Den stellt man sich wie ein mehrschichtiges neuronales Netz vor, in dem die Informationen auf verschiedenen Ebenen verarbeitet und kontrolliert werden. Sensorische Register, Kurzzeit- und Langzeitspeicher sind keine separaten Abteile, sondern verschiedene Zustandsformen der Informationen in diesem Gesamtspeicher. Die sensorischen Register stehen für die Informationen, welche erst die oberflächlichen automatischen Kodierungen bei der Reizaufnahme durchlaufen haben. Um diese Informationen dauerhaft zu speichern, müssen sie auf eine tiefere Kodierungsebene, etwa die semantische, transformiert werden. Die Transformation kann mit Hilfe bewusster Verarbeitungs- und Kontrollprozesse vorgenommen werden, aber auch unbewusst ablaufen. Der Kurzzeitspeicher steht für alle aktivierten Gedächtnisinhalte. Das sind alle Informationen, auf die sich die Aufmerksamkeit richtet und die einen gegenwärtig beschäftigen. Diese Informationen stammen aus verschiedenen Ebenen des Gesamtsystems und stellen ein Gemisch aus aktuellen sensorischen Eindrücken und bereits gespeicherten Erfahrungen dar. Mit jeder Aktivierung von Informationen ist zwangsläufig deren Weiterverarbeitung verbunden. Wird diese willentlich, umfassend und gründlich vorgenommen, dann werden die weiterverarbeiteten Informationen auch mit großer Wahrscheinlichkeit behalten und können später sicher rekonstruiert werden. Der Langzeitspeicher ist der nicht aktivierte, ruhende Teil des Gesamtsystems. Jede darin enthaltene Information kann aktiviert werden, sofern man einen Zugangsweg zu ihr findet. Aktivierung ruhender Gedächtnisinhalte bedeutet nicht, dass diese einfach abgerufen und so wiedergegeben werden, wie sie gespeichert wurden. Sie werden vielmehr rekonstruiert, was Veränderungen der neuronalen Spur und damit auch der Information selbst einschließt. Eine erinnerte Information ist also jedesmal eine neue und andere als die gespeicherte.

Vor dem Hintergrund dieses Modells ist es nicht sinnvoll, das Kurzzeitgedächtnis zeitlich zu begrenzen. Entscheidend dafür, wie lange eine Information im Kurzzeitspeicher gehalten werden kann, ist die Aufmerksamkeitszuwendung, die der Information zuteil wird. Die kann Sekunden, aber auch Stunden währen.

Episodischer, semantischer und prozeduraler Teilspeicher

Bereits Atkinson und Shiffrin untergliederten den Langzeitspeicher in einen episodischen, einen semantischen und einen prozeduralen Teilspeicher. Diese Untergliederung gilt bis heute. Der episodische oder biographische Teilspeicher enthält Erinnerungen an konkrete Ereignisse, beispielsweise an einzelne Szenen eines Klassenausflugs; der semantische das Faktenwissen, beispielsweise dass Schülergruppen bei der Deutschen Bahn Rabatt bekommen; der prozedurale gelernte Verfahrensweisen, beispielsweise wie man mit einem Koffer in der Hand aus einem Zugabteil aussteigt.

Episodischer und semantischer Speicher bilden zusammen das deklarative Gedächtnis, das dem Bewusstsein zugänglich ist. Der prozedurale Speicher gehört zum nicht-deklarativen Gedächtnis, das weitgehend unbewusst, aber trotzdem verhaltenswirksam ist. Auch eingeschliffene Wahrnehmungs- und Bewertungsmuster sind darin enthalten.

Daneben untergliedert man das Gedächtnis noch in bereichs- und sinnesspezifische Spezialgedächtnisse, beispielsweise in ein visuelles, ein auditives, ein verbales, ein phonologisches, ein orthografisches und sogar in ein Gesichtergedächtnis. Man weiß von der Existenz dieser Spezialgedächtnisse, weil man entsprechende partielle Ausfälle beobachtet hat, und man kann diese Spezialgedächtnisse auch als Bereiche im Gehirn lokalisieren. Eine pauschale Diagnose wie „Mein Gedächtnis ist so schlecht" ist deshalb nicht sinnvoll. Man hat nicht generell ein gutes oder schlechtes Gedächtnis, sondern spezifische Gedächtnisstärken und -schwächen. Ebensowenig sinnvoll ist der Versuch, das Gedächtnis generell zu trainieren. Die spezifischen Schwächen können effizienter mit auf sie bezogenen, spezifischen Maßnahmen behoben werden.

Spezialgedächtnisse

6.5.3 Repräsentation von Wissen im Gedächtnis

Aktiviertes, dem Bewusstsein präsentes Wissen ist verbal oder bildlich kodiert oder beides zugleich. Es wird also wie ein inneres Sprechen oder eine innere Vorstellung erlebt. Beide Kodierungssysteme korrespondieren miteinander, und es ist möglich, von Begriffen zu Bildern überzugehen oder umgekehrt. Wegen dieser Korrespondenz wird über beiden Systemen eine gemeinsame, abstrakte Kodierung angenommen, welche die Verbindung zwischen beiden Systemen herstellt.

Propositionen

Dieses übergeordnete Kodierungssystem stellt man sich als ein Netzwerk aus Propositionen vor. Mit Propositionen meint man kleinste, abstrakte Wisseneinheiten, die einen Sachverhalt beschreiben. Der Satz „Die meisten Schülerinnen mögen die Referendarin, die Sport unterrichtet" enthält beispielsweise drei Propositionen: ① Die meisten Schülerinnen, ② Die Schülerinnen mögen die Referendarin, ③ Die Referendarin unterrichtet Sport. Das Netzwerk, das diese drei Propositionen im Gehirn bilden, könnte so aussehen:

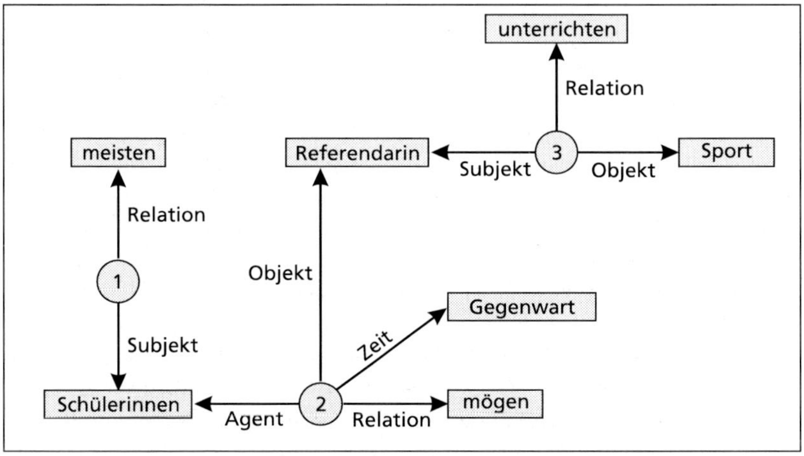

Bild 3: Propositionales Netzwerk

Man nimmt an, dass Propositionen die Bausteine unseres semantischen und episodischen Gedächtnisses sind und dass nah beieinander liegende Propositionen auch zusammen erinnert werden. Wissenserwerb heißt, dass neue Propositionen gebildet und Vernetzungen erweitert werden. Für das prozedurale Gedächtnis ist eine andere Notation als die propositionale erforderlich, aber auch da gilt, dass Lernen Differenzierung und Erweiterung der vorhandenen Strukturen bedeutet (siehe auch 6.6)

Schemata und Skripte

Schemata und Skripte sind Verknüpfungen von Propositionen. Sie umfassen, was als prototypisch für ein Objekt (Schema) oder ein Ereignis (Skript) angesehen wird. So kann jemand folgendes „Referendar"-Schema haben: „Zwischenstadium zwischen Hochschulstudium und Lehrberuf, geringes Einkommen, Unterrichten lernen, Seminar, Prüfungen, unsichere Zukunft". In diesem Referendarschema sind Gerichts- oder Forstreferendare überhaupt nicht enthalten, was zu Konfusionen führen kann, wenn das im Gespräch mit anderen, deren Referedarschema umfassender ist, nicht expliziert wird. Skripte umfassen Folgen von Episoden; das „Restaurant"- Skript beispielsweise: „Eintreten, Tisch wählen, Speisekarte lesen, bestellen, essen, bezahlen, gehen".

Auch Skripte können voneinander abweichen. Watzlawick (1969, 20) berichtet, dass es zwischen amerikanischen Soldaten, die im zweiten Weltkrieg in England stationiert waren, und englischen Frauen zu Missverständnissen kam, weil in ihrem „Miteinander-Gehen"-Skript die Episode „Küssen" anders plaziert war. Bei den Amerikanern stand sie ziemlich weit vorne, bald nach dem Kennenlernen, aber noch weit weg vom Beischlaf; bei den Engländerinnen weiter hinten, nach längerem Werbungsverhalten und kurz vor dem Beischlaf.

Mentale Modelle

Als oberste, umfassendste Wissenskategorie werden mentale Modelle oder subjektive Theorien angenommen. Sie setzen sich aus Schemata und Skripten zusammen und enthalten das gesamte subjektive Wissen über einen komplexen Sachverhalt, einschließlich persönlicher Stellungnahmen. Ein mentales Modell oder eine subjektive Theorie kann beispielsweise über „Emanzipation" oder „guten Unterricht" bestehen.

Veränderungsresistenz

Propositionen, Schemata, Skripte, mentale Modelle werden aktiviert, um neue Informationen zu verstehen und einzuordnen; zugleich werden sie durch diese neuen Informationen auch verändert. Allerdings können vorhandene Strukturen ziemlich veränderungsresistent und durchsetzungsfähig sein. Neue, abweichende Informationen werden dann in Vertrautes umgemodelt. Bartlett (1932; Wiedergabe in Schwartz 1988) hat das in Experimenten demonstriert. Er ließ seine Versuchspersonen ein fremdartiges Indianermärchen nacherzählen. Dabei vergaßen sie viele Eigenarten des Originals oder änderten sie in Vertrautes um. Etwas Ähnliches erlebt man, wenn Kinder über Zeugung und Geburt informiert werden. Da die Kinder oft schon eigene, plausible Vorstellungen über ihre Herkunft entwickelt haben, fällt es ihnen schwer, die neuen Informationen zu verstehen. Sie bleiben – trotz gründlicher Aufklärung – zumindest in Teilen bei ihren alten Theorien.

6.5.4 Einprägen und Behalten

Ob eine Information sich dauerhaft einprägt und sicher rekonstruiert werden kann, hängt davon ab, ob sie tief genug verarbeitet wurde. Von großer Verarbeitungstiefe spricht man, wenn eine Information mehrfach und gründlich kodiert wird, beispielsweise semantisch und episodisch, und dabei mehrere Einbindungen in das kognitive Netzwerk erfolgen.
Angenommen, Sie wollen sich die in diesem Beitrag dargestellten Informationen über das Lernen für die Prüfung einprägen. Dann würde ich Ihnen aus lernpsychologischer Sicht empfehlen, den Stoff zu organisieren, zu elaborieren und zu wiederholen (vgl. Haug Kap. 8.2).

- Organisieren bedeutet, dass Sie die Informationen auf das reduzieren, was Ihrer Meinung nach wichtig ist, und das Skelett oder den Aufbauplan des Wichtigen herausarbeiten. Dafür sollten Sie den Text in neue Sinneinheiten zusammenfassen, eigene Überschriften formulieren, Beziehungen zwischen den einzelnen Teilen herstellen, Skizzen oder Diagramme anfertigen, mit Marginalien das Wesentliche herausstellen. Sie können natürlich auch meine Gliederung übernehmen, aber das wird eine geringere Verarbeitungstiefe bewirken, als wenn Sie selbst neu ordnen und formulieren. Ein selbst erstellter Organisationsplan verhilft zu besserem Einprägen als ein übernommener und ist auch eine gute Orientierungshilfe bei der Wiedergabe der Informationen. **Organisieren**
- Elaborieren bedeutet, dass Sie die wichtigen Informationen dieses Textes ausarbeiten, indem Sie eigene Beispiele suchen, Vorstellungen oder Assoziationen zu bestimmten Sachverhalten entwickeln, Textteile mit eigenen Worten wiedergeben, sie durch eigene Überlegungen und Fragen ergänzen, sich Eselsbrücken ausdenken. Es geht allgemein darum, dass Sie beim Lernen möglichst viel eigenes Wissen aktivieren, um die Informationen dieses Textes zu verstehen, sie somit auf höheren Ebenen zu kodieren und sie auch – möglichst mehrfach – mit dem Vorwissen zu verknüpfen. In diesem Zusamenhang ist das Prinzip der Enkodierungsspezifität wichtig. Es besagt, dass eine Information so erinnert wird, wie sie gespeichert wurde. Hat man sie also nur akustisch oder visuell aufgenommen, kann man Fragen, die auf ihre Bedeutung zielen, schwer beantworten. Man weiß dann bestenfalls, dass das gesuchte Prinzip mit „Klassik oder ähnlich“ anfing und am Anfang des Beitrags stand. Wurde die Information aber semantisch kodiert, sind Fragen nach ihrer Bedeutung beantwortbar und man kann dann über übergeordnete Schemata wie „Reiz-Reaktion“ oder „Lernen von Verhalten“ oder über die Beispiele „geifernder Hund“ und „armer Albert“ die gesuchte Information rekonstruieren. **Elaborieren**
- Wiederholungen sind unverzichtbar, weil sonst die Vergessensrate bis zur Prüfung zu groß ist. Wiederholungen finden teilweise schon beim Organisieren und Elaborieren statt. Sie sollten sie aber auch danach noch vornehmen, vor allem, wenn das Material umfangreich und für Sie neu ist. Am besten wiederholen Sie anhand Ihrer Ausarbeitungen und ziehen den **Wiederholen**

Originaltext nur punktuell hinzu. Gleich nach der Ausarbeitung des Textes sollte eine erste Wiederholung stattfinden, bald darauf eine zweite, weitere dann in größeren Abständen. Es nützt Ihnen weniger, wenn Sie das Organisieren und Elaborieren weglassen und sich darauf beschränken, den Originaltext mehrmals nur durchzulesen, weil dann die Gefahr besteht, dass Sie nur oberfächlich kodieren und die Bedeutung des Gelesenen nicht hinreichend erfassen. Außerdem erfordert mechanisches Einprägen viel mehr Wiederholungen, als in der Folge von Organisieren und Elaborieren nötig sind.

6.5.5 Schlussfolgerungen für das Unterrichten

Aus den Informationen über Gedächtnis und Wissenserwerb lassen sich drei allgemeine Schlussfolgerungen ziehen, die für das Unterrichten von Bedeutung sind.

Lernen als konstruktives Arbeiten

- Man muss sich von der Vorstellung lösen, dass sich beim Lernen Informationen so im Gehirn einprägen, wie sie objektiv dargeboten werden. Was sich einprägt, ist nicht Duplikat des objektiven Lernreizes, sondern ein persönliches Konstrukt, das vorhandene Erkenntnisse einbezieht. Deswegen ist es wichtig, die Lernenden ihr bereits vorhandenes Wissen – Propositionen, Schemata, Skripte, mentale Modelle – explizieren zu lassen. Dadurch aktiviert man die Strukturen, an die angeknüpft werden soll, erkennt die Differenzen zwischen subjektivem und wissenschaftlichem Wissen, kann vorhandene Schemata für Analogien und Kontraste nutzen. Wenn möglich sollte man die neuen Information so darbieten, dass ihr Aufbau in etwa den bereits vorhandenen Strukturen folgt; sie werden dann besser verstanden und behalten.

Einbindung in verschiedene Teilgedächtnisse

- Es ist dafür zu sorgen, dass das übermittelte Wissen von den Schülerinnen und Schülern möglichst tief verarbeitet wird. Das erreicht man, indem man für möglichst vielfältige Eindrücke sorgt, die in verschiedene Teilgedächtnisse eingebunden werden können. So ist es sinnvoll, bei der Darstellung von Informationen auf Verbalisierung und Anschaulichkeit zu achten, damit Gedanken – im Sinne eines inneren Sprechens – und Vorstellungen über das zu Lernende entstehen; anschauliche Eindrücke und Verbalisierung können sich ergänzen und Defizite im jeweils anderen System ausgleichen. Sinnvoll ist auch das Tun, das konkrete Handeln, das im episodischen und prozeduralen Gedächtnis gespeichert wird. Daraus ergeben sich weitere Verankerungen im Gedächtnis, und es bildet sich eine Basis für Abstraktionen und formallogische Denkmuster, die induktiv daraus abgeleitet werden können. Existiert diese Basis nicht, besteht die Gefahr, dass Begriffe und Formeln nur mechanisch gelernt, nicht aber verstanden werden.

Einüben von Lernstrategien

- Der Einsatz von Lern- und Gedächtnisstrategien bestimmt zu einem erheblichen Teil die Qualität von Schul- und Studienleistungen. Deshalb ist es wichtig, Schülerinnen und Schüler mit diesen Strategien vertraut zu machen und sie üben zu lassen. Durch Vormachen und durch Instruktionen kann man zeigen, wie Informationen am besten organisiert, elaboriert und wiederholt werden. Die Schülerinnen und Schüler müssen erkennen, dass sich der Mehraufwand an Arbeit, der mit diesen Strategien zunächst verbunden ist, lohnt. Das ist auch eine Frage der Leistungsüberprüfung. Wenn die auf Verständnis, Anreicherung durch eigene Beispiele, Bezugnahmen, Kritik angelegt ist, wird die Effizienz dieser Strategien sehr deutlich.

6.6 Entwicklung kognitiver Strukturen

Piaget

Mit kognitiven Strukturen sind die Erkenntnisse gemeint, die im Gedächtnis eines Individuums gespeichert sind und die sein Handeln und weiteres Erkenntnissammeln leiten. Es sind die geistigen Instrumente, mit denen beim Denken und Handeln operiert wird. Propositionen, Schemata, Skripte (vgl. 6.5.3) sind Bestandteile davon, Einzelinstrumente sozusagen.
Wie die Entwicklung kognitiver Strukturen vonstatten geht, hat der Schweizer Psychologe Jean Piaget (1896-1980) beschrieben. Er entwickelte seine Theorien auf der Basis von Einzelfallanalysen, d. h. er beobachtete und befragte einzelne Kinder, oft seine eigenen. Er wollte wissen, welche Überlegungen ihnen beim Lösen einer Aufgabe durch den Kopf gingen und warum sie zu einem bestimmten Ergebnis kamen. Dabei passte er seine Fragen variierend den Gegebenheiten an, je nachdem wie das Kind argumentierte und welche Vermutungen seine Argumente bei Piaget auslösten. Die Mitschriften solcher Befragungen analysierte er auf die Sicht- und Denkweisen der Kinder hin, wobei es ihm darauf ankam, das Alterstypische daran zu erfassen.
Piaget erstellte eine Theorie der Prozessen und Antriebskräfte, welche die Entwicklung kognitiver Strukturen vorantrieben, und eine Theorie der einzelnen Stufen, die bei der kognitiven Entwicklung im Kindesalter durchlaufen werden.

6.6.1 Prozesse und Antriebskräfte kognitiver Entwicklung

Assimilation und Akkomodation

Die Entwicklung kognitiver Strukturen geschieht in Form von zwei gegenläufigen Prozessen: Assimilation und Akkomodation. Assimilation bedeutet, dass vorhandene Strukturen gefestigt, eingeübt und neuen Situationen und Sachverhalten übergestülpt werden; Akkomodation, dass vorhandene Strukturen korrigiert, differenziert und erweitert werden und sich so neuen Situationen oder Sachverhalten anpassen. Beide Prozesse lassen sich gut anhand eines Forschungsgangs verdeutlichen. Ein Forscher arbeitet mit einem bestimmten Denkmodell, etwa, dass die Sonne sich um die Erde dreht. Eine Zeitlang kann er neue Befunde – neu entdeckte Planeten, ihre Laufbahnen – ganz gut und widerspruchsfrei in dieses Modell einordnen. Das wäre Assimilation. Aber dann häufen sich Neuentdeckungen, die in das alte Denkmodell nicht mehr oder nur mit Hilfe aufwendiger Zusatzannahmen integriert werden können. Jetzt muss der Forscher das alte Modell verwerfen und durch ein passenderes ersetzen, oder er muss es in wesentlichen Teilen verändern. Das wäre Akkomodation.

Beispiel

Im Prinzip verläuft jeder Erkenntnisgewinn so. Wenn eine Schülerin als zweite Fremdsprache Latein bekommt und unbewusst ihre im Englischen erlernten Übersetzungsregeln - man muss die Bedeutung der Vokabeln kennen und die Wortstellung berücksichtigen - auf das Lateinische überträgt, kommt sie damit in den ersten Stunden wahrscheinlich ganz gut zurecht. Ihr Vorgehen wäre Assimilation - neue Erfahrungen werden bereits vorliegender Erkenntnis zugeordnet und die vorhandenen Strukturen werden bekräftigt, aber nicht wesentlich verändert. Bald erleidet die Schülerin aber mit ihrer Art zu übersetzen Schiffbruch. Sie muss zur Kenntnis nehmen, dass anders als im Englischen vor allem die Endungen der Nomen eine große Rolle spielen für die richtige Texterfassung. Sie muss also die Deklinationsreihen und das Wissen um ihren Gebrauch und ihre Bedeutung als neues Denkmodell ausbilden. Das wäre Akkomodation - vorhandene Übersetzungsregeln werden korrigiert, differenziert, erweitert und so den neuen Erfahren angepasst.

Assimilation und Akkomodation finden immer gleichzeitig statt, aber mit unterschiedlichen Anteilen. Jede neue Erfahrung bewirkt sowohl eine Festigung vorhandener Strukturen (Assimilation) als auch deren Veränderung

Adaption

(Akkomodation). Beide Prozesse dienen der Adaptation, d. h. der besseren Interaktion zwischen Organismus und Umwelt. Der Organismus lernt, mit der Umwelt zurechtzukommen und wirksam mit ihr umzugehen.

Reifung

Die Motoren, welche Assimilation und Akkomodation in Gang setzen, sind Reifung, Erfahrung und soziale Vermittlung. Reifung bedeutet Entwicklung nach einem genetisch festgelegten Plan. Bestimmte Reifezustände müssen abgewartet werden, bevor Lernfortschritte möglich sind. Umgekehrt sind Lernfortschritte leicht und naheliegend, wenn die Reifungsvoraussetzungen dafür gegeben sind; man denke an das Laufenlernen. Piaget hat mehrfach darauf hingewiesen, dass es nichts bringt, Kindern etwas anzutrainieren, wenn sie die Reife dazu nicht haben, und er hatte dabei nicht nur motorische Leistungen im Auge, sondern auch kognitive, wie das Rechnen, und soziale, wie den Perspektivwechsel. Ein verfrühtes Training führt bestenfalls dazu, dass die Kinder nachmachen, was man ihnen vormacht; sie begreifen das zu Erlernende aber nicht und können es nicht richtig anwenden.

Aktive, körperliche Erfahrung

Neben Reifung ist Erfahrung der wichtigste Motor der Adaptation, und zwar die aktive, körperliche Handlungserfahrung im Umgang mit einer Sache. Erst wenn man einen Apfel in der Hand hatte, seinen Duft gerochen, in ihn reingebissen, ihn geschmeckt, sein Kerngehäuse umknabbert hat, weiss man, was ein Apfel ist. Anschauung allein oder gar nur verbale Belehrung

Belehrung

vermitteln diese Eindrücke nicht annähernd. Belehrung kann helfen, Erfahrungen zu ordnen und zu werten, kann auch dazu anregen, neue Erfahrungen zu suchen, aber sie kann die Primärerfahrungen, die aus dem eigenen Ausprobieren und Umgehen mit den Dingen resultieren, nicht ersetzen.

6.6.2 Stufen der kognitiven Entwicklung

Piaget unterscheidet grob vier Stufen der kognitiven Entwicklung im Kindesalter, die aufeinander aufbauen und von allen Kindern in derselben Reihenfolge, wenn auch mit unterschiedlichem Tempo, durchlaufen werden:
- Sensomotorische Stufe (Geburt bis 2. Lebensjahr)
- Präoperationale Stufe (2. - 7. Lebensjahr)
- Konkret-operationale Stufe (7. - 11. Lebensjahr)
- Formal-logische Stufe (ab 11./12. Lebensjahr)

Sensomotorische Stufe

In der sensomotorischen Stufe verfügt das Kind nur über einfache, angeborene Reflexe (Saugen, Greifen), mit denen es auf seine Umwelt reagiert. Diese übt es durch vielfache Wiederholung ein und passt sie dabei neuen Gegebenheiten an – das Greifen nach einem Ball erfordert andere Bewegungen und führt zu anderen Empfindungen als das Greifen nach einer Halskette. So und durch die Kombination von Reflexen entwickeln sich neue, variantenreiche Handlungsmuster, die das Kind zunehmend aktiv einsetzt. Es entdeckt Ursache-Wirkungs-Zusammenhänge und führt zielgerichtete Wirkungen herbei. Handlungserfahrungen werden allmählich als Vorstellungen ins Denken übernommen.

Präoperationale Stufe

Der Gebrauch von Vorstellungen und Sprache markiert den Übergang auf die präoperationale Stufe. Das Denken kann sich vom eigenen Tun lösen, aber es ist noch nicht abstrakt oder logisch oder von äußeren Vorgängen unabhängig. Vielmehr ist es noch stark an die aktuellen Wahrnehmungen gebunden, die das Kind hat. Das zeigen die berühmten Umschüttversuche von Piaget. Er füllte zwei gleich geformte Gläser mit je der gleichen Menge Flüssigkeit. Seine 4-jährigen Versuchskinder bestätigten ihm, dass in beiden Gläsern gleich viel Saft sei. Dann schüttete Piaget vor den Augen des Kindes die Flüssigkeit des einen Glases in ein schmales höheres Glas. Anschließend fragte er das Kind, ob darin immer noch so viel Saft sei wie im Vergleichsglas. Die meisten Kinder behaupteten, in dem neuen Glas sei mehr Saft, weil der Saftspiegel höher stünde, oder weniger, weil das Glas schlanker sei. Ihr Urteil war also von der unmittelbaren Anschauung des höheren Flüssigkeitsspiegels oder des geringeren Durchmessers geprägt, wobei sie aber immer nur eine der beiden veränderten Dimensionen erfassten. Dass beim Umschütten nichts hinzugekommen oder verlorengegangen war, hatten sie zwar auch gesehen, aber was sie aktuell vor Augen hatten, beinflusste sie stärker. Erst gegen Ende der präoperationalen Stufe verlassen die Kinder sich nicht mehr auf den Augenschein, sondern folgen der Logik: Da nichts weggenommen oder hinzugetan wurde, muss es gleich viel Saft sein, auch wenn man einen anderen Eindruck hat.

Egozentrismus

Die Bindung des Denkens an die aktuelle Wahrnehmung ist Teil des Egozentrismus, der Zentrierung des Denkens auf die eigene Sichtweise. Daneben meint Egozentrismus auch, dass das Kind nicht in der Lage ist, sich in den Standpunkt anderer hineinzuversetzen und deren Sichtweisen zu übernehmen. Es erlebt sich als Zentrum, und alles, wovon es Kenntnis nimmt, sieht es nur mit seinen Augen und bezieht es auf sich. So ist ein Vierjähriger nicht in der Lage, eine Landschaftsattrappe aus der Perspektive seines Gegenübers zu beschreiben. Er kann auch eine Begebenheit nicht so wiedergeben, dass ein Uneingeweihter sie versteht, weil er sich in dessen Uneingeweihtheit nicht hineinversetzen kann. Er denkt, dass die Sonne, der Wind, die Bäume seinetwegen da sind; weiter, dass die Natur belebt und motiviert ist wie er selbst, dass die Wolken beispielsweise es eilig haben oder die Sonne ihn beobachtet. Dieser Egozentrismus wird im Laufe der präoperationalen Stufe überwunden und macht einem mehr objektiven und logischen Denken Platz, aber Reste egozentrischen Denkens findet man natürlich auch noch bei Erwachsenen.

Konkret-operationale Stufe

Auf der konkret-operationalen Stufe kann das Kind sich in seinem Denken von aktuellen Wahrnehmungen lösen. Es erfasst Sachverhalte zunehmend objektiv und logisch und begreift jetzt, dass bei der Umschütterei die Saftmenge erhalten bleibt, auch wenn der Flüssigkeitsspiegel höher steht, oder dass ein Knetball, der zu einer Wurst umgeformt wird, nach der Umformung genau so viel Gewicht/Masse haben muss wie vorher. Der Grund ist, dass es die Operationen, die an den Gegenständen vorgenommen wurden, geistig nachvollziehen und wieder rückgängig machen kann. Deshalb lässt es sich durch den Augenschein nicht mehr so leicht täuschen und erfasst nun auch mehrere Dimensionen. Es ist in der Lage, mit Zahlen zu operieren, Klassenmerkmale zu erfassen, das Prinzip von Serien zu erkennen. Es beherrscht also zunehmend das schlussfolgernde Denken, das gedankliche „Operieren" mit den Dingen. Allerdings bleibt sein Denken an konkrete oder potentiell mögliche Dinge gebunden, d. h. das Kind muss sich anschaulich vorstellen können, was gemeint ist. Deswegen heißt die Stufe auch „konkret"-operational.

Formal-logische Stufe

Auf der formal-logischen Stufe kann das Kind in seinem Denken über das konkret Vorstellbare hinausgehen, abstrahieren und einem formal-logischen Gedankengang folgen bzw. diesen selbst entwickeln, ohne dass es sich durch das Besondere des konkreten Falls irreführen lässt. Bekannt geworden sind die physikalischen und chemischen Versuche, die Piaget mit Versuchskindern durchführte. Er stellte ihnen z.B. die Aufgabe, herauszufinden, von welchen Faktoren die Frequenz eines Pendels abhängt, und demonstrierte ihnen Unterschiede mit einem kurzen, schweren Pendel und einem langen, leichten. Vierjährige hatten nur Augen für eine Dimension und sagten, ein Pendel schwinge schneller, wenn es schwerer oder kürzer sei. Achtjährige berücksichtigten die Kombination schwer und kurz. Zwölfjährige wussten, dass das Herausfinden der richtigen Lösung von weiteren Versuchen abhing, in denen sie den Einfluss der Variablen lang/kurz und leicht/ schwer systematisch in allen vier möglichen Kombinationen überprüfen müssen. Sie entwickelten dafür einen Versuchsplan, den sie vollständig durcharbeiteten, bevor sie ihre Antwort gaben. Dies entspricht wissenschaftlichem Vorgehen. Es schließt das Hypothesenbilden/ Theoretisieren ein, und zwar nicht nur im naturwissenschaftlichen Bereich, sondern auch im sozialen und ethischen (vgl. Kap. 19, Dürr: Moralerziehung).

6.6.3 Schulische Bedeutung

Piaget selbst hat keine didaktischen Ableitungen vorgenommen. Ich will das im Folgenden tun, allerdings sehr selektiv, vereinfachend und kurz:

- Piagets Befunde stützen die Ansicht, dass Lernen auf eigenen, praktischen Erfahrungen beruhen muss, wenn es zu einem wirklichen Verständnis oder zur Beherrschung einer Operation führen soll; sie sprechen also für praktisches Lernen und einen handlungsorientierten Unterricht.
- Lernangebote können unterschieden werden in solche, die mehr der Einübung und Anwendung (Assimilation) dienen, und solche, die weiterführen und die Ausbildung neuer Denkstrukturen erfordern (Akkomodation). Weiterführende Lernangebote sollten knapp über das Niveau zielen, das die Schüler in ihrem Denken erreicht haben, und den Übergang zu einem neuen Denkmodell sehr deutlich erfahrbar und bewusst machen.
- Als Lehrende muss man sich klar darüber sein, dass die kognitive Entwicklung eines Kindes ihr eigenes Tempo hat, das auch mit reizvollen und sachdienlichen Angeboten nur begrenzt beschleunigt werden kann; weiter, dass Lernen nicht einfach in der Übernahme eines Angebots besteht, sondern ein aktiver Prozess ist, bei dem das Kind das, was es lernt, selbst auch gestaltet, und zwar auf der Basis seiner mitgebrachten Erfahrungen und der erlebten Herausforderung. Das schützt mich vor zu hohen oder falschen Erwartungen und entsprechenden Frustrationen.

6.7 Problemlösen

6.7.1 Das Paradigma des Problemlösens

Köhlers Schimpansenversuch

Wolfgang Köhler (1887-1967), ein deutscher Psychologe, arbeitete während des ersten Weltkriegs mit Schimpansen. Ihn interessierte, wie sich die Affen beim Problemlösen verhielten. Bei einem seiner Experimente befesigte er oben an einer Käfigwand eine Banane und beobachtete, wie sich Koko, der Käfigbewohner, verhielt: „(Koko) springt mehrmals unter dem Ziel in die Höhe, versucht dann mit einer Schlinge seines Seiles, die er in die Hand nimmt, das Ziel zu erreichen, kommt nicht an und dreht sich nach einer Reihe solcher Bemühungen, die alle nichts mit der Kiste zu tun haben, von der Wand fort; so scheint er bisweilen die Sache aufzugeben, kommt aber schließlich doch immer wieder. Nach einiger Zeit – er ist gerade wieder von der Wand fort – tritt er an die Kiste heran, blickt zum Ziel hinüber und gibt der Kiste einen kurzen Stoß, ohne sie dabei vom Fleck zu bewegen. Seine Bewegungen sind viel langsamer geworden als vorher; er lässt die Kiste stehen, macht ein paar Schritte von ihr fort, kehrt aber sogleich wieder und gibt ihr den dritten Stoß in derselben Art, um danach von neuem langsam umherzugehen; die Kiste ist jetzt im Ganzen um etwa zehn Zentimeter verschoben, und zwar auf das Ziel zu. Dieses wird um ein Stück Apfelsine – darüber geht ihm nichts – verbessert, und wenige Augenblicke danach steht Koko wieder an der Kiste, packt sie plötzlich, zerrt sie in einem Zuge und in gerader Linie bis fast genau unter das Ziel (mindestens drei Meter weit), steigt sofort hinauf und reißt das Ziel von der Wand. Seit Beginn des Versuchs ist eine knappe viertel Stunde vergangen." (Köhler 1963, zit. nach Skowronek 1969, 43)

Die Ausgangssituation enthält die wesentlichen Parameter eines Problems: Ein unbefriedigender Ist-Zustand, ein angestrebter Soll-Zustand; die Prozeduren der Überführung des Ist- in den Sollzustand sind unbekannt und müssen erst herausgefunden werden.

Problemlösungsverlauf

Das Experiment zeigt auch, wie ein Problemlöseprozess ablaufen kann: Zunächst wird mit vertrauten Vorgehensweisen ausprobiert, ob man zum Ziel kommt. Wenn das nicht der Fall ist, geht man erst einmal auf Distanz. Aber das Problem lässt einen nicht los, und irgendwann ergibt sich der glückliche Moment, dass man sowohl das Ziel als auch die Mittel, mit denen man es erreichen kann, zusammen im Blick hat. Man ahnt, dass man auf der richtigen Spur ist, wartet noch ein bisschen, bis die Ahnung einer klaren Einsicht weicht, und führt dann zielstrebig aus, was man erkannt hat. Diese Verlaufsbeschreibung geht zwar von Beobachtungen an Affen aus, aber Vergleichbares findet sich auch bei Menschen, etwa wenn jemand eine Lösung für die Gestaltung einer Unterrichtseinheit oder für eine technische Konstruktion sucht. Allerdings wird das Spektrum möglicher Probleme, die sich Menschen stellen, nicht durch Kokos Bananen-Problem abgedeckt, und deshalb ist der beschriebene Verlauf nicht typisch, wie man lange Zeit annahm, sondern einer unter anderen. Vor allem überkommt einen die Einsicht in den richtigen Lösungsweg nicht immer in Form eines plötzlichen Aha-Moments. Häufig entwickelt sie sich allmählich in der Folge laufender Rückmeldungen, die sich beim Ausprobieren ergeben. Generell gilt nur, dass sich ein Problem durch einen Ist- und einen Soll-Zustand und ein unbekanntes Vorgehen konstituiert. Um das Vorgehen herauszufinden, müssen Heurismen – das sind sehr allgemeine und unbestimmte Problemlösestrategien – oder Algorithmen – das sind feste, für bestimmte Aufgaben geltende Regeln – aus dem eigenen Wissensschatz aktiviert und dann in mehr oder weniger modifizierter Form zur Transformation des Ist- in den Sollzustand angewendet werden.

6.7.2 Aufgaben und verschiedene Problemarten

Aufgaben

Von einer Aufgabe spricht man, wenn – anders als beim Problem – die Prozeduren bekannt sind, mit denen man vom Ist- zum Sollzustand kommt. Ob eine Situation eine Aufgabe oder ein Problem darstellt, ist somit vom Vorwissen und den Vorerfahrungen der Lernenden abhängig. Was dem einen eine Aufgabe, ist dem anderen ein Problem. Die Grenzen zwischen Aufgabe und Problem sind fließend, weil nicht generell bestimmbar ist, was „bekannt“ meint. So könnte man darüber streiten, ob die Aufforderung „Entwerfen Sie eine Unterrichtseinheit zum Thema … !“ für eine Referendarin oder einen Referendar eine Aufgabe oder ein Problem darstellt.

Gut und schlecht definierte Probleme

Eine weitere Einteilung wird in gut und schlecht definierte Probleme vorgenommen. Wenn Ist- und Sollzustand klar beschrieben sind und auch das Vorgehen in etwa eingekreist werden kann, dann handelt es sich um ein gut definiertes Problem, um eine Aufgabe. Wenn die Zustandsbeschreibungen aber vage sind und die Prozeduren für ihre Transformation auch höchst unbestimmt, handelt es sich um ein schlecht definiertes Problem. Viele Alltagsprobleme sind schlecht definiert. Ihre Problemstruktur ist oft in einen verwirrenden Kontext eingebettet, unübersichtlich und unvollständig. Bei vielen schlecht definierten Problemen besteht eine Schwierigkeit darin, herauszufinden, worin das Problem überhaupt besteht und wie es zu strukturieren und zu vervollständigen ist. Schlecht definierte Probleme ergeben sich beispielsweise aus folgenden Aufforderungen: „Statten Sie die Schule umweltschonend aus!“ „Schreiben Sie ein Theaterstück für die Unterstufe!“ Auch zwischen gut und schlecht definierten Problemen gibt es fließende Übergänge.

6.7.3 Aufgaben- und Problemstellungen in der Schule

In der Schule werden in der Regel Aufgaben, nicht Probleme gestellt. Oder man startet mit einem Problem, macht aber bald eine Aufgabe daraus. Das ist eine Frage von Zeitökonomie und gemeinsamem Voranschreiten. Man kann nicht warten, bis alle einen Lösungsweg gefunden haben und auch beim Anwenden und Einüben können sich Einsicht und Verständnis entwickeln. Aus dem selbstständigen Entdecken von Problemlösungen sollte man keinen Fetisch machen.
Hier und da sollte man den Schülerinnen und Schülern aber auch Probleme zur Bearbeitung geben, damit sie lernen, mit Widerständen und Barrieren umzugehen, und Selbständigkeit beim Denken entwickeln. Es sollten auch schlecht definierte Alltagsprobleme darunter sein. Meistens werden im Unterricht nämlich gut definierte Probleme benannt, bei denen der Stoff, den man gerade behandelt, schon nahelegt, wie zu verfahren ist. Bei mathematischen oder naturwissenschaftlichen Textaufgaben ist das oft der Fall. Eine Konsequenz daraus ist, dass bei den Schülerinnen und Schülern die Fähigkeit zur Problemidentifikation und zum Anpacken von Alltagsproblemen unterentwickelt bleibt und ein Transfer des Gelernten kaum stattfindet. Das, was sie in einem Fach gelernt haben, bleibt nur für dieses Fach reserviert und findet keine Anwendung außerhalb dieses Fachs – nicht, weil es per se für die Anwendung nicht taugt, sondern weil die Anwendung von den Schülern nicht geübt wurde.

Experimente mit Wirtschafts- und Sozialwissenschaftlern

Mandl, Gruber und Renkl (1993) stellten in Experimenten fest, dass sowohl in der Schule als auch im Studium viel träges Wissen erworben wird, mit dem die Lernenden in der Praxis nichts anzufangen wissen. So waren Studierende der Pädagogik und Psychologie trotz geringerer wirtschaftlicher Kenntnisse besser in der Lage, eine Jeansfabrik per Computersimulation zu führen, als Studierende der Wirtschaftswissenschaften. Das lässt sich folgendermaßen erklären: Um Praxisprobleme zu lösen braucht man, wenn noch keine Routinen entwickelt wurden, bereichsunspezifische Vorgehensweisen oder Heurismen, die den jeweiligen Problembedingungen anpasst werden. Auf diese bereichsunspezifischen Vorgehensweisen haben die Sozialwissenschaftler erfolgreich zurückgegriffen. Die Wirtschaftswissenschaftler dagegen brachten für die Lösung des Problems viele bereichsspezifische Fachkenntnisse mit, wussten diese aber aus Mangel an Praxiserfahrung nicht anzuwenden. Vermutlich verbohrten sie sich daraufhin ins Problem und brachten dann auch nicht mehr die

Flexibilität oder Unbefangenheit auf, bereichsunspezifische Vorgehensweisen anzuwenden. Salopper formuliert: Sie besaßen weder das praktische Knowhow, noch ließen sie sich von ihrem gesunden Menschenverstand leiten.

6.7.4 Träges versus flüssiges Wissen

Die Ergebnisse von Mandl et al. könnten dazu verführen, die Bedeutung von Wissen generell abzuwerten. Es ist wichtiger, so könnte man folgern, Lernenden beizubringen, wie Probleme gelöst werden können, anstatt sie mit Wissen abzufüllen. Aber die Abwertung von Wissen wäre voreilig und die Dichotomisierung von Wissen und Problemlösen falsch, weil Problemlösungen ja auch als Wissen – als Veränderungswissen, als spezifische Algorithmen oder allgemeine Heurismen – gespeichert werden. Abzuwerten ist jedoch träges, fest an einen spezifischen Lernkontext gebundenes Wissen, das in anderen Zusammenhängen nicht angewendet wird und das vermutlich auch manche Problemlösung blockiert, weil es dem Einsatz des gesunden Menschenverstands – dem Einsatz generell bekannter Heurismen – im Wege steht. Besonders hochzuschätzen ist jedoch flüssiges Wissen, das man vielfältig einzusetzen und zu nutzen in der Lage ist. Die Alternative heißt also nicht Wissen versus Problemlösen, sondern träges versus flüssiges Wissen.

Ob Wissen flüssig ist, hängt nicht von seiner Spezifität ab. Auch spezielles Wissen kann flüssig sein und als Analogie bei der Lösung eines Problems helfen. Es hängt vielmehr davon ab, wie das Wissen erworben wird. Geschieht der Erwerb über praktische Arbeiten an einem konkreten Problem – was mit unklarer Problemstellung, Ausprobieren, anschaulichen Handlungsresultaten, (Miss-)Erfolgserlebnissen, Korrekturen und Variationen im Vorgehen verbunden ist –, dann ist es vermutlich flüssig oder verfügbar. Das ist mit der Einbindung der Informationen in person- und lebensnahe Erfahrungen, ihrer vielfachen Speicherung und dem Prinzip der Enkodierungsspezifität zu erklären. Erfolgt der Wissenserwerb nur per Belehrung und wird dabei schnell von gut definierten Beispielen zur Abstraktion vorangeschritten, so ist das Wissen eher träge. Das bedeutet nicht, dass es bei der nächsten Klassenarbeit nicht angewendet werden kann; es bleibt aber am schulfachlichen Kontext fixiert.

6.7.5 Expertise

Kognitive Voraussetzungen

Expertise bedeutet Könnerschaft auf einem Gebiet. Ein Seminarleiter kann Experte im Organisieren und Umschichten von Haushaltsgeldern sein; eine Sekretärin Expertin in der Nutzung eines Textverarbeitungssystems. Expertise äußert sich darin, dass man auf einem Gebiet sehr gut Bescheid weiß, auch schwierige Aufgaben routiniert beherrscht und beharrlich an Problemen knobelt, bei denen Laien oder „Novizen“ schnell aufgeben.

Verglichen mit Novizen sind Experten aber nicht intelligenter oder generell besser im Problemlösen. Sie haben nur viel mehr bereichsspezifisches Fak-

ten- und Veränderungswissen als Novizen (Weinert 1986). Mancher hochintelligente Novize ist einem mittelmäßig intelligenten Experten unterlegen, wenn es um Anwendungsfragen und Praxisprobleme auf dessen Gebiet geht. Der Grund: Experten haben für viele Probleme den Lösungsweg oder einzelne Lösungsschritte als Algorithmen gespeichert und müssen diese nicht, wie Novizen, erst entwickeln und ausprobieren. Situationen, die für Novizen Probleme darstellen, sind für Experten oft Routineaufgaben. Stellt sich Experten jedoch ein Problem, fällt es ihnen dank ihrem Vorwissen leichter als Novizen, das Wesentliche daran zu erfassen; für die Lösung haben sie mehr Analogien parat, an denen sie sich orientieren können; und schließlich verfügen sie über größere Lösungsmodule, die sie flexibel einsetzen können.
Expertise entsteht, indem man sich – manchmal über Jahre hinweg – mit einem Gebiet befasst und dabei über Lektüre, Gespräche, Herumknobeln, Ausprobieren und Anwenden vielfältige Erfahrungen sammelt, die Fakten- und Veränderungswissen zugleich enthalten. Expertise ergibt sich nicht aus Belehrung oder Lesen allein; der richtige Umgang mit dem Wissen gehört immer dazu. Andererseits ist Expertise aber auch nicht nur mit Wissen zu erklären, wie umfassend und flüssig dieses auch sein mag. Sie hat auch motivationale Wurzeln.

6.7.6 Metakognitionen

Wenn man eine Aufgabe bearbeitet, ist es hilfreich, sich hier und da aus dem Arbeitsprozess zu lösen und auf eine höhere Warte zu begeben, von wo aus man den Stand der Arbeit überblicken und das weitere Vorgehen bedenken kann. Man nennt diese höhere Warte die Metaebene des Lernens. Die Überlegungen, die man auf der höheren Warte anstellt, werden metakognitive Prozesse genannt (vgl. Haug, Kap. 8.2.6). Das entsprechende Überblicks- und Steuerungswissen sind Metakognitionen; es sind Erkenntnisse über den eigenen Erkenntnisprozess. Metakognitive Prozesse umfassen u.a.:

Metakognitive Überlegungen

- die Kontrolle von Wissensbeständen:
  Was weiß ich bereits? Was davon ist wichtig, was weniger? Was muss ich zusätzlich wissen? Was davon unbedingt? Woher besorge ich fehlende Informationen?
- die Beurteilung von Lern- und Denkstrategien:
  Welche haben den Arbeitsprozess bisher vorangebracht? Welche waren ineffektiv? Welche Ziele strebe ich als nächstes an? Welche Lösungswege, welche Strategien bieten sich dafür an? Wie koordiniere ich die weiteren Arbeitsschritte? Wie teile ich die Arbeit ein?
- das Einschätzen der Schwierigkeit und Motivationskraft einer Arbeit:
  Was kann ich in Bezug auf die Arbeit gut, was weniger? Wo muss ich achtgeben, mir evtl. helfen lassen? Warum lasse ich mich auf die Arbeit ein?
- die Diagnose von Barrieren:
  Woran liegt es, dass ich nicht weiterkomme? Was fehlt? Kann ich das Problem anders sehen, umstrukturieren? Welche Analogien kenne ich, an denen ich mich orientieren könnte?

Metakognitive Prozesse begleiten und kommentieren das eigene Arbeiten und machen es nachweislich erfolgreicher. Gute Lerner setzen sie oft automatisch und häufiger ein als schlechte, Experten häufiger als Novizen. Ein metakognitiv versierter Referendar, der auf der Basis eines anspruchsvollen Textes ein Referat ausarbeitet, überprüft beispielsweise hin und wieder durch innere Monologe, welche wesentlichen Ideen er bisher verstanden hat und welche noch nicht. Wenn ihm eine Textstelle unklar bleibt, kann er in etwa abschätzen, ob er die Lücke füllen muss oder darüber hinweggehen kann. Ihm ist jederzeit klar, wie weit er mit seinen Vorbereitungen ist und was er bis wann getan haben muss, um rechtzeitig fertig zu werden. Da er weiß, dass er am besten vorträgt, wenn er seine Gliederung und wenige zentrale Begriffe zu jedem Gliederungspunkt vor sich liegen hat, verfährt er entsprechend.
Metakognitive Prozesse sind sehr hilfreich, wenn man bei einer Aufgabe, einer Problemlösung nicht weiterkommt. Gute Lerner verbalisieren dann ihre Schwierigkeiten und daran anknüpfende Überlegungen und tragen diese sich oder anderen vor. Dadurch verändert sich oft ihre Wahrnehmung des Problems und der Wechsel zu einer anderen Strategie fällt ihnen leichter.

6.7.7 Konsequenzen für den Unterricht

Aus den Informationen über das Problemlösen ergeben sich Konsequenzen für drei Handlungsebenen des Unterrichts:

Selbsttätiges Lernen

Zunächst geht es um die Organisation und die Methoden des Unterrichts. Man muss sich klar darüber sein, dass man mit Belehrungen, Demonstrationen, wohldefinierten Aufgaben- und Problemstellungen viel träges Wissen erzeugt, das an seinen jeweiligen Lernkontext gebunden bleibt und in anderen Fächern oder gar im Alltag wenig genutzt wird. Wenn Wissen flüssig und vielfältig verfügbar sein soll, muss es im Kontext fachübergreifender und alltagsbezogener Aufgaben- und Problemstellungen erworben werden, und diese müssen die Selbsttätigkeit der Lernenden herausfordern und zulassen. Das spricht für Projektunterricht, fächerübergreifenden Unterricht, längerfristige Gruppen- oder Einzelarbeit, Arbeit an zunächst vage definierten Problemen. Generell – und auf bescheidenstem Niveau – sind Methoden zu fordern, bei denen nicht nur Faktenwissen, sondern auch Veränderungswissen erworben und der Umgang damit geübt wird.
Die nächste Handlungsebene betrifft den Problemlöseprozess selbst, der durch geeignete Instruktionen und Arrangements unterstützt werden kann. Problemlösungen kommen dadurch zustande, dass man Heurismen oder Algorithmen, die man aus anderen Zusammenhängen kennt, einsetzt und den Problembedingungen anpasst. Dies kann unterstützt und vorangetrieben werden,

Unterstützung des Problemlösungsprozesses

- indem man die eigenen Vorüberlegungen, den eigenen Lösungsweg beschreibt und nicht nur Ergebnisse mitteilt.
- indem man die Instruktion so formuliert, dass deutlich wird, in welcher Art man das Problem strukturieren und das Vorgehen den Bedingungen anpassen muss.

In beiden Fällen hat man allerdings bald ein wohldefiniertes Problem, das einer Übungsaufgabe nahekommt,

- indem man einige ganz allgemeine Vorgehensweisen als Schema vorgibt: Hypothesen formulieren, Informationen sammeln und auswerten, Hypothesen bewerten. Oder: Gesamtaufgabe in Teilziele und einzelne Arbeitsschritte aufteilen.
- indem man auffordert, nach Analogien zu suchen. Das hilft vor allem bei schlecht definierten Problemen. Eine bedeutungsreiche Rahmengeschichte kann verschiedene Zugänge zum Problem eröffnen und auch andeuten, wo Analogien zu finden sind.
- indem man die Schülerinnen und Schüler mit der Methode des Brain-Stormings vertraut macht. Beim Brainstorming werden Lösungseinfälle assoziiert und zunächst nicht bewertet, auch wenn sie erkennbar unsinnig sind. Brainstorming fördert die Kreativität und erhöht die Chance, dass einem auch Brauchbares einfällt.
- indem man ihnen von Anfang an Möglichkeiten zum konkreten Tun und Ausprobieren gibt. Dann erfahren sie, ob und wie weit ihre Ideen funktionieren. Lösungen werden dann über die Rückmeldungen aus dem konkreten Tun Schritt für Schritt entwickelt und den Problembedingungen angepasst.
- indem man sie, wenn sie nicht weiterkommen, ihre Schwierigkeiten explizieren lässt und „lautes Denken" fordert.
- indem man sie darüber informiert, dass bei Blockierungen ein vorübergehendes Abschalten und Auf-Distanz-Gehen hilfreich sein kann.

Einüben von Metakognitionen

Die dritte Handlungsebene betrifft das Einüben von metakognitiven Überlegungen. Schülerinnen und Schüler sollten lernen, ihren eigenen Lernprozess zu kontrollieren und zu steuern. Das veranlasst sie dann auch eher, Lernstrategien wie das Organisieren oder Elaborieren einzusetzen. Je mehr Schülerinnen und Schüler im Gebrauch metakognitiver Prozesse geübt sind, um so mehr Selbstbestimmung kann man ihnen bei der Gestaltung des Lernens einräumen und um so offener kann man den Unterricht gestalten.

6.8 Selbststeuerung des Lernens

Im Folgenden wird als Dialog dargestellt, welches wesentliche Voraussetzungen dafür sind, dass Schüler/innen ihr Lernen selbst steuern. Einen systematischen Überblick über diese Voraussetzungen findet man bei Simons (1992). Außerdem enthält der Dialog noch einige abschließende Überlegungen zu dem vorliegenden Beitrag. Die beiden an dem Dialog teilnehmenden Personen sind Susi Laude, Referendarin, und Max Meister, Referendar.

Max: Ich überlege, ob ich meinen Leuten im Grundkurs eine größere, individuelle Hausaufgabe anbieten soll, mit der sie ihre Noten verbessern können. Ich habe aber Angst, dass dabei nicht viel herauskommt. Die können nicht alleine arbeiten.

Susi: Man wächst mit den Aufgaben. Wie sollen sie es lernen, wenn du sie nicht lässt?

Max: Sicher. Ich frage mich aber auch, warum sie es nicht können.

Susi: Ehe du jetzt über das Versagen der Schule lamentierst, überleg' lieber, was sie im einzelnen können müssen, um selbstständig zu arbeiten; dann kannst du sie entsprechend präparieren.

Max: Sie müssten auf alle Fälle genug Fachwissen und -können haben, um mit der Aufgabe zurechtzukommen. Dann brauchen sie auch Arbeitstechniken. Sie müssten wissen, wie sie sich einen Text am besten aneignen, wie sie verschiedene Texte koordinieren, sich selbst Material organisieren, mit Lexika arbeiten und all' so was'. Ich weiß nicht einmal, ob sie das wirklich nicht können. Sie tun es gewöhnlich nur nicht. Sie lesen einen Text durch und schreiben mehr oder weniger ab, was darin steht.

Susi: Ob es damit getan ist, ist natürlich auch eine Sache der Aufgabenstellung. Übrigens haben wir in unserer Schulzeit auch keine Arbeitstechniken eingesetzt, obwohl sie uns wärmstens empfohlen und auch beigebracht wurden. Wir hatten mal eine Lern-AG, da haben wir Vokabelkästchen gebastelt. Die haben wir ein paarmal benutzt, und dabei ist es dann geblieben. Und wenn du mich während des Studiums gefragt hättest, was Marginalien sind und wie man sie zum Lernen einsetzen kann, hätte ich blöd geguckt. Wie man selbständig und effizient lernt, habe ich erst im Examen und jetzt im Referendariat gelernt.

Max: Dann ist das eine Sache der Reife und der Erfahrungen?

Susi: Auch, aber nicht nur. Es ist zuerst eine Sache des Bescheidwissens über das eigene Lernen. Das sind diese Metakognitionen, die man braucht. Man muss wissen, wo man steht im Lernprozess und wo man hin will und wie man das ganz persönlich am besten schafft. Lernen ist nichts Standardisiertes. Ich glaube, die meisten Schülerinnen und Schüler wissen nicht, dass solche metakognitiven Überlegungen hilfreich sind. Sie wissen nicht, dass es die Arbeit voranbringt, wenn man sich mal aufschreibt, was man schon erreicht hat und bis wann noch tun muss. Deshalb tun sie es nicht und haben keine Erfahrungen damit. Sie wissen auch nicht, was ganz konkret ihre Arbeitsziele sind, sondern arbeiten mit vagen und sehr allgemeinen Zielen. Wenn man nichts Genaueres weiß, als dass man „für die Prüfung lernen" muss, kann man auch nicht sagen, wie weit man ist, und wird auch nie fertig. Außerdem glauben sie, es reicht, wenn sie fleissig sind und sich anstrengen. Das reicht aber nicht; sie müssen auch die für sie und die jeweilige Arbeit geeignete Methode anwenden. Alles in allem: Wäre ihr metakognitives Bewusstsein besser entwickelt, würden sie auch mehr Lerntechniken einsetzen.

Max: Es gibt, glaube ich, noch etwas Grundsätzlicheres, was man erkannt haben muss, nämlich dass Lernen nicht Kopieren heisst, weder im wörtlichen noch übertragenen Sinn. Lernen heisst nicht Vorgegebenes einfach übernehmen und sich einprägen, sondern man muss es sich zu eigen machen, selbst etwas daraus konstruieren. Das habe ich erst richtig begriffen, seitdem ich selbst Lehrer bin. In meinen Augen ist das die allerwichtigste Metakognition. Wenn man die verstanden hat, geht man unbefangener und mutiger mit dem Lernstoff um.

Susi: Ja, da gebe ich dir recht. Nur setzt das auch eine bestimmte Art von Prüfungen voraus. Ich kenne aber Prüfungen, bei denen kam man am besten 'raus, wenn man genau wiedergab, was im Buch stand, mit denselben Begriffen und derselben Gliederung.

Max: Was meinst du, wie das hier ist, beim zweiten Examen?

Susi: Ich denke, dass es da mehr auf die eigene Verarbeitung ankommt. Aber wir müssen das vorher noch einmal in den Fachsitzungen klären. Hast du dich übrigens schon mit dem Lernpsychologie-Aufsatz befasst?

Max: Ja. Warum?

Susi: Ich finde, da sind so Sprünge drin. Erst geht es um diese Konditonierungstheorien, dann um das Beobachtungslernen, dann erst um das richtige Lernen, also was man so generell meint mit Lernen. Außer dass es dafür einen gemeinsamen Oberbegriff gibt, seh' ich da nicht viel Verbindendes.

Max: Das sind einfach verschiedene Theorien, die Verschiedenes im Blick haben. Wenn du zum Beispiel heute abend den Beitrag über didaktische Theorien exzerpierst, dann tut sich 'was in Deinem kognitiven Netzwerk, und außerdem wirst du von mir dafür verstärkt, dass du so fleißig lernst und mir eine Kopie von deinem Exzerpt anbietest.

Susi: Ich denk' über Kopien sind wir erhaben? Aber du bekommst natürlich eine. Nochmal zu den verschiedenen Theorien: Man kann sie also für ein- und denselben Fall anwenden; sie beleuchten nur Verschiedenes. Aber warum um Himmelswillen arbeitet man mit Hunden und Ratten, wenn einen menschliches Lernen interessiert?

Max: Weil man die Viecher experimentell besser manipulieren kann und weil einen damals nur die Außensicht interessierte. Nur die hielt man für wissenschaftlich erfahrbar. Innendaten hat man als zu subjektiv verworfen. Und aus der Außensicht gesehen lernen Menschen Verhaltensweisen im Prinzip ebenso wie Tiere per Konditionierung und Nachahmung.

Susi: Trotzdem denke ich, die Konditionierungstheorien bringen wenig für das Lernen in der Schule.

Max: Nein, das finde ich nicht. du musst dich freimachen von dem umgangssprachlichen Verständnis von Lernen. Lernen umfasst mehr, eben auch das Lernen von emotionalen Reaktionen, Verhaltensgewohnheiten, Einstellungen, und solches Lernen findet ja auch in der Schule statt. Je mehr man sich dessen bewusst ist, um so eher kann man es kontrollieren. Außerdem zeigen die Konditionierungstheorien sehr schön, dass sich Lernen auch über das Verhalten, das Tun vollzieht. Das ist etwas, was im Unterricht viel zu wenig berücksichtigt wird. Und schließlich: Die Lernpsychologie wurde nicht für die Schule erfunden, und ihr genuines Anliegen ist nicht, das Lehren zu optimieren. Lernpsychologie beschreibt, wie Menschen in verschiedensten Situationen lernen, und daraus kann man einiges ableiten für das Lehren. Aber Lernpsychologie ersetzt keine Didaktik.

Susi: Ich finde auch, die Lernpsychologie lässt Motivationsfragen zu sehr außer acht. Ob Lernen Erfolg hat, ist ja auch sehr stark eine Frage der Motivation oder des Interesses. Allerdings ist das eine Crux, die sich in der Psychologie vermutlich immer stellt, nämlich dass die realen Phänomene komplexer sind und vielfältiger determiniert, als dass sie mit einer Perspektive oder Theorie erklärt werden könnten. Ich muss jetzt aber gehen. Was bekomme ich als Gegenleistung für das Exzerpt?

Literatur

Bandura, A. (1965). Influence of models reinforcement contingencies on the acquisition of imitative responses. Journal of Personality and Social Psychology, Vol.6, 589-595.

Ballstaedt, S.-P. (1991). Angewandte Lern- und Gedächtnispsychologie. Unveröff. Manuskript eines Vortrags, gehalten am 17.10.1991 an der Staatl. Akademie für Lehrerfortbildung in Calw.

Bovet, G. (1989). Praktisches Lernen aus lernpsychologischer Sicht. In H. Frommer, S. Körsgen (Hrsg.). Über das Fach hinaus. 267-282. Düsseldorf: Schwann.

Edelmann, W. (1993, 3. neubearb. Aufl.). Lernpsychologie. Weinheim: Psychologie Verlags Union.

Halisch, F. (1990). Beobachtungslernen und die Wirkung von Vorbildern. In H. Spada (Hrsg.). Allgemeine Psychologie. 373-402. Bern, Stuttgart, Toronto: Huber.

Kluwe, R. H. (1990). Gedächtnis und Wissen. In H. Spada (Hrsg.). Allgemeine Psychologie. 115-187. Bern, Stuttgart, Toronto: Huber.

Mandl, H., Friedrich, H. F. (Hrsg.). (1992). Lern- und Denkstrategien. Analyse und Intervention. Göttingen, Toronto, Zürich: Hogrefe.

Mandl, H., Gruber, H., Renkl, A. (1993). Das träge Wissen. Psychologie Heute, Heft 9, 64-69.

Mietzel, G. (1986, 3. neubearb. Aufl.). Psychologie in Unterricht und Erziehung. Göttingen, Toronto, Zürich: Hogrefe.

Oerter, R., Montada, L. (1995. 3. überarb. Aufl.). Entwicklungspsychologie. Weinheim: Beltz, Psychologie Verlags Union.

Putz-Osterloh, W. (1988). Wissen und Problemlösen. In H. Mandl, H. Spada (Hrsg.). Wissenspsychologie. 247-263. München, Weinheim: Psychologie Verlags Union.

Schermer, F. J. (1991). Lernen und Gedächtnis. Stuttgart, Berlin, Köln: Kohlhammer.

Schwartz, S. (1988). Wie Pawlow auf den Hund kam. Die 15 klassischen Experimente der Psychologie. Weinheim, Basel: Beltz.

Simons, P. R. J. (1992). Lernen selbständig zu lernen – ein Rahmenmodell. In H. Mandl, H. F. Friedrich (Hrsg.). Lern- und Denkstrategien. 251-264. Göttingen, Toronto, Zürich: Hogrefe.

Skowronek, H. (1969). Lernen und Lernfähigkeit. München: Juventa.

Spada, H., Ernst, A. M., Ketterer, W. (1990). Klassische und operante Konditionierung. In H. Spada (Hrsg.). Allgemeine Psychologie. 323-372. Bern, Stuttgart, Toronto: Huber.

Tausch, R., Tausch, A. (1979, 9.Aufl.). Eziehungspsychologie. Göttingen, Toronto, Zürich: Hogrefe.

Watzlawick, P., Beavin, J. H., Jackson, D. D. (1969). Menschliche Kommunikation. Bern, Stuttgart, Wien: Huber.

Weinert, F. E. (1986). Lernen – gegen die Abwertung des Wissens. In: Lernen – Ereignis und Routine. Jahresheft IV des Friedrich Verlags. 102-104.

West, S. G., Wicklund, R. A. (1985). Einführung in sozialpsychologisches Denken. Weinheim, Basel: Beltz.

Zimbardo, P. G. (1995, 6. neubearb. Aufl.). Psychologie. Berlin, Heidelberg, New York: Springer.

7 Lernen lehren – ein fächerübergreifendes Unterrichtsprinzip

Arthur Haug

Einleitung

Lernen in der Schule bedeutet mehr als nur Wissenserwerb, aber eben auch Wissenserwerb. Für die Schülerinnen und Schüler sieht Lernen in dieser Hinsicht oft so aus: Hier gilt es, sich (lateinische ...) Vokabeln einzuprägen, dort geschichtliche oder geographische Daten und Zusammenhänge zu erfassen und sich zu merken; der Inhalt eines Lesestücks soll verfügbar gemacht und gehalten werden, die Verfahrensweise zur Ermittlung einer Unbekannten soll verstanden, behalten und angewendet werden, die Kenntnis bildnerischer Gestaltungsmittel ist zu erwerben ... Das alles und noch einiges mehr will getan werden, fast pausenlos eines nach dem anderen. Das heißt: Kinder und Jugendliche müssen sich täglich mit einer Vielzahl fachspezifischer Aufgaben auseinandersetzen und sich dabei je verschiedene Inhalte und Verfahrensweisen dauerhaft aneignen. Wie gut das dem einzelnen Schüler und der einzelnen Schülerin gelingt, entscheidet nicht zuletzt über die Schullaufbahn und den Schulerfolg und in äußerster Konsequenz über Ausbildungswege und spätere berufliche Möglichkeiten.
Für viele Schüler stehen alle diese verschiedenen Tätigkeiten offenkundig unvermittelt und unverbunden nebeneinander. Unter anderem aus dieser Not heraus, die eine unvermeidbare Konsequenz systematischen Lernens in der Schule zu sein scheint, wurde immer wieder in der Geschichte des Schulunterrichts versucht, das Verbindende zwischen den Fächern aufzuzeigen und hinter den scheinbar oder tatsächlich disparaten Erscheinungen Lebenszusammenhänge sichtbar werden zu lassen. Das jüngste Ergebnis solchen Bemühens sind die Bildungspläne für die allgemeinbildenden Schulen in Baden-Württemberg, in denen nun erstmals für jede Klassenstufe fächerverbindende Themen zur verbindlichen Behandlung ausgewiesen und festgeschrieben sind.
Genau darum soll es im Folgenden jedoch nicht gehen. Fächerverbindender Unterricht wird dort vornehmlich auf der Ebene der Inhalte zu verwirklichen gesucht. Angesetzt wird gleichsam an der Oberflächenstruktur, und das ist auch ganz ohne Zweifel der richtige und primär zu beschreitende Zugang zu dem erwünschten „Denken in Zusammenhängen". Hier soll ein anderer Aspekt der Fächerverbindung in den Vordergrund gerückt werden, ein eher formaler beziehungsweise instrumenteller Aspekt: Ausgangspunkt der Überlegungen sollen die Tätigkeiten und die Leistungen der Schüler und Schülerinnen sein, die sie beim Erarbeiten von – fachspezifischen oder fächerverbindenden – Inhalten vollbringen und vollziehen. Diese Tätigkeiten und Leistungen, die oben zum Teil aufgezählt worden sind und die, wenn man von

Lernen als fächerübergreifende Leistung

den jeweils damit verknüpften Inhalten ausgeht, so disparat erscheinen, haben doch alle wenigstens das eine gemein, das sich auch sprachlich als gemeinsam aufweist: Es handelt sich um Lernaktivitäten. Um den Gedanken noch etwas zu verdeutlichen: Es hat sich als sinnvoll erwiesen, für das Tun des Lehrers vor aller fachlichen Spezifizierung das Gemeinsame zu betonen: das Unterrichten, und man spricht in diesem Zusammenhang von Unterrichtsstilen oder Unterrichtsverfahren usw. und bezeichnet damit den Tatbestand, dass es vor allen fachlichen Besonderheiten, die nicht geleugnet werden sollen, fächerübergreifende Formen des Lehrens gibt. Genau das gleiche aber soll auch für den Komplementärbegriff gelten, für das Lernen: Lernen ist nicht etwas primär Fachspezifisches, an bestimmte Inhalte Gebundenes, sondern zunächst einmal eine inhaltsunspezifische, das heißt fächerübergreifende Leistungsform. Über alle Fächer hinweg bleibt eines gleich: Täglich vielfach müssen die Kinder und Jugendlichen in der Schule und zuhause sich etwas einprägen, etwas behalten, etwas verstehen, etwas reproduzieren, aufmerksam sein, ihre Aufmerksamkeit kontrollieren, den Lernweg steuern. Und, um bei dem Vergleich zu bleiben: So wie es Unterrichtstechniken und Unterrichtsstrategien gibt, die auf viele Inhalte beziehungsweise auf ganze Inhaltsklassen angewendet werden können, so muss es auch Lerntechniken und Lernstrategien geben, die auf viele Inhalte beziehungsweise ganze Inhaltsklassen angewendet werden können. Um diese und um das Vermitteln derselben im Sinne eines fächerübergreifenden Unterrichtsprinzips soll es im Folgenden gehen. Es ist dazu nötig, etwas weiter auszuholen.

7.1 Wissen

Wissen beinhaltet die einem Individuum dauerhaft zur Verfügung stehenden Informationen über sich selbst und die materiellen und immateriellen Dinge der Welt, vom komplexen philosophischen System bis zur Bedeutung eines einzelnen Wortes, sowie über den möglichen und sinnvollen Umgang mit diesen Dingen. Dieses Wissen kann sehr dürftig sein, aber auch sehr reichhaltig und umfassend, es kann sehr spezialisiert sein, aber auch sehr allgemein, kann sich auf wenige einzelne Fakten und Ereignisse beschränken oder ausgedehnt sein auf allgemeinste Begriffe und Prinzipien, es kann in eine flexibel handhabbare Kompaktform gebracht sein, kann aber auch durch einen hohen Grad an Unordnung und Diffusität gekennzeichnet sein.
Der Begriff „AcI“ zum Beispiel kann ganz fehlen (beim Nichtlateiner), er kann mehr oder weniger diffus sein (beim Anfänger, beim Fortgeschrittenen) oder mühelos vollziehbar und eingebettet in ein umfassendes Konzept von der lateinischen Syntax (beim Lateinlehrer).

Subjektives Lexikon

Jeder Mensch verfügt so gleichsam über ein „subjektives Lexikon“[1)], das je verschieden ist nach Umfang und nach der Auswahl der Sachgebiete, nach Klarheit und Stabilität der einzelnen Begriffe und nach der Art und Weise, in der die einzelnen Begriffe und Artikel innerhalb der Sachgebiete und im ganzen aufeinander bezogen sind, sich wechselseitig erhellen und dadurch auch handhabbar zur Verfügung stehen. Dieses „subjektive Lexikon" ist ein subjektives Modell von einem selbst und von den Gegebenheiten der Welt und ihren Beziehungen untereinander. Man kann getrost davon ausgehen, dass der Zustand dieses „subjektiven Lexikons" – der mehr oder weniger geordnete Gedankenkreis – ein gutes Stück weit die Lebenstüchtigkeit eines Menschen bestimmt.

7.1.1 Die Funktion von Wissen

Wissen ist unter anderem eine Steuerungsgrösse, die zwischen Reiz und Reaktion geschaltet ist. Durch Wissen werden Reize zu Informationen, die bedeutsam und deutbar sind, und Reaktionen zu Handlungen, die sinnvoll sind. Wer nie Latein gelernt hat, wird mit dem Begriff AcI nichts anfangen können, der Reiz ist bedeutungslos, er kann nicht als verhaltensrelevant identifiziert werden; der Anfänger auf diesem Gebiet wird Mühe haben, einen AcI im lateinischen Satz zu erkennen und als solchen zu deuten und zu übersetzen; der Fortgeschrittene erkennt ihn sofort, deutet und übersetzt ihn richtig; der Fachmann auf diesem Gebiet braucht das Phänomen nicht mehr bewusst wahrzunehmen und zu deuten und wird doch das Richtige tun, auf Befragen kann er sich das Phänomen ins Bewusstsein rufen und sein Handeln erklären.
Je umfassender das Wissen eines Menschen ist, desto mehr Situationen kann er deutend und handelnd bewältigen; je bereichsspezifischer sein Wissen ist, desto angemessener wird in diesem Bereich die Interpretation der Informationen sein und je angemessener die Interpretation ist, desto situationsgemäßer wird die vollzogene oder unterlassene Aktion sein; je häufiger die Aktion vollzogen oder unterlassen wurde, desto selbstverständlicher und automatischer wird sie ablaufen oder unterbleiben, wobei aber der Automatismus jederzeit – wenngleich unter Umständen mit einiger Mühe – unterbrochen werden kann.

Wissen steuert Wahrnehmung, Denken und Handeln

Wenn Menschen etwas wahrnehmen, erfahren, lernen, planen oder tun wollen, wird, falls verfügbar, zugeordnetes Wissen aktiviert. Wissen steuert die Wahrnehmung, das Denken und das Handeln.

7.1.2 Wissenskomponenten

Episodisches Wissen

Es hat sich als nützlich erwiesen, zwischen verschiedenen Komponenten des Wissens zu unterscheiden: Episodisches oder autobiographisches Wissen umfasst Informationen über zeitlich und örtlich festgelegte Episoden und Ereignisse, die persönlich erfahren wurden, zum Beispiel dass man im letzten Mai den Louvre besucht hat und Hans am selben Abend im Hotel beinahe in der Badewanne ertrunken wäre. Wenn man dagegen weiß, dass der AcI eine nach bestimmten Verben vorkommende Satzkonstruktion hauptsächlich im Lateinischen ist, die Hauptstadt Frankreichs Paris heißt und dass Vögel fliegen können, fehlt solchen Informationen in der Regel der „per-

Semantisches Wissen

Prozedurales Wissen

sönliche Bezug". Man spricht hier von semantischem oder deklaratorischem/deklarativem Wissen, das ist verallgemeinertes und überdauerndes Wissen über Fakten, Gegenstände, Begriffe, Regeln, logische Zusammenhänge, immer wiederkehrende Ereignisfolgen usw. Viele Elemente dieses Wissens, aber nicht alle, sind ursprünglich Bestandteile des episodischen Wissens. Vom semantischen Wissen wiederum lässt sich ein prozedurales Wissen abheben: Wissen wie etwas zu tun ist, wie man Walzer tanzt, wie man Zahlen miteinander multipliziert, wie man ein bestimmtes Problem bewältigen kann („Fertigkeiten"): Wissen zum Beispiel, dass man gut daran tut, bei einer Gedichtinterpretation gezielt nach bildhaften Elementen zu suchen, bei geschichtlichen Problemen bewusst verschiedene Perspektiven einzunehmen und beim Nachdenken über physikalische Probleme den Prozesscharakter in den Vordergrund zu stellen. Prozedurales Wissen ist in vielen Fällen in einer ersten Phase, bevor es zur Fertigkeit wird, Bestandteil des semantischen Wissens. [2)]

7.1.3 Metawissen

Eine besondere Inhaltsklasse des Wissens ist das Wissen über eigenes Wissen: das Metawissen. Dazu gehört neben dem Wissen über den Umfang des eigenen Wissens auch das Wissen über den Umgang mit dem eigenen Wissen (= Denken) und, was in diesem Zusammenhang besonders interessiert, das Wissen über die Aneignung eigenen Wissens (= Lernen), unter anderem also Wissen um das eigene Lernvermögen, um die jeweiligen Anforderungen von Lernaufgaben und um die entsprechenden Möglichkeiten und Prozeduren, diese zu bewältigen, Wissen um den richtigen Lernweg und die Organisation und Kontrolle desselben. Menschen, die über solcherart Metawissen verfügen, wissen, mit Lerngegenständen umzugehen, sie sind Experten ihres eigenen Lernens, weil sie an der richtigen Stelle die richtige Strategie einsetzen.

7.1.4 Wissensaneignung – Lernen

Die Basis beziehungsweise das Vehikel der Wissensaneignung ist, wie angedeutet, Lernen: Lernen hier verstanden als Verbesserung des Wissensbestands durch Ausbau, Verfeinerung und Umstrukturierung bereits vorhandener kognitiver Systeme sowie durch Erwerb neuen bedeutungshaltigen Wissens mit dauerhafter Verfügbarkeit.

Kognitionspsychologische Lerndefinition

Hier gleichsam nur am Rande sei bemerkt, dass schulisches Lernen sich besonders dadurch auszeichnet, dass es hauptsächlich in Form mehrerer sequentiell gegliederter fachspezifischer Lehrgänge erfolgt, in denen ausgehend von schon vorhandenem Wissen schrittweise in immer umfassendere Bereiche vorzudringen ist, die ihrerseits wieder Ausgangspunkte neuen Lernens sein sollen. (Eigler 1983, 335) Wie wichtig demnach gerade und jeweils das schon vorhandene bereichsspezifische semantische und prozedurale Wis-

Anknüpfung an Vorwissen

sen ist, weiß man schon lange, und neuere Untersuchungsergebnisse bestätigen dies immer wieder. Es ist eine der wichtigsten Aufgaben der Lehrer, bei der Einführung neuen Unterrichtsstoffes das passende inhaltliche und prozedurale und kognitive Vorwissen der Schüler zu berücksichtigen, das heißt dieses Vorwissen zu aktualisieren und verfügbar zu machen oder auch im Einzelfall erst herzustellen durch Schließung eventuell vorhandener Kenntnislücken. Schulisches Lernen steht in engster Verbindung zur Gedächtnisfunktion, und der Erwerb neuen Wissens hängt in sehr starkem Maß von der Passung und aktuellen Verfügbarkeit des schon erworbenen Wissens ab.

7.2 Allgemeine Lern- und Gedächtnisstrategien

Lernen wird hier – wie erwähnt – vor aller inhaltlichen Gebundenheit und Ausrichtung selbst als Problem verstanden. Unabhängig vom je verschiedenen spezifischen Inhalt des Lernens muss man sich beim Lernen immer wieder – Kinder und Jugendliche müssen das täglich vielfach in der Schule und zuhause – etwas einprägen, etwas behalten, etwas verstehen, aufmerksam sein, die Aufmerksamkeit kontrollieren, den Lernweg steuern. Allgemeine Lern- und Gedächtnisstrategien – als Teil des lernrelevanten Metawissens – liefern die Prozeduren zur erfolgreichen Bewältigung dieses Lern-Problems. Solche Strategien beziehungsweise ihnen zuzuordnende Techniken sind zum Teil schon seit der Antike bekannt, Gaukler und Magier haben sich als Gedächtniskünstler ihrer bedient, und manche Varietekünstler tun das noch. Unbewusst verfügt jeder Mensch über ein eigenes mehr oder minder großes Arsenal an solchen Strategien (Strategie: eigentlich Kunst der Kriegsführung!) und Techniken als Folge seiner Lernbiographie. Von der wissenschaftlichen Psychologie sind sie lange Zeit nicht ernst genommen worden. Es gibt verschiedene Versuche der Ordnung dieser Praktiken. Ballstaedt (1991) schlägt „für den praktischen Hausgebrauch" folgende Einteilung vor, mit der Einschränkung, dass wie bei anderen Ordnungsversuchen manche Techniken verschiedenen Strategien dienen können und die Strategien ihrerseits teilweise überlappen:[3)]

PRIMÄRSTRATEGIEN

– Wiederholungsstrategien:	Primäres Memorieren Sekundäres Memorieren (verteiltes Lernen) Lernkarteisysteme
– Elaborative Strategien:	Suche nach Beispielen (und Gegenbeispielen) Generierung von Vorstellungen Nachdenken, freie Assoziationen Wiedergabe in eigenen Worten (Paraphrasieren) Mnemotechniken: Eselsbrücken, Methode der Orte

Einprägen und Verarbeiten

– Organisierende Strategien:	Kategoriale Organisation Schreiben von Zusammenfassungen Anfertigung von Diagrammen Marginalien; Überschriften
– Abrufstrategien:	Aktivierung von Kontexten Entspannungstechniken

Dabeibleiben

STÜTZSTRATEGIEN
- Strategien der Selbstmotivation
- Strategien der Konzentration

Kontrollieren

KONTROLLSTRATEGIEN

– Planungsstrategien:	Zeitplanung, Arbeitseinteilung Gestaltung der Lernumwelt
– Überwachungsstrategien:	Erreichen von Zwischenzielen Einsatz von Primärstrategien
– Prüfungsstrategien:	Selbstbefragung Lerndiagnose, Erfolgsbewertung

Primärstrategien sind die Strategien, die in der Lern- und Gedächtnisarbeit unmittelbar und situativ zum Einsatz gelangen können und die Verarbeitung direkt beeinflussen. Stützstrategien dienen der motivationalen und emotionalen Absicherung des Lernens. Kontrollstrategien gehören zum Metawissen einer Person über das eigene Lernen.

7.2.1 Wiederholungsstrategien

Primäres Memorieren dient im wesentlichen der Aufmerksamkeitserhaltung und Absicherung der Behaltensleistung für eine begrenzte Zeitspanne. Man will und kann sich handlungsrelevante Daten oder Fakten – eine Telefonnummer, eine Einkaufsliste, eine Gebrauchsanleitung, ein geschichtliches Ereignis, eine Prozedur, eine begrenzte Anzahl von Wörtern ... – solange merken, bis die Aktivität, zum Beispiel der Wörter-Test, ausgeführt ist und man die Fakten oder Daten getrost wieder vergessen kann. In Anspruch genommen sind das Kurzzeitgedächtnis und das Arbeitsgedächtnis. Ihre Leistung beruht auf vergänglichen elektrophysiologischen Prozessen.– Viele Schüler lassen es leider mit diesem primären Memorieren „gut sein".

„Übung macht den Meister" oder „repetitio est mater studiorum": Durch sekundäres Memorieren sollen Informationen ins Langzeitgedächtnis überführt und dauerhaft gegen Vergessen geschützt werden, so dass spätere Rekognition und Reproduktion möglich sind. Biochemische Vorgänge sind im Spiel. Wichtig sind Pausen. Verteiltes Lernen hat sich unter bestimmten Umständen, besonders wenn es um das Bewältigen größerer Stoffmassen geht, einem massierten Lernen als überlegen erwiesen: ein erstes Wiederholen unmittelbar nach der Aufnahme des neuen Stoffs, erneutes Durchgehen nach

Verteiltes Lernen, verschiedene Lernwege, Lernkartei

einem Tag, dann nach einer Woche und schließlich nach einem Monat sind besonders wirkungsvoll.
Als außerordentlich hilfreich hat sich das Nutzen mehrerer Lernwege, das sogenannte mehrkanalige Lernen, erwiesen: Lesen, lautes Sprechen, Schreiben, Vorsagen wechseln sich ab und sichern das Gelernte gegen allzu schnelles Vergessen. Besonders fürs Wörterlernen ist die bekannte „Lernkartei" zu empfehlen, unter anderem deshalb weil sie automatisch verteiltes Üben erzwingt.

7.2.2 Elaborative Strategien

Elaboration = Ausarbeitung und Anreicherung des Neuen

Das sind Strategien der Informationsverarbeitung durch Anreicherung des Neuen mit Vorwissen. Man lernt, indem man Parallelen und Ähnlichkeiten feststellt mit bereits Bekanntem, nach Beispielen und Analogien sucht, Vergleiche anstellt, praktische Anwendungsmöglichkeiten herausfindet, eigene Erfahrungen und Erlebnisse wachruft, den Stoff durchspielt, Sprichwörter und Metaphern heranzieht, Vorstellungsbilder generiert, Fragen stellt, nach Ansätzen für Kritik Ausschau hält, einen Sachverhalt in eigenen Worten wiedergibt, zum Beispiel seinem Freund erzählt. „Über das dargebotene Material hinaus wird Vorwissen aktiviert, in das die neue Information eingebettet wird." (Mandl und Ballstaedt 1981, 4)
Ein Beispiel: Einem Lernenden wird folgender Satz vorgegeben: „Viele Pflanzen enthalten pharmakologisch wirksame Stoffe." Zu diesem könnte er folgende Einfälle und Assoziationen bilden (Mandl und Friedrich 1986, 43):

Beispiel

① Kamille ist eine Pflanze mit pharmakologisch wirksamen Stoffen.
② Meine Großmutter kannte für jedes Leiden einen Kräutertee.
③ Die Pharmakologie führt unnötig grausame Tierversuche durch.
④ Ich stelle mir ein altes Kräuterweib vor.
⑤ „Pharmakologisch" ist ein mir unbekanntes Fremdwort.

Bei der Elaboration ① wird semantisches Wissen aktiviert; es handelt sich um eine Spezifikation des Ausgangssatzes. Mit der Elaboration ② wird episodisches Wissen abgerufen; es wird ein autobiographischer Erfahrungskontext angegeben. Die Elaboration ③ enthält neben dem aktivierten semantischen Vorwissen über Pharmakologie noch eine bewertende, evaluative Komponente. Die Elaboration ④ legt das Vorhandensein einer visuellen Vorstellung (imagery) nahe, die verbal mitgeteilt wird. Die Elaboration ⑤ schließlich stellt eine metakognitive Aussage über den eigenen Verarbeitungsprozess dar: Der Lernende hat eine Lücke in seinem Lexikon gefunden.
In vergleichbarer Weise kann man sich den Begriff „anterograde Amnesie" merken, indem man an eine Person aus dem Bekanntenkreis denkt. Den Begriff „Prosopagnosie" wird sich der leicht merken, der das Glück hatte, Altgriechisch zu lernen (prosopon – Gesicht; agnosia – Nichtkennen). Bei dem Satz „Kühe fressen Gras" stellt sich automatisch ein Vorstellungsbild ein; bei dem Satz „Das Proletariat schafft Mehrwert" kann man sich ein Vorstellungsbild entwerfen, etwa sich einen Fabrikarbeiter im neunzehnten Jahrhundert vorstellen oder einfach den bärtigen Karl Marx.

Eine wichtige Rolle spielen echte und falsche Etymologien und Eselsbrücken aller Art, auch sachfremde (zum Beispiel beim Wörterlernen: s**ini**ster = **li**nks, d**e**xter = **re**chts).

Die Methode der Orte soll im alten Griechenland ein Mann namens Simonides „erfunden" haben: Einer der wenigen, die beim Einsturz eines Hauses mit heiler Haut davongekommen waren, konnte er hinterher die Namen der armen ums Leben Gekommenen angeben, indem er im Geiste noch einmal die Räume des Hauses abschritt. Die antiken Redner nutzten dann diese Methode, um die einzelnen Argumente in der richtigen Reihenfolge parat zu haben. Ähnlich wie die Methode der Orte funktioniert die Methode des Geschichtenerfindens.

„Die elaborative Verarbeitung stellt sozusagen den kreativen Aspekt des Lernens dar. Auch der Begriff der Verarbeitungstiefe lässt sich durch das Ausmaß der elaborativen Verarbeitung bestimmen. Wem über das Gebotene hinaus nichts einfällt, der hat auch nur oberflächlich verstanden." [4)]

Anreichern, bedeutungsvoll machen heißt:

Verschiedene Möglichkeiten der Elaboration

- Parallelen und Ähnlichkeiten feststellen
- Beispiele und Analogien suchen
- Vergleiche anstellen
- praktische Anwendungsmöglichkeiten herausfinden
- eigene Erfahrungen und Erlebnisse wachrufen
- den Stoff durchspielen
- Sprichwörter und Metaphern heranziehen oder erfinden
- Vorstellungsbilder generieren
- Fragen stellen
- Ansätze zur Kritik finden
- Paraphrasieren
- Assoziationen bilden
- Etymologien beachten
- Eselsbrücken bauen und begehen
- sich etwas räumlich vorstellen
- Geschichten erfinden

7.2.3 Organisierende Strategien

Organisation = Herausarbeiten des Wesentlichen

Hierher gehören das Unterstreichen wichtiger Begriffe in einem Text, Randbemerkungen, Formulieren von Überschriften, Zusammenfassungen, Notizenmachen, hierarchische Darstellungstechniken usw. Es handelt sich um reduktive Prozesse, die besonders das Behalten von umfänglichen Stoffmassen erleichtern durch Gliederung größerer Komplexe in Sinneinheiten, Koordination von Zusammengehörigem, durch Abstraktion oder Konstruktion einer Makrostruktur, durch Herstellen eines Überordnungs-/ Unterordnungsverhältnisses, durch Herausfiltern des Wichtigen, durch Bloßlegen der Strukturprinzipien … Wer für eine bestimmte Sache über ein Gerüst verfügt, kann auch die Details rekonstruieren.

Die Bildung von Strukturprinzipien kann einem das Lernen vieler Einzelheiten ersparen. Einen interessanten Fall schildert der französische Schriftsteller André Maurois aus dem ersten Weltkrieg. Ein portugiesischer Soldat wettet mit seinem französischen Kameraden, dass er ihm innerhalb einer Minute tausend Wörter portugiesisch beibringen kann, und gewinnt so einhundert Francs: Alle Substantive, die im Französischen auf -tion enden, erklärt er, haben im Portugiesischen die Endung -cao und sind wie im Französischen weiblich. (Hüholdt 1992, 279) – Ganz ähnlich ist es mit dem Lernen von Zahlwörtern: Gelernt werden müssen in den meisten Sprachen nur die Wörter für die Zahlen von eins bis zwölf, die Zehnerzahlen, sowie die Wörter für Hundert und Tausend. Kennt man darüber hinaus noch das Prinzip der Zahlenbildung, ist man in der Lage, jede beliebige Zahl zu „erschaffen".
Organisierende Strategien betreffen die ökonomische Seite des Lernens. Sinnvolles Lernen ist das Gegenteil von hemmungslos unkontrollierter Informationsanhäufung. (Hüholdt, 226)
Reduktion erreicht man durch:

Verschiedene Möglichkeiten der Organisation

- Selektion (= Herausfiltern des Wichtigen)
  z.B. Unterstreichungen, Randbemerkungen, Notizen
- Komparation (=Vergleiche herstellen)
- Koordination von Zusammengehörigem (= Verbinden, Abstimmen, Ordnen)
  z.B. Flussdiagramme
- Integration (= Miteinbeziehung)
  z.B. Zusammenziehen von Einzelheiten
- Hierarchiebildung (= Aufbau eines Ordnungs- und Beziehungssystems)
  z.B. Lösungsstammbäume
- Abstraktion (= gedankliche Verallgemeinerung, Konstruktion einer Makrostruktur)
  z.B. Überschriften, Zusammenfassungen

7.2.4 Abrufstrategien

Abrufen = Erinnern und Wiedergeben

Abrufstrategien oder rekonstruktive Strategien sollen helfen, augenblicklich nicht Zugängliches oder Daten, die man nicht zum dauernden Gebrauch zur Verfügung haben muss, aufzufinden.
Natürlich hat man „vergessen", wo man am Dienstag vor einer Woche um 18 Uhr gewesen ist. Durch die Aktivierung des Kontexts (was mache ich normalerweise dienstags, was habe ich an besagtem Dienstag gemacht, ausnahmsweise unterlassen, warum ...) kann man in vielen Fällen die fragliche Stunde rekonstruieren. Wie das mit Inhalten aus dem deklaratorischen Gedächtnis funktioniert, ist weniger bekannt. Vermutlich spielen ähnliche Techniken wie bei den organisierenden Strategien eine Rolle, mit dem Unterschied, dass sie gleichsam von rückwärts her angewendet werden: In welchen Monaten sind im lateinischen Kalender die Iden am dreizehnten Tag, in

welchen am fünfzehnten? – Caesar wurde an den Iden des März ermordet, das war der fünfzehnte. Also gehört der März in die Fünfzehner-Reihe. Wie habe ich einst diese Monatsreihe verschlüsselt? MILMO!, also März, Juli, Mai und Oktober. Manchmal genügt der Anfangsbuchstabe eines Wortes, manchmal ein Stichwort, um eine ganze Kette von Gedächtnisinhalten zu aktivieren. Eine wichtige Abrufhilfe ist die Aktivierung des äußeren oder inneren Kontexts. (Wippich 1985, 19, 28 u.ö.)

7.2.5 Stützstrategien

Lernen findet statt in einem motivationalen und emotionalen Kontext, Gelerntes ist darin eingebettet. Über Ängstlichkeit und Erinnern zum Beispiel ist einiges bekannt, und dies zeigt, dass Lernprozesse durch Emotionen und Motivationen empfindlich gestört werden können. Genauso können sie aber auch entscheidend gestützt werden, zum Beispiel durch ein günstiges Lernklima, durch positives Denken, durch (Selbst-)Belohnung beim Erreichen von (Teil-)Zielen, durch ein ausgewogenes Arbeits-Erholungs-Timing, durch Verknüpfen ungeliebter Lerntätigkeiten mit bevorzugten Interessen, durch Entspannungstechniken bis hin zum autogenen Training.

7.2.6 Kontrollstrategien

Sie sind Strategien höherer Ordnung. Personen, die über sie verfügen, sind in der Lage, ihr Lernen selbst zu steuern, angefangen bei der Gestaltung des Arbeitsplatzes und der zeitlichen Organisation samt Einplanung von Pausen über das zeitweilige Aufschieben der Befriedigung von Bedürfnissen bis hin zur Überprüfung und Bewertung des Gelernten. Insbesondere sind diese Personen in der Lage, die Primärstrategien situationsangemessen und aufgabenadäquat einzusetzen. Sie wissen, das Richtige zum richtigen Zeitpunkt zu tun, und sind so Experten ihres eigenen Lernens: „Je reicher und differenzierter das Wissen einer Person über ihr Denken und ihr kognitives Funktionieren ist, um so wahrscheinlicher ist zu erwarten, dass diesem Grad an metakognitiver Selbstreflexion auch ein besseres Leistungsbild entspricht.“ (Mandl und Friedrich 1986, 48)

„Exekutive“ Strategien sind unter anderem:

- Arbeitsplatz aufräumen
- Arbeitsplan erstellen
- Pausen organisieren
- Überprüfen und überprüfen lassen
- Bewerten
- Strategien einsetzen

Die einzelnen Kategorien lassen sich noch genauer aufschlüsseln. Kluwe analysiert zum Beispiel solche exekutiven Prozesse, die auf die Kontrolle und Regulation des Verlaufs der eigenen geistigen Tätigkeit abzielen. (Kluwe 1982, 125ff.) Dabei führen Kontrollprozesse zu Informationen über das „was“ des eigenen Denkens beim Lernen; Steuerprozesse führen zu Modifikationen des Verlaufs eigenen Denkens beim Lernen.

KONTROLLPROZESSE

- Identifikation: Sie schafft Klarheit, welche geistige Tätigkeit man ausführt bzw. ausführen möchte:
  Was tue ich eigentlich?
  Was liegt eigentlich vor?
  Was ist von mir verlangt?
  Plane ich noch oder habe ich bereits mit der Lösung begonnen?
- Prüfung. Sie dient der Feststellung des bereits erreichten Zustands, der weiteren Planung, der Sicherung des eingeschlagenen Lösungsweges, der Vermeidung von Irr- bzw. Umwegen:
  Habe ich die Aufgabe verstanden?
  Wo bin ich im Lösungsweg?
  Mache ich eigentlich Fortschritte?
  Arbeite ich nicht schon zu lange an dem Problem?
  Kann meine Lösung falsch sein?
- Bewertung. Sie führt evtl. zum Modifizieren oder Abbrechen:
  Ist es gut, was ich hier tue?
  Arbeite ich planvoll genug?
  Bin ich zu unsystematisch?
  Kann ich etwas verbessern?
  Arbeite ich schnell genug?
  Muss ich mich besser konzentrieren?
  Gibt es bessere Lösungsmöglichkeiten?
- Prognose. Sie dient der Prüfung u. Bewertung künftiger Lösungsschritte)
  Was kann eintreten, wenn ich so fortfahre?
  Kann ich auf Schwierigkeiten stoßen?

STEUERPROZESSE

- Steuerung des Gegenstands. Sie dient der systematischen Bearbeitung komplexer Probleme:
  Womit beginne ich?
  Was ist wichtig?
  Was kann ich weglassen?
  Wie fahre ich fort?
  Was muss ich als nächstes ansehen, ausrechnen, lesen?
- Steuerung der Aufmerksamkei. Sie dient der Steuerung externer und interner Bedingungen:
  Bin ich abgelenkt?
  Stört mich etwas?
  Achte ich auf alle wesentlichen Dinge?
  Befasse ich mich mit unwesentlichen Dingen?
- Steuerung der Intensität. Sie sichert die Ausdauer bei der Lösungssuche, wenn Schwierigkeiten auftauchen und die Motivation sinkt:

Habe ich alles versucht?
Fällt mir noch etwas ein?
Sollte ich noch einmal rechnen, lesen, probieren?
Habe ich mir alles genau angesehen, durchgelesen?
Gibt es noch andere Möglichkeiten, andere Wege?
Kann man das Problem auch anders auffassen?

– Steuerung der Geschwindigkeit. Sie verhindert unsystematisches Arbeiten, steuert das Arbeiten unter Zeitdruck:

Arbeite ich zu schnell?
Gehe ich zu langsam vor?
Müßte ich langsamer vorgehen?
Bin ich noch in der Zeit?

7.3 Strategien vermitteln

Vermittlung von Lernstrategien als Unterrichtsprinzip

Die meisten Menschen erwerben im Verlauf ihrer Sozialisation gleichsam nebenher bzw. automatisch mehr oder weniger reichhaltige Kenntnisse über das Lernen. Einen nicht geringen Anteil daran hat neben dem Leben zweifellos die Schule besorgt, seitdem sie existiert, einfach dadurch, dass sie ja immer schon Vorgänge wie Aufmerken, Verstehen, Einprägen, Behalten von den Schülern und Schülerinnen verlangt hat. Heute freilich, angesichts gewandelter Lebensumstände und gewandelter Anforderungen an lebenslange Lernkompetenz, kann sich die Schule mit ihrer eher indirekten Rolle beim „naturwüchsigen Erwerb" solcher Kenntnisse nicht mehr zufrieden geben.
So wie sie explizit Wissen über Mathematik, Geographie, Politik und vieles andere vermittelt, muss sie auch ausdrücklich Kenntnisse über das Lernen vermitteln, und zwar über alle Fächer und Inhaltsklassen hinweg, im Sinne eben eines fächerübergreifenden Unterrichtsprinzips.
Das soll heißen: Nicht ein neues Fach „Lernen lehren" oder in sich geschlossene Lern-Lehrgänge sollen eingerichtet werden, wo die Schüler und Schülerinnen dann zu Experten der Lernpsychologie ausgebildet werden könnten. Zwar sind in den letzten Jahren im In- und Ausland viele Trainingsprogramme entwickelt worden, die das direkte und systematische Lehren des Lernens zum Ziel haben. Über die Wirkung, insbesondere die Transferwirkung, solcher Programme liegen unterschiedliche Ergebnisse vor. Es scheint, dass sie von großem Nutzen sind, wenn es um die Verbesserung relativ eng umschriebener Fähigkeiten geht, zum Beispiel Leseverstehen, und dass von solchen direkten Programmen jüngere Kinder besonders profitieren. Es soll hier auch nicht um Interventionsprogramme für Lernbehinderte und Schüler mit Lernschwierigkeiten gehen, so wichtig solche Programme sind. [5] Überhaupt soll der Meinungsstreit der an der Diskussion um Lern-, Denk- und Gedächtnisstrategien beteiligten Wissenschaftler um die Vorzüge beziehungsweise Nachteile direkter oder indirekter Förderung hier nicht weiter verfolgt werden. [6] Die Sache soll vielmehr pragmatisch angegangen werden.

7.3.1 Der Gelegenheitsunterricht

Unterrichtsprinzip meint: Ein erster Schritt zum Vermitteln der allgemeinen Lern- und Gedächtnisstrategien ist sicher der Gelegenheitsunterricht über die vorgestellten Strategien und Techniken: Wie die Erfahrung zeigt, sind auch noch Schüler und Schülerinnen der gymnasialen Mittel- und Oberstufe dankbar, wenn man ihnen sagt, wie sie Wörter lernen können, wie man eine Übersetzungsaufgabe angeht, Ideen für einen Aufsatz findet, sich geschichtliche und geographische Daten merken kann, Texte (zum Beispiel in Mathematik) besser versteht, mehrere Lernwege benutzt, Gedächtnisstützen anfertigt, mit größeren Stoffmassen umgeht; kurz wie man elaboriert und organisiert und reduziert und Abrufhilfen benützt und den Lernweg steuert und kontrolliert.

7.3.2 Die Vermittlung kognitiven Wissens

Systematischer ist ein Zugriff, den Kluwe (1982) in diesem Zusammenhang empfiehlt: Von früh an sollte man bei den Kindern die Fähigkeit fördern, über kognitive Vorgänge wie Lernen, Vergessen, Behalten, Erinnern, Problemlösen usw. zu sprechen; man sollte ihnen erklären, was die dabei ablaufenden verschiedenen geistigen Tätigkeiten wie Abstrahieren, Selegieren, Anreichern, Organisieren bedeuten: „Ich halte dies u.a. deshalb für wichtig, weil zur Kontrolle und Steuerung eigenen Denkens vermutlich auch ein Begriffsinventar erforderlich ist. Jemand, der eigene geistige Vorgänge bezeichnen und darüber kommunizieren kann, hat es vermutlich leichter, das eigene Denken zu kontrollieren." (129f.) Dazu gehört nach Kluwe auch die Vermittlung von diagnostischem kognitiven Wissen (= diagnostischem Metawissen) an die Kinder und Jugendlichen: Man muss ihnen sagen, wo sie besonders gut sind, wo sie besonders aufpassen müssen. „Wer weiß, dass er Aufgabeninstruktionen nicht ausreichend analysiert, kann sich vornehmen, besonders sorgfältig das Problem zu analysieren." (130) Kluwe schlägt dafür eine Taxonomie kognitiven Wissens vor, die ausschnittweise die folgende Tabelle verdeutlicht (aus Kluwe 1982, 129 (gekürzt)):

	Wissen über kognitive Sachverhalte: Komponenten, Zustände und Aktivitäten des kognitiven Systems	Wissen über Veränderung von kognitiven Sachverhalten: Veränderung kognitiver Zustände und Aktivitäten
Allgemeines kognitives Wissen	Wissen über die allgemeine Struktur, Organisation, Funktion der Verarbeitung von Information; naive Denk- und Gedächtnistheorien	Wissen über Mittel zur Veränderung von kognitiven Zuständen und Aktivitäten, über Methoden zum Einprägen, Problemlösen usw.

Diagnostisches kognitives Wissen über die eigene Person	Wissen über Schwierigkeiten, Schwächen, Bevorzugung hinsichtlich eigener geistiger Tätigkeiten	Wissen über Mittel zur Veränderung von eigenen kognitiven Zuständen und Aktivitäten; Wissen über geeignete Wege zur Begegnung kognitiver Anforderungen an die eigene Person

Wie etwas von dieser Taxonomie in der konkreten Unterrichtsarbeit umgesetzt werden kann, mag am besten ein Beispiel verdeutlichen:
Ein Lateinlehrer – man verzeihe dem Verfasser das exemplum, es sollte sich leicht an andere Unterrichtsinhalte adaptieren lassen – hat sich aus wohlüberlegten didaktischen Gründen entschlossen, seine Schüler und Schülerinnen das erste Kapitel von Caesars „Gallischem Krieg" auswendig lernen zu lassen. Er kann ihnen sehr helfen, diese Aufgabe zu lösen, wenn er mit ihnen zusammen und natürlich unter Verwendung einer geographischen Karte eine inhaltliche Gliederung erarbeitet: Da ist zunächst die Rede von den drei Teilen Galliens und ihren Bewohnern, im Norden die Belgen, im Süden die Aquitanier, in der Mitte die Gallier (1). Warum werden sie voneinander abgehoben? Natürlich weil sie sich in ihren Sitten und Gebräuchen unterscheiden (2). Flüsse: die Garonne, die Marne und die Seine, markieren die Grenzen, gesehen aus der Perspektive der in der Mitte wohnenden Gallier (3). Eine Eigenschaft der Völker ist für den Kriegsherrn Caesar besonders wichtig: die Tapferkeit. Hierin zeichnen sich die Belgen im Norden besonders aus (4a), und zwar aus zwei Gründen: wegen der Entfernung von der Zivilisation und deren verweichlichendem Warenangebot (4b) und wegen der Nähe zu den rechtsrheinischen und kriegerischen Germanen (4c). Beinahe tägliche Kämpfe mit eben diesen Germanen haben auch die Helvetier zu bestehen: Das macht sie wiederum zu den tapfersten der Gallier (5).

Beispiel: Hilfen für das Auswendiglernen eines Textes

Diese Gliederung lässt sich, zu Stichworten verdichtet, so fassen: Land und Leute, Sitten und Grenzen (1-3); die Tapferkeit der Belgen im Norden und der Helvetier in der östlichen Mitte des Landes (4-5). Dieses Gliederungsprinzip erweist sich zumindest aus Caesars Sicht als logisch zwingend und lässt sich leicht merken. Ein wesentliches Stück Vorarbeit für die gestellte Aufgabe ist geleistet und ein erster gemeinsamer Versuch der Textrekonstruktion – vielleicht zuerst auf deutsch, unter Umständen gleich im Lateinischen – mag sich anschließen. Die Wandkarte wird eine wesentliche Abrufhilfe bieten. Erste Erfolge stellen sich ein, und weitere Tipps für das Lernen zuhause ergänzen das schon Geleistete: Tipps zum Beispiel, wonach man am besten den Text mehrmals leise und laut aufmerksam liest, sich dabei die Struktur noch einmal klar macht, dann, ohne den Text vor Augen zu haben, Satz für Satz einprägt, indem man die Sätze vorspricht, überprüft, wieder vorspricht und schließlich auch schreibt, am Abend das Ganze wiederholt und noch einmal am Morgen danach.

So oder so ähnlich haben gute Lehrer und Lehrerinnen das wohl immer schon gemacht (während andere es damit bewendet sein lassen, mehr oder weniger motivierend die Lernaufgabe zu stellen). Der Lehrer beziehungsweise die Lehrerin im Beispiel aber tun noch mehr: Sie erläutern und begründen das Vorgehen und benennen die Tätigkeiten und Leistungen, die dieses Vorgehen bestimmen; sie sagen den Schülern und Schülerinnen, dass sie hiermit elaboriert und organisiert haben; sie sprechen über die Sicherung von Abrufhilfen und mehrkanaliges Lernen und über ein günstiges zeitliches Timing für verteiltes Üben zuhause.
Es sollte Nebenziel jedes Unterrichtshandelns sein, den Aufbau solchen kognitiven Wissens zu fördern. Freilich – Kluwe selbst schränkt ein: „Natürlich darf nicht angenommen werden, dass die Vermittlung eines Begriffsinventars für geistige Tätigkeiten zugleich die Kontrolle und Steuerung eigenen Denkens gewährleistet: sie erleichtert und fördert sie." (130)

7.3.3 Das Beobachtungslernen und das Lernen am Erfolg

Keine gesonderte Vermittlung von Lernstrategien, sondern Einüben in allen Fächern

Aber – wie das Beispiel vielleicht zu zeigen vermag – es ist hier keineswegs und durchaus nicht gedacht an eine vor allem abstrakte Vermittlung der Lern- und Gedächtnisstrategien. Ihrem Anspruch nach, oder besser: ihrer Konzeption nach sind die allgemeinen Lern- und Gedächtnisstrategien zwar aufgabenunabhängige und inhaltsunspezifische, instrumentelle, auf eine Vielzahl unterschiedlicher Fälle anwendbare Fertigkeiten: bei deren Genese aber ist der Kenntnisaspekt nur ein erster Schritt. Das Wissen vom Lernen und von den Lern- und Gedächtnisstrategien muss Teil des Handlungsprogramms werden.
Mit anderen Worten: Man kann sehr gut über Lernen Bescheid wissen und es doch im konkreten Fall nicht richtig tun. Nicht selten sind Lernschwierigkeiten nicht auf einen Mangel an Kenntnissen zurückzuführen, sondern auf ein „Produktionsdefizit".
dass Kenntnisse zu Fertigkeiten werden, erfordert neben einer entsprechenden Motivation vor allem Anwendung und Übung, dauerndes Tun und Ausführen. Das aber ist nur möglich in konkreten Fällen, also inhaltsbezogen[7)], und bedarf noch anderer Wege als dem einen, der ausschließlich über den Kopf und die Begrifflichkeit führt. Das Beobachtungslernen und das Lernen am Erfolg kommen hier wieder zu Ehren.
Dem Lehrer und der Lehrerin kommt in dieser Hinsicht Modellfunktion zu (vgl. Bovet 7.4). Bei der Vermittlung der Unterrichtsinhalte kommt es darauf an, dass sie – und dies eben in jedem Fach – die geistigen Prozesse, die zu deren Aneignung notwendig sind, explizit machen, indem sie sie vormachen und verbalisieren. Der Lehrer und die Lehrerin elaborieren und organisieren und reduzieren und stützen und belohnen und planen und steuern und kontrollieren stellvertretend, alles dieses immer wieder kommentierend und begründend. Nach und nach werden die Schülerinnen und Schüler dieses Verhalten nachahmen und annehmen, besonders dann, wenn sie selber merken, dass solches

Vorgehen sich lohnt. Zu letzterem gehört, dass man sie die Wirkung von Planung und Regulation des Lernens im Tun auch konkret und gleichsam produktorientiert erfahren lässt. Erinnert sei in diesem Zusammenhang an die Vorstellungen Kerschensteiners zur Arbeitsschule. Für diejenigen, die einen Begriff suchen für solcherart Unterrichtsarbeit: man könnte sagen, es handelt sich um „prozessorientiertes" Lehren und Lernen.[8)] Eine der wichtigsten Voraussetzungen für die Kompetenz, solcherart zu unterrichten, ist die Fähigkeit zu sorgfältiger Aufgabenanalyse. Das erfordert nicht zuletzt entsprechende Maßnahmen der Lehrerbildung. (Mandl und Friedrich 1992, 30)

Zusammenfassung und Ausblick

Es ist sehr modisch geworden, im Zusammenhang mit dem Lernen von einer „Schlüsselqualifikation" zu sprechen. Der Buchmarkt über Lernhilfen und Lerntipps zeigt, dass bei Eltern und Schülern eine große Unsicherheit besteht, wie denn diese Qualifikation zu erwerben sei, und dass ein großes Bedürfnis nach Aufklärung besteht. Es scheint, dass in der Schule die Kompetenz zu lernen eher vorausgesetzt als explizit vermittelt wird.

Noch bestehen in der einschlägigen wissenschaftlichen Literatur viele Unklarheiten und Lücken. Insbesondere das Verhältnis zwischen allgemeinen Lern- und Gedächtnisstrategien und dem bereichsspezifischen semantischen und prozeduralen Vorwissen ist nicht endgültig geklärt. Soviel weiß man: „Ohne Wolle kann man nicht stricken." (Mandl und Friedrich 1992, 19) Ebenso wichtig ist es, sich klarzumachen, dass (Primär-) Strategien nichts nützen, wenn sie nicht durch entsprechende motivationale Prozesse gestützt werden (‚skill and will'). (Mandl und Friedrich 25)

Nahezu alle Wissenschaftler, die sich mit dem hier ausgebreiteten Phänomen befassen, betonen, dass der Erwerb von allgemeinen Lern- und Gedächtnisstrategien ein langfristiger Prozess ist. Es gibt also für den Lehrer und die Lehrerin in der Praxis keine unittelbare Erfolgskontrolle und daraus resultierende Befriedigungsmöglichkeit. Aber: Die mitgeteilten Ergebnisse aus der neueren Wissens- und Kognitionspsychologie ermutigen, das „Heft in die Hand zu nehmen". Sie erhöhen nicht nur die Wissenskompetenz der Lehrerinnen und Lehrer in dem Sinne, dass sie diese in die Lage versetzen, Lern- und Behaltensprozesse besser zu verstehen, sondern auch die Handlungskompetenz: Wenn bei der Erarbeitung des jeweiligen Unterrichtsstoffes explizit und gezielt auch aufgabenadäquate Verarbeitungsprozesse im Sinne des strategischen – oder prozessorientierten – Lernens angeregt werden und dieses schließlich von Zeit zu Zeit selbst zum Gegenstand des Unterrichts gemacht wird, werden Lehrerinnen und Lehrer mehr und mehr zu Förderern der Lernkompetenz der jungen Menschen. Und: Lehrerinnen und Lehrer, die solcherart strategisch unterrichten, erzielen gleichsam nebenher einen nicht zu verachtenden Effekt: eine deutliche Verbesserung ihres eigenen Instruktionsverhaltens, so dass die Schüler und Schülerinnen in doppelter Hinsicht von ihrem Unterricht profitieren. Bei allem berechtigten Optimismus darf man freilich nicht vergessen, dass in der individuellen Lernkapazität auch solchen Bemühungen Grenzen gesetzt sind. Der „Nürnberger Trichter“ ist immer noch nicht gefunden, die Bäume werden nicht in den Himmel wachsen. Die vorgestellten Lern- und Gedächtnisstrategien sind zweifellos wichtige Bedingungen im Prozess des Lernens, aber, wie dieses Modell der individuellen Lerneffektivität zeigt, nicht die einzigen.

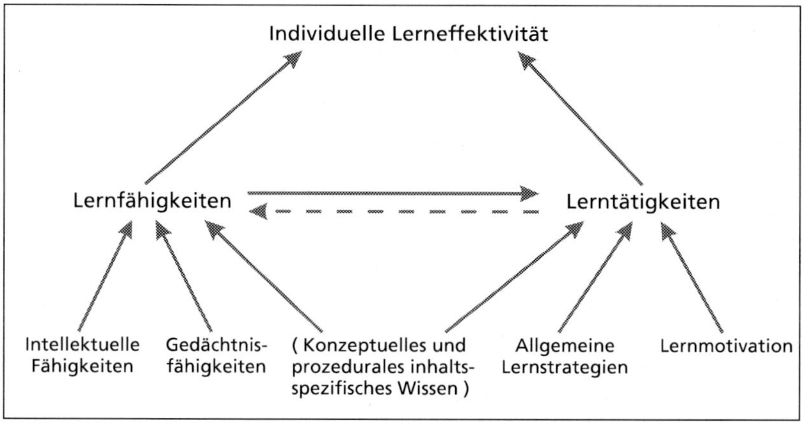

Bild 1: Modell der individuellen Lerneffektivität. Aus Weinert 1983, 329.

Anmerkungen

1) Der Begriff subjektives Lexikon wird abweichend von der hier gemeinten Bedeutung gelegentlich gebraucht für einen spezifischen Bereich des semantischen Wissens, besonders für das Wissen von den Wortbedeutungen.
2) Je nach Forschungsschwerpunkt werden weitere Komponenten unterschieden: ein sensorisch-perzeptuelles Wissen (Wissen und Vorstellungen über das Aussehen von Dingen, über bestimmte Umgebungen usw.), ein soziales Wissen (Wissen wie man mit anderen kommuniziert), selbstbezogenes Wissen (Wissen wie man selbst ist und sich verhält) usw. Vgl. Wippich (1984/85).Bd. 1, 29 u.ö.
3) Mit freundlicher Genehmigung des Verfassers: Steffen-Peter Ballstaedt, unveröffentliches Manuskript eines Vortrags, gehalten am 17.10.1991 an der Staatlichen Akademie für Lehrerfortbildung in Calw. Ballstaedt seinerseits verweist wiederum auf Dansereau, D.F. (1985). Learning strategy research. In J.W. Segal, S.F. Chipman & R. Glaser (eds.). Thinking and learning skills. Yol. 1, Hillsdale, NJ: Erlbaum, 209-239. Weinstein, C.E. & Mayer, R.E. (1986). The teaching of learning strategies. In M.C. Wittrock (ed.). Handbook of research on teaching. New York: Macmillan Publishing Company, 315-327. Vgl. zusammenfassend Friedrich u. Mandl 1992, 11-15.
4) Ballstaedt 1991, 16. Vgl. Anderson, J.R. (1988). Kognitive Psychologie. Heidelberg: Spektrum der Wissenschaft, S. 110f.: „Immer wieder haben Experimente gezeigt, dass bedeutungshaltige Informationen besser erinnert werden als bedeutungslose. Wenn man die Wahl hat, sich Informationen entweder anhand einer Bedeutung einzuprägen oder aber ohne, so ist man gut beraten, die Bedeutung zu Hilfe zu nehmen. Leider sind sich viele Menschen dieser Tatsache nicht bewusst, und ihre Gedächtnisleistung ist entsprechend beeinträchtigt… Die Transformation bedeutungsloser Informationen in bedeutungshaltige gehört zu den wichtigsten Tricks der Gedächtnisexperten, die manchmal noch in Varietes auftreten.“

5) Vgl. zum Beispiel Keller, G., Sikorski, P.B., Thiel, R.-D. (1987). Kann Schülern mit Lernschwierigkeiten geholfen werden? Ein Erfahrungsbericht zur „Ulmer Lernförderung". Lehren und Lernen, 13 (6), 40 – 79. Das dort entwickelte Programm zur Lernförderung, vor allem zur Beseitigung von Defiziten bei den exekutiven Fähigkeiten, das an Erziehungsberatungsstellen mit Erfolg durchgeführt wird, kann u.E. mit wenig Modifizierung auch an Schulen von einschlägig erfahrenen Lehrern praktiziert werden.
6) Vgl. dazu: Mandl und Friedrich 1992, 26 – 41.
7) „Aus der Sicht entwicklungspsychologischer Analysen hat man sich den Aufbau transferierbarer Lern- und Denkstrategien nach derzeitigem Kenntnisstand folgendermaßen vorzustellen ...: Zuerst erwirbt das Individuum aufgabenspezifische Strategien und Prozeduren. Diese sind zunächst noch labil und wenig flexibel, d.h. in hohem Maße an die Situation bzw. Aufgabenklasse gebunden, in der sie erworben wurden. Erst dann, wenn diese Strategien so ‚überlernt' bzw. automatisiert sind, dass sie keine bzw. nur noch geringe kognitive Kapazität, sprich Aufmerksamkeit, beanspruchen, können sie selbst auf neue Aufgabenbereiche ausgedehnt werden. Aber diese Form der Genese allgemeiner Strategien ist mühsam und häufig auch nicht vom Erfolg gekrönt ... Ob sich allgemeine Fertigkeiten im Verlauf der Entwicklung durch den Transfer spezifischer Fertigkeiten auf neue Aufgabenfelder herausbilden, hängt zum einen von den kognitiven Fähigkeiten des Individuums ab, zum anderen aber auch von Umweltparametern wie etwa der Vielfalt von Aufgabenstellungen und Übungsmöglichkeiten ... Der ‚reife' bzw. ältere Strategieanwender wendet Strategien flexibler an und ist auch eher in der Lage, sie auf andere Aufgabenstellungen zu transferieren, als der Novize bzw. der jüngere Strategieanwender. Dieses Grundmuster des Strategieerwerbs gilt – so nimmt man an – im wesentlichen für alle Altersgruppen und auch für Strategien unterschiedlicher Komplexität ..." H. Mandl und H.F. Friedrich 1992, 23.
8) Vgl. dazu Simons 1992, 260-263.

Literatur

Anderson, J.R. (1988). Kognitive Psychologie. Heidelberg: Spektrum der Wissenschaft.

Ballstaedt, St.-P. (1991). Unveröffentlichtes Manuskript eines Vortrags, gehalten am 17.10.1991 an der Staatl. Akademie für Lehrerfortbildung in Calw.

Eigler, G. (1983). Lernen lehren – erziehungswissenschaftlich betrachtet. Unterrichtswissenschaft, 11 (4), 335 – 349.

Friedrich, H.F. u. Mandl, H. (1992). Lern- und Denkstrategien – ein Problemaufriss. In H. Mandl / H.F. Friedrich (Hrsg.). Lern- und Denkstrategien. Analyse und Intervention. 3-54. Göttingen: Hogrefe.

Hüholdt, J. (1992, 6. neubearbeitete Auflage). Wunderland des Lernens. Verlag für Didaktik.

Keller, G. Sikorski, P.B. Thiel, R.-D. (1987). Kann Schülern mit Lernschwierigkeiten geholfen werden? Ein Erfahrungsbericht zur „Ulmer Lernförderung". Lehren und Lernen, 13 (6), 40 – 79.

Kluwe, R.H. (1982). Kontrolle eigenen Denkens und Unterricht. In B. Treiber und F.E. Weinert (Hrsg.). Lehr-Lernforschung. Ein Überblick in Einzeldarstellungen. 113-133. München, Wien, Baltimore: Urban & Schwarzenberg.

Mandl, H. u. Ballstaedt,St.-P. (1981). Zur Wirkung von Elaborationen auf die Wiedergabe von Textinhalten. (Forschungsberichte DIFF Tübingen, 14)

Mandl, H. u. Friedrich, H.F. (1986). Förderung des Wissenserwerbs im Kindes- und Erwachsenenalter. Unterrichtswissenschaft, 14 (1), 40 -55.

Simons, P.R.J. (1992). Lernen, selbstständig zu lernen – ein Rahmenmodell. In H. Mandl, H.F. Friedrich (Hrsg.). Lern- und Denkstrategien. Analyse und Intervention. 252-264. Göttingen: Hogrefe.

Weinert, F.E. (1983). Ist Lernen lehren endlich lehrbar? Einführung in ein altes Problem und in einige neue Lösungsvorschläge. Unterrichtswissenschaft, 11 (4), 329 -334.

Wippich, W. (1984/85). Lehrbuch der angewandten Gedächtnispsychologie. Bd. 1. und 2. Stuttgart: Kohlhammer.

8 Lern- und Arbeitstechniken

Hans Merkel

8.1 Lern- und Arbeitstechniken - Definition und Gründe für ihre Konjunktur

Es gibt derzeit ein großes Angebot an Büchern und Kursen zum Thema Lern- und Arbeitstechniken. Die sogenannte Ratgeberliteratur entwickelte sich in den letzten Jahren so stark, dass von einem „Lern-Boom" gesprochen werden kann. Was sind Lern- und Arbeitstechniken? Schräder-Naef geht von folgender Begriffsbestimmung aus:
„Unter Lern- und Arbeitstechniken sind Techniken, Einstellungen und Gewohnheiten zu verstehen, die der Auswahl, dem Erwerb, der Verarbeitung, der kritischen Auseinandersetzung und dem Weitergeben von Wissensstoff dienen, dem selbstständigen rationellen Arbeiten, der Zusammenarbeit und der sinnvollen Planung und Gestaltung der eigenen Zeit" (Schräder-Naef 1990, 6 ff.).

Lern- und Arbeitstechniken – Begriffsbestimmung

Wir könnten dieser Definition zufolge annehmen, dass Schüler in der Schule zwangsläufig mit Lern- und Arbeitstechniken konfrontiert werden und deshalb keine weiteren Maßnahmen im Bereich der Lern- und Arbeitstechniken vermittelt werden müssen. Ich halte es aber für notwendig und förderlich, Lern- und Arbeitstechniken wenigstens phasenweise als eigenen Unterrichtsinhalt anzusehen. Da sie für mich auch Gegenstand von Beratungsmaßnahmen sind, gehe ich von folgender Begriffsbestimmung aus: Lern- und Arbeitstechniken sind von dem eigentlich zu vermittelnden Wissensstoff abzusetzende Fähigkeiten. Sie sind Gegenstand von Beratungsmaßnahmen, die den Lernprozess begleiten, mit dem Ziel, individuelles Lernen und selbstständiges Arbeiten zu fördern und damit zur größeren Eigenverantwortlichkeit beim Lernen zu führen.
Warum hat die Ratgeberliteratur Hochkonjunktur? Die Ursachen und Gründe dafür sind sicher vielschichtig:

- Verlage verdienen mit dieser Literatur mehr Geld als mit Fachbüchern.
- In der Schule wird das Tätigkeitsfeld „Lern- und Arbeitstechniken" nur wenig und unzureichend bearbeitet.
- Immer mehr Kinder besuchen weiterführende Schulen. Damit wächst die Zahl der leistungsschwächeren Kinder an den weiterführenden Schulen. Sie versuchen, mit Hilfe von Ratgebern über Lern- und Arbeitstechniken besser über die Runden zu kommen.
- Auch Leistungsstarke greifen auf diese Literatur zurück, weil sie davon profitieren. Gute Lerner und Problemlöser unterscheiden sich im Vergleich zu weniger guten im Ausmaß und in der Qualität des Einsatzes von Lernstrategien (Friedrich, Mandl 1992, 26).

- Lehrer, die die Einführung in Lernmethoden und Arbeitstechniken zum Unterrichtsgegenstand machen, benötigen geeignetes Material. Aber man findet, gemessen an der Vielzahl der Lern- und Arbeitstechnikliteratur, kaum didaktische Anmerkungen zu diesem Thema.

Lerntraining – Chance und Risiko

Rumpf warnt vor den Auswüchsen der „an sich so sympathischen Lern-Euphorie: Die größte Schwäche der in diesen Lerntrainingshilfen immer wieder herangezogenen Lernforschung ist einerseits die Inhaltsneutralität, andererseits ihre sich stumm durchsetzende technisch-ökonomische Leitnorm (schnell ist gut / mehr ist gut / verfügbares Wissen haben ist gut)“ (Rumpf 1990, 36). Goethes „Faust“ mit Zeit lesen, einen Text langsam zu be- und verarbeiten und dabei viele Querverbindungen aufzuzeigen, ein Klimadiagramm in allen Einzelheiten zu verstehen kann im Einzelfall eine intensivere Lernleistung darstellen als das stromlinienförmige Wiedergeben von reinen Fakten. Schneller, höher, weiter – unsere Leistungsgesellschaft stellt auch für die Schulen Leitnormen auf, die kritisch zu hinterfragen sind. Erschwerend kommt hinzu, dass manche Schülerinnen und Schüler diese Leitnormen schon verinnerlicht haben: „Zeig' mir den Trick“ ist ein Ausspruch, den ich in abgewandelter Form bei Arbeitsgemeinschaften zum Thema „Das Lernen lernen“ höre. Gemeint ist von Schülerseite dann meist: Lern- und Arbeitstechniken als Mittel, lästige Lernpflichten abzukürzen und mehr Freizeit zur Verfügung zu haben. Gleichwohl ist die Vermittlung von Lern- und Arbeitstechniken wertvoll, weil wir lernen müssen: Lernen braucht Zeit und ist mit Anstrengungen verbunden.

Ich stimme mit Rumpf überein, dass wir in manchen Bereichen eine Verlangsamung der Lernprozesse anstreben sollten, nach dem aufgezeigten Übergangsverhalten vermutlich sogar anstreben müssen. Lern- und Arbeitstechniken sind dabei für mich ein Mittel, in Ruhe eine Sache aus einer anderen Position wahrzunehmen.

8.2 Lern- und Arbeitstechniken – ein Tätigkeitsfeld für Spezialisten?

Kursthemen der zentralen Studentenberatung der Universität Heidelberg im Wintersemester 1990/91 lauteten: „Lernen lernen“, „Vorbereitung auf die bevorstehende Prüfung“ und „Verstehen und sich verständigen“.

Außerschulische Beratung

Ein merkwürdiges Phänomen: Der Beratungsdienst einer Universität bietet Kurse zum Erlernen des Lernens an, obwohl in allen gymnasialen Bildungsplänen wissenschaftspropädeutische Ziele stehen und mit dem Abitur die Studierfähigkeit attestiert wird. Zahlreiche Angebote von außerschulischen Beratungsdiensten zeigen, dass die Schule in diesem Tätigkeitsfeld eine eher passive Rolle einnimmt. Die Vermittlung von Lerntechniken findet offenbar weitgehend außerhalb der Schule statt.

„Einerseits wird sich nicht abstreiten lassen, dass Schulen und Hochschulen ganz ungeübt in der Aufgabe sind, Schülern und Studierenden praktische und menschenfreundliche Winke zu geben, wie man sich denn Lernstoffe einverleiben, wie man Aufgaben lösen, wie man Arbeiten schreiben kann. Vielleicht sind sich die Einrichtungen, je ‚höher' sie sich dünken, zu schade; sie halten es für unter ihrer Würde, wenn sie Ratschläge zur Zeiteinteilung, zur Organisation von Freizeit und Arbeitszeit, zu kleinen Tricks der Selbstbelohnung und Selbstdisziplinierung geben. Noch wahrscheinlicher: sie setzen voraus, dass das entweder zu Hause irgendwie mitvermittelt wird, dass sich die Eltern kümmern, oder dass ein Student das von selbst herausbekommt, wie er seine Kraft und Zeit vor einem Lehrbuch wirkungsvoll einsetzt." (Rumpf 1990, 35). Schüler sind beim Lernen meist auf sich gestellt und wenden, mit unterschiedlichem Erfolg, „selbstgestrickte" Techniken an, die sie über Nachahmung, Herumfragen und Ausprobieren erfahren haben.

Individuelle Förderung durch die Bildungsberatungsstellen

Im Bereich der Schule habe ich besondere Aktivitäten nur bei den Bildungsberatungsstellen gefunden. Veröffentlichungen von Keller (Bildungsberatungsstelle Ulm) belegen die große Bedeutung von Lernfördermaßnahmen. Keller berichtet: „Als ich einmal über dieses Thema vor Gymnasiallehrern referiert hatte, kam ein älterer Kollege zu mir und sagte, er sei der Meinung, Gymnasialanfänger bräuchten keine spezielle Förderung. Entweder sie hätten eine Gymnasialbegabung oder sie hätten keine. Er halte sich an den Spruch, der über dem Portal der Universität von Salamanca stehe und laute: „Was Gott dir nicht gegeben hat, kann auch Salamanca dir nicht geben."

Wie erleben Sie die Äußerung dieses Kollegen? Weit abgehoben von seiner Klasse, stark an den Leistungsträgern orientiert und schnell bei der Hand, das gymnasiale Niveau aus seiner Sicht zu definieren? Ich möchte ein anderes Bild aufzeigen: Ein Lehrer als Ratgeber bei Studienfragen, also beim Lernen. Wir könnten seine Berufsbezeichnung auch so verstehen: „Studienrat" als Berater in Studienfragen. Beratung im Sinne einer Hilfe zur Entscheidungsfindung und Problemlösung, nicht als Besserwisserei.

„Die Begabung ist zwar eine notwendige, aber keine hinreichende Bedingung für den Lernerfolg. Damit der Schüler die von der Grundschule attestierte Begabung in gute Schulleistung umsetzen kann, benötigt er viel Entwicklungs- und Lernförderung. Und dies vor allem in der sensiblen Entwicklungsphase der ersten Gymnasialjahre" (Keller 1990, 329).

Lern- und Entwicklungsförderung durch die Schule

Bei vielen Beratungsanlässen kann neben den Eltern (Wahl einer zu hohen Schulstufe) auch die Schule ihren Anteil zur Problemstellung beitragen. Sie wird dann zur Mitverursacherin, wenn sie den Entwicklungsstand beim Erziehen und Unterrichten zu wenig berücksichtigt beziehungsweise zu wenig Entwicklungsförderung praktiziert. Dabei sind spezielle Lernfördermaßnahmen (selbstständige Lernplanung, Merken komplizierter Sachverhalte, systematisches Problemlösen, die Steuerung der Konzentration, die Gestaltung der Lernumwelt, der Umgang mit Lern- und Arbeitsmitteln) geeignete Mittel, die Entwicklungsförderung zu unterstützen.

Die aufgeführten Beispiele belegen, dass entsprechende Bedürfnisse vorhanden sind, außerschulische Institutionen und Verlage diese Möglichkeiten pragmatisch nutzen und dass die Schule dieses Tätigkeitsfeld anderen Anbietern wie beispielsweise den Beratungslehrern oder Bildungsberatungsstellen überlässt.

8.3 Lern- und Arbeitstechniken – ein Tätigkeitsfeld für die Schule!

8.3.1 Zugangsmöglichkeiten

Wie könnte der Zugang für die am Lernen Beteiligten und mein Hilfsangebot für meine Schülerinnen und Schüler aussehen? Die Frage ist nicht einfach zu beantworten und hängt von mehreren Faktoren ab. Wichtig erscheinen mir:

Zu beachtende Faktoren

1. Meine eigene Position und, damit verbunden, meine Einstellung zum Thema Lern- und Arbeitstechniken als Lehrer,
2. die Bedeutung der Thematik für die Schüler und
3. die Erwartung der Eltern.

Mit den folgenden Fragen könnten wir versuchen Teilaspekte des Rahmenthemas genauer zu erschließen:

Teilaspekte des Rahmenthemas

1. Mit welchen Lern- und Arbeitstechniken wurde ich als Schülerin bzw. als Schüler konfrontiert? Erhielt ich konkrete Anregungen von Eltern oder Lehrern oder habe ich eher „selbstgestrickte Strategien" angewandt? Wende ich z.B. ineffektive Lern- und Arbeitstechniken an, die ich vielleicht bisher nicht kritisch genug hinterfragt habe:
   - Hinausschieben von schwierigen Aufgaben,
   - zu viel auf einmal lernen (z.B. vor Klassenarbeiten, Klausuren, Prüfungen),
   - Lernen immer nach derselben Art an Stelle von variablem Lernen?
2. Welche Bedeutung haben die Lern- und Arbeitstechniken in meinem jetzigen Berufsalltag? Wann und wie bereite ich mich vor? Wie sieht meine persönliche Bilanz bezüglich der „Stoffvermittlung" un der Vermittlung von „Lern- und Arbeitstechniken" aus?
3. Welche Lern- und Arbeitstechniken kenne ich überhaupt? Welche davon setze ich in meinem Fachunterricht jetzt schon ein? Wie sind meine Erfahrungen bei diesem Einsatz?
   Gibt es Möglichkeiten der fächerübergreifenden Bearbeitung dieses Themenbereichs?
4. Wer soll für die Vermittlung zuständig sein? Ist eine Arbeitsteilung mit Kolleginnen und Kollegen machbar? Welche Unterstützung bietet der Beratungslehrer oder ggf. die Bildungsberatungstelle an?
5. Welche Angebote sollten die Eltern erhalten? Bedenken Sie, dass insbesondere in der Unterstufe die Eltern einen Großteil der Lernzeit ihrer Kinder mitverfolgen, beobachten und begleiten. Eine Sensibilisierung der Eltern für diese Frage kann Synergieeffekte hervorrufen.

Zusätzliche Belastung

Widerstände könnten damit zu tun haben, dass wir beim Vorbereiten des Unterrichts zunächst Sicherheit gewinnen und uns Routine erarbeiten müssen. Ein neues Tätigkeitsfeld, ein anderer Ansatz von Unterricht – weniger Stoff, dafür Lern- und Arbeitstechniken – bringen die persönliche Balance unter Umständen aus dem Gleichgewicht. Ich habe gelernt, dass Routinebildung des Lehrers im Hinblick auf das Vorbereiten des Unterrichts sowie auf das

Unterrichten selbst Entlastung bedeutet. Eine Hinwendung zu den Lern- und Arbeitstechniken würde demnach zunächst eine zusätzliche Belastung darstellen; die Früchte dieser Arbeit können sicherlich nicht kurzfristig geerntet werden.

Orientierung am Durchschnittsschüler

Guter Unterricht dreht sich zunächst häufig um den zu vermittelnden Unterrichtsstoff; thematisiert werden das „Was" und das „Wie". Leider bleibt häufig ausgeblendet, wie der einzelne Schüler mit dem Lernstoff umgeht. Das liegt sicherlich mit daran, dass wir uns bei der Unterrichtsvorbereitung an den durchschnittlichen Schülern orientieren. Für eine Würdigung individueller Lernerfahrungen des einzelnen Schülers bleibt im Unterrichtsalltag leider oft zu wenig Zeit. Wir müssen jedoch bedenken, dass wir junge Menschen auf ihrem Lernweg begleiten, die eine individuelle Lerngeschichte hinter sich haben.

Abbilddidaktik

In engem Zusammenhang dazu sehe ich die extrem starke Stoffzentriertheit im heutigen Unterrichtsalltag. Die Ausläufer der Abbilddidaktik werden hier sichtbar: Die Fachwissenschaft gilt als die wichtigste Instanz für die Festlegung der Lernziele und Lerninhalte (Meyer 1986, 256).

Notwendigkeit didaktischer Transformation

Besonders der Berufsanfänger orientiert sich zunächst bei seinen Vorbereitungen an seinem fachwissenschaftlich vorgegebenen Inhaltskatalog. Nötig wäre jedoch gleichzeitig, auch über die Frage, wie die einzelnen Schüler die Inhalte lernen, zu reflektieren und damit eine Art didaktische Transformation zu leisten. Es braucht gerade in dieser Anfangsphase des Unterrichtens eine gewisse Zeitspanne, bis diese beiden Anliegen von Referendarinnen und Referendaren als zusammenhängend erlebt und im Unterricht umgesetzt werden können.

Pädagogischer Freiraum

Auch Berufserfahrene erleben dies bisweilen als Defizit bei ihrer Arbeit. Der Tenor bei vielen Diskussionen mit Lehrerinnen und Lehreren bei Pädagogischen Tagen ist: „Ich bin froh, wenn ich die Unterrichtsinhalte in einem Schuljahr durchbringe, für pädagogische Maßnahmen bleibt da wenig Zeit" oder „Wir bräuchten mehr Zeit für die Kinder, ohne den Zwang, Lernstoff zu vermitteln!".

Für mich ergeben sich gravierende Folgen: Lehrerinnen und Lehrer fühlen sich bei ihrer Arbeit stark den fachwissenschaftlichen Themen verpflichtet, gleichzeitig jedoch auch gehetzt. Durch diese starke Stoffzentriertheit bleibt am Gymnasium wenig Raum für zusätzliche, im Lehrplan nicht explizit aufgeführte Ziele.

8.3.2 Selbstständiges Lernen als Ziel

Es kann nicht Sinn und Zweck gymnasialer Ausbildung sein, immer mehr Wissen den Folgegenerationen abzuverlangen; das Ganze vielleicht auch noch zukünftig in weniger Schuljahren. Es wird sich nicht vermeiden lassen, den Stoff zu reduzieren. Wir werden lernen müssen, weniger Fachwissen zu vermitteln und mehr auf andere Sachverhalte zu achten. Ich meine damit nicht, dass wir die Schüler am Gymnasium inhaltlich unterfordern sollten. Es geht vielmehr darum, Handlungsspielräume zu eröffnen, die es dem Lehrer erlauben, zum Beispiel Defizite einzelner Schülergruppen aufzufangen.

Metakognition

Ein hoffnungsvoller Weg dabei könnte sein, sich mit den Schülern Gedanken über das Lernen zu machen. Wäre es wirklich nicht sinnvoller, dem Schüler Strategien auf seinen Lebensweg mitzugeben, die es ihm ermöglichen, selbstständig zu lernen? Es ginge also dabei um Arbeit an metakognitiven Strukturen und um die Frage der Bewusstheit, was wir in bestimmten Situationen lernen und verstehen. Metakognitives Wissen würde uns erlauben, „(a) unsere Fertigkeiten und unseren körperlichen und geistigen Zustand sowie den anderer beteiligter Personen einzuschätzen; (b) das gespeicherte Wissen nach mehreren möglichen Strategien abzusuchen und diese zu bewerten; (c) zu entscheiden, wieviel Wissen bereits zur Verfügung steht und was noch gebraucht wird; und (d) abzuschätzen, wieviel Beachtung eintreffender Information zu zollen ist" (Zimbardo 1992, 331). Metakognitive Strukturen in Form des „Lernen Lernens" ausbilden bedeutet für mich eine zentrale Schlüsselqualifikation vermitteln.

Ich behaupte nicht, dass Schüler jetzt diese Strategien nicht vermittelt bekommen. Sie werden aber den Schülern nicht bewusst vermittelt, sondern in „Unterrichtsstoff verpackt" unreflektiert herangetragen. Diese wenden dann häufig Strategien an, mit denen sie irgendwann einmal gute Erfahrungen gemacht haben: Es bleibt im Unterrichtsalltag leider aus, in diesem Sinne verschiedene Wege gegeneinander abzuwägen und offen zu sein für neue Anregungen und andere Lernwege und Lernstrategien. Ich glaube, in diesem Sinne (bei ihrem Weg, das Lernen sich anzueignen und zu verinnerlichen) sind unsere Schülerinnen und Schüler alleingelassen.

Gleichrangigkeit Inhalt/Methode

Klippert (1994, S. 38) geht davon aus, beim Unterricht Inhalte und Methoden als grundsätzlich gleichrangige Momente aufzufassen. Ich vermute, im Schulalltag sind wir von dieser Gleichberechtigung noch weit entfernt, wohl auch deshalb, weil über die schriftlichen Leistungsüberprüfungen die Inhaltsbedeutung stärkeres Gewicht besitzt. Mit seinem Methodentraining legt Klippert eine Fülle von Anregungen vor, die es dem Lehrer erlauben, das so wichtige (Methoden-)Lernen in den Mittelpunkt der Überlegungen zu rücken. Kleingearbeitet für den direkten Einsatz im Unterricht wird so diese Methode selbst zum erwünschten Lerngegenstand für unsere Schüler:

Methodentraining

1. Nachdenken über das Lernen – ein Propädeutikum

Den Schülern soll durch entsprechende Experimente und Übungen im Unterricht vor Augen geführt werden, in welchem Ist-Zustand bezüglich der Methodenkompetenz sie sich eigentlich befinden. Mit Befragungen der Schüler (z.B. Lerntypentest), Dokumentation problematischer Lernstrategien und dem wechselseitigen Einsatz von Schülerberatern sollen die Schüler zum konstruktiven Nachdenken über ihre Lernstrategien angeregt werden.

2. Methoden der Informationsbeschaffung

Viele Schüler in der Sekundarstufe I haben Schwierigkeiten beim Lesen und Verstehen von Texten, weil sie diese mehr oder weniger „bewusstlos" abtasten. Mit Übungsbausteinen zum Markieren, Symbolisieren, Zusammenfassen und Strukturieren sollen die Schüler mit elementaren Techniken der Informationsbeschaffung und -aufnahme vertraut werden.

3. Methoden der Informationsverarbeitung und -aufbereitung
Die Schüler sollen ihre gestalterischen Fähigkeiten und Fertigkeiten ausbauen und als Konstrukteure beim Gestalten Ordnungen und einprägsame Bezüge entdecken.

Trainingsprogramm

Überblick über das Trainingsprogramm
(nach Klippert, 1994, S.39)

Nachdenken über Lernen – ein Propädeutikum

- Schülerbefragung mit Auswertung
- Problemorientierte Karikaturen-Ralley
- Würfelspiel zum Thema Lernen
- Lerntypen-Test
- Rätselhaftes zum Thema Lernen
- Lerntipps entdecken und klären
- Lückenhafte Lernanstrengungen
- Übungen zur Selbstmotivation
- Schüler als Lernberater

Methoden der Informationsbeschaffung und -erfassung

- Übungen zur Förderung des Lesetempos
- Übungen zum systematischen/verständnisvollen Lesen
- Markienen und Unterstreichen
- Zusammenfassen/Strukturieren/Exzerpieren
- Arbeiten mit Nachschlagewerken
- Das kleine ABC des Fragens
- Streifzug durch die Bibliothek

Methoden der Informationsverarbeitung und -aufbereitung

- Handwerkliche Grundtechniken festigen
- Arbeitsmittel im Überblick
- Beiträge im Heft gestalten
- Diagramme/Tabellen entwerfen
- Visualisieren im Klassenraum
- Schreiben mit Methode und Übersicht
- Das Einmaleins des „wissenschaftlichen Arbeitens"

Methoden der Arbeits-, Zeit- und Lernplanung

- Planvolle Prüfungsvorbereitung
- Methoden zur Steigerung der Gedächtnisleistung
- Strategische Übungen zu den Hausaufgaben
- Kleines Einmaleins der Zeitplanung
- Übungen zur Arbeitsplanung
- Übungsbausteine z. Verbesserung der Problemlösungsfähigkeit

Methodentraining

4. Methoden der Arbeits-, Zeit- und Lernplanung

„Was kommt bei der nächsten Arbeit alles dran?“ als typische Schülerfrage und „ab ... im Heft und Seite ... im Buch“ als kennzeichnende „Lehrer-Hilfe“ in der Anfangsphase meines Unterrichtens offenbaren die Vorstellung, dass Schüler diese Vorbereitung ohne weitere Betreuung alleine leisten sollten. Ich musste lernen, dass Schüler auch den Umgang mit Zeit lernen müssen, im Unterricht z.B. bei offenen Arbeitsprozessen, aber besonders zu Hause, da dort ohne Lehrerunterstützung selbstständig organisiert werden muss.

Mikromethoden

Klippert stellt eine ganze Reihe von sog. Mikromethoden vor, die so aufbereitet sind, dass sie vom Lehrer direkt im Unterricht eingesetzt werden können. Diese Mikromethoden ihrerseits bilden die Voraussetzung für die Anwendung sog. Makromethoden (Gruppenarbeit, Planspiel, Projektmethode etc.), die natürlich auch wieder eingeübt und gefestigt werden müssen.
Einige Beispiele der Mikromethoden aus dem Bereich der Lern- und Arbeitstechniken sollen beispielhaft genannt werden:

- *Lesetechniken*
- Markieren
- Exzerpieren
- Nachschlagen
- Protokollieren
- Visualisieren/Darstellen
- Gliedern/Ordnen
- *Notizen machen*
- *Heftgestaltung*
- Arbeit mit der Lernkartei
- *Übungen zur Arbeitsplanung*

Im Folgenden möchte ich einige Beispiele aus der eigenen Unterrichtspraxis vorstellen, die sich weitgehend auf die kursiv aufgeführten Mikromethoden beziehen:

1. Beispiel: Heftführung

Heftführung und Notizen: Die GÜTE-Formel

Hand aufs Herz, wie sieht es mit deiner Heftführung aus? Hast du manchmal Probleme damit?
Gehen wir die wichtigsten Dinge gemeinsam durch:

- Welche Hefte für die einzelnen Fächer wichtig sind, sagt dir sicher dein Fachlehrer.
- Bemühe dich – auch wenn es (manchmal) sehr schwer fällt – ordentlich zu schreiben. Sicherlich geht es dir auch so, dass du eine ordentliche, saubere Schrift besser lesen kannst. Denke auch daran, dass dein Heft ein wichtiges und wesentliches Vorbereitungsmittel für Wiederholungen ist. Es wäre wirklich nicht gut, wenn du dich dann nicht zurechtfinden würdest.
- Fehler macht wohl jeder! Hast du einen entdeckt, streiche das falsche Wort einfach durch und setze das richtige darüber.

Damit dein Heft noch übersichtlicher wird, gibt es einen tollen Trick:
Die GÜTE-Formel
Die Heftseite teilst du dir dabei wie folgt ein:

G Grundnotiz: Hier trägst du alles ein, was während des Unterrichts diktiert wird oder was du sonst noch schreiben musst.

Ü Überschrift: Meistens wird das das Thema einer Unterrichtsstunde sein, es kann aber auch mit einem größeren Kapitel zusammenhängen.

T Top-Begriffe: also wichtige Begriffe. Hier werden wichtige Begriffe eingetragen, sie werden für dich damit schneller überschaubar. Querverweise gehören ebenfalls hierher (z.B. Atlas, S. 70). Das erleichtert dir beim Wiederholen die Arbeit.

E Extra-Feld: Hier solltest du dir zusätzlich Dinge notieren – etwa Kurzerklärungen von neuen Begriffen oder Fragen, die beim Wiederholen aufgetaucht sind.

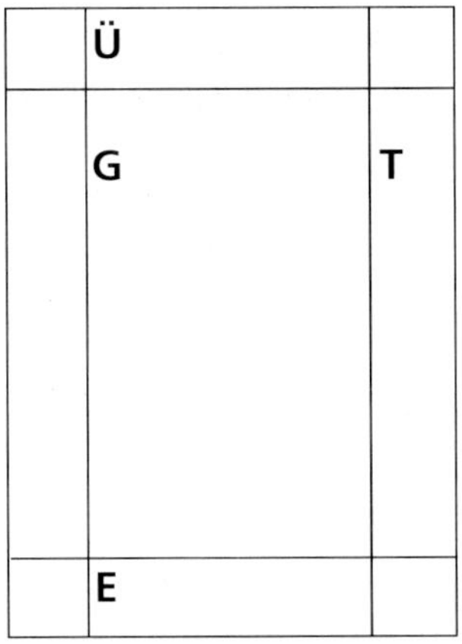

Wenn du deine Hefte so anlegst, ist es für dich nicht schwierig, die Seiten zu nummerieren und vorne im Heft ein Inhaltsverzeichnis anzulegen. So wird aus deinem Heft plötzlich ein tolles Buch, mit dem dir das Lernen bestimmt Spaß macht.

Die 5-Schritt-Lesetechnik

2. Beispiel: Lesetechnik

Wie bearbeitest du eigentlich Texte, wie gehst du sie an? Es gibt sicherlich sehr viele Möglichkeiten, und du hast in deiner Schullaufbahn schon sehr viele Texte bearbeitet. Welche Wege der Bearbeitung hast du bisher praktiziert?

Willst du Texte effektiver bearbeiten, deine Aufmerksamkeit beim Lesen steigern und die Behaltensrate erhöhen, ist es sinnvoll, die zu verarbeitenden Informationen in dein Netz von bisher vorhandenen Informationen im Gehirn einzubinden. Je engmaschiger du dieses Netz anlegst, desto größer wird die Wiedergabewahrscheinlichkeit. Ich denke, das Wiedergeben kommt in der Schule häufiger auf dich zu. Mit der 5-Schritt-Lesetechnik lernst du ein Verfahren kennen, das anstrengender, aber auch effektiver als das normale Nur-Lesen ist:

1. *Sich einen Überblick verschaffen*
   Wie ist die Lektüre aufgebaut?
   Informiere dich über Zusammenfassungen.
   Stelle Querverbindungen zu deinem Vorwissen her.
   Mit dem Überblick stimmst du dich auf das Neue ein. Mit den Querverbindungen bahnst du eine Verknüpfung von Informationen aus deinen Erinnerungsfeldern im Großhirn mit den neuen Informationen an.

2. *Fragen stellen*
   Benutze Überschriften, ggf. das Inhaltsverzeichnis oder das Stichwortverzeichnis, um Fragen zu stellen. Was möchtest du gerne erfahren?
3. *Lesen*
   Jetzt beginnt die eigentliche Lesearbeit. Versuche immer wieder Bezüge zu deinen Fragen herzustellen. Vielleicht tauchen auch neue Fragen auf, halte auch diese fest.
4. *Wiedergeben*
   Setze die Informationen in dein eigenes Denk-System um. Durch Sprechen mit deinen eigenen Worten, durch Aufsagen kannst du dies erreichen. Halte wichtige Passagen am besten schriftlich als Notizen fest.
   Du aktivierst dabei neben deinem Sprachzentrum auch das Hörzentrum und bindest die Informationen mehrkanalig in deine Gedankenwelt ein. Die Notizen erhöhen deine Behaltensleistung.
5. *Überprüfen*
   Kontrolliere, ob die neuen Informationen abrufbar sind. Du erhältst hier Rückmeldung über eventuelle Defizite und lernst auch die eigene Kontrolle über deinen Lernfortschritt.

3. Beispiel: Klassenarbeit

Vor- und während einer Klassenarbeit

Wir wollen heute besprechen, was du tun kannst, damit du vor und während einer Klassenarbeit mit der Anspannung umgehen kannst.

1. *Diskutiere vor der Arbeit nicht mehr.*
   Lass dich unmittelbar vor der Arbeit oder vor einem Test nicht mehr auf Diskussionen mit deinen Mitschülern ein. Leider gibt es Mitschüler, die glauben, sie müssten ihr Wissen anderen unbedingt mitteilen.
2. *Konzentriere dich.*
   Beobachte nicht deine Klassenkameraden, sondern versuche vielmehr, dich selbst zu sammeln, in dir selbst zu ruhen. Vielleicht hilft dir ein kleines Selbstgespräch: „Ich habe mich – so gut es mir möglich war – vorbereitet, also werde ich es schaffen!“
3. *Lies deine Aufgaben sorgfältig durch.*
   Lies deine Aufgaben sorgfältig und langsam durch – am besten zweimal. Hast du eine Frage, stelle sie dem Lehrer. Scheue dich nicht davor und habe keine Bedenken, dass die Mitschüler dich wegen einer „dummen“ Frage auslachen. Vielleicht hat der Lacher nur darauf gewartet, dass jemand die Frage stellt, weil er sie selbst nicht stellen mochte.
4. *Kontrolliere dich auch während der Arbeit.*
   Damit du deine Aufgabe immer im Auge hast, musst du dich selbst mehrmals fragen: Was ist hier gefordert? Habe ich noch den nötigen Überblick? Wenn dir eine Aufgabe unklar bleibt, kontrolliere, ob du beim Durchlesen etwas falsch aufgefasst haben könntest.
5. *Achte auf die Reihenfolge der Beantwortung.*
   Die Reihenfolge der Beantwortung der gestellten Aufgaben ist sehr wichtig. Stelle dir vor, du beginnst mit der schwierigsten Aufgabe und

verbeißt dich in einen Lösungsversuch – das wäre nicht sinnvoll. Viele Klassenarbeiten sind vom Lehrer so vorbereitet worden, dass eine deutliche Steigerung der Schwierigkeit der Aufgaben in der Mitte zu finden ist, während anfangs und gegen Ende leichtere Aufgaben stehen.
Wie das deine Lehrer handhaben, kriegst du am besten heraus, wenn du es mit ihnen besprichst.

6. *Gönne dir kleine Entspannungspausen.*
   Lege zwischen deine Antworten immer wieder kurze Entspannungspausen ein. Lege dein Schreibzeug auf die Seite, atme tief ein und aus und strecke dich – du wirst sehen, dass es dir danach deutlich besser geht. Du verhinderst damit, dass deine Prüfungsanspannung dich verkrampft.
7. *Der Spickzettel – eine wirkliche Hilfe?*
   Mit dem Abschreiben ist das so eine Sache. Die Benützung eines unerlaubten Hilfsmittels („Spickzettel") bringt große nervliche Anspannung mit sich (man nennt das auch Stress), da du damit rechnen musst, dass du erwischt wirst, und die Strafe hierfür ist dir höchstwahrscheinlich bekannt. Die Belastung durch diesen Stress ist meist größer als der Nutzen des Spickzettels!
   Anders sieht es mit der Anfertigung eines Spickzettels (= als Merkblatt) aus. Wer einen guten Spickzettel anfertigt, hat sich eine Kurzzusammenfassung der wichtigsten Sachverhalte zusammengestellt, und das ist eine sinnvolle Sache! Nur die Benutzung …?

Ein gutes Training für eine angekündigte Klassenarbeit oder auch einen Test ist die einfache Frage: „Was könnte gefragt werden?" Du stellst dir die Frage und gibst dir selbst die Antwort. Du bist Lehrer und Schüler gleichzeitig und lernst noch dabei. Probiere es einfach einmal aus. Du wirst sehen, mit der Zeit bekommst du in diesem „Spiel" Übung und kannst recht gut abschätzen, was auf dich zukommt. Diese Übung kann auch im Unterricht stattfinden. Bei diesem „Probeabhören" stellst du die Fragen, gibst die Antworten und hast dazu noch die Chance, direkt zu erfahren, wie dein Lehrer den Lernfortschritt sieht.
Es ist nicht besonders schlimm, wenn du bei der nächsten Klassenarbeit noch nicht alle Punkte erfüllen kannst. Auch hier gilt: Übung macht den Meister. Nimm dir deshalb nicht alles auf einmal vor, sondern gehe Schritt für Schritt voran.

Weitere Beispiele

Lerntipps für Schüler

Auf dem Buchmarkt findet man mehrere Lernanleitungen. Gute Erfahrungen habe ich mit der von Endres (1996, 5) gemacht: Er wendet sich mit 99 starken Lerntipps direkt an Schüler und gibt Anregungen und Unterstützung zu Hausaufgabenärger, Lernstimmung/Konzentration, Lernplanung/Zeiteinteilung, witzige Lernexperimente und lustige Wegweiser zum Lernerfolg, Spickzettel-Training als Klassenarbeitsvorbereitung und Ideen für gutes Lernklima. Ob gerade leistungsschwächere Schüler mit Defiziten im Bereich der Lern- und Arbeitstechniken diese Tipps alleine umsetzen und somit das Fehlverhalten vermeiden helfen, wage ich jedoch zu bezweifeln. Eine gemeinsame Bearbeitung scheint mir angezeigt. Gölz/Simon (1996) wenden sich mit „Besser lernen" ebenfalls direkt an Schüler (für die 5. bis 7. Klasse) und zielen mit ihren Tipps und Trainings mehr auf die Arbeitstechniken in den einzelnen Unterrichtsfächern, was natürlich recht gut im Unterricht aufgegriffen werden kann (vgl. Übersicht auf der gegenüberliegenden Seite).

Bedeutung der Lernstrategien

Welch große Bedeutung derartige Lern- und Arbeitsstrategien insbesondere in der Sekundarstufe haben, belegt Keller. Die Schulerfolgsforschung hat nachweisen können, dass Lern- und Arbeitsstrategien bis zu 40 % der Schulleistungsunterschiede erklären. Leistungsstarke Elftklässler unterscheiden sich von leistungsschwachen signifikant in der Qualität der Lernstrategien. Mit seinem Ulmer Lernförderprogramm zeigt Keller auf, wie wir Schüler/innen helfen können, ihre Primärstrategien (Verbesserung der Informationsverarbeitung) und Sekundärstrategien (Selbstmotivierung, Lernorganisation, Konzentrationssteuerung) zu verbessern. Keller diskutiert ferner, auf welche Faktoren der Erfolg der Lernförderung zurückzuführen ist. Analysen ergaben, dass neben der Strategievermittlung auch das Förderklima (das Selbstwertgefühl aufbauende Begleitmaßnahmen, Lernmotivation durch Ermutigung und Lob) von Bedeutung ist. Es ist sinnvoll, die Lehrer für die Optimierung dieses Förderklimas zu gewinnen und sie zur Behandlung von Lernstrategien in enger Anlehnung an das Unterrichtsgeschehen zu ermutigen. Die Eltern sollten über die Bedeutung dieser Strategien informiert werden (Keller 1992, 151ff. und 1993, 122ff.). Eltern begleiten und beobachten ihre Kinder besonders in den unteren Klassen über einen beträchtlichen Zeitabschnitt der Lernzeit. Beim häuslichen Arbeiten sind nicht alle Eltern beim Auftreten von Lernschwierigkeiten bzw. bei Fragen der Lern- und Arbeitstechniken so sicher, dass sie geeignete Erziehungsmittel an der Hand haben und diese sinnvoll umsetzen können. Um auch Eltern für die Fragen der Lern- und Arbeitstechniken zu sensibilisieren biete ich in Zusammenarbeit mit den Klassenlehrern „Lernnachmittage für Schüler und Eltern“ bzw. Elternabende zum Thema „Das Lernen lernen“ für unsere Eltern der neuen 5. Klassen an.

Einbeziehen der Eltern

Auf derartigen Elternabenden werden folgende Bereiche angesprochen:
- Entwicklungsstand der Kinder (mit der sensiblen Übergangsphase von den konkreten zu den formalen Operationen im Sinne Piagets)
- Schwierigkeiten beim Übergang
- Erwartungen der Eltern
- Welche Hilfe benötigen die Kinder?

Dabei bespreche ich in Anlehnung an Keller u.a. auch Lern- und Arbeitstechniken mit den Eltern und greife dabei auf die wichtigsten „Lerntipps kurz und bündig“ zurück.

Vermittlung konkreter Techniken

Elternabende zum Thema „Das Lernen lernen“ kommen auch deshalb so gut an, weil damit das normale Ritual „Konflikte in der Klasse“ als Thema des Abends zu wählen, aufgegeben und eine positive Variante aufgegriffen wird: ein Elternabend als Kooperations/Fortbildungsangebot. Der positive Ansatz ist vermutlich jenes Element, das das Förderklima freundlicher gestaltet.

Beispiel konkreter Lerntipps

Die wichtigsten Lerntipps kurz und bündig (Keller, 1993, 123f)

- Zeitplanung:
  Wichigste Termine (z.B. Klassenarbeiten) in einen Terminkalender eintragen. Hausaufgaben immer notieren. Klassenarbeiten frühzeitig und in Portionen vorbereiten.
- Hausaufgaben
- Heftführung:
  Leserlich schreiben und sauber zeichnen. Überschrift und Datum nicht vergessen. Wichtiges durch Unterstreichen und Markieren hervorheben. Den Hefteintrag abschließend kontrollieren, damit nichts Falsches gelernt wird.
- Lernpausen
- Lernfördernder Arbeitsplatz
- Mehrkanaliges Lernen
- Lernstoffwechsel
- Lernkontrolle:
  Prüfen, ob Gelerntes sitzt; das Wichtigste in stichworten wiedergeben, selbst Fragen stellen und beantworten. Übungsaufgaben lösen, sich abhören lassen.
- Gedächtnisstützen
- Wiederholungsslernen
- Vokabellernen
- Mathelernen
- Textlernen

Besser lernen (Gölz/Simon, 1996)

- Etwas auswendig lernen
- Vokabeln und Fremwörter lernen

- Den Inhalt eines Textes wiedergeben:

...

Verstandenes ist leicher zu erzählen als Unverstandenes
Gegliedertes ist überschaubarer als Ungegliedertes
Stichwörter helfen beim Erinnern und Erzählen
Üben fördert das Geschick, den Inhalt von Texten wiederzugeben

Rechtschreibfehler vermeiden

- Ein Wort im Wörterbuch nachschlagen
- Mit Rechengrößen umgehen
- Große Zahlen runden
- Textaufgaben lösen
- Mit Schaubildern (Grafiken) umgehen

Tabelle: Aufführung der Aspekte aus zwei exemplarisch ausgewählten Lern-Tipp-Bücher/Trainings (als Anregung und als Checkliste nutzbar)

8.3.3 Förderung des selbstständigen Lernens

Simons (1992) stellt einen Zusammenhang zwischen der Lernauffassung, die Schüler haben, und dem Grad ihrer Selbstständigkeit beim Lernen fest. Er unterscheidet drei Lernauffassungen: Lernen ist

Lernkonzepte

- Aufnehmen und Wiedergeben von Informationen, die man aus Büchern entnimmt oder vom Lehrer erhält (reproduktive Lernkonzeption).
- Aufnehmen von Informationen, die man später gebrauchen kann (Gebrauchswert-Konzeption).
- Auseinandersetzung mit dem Lerngegenstand (konstruktivistische Lernkonzeption).

Spreche ich mit Schülern über diese Konzepte, deuten die meisten Antworten auf ein reproduktives Lernkonzept hin. Das Verständnis von Unterricht ist eng damit gekoppelt: Verantwortlich für den Lernprozess ist der Lehrer, der Lernende kann passiv bleiben. Wie können wir Selbständigkeit fördern?

Training der Selbstständigkeit

1. Konfrontieren Sie Ihre Schüler mit den subjektiven Lernkonzepten und unterstreichen Sie die Chance der konstruktivistischen Konzeption.
2. Tauschen Sie sich mit Ihren Schülern darüber aus, warum und welches Lernkonzept sie bevorzugen.
3. Sprechen Sie mit Ihren Schülern über die Lernziele.
4. Rechnen Sie damit, dass eine Umstellung vom repetitiven zum konstruktivistischen Konzept Angst auslösen kann. Unterstützen Sie Ihre Schüler dabei durch geeignete Hilfsangebote.
5. Ermutigen Sie Ihre Schüler zur Überwachung und Kontrolle ihrer eigenen Lernaktivitäten.
6. Denken Sie daran, dass wir als Lehrer dazu neigen, das Lernen der Schüler stark extern zu steuern und damit die Selbständigkeit blockieren.
7. Unterstützen Sie Schüler, denen das selbstständige Lernen noch nicht vertraut ist. Überlegen Sie bei Ihrer Unterrichtsvorbereitung, welche Folgen Unterrichtsmaßnahmen auf die Lernsteuerung der Schüler haben.
8. Selbst Klassenarbeiten können Elemente der Erziehung zur Selbstständigkeit und Eigenverantwortlichkeit enthalten. In Arbeiten stelle ich die Frage „Was hast du noch gelernt, was habe ich dich leider nicht gefragt? Stelle dir selbst die Frage und beantworte sie!". Von 24 Gesamtpunkten vergebe ich für dafür 4 Punkte. Nach einigen Übungsphasen gelingt es bereits 5.-Klässlern, diese anspruchsvolle Aufgabe zu bearbeiten. Für mich ist dabei beeindruckend, dass das Ergebnis einer solchen Teilaufgabe eine hohe Korrelation mit dem Gesamtergebnis der Klassenarbeit aufweist und dazu bestätigt: Gute Problemlöser stellen komplexere Fragen, und die Antworten lassen den Schluss auf eine konstruktivistische Lernkonzeption zu.

Verändern wir die Rituale des Schulalltags so, dass hochqualifizierte kognitive und metakognitive Strategien regelmäßig angewendet und verlangt werden. Diese Strategien müssen Schülern bewusst vermittelt werden (Lehtinen 1992, 146). Gerade weil wir im Schul-/Berufsalltag mit Situationen konfrontiert werden, die komplex, undurchsichtig und vernetzt sind, sollte das Individuum über ein Strategierepertoire zur Bewältigung solcher Situationen verfügen.

Literatur

Arbeitsgemeinschaft Lernmethodik. (1986). So macht Lernen Spaß. Weinheim: Beltz.

Beck, E., Guldimann, T., Zutavern, M. (1991). Eigenständig lernende Schülerinnen und Schüler. Zeitschrift für Pädagogik. Heft 5/1991.

Birkenbihl, V.G. (1997), Stroh im Kopf. Gebrauchsanleitung fürs Gehirn. Landsberg: mvg.

Edelmann, W. (1993), Lernpsychologie. Weinheim: Psychologie-Verlags-Union.

Endres, W. (1982). Mit Kniff und Pfiff. Kleine Lernmethodik. Weinheim: Beltz.

Endres, W. (1985). Meine beste Lernmethode. Weinheim: Beltz.

Endres, W. (1996), 99 starke Lerntips. Weinheim: Beltz.

Fölling-Albers, M. (1992). Schulkinder heute. Weinheim: Beltz.

Friedrich, H.F., Mandl, H. (Hrsg). (1992). Lern- und Denkstrategien. Göttingen: Hogrefe.

Gölz, G./Simon, P. (1996). Besser Lernen. Die wichtigsten Lern- und Arbeitstechniken 5.–7. Schuljahr. Berlin/Frankfurt: Cornelsen Scriptor

Gudjons, H. (1993). Examenshilfen. In: Pädagogik 1993.

Henning, C., Knödler, U. (1985). Problemschüler – Problemfamilien. Weinheim: Beltz.

Hülshoff, F., Kaldewey, R. (1983). Training Rationeller lernen und Arbeiten. Stuttgart: Klett.

Keller, G. (1986). Lernen will gelernt sein. Heidelberg: Quelle und Meyer.

Keller, G. (1990). Der Gymnasiallehrer aus entwicklungspsychologischer Sicht. Die Höhere Schule 12/1990.

Keller, G. (1991). Lehrer helfen lernen. Donauwörth: Auer.

Keller, G. (1992). Lernförderung in der schulpsychologischen Beratung. In: H.F. Friedrich, H. Mandl (Hrsg.). (1992) Lern- und Denkstrategien. Göttingen: Hogrefe.

Keller, G. (1993), Die wichtigsten Lerntips kurz und bündig.

Klippert, H. (1994), Methoden-Training: Übungsbausteine für den Unterricht, Weinheim: Beltz.

Klippert, H. (1996), Kommunikations-Training: Übungsbausteine für den Unterricht II, Weinheim: Beltz.

Kugemann, F. (1987). Lerntechniken I-III. Abi-Berufswahl-Magazin. Heft 10-12/1987. Nürnberg: BfA.

Lehtinen, E. (1992). Lern- und Bewältigungsstrategien im Unterricht. In: Friedrich, H.F., Mandl, H. (Hrsg.). (1992) Lern- und Denkstrategien. Göttingen: Hogrefe.

Merkel, H. (1988). Lernhilfen für die Unterstufe. Beratungslehrer-Informationsdienst. Stuttgart: LEU.

Meyer, H. (1986). Leitfaden zur Unterrichtsvorbereitung. Frankfurt: Scriptor.

Miller, R. (1986). Lehrer lernen. Weinheim: Beltz.

Miller, R. (1990). Schilf-Wanderung: Wegweiser für die praktische Arbeit in der schulinternen Lehrerfortbildung. Weinheim: Beltz.

Pädagogik (1990). Lernen lernen. Heft 9/1990.

Richter, W., Pieritz, R. (1983). Keine Angst vor Klassenarbeiten. Weinheim: Beltz.

Rumpf, H. (1990). Lernen – Lernboom mit Fragezeichen. In: Pädagogik 9/1990.

Rumpf, H. (1992). Anfängliche Aufmerksamkeiten. In: Pädagogik 9/1992.

Schaeffer, K. (1985). So schaffen Sie den Schulalltag. Münster: Aschendorffsche Verlagsbuchhandlung.

Schräder-Naef, R. (1990). Lernhilfen für Schüler. In: Pädagogik 9/1990.

Simons, P.R.J. (1992). Selbstgesteuertes Lernen. In: H.F. Friedrich, H. Mandl (Hrsg.). (1992) Lern- und Denkstrategien. Göttingen: Hogrefe.

Spiel, Christiane (1992). Behalten und externe Speicher: zum Stellenwert von Notizen. In: H.F. Friedrich, H. Mandl (Hrsg.). (1992) Lern- und Denkstrategien. Göttingen: Hogrefe.

Volkert, H. (1985). Physik für Mediziner. München: Jungjohann Verlags- Gesellschaft.

Zimbardo, P. G. (1992). Psychologie. Heidelberg: Springer.

9 Ganzheitliche Lehr-Lernkonzepte am Beispiel der Suggestopädie

Marianne Haun-Just

9.1 Schulisches Lernen im Wandel

Gesellschaftlicher Wandel

Das rasante Tempo gesellschaftlicher Wandlungsprozesse wirkt sich unmittelbar auf die Lebenswelt von Kindern und Jungendlichen und deren Persönlichkeit aus. Turbulenzen im Klassenzimmer, Veränderungen von Lern- und Leistungsverhalten von Schülerinnen und Schülern stellen die Schule und mit ihr Lehrerinnen und Lehrer vor neue Herausforderungen. Hinzu kommen veränderte Vorstellungen von Lernen, denn neben derVermittlung fachlich-inhaltlicher Ziele soll für Schülerinnnen und Schüler zunehmend der Erwerb methodischer, persönlicher und sozialer Kompetenzen im Unterricht treten.

Anzupassende Bildungsinhalte

Wissen ist nicht länger ein monolithischer Block, der den Menschen durch sein Leben begleitet, sondern ein sich ständig veränderndes Gebilde. Deshalb steht nicht länger nur das „Was" des Wissenserwerbs im Vordergrund, sondern auch das „Wie". „Es geht nicht darum, über einmal Gelerntes, festes Wissen zu verfügen, sondern darum, dass man gelernt hat, sich permanent neue Wissensgebiete zu erschließen", bestätigt Peter Haase, Leiter Personalentwicklung der Volkswagen AG, Wolfsburg (FAZ 25.9.1993). In Verbindung mit der Globalisierung, Internationalisierung und Vernetzung fordern immer mehr Fachleute ein „ganzheitliches Lernen", etwa in verschiedenen Studien für den Club of Rome (Kleinschmidt 1991, 14).

Zeitgemäße Werkzeuge für das Lernen

Es müssen also zeitgemäße Werkzeuge eingesetzt werden, die Schülerinnen und Schüler in die Lage versetzen, sich auf diese Herausforderungen einzustellen. Auf der Suche nach Unterrichtsmethoden, die diesen Ansprüchen Rechnung tragen, stieß ich auf alternative Formen des Lernens, die insbesondere die motivational-emotionale Seite von Lernprozessen fokussieren. Mit der Suggestopädie fand ich einen vielversprechenden Ansatz, der neben Effizienz auch Lernfreude und kreative Aneignung von Lerninhalten im Simme des Lernens betont.

Leider stehen übertriebene Erfolgserwartungen einer sachlichen Auseinandersetzung über den pädagogischen Wert dieser Methode zum Teil noch im Wege. Diese Erwartungen hängen, unter anderem, mit dem Buch „Superlearning" zusammen, das die Journalistinnen Sheila Ostrander und Lynn Schroeder 1979 veröffentlichten. Sie machten die Suggestopädie unter dem Begriff „Superlearning" einem breiten Publikum bekannt, evozierten mit dieser Begriffswahl allerdings die Vorstellung, Suggestopädie/Superlearning sei eine moderne Variante des Nürnberger Trichters.[1)]

Ich möchte im Folgenden aufzeigen, in welcher Verbindung das suggestopädische Lehr-Lernkonzept zu ganzheitlichen Lernformen steht und welchen Grundannahmen suggestopädisches Lernen basiert. Dem theoretischen Abriss folgt eine Darstellung suggestopädischer Elemente aus der Unterrichtspraxis. Zu deren bunter Palette von Gestaltungsmöglichkeiten gehören ästhetische Elemente wie die dramatische Textpräsentation zu klassischer Musik, spielerische Aktivitäten sowie Entspannungsübungen und Fantasiereisen.

9.2 Ursprünge ganzheitlicher Pädagogik – zur Einordnung der Suggestopädie in das Methodenspektrum

Suggestopädie ist im Umfeld ganzheitlicher Lehr-Lernansätze anzusiedeln. Deren Wurzeln reichen weit zurück und wurden in diesem Jahrhundert insbesondere von der humanistischen Psychologie und Pädagogik wiederbelebt. Die humanistische Psychologie etablierte sich in Abgrenzung zur Psychoanalyse und zum Behaviorismus im 20. Jahrhundert in den USA (Riedel 1995, 151 ff.).

Kognitives und affektives Lernen

Das Streben nach Ganzheitlichkeit zieht sich wie ein roter Faden durch die humanistische Pädagogik. So fordern beispielsweise die Vertreter der „confluent education“ (Fatzer 1988, 24) den einseitig ausgerichteten schulischen Unterricht durch affektive Anteile zu ergänzen. Dabei liegt der zentrale Gedanke in der Betonung des Zusammenfließens (confluence) von kognitivem und affektivem Lernen.

Die Association for Supervision and Curriculum Development formuliert die Inhalte der humanistischen Pädagogik wie folgt:

Inhalte der humanistischen Pädagogik

1. Sie akzeptiert die Bedürfnisse des Lernenden und stellt Erfahrungsmöglichkeiten und Programme zusammen, die sein Potential berücksichtigen.
2. Sie erleichtert Selbstaktualisierung und versucht in allen Personen ein Bewusstsein der eigenen Wertschätzung zu entwickeln.
3. Sie betont den Erwerb persönlicher und kommunikativer Fähigkeiten, um in einer aus vielen Kulturen bestehenden Gesellschaft leben zu können.
4. Sie versucht, pädagogische Entscheidungen und Praktiken persönlich zu machen. Zu diesem Zweck beabsichtigt sie, den Lernenden in den Prozess seiner eigenen Erziehung miteinzubeziehen.
5. Sie anerkennt die wichtige Rolle von Gefühlen und verwendet persönliche Werte und Wahrnehmungen als integrierte Teile des Erziehungsprozesses.
6. Sie entwickelt ein Lernklima, das persönliches Wachstum fördert und das von den Lernenden als interessant, verstehend, unterstützend und angstfrei empfunden wird.
7. Sie entwickelt in den Lernenden einen echten Respekt für den Wert des Mitmenschen und die Fähigkeit, Konflikte zu lösen.

Ganzheitliches Denken findet Eingang in die gestaltpädagogische Didaktik. Neben fachlichen und gesellschaftspolitischen Aspekten haben die psychologischen Aspekte eine zentrale Bedeutung (Burow 1987, 27). Damit wird als übergeordnetes Ziel das Wachstum der Persönlichkeit angestrebt. Mit ihrer „Personenzentrierung [und der] Konzentration auf Kontakt und Begeg-

Wachstum der Persönlichkeit

nung" nimmt die Beziehungsebene neben der Inhaltsebene im Unterricht einen breiten Raum ein (Burow 1987, 27).
Hieraus leiten sich folgende Grundannahmen ganzheitlichen Lehrens und Lernens ab:

1. Das Menschenbild ist optimistisch und ist dem mechanistischer Lerntheorien entgegengesetzt. Demnach soll Erziehung Lernräume eröffnen, in denen sich das Potential, die innewohnenden Kräfte eines Menschen entfalten können.
2. Ein weiteres Charakteristikum ist die Ganzheitlichkeit: Die einzelne Person wird als Einheit von Körper, Geist und Gefühlen angesehen. Denken, Fühlen und Handeln sollen im Lernprozess berücksichtigt werden. Statt einseitig wissensbetontem Lernen wird dem persönlichen Wachstum ein hoher Stellenwert beigemessen.

Daraus folgt für den schulischen Unterricht:

- *Prozessorientierung statt einseitiger Ergebnisorientierung:*
  Gegenstand des Lernprozesses sind die Potentiale des Menschen für die Entfaltung seiner autonomen und sozial verantwortlichen Persönlichkeit. Die individuelle Fähigkeit zum Wissenserwerb und zur Problemlösung soll entwickelt werden.
- *Handlungsorientierung*
  Erleben und Handeln, Spiel und Reflexion sowie die persönliche Erfahrung des Schülers sind bedeutsam (entdeckendes Lernen und sinnvoll rezeptives Lernen).
- *Schülerorientierung:*
  Der Lernprozess knüpft an die Interessen der Schülerinnen und Schüler an. Lernwege führen von der Person zur Sache. Die innere und äußere Wahrnehmungsfähigkeit, Selbst- und Fremdwahrnehmung sowie Fantasie und Kreativität werden gefördert.

9.3 Grundannahmen der Suggestopädie

9.3.1 Entstehung und Kennzeichen

9.3.1.1 Zur Begriffsbestimmung: Suggestion

Vorab einige Bemerkungen zur Begrifflichkeit. Der Name Suggestopädie bietet nicht selten Anlass zu Missverständnissen, da er häufig in die Nähe von Manipulation gerückt wird. Dies entspricht nicht der ursprünglichen Intention.

Suggestion als Wahrnehmungsvorschlag

Der Begründer der Suggestopädie, der bulgarische Arzt und Psychotherapeut Georgi Lozanov, entwickelte den Begriff aus dem englischen „to suggest" (vorschlagen). „Suggestion" ist bei ihm ein Wahrnehmungsvorschlag: „Die Welt um uns herum beinhaltet eine Fülle von solchen Vorschlägen/Suggestionen, und bewusst oder unbewusst greifen wir diese Vorschläge auf. Wie wäre es etwa sonst zu erklären, dass verschiedene Personen bei

Fragen nach der Wahrnehmung einer gleichen Situation, unterschiedliche Antworten geben." (Lozanov 1984, 154)
Stichwort Suggestion und Manipulation – so wie man nicht nicht kommunizieren kann, kann man nicht nicht suggerieren. In welcher Weise Lehrererwartungen den Lernerfolg von Schülern beeinflussen, zeigten eindrucksvoll die Studien von Rosenthal/Jacobsen zum sogenannten Pygmalion-Effekt Ende der sechziger Jahre (Brophy 1976, Maier 1987, 47).

Internalisierte Glaubenssätze

Lynn Dhority, der bekannteste amerikanische Vertreter der Suggestopädie, stellte dazu fest: „Jeder Lehrer ist ein aktiver und mächtiger Träger von Suggestion, egal ob er sich dessen bewusst ist oder nicht." (Dhority 1986, 64)
Wahrnehmungsvorschläge, die von der Umgebung oder von anderen Personen ausgehen, nannte Lozanov „äußere Suggestionen". „Innere Suggestionen" sind dagegen internalisierte Glaubenssätze wie „Mathe kann ich nicht" oder „Für Sprachen bin ich einfach nicht begabt".

Ängste und ihre Auswirkungen auf das Lernen

Die Auswirkungen solcher inneren Sätze auf Lernen wurden insbesondere von der Angst- und Stressforschung untersucht. Sie spricht von „aufgabenirrelevanten Kognitionen" (Mandl, Huber 1983, 126). Statt „bei der Sache zu sein", wie die Umgangssprache treffend formuliert, wird die Aufmerksamkeit von der eigentlichen Aufgabe ab- und zu den Ängsten hingelenkt. Die Ängste werden zu Lernblockaden, Misserfolge beim Lernen sind programmiert. „Angst", sagt Lynn Dhority, „ist zweifellos eine der größten Bedrohungen – wenn nicht sogar die größte überhaupt -, mit der Lehrer und Schüler im Unterrichtsprozess [...] ständig konfrontiert sind" (Dhority 1986, 62).

9.3.1.2 Lernen mit Musik – der Alpha-Zustand

Entspannte Lernatmosphäre

Es ist Lozanovs Verdienst, erkannt zu haben, wie massiv innere und äußere Suggestionen erfolgreiches Lernen verhindern. Für effizientes Lernen, so Lozanov, müssen negative Suggestionen ab- und positive Suggestionen aufgebaut werden. Dies geschieht am besten in einer entspannten und positiven Lernatmosphäre. Erst wenn günstige Lernvoraussetzungen geschaffen sind, wird es für den Lernenden möglich, geistige, emotionale und kreative Kräfte freizusetzen. Ein Mittel, eine entspannte Lernatmosphäre zu erzeugen, ist der Einsatz von Musik.
Bei einer Forschungsreise nach Indien entdeckte Lozanov, dass Musik eine wesentliche Rolle in der dortigen Lernkultur spielte. Indische Yogis waren in der Lage, große Stoffmengen, zum Beispiel Textstellen aus den Veden und Upanishaden, auswendig zu lernen und wiederzugeben.[2)] Trotz dieser ungewöhnlichen Lernleistungen waren die Schüler psychisch und physisch vollkommen entspannt – Herzschlagfrequenz und Atemrhythmus waren deutlich verlangsamt.

Geistige Wachheit und Aufnahmefähigkeit

Kennzeichen für diese physiologische Verlangsamung ist das vermehrte Auftreten von Alpha-Wellen im Gehirn. Diese, auch Alpha-Zustand genannte Phase, ist gleichbedeutend mit Entspannung. Dieser Zustand wird auch als pseudopassiv bezeichnet, da körperliche Ruhe und Entspannung mit

geistiger Wachheit und Aufnahmefähigkeit einhergehen. Durch den Einsatz von Musik kann dieser Alpha-Zustand gezielt herbeigeführt werden. Dabei muss die Musik einen bestimmten Rhythmus aufweisen – 60 Schläge pro Minute. Dies entspricht dem Ruhepuls des Menschen.
Auf der Suche nach einer Entsprechung in der europäischen Musik wurde Lozanov in der Musik des 17. und 18 Jahrhunderts fündig – er stieß auf Werke von Bach und anderen Komponisten des Barock. Dazu eine Anekdote: Johann Sebastian Bach hatte eigens für Graf Keyserlingk eine Musik komponiert, die gegen Unruhe und Schlaflosigkeit helfen sollte, „etwas Ruhiges, aber auch heiter, freundlich" (Maier 1987, 110). Bekannt wurden diese Stücke unter dem Namen Goldberg-Variationen – nach dem Cembalisten Johann Goldberg, der jedesmal, wenn Keyserlingk unter Nervosität litt, die Musikstücke vorspielte.[3)]

9.3.1.3 Peripheres Lernen und das kognitive Unbewusste

Lernen am Rande der Aufmerksamkeit

Lozanov entdeckte, dass sowohl beim Lernen im entspannten Zustand wie auch beim Spiel sogenanntes „peripheres Lernen" stattfindet, also ein Lernen am Rande der Aufmerksamkeit, beziehungsweise jenseits der bewussten Aufmerksamkeitsschwelle. Lozanov wies damit auf ein Phänomen hin, das bei Lern-, Aufmerksamkeits- und Konzentrationsprozessen bislang zu wenig Beachtung fand.
Für ein suggestopädisch ausgestaltetes Schulzimmer heißt das zum Beispiel: Bunte Lernposter an den Wänden fungieren als „periphere Stimuli" und machen dem Schüler einen weiteren Wahrnehmungsvorschlag zur Rezeption des Lernstoffes. Dieses peripher wahrgenommene Material „wird unbewusst registriert und später zurückgerufen, wenn es im Lernkonzert zusammen mit einem größeren Ganzen aktiviert wird" (Dhority 1986, 32). Untersuchungen sprechen in diesem Zusammenhang auch von „kognitivem Unbewussten" (Frankfurter Rundschau, 2.10.1993).
Dazu ein praktisches Beispiel aus dem Unterricht: Beim Zusammenfügen eines Puzzles richtet der Schüler seine Aufmerksamkeit primär auf das Zusammensetzen der einzelnen Teile, konzentriert sich also auf die Form der Puzzleteile. Die darauf verzeichneten – ihm unbekannten – Vokabeln, nimmt er lediglich am Rande wahr. Dennoch dringt die Information in das Gedächtnis und wird dort abgespeichert. Später, in einem anderen Kontext, werden die Vokabeln wiedererkannt.
Neuere Forschungsergebnisse über Konzentrations- und Aufmerksamkeitsprozesse weisen Parallelen zu Lozanovs Erkenntnissen auf:
„Auch betonen moderne Konzentrationsforscher im Lichte neuerer Befunde, dass die willkürliche, bewusste Kontrolle konzentrierten Handelns zunehmend als Ausnahmefall gilt: Viele Handlungen – dies scheint gerade ein charakteristisches Merkmal konzentrierten Handelns zu sein – verlaufen unbewusst." (Huber 1993, 20f.)

9.3.1.4 Intrinsische Motivation oder Lernen wie ein Kind

Neugierde wiederentdecken

Ein weiterer zentraler Begriff in der Suggestopädie ist die Infantilisierung. Dies bedeutet bei Lozanov Wiederentdeckung kindlicher Neugierde, Lernfreude und Unbefangenheit. Doch die Lernfreude, und dazu trägt die Schule ihren Teil bei, kommt aufgrund überwiegend negativer Lernerfahrungen mit zunehmendem Alter fast völlig abhanden. An ihre Stelle treten Blockaden, die das Lernen erschweren oder sogar verhindern.
Ein Gutteil der Schuld trägt sicherlich auch der in unserer Kultur vorhandene Gegensatz von Spiel und Arbeit. „Die übliche Teilung zwischen Spiel und Arbeit ist eine Polarität, die so in unserer Kultur eingebettet ist, dass sie oft nicht mehr wahrgenommen wird. Spielen wird als angenehm, aber leichtfertig und unproduktiv angesehen. Arbeit macht uns zu ernsthaften und bedeutsamen Mitgliedern unserer Gesellschaft – scheint jedoch den Stempel langweiliger Routine zu tragen." (Ferruci, 1985, 262)
Unsere heutigen Begriffe von Arbeit und Freizeit führen dazu, dass wir Freizeitaktivitäten als angenehm und entspannend, unsere berufliche Alltagswelt aber oft als stressig und anstrengend erleben. Als besonders glücklich gilt auch der – so eine Redensart – der sein „Hobby zum Beruf" machen konnte.
Diese Trennung gilt auch im pädagogischen Feld. So stehen Lernunlust und Widerstände und daraus erwachsende Frustrationen bei Schülern und Lehrern so sehr im Vordergrund, dass positive Erlebnisse dahinter zu verschwinden drohen. „Lernen wie ein Kind" bedeutet, dass sich der Lerner in seiner Erinnerung auf natürliche außerschulische Lernsituationen besinnt. Dies führt ihn zurück an seine motivationalen Quellen. Er kann „auf eine seinsorientierte Haltung umschalten, in der Freude an den eigenen Fähigkeiten und prozessorientiertes Interesse, intrinsische Motivation, Spaß und Begeisterung in den Mittelpunkt rücken." (Psychologie heute 11/93, 26).

Flow-Erleben und Spiel

Einen ähnlichen Schluss zieht der amerikanische Motivationsforscher Csikszentmihalyi. In seinen Untersuchungen zum Flow-Erleben stellte er fest, dass Aktivitäten wie Spielen den sogenannten Flow-Zustand hervorrufen, das völlige Aufgehen im Tun. „Wer spielenden Kindern zuschaut, kann sehen, wie intrinsisch belohnend das Handeln sein kann. Was Kinder tun, ist nur aus der üblichen Sicht Erwachsener „Spiel". Man könnte ihr Tun ebenso gut Arbeit nennen. Aber beide Bezeichnungen sind irreführend". (Csikszentmihalyi 1985, 74) Sein Rat an Pädagogen: „Wenn die Lehrer sich als erstes die Frage stellen würden, wie das Lernen erfreulicher gestaltet werden könnte, müssten die Leistungen der Schüler beträchtlich steigen". (Csikszentmihalyi, 234) Doch leider kommt im Schulalltag diese Frage oft zu kurz.

9.3.2 Der suggestopädische Kreislauf

Aus den gewonnenen Erkenntnissen über Lernvorgänge entwickelte Lozanov das methodisch-didaktische Modell des suggestopädischen Kreislaufs,

der in erster Linie für das Erlernen von Fremdsprachen konzipiert wurde. Der Kreislauf besteht aus folgenden vier Elementen:
1. Decoding: Einstimmung auf den neuen Lernstoff.
2. Aktives Lernkonzert: Textpräsentation zu klassischer Musik.
3. Passives Lernkonzert: Textpräsentation zu langsamen Sätzen aus der Barockmusik.
4. Aktivierung: Übung und Anwendung (Dhority 1986, 106).

Passiv-rezeptive und aktiv-handlungsorientierte Lernphasen

Im suggestopädischen Kreislauf findet ein rhythmischer Wechsel von passiv-rezeptiven Lernphasen (Konzertphase, 30 Prozent der Lernzeit) und aktiv-handlungsorientierten Lernphasen (Decoding und Aktivierung, 70 Prozent) statt.

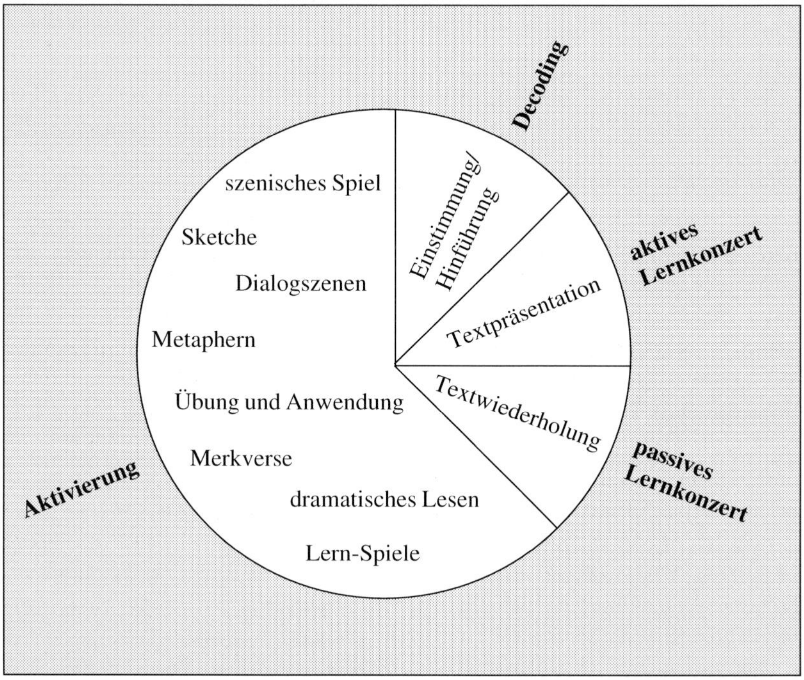

Bild 1: Suggestopädischer Kreislauf

Decoding (Phase 1) bedeutet die Heranführung des Schülers an den neuen Unterrichtsstoff, indem zum Beispiel ein Teil des neuen Vokabulars verbal, bildlich, gestisch oder pantomimisch eingeführt wird.
Im aktiven Lernkonzert (Phase 2) trägt der Suggestopäde zu klassischer Musik von Mozart, Haydn oder Beethoven den fremdsprachlichen Text vor und unterstreicht durch mimischen und gestischen Ausdruck die sprachliche Darbietung.
Für die Lernenden ergeben sich daraus verschiedene Lernvorschläge (Suggestionen):
– Sie können der Musik zuhören,

Vielfältige Lernvorschlage

- sie können dem Textvortrag folgen,
- sie können auf Mimik oder Gestik achten,
- sie können den vorliegenden zweisprachigen Text mitlesen.

Hinter dieser sinnlichen Vielschichtigkeit der Textpräsentation verbirgt sich die Idee, dass die Aufmerksamkeit der Lernenden nicht linear ist, sondern dass sie zwischen verschiedenen Stimuli hin- und herschwebt, also einmal auf die Musik achtet, wenige Augenblicke später wieder dem Textvortrag folgt. Mit dem Lernkonzert schafft der Suggestopäde ein Lernarrangement, bei dem die Schülerin aus einer Vielzahl von Lernvorschlägen die ihr gemäßen auswählt.

Im passiven Lernkonzert (Phase 3) wird derselbe Text zu Largos und Adagios der Barockmusik vorgetragen. Die Lernenden befinden sich dabei im Entspannungszustand und hören dem Textvortrag mit geschlossenen Augen zu. Sie können ihre Aufmerksamkeit zwischen der Musik und den Worten hin- und herpendeln und innere Bilder entstehen lassen.

Übung und Anwendung

Bei der Aktivierung (Phase 4) steht die Übung und Anwendung des Lernstoffs im Mittelpunkt. In dieser Phase kommt das Lernen in Bewegung. Das erstmalige Lesen des fremdsprachlichen Textes erfolgt im Chor, um Ängsten bezüglich der korrekten Aussprache entgegenzuwirken.

Darauf folgen spielerische und interaktive Übungen. Die Palette reicht von vielfältigen Lernspielen wie Dominos, Puzzles, Würfelspielen, situativen Übungen, Plan- und Rollenspielen bis hin zu Tänzen.

Durch die stressfreie, positive Lernatmosphäre sollen Barrieren – zum Beispiel anfängliche Sprechhemmungen – durch spielerische Gelöstheit und die ermutigende Haltung des Suggestopäden allmählich abgebaut werden (Dhority 1986).

Varianten des suggestopädischen Kreislaufs

Die damit erzielte Übungsintensität ist in erster Linie für das Erlernen von Fremdsprachen bestimmt. Für die Vermittlung von Sachwissen ist diese Notwendigkeit weniger gegeben. Daher wurde der suggestopädische Kreislauf für den Bereich Sachwissen entsprechend modifiziert. Hier findet sich folgendes Ablaufschema:

1. Konzentrationsphase
2. Erarbeitungsphase
3. Konzertphase (Passives Lernkonzert)
4. Übungs- und Anwendungsphase
5. Integration[4)]

Elemente des suggestopädischen Kreislaufs wurden zum Beispiel in der Erwachsenenbildung bei der Vermittlung von Computerwissen eingesetzt (Besser, Hüttenrauch in: Conrady, Haun-Just, von der Meden-Saiger 1993). Dies entspricht der praxisorientierten Weiterentwicklung der Suggestopädie, wie sie auch von der Deutschen Gesellschaft für suggestopädagogisches Lehren und Lernen (DGSL) gefördert wird. Auch Sensenschmidt und Edelmann demonstrieren mit ihren Variationen des suggestopädischen Kreislaufs, dass dieser auch für den nicht-fremdsprachlichen Bereich geeignet ist (Sensenschmidt 1993, Edelmann 1988).

9.3.3 Die Weiterentwicklung der Suggestopädie

9.3.3.1 Das Hemisphärenmodell der Gehirnforschung

Einen wichtigen Beitrag zur Weiterentwicklung der Suggestopädie leistete der Literaturprofessor Lynn Dhority mit seinem Buch „Moderne Suggestopädie – der ACT-Ansatz ganzheitlichen Lehrens und Lernens".[5] In Dhoritys Fortentwicklung der Suggestopädie flossen auch Ergebnisse der modernen Gehirnforschung von Roger Sperry, der das Hemisphärenmodell entwickelt hatte. Sperry hatte sogenannte Split-Brain-Patienten untersucht. Dies waren Patienten mit schwersten epileptischen Anfällen, denen die Verbindung zwischen den beiden Gehirnhälften, das Corpus callosum, durchtrennt wurde. Dabei hatte er festgestellt, dass linke und rechte Gehirnhälften unterschiedliche Aufgaben wahrnehmen. Vereinfacht ausgedrückt: Die linke Gehirnhälfte ist für linear-abstraktes Denken, die rechte Gehirnhälfte für bildliches, ganzheitliches, intuitives Denken zuständig.

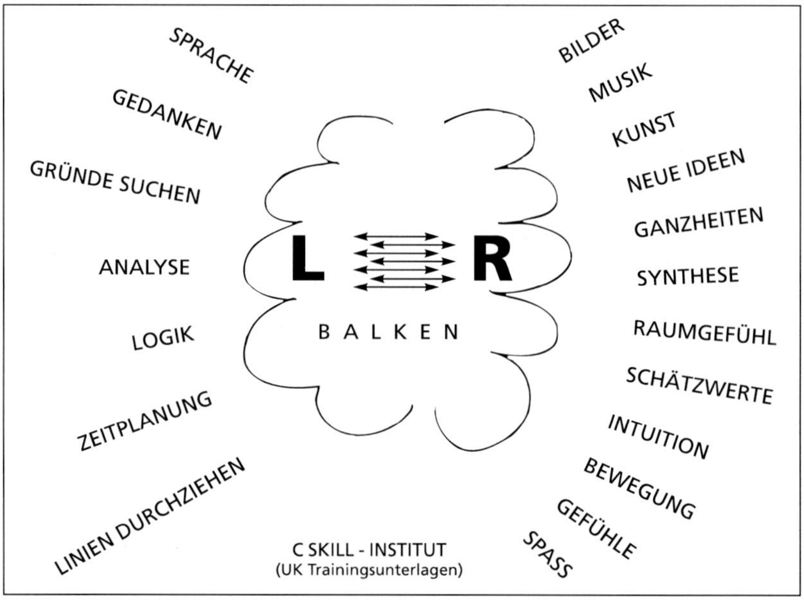

Bild 2: Gehirnmodell

Steigerung des Lernpotentials durch Einbeziehen der rechten Hemisphäre

„Verschiedene Autoren nehmen an, dass die gängigen Lehrpläne an den Schulen besonders das analytische und begriffliche Denken der linken Hemisphäre ansprechen. Es wird unterstellt, dass eine stärkere Einbeziehung der rechten Hemisphäre mit ihrem intuitiven und bildhaften Denken und ihrem Bezug zu emotionalen Prozessen zu einer wesentlichen Steigerung des Lernpotentials führen könnte. Die entscheidende Frage scheint mir zu sein, ob dies geschehen kann, indem das verbale Lernen häufiger durch konkrete Erfahrungen ergänzt wird oder ob es dazu neuer Lernmethoden, z.B. der Suggestopädie, bedarf". (Edelmann 1988, 28)

Selbst wenn Sperrys Hemisphärenmodell inzwischen durch neuere gehirnphysiologische Erkenntnisse modifiziert wurde, dient es als Metapher für die unterschiedlichen geistigen Fähigkeiten des Menschen. So spricht Robert Ornstein, der zusammen mit Sperry das Gehirnmodell entwickelte, heute von „Multimind" (Ornstein 1989). Damit bezeichnet er die unterschiedlichen Arbeitsweisen des menschlichen Geistes, die nach ebenso vielfältigen Lernangeboten verlangen (Gardner 1991).

Ganzheitlichkeit als Komplementarität

Aus der Idee des Gehirnmodells entwickelte sich eine neue Dimension der Ganzheitlichkeit des Lernens: Ganzheitlichkeit als Komplementarität. „Lernen soll dann ganzheitlich genannt werden, wenn gegensätzliche Aspekte als sich notwendigerweise ergänzend gesehen werden." (Edelmann 1988, 118). Es geht, so Edelmann, nicht um eine Dichotomie, sondern um ein Kontinuum zwischen den Polen „kognitiv/verbales/linkshemisphärisches" und „emotional/bildhaftes/rechtshemisphärisches Lernen":

„Zusammenfassend lässt sich sagen, dass in dem suggestopädischen Verfahren eine Reihe von komplementären Gesichtspunkten auftaucht, die in den Theorien der Allgemeinen und Pädagogischen Psychologie so nicht gesehen werden. Besonders hervorzuheben ist die Integration von kognitiven, emotionalen und motivationalen Aspekten des Lernens". (Edelmann 1988, 125)

9.3.3.2 Einflüsse der Neurolinguistischen Programmierens und der Lernbiologie

Wahrnehmung und Lerntypen

Der ganzheitliche Anspruch der Suggestopädie spiegelt sich auch in der Übernahme von Elementen des Neurolinguistischen Programmierens. NLP beschreibt die Zusammenhänge zwischen körperlichen (neurophysiologischen) Zuständen, Sprache (Linguistik) und inneren Denk-Programmen. Entwickelt wurde es in den 70er-Jahren von dem Psychologen und Computerfachmann Richard Bandler und dem Linguisten John Grinder (Bandler, Grinder 1988). Dhority übernahm deren Unterscheidung der verschiedenen Wahrnehmungs- beziehungsweise Lerntypen. Sie differenzierten zwischen visuellen, auditiven und kinästhetischen Formen der Informationsaufnahme.

NLP gibt Aufschlüsse über individuelle Wahrnehmungsabläufe und die innere Repräsentation von Erleben und deren Verarbeitung. Danach sind äußere Ereignisse in unserem Bewusstsein entsprechend den fünf Sinnesmodalitäten – visuell, auditiv, kinästhetisch, olfaktorisch und gustatorisch – repräsentiert.

„[Unter den Repräsentationssystemen] werden nicht einfach nur Sinnessysteme verstanden, sondern man meint damit die ‚Inneren Landkarten' eines Menschen, mit deren Hilfe er sich Modelle der Realität erschafft". (Kösel 1993, 124)

Aus diesen verschiedenen Modalitäten der Sinneswahrnehmung resultieren differente Lernstile, die Grinder auch bei Schülern beobachtete. So gibt es den auditiven Lerntyp, der Informationen am besten über Hören aufnimmt, oder den visuellen Lerntyp, der primär über das Sehen lernt.[6)] Entsprechend

den differenten Wahrnehmungs- und Lernstilen seiner Schüler sollte der Lehrer den Unterrichtsstoff aufbereiten. (Grinder 1988, 27). Dieser Forderung nach Berücksichtigung der verschiedenen Sinneskanäle kommt der suggestopädische Kreislauf in folgender Weise nach:
- Im Lernkonzert findet die Aufnahme der Inhalte über das Hören statt,
- Lernposter sind wie Textvorlagen visuelle Stimuli,
- und das dramatische Lesen und Umsetzen von Sprache in Bewegung berücksichtigt die kinästhetische Seite.

Gehirngerechte Darbietung des Lernstoffes

Informationen werden auf unterschiedliche Art und Weise – multisensorisch – dargeboten und ermöglichen damit optimale Bedingungen für die Informationsverarbeitung. Auf den Wert der „Verpackung" der Informationen beim Lernen weist auch Frederic Vester hin (Vester 1986, 13. Aufl., 121). Unter „Verpackung" versteht Vester die mehrkanalige und damit gehirngerechte Darbietung des Lernstoffes, die eine intensivere Speicherung und Vernetzung bewirkt.

9.4 Suggestopädie in der Schule

9.4.1 Lernklima und Motivation

Emotion und Gedächtnis

Vester weist auch darauf hin, dass neben lernbiologisch sinnvoller Stoffdarbietung die emotionalen Begleitumstände beim Lernen einen ebenso hohen Stellenwert einnehmen sollten. Stress wirkt sich störend auf die Informationsaufnahme und -verarbeitung aus . „So wichtig es ist, den Lernprozess von unangenehmen Begleitereignissen zu befreien, so wichtig ist es auch, das Lernen mit schönen und angenehmen Erlebnissen zu verknüpfen. (Vester 1986, 125).

Untersuchungen zu Emotion und Gedächtnis belegen, dass „eine positive affektive Stimmungsqualität die Gedächtnisleistung verbessert" (Mandl, Huber 1983, 90). So ergibt sich nicht nur aus lernbiologischer Sicht, sondern auch aus Befunden der Angst- und Stressforschung die Notwendigkeit einer entspannten Lernatmosphäre.

Lernmotivation und positives Selbstkonzept

Ging es wissenschaftlichen Untersuchungen zur Suggestopädie anfangs primär um den Nachweis höherer Lerneffizienz im Vergleich zu herkömmlichen Methoden, so stehen inzwischen Lernqualität, Lernklima und motivationale Gesichtspunkte im Mittelpunkt. So erbrachte ein Schulversuch in Liechtenstein nicht die erhoffte Steigerungen der Lerneffizienz (Wagner 1986, 108), zeigte aber, dass sich die Suggestopädie günstig auf die Lernmotivation und den Aufbau eines positiven Selbstkonzeptes eigener Leistungen auswirkt.

Bestätigt werden diese Befunde in einer neueren Untersuchung am Lehrstuhl für Pädagogische Psychologie an der Universität München. Beitinger, Mandl und Renkl bescheinigen in ihren Untersuchungen der Suggestopädie günstige Auswirkungen in kognitiver, motivationaler, emotionaler und sozialer Hinsicht:

„Das Sozialklima in der Gruppe wurde als positiv empfunden, die längerfristige Lernmotivation wurde gefördert (Steigerung der intrinsischen Motivation, des Kompetenzgefühls und des Autonomieerlebens, Abbau ängstlicher Anspannung), es wurde anwendbares Wissen vermittelt, das erste Erfolgserlebnisse auch außerhalb der Kurssituation wahrscheinlich macht“ (Beitinger, Mandl, Renkl 1993, 240f). Die Verfasser betonen, dass die untersuchten suggestopädischen Lernformen „Wissen von hohem Anwendungswert vermitteln, die Lust am Weiterlernen stärken und Möglichkeiten zum sozialen Austausch beim Wissenerwerb schaffen.“

Qualifikationsmöglichkeiten und Fortbildungsangebote

Trotz der wissenschaftlich nachgewiesenen Vorzüge der Suggestopädie ist ihre Verbreitung im bundesdeutschen Schulsystem bislang eher punktuell. Dies mag auch daran liegen, dass Qualifikationsmöglichkeiten in der staatlichen Lehreraus- und fortbildung weitgehend fehlen (Haun-Just 1993). Abgesehen von vereinzelten Fortbildungsangeboten, zum Beispiel bei Pädagogischen Tagen oder in der regionalen Lehrerfortbildung, ist die Ausbildung zum Suggestopäden ähnlich wie bei anderen ganzheitlichen Konzepten derzeit überwiegend der privaten Initiative des Lehrers überlassen.

Übertragung in den schulischen Unterricht

Eine weitere Schwelle mag darin liegen, dass die Suggestopädie ursprünglich aus der Praxis von Intensivkursen mit Erwachsenen stammt. Die schulischen Rahmenbedingungen zeitlicher und inhaltlicher Art erschweren eine unmittelbare Übertragung. Dennoch liegen inzwischen Umsetzungsbeispiele, insbesondere für den schulischen Fremdsprachenunterricht, vor (Holtwitsch 1991, Wittich-Harz, in: Conrady, Haun-Just, von der Meden-Saiger 1993, 36 f.). Ebenso beschreitet Sensenschmidt für den Mathematik- sowie Bröhm-Offermann für den Biologie- und Chemie-Unterricht neue Wege des Lehrens (Sensenschmidt 1993, Bröhm-Offermann 1989).

Geänderte Grundauffassung von Lernen

Edelmann kommt zu dem Schluss, dass die Suggestopädie weniger eine Methode im üblichen Sinne darstellt, als vielmehr von einer anderen Grundauffassung von Lernen geprägt ist. „Der Beitrag der Suggestopädie zu einer geänderten Auffassung von Lernen besteht nach meiner Meinung nicht so sehr in der Ausbildung einer speziellen Methode, sondern in der Betonung bestimmter Lehr-Lernprinzipien“. (Edelmann 1988, 79)

9.4.2 Lernbereitschaft und die Freiheit beim Lernen

Eines der Grundprinzipien ganzheitlich-suggestopädischen Lernens ist die Betonung innerer und äußerer Freiheit, der Freiwilligkeit beim Lernen. Das bedeutet, dass der Lerner aus verschiedenen Lernvorschlägen den für ihn passenden Vorschlag auswählen kann. Der Abbau einengender Kognitionen und negativer Überzeugungen bezüglich des Lernens schafft die Voraussetzung für eine innere Freiheit (Conradi/Haun-Just/von der Meden-Saiger 1993, 268).

Kann dieses lernerfreundliche Grundprinzip, das Lernbereitschaft an die erste Stelle setzt, auch für Schülerinnen und Schüler gelten, oder ist dieses Prinzip für den schulischen Unterricht reine Utopie? Stoffvorgaben setzen

Rahmen, an die Lehrer und Schüler gebunden sind und die die Freiheitsgrade erheblich einschränken. Sensenschmidt äußert sich auf dem Hintergrund praktischer Erfahrungen in der Schule eher skeptisch. [7)]
Baur dagegen ist von der Notwendigkeit der Suggestopädie in der Schule überzeugt:

Gesundheitserzieherischer Wert

„Es wäre von daher sicherlich wünschenswert, Unterrichtsformen wie die Suggestopädie bereits aufgrund ihres stressreduzierenden gesundheitserzieherischen Wertes einzusetzen. Auch wenn man mit dem Einsatz der Suggestopädie keine überdurchschnittlichen Leistungssteigerungen verknüpfen möchte, sondern lediglich darauf bedacht wäre, wenigstens gleichwertige Leistungen zu erzielen – wäre es doch besser, einen Unterricht durchzuführen, der das psychische Wohlbefinden, das Selbstvertrauen, die Kreativität und die Ausgeglichenheit fördert, als einen Unterricht, der Leistungsangst und Konkurrenzdenken befördert und dadurch Neurosen und aggressive Verhaltensweisen hervorbringt.“ (Baur 1990, 112f)

9.4.3 Merkmale und Elemente ganzheitlich-suggestopädischen Unterrichts

Aus der praktischen Unterrichtsarbeit mit Suggestopädie lassen sich folgende Merkmale ganzheitlich-suggestopädischen Unterrichts ableiten:

Bildung:
- Lernen ist Teil des persönlichen Entwicklungsprozesses,
- Aufbau eines positiven Selbstkonzeptes und Selbstvertrauens,
- Streben nach ganzheitlicher Entfaltung des Schülers, seiner rational-analytischen und intuitiv-bildhaften Fähigkeiten.

Kommunikation:
- Steigerung der Lernbereitschaft durch förderliche Lehrer-Schüler-Beziehungen und positives Lernklima, vielfältige Lernangebote und -hilfen für Schülerinnen und Schüler,
- sozialer Austausch und Interaktion durch Gruppenaktivitäten innerhalb der Lerngruppe,
- Berücksichtigung physiologischer und psychologischer Bedürfnisse der Lerngruppe bei der Unterrichtsgestaltung (Bewegung, Aktivität, Entspannung).

Lernerorientierung:
- Von der Person zur Sache: Berücksichtigung von Schülerinteressen und Vorkenntnissen und -erfahrungen,
- Entwicklung von Kompetenzen und Schlüsselqualifikationen,
- Vermittlung von Strategien zum Wissenserwerb: das Lernen lernen,
- Stärkung des seelischen Gleichgewichts durch sanfte Lernerfahrungen.

Erlebnis-, Handlungs- und Prozessorientierung:
- Lernen durch Erleben: Spaß und Freude am Lernen (Flow),
- langfristige Verankerung und Verknüpfung von Wissensinhalten durch Fantasie, kreative und spielerische Aktivitäten (Rezeptivität und Aktivität),
- Lernprozesse bieten Raum für Erfahrungen und selbsttätiges Handeln der Schüler.

Methodische Bausteine im fachunterrichtlichen Lehrgang

Die bisherigen Erfahrungen zeigen, dass einzelne methodische Bausteine wie Lernkonzert oder Fantasiereise in den fachunterrichtlichen Lehrgang ohne Probleme integriert werden können. Den Kompetenzen des Lehrers kommt dabei besondere Bedeutung zu. Die Notwendigkeit fachwissenschaftlicher und methodisch-didaktischer Kompetenzen ist unbestritten. Neu mag die Hervorhebung der kommunikativen Kompetenz und die Rückbesinnung auf die Lehrerpersönlichkeit als zentrale Größe im Lehr-Lernprozess sein (Edelmann 1988, 80) [8)].
Neben Lernkonzert oder Fantasiereise gibt es eine Fülle methodischer Elemente, aus denen sich wie aus einzelnen Mosaiksteinen ein Gesamtbild des ganzheitlich-suggestopädischen Unterrichts ergibt (Bild 3). Form, Farbe und Gesamtbild des Unterrichts resultieren aus der Handhabung dieser Elemente durch den Lehrer.

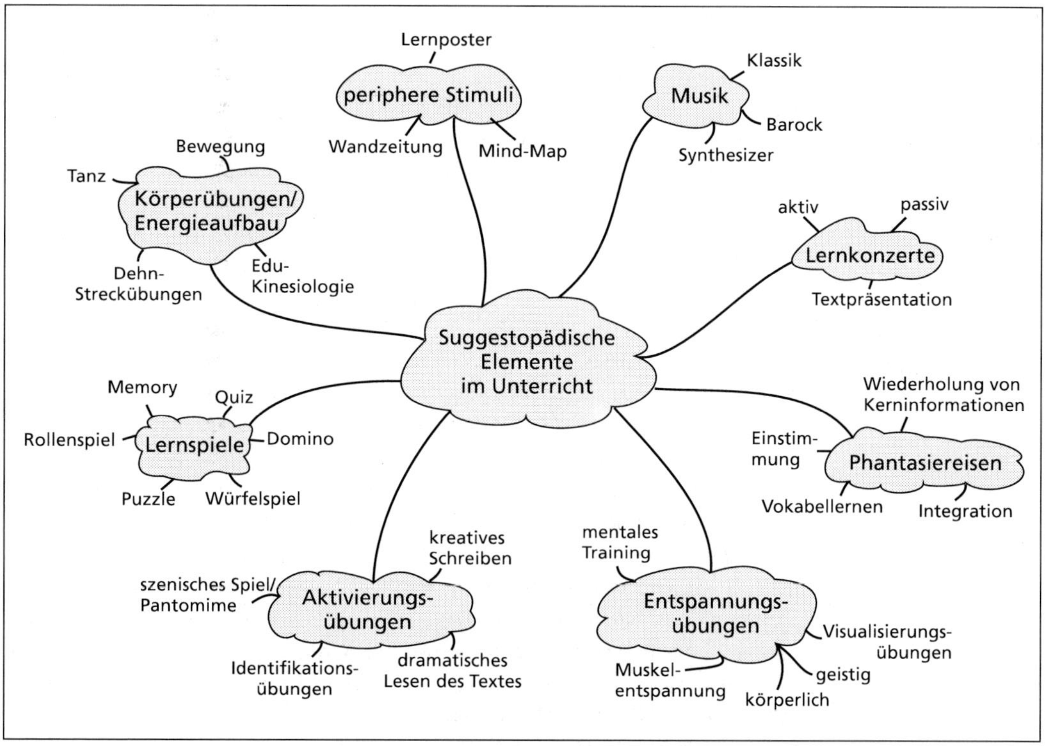

Bild 3: Mind-Map – Suggestopädische Elemente im Unterricht

9.4.4 Suggestopädische Elemente im Unterricht

9.4.4.1 Gestaltung der Lernumgebung

Bedeutung der Lernraumgestaltung

Besucht man verschiedene Klassenzimmer, so variieren die Eindrücke über die Lernumgebung, in der Schüler bis zu sechs Stunden täglich verbringen, erheblich. Da finden sich Klassenzimmer, die auf den ersten Blick zum Wohlfühlen einladen. Wieder andere zeichnen sich durch Nüchternheit und Kälte aus. Erst in jüngster Zeit wird der Aspekt der Lernökologie stärker ins Bewusstsein gerückt (Dreesmann, 1982, 177). Das Fachlehrerprinzip und der damit verbundene Wechsel in verschiedene Unterrichtsräume setzen einer angemessenen Ausstattung oft Grenzen. Hier wären, wie dies mancherorts bereits vorhanden ist, Fachräume wünschenswert, in denen die Lernumgebung in ihrer Grundausstattung erhalten bleiben kann. Suggestopädie legt großen Wert auf die Gestaltung und Nutzung des Unterrichtsraums. Dies geschieht vor allem durch bunte Lernposter, auf denen zentrale Inhalte und/oder bildliche Darstellungen, sogenannte Kerninformationen, verzeichnet sind.

Bildliche Darstellung von Kerninformationen

In ähnlicher Weise können Ergebnisse arbeitsteiliger Gruppenarbeit in Form einer Wandzeitung von den Schülern visualisiert werden. Im Gemeinschaftskundeunterricht der Klasse 11 zum Thema Politische Theorien erwies sich dieses Vorgehen als vorteilhaft gegenüber dem Tafelanschrieb, da die Informationen über einen längeren Zeitraum im Klassenzimmer verfügbar waren, allmählich erweitert und ergänzt wurden und jederzeit in den Unterrichtsablauf einbezogen werden konnten. Die Mind-Map erwies sich als geeignetes Mittel, den Schülern Strukturierungs- und Visualisierungshilfen zur Verfügung zu stellen, die der Erweiterung der Methodenkompetenz dienen. Diese Strukturbilder konnten zur Verdeutlichung von Unterrichtsinhalten und zur Übersicht über ganze Unterrichtseinheiten verwendet werden.

Mind-Map als Visualisierungshilfe

9.4.4.2 Entspannungsübungen im Klassenzimmer

„Zuerst war es ungewohnt, mich im Klassenzimmer zu entspannen, aber, dann klappte es gut!" So die Aussage eines Zehntklässlers, nachdem er seine erste Entspannungsübung in der Klasse erlebt hatte. Ich hatte einen Listening-Comprehension-Text zu Barockmusik präsentiert. Nachdem die Schüler Fragen zum Text schriftlich beantwortet hatten, äußerten sie sich überrascht darüber, wie gut ihnen die Inhalte des Textes in Erinnerung geblieben waren. „Es war eine Art Film, der innerlich ablief", so schilderte eine Schülerin ihr Erleben. Wenn es auch nicht allen Schülern gleichermaßen gelingt, so mühelos abzuschalten und das Gefühl innerer Ruhe auf Anhieb zu erleben, so hilft hier doch die Musik, den Entspannungsprozess zu erleichtern.

In der 10. Klasse des Gymnasiums trifft Barockmusik sicherlich nicht den Musikgeschmack der Schüler. Dennoch war für die Schüler der entspannungsfördernde Wert einer solchen Begleitung unmittelbar erfahrbar. Ich war erstaunt, als am Ende der Stunde mehrere Schüler danach fragten, ob sie sich die Musik für zuhause überspielen konnten.

Entspannungsfördernde Wirkung der Musik

Natürlich können beim erstmaligen Einsatz von Entspannungsübungen auch Anlaufschwierigkeiten auftreten: Hemmungen, Kichern – Unsicherheiten bei Schülerinnen und Schülern gehören dazu. Um so wichtiger ist es, dass der Lehrer mit der Technik der Durchführung eines solchen Elements vertraut ist.

Voraussetzung für die Durchführung von Entspannungsübungen

Positive Auswirkung auf Konzentration und Lernen

Dem Einsatz von Entspannungsübungen im Unterricht sollte – im Sinne der Methodentransparenz – ein Gespräch mit den Schülern vorausgehen, in dem die positiven Auswirkungen solcher Übungen auf Aufmerksamkeit, Konzentration und Lernen dargestellt werden. Die Teilnahme an einer solchen Übung ist freiwillig. Es gilt lediglich, gemeinsame Verhaltensregeln festzulegen, um einen störungsfreien Ablauf zu ermöglichen.

Neben solchen Absprachen mit Schülerinnen und Schülern sollte das Umfeld, also Eltern, beispielsweise am Elternabend, eventuell Klassenlehrer, Kollegen und Kolleginnen beziehungsweise die Schulleitung über das Vorgehen informiert werden, um Missverständnissen vorzubeugen.

Sind diese Voraussetzungen erfüllt, bereichern die Entspannungsübungen den Unterricht in mehrfacher Hinsicht.

- Sie haben günstige Auswirkungen für Aufmerksamkeits- und Konzentrationsprozesse und dienen damit als Grundlage für die Aufnahme von Informationen.
- Sie ermöglichen das Erleben von angenehmen Gefühlen im Unterricht.
- Sie dienen der Ein-Stimmung und haben günstige Auswirkungen auf die Lernatmosphäre.
- Sie bilden ein Gegengewicht zu Phasen von Anspannung und Stress
- Sie sensibilisieren Schüler für innere Wahrnehmungsvorgänge und ermöglichen die Selbstreflexion.

Rhythmisierung des Unterrichts

Für Lehrer und Schüler sind Entspannungsübungen Atempausen, die Augenblicke der Ruhe in den sonst oft kurzatmigen Unterrichtsablauf bringen. Sie dienen der mentalen und körperlichen Entspannung im Sinne der Rhythmisierung des Unterrichts im Wechsel von aktiven-handlungsorientierten hin zu passiv-rezeptiven Phasen. Dabei kann die zeitliche Dauer einer solchen Übung zwischen fünf bis zwölf Minuten variieren.

Unruhe abbauen

Geübte Gruppen können sich in relativ kurzer Zeit entspannen. Dies spricht für die Ritualisierung dieser Form. Vielfach ist der Wechsel von Anspannung und Entspannung, wie er in Form der progressiven Muskelentspannung durchgeführt wird, besonders geeignet, Unruhe und Nervosität abzubauen (Teml 1987, 73ff). Nach einer Klassenarbeit ist eine solche Übung ein Angebot an die Schüler, sich von der Anspannung zu lösen und umzuschalten. Der Eindruck, dadurch Zeit zu verlieren, mag sich auch angesichts der Erfahrung relativieren, dass Unterrichtszeit nicht gleich Lernzeit ist.

Entspannt Lernen: Fantasiereise, Lernkonzert und Visualisierungsübungen

Entspannungsübungen sind kein originär suggestopädisches Element, auch wenn sie fester Bestandteil der Methode sind. Sie können mit oder ohne Bezug zum Lernstoff eingesetzt werden.

In den lernbereiten Zustand gelangen

Fantasiereise: Dieser methodische Baustein eröffnet die Möglichkeit des sanften Unterrichtseinstiegs. Unterstützt durch langsame Musik bietet er den Schülerinnen und Schülern die Möglichkeit, sich zu sammeln und aus der oft zu Unterrichtsanfang herrschenden Hektik in einen lernbereiten Zustand zu gelangen.

Mit der Fantasiereise werden unterschiedliche Ziele angestrebt: Sie dient ähnlich wie eine Entspannungsübung der Regeneration, kann jedoch auch in Verbindung mit Lerninhalten eingesetzt werden. Mit einer Fantasiereise lassen sich Unterrichtsinhalte vorangegangener Stunden ins Gedächtnis zurückrufen, sodass ein Bezug zum Lernstoff der aktuellen Stunde hergestellt wird. 9) Fantasiereisen werden von den Schülern als angenehme Form der Wiederholung erlebt. Eine solche Reise könnte etwa wie folgt beginnen:

„Dies ist eine Reise der besonderen Art. Sie führt uns auf eine Insel, über der die Sonne lacht und auch ab und zu ein kräftiger Regenschauer niedergeht, damit die Weiden und Wiesen schön saftig bleiben. Dort begegnen Euch die unterschiedlichsten Menschen. Sie alle haben eines gemeinsam: Sie sind im Reich der Sprache die Zeitmacher. Ihre Aufgabe ist es, alle Sätze, die je gesprochen oder geschrieben wurden, in die richtige Zeit zu setzen. Ein jeder tut dies auf seine Weise. So schwelgt der eine Zeitmacher, auch Mr. Simple Past genannt, in der Vergangenheit. Mrs. Future träumt in der Zukunft, und wieder ein anderer, genannt Mr. Present Perfect, hüpft vergnügt zwischen Vergangenheit und Gegenwart hin und her…"

Zweispaltige Textvorlage

Das *Lernkonzert* unterscheidet sich von der Fantasiereise nur unwesentlich. Dieser Form der Textpräsentation zur Musik liegt ein suggestopädischer Text zumeist in Form eines Dialogs zugrunde, der in der Regel zweispaltig abgedruckt ist. Bei einem fremdsprachlichen Text findet der Schüler den fortlaufenden Text auf der linken Seite der zweispaltigen Textvorlage und auf der rechten Seite entweder die deutsche Übersetzung oder wahlweise wichtige Vokabeln. Bei Sachtexten befinden sich in der rechten Spalte zentrale Begriffe, Hervorhebungen oder Illustrationen. Inhalte des Lernkonzertes können im fremdsprachlichen Unterricht auch Vokabeln sein, die im Verlauf der Stunde eingeführt wurden und am Ende nochmals im entspannten Zustand vom Lehrer zusammengefasst werden. Auch zentrale Inhalte, Schlüsselbegriffe, Regeln, Formeln, sogenannter Paukstoff eignen sich für diese Form der Vermittlung.

Erfolgsorientierte Vorstellungsbilder

Visualisierungsübungen sind kürzere mentale Übungen, in denen die Schüler angeleitet werden, ihre innere Vorstellungskraft zu entwickeln. Dies kann geschehen, indem Schüler Begriffe, Strukturen, Formeln auf einer „weißen Leinwand" innerlich visualisieren oder indem sie beispielsweise erfolgsorientierte Vorstellungsbilder für die Klassenarbeit mental abrufen. Diese Methode des mentalen Trainings entstammt dem Sport und wird dort für die Vorbereitung von Wettkämpfen eingesetzt (Syer, Connolly 1987). Solche kurzen mentalen Übungen können zum festen Bestandteil im Unterricht werden, wenn es darum geht, die Konzentration von Schülern zu entwickeln. Sie sind allemal effektiver als Durchhalteappelle wie „konzentriert Euch mal".

9.4.4.3 Elemente des suggestopädischen Kreislaufs am Beispiel des Englisch-Unterrichts

Gehirngerechte Vermittlung

Für die Vermittlung der beiden Grammatikformen Present Progressive und Simple Present hatte ich ganz im Sinne gehirngerechter Vermittlung mehrere Comic-Figuren erfunden, die die abstrakten Inhalte einer Grammatikstruktur bildhaft verdeutlichten. Mr. Simple Present und Mr. Simple Past und andere wurden zu ständigen Begleitern des Grammatikunterrichts. Sie waren auf Lernpostern und Arbeitsblättern als „Markenzeichen" präsent und dienten den Schülern als Lern- und Erinnerungshilfen bei Übungen.

Zeichnung: Karin Ullmann

Bild 4: Mr. Simple Past

Lernposter als optische Lernhilfen

Solche Lernposter sind eine gute Möglichkeit, auch das visuelle Gedächtnis anzusprechen. Durch die farbliche Abhebung einzelner syntaktischer Elemente (etwa der 3. Person) werden weitere optische Lernhilfen gegeben. Die Lernposter sind im Gegensatz zu Übersichten, wie sie auf Tafelanschrieben festgehalten werden, langfristig im Unterrichtsraum vorhanden. Erreicht werden mit dieser Art der Darbietung auch jene Schüler, deren muttersprachliches Strukturverständnis nur unzureichend ausgeprägt ist. In der Folge entwickelte ich gemeinsam mit den Schülern auch für die anderen Zeitformen ähnliche Figuren. Dies ermöglichte den Schülern einen anderen emotionalen Bezug zu dem doch recht trockenen Grammatikstoff.

Spielerische Aktivitäten

Als Ergänzung zu den Übungen aus dem Englischbuch setzte ich Spiele ein, die die häufig von Schülern als langweilig oder ermüdend empfundene Grammatikarbeit auflockerten. Neben „Verbendominos" erfreuten sich bei den Schülern Würfelspiele großer Beliebtheit : Beim Ziehen eines Kärtchens zum Beispiel mit einem Signalwort für Simple Present oder Present Progressive musste ein entsprechender Satz gebildet werden. Mit solchen spielerischen Aktivitäten ließen sich die Misserfolgserlebnisse reduzieren, denn die Zahl der richtigen Sätze stieg schon aus einem gewissen Spieleifer heraus.

Im weiteren Verlauf meiner Arbeit mit suggestopädischen Unterrichtsmaterialien ging ich mehr und mehr dazu über, Schüler an der Herstellung von Grammatikpostern und Lernspielen aktiv zu beteiligen. So fertigten beispielsweise Schüler in Gruppen Lernspiele für ein Grammatikkapitel an, die dann anschließend mit einer Gruppe, die ein anderes Kapitel bearbeitet hatte, ausgetauscht wurden. Diese Arbeitsform fand nicht nur in der Unter- und Mittelstufe positive Resonanz, sondern wurde im Grundkurs der Klasse 12 zur Wiederholung zentraler Grammatikinhalte von Schülern aufgegriffen.

Individuelles Materialpaket für den Grammatikunterricht

Schülern machten diese Phasen im Grammatikunterricht viel Spaß. Sie entwickelten im Laufe der Zeit mit Geschicklichkeit und Kreativität eigene Materialien. Ihr individueller Grammatikordner mit dem Materialpaket begleitete sie durch ihre ganze Schulzeit. Der Zeitaufwand, der damit verbunden ist, lohnt sich, denn die Materialien waren vor allem für Wiederholungen des Grammatikstoffes sehr gut geeignet. Dass Schüler auf diese Art und Weise Fähigkeiten und Fertigkeiten für sich selbst entwickelten und Lernhilfen für eigene individuelle Vorbereitung von Klassenarbeiten einsetzten, ist ein weiterer Vorteil im Sinne von das „Lernen lernen".

Beispiel einer Unterrichtssequenz mit suggestopädischen Elementen im Englischunterricht (Klasse 7, in Anlehnung an das Lehrwerk Englisch G, A 3 Unit 3 und 4, Cornelsen Verlag, Berlin 1987):

1. Raumgestaltung: Poster, Gegenstände, Musik
2. Einstimmung in das Thema: Einführung von Vokabeln zum Wortfeld „travelling in Britain"
3. Aktives Lernkonzert: Textpräsentation an Hand des suggestopädischen Dialogs: A trip to Wales (Vokabular: Unit 3 und 4/Wales and the Welsh), verwendete Musik: Konzert für Flöte und Harfe von Wolfgang Amadeus Mozart
4. Energieaufbau: Zinnsoldat-Lumpenpuppe (Übung zum Anspannen und Entspannen)
5. Primäre Aktivierung: textnahes Vorgehen, dramatisches Lesen des Textes, Lesen mit verteilten Rollen
6. Passives Lernkonzert: wiederholter Textvortrag im entspannten Zustand zu Barockmusik
7. Sekundäre Aktivierung: multisensorische Übungen und Lernspiele (Puzzle, Würfelspiel, Verbendomino, Fragespiele)
8. Gelenkte Fantasie: Reise auf die Insel der Zeiten (Synthesizer-Musik)
9. Handlungsorientierte Übungsformen und szenisches Spiel: German-Welsh Evening.

Dieses Beispiel umfaßt drei Stunden. Die ersten beiden, eine Doppelstunde, beeinhalten die Punkte 1 bis 7 (Schwerpunkt Textarbeit und Vokabular), die dritte Stunde Punkt 8 und 9 (Schwerpunkt Grammatikarbeit).

9.4.4.2 Suggestopädie in anderen Fächern

Lernstoffvermittlung und Regellernen in Mathe

Inzwischen liegen auch Erfahrungen mit suggestopädischem Lernen im Fach Mathematik vor. Eindruckvoll schildert W. Becker, wie er suggestopädische Elemente im Mathematikunterricht einsetzte. [10)]
Für die Präsentation und Vermittlung des Lernstoffes durch den Lehrer wie auch für die Aneignung von Regeln und den Erwerb von Problemlösungsstrategien durch die Schülerinnen und Schüler war das folgendeVorgehen typisch:

- Konzertphase: Präsentation des Problems zur klassischen Musik durch den Lehrer.
- Aktivierung: Sammlung und Erarbeitung von Lösungswegen und -strategien sowie deren Visualisierung an Hand von Mind-Maps, Erprobung der Lösungsvorschläge und Beweise.

Soweit nötig wird die Schüleraktivität durch Hilfestellung des Lehrers ergänzt. Die Übung und Anwendung wird durch fantasievolle Aktivitäten wie Bewegung, Rhythmus und Musik gestaltet.

- Konsolidierung (Passivkonzert): Zusammenfassende Übersicht über Ergebnisse der Stunde oder Unterrichtseinheit zu Barockmusik.

Bestätigt sah der Mathematiklehrer sein methodisches Vorgehen auch durch die guten Ergebnisse der zentralen Abiturprüfung und dies, obwohl Becker auf Hausaufgaben, Abhören und „Druck“ überwiegend verzichtete (Becker 1996, 87).

mathematische „Duck-Tales"

Für den Mathematikunterricht bieten B. Sensenschmidts Darstellungen ebenfalls interessante Anregungen. Er betont den Wert der Verpackung mathematischer Inhalte. „Die Verpackung in mathematische 'Duck-Tales' “[11)] wird von allen (anonym befragten) Grundkurs-Absolventinnen positiv eingeschätzt bzw. zumindest akzeptiert. Bei der späteren Wiederholung zur Abiturvorbereitung zeigte sich eindeutig die erinnungsfördernde Funktion der Begleitinformation. „[...Die] Textgestaltung [wurde] ebenso deutlich positiv bewertet wie die mentalen Trainingsphasen [...] und die Lernkonzert-Phasen.“ (Sensenschmidt 1993, 84)

Aspekte zu weiteren Fächern

Suggestopädische Unterrichtsgestaltung stellt B. Bröhm-Offermann für die Fächer Deutsch, Biologie, Geographie, Chemie, Musik, Geschichte und Französisch vor. Ihre Hinweise für das „sanfte Lernen in der Schule“ erhalten darüber hinaus eine Sammlung körperlicher Entspannungs- und Aktivierungsübungen sowie Anleitungen zur Förderung der Lernbereitschaft (Bröhm-Offermann 1993). Diese auch aus der Unterrichtspraxis stammenden Beispiele verdeutlichen, dass Suggestopädie zur Bereicherung schulischer Unterrichtskultur beiträgt und dass ihre Elemente in den Schulalltag integrierbar sind.

Anmerkungen

[1] Der Name Superlearning bezeichnet inzwischen Cassettenkurse, die zum Erlernen von Fremdsprachen angeboten werden. Diese als Selbstlernerkurse konzipierten Cassettenprogramme enthalten die für die Suggestopädie typischen Lernkonzerte. Die interaktiven Anteile fehlen völlig. Es werden lediglich schriftliche Übungen zur Vertiefung und zur Anwendung des Gelernten angeboten.

[2] Genaugenommen ist diese Methode bereits im antiken Griechenland bekannt gewesen: „Wir wissen zum Beispiel, dass in Athen die Werke von Homer in einer besonderen Art rezitiert wurden: Die Rezitatoren haben ihre Verse rhythmisch und beim Klang einer Harfe dargeboten." (Sensenschmidt 1993, 32)

[3] Für ein aktuelles Beispiel siehe hierzu die „Ärzte Zeitung" 1/1994, 20. Unter der Überschrift „Bei uns kann jeder seine Lieblings-CD vorspielen" berichtet der dortige Leiter der Abteilung Thorax-, Herz- und Gefäßchirurgie Münster, Professor Dr. Hans Scheld, über seine Angewohnheit, schwierige Operationen mit Musik auszuführen. Und er kommt zu dem erstaunlichen Schluss: „Der OP ist für mich ein Ort der Erholung", und weiter heißt es: „Insbesondere bei schwierigen Eingriffen möchte er die Musik nicht mehr missen. Bei der Korrektur eines Herzfehlers bei einem Säugling beispielsweise könne er sich bei Johann Sebastian Bach oder Wolfgang Amadeus Mozarts Klarinettenkonzert besonders gut konzentrieren". Die Klinikleitung hat keine Einwände gegen Schelds Methode, im Gegenteil: „Klinikdirektor Professor D. Hansdetlef Wassermann [schließt nicht aus], dass auch die Vollnarkose-Patienten von der Musik profitieren. Untersuchungen ließen darauf schließen, dass sie zumindest im Unterbewusstsein etwas mitbekämen".

[4] Siehe hierzu: Haun-Just 1991, 118ff.. Sensenschmidt 1993 entwickelte für den Sachbereich ein Kreislauf-Modell, das aus einer kognitiven, einer rezeptiven und einer aktiven Phase besteht.

[5] Naturgemäß haben sich aus der Urmethode viele weitere Spielarten der Suggestopädie entwickelt, die beispielsweise Elemente der Edu-Kinesiologie oder des Brain-Gym integrieren. So prägt Bernd Sensenschmidt den Begriff des „bio-logischen Lernens", Baur den der Psychopädie.

[6] Ein Beispiel für die Umsetzung dieses Wissens um die unterschiedlichen Lerntypen findet sich im außerschulischen Bereich in der sogenannten Multimedia-Software. Dies sind Computerprogramme, die Wissen als Text, Bild und Ton transportieren. So sind inzwischen komplette Enzyklopädien auf dem Markt, gespeichert auf speziellen CDs für den Computer. Der Nutzer schiebt die CD in das PC-Laufwerk und ruft die benötigten Informationen ab. Beim Stichwort „Blauwale" zum Beispiel liefert das Programm Sachinformationen in Form von Text, dazu Fotos der Tiere (manche Programme liefern bereits Videopräsentationen) und schließlich auch die „Gesänge" der Blauwale. Neben Enzyklopädien gibt es auch CDs zu Einzelthemen, zum Beispiel aus dem Bereich Naturwissenschaften oder über Leben und Werk von Johann-Sebastian Bach oder Leonardo da Vinci. Dr. Rudolf Lambrecht von der Siemens-Nixdorf Informationssysteme GmbH in München beschreibt die Vorteile der Multimedia-Programme so: „Multimedia kann ein neues Medium werden, mit dem Lernende den Lernprozess selbst organisieren können. Das individuelle Ansprechen mehrerer Sinne und die Berücksichtigung unterschiedlicher Lernstile steigert den Lernerfolg." (Lambrecht 1994, 40f). Edutainment-Software heißen solche Programme, die nicht nur Wissen vermitteln, sondern darüber hinaus auch Spaß machen.

[7] Sensenschmidt 1993, 36: „Ob die [...] Ziele der Suggestopädie bei unveränderten institutionellen Rahmenbedingungen erreichbar sind, ist derzeit noch eine offene Frage."

[8] Die DGSL (Deutsche Gesellschaft für suggestopädagogisches Lehren und Lernen) hat in ihren Ausbildungsrichtlinien Qualitäts- und Ausbildungsstandards für den suggestopädischen Lehrer festgelegt. Dies sind:

1. inhaltliche Kompetenz: fachwissenschaftliche Voraussetzungen, sachlogischer Aufbau des Unterrichts.
2. methodisch-didaktische Kompetenz: Handhabung eines Methodenrepertoires und Unterrichtsformen.

3. pädagogisch-psychologische Kompetenz: kommunikative Fähigkeiten , Beziehungsaspekt von Unterricht.

9) Anregungen zu Fantasiereisen in: Müller 1986 und Murdock 1989.

10) Im Erfahrungsbericht Wolfgang Beckers finden sich Textbeispiele, Fantasiereisen und Mind-Maps für den Mathematikunterricht der Oberstufe.

11) Bernd Sensenschmidt griff für die Einführung der Differentialrechnung die Idee der „Duck-Tales" auf. Dagobert Duck vereinfacht dargestellte Probleme der Wirtschaftstheorie bilden den Aufhänger für die Einführung in die Thematik der Differentialrechnung. Sensenschmidt übernahm die Anregung aus einer Lehrbuchreihe des Ehrenwirth-Verlags, München, mit dem Titel „Anschauliche Analysis".

Literatur

Bachmann, W. (1991). Das neue Lernen. Eine systematische Einführung in das Konzept des NLP. Paderborn: Junfermann.

Bandler, R., Grinder, J. (1988). NLP – Neue Wege der Kurzzeittherapie. Paderborn: Junfermann.

Baur, R.S. (1990). Superlearning und Suggestopädie – Grundlagen – Anwendung – Kritik – Perspektiven. Berlin, München: Langenscheidt.

Becker, W. (1996). Suggestopädie im Mathematikunterricht der Oberstufe des Gymnasiums – Ein Erfahrungsbericht. in: Psychologieunterricht, Heft 27 Alternative Unterrichtsformen. Bonn: Verband der Psychologielehrerinnen und -lehrer.

Beitinger, G., Mandl, H., Renkl, A. (1993). Suggestopädischer Unterricht – eine emprirische Untersuchung zu motivationalen, emotionalen und sozialen Auswirkungen. In: Conrady, I., Haun-Just, M., von der Meden-Saiger, B. (1993). Lernen ohne Grenzen… . Lichtenau: AOL.

Bochow, P. Wagner, H. (1986). Suggestopädie (Superlearning) – Grundlagen und Anwendungsberichte. Speyer: Gabal.

Bröhm-Offermann, B. (1989). Suggestopädie – Sanftes Lernen in der Schule. Lichtenau: AOL.

Brophy, J.E., Good, T. L. (1976). Die Lehrer-Schüler-Interaktion. München: Urban & Schwarzenberg.

Burow, O.A., Quitmann, H., Rubeau, M.P. (1987).. Gestaltpädagogik in der Praxis. Unterrichtsbeispiele und spielerische Übungen für den Schulalltag. Salzburg: Otto Müller.

Buzan, Tony (1984). Kopftraining. München: Goldmann.

Conrady, I., Haun-Just, M., von der Meden-Saiger, B. (1993). Lernen ohne Grenzen… . Lichtenau: AOL.

Csikszentmihalyi, M. (1985). Das Flow-Erlebnis. Jenseits von Angst und Langeweile im Tun aufgehen. Stuttgart: Klett-Cotta.

Dhority, L. (1986). Moderne Suggestopädie – der ACT-Ansatz des ganzheitlichen Lehrens und Lernens. Bremen: PLS.

Dreesmann, H. (1982). Neuere Entwicklungen zur Erforschung des Unterrichtsklimas. In: Treiber, Weinert (1982). Lehr- Lernforschung. Urban & Schwarzenberg: München.

Edelmann, W. (1988). Suggestopädie/Superlearning – Ganzheitliches Lernen – das Lernen der Zukunft? Heidelberg: Asanger.

Eigler, G. et. al (1977). Grundkurs Lehren und Lernen. Weinheim: Beltz.

Endres W., Bernard, E. (1998). So ist Lernen klasse: Der beste Lernweg für mein Kind. München: Kösel.

Fatzer, G. (1988). Ganzheitliches Lernen. Humanistische Pädagogik und Organisationsentwicklung. Paderborn: Junfermann.

Ferrucci, P. (1985). Werde, was Du bist – Selbstverwirklichung durch Psychosynthese. Basel: Sphinx.

Fölling-Albers, M. (1992). Schulkinder heute – Auswirkungen veränderter Kindheit auf Unterricht und Schulleben. Weinheim, Basel: Beltz.

Gardner, H. (1991) Abschied vom IQ. Die Rahmentheorie der vielfachen Intelligenz. Stuttgart: Klett-Cotta.

Grinder, M. (1991). NLP für Lehrer. Ein praxisorientiertes Arbeitsbuch. Freiburg: VAK.
Haun-Just, M. (1991). Suggestopädie – ein Weg zum entspannten Lehren und Lernen. In: Meyer, E. (Hrsg). Burnout und Stress. Hohengehren: Schneider.
Haun-Just, M. (1993). Lehrerfortbildung – ein Weg zum ganzheitlichen Lehren und Lernen. In: Conrady, I., Haun-Just, M., von der Meden-Saiger, B. (1993). Lernen ohne Grenzen.... Lichtenau: AOL.
Hentig, H. v. (1993). Die Schule neu denken – eine Übung in praktischer Vernunft. München: Hanser.
Hinkelmann, K.G. (1986): Superlearning und Suggestopädie. Bremen: PLS.
Holtwitsch, H. (1990). Fremdsprachenlernen alternativ – Untersuchungen zur Wirksamkeit der suggestopädischen Methode im schulischen Englischunterricht. Bochum: AKS.
Holtwitsch, H. (1993). Anmerkungen zur Suggestopädie aus der Sicht der Regelschule. In: Conrady, I., Haun-Just, M. von der Meden-Saiger, B. Lernen ohne Grenzen...Lichtenau: AOL.
Huber, A. (1993). Konzentration:Sind Sie noch bei der Sache? In: Psychologie heute. Heft 11, 1993
Kösel, E. (1993). Die Modellierung von Lernwelten – ein Handbuch zur subjektiven Didaktik. Elztal-Dallau: Laub.
Kögler, Traugott (1993). Lernen durch Entspannung? Lahr: Liebenzeller Mission.
Korte, J. (1992). Faustrecht auf dem Schulhof – über den Umgang mit aggressivem Verhalten in der Schule. Weinheim, Basel: 1992.
Lambrecht, R. (1994). Eine hohe Interaktivität und ein Spielkonzept schaffen Motivation. In Computerwoche 3/94, S. 40ff..
Lozanov, G. (1984). Suggestology and Outlines of Suggestopedy. Montreux: Gordon and Breach.
Lozanov, G., Gateva, E. (1988). The Foreign Teacher`s Suggestopedic Manual. Montreux: Gordon and Breach.
Maier, Ch., Weber, M. (1987). Erfolg durch Superlearning. München: Heyne.
Mandl, H., Huber, G. (1983). Emotion und Kognition. München: Urban & Schwarzenberg.
Miller, R. (1993). Schul-Labyrinth. Gedanken-Gänge, Anstöße, Aus-Wege. Weinheim, Basel: Beltz.
Müller, E. (1986). Du spürst unter deinen Füßen das Gras – autogenes Training in Phantasie- und Märchenreisen, Frankfurt: Fischer.
Murdock, M (1989). Dann trägt mich meine Wolke... – Wie Große und Kleine spielend leicht lernen, Freiburg: Bauer.
Ornstein, R. (1989). Multi-Mind – ein neues Modell des menschlichen Geistes, Paderborn: Junfermann.
Ott, E. (1992). Das Konzentrationsprogramm. Konzentrationsschwäche überwinden – Denkvermögen steigern. Hamburg: Rowohlt.
Riedel, K. (1995). Persönlichkeitsentfaltung durch Suggestopädie – Suggestopädie im Kontext von Erziehungswissenschaft, Gehirnforschung und Praxis. Hohengehren: Schneider
Schiffler, L. (1989). Suggestopädie und Superlearning – empirisch geprüft. Frankfurt: Diesterweg.
Sensenschmidt, B. (1993). Bio-logisch lernen. Beispiele für suggestopädisch gestalteten Unterricht in der Schule (Sekundarbereich II) und abschlußbezogener Weiterbildung. Lichtenau: AOL.
Syer, J., Connolly, Chr. (1987). Psychotraining für Sportler. Hamburg: Rowohlt.
Thanhoffer, M., Reichel, R., Rabenstein, R., (1992). Kreativ unterrichten. Möglichkeiten ganzheitlichen Lernens. Münster: Ökotopia.
Treiber, B., Weinert, F.E. (1982). Lehr- Lernforschung, Urban und Schwarzenberg: München.
Vester, F. (1986). Neuland des Denkens. München: dtv.
Vester, F. (1986, 13. Aufl.). Denken, Lernen, Vergessen. München: dtv.

10 Lernmotivation

Werner Weißbrodt

10.1 Einleitung

10.1.1 Motiv und Motivation

Wie kommt es, dass einige unserer Schüler sich mit großem Interesse neuen Aufgaben und Problemen zuwenden, andere sich beharrlich verweigern, auch wenn wir uns um eine anregende Unterrichtsgestaltung bemühen?
Weshalb reagiert Schüler A. auf unser Lob und unsere Anerkennung mit vermehrten Anstrengungen, während Schüler B. uns die kalte Schulter zeigt?
Warum fällt eine Schülerin in Französisch durch engagierte Mitarbeit und ausgezeichnete Leistungen auf, während sie in Englisch als völlig desinteressiert, als „Drückebergerin" gilt?
Ein konkretes Beispiel aus dem Sportunterricht soll uns der Antwort auf diese Fragen näherbringen:
Im zweiten Schulhalbjahr lässt Studienrat H. in seiner 7. Klasse des öfteren Basketball spielen. Einer der Schüler fällt dabei immer wieder durch Unlust und geradezu aufreizende Untätigkeit auf. Er bewegt sich wenig, weicht Ballkontakten nach Möglichkeit aus, scheint sogar Genugtuung zu empfinden, wenn das Spiel völlig an ihm vorbeiläuft.
Der Sportlehrer seinerseits versucht, über Varianten in der Spielgestaltung, durch zusätzliche Anreize, durch Verstärkungen und Ermahnungen auch diesen Schüler zu aktivieren, in das Spiel mit einzubeziehen. Doch der Erfolg bleibt zunächst aus. Daran ändert auch die drohende schlechte Sportnote nichts.

Motiv als überdauernde Antriebskraft

Herr H. behält die Klasse. Auch im 8. Schuljahr steht Basketball auf dem Programm. Und zum Erstaunen aller ändert sich das Verhalten unseres Schülers schon während der ersten Wochen zunehmend. Er zeigt, dass er Technik und Taktik des Spiels durchaus beherrscht. Immer häufiger versucht er, sich ins Spiel einzuschalten, ist ständig in Bewegung und macht durch Zurufe auf sich aufmerksam. Von den Klassenkameraden wird er schließlich voll akzeptiert, und auch beim Korbwurf hat er immer wieder Erfolg. Der Lehrer ist geradezu verblüfft und nimmt diese Veränderung natürlich mit Genugtuung zur Kenntnis. Aber er fragt sich auch nach den Ursachen. Wie er selbst gelegentlich im eigenen Unterricht beobachten konnte und wie ihm im Gespräch mit Kollegen deutlich wurde, mangelt es dem Schüler offensichtlich nicht an grundlegender Leistungsbereitschaft. Herr H. sieht also hinter dessen Verhalten durchaus eine situationsüberdauernde Antriebskraft; er spricht von einem Motiv – hier dem Leistungsmotiv -, das wirksam wurde.

Doch es drängen sich weitere Gedanken auf. Hat vielleicht das Bemühen um eine gute Unterrichtsgestaltung jetzt auch bei diesem Schüler Erfolg gezeitigt? An gezielter Verstärkung hat es ja auch nicht gefehlt. Andererseits hat sicher der Vater, der selbst aktiv Sport getrieben hat, nach der Vier im letzten Zeugnis seinem Sohn ein paar passende Worte gesagt. Möglicherweise haben aber auch Spott und Vorwürfe der Klassenkameraden eine Rolle gespielt. Und dann ist der Schüler ja auch in den letzten Monaten mindestens zehn Zentimeter gewachsen. Vielleicht hat er jetzt überhaupt erst die körperlichen Voraussetzungen, um auch in dieser Sportart Selbstbestätigung zu finden.

Motivation ergibt sich aus Motiv und Anreizbedingungen

Mehrere Faktoren könnten also mögliche Ursache dafür gewesen sein, dass sich die Unterrichtssituation und die in ihr enthaltene Leistungsforderung für den Schüler geändert hat. Damit hat sich offensichtlich eine neue Wechselwirkung zwischen dem relativ überdauernden Motiv und den Anreizbedingungen der Situation ergeben. Wenn ein Motiv in dieser Weise aktualisiert wird, spricht man von Motivation. Unter Motivation versteht man also aktuelle kognitive und emotionale Prozesse, die vor, während und nach einer Handlung auftreten. Dazu gehören z.B. Erwartungen, Bewertungen, Ursachenerklärungen, Hoffnungen, Befürchtungen, Freude oder Enttäuschung.

10.1.2 Motivationspsychologie und pädagogische Praxis

Bleiben wir noch kurz bei unserem Beispiel. Beobachtet hat der Sportlehrer lediglich das offene Verhalten seines Schülers. Die dahinter stehenden Ursachen, die Beweggründe hat er erschlossen. „Motiv" und „Motivation" sind also hypothetische Konstrukte, Erklärungsbegriffe. Sie werden aus realisiertem Verhalten und Situationsgegebenheiten abstrahiert. Dieser Sachverhalt weist auch auf Probleme der Forschung und Grenzen aller Aussagen über Motivation hin.

Verschiedene Motivarten

Zunächst einmal wäre zu klären, was inhaltlich unter „Motiv" zu verstehen ist. Im Alltag gehen wir davon aus, dass es viele verschiedene Motive gibt: biologische (z.B. Hunger und Durst), soziale (z.B. sozialer Anschluss), psychische (z.B. Erhöhung des Selbstwertgefühls) und kognitive (z.B. Neugier und Leistungsmotiv). Wir verwenden den Motivbegriff, um eigenes oder fremdes Verhalten zu erklären. Stellen sie sich vor, ein Schüler beginnt während des Unterrichts zu weinen. Sie müssen sofort entscheiden, wo die Ursache liegen könnte, um Ihr Verhalten darauf einzustellen. Eine ganze Reihe von Erklärungsmöglichkeiten mag sich dabei anbieten: charakterliche Eigenheiten, eine erlittene Frustration, Bedrohung durch Mitschüler, die familiäre Situation, gesundheitliche Probleme oder ein überdauerndes Motiv.

Motive als Erklärungen für Verhaltensursachen

Wann schließen Sie nun auf ein Motiv als Ursache? In der Regel unter zwei Voraussetzungen, wenn sich nämlich

a) die Person in der gleichen Situation immer wieder in ähnlicher Weise verhält,

b) wenn sich zwei Personen in der gleichen Situation unterschiedlich verhalten.

In der Alltagsverwendung lässt sich also „Motiv" als relativ stabile Antriebskraft im Inneren der Person definieren, eine Antriebskraft, die mehr oder weniger bewusst Ziele festlegt sowie Dauer und Intensität der Bemühungen regelt, die auf die Erreichung eines Ziels verwandt werden.

So oder ähnlich wird „Motiv" auch in der Wissenschaft definiert, wobei die Akzente bei den Definitionsmerkmalen je nach theoretischem Ansatz unterschiedlich gesetzt werden. Der Begriff umfasst heute alles, was früher als Instinkt, Trieb, Bedürfnis, Absicht usw. bezeichnet wurde, selbst Emotionen, sofern sie Antrieb für zielgerichtetes Verhalten sind. Wichtig ist, dass in einer gegebenen Situation nicht nur *ein* Motiv unsere Entscheidung und unser Handeln bestimmt, dass es vielmehr immer wieder zu Motivkonflikten kommen kann.

Drei Grundprobleme der Motivationspsychologie

Die heutige Motivationspsychologie setzt sich im Wesentlichen mit drei Grundproblemen auseinander (Kuhl 1983):

Das erste betrifft die Frage, wie Personen dazu kommen, ihre Ziele auszuwählen. Man versucht hier zu klären, wie hoch eine handelnde Person den Wert oder den Anreiz eines möglichen Ziels einschätzt und wie hoch ihre Erwartung ist, dieses Ziel durch eigenes Handeln zu erreichen. Die Analyse der Zielsetzung bezieht sich dabei auf einen relativ begrenzten Entscheidungs- und Handlungszeitraum.

Eine zweite grundsätzliche Frage richtet sich deshalb darauf, wie sich die Bereitschaft, ein bestimmtes Ziel zu verfolgen, über einen gewissen Zeitraum hinweg verändert. Es geht hier um das Prinzip der kumulativen Motivation, das verständlich machen soll, warum ohne eine Neubewertung der Situation zunächst schwach angeregte Handlungstendenzen irgendwann dominant werden können.

Das dritte Grundproblem der Motivationsforschung – Anfang dieses Jahrhunderts im Mittelpunkt, dann weitgehend vernachlässigt – ist das Problem der Volition, d.h. der konkreten Ausführung intendierter Handlungen bzw. der Kontrolle über die Ausführung einer Handlung. Denn wir wissen aus Alltagserfahrungen, dass eine Person nicht immer die Handlungen auch tatsächlich ausführt, die sie aufgrund ihrer Erwartungen und Wertungen realisieren möchte.

Übertragbarkeit der Erkenntnisse auf die Schulwirklichkeit

Wenn es um die Übertragung motivationspsychologischer Erkenntnisse auf die Schule geht, ist Vorsicht geboten. Theoriegeleitete empirische Forschung orientiert sich immer an partikulären Fragestellungen. Ihre Ergebnisse sind spezifisch und statisch, die erkannten Gesetzmäßigkeiten in der Regel kontextabhängig. Dem steht der Schulunterricht als komplex vernetztes, dynamisches System mit – zumindest im Längsschnitt – sehr variablem Lehrerverhalten gegenüber. Das Handeln des Lehrers findet in einem Kontext statt, der nicht allgemein definierbar ist und jeweils eigene konkrete Wirkungen hervorbringt – bedingt durch Persönlichkeitsmerkmale von Lehrern und Schülern, durch deren Befindlichkeit, durch Klassenklima, Reaktionen der Mitschüler, Lehrinhalte, Unterrichtsstrategien usw. Trotzdem ist eine sensible und reflektierte Orientierung des Lehrerhandelns an Forschungsergebnissen unverzichtbar. Wissenschaftliche Erkenntnisse können der Beschreibung und Erhellung unterrichtlicher Ereignisse dienen, sie geben Anregungen und lassen Defizite erkennen. Allerdings müssen sie auf die jeweiligen situativen Bedingungen bezogen werden und sind nur *ein* Baustein bei der pädagogischen Reflexion des Lehrers.

10.2 Wissenschaftliche Theorien und Resultate zur Lernmotivation

10.2.1 Zwei Rahmenmodelle

Ende der 60er Jahre hat sich Heinz Heckhausen (1968) in einem damals viel beachteten Beitrag zur „Förderung der Lernmotivierung" geäußert. Auch wenn dieser Beitrag später häufig kritisiert wurde, gelten drei Grundpositionen auch heute noch:

Wurzeln der Lernmotivation

Zum einen ist Lernmotivation in der Schule kein stabiles Persönlichkeitsmerkmal des Schülers, sondern das Ergebnis einer Wechselwirkung zwischen Schülermotiven und situativen Anregungsbedingungen des Unterrichts. Zweitens ist das Prinzip der Passung wichtig, d.h. die motivationsfördernde Angleichung des Schwierigkeitsgrads des Unterrichts an die Vorkenntnisse des einzelnen Schülers. Drittens wird Lernmotivation im Unterricht nicht nur vom Leistungsmotiv, sondern auch von anderen Motiven (u.a. Neugier und Sozialmotiven) und deren situativer Anregung beeinflusst.

Neuerdings hat Krapp (1993) die Frage nach den motivationalen Bedingungen schulischen Lernens wieder aufgeworfen. Er untersucht intentionales, bewusst gesteuertes und auf bestimmte Ziele gerichtetes Lernen. Mit dem Begriff „Lernmotivation" bezeichnet er Strukturen und Prozesse, die das Zustandekommen und die Effekte des Lernens erklären. In diesem Zusammenhang entwickelt er ein Rahmenmodell, das erlaubt, pädagogisch bedeutsame Sachverhalte der Lernmotivation übersichtlich zu ordnen. Es soll an dieser Stelle nur knapp skizziert werden:

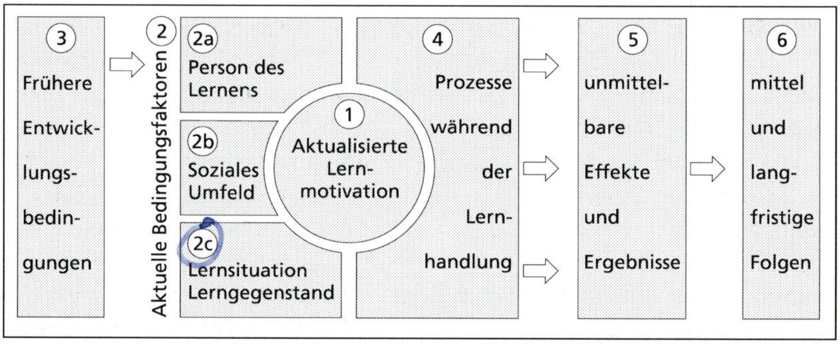

Bild 1: Rahmenmodell der Lernmotivation

Im Mittelpunkt des Modells steht die Lernmotivation, die in einer konkreten Situation aktualisiert wird (1). Sie wird von drei globalen Bedingungsfaktoren beeinflusst (2):

- von Bedingungen in der Person des Schülers, z.B. Motiven, Erwartungen, Einstellungen, Wertorientierungen (2a).
- von Bedingungen im sozialen Umfeld des Schülers, z.B. gruppendynamischen Faktoren in der Schulklasse und Lehrerverhalten (2b).
- von Bedingungen der Lernsituation und des Lerngegenstands, z.B. Interessantheit oder Schwierigkeitsgrad des Lernstoffs (2c).

Diese Bedingungen sind ihrerseits oft nur erklärbar, wenn man weiß, wie sich in vorausgegangen Sozialisationsphasen Motive und Motivierbarkeit des Schülers entwickelt haben (3).
Die Lernhandlung spielt sich vor allem auf der emotionalen und der kognitiven Ebene ab (4): Der Schüler freut sich, ist enttäuscht, gespannt oder gelangweilt; er aktualisiert seine Vorkenntnisse, entwickelt Strategien, beschafft sich Informationen, versucht etwas zu veranschaulichen usw. Sowohl seine Gefühle als auch seine informationsverarbeitenden Prozesse und deren Wechselwirkung werden nach Stärke und Ausrichtung von der individuell aktualisierten Lernmotivation bestimmt.
Die unmittelbaren Resultate einer Lernhandlung liegen – auf den schulischen Unterricht bezogen – vor allem im kognitiven Bereich (5). Oft sind sie für den Schüler nur Mittel zum Zweck, instrumentelle Voraussetzung für das Erreichen langfristiger Ziele: Anerkennung des Lehrers, gute Noten, Überwindung des Numerus Clausus usw. (6).

10.2.2 Wichtige Forschungsperspektiven vor dem Hintergrund der Unterrichtspraxis

Fragen nach den Ursachen menschlichen Verhaltens sind so alt wie die schriftliche Überlieferung. Doch wenn Hermann Ebbinghaus in den Anfangszeiten experimenteller Forschung über die Psychologie allgemein gesagt hat, sie habe eine lange Vergangenheit, aber eine kurze Geschichte, so gilt dies auch für die Motivationsforschung. Heckhausen (1984) hat Entwicklungslinien dieser Forschungsrichtung in einer zusammenfassenden Übersicht dargestellt. Im Hinblick auf die pädagogische Praxis sollen in der Folge wichtige Ansätze der Lernmotivationsforschung skizziert werden. Diese Forschungsperspektiven können in das oben erläuterte Rahmenmodell Krapps eingeordnet werden.

Merkmale der Schülerpersönlichkeit

Eine Gruppe von Theorien erklärt Lern- und Leistungsunterschiede in der Schule durch relativ stabile Merkmale der Schülerpersönlichkeit. In Frage kommen vor allem kognitive Lernvoraussetzungen und motivationale Faktoren. Kataloge von Lernmotiven oder Bedürfnissen, die auf dieser Basis entstanden sind, muten oft spekulativ an. Man hat aber auch mit Hilfe von Fragebogen grundlegende Faktoren schulischer Lernmotivation empirisch zu bestimmen versucht, z.B. Pflichtgefühle gegenüber gesellschaftlichen

Forderungen, Identifikation mit Eltern, Lehrern und der eigenen Klasse, Leistungsstreben, egoistische Motive und Wissbegier. Untersuchungen des Zusammenhangs zwischen Lernmotivation und Lernleistung orientieren sich dabei an der Frage, ob sich Motive zur Vorhersage und Erklärung von Schul- und Studienerfolg eignen.

Behavioristische Theorien

Behavioristische Lern- und Verhaltenstheorien vertreten dagegen die Überzeugung, dass Ausmaß und Richtung der Lernmotivation durch die äußeren Konsequenzen bestimmt werden, die im Gefolge einer Lernhandlung auftreten. Belohnung, Bestrafung oder Ignorieren steuern demnach das Lernverhalten. Dieser Ansatz erklärt allerdings nicht, dass schon Tiere auch ohne erkennbare Verstärkung exploratives Verhalten zeigen, also allein in der Ausführung einer Tätigkeit hinreichende Befriedigung finden. Gerade diese Beobachtung, diese offensichtlich angeborene Neugier wurde zum Ansatzpunkt für Theorien intrinsischer Motivation.

Kognitive Theorien

Als Konsequenz aus der behavioristischen Blickverengung auf äußere Reiz-Reaktions-Muster vollzog sich die sogenannte kognitive Wende in der Psychologie. Kognitive Theorien gehen davon aus, dass Menschen sich bewusst Ziele setzen, dass sie Resultate vorwegnehmen, Kosten und Nutzen abschätzen usw. Aus solchen Prozessen resultiert dann die Motivation. In diesem Zusammenhang sind beispielsweise die von Heckhausen seit den 60er Jahren entwickelten Modelle zu sehen, die der Leistungsmotivation zentrale Bedeutung zumessen. In diesen Modellen werden Einschätzungen betont, die sich mit dem erwarteten Erfolg oder Misserfolg einer Lernhandlung beschäftigen.

Neue Schwerpunkte:

Nach Krapp (1993) beziehen sich innerhalb der heutigen kognitiv orientierten Motivationsforschung drei Forschungsrichtungen in besonderer Weise auf pädagogische Fragestellungen:

1. Der Ansatz, den Handlungsvollzug als eigenständigen motivationalen Anreiz zu begreifen.
2. Das Konzept der Selbstwirksamkeit.
3. Theorien der auf Zielvorstellungen bezogenen motivationalen Orientierung.

Freude an Tätigkeit

Der erstgenannten Richtung liegt die Beobachtung zugrunde, dass Lernmotivation auch aus der Freude an der Beschäftigung mit einem Lerngegenstand hervorgehen kann. Bei einem solchen Lernen spielen zweckrationale Überlegungen dann von vornherein keine Rolle bzw. treten bei ausreichenden tätigkeitsspezifischen Anreizen vor Ende der Lernhandlung in den Hintergrund.

Selbstwirksamkeit

Innerhalb des Konzepts der Selbstwirksamkeit sind mehrere Ansätze von pädagogischer Relevanz. Schon lange beschäftigt sich die Forschung mit der Selbstwahrnehmung eigener Leistungstüchtigkeit. Wichtig ist dabei die Ursachenzuschreibung bei Erfolg und Misserfolg in schulischen Leistungssituationen. Zunehmend sind aber auch die Auswirkungen vorausgegangener Erfahrungen auf das Selbstvertrauen in die eigene Leistungsfähigkeit und die Einschätzung der eigenen Selbstwirksamkeit in den Mittelpunkt der Betrachtung gerückt. In praxisnahen Untersuchungen versucht man heute festzustellen, wie die Einschätzung eigener Leistungstüchtigkeit z.B. bei

Schülern verbessert werden kann oder warum Schüler mit hoher Selbstwirksamkeitserwartung anders lernen als gleich hoch motivierte Mitschüler.

Zielorientierung

Die dritte der genannten Forschungsrichtungen beschäftigt sich mit Zielen und Folgen, die motivationale Anreize schaffen. Nach neueren Untersuchungen entwickeln Schüler unterschiedliche Zielvorstellungen. Dem einen Schüler geht es um die Aufgabe, um deren Lösung. Das Lernergebnis sorgt dann für ausreichende – und wie man darüber hinaus sagen kann – intrinsische Motivation. Einem anderen Schüler geht es um den Vergleich mit anderen. Leistungsziel ist dann – bei wohlgemerkt gleich hoher Motivation – das Erreichen eines bestimmten Rangplatzes innerhalb einer Lerngruppe. Man kann hier von extrinsischer motivationaler Orientierung sprechen.
Ähnlich wie der Behaviorismus haben aber auch kognitive Theorien grundlegende Schwächen, die im Hinblick auf das Motivieren im Unterricht besonders deutlich werden. Zum einen, das wurde schon in 10.2.1 angedeutet, stellt sich die Frage, was zwischen Absicht und Ausführung der Absicht geschieht. Zum andern bleibt die Frage nach den Gegenständen, auf die sich die Lernmotivation bezieht, nach individuellen Präferenzen, Interessen weitgehend ausgeklammert. Und schließlich wird auch die Bedeutung selbstbestimmter Motivation kaum thematisiert.

Theorie des selbstbestimmten Handels

Mit den motivationalen Bedingungen und Faktoren selbstbestimmten Handelns sowie den Folgen für die Persönlichkeitsentwicklung haben sich in jüngster Zeit vor allem Deci und Ryan auseinandergesetzt. Sie bezweifeln, dass die Ursachen motivierten Handelns allein durch Intentionen, Erwartungen oder Selbsteinschätzungen bzw. durch die bloße Gegenüberstellung von intrinsischer und extrinsischer Motivation bestimmt werden können. Als entscheidender Motivationsfaktor wird vielmehr die subjektiv erlebte Autonomie des Einzelnen betrachtet:
Bereits in den Frühstadien der Entwicklung sei die Motivation zur aktiven Auseinandersetzung mit der Umwelt ohne äußere Anleitungen und Zwänge vorhanden. Aus Selbstbestimmung hervorgehende Formen der Lernmotivation verbesserten die Lernleistung und die Speicherung des Gelernten. Von außen aufoktroyierte Motivation beeinträchtige dagegen die Effektivität des Lernens und die Persönlichkeitsentwicklung. Ein wesentlicher Einfluss auf die Entstehung selbstbestimmter Motivation in der Schule wird dem Lehrerverhalten und der Gestaltung der Lernumgebung zugeschrieben.
Zwei erst vor kurzem veröffentlichte Untersuchungen beleuchten spezifische Aspekte dieser Thematik. Im einen Fall wurde der Frage nachgegangen, welche familialen Sozialisationsbedingungen mit der Lernmotivation von Schülern in Beziehung stehen (Wild/Wild 1997). Grundlagen waren Daten einer Befragung von ost- und westdeutschen Neuntklässlern sowie deren Eltern. Die Ergebnisse weisen darauf hin, dass schulische Lernmotivation in erster Linie durch ein autonomieförderliches und unterstützendes elterliches Erziehungsverhalten positiv beeinflusst wird. Im Zentrum einer zweiten Studie (Konrad, 1997) steht die Analyse wichtiger persönlichkeitsbezogener Determinanten selbstgesteuerter Lernprozesse, die an Lehrerstudentinnen und -studenten untersucht wurden. Dabei wurde festgestellt, dass die erlebte

Selbststeuerung (selbsttätiges Verwirklichen eigener Interessen und Wünsche) mit intrinsischen motivationalen Orientierungen, angenehmen emotionalen Empfindungen und metakogntiven Planungs-, Überwachungs- und Regulationstätigkeiten einhergeht und dass intrinsische Motivation ihrerseits eng mit Gefühlen der Kompetenz und Selbstbestimmung verbunden ist.

Interessentheorie

Wenden wir uns schließlich noch der Frage des „Interesses" zu, mit dem in der Schulpraxis häufig Unterschiede der Lernmotivation bei Schülern erklärt werden. Seit Mitte der 80er Jahre hat die pädagogisch-psychologische Forschung verstärkt den Einfluss individueller Interessen auf das Lernen bzw. die Entstehung und Veränderung von Interessen analysiert. Das Interessenkonstrukt umfasst heute Merkmale der Person (individuelles Interesse) und Merkmale der Lernumgebung (Interessantheit) sowie aktuelle psychische Zustände während einer interessenorientierten Handlung. Entscheidende Definitionskriterien dieses Konstrukts sind die Ausrichtung der Person auf einen bestimmten Gegenstand und die über die aktuelle Handlungssituation hinausgehende Bedeutung.

Nach fast allen Untersuchungen bewirken sowohl individuelle Interessen als auch die durch äußere Anregungsbedingungen hervorgerufenen situationalen Interessen eine höhere Lernleistung – sowohl was differenzierte und tief verankerte Wissensstrukturen als auch was schulische Leistungsnachweise betrifft. Krapp (1992) gibt dafür folgende Erklärung: Lernen aus Interesse ist zunächst eng mit der motivationalen Orientierung verbunden, sich mit einer Sache um ihrer selbst willen auseinanderzusetzen, sich für die Lernaktivität verantwortlich zu fühlen, die eigene Kompetenz weiterzuentwickeln. Außerdem besteht die Tendenz, anspruchsvolle und lernwirksame Lernstrategien zu verwenden. Bei Interesse für die Lerninhalte werden auch Lerntechniken eingesetzt, die zusätzliche Assoziationen schaffen, Querverbindungen oder die Zusammenfassung mit eigenen Worten ermöglichen.

Interessensteuerung führt zu unwillkürlicher, spontaner Aufmerksamkeit. Das Lernen läuft anstrengungsloser, rascher und effektiver ab; es ist auch mit einem günstigeren Aktivierungsniveau verbunden und von positiven emotionalen Prozessen begleitet. Schließlich führt es häufiger zum sogenannten Flow- Erleben mit all seinen positiven Auswirkungen.

Flow-Erleben

Als „Flow" wird eine Erlebnisweise bezeichnet, die eine Tätigkeit intrinsisch belohnend macht. Eine Person ist dabei voll auf eine Aufgabe konzentriert, geht in der Handlung auf und ist von äußeren und inneren Störreizen kaum mehr beeinflussbar. Sie fühlt sich weder über- noch unterfordert und befindet sich auf ihrem höchsten Leistungsniveau. Eine Theorie des Flow-Erlebens hat Csikszentmihalyi entwickelt. Ihm geht es vor allem um intrinsische Motivation in natürlichen Umwelten und um die Frage, in welcher Weise diese Form der Motivation auf die Qualität des während der Tätigkeit auftretenden Erlebens zurückgeführt werden kann. Als wichtige Elemente des Flow-Erlebens werden hervorgehoben: Verschmelzen von Handlung und Bewusstsein; Zentrierung der Aufmerksamkeit auf einen beschränkten Umweltausschnitt; Selbstvergessenheit; Ausüben von Kontrolle über Handlung und Umwelt. Diese Elemente sind nach den vorliegenden empirischen

Untersuchungen für die verschiedenartigsten Tätigkeiten in gleicher Weise relevant. Csikszentmihalyi bezieht seine Aussagen auch auf schulisches Lernen. Die Qualität des Erlebens beim Unterricht sei vor allem davon abhängig, ob Lernvoraussetzungen und Anforderungen nicht zu weit auseinanderklaffen, ob Zielsetzungen, Arbeitsanweisungen und Rückmeldungen eindeutig sind und ob der Schüler die angemessenen Lernstrategien und -techniken anwenden kann.

Zusammenfassung und Ausblick

Der Überblick über wichtige Entwicklungslinien der Motivationspsychologie sollte zeigen, dass die Fragestellungen und Forschungsergebnisse zwar nicht einheitlich sind, aber trotzdem Orientierungshilfen für die pädagogische Praxis geben können. Darüber hinaus sollte deutlich gemacht werden, dass Lernmotivation ein komplexes Geschehen ist, das sich auf verschiedenen Ebenen abspielt und unter ganz unterschiedlichen Gesichtspunkten betrachtet werden kann. An die in diesem Zusammenhang angesprochenen kognitiven und emotionalen Vorgänge, an die Aussagen zu sozialen Rahmenbedingungen und motivierenden Gegenständen sollen im folgenden Teil dieses Beitrags unterrichtspraktische Überlegungen angeknüpft werden.
Ein kurzer Hinweis auf zukünftige Forschungsperspektiven darf aber an dieser Stelle nicht fehlen: Die rasche Zunahme an Erkenntnissen in Biologie, Physiologie, Biochemie, Neurologie und Gehirnanatomie wird in absehbarer Zeit auch die Motivationsforschung und die Anwendung ihrer Ergebnisse entscheidend beeinflussen, vielleicht sogar auf eine völlig neue Basis stellen.

10.3 Motivieren im Unterricht

Von allen Faktoren, die die intellektuelle Leistungsfähigkeit eines Schülers bedingen, kann in einer gegebenen Lernsituation allein die Motivation beeinflusst werden. Was können nun aber Lehrerinnen und Lehrer in ihrem Unterricht konkret tun, um Motivation für unterrichtliches Lernen zu schaffen und zu erhalten oder – sofern bereits vorhanden – auszunützen? Um einer Antwort auf diese Frage näherzukommen, sollen im Folgenden Bedingungen untersucht werden, die im Lehrerverhalten, in der Person des Schülers und in der Unterrichtsgestaltung liegen. Zur Sprache kommen werden in diesem Zusammenhang die Schaffung notwendiger Rahmenbedingungen und der Einsatz gezielter motivationaler Maßnahmen, die sich an Persönlichkeit und sachstrukturellem Entwicklungsstand des Schülers orientieren. Dabei werden die Perspektive des Schülers und der Gesichtspunkt der pädagogischen Verantwortbarkeit von Maßnahmen und Zielen im Vordergrund stehen. Wer also der Meinung ist, dass er sich mit Hilfe rasch erlernbarer „Tricks" mühelosen Unterrichtserfolg sichern könne, muss enttäuscht werden.
Die folgenden Ausführungen sind keineswegs auf Vollständigkeit angelegt; sie sollen den Leser anregen, auch eigene Vorstellungen zu entwickeln und die eigene Erfahrung zu reflektieren.

10.3.1 Notwendige Rahmenbedingungen

10.3.1.1 Soziale Interaktion im Klassenzimmer

Angstfreies Lernklima Unterrichtsstil

Gezielte motivationale Maßnahmen und Techniken des Lehrers können nur innerhalb eines Kontextes greifen, der es Schülern überhaupt möglich macht, sich darauf einzulassen bzw. sich dadurch anregen zu lassen. Dazu gehört in erster Linie ein entspanntes, angstfreies Lernklima, aber auch ein Unterrichtsstil, der den Bedürfnissen und Gefühlen der Schüler mit Verständnis begegnet, positive Beziehungen der Schüler untereinander nicht einem unangemessenen Konkurrenzdenken opfert und auf rationalem Umgang mit Konfliktsituationen basiert.

Persönliches Engagement

Nicht weniger wichtig ist das persönliche Engagement des Lehrers im Unterricht – gerade in schwierigen Klassen. So haben Untresuchungen gezeigt, dass bestimmte Lehrerverhaltensweisen, die auch mit der Bereitschaft zum vollen Einsatz zusammenhängen, Voraussetzung für gute Arbeitsatmosphäre und geringere Störanfälligkeit des Unterrichts sind. Der Lehrer sollte z.B. den Eindruck vermitteln, dass er auf jedes Vorkommnis zu reagieren in der Lage ist, dass er sich auch zwei Dingen gleichzeitig widmen kann und seinen Unterricht nicht durch jeden Störversuch unterbrechen lässt. Er sollte dem Gefühl der Anonymität bei einzelnen Schülern entgegenwirken, das aus dem Eindruck erwachsen kann, zu wenig beachtet zu werden oder sich in der Klasse verstecken zu können. Blickkontakt, gelegentliche individuelle Ansprache oder spontan geäußerte Freude über Lernerfolge versprechen hier oft rasche Wirkung.

Auseinandersetzung mit dem Lerngegenstand

Wenn es schließlich – in welcher Form auch immer – um die Auseinandersetzung mit dem Lerngegenstand geht, so kann das Arbeitsverhalten der Schüler durch vorbildhaftes Lehrerengagement in besonderer Weise beeinflusst werden: Der Lehrer sollte sich souverän und kompetent zeigen (was nicht heißt, dass er sich allwissend geben muss); er sollte seinen Unterricht klar strukturieren, zielstrebig arbeiten und gleichzeitig auf Schülerbeiträge flexibel reagieren; er sollte in schwierigen Unterrichtsphasen auch mittel- und langfristige Ziele einsichtig machen; er sollte schließlich immer wieder die Freude an seinem Fach deutlich werden lassen und nie den Eindruck erwecken, dass es sich für ihn um bloße Routine handle oder dass ihn das, was er tut, selbst wenig interessiere.

Eine wichtige Funktion haben bei alledem der körpersprachliche Ausdruck – unterstreichende, akzentuierende Gestik und Mimik, angemessene Ortsveränderung – und die Variationsmöglichkeit in Sprache und Stimmführung.

Was hier in knappen Worten zum Ausdruck kam, bedeutet für Lehrerinnen und Lehrer in der Unterrichtsrealität großen persönlichen Einsatz und besonders in schwierigen Klassen einen hohen Aufwand an Zeit und Nervenkraft. Es wäre aber andererseits unehrlich, den Eindruck zu erwecken, dass die Kenntnis von Motivierungstechniken diesen Einsatz überflüssig machen könne.

10.3.1.2 Methodische Gestaltung des Unterrichts

Motivation durch Unterrichts- und Sozialformen

Als Hintergrund motivationaler Maßnahmen spielen natürlich auch die Unterrichts- und Sozialformen eine besondere Rolle. Dabei kann keiner von ihnen von vornherein motivierende Wirkung abgesprochen werden.
Ein Lehrervortrag kann spannend sein und zu aktiver Auseinandersetzung anregen, wenn er die Voraussetzungen der Schüler berücksichtigt, wenn er klar strukturiert ist, die nötige Redundanz und auch Entlastungsphasen aufweist, wenn schließlich Blickkontakt, offene Gestik und Mimik und die entsprechende Stimmführung das Gesagte unterstreichen. Eine Lehrerdemonstration kann Staunen hervorrufen und zu Aha-Erlebnissen führen, wenn der visuelle Eindruck das Wort in angemessener Weise ergänzt, wenn das, worauf es ankommt, ins Zentrum der Aufmerksamkeit gerückt wird, wenn Alltagserfahrungen geklärt und in ihren Zusammenhängen deutlich gemacht werden. Auch fragend-entwickelndes Verfahren und Gespräch können motivierte Informationssuche und Beschäftigung mit Problemen provozieren. Entscheidend ist dabei die Fähigkeit des Lehrers, in adressaten- und sachangemessener Weise zwischen engen und weiten Fragen zu wechseln, mit sogenannten didaktischen Fragen den Blick auf anders nicht zu erkennende Sachverhalte zu lenken und vor Verunsicherung zu bewahren, durch Impulse weite Denkfelder zu eröffnen und dort, wo offene Lernsituationen entstehen, sich ernsthaft mit Schülermeinungen auseinanderzusetzen und Schüler-Schüler-Interaktionen nicht durch vorschnelles Lehrerurteil abzuwürgen.

Gefahren

Freilich sollte man sich auch der in der alltäglichen Praxis immer wieder lauernden Gefahren gerade des fragend-entwickelnden Unterrichts bewusst sein, die oft von motivationstötender Wirkung sind: das kurzschrittige Herausfragen von Sachverhalten, die dem Schüler oft noch weitgehend unbekannt sind bzw. deren Tragweite er nicht überschauen kann; das Vorgehen nach einem „geheimnisvollen" Plan und die dadurch verursachte Konzentration der Schüler auf die Lehrerreaktion und nicht auf den Stoff; und schließlich die Gefahr, die Mitarbeit eines Teils der Klasse bereits als Erfolg zu betrachten, ohne zu registrieren, dass vielleicht die Mehrzahl der Schüler längst „abgeschaltet" hat. Eine generelle Gefahr lehrerzentrierter Unterrichtsverfahren besteht in der Überschätzung der Konzentrationsfähigkeit der Schüler und in der räumlichen Distanz zwischen Lehrer und Schülern, wobei besonders die weiter entfernt Sitzenden sich leichter durch störende Einflüsse ablenken lassen.

Schülerzentrierte Unterrichts- und Sozialformen

Auf der anderen Seite ist es natürlich keineswegs so, dass eher schülerzentrierte Unterrichts- und Sozialformen per se als motivierend betrachtet werden können. Allerdings: Wo entdeckendes Lernen eine erfolgreiche Problemlösung aus eigener Kraft verspricht, wo Gruppen- oder Partnerarbeit individuelles Lerntempo und befriedigendes Arbeiten ermöglichen, sind sicher nicht so viele motivierende Anstöße nötig wie bei frontalunterrichtlichen Verfahren. Dies wird immer dann der Fall sein, wenn spontane Interessen und Bedürfnisse der Schüler aufgenommen werden, wenn geeignete Themen gewählt werden, die von einer ausreichenden Wissensgrundlage

ausgehen, in Einzelaspekte gegliedert werden können und so eine Antwort auf eine komplexe Ausgangsfrage ermöglichen, und wenn schließlich förderliche Gruppenprozesse das einzelne Gruppenmitglied entlasten und zu einer am gemeinsamen Ziel orientierten Kooperation führen.
Umgekehrt wird Motivation ausbleiben, wenn mangels grundlegender Kenntnisse oder durch fehlendes Problembewusstsein auf der Grundlage von Versuch und Irrtum gearbeitet werden muss, wenn Themen für Gruppenarbeit der Bewältigung der Stofffülle dienen sollen und das Interesse auf Seiten des Lehrers und nicht der Schüler liegt oder wenn gruppendynamische Prozesse Konflikte auslösen, deren Bewältigung die vorhandenen Energien weitgehend absorbiert.

Abwechslung

Grundsätzlich gilt auch und gerade für den methodischen Bereich: Abwechslung motiviert. Dies betrifft sowohl die Gestaltung der einzelnen Unterrichtsstunde und die mittel- und langfristige Planung in einem Fach wie auch den gesamten Unterricht, den ein Schüler an einem Morgen oder im Verlauf eines Jahres erlebt. Auch die Behandlung fächerübergreifender Themen und die Projektarbeit müssen unter diesem Gesichtspunkt betrachtet werden. Denn sowohl Unterrichts- und Sozialformen, die zur Gewohnheit werden, als auch jeder Unterrichtsverlauf, der in Einförmigkeit oder gar Routine erstarrt, verlieren an motivierender Kraft.
Im Hinblick auf Abwechslung gilt ähnliches auch für den Einsatz von Medien im Unterricht. Grundsätzlich eröffnet die Veranschaulichung durch Medien dem Schüler die Möglichkeit, über mehrere Zugangskanäle zu lernen, schafft zusätzliche Vernetzungsmöglichkeiten und kann so die Lernmotivation erhöhen.

10.3.2 Maßnahmen und Techniken der Motivierung im Unterricht

10.3.2.1 Leistungsmotivation

Das Leistungsmotiv ist eines der am gründlichsten untersuchten Motive und gleichzeitig von entscheidender Bedeutung für schulische Lernmotivation. An diesem Motiv lässt sich aber auch sehr gut verdeutlichen, wie sehr alle Maßnahmen und Techniken der Motivierung im Unterricht an den individuellen Voraussetzungen des einzelnen Schülers orientiert werden müssen. Denn nur dann kann Leistungsforderung in der Schule im Einklang mit pädagogischen Zielsetzungen stehen und Leistungs- bzw. Lernmotivation in verantwortbarer Weise fördern.
Dabei wird deutlich, dass es sich bei Leistungsmotiv und Leistungsprinzip um unterschiedliche Bezugsrahmen im Hinblick auf Leistung handelt. Nach Heckhausen (1974) versteht man unter dem Leistungsmotiv das Bestreben, die eigene Tüchtigkeit in allen jenen Tätigkeiten zu steigern oder möglichst hoch zu halten, in denen man einen Gütemaßstab (Tüchtigkeitsmaßstab) für verbindlich hält und deren Ausführung deshalb gelingen oder auch

missslingen kann. Die Leistungsthematik liegt immer dann vor, wenn ein Handelnder oder Beobachter einer gegebenen Situation Aufgabencharakter abgewinnt. Aber nur ein kleiner Teil des auf Leistung thematisierbaren Verhaltens hat Konsequenzen, die von außen zugewiesen werden, und unterliegt damit dem Leistungsprinzip.

Die Schüler, die wir im Unterricht vor uns haben , haben immer schon entscheidende Stationen ihrer Motiventwicklung hinter sich. Diese Feststellung gilt in besonderer Weise für das Leistungsmotiv, dessen Ausprägung bereits bei Schulanfängern relativ stabil ist. Deshalb lohnt es sich, einen Blick zurück auf Entstehungs- und Entwicklungsbedingungen dieses Motivs zu werfen.

Entwicklung des Leistungsmotivs

Beim normal entwickelten Kind sind die Voraussetzungen für leistungsmotiviertes Verhalten bis zum Beginn des vierten Lebensjahrs gegeben. Dazu gehören vor allem die Fähigkeiten, einen Gütemaßstab an eigene Handlungsergebnisse anzulegen, sich also mit anderen zu vergleichen, und internal zu attribuieren, d.h. ein Handlungsergebnis auf sich selbst als Urheber zurückzuführen. Für die weitere Entwicklung des Leistungsmotivs ist dann die Wechselwirkung verschiedener Einflussfaktoren entscheidend, etwa des Temperaments, der Sachumwelt und des elterlichen Erziehungsstils. Die Erziehungseinflüsse sind von besonderer Bedeutung. Gelernt wird dabei über Bekräftigung, Identifikation und Nachahmung. Eine wichtige Rolle spielt das Gewähren einer entwicklungsangemessenen Selbständigkeit, z.B. bei der Auswahl von Freunden oder der Entscheidung für eigene Aktivitäten. Dazu gehört auch, die eigenen Grenzen entdecken zu lassen, und darauf zu verzichten, alle auftretenden Schwierigkeiten und Hindernisse sofort aus dem Weg zu räumen.

Ungünstige Voraussetzungen für die Entwicklung des Leistungsmotivs sind dort gegeben, wo Eltern Erwartungen an das Kind richten, denen es noch nicht gerecht werden kann, wo sie erfolgreiches Handeln des Kindes nie oder nur selten verstärken oder das Kind der Möglichkeit berauben, vielleicht auch auf Umwegen selbsttätig ein Ziel zu erreichen, weil sie ihm – oft in bester Absicht – zeigen wollen, wie man es besser oder schneller machen kann.

Stärke/ Ausrichtung des Leistungsmotivs

Sowohl Stärke als auch Ausrichtung des Leistungsmotivs werden durch das elterliche Erziehungsverhalten beeinflusst:

Wird ein Kind permanent unterfordert und verwöhnt, so ist die Wahrscheinlichkeit groß, dass sich ein schwaches Leistungsmotiv entwickelt und die später so wichtige Fähigkeit zum Aufschub der Befriedigung von Bedürfnissen nicht erworben wird. Die Kinder bleiben ich-schwach, lassen sich alle Hindernisse aus dem Weg räumen und möchten immer im Mittelpunkt stehen. Die Bereitschaft zum Lernen in der Schule sinkt zunehmend; sobald intensive Übungsarbeit erforderlich wird, erfolgen deutliche Leistungseinbrüche. Keller (1995) hat auf der Grundlage fallstatistischer Auswertungen von Mitte der 80er- bis Mitte der 90er-Jahre festgestellt, dasss von den durch familiäre Einflüsse verursachten Motivationsstörungen bei Schüler allein 40 % auf Verwöhnung zurückzuführen waren.

Umgekehrt wird häufige Überforderung den Grund dafür legen, dass das Kind immer wieder eigenes Versagen, nur selten aber das Gefühl des Stolzes erlebt, das mit der Realisierung eigener Fähigkeiten und Anstrengungen verbunden ist. In diesem Fall besteht die Gefahr, dass Misserfolgsangst dominierend wird, dass sich eine generelle Haltung gegenüber Leistungssituationen entwickelt, die gekennzeichnet ist von der Furcht vor einem Misserfolg und weniger von der Hoffnung oder der Vorfreude auf einen Erfolg. Es braucht wohl nicht betont zu werden, dass sich auch daraus für schulisches Lernen gravierende Folgen ergeben, zumal der Lehrer in der konkreten Lernsituation, für die er motivieren soll, die Stärke und Ausprägung des Leistungsmotivs eines Schülers kaum ändern kann.

Prinzip der Passung

Wie aus der Definition der Begriffe „Motiv“ und „Motivation“ am Anfang dieses Beitrags hervorging, entsteht Motivation erst, wenn das individuelle Motiv die ihm entsprechenden situativen Anregungsbedingungen vorfindet. Im Falle des Leistungsmotivs hieße dies: Die Aufgabenschwierigkeit muss der individuellen Motivausprägung der Schüler angepasst sein.

Wenn sich ein Schüler weder über- noch unterfordert fühlt, die Schwierigkeit der Aufgabe vielmehr an der oberen Grenze seiner Leistungsfähigkeit liegt, müssten also die Voraussetzungen dafür geschaffen sein, dass die Lösung der Aufgabe in Angriff genommen wird (Prinzip der Passung). Doch hier sind Einschränkungen zu machen. Schwierigkeiten können sich daraus ergeben, dass der Lehrer es ja innerhalb einer Klasse mit Schülern unterschiedlicher Motivausprägung zu tun hat, zum andern aber auch daraus, dass sich erfolgsmotivierte und misserfolgsängstliche Schüler in Leistungssituationen unterschiedlich verhalten.

Bei diesen Voraussetzungen sollten zunächst einmal alle realistischen Möglichkeiten der Binnendifferenzierung genutzt werden, von individuellen Lernhilfen über methodische und mediale Differenzierung bis hin zur Variierung des Schwierigkeitsgrads von Aufgaben. Doch bei misserfolgsängstlichen Schülern liegen die Probleme tiefer. Dort, wo bei erfolgszuversichtlichen Schülern die Motivation zur Bearbeitung einer Aufgabe am größten ist, reagieren misserfolgsängstliche mit dem höchsten Meidungsverhalten – nämlich bei Aufgaben, die subjektiv als mittelschwer eingeschätzt werden. Bei als schwer oder leicht empfundenen Aufgaben nimmt das Meidungsverhalten dagegen ab. Dies hängt mit einem unrealistischen Anspruchsniveau zusammen und bewirkt, dass in Bezug auf den erreichten Leistungsstand bei Wahlmöglichkeit zu leichte oder zu schwere Aufgaben gewählt werden. So ergeben sich dann häufig negative Konsequenzen im Selbsterleben, die so wichtige Selbstbekräftigung bleibt aus.

Ursachenerklärung von Erfolg und Mißerfolg

Auch in der individuellen Ursachenerklärung von Erfolg und Misserfolg unterscheiden sich Erfolgs- und Misserfolgsmotivierte, besonders wenn Handlungsergebnisse eintreten, die so nicht erwartet wurden. Erfolgszuversichtliche erklären Erfolge bevorzugt internal, also mit Fähigkeit und Anstrengung, Misserfolg mit dem variablen Faktor „mangelnde Anstrengung“. Misserfolgsängstliche dagegen führen Erfolg eher auf externale Faktoren wie geringe Aufgabenschwierigkeit oder Glück zurück und erleben so keinen positiven Affekt. Bei Misserfolg wiederum neigen sie zu stabil – internaler Erklärung; sie suchen die Ursache für das Versagen in mangelnder

Fähigkeit; die Erwartung wird in Richtung auf weiteren Misserfolg beeinflusst. Oder anders ausgedrückt: Bei steigender Misserfolgsangst wächst die empfundene Verantwortlichkeit für Misserfolg, während die für Erfolg tendenziell sinkt.
In einer neueren Studie (Möller/Köller 1997) wurde der Versuch gemacht, durch die Erfassung spontaner Schülerkommentare nach Klassenarbeiten die auslösenden Bedingungen von Attributionen zu analysieren. Dabei wurden Schülerinnen und Schüler gebeten, sich vor einer Arbeit zu der erwarteten Note, unmittelbar nach Rückgabe der Arbeit zum erzielten Ergebnis zu äußern. Es zeigte sich u.a., dass die hinsichtlich ihrer Erwartung unsicheren Schüler häufiger nach schlechten als nach guten oder neutralen Leistungen Ursachenerklärungen suchten und dass sie nach Misserfolgen häufiger als die sicheren Schüler attribuierten. Die Untersuchung natürlicher schulischer Leistungssituationenen lässt also differenzierte und praxisnähere Aussagen zum Attributionsverhalten erwarten.
Auch andere der bisher dargestellten, häufig in Laborexperimenten gewonnenen Erkenntnisse sind im Hinblick auf natürliche Situationen zu modifizieren. So müssten ja Misserfolgsmotivierte in Leistungssituationen ein durchgängiges Meidungsverhalten zeigen. Da aber auch bei ihnen immer wieder Leistungsverhalten zu beobachten ist, werden hier offensichtlich auch extrinsische Motivationsfaktoren wirksam.
Darüber hinaus muss festgestllt werden, dass es unterschiedliche Formen von Misserfolgsangst gibt, nämlich die – nur sehr schwer zu überwindende – Angst vor dem Leistungshandeln an sich und die Angst vor den Folgen des Versagens, die sehr viel leichter von außen beeinflusst werden kann.
Misserfolgsangst ist nicht gleichzusetzen mit mangelnder Leistungsfähigkeit. Dennoch kann sie Ursache für negative Lehrererwartungen sein, durch die dann ein verhängnisvoller Kreislauf in Gang gesetzt wird, der letztlich zum Leistungsversagen führt und das – vielleicht unzutreffende – Bild des Schülers von sich selbst sowie die – vielleicht ebenso ungerechtfertigte – Erwartungshaltung des Lehrers bestätigt (Weißbrodt, 1982).

Selbstregulation des Leistungsverhaltens

Was kann nun der Lehrer tun, um einen Schüler mit erkennbar schwachem Selbstkonzept, mit Symptomen der Leistungsangst eine bessere Selbstregulation seines Leistungsverhaltens zu ermöglichen? Er sollte auf keinen Fall das unrealistische Anspruchsniveau eines solchen Schülers übernehmen oder gar auf Leistungsforderung überhaupt verzichten. Denn eines bleibt zu bedenken: Erfolg und Misserfolg bei mittelschweren Aufgaben liefern am ehesten Informationen über Fähigkeit und – was gerade für Misserfolgsmotivierte wichtig ist – über aufgewandte Anstrengung und ermöglichen fähigkeitsangemessene Anspruchsniveau-Setzungen. Nur so sind positive Affekte, das Bewusstsein der Eigenverantwortlichkeit für ein Handlungsresultat, die damit verbundene Selbstbekräftigung und die Verbesserung des Selbstkonzepts der eigenen Begabung zu erreichen.

Unterrichtsarrangements

Selbstverständlich sind auch für erfolgsmotivierte Schüler, die mittelschwere Aufgaben mit unsicherem Ausgang als motivierende Herausforderung empfinden, entsprechende Unterrichtsarrangements nötig. Für misserfolgsängstliche Schüler bedarf es allerdings zusätzlicher Maßnahmen, um ihnen bessere Voraussetzungen für leistungsmotiviertes Verhalten zu verschaffen. Einige Möglichkeiten seien stichwortartig genannt:

- Die Heranführung an mittelschwere Aufgaben kann über die erfolgreiche Erledigung leichterer Aufgaben erfolgen, wobei aber auch die Unterstützung durch zusätzliche Motivationen, z.B. über Lob und Ermutigung wichtig ist.
- Erfolge sollten mit Lob und Anerkennung von Seiten des Lehrers verbunden sein, jedoch immer auch als Gelegenheit genutzt werden, Selbstbekräftigung und das Erleben eigener Kompetenz zu ermöglichen.
- Nach Erfolg sollten deshalb Kommentare des Lehrers immer die Selbstverantwortlichkeit des Schülers betonen, nach Misserfolgen dagegen auf mangelnde Anstrengung oder gegebenenfalls auf die Schwierigkeit der Aufgabe hinweisen.
- Ängstlichen Schülern sollten häufigere Kontakte zu Mitschülern ermöglicht werden, die leistungsfördernde Ursachenerklärungen verwenden (Modelllernen).
- In der täglichen Unterrichtsarbeit sollten individuelle und sachliche Bezugsnormen den sozialen Vergleich stärker in den Hintergrund drängen.
- Die Struktur von Leistungssituationen sollte für den Schüler vorhersagbar und kontrollierbar sein, da sonst im Extremfall sogar „erlernte Hilflosigkeit" eintreten könnte.
- Klassenarbeiten und andere Prüfungssituationen sollten gründlich vorbereitet werden, z.B. dadurch, dass der Prüfungsstoff in den Mittelpunkt des Unterrichts gestellt wird und Prüfungsaufgaben schon bei der Planung berücksichtigt werden, dass Übungsarbeiten geschrieben und häufige Fehlerquellen bewusst gemacht werden, dass zusammenhängende Stoffbereiche geprüft, präzise Angaben zur Vorbereitung gemacht und Bewertungskriterien genannt werden.
- Die Annäherung an ein Lernziel sollte vom Schüler beurteilt werden können; es sollten im Verlauf einer Unterrichtseinheit Teilziele gesetzt und gezielte Lernhilfen gegeben bzw. Lerntechniken vermittelt werden.
- Wo Nichthandeln in einer Leistungssituation auf der Furcht vor den Konsequenzen eines möglichen Misserfolgs, z.B. sozialer Missbilligung oder negativer Selbstbewertung, beruht, kann der Lehrer auf eine Neueinschätzung der Situation durch den Schüler hinwirken. Dies kann geschehen durch häufigere Rückmeldung bei Erfolgen jeder Art, durch sachlich begründete beruhigende Hinweise oder durch glaubhafte Information, die die Bedrohlichkeit für die Selbstbewertung reduziert.
- Die Zahl möglicher Erfolgsfelder sollte vergrößert und der Zusammenhang von Schulerfolg und sozialer Anerkennung entkoppelt werden.

Noch ein Letztes: Wenn Lehrer ihre Schüler zum Lernen, zur Leistung motivieren wollen, dann kommt es nicht in erster Linie auf noch so begründbare Forderungen und Erfordernisse der Leistungsgesellschaft an, auch nicht auf die Wirksamkeit oder leichte Handhabbarkeit der Mittel, sondern allein auf deren pädagogische Legitimation. Schulische Leistungsforderung kann deshalb nur gerechtfertigt werden, wenn sie der Entwicklung der Persönlichkeit und der Fähigkeiten des heranwachsenden Menschen dient.

Pädagogisch legitimierte Leistungsforderung

Schuckert (1986) nennt wichtige Begründungen für eine pädagogisch legitimierte Leistungsforderung:

- Sie fördert die Fähigkeit zur Selbstbeanspruchung aus eigenem Willen, zur freiwilligen Übernahme von Verantwortung und Anstrengung.
- Sie schafft – als Mittel und nicht als Zweck – Wachstumsanzreize, Bereitschaft und Fähigkeit zur Selbststeigerung.
- Sie kann durch das Erlebnis und die Gewissheit des Könnens das Selbstwertgefühl ausbilden und steigern, kann durch Selbstherausforderung und Selbsterprobung den wichtigen Prozess der Identitätsfindung fördern.

Damit ist deutlich geworden, dass bei der Erziehung zur Leistungsfähigkeit nicht auf jedes Mittel zurückgegriffen werden kann, dass häufige Überforderung und die damit verbundenen Misserfolgserlebnisse sowohl das Leistungsverhalten als auch die Persönlichkeitsentwicklung des jungen Menschen nachhaltig beeinträchtigen.

10.3.2.2 Lob und Tadel im Unterricht

Bevor hier auf die Unterrichtspraxis Bezug genommen wird, sei noch einmal an einige der weiter oben dargestellten Grundaussagen der Lerntheorie erinnert: Positive Verstärkung ruft Gefühle wie Freude und Stolz hervor und schafft Anreize und Belohnungserwartungen für späteres Verhalten. Die Bestrafung dagegen ist – besonders in sozialen Situationen – mit unangenehmen Bedingungen und oft auch unkontrollierbaren Nebenwirkungen verbunden. In diesem Rahmen ist auch die Wirkung von Lob (als einem sozialen Verstärker) und Tadel im Unterricht zu sehen.

Von allen Motivierungsmitteln, die dem Lehrer zur Verfügung stehen, ist das Lob am leichtesten anzuwenden. Lerntheoretiker erheben den Vorwurf, dass dies jedoch viel zu selten geschehe. Es gibt auch Untersuchungen in Schulklassen, die darauf hinweisen, dass der Verzicht auf Lob und Tadel ein ungünstiges Lernklima schaffe. Nicht so einfach aber ist die Frage zu beantworten, wie Lob und Tadel angemessen und effektiv eingesetzt werden sollen – nicht in manipulativer Absicht, sondern orientiert an den Voraussetzungen und Bedürfnissen des Schülers.

Unterschiedliche Schülerpersönlichkeiten

Zunächst muss auch hier wieder nach unterschiedlichen Schülerpersönlichkeiten differenziert werden. Intrinsisch motivierte Schüler benötigen wenig Fremdbekräftigung; ihnen genügt die umgehende Rückmeldung über ein erzieltes Handlungsergebnis zur Selbstbekräftigung. Extrinsisch motivierte Schüler und solche, die sich an unrealistischen Gütestandards orientieren, sind dagegen von Fremdbekräftigung abhängig. Bei ihnen können Lob und Tadel zur besseren Motivierung beitragen, wenn der Lehrer den individuell erreichten Leistungsstand berücksichtigt und Tadel an ungenügende Anstrengung, Lob an realisierte Fähigkeiten knüpft. Der Tadel darf dann aber nicht zu häufig oder in heftiger Form erteilt werden; er darf nie die Persönlichkeit des Schülers in Frage stellen, sondern muss sich auf ein konkretes Fehlverhalten beziehen. Am ehesten wird er akzeptiert, wenn er in ein geringeres Lob eingebettet ist („das machst du sonst besser"). Unterschiedliches Verhalten zeigen auch extravertierte und introvertierte Schüler. Die einen reagieren eher auf Tadel, die anderen eher auf Lob.

Form, Funktion und Auswirkungen des Lobs

Zahlreiche Untersuchungen beschäftigen sich mit Form, Funktion und Auswirkungen des von Lehrern erteilten Lobs. Dieses kann verbal oder nonverbal, im Zusammenhang mit einer Belohnung, einer materiellen Verstärkung oder der anerkennenden Reaktion auf einen Schülerbeitrag zum Ausdruck gebracht werden. Das Lob des Lehrers kann sowohl hohe als auch niedrige Erwartungen beinhalten – Letzteres, wenn es um einen Beitrag geht, den der gelobte Schüler selbst nicht für lobenswert hält. Lehrer setzen das Lob allerdings nicht nur zur Verstärkung, sondern auch in anderer Funktion ein, z.B. zur Schaffung einer angenehmen Atmosphäre, als Friedensangebot nach einem vorausgegangenen Streit, als Ironie oder Sarkasmus, als Trost oder Ermunterung, als Übergangsritual oder als „stellvertretende Verstärkung", wobei ein Schüler gelobt wird, um das Verhalten anderer Schüler zu beeinflussen.
Brophy (zit. nach Gage, Berliner 1986) hat in einer breit angelegten Untersuchung umfangreiche Aussagen über Effektivität und Ineffektivität von Lob in der Schule gemacht. Die wichtigsten Erkenntnisse seien kurz zusammengefasst:

Effektives Lob

- wird „kontingent", d.h. in unmittelbarem Zusammenhang mit dem positiven Verhalten erteilt;
- spezifiziert die Einzelheiten der Leistung bzw. belohnt das Erreichen spezifischer Leistungsziele;
- ist spontan, variabel und auch in anderer Hinsicht glaubwürdig;
- informiert den Schüler über seine Kompetenz/den Wert seiner Leistung;
- führt den Schüler zu einem besseren Verständnis seiner Arbeitsweise und seines problemlösenden Verhaltens;
- beurteilt die gegenwärtigen Leistungen des Schülers im Zusammenhang mit seinen früheren Leistungen;
- schreibt Erfolge der Anstrengung und Begabung des Schülers zu, was impliziert, dass in Zukunft ähnliche Erfolge zu erwarten sind;
- vermittelt dem Schüler den Eindruck, dass er sich bei einer Aufgabe anstrengt, weil er diese Aufgabe gern macht und dabei bestimmte Fähigkeiten und Fertigkeiten entwickeln will;
- lenkt die Aufmerksamkeit des Schülers auf sein eigenes aufgabenbezogenes Verhalten und fördert die Anerkennung dieses Verhaltens und wünschenswerte Ursachenzuschreibungen auch nach Abschluss des Lernprozesses.

Ineffektives Lob dagegen

- wird zufällig oder unsystematisch erteilt;
- ist auf globale positive Reaktionen beschränkt;
- wird gewohnheitsmäßig, gleichförmig und mit geringer Aufmerksamkeit verteilt;

- belohnt allein die Mitarbeit an einer Aufgabe, ohne Leistungsprozess und Ergebnisse zu berücksichtigen;
- hat keinen Informationswert oder gibt lediglich Auskunft über den Status des Schülers;
- vergleicht die gegenwärtigen Leistungen eines Schülers mit denen der Mitschüler und fördert Konkurrenzdenken;
- berücksichtigt nicht die aufgewandte Mühe und die Bedeutung der Leistung für den Schüler;
- schreibt Erfolg der Fähigkeit des Schülers oder externalen Faktoren wie Glück oder Leichtigkeit der Aufgabe zu;
- vermittelt dem Schüler den Eindruck, dass er sich bei einer Aufgabe wegen externer Gründe anstrengt, etwa um dem Lehrer zu gefallen oder um einen Wettkampf zu gewinnen;
- lenkt die Aufmerksamkeit des Schülers auf den Lehrer als externe Autoritätsfigur, die ihn manipuliert;
- stört ablaufende Lernprozesse und lenkt von aufgabenbezogenem Verhalten ab.

Abschließend bleibt festzustellen, dass die Motivation der Schüler in jedem Fall auch durch Anreize beeinflusst werden kann, die nicht aus der Beschäftigung mit der Aufgabe selbst, sondern aus den damit verbundenen angenehmen und unangenehmen Begleiterscheinungen hervorgehen. Dazu gehören u.a. neben der Anerkennung durch Mitschüler und der nicht unproblematischen Orientierung an Noten oder Strafandrohung eben auch Lob und Tadel. In der konkreten Unterichtssituation sind Lehrer ohnehin nicht in der Lage zu entscheiden, ob die engagierte Mitarbeit eines Schülers auf intrinsische oder extrinsische Motivationsfaktoren zurückzuführen ist.

Zweierlei sollte bedacht werden: Zum einen ist in vielen Fällen nicht zu erwarten, dass die Wirkungen verschiedener Motivationsfaktoren sich summieren; vielmehr ist oft nicht auszuschließen, dass sie sich überlagern und gegenseitig aufheben. Zum zweiten sollten Lehrer durch ihr Verhalten im Unterricht nicht dazu beitragen, dass einzelne Schüler nur noch um der mit der Erledigung einer Aufgabe verbundenen, von außen gesetzten Konsequenzen willen lernen und der Weg von der Fremd- zur Selbstbekräftigung so verbaut wird.

10.3.2.3 Sachbezogenes Motivieren im Unterricht

Für Lehrerinnen und Lehrer gehört es zu den positiven Erfahrungen , wenn sie die Gewissheit aus einer Unterrichtsstunde mitnehmen, dass ihre Schüler sich von der Faszination des Lerngegenstands mitreißen ließen, dass sie intrinsisch motiviert waren. Die Forschung bietet zur Erklärung dieser Art von Motivation eine Fülle unterschiedlicher Konstrukte und Theorieansätze, die sich u.a. auf Neugier, Exploration, auf Kongruenz und kognitive Dissonanz beziehen. Berlyne ist es gelungen, das menschliche Explorationsverhalten mit bestimmten, situativ bedingten Reizen in Beziehung zu bringen, die man als Neuheit, Komplexität, Unklarheit, Verwirrung, Widersprüchlichkeit und

Zweifel zusammenfassen kann und aus denen kognitive Konflikte hervorgehen (vgl. Weißbrodt 1986). Solche Konflikte setzen ein Neugierverhalten in Gang, das auf Wissenserwerb mit dem Ziel der Beilegung des Konflikts ausgerichtet ist. Schüler sollen vor diesem Hintergrund an die Lösung von Problemen herangehen, indem sie genaue Beobachtungen anstellen, Fragen stellen, sich unter Benutzung aller erreichbaren Hilfsmittel Informationen besorgen und Hypothesen prüfen und das Ziel nie aus dem Auge verlieren.

Wie kann nun aber der Lehrer in der Schule Neugier wecken und für unterrichtliche Arbeit nutzen, wo doch schon die Ziele und Inhalte des Lernens im Gegensatz zum außerschulischen Bereich vorgegeben sind?

Leicht ist diese Aufgabe heutzutage nicht, man denke nur an die vielfältigen Freizeit- und Medienangebote. Es muss also schon im Rahmen der Unterrichtsplanung gründlich darüber nachgedacht werden, wo an die persönliche Situation und außerschulische Erfahrungen des Schülers, an aktuelle Ereignisse angeknüpft werden kann, wie die Vorteile, die die Unterrichtssituation durch die intensive personale Begegnung von Lehrer und Schüler bietet, ausgenutzt werden kann, wo durch die methodische Gestaltung des Unterrichts, durch einen geschickten Einstieg Fraglichkeiten provoziert, die Problematisierung von bisher Selbstverständlichem möglich werden kann und Entdeckungen für den Schüler mit- und nachvollziehbar werden.

Einige Wege zur Konkretisierung dieser Überlegungen im Unterricht seien angedeutet (weitere Beispiele bei Weißbrodt 1986):

Inkongruenzsituationen

– Der Lehrer kann Inkongruenzsituationen schaffen, in denen ein Widerspruch zwischen Erwartungen und Erfahrungen der Schüler wirksam wird: Er gießt Flüssigkeit aus einer Kaffeekanne und versucht das Gleiche ohne Erfolg aus einer Dose mit nur einer Öffnung. Oder er lässt die Schüler Kriterien für die Beurteilung von Literaturgattungen entwickeln, indem er sie zunächst einen aus einem literarisch anspruchsvollen Werk und einem Schundroman zusammengesetzten Text analysieren lässt, dessen Uneinheitlichkeit sie als störend empfinden.

Interessen

Alltagswelt d. Sch.

– Der Lehrer nutzt vorhandene Interessen und lässt die Schüler fremdsprachige Liedtexte übersetzen, die Geschichte des Heimatortes erforschen oder die Wasserqualität eines an der Schule vorbeifließenden, stark verschmutzten Baches untersuchen.

Originale Begegnungen

– Der Lehrer ermöglicht „originale Begegnungen“: Er lässt einen Urlaub planen oder er verdeutlicht vor dem Besuch einer Gerichtsverhandlung die Problematik von Zeugenaussagen, indem er eine kleine Szene vor der Klasse vorspielen lässt und dann drei Schüler – getrennt voneinander – detailliert über ihre Beobachtungen befragt. Schiefele spricht hier vom „Gegenstand als Prozess“.

Entscheidungssituationen

– Der Lehrer versetzt seine Schüler in Entscheidungssituationen, denen Menschen ausgesetzt sind: Welche Gedanken bewegten Friedrich d. Gr., wie sah das Für und Wider für ihn, den Verfasser des „Antimachiavell“, aus, als er die Schlesischen Kriege begann? Was kann Familie Meyer tun, die unter den Abgasen einer chemischen Fabrik in ihrer Nachbarschaft leidet und deren Kinder bereits Gesundheitsschäden davongetragen haben?

in die Lage/Situation einer historischen Persönlichkeit, eines Politikers, versetzen

Natürlich muss bei allen sachmotivierenden Maßnahmen bedacht werden, dass sich ihr Neuigkeitsgehalt abnutzt und dass der Lehrer immer eine Klasse oder einen Kurs zu unterrichten hat, d.h. also eine relativ große Zahl von Schülern, die sehr unterschiedliche Erfahrungen und Fähigkeiten mitbringen können. Dies wirkt sich besonders bei dem Versuch aus, durch Inkongruenzen zu motivieren. Denn zum einen gibt es Unterschiede zwischen Menschen, was die Motivierbarkeit durch Inkongruenzen überhaupt betrifft. Zum andern hat jeder Mensch in einer entsprechenden Situation sein eigenes Inkongruenzoptimum, wo er mit sachmotivierter Informationssuche reagiert. Es wird also nicht immer möglich sein, im Unterricht Inkongruenzen hervorzurufen, die bei allen Schülern einer Klasse optimale sachbezogene Motivation bewirken. Andererseits haben Untersuchungen ergeben, dass auch noch in einem relativ breiten Bereich ober- und unterhalb des Inkongruenzoptimums Informationssuchverhalten zu erwarten ist. In jedem Fall sollte der Lehrer sich vor der Behandlung eines bestimmten Gegenstandes über die relevanten Vorkenntnisse seiner Schüler informieren und versuchen, einen Ausgleich hinsichtlich jener Ereignisse zu schaffen, die Inkongruenzen hervorrufen können.

10.3.2.4 Selbstbestimmung und Selbsttätigkeit der Schüler

Selbstbestimmung und verantwortliche Selbsttätigkeit der Schüler im Unterricht hängen eng mit sachbezogener, mit intrinsischer Motivation zusammen – als Ursache und als Folge. Und Erfolg aus eigenem Tun motiviert nachhaltig zum Weiterlernen.
Schiefele (1974) verweist in diesem Zusammenhang auf de Charms Aussagen über „Origins“ und „Pawns“ (Schachfiguren). Was für alle Menschen in den unterschiedlichsten Situationen zutrifft, gilt auch für den Schüler im Unterricht: Er muss selbst zum Ursprung seiner Motivation, seines Handelns werden; das Erleben der Außensteuerung, der Abhängigkeit von anderen darf nicht beherrschender Faktor seines schulischen Arbeitens sein. Es müssen ihm Möglichkeiten aufgewiesen werden, selbst Richtung, Inhalt und Form seines Handelns zu beeinflussen, seinem Tun Sinn zu verleihen. Dies schließt freilich nicht aus, dass Lehrerinnen und Lehrer Tätigkeiten ihrer Schüler auch durch äußere Anstöße in Gang setzen bzw. anregen oder dass es Situationen gibt, in denen es vernünftig ist, sich anleiten zu lassen. Bei alledem muss aber bewusst bleiben, dass sachbezogene Motivation nie fremdbestimmt sein kann. Erwähnt werden sollte schließlich, dass eine Unterrichtskonzeption, die sich an den genannten Zielsetzungen orientiert, auch positiven Einfluss auf die Selbstwahrnehmung der eigenen Leistungstüchtigkeit und die Selbstwirksamkeitserwartung der Schüler nehmen sowie häufiger zu dem durch nichts zu ersetzenden Erfolg in der Sache führen kann.
Wie sieht es nun mit der Umsetzung der Forderung nach Selbstbestimmung und Selbsttätigkeit der Schüler in der alltäglichen Unterrichtspraxis aus? Hier darf zunächst nochmals an die Möglichkeiten erinnert werden, die sich aus

einem Unterricht ergeben, der so oft wie möglich auf Schülerinteressen aufbaut oder auf die Bildung von Interessen hinwirkt. Krapp (1992) weist darauf hin, dass zahlreiche empirische Belege die Aussage zulassen, dass interessenorientierte Auseinandersetzung mit einem bestimmten Themengebiet sehr intensive und wirkungsvolle Lernprozesse in Gang setzt und es dem Schüler leichter macht, ganz in der Beschäftigung mit einer Sache aufzugehen.
Keller und Thewalt (1990) machen eindringlich klar, dass es im Körper eines Schülers, der zu stundenlanger rezeptiver Wissensaufnahme verdammt ist, zu einem Aktivitätsstau kommt, der sich in Langeweile, Tagträumen und Unterrichtsstörungen äußert.
Einige der hier geäußerten Vorschläge, Schülern Selbsttätigkeit zu ermöglichen, seien zum Schluss genannt und können vom Leser im Hinblick auf seine Fächer präzisiert und ergänzt werden:

- Eigene Erzählungen verfassen und bebildern;
- eine Klassenzeitung herstellen;
- eine Collage anfertigen;
- eine Lektüreszene im Rollenspiel darstellen;
- eine Reportage machen;
- ein Stadtsanierungsmodell entwickeln;
- Sammelmappen anlegen;
- eine Fragebogenaktion durchführen und evtl. mit Hilfe eines selbstprogrammierten Statistikprogramms auswerten.

10.4 Zusammenfassung und Ausblick: Motivierungsaufgabe des Lehrers im Spannungsfeld von individueller Bedürfnisbefriedigung, Schulsystem und Gesellschaft

Im vorliegenden Beitrag wurde zunächst versucht, wichtige Fragestellungen der Motivationspsychologie und ihre Relevanz für die pädagogische Praxis zu beleuchten. Lernmotivation im Unterricht wurde als Ergebnis einer Wechselwirkung von Person – und Situationsvariablen dargestellt, unterrichtsrelevante Perspektiven der Lernmotivationsforschung wurden kurz skizziert. Vor diesem Hintergrund wurden praktische Fragen des Motivierens im Unterricht erörtert. Dabei ging es um die Schaffung grundlegender Rahmenbedingungen, um die individuelle Förderung der Leistungsmotivation, um den angemessenen Einsatz von Lob und Tadel, um sachbezogenes Motivieren und die Rolle von Selbstbestimmung und Selbsttätigkeit der Schüler. In den Blick gerückt wurden in diesem Zusammenhang immer sowohl die Möglichkeiten einer motivierenden Unterrichtsgestaltung durch den Lehrer als auch die Orientierung an individuellen Voraussetzungen auf Schülerseite. Dabei mag deutlich geworden sein, dass – wie Keller (1981) feststellt – uns das Thema Motivation „nicht in einem kompakten und umfassenden theoretischen Ansatz, sondern in einer Fülle verschiedenster Begriffe, Konstrukte und Teilaspekte einzelner Theorien“ begegnet, dass „Motivation“ zu den komplexesten, am wenigsten strukturierten und umgrenzten

Bereiche des Psychologie gehört. Da auf der anderen Seite in einer Zeit, in der das Motivieren von Schülern immer schwerer fällt, der Ruf aus der schulischen Praxis nach wirksamen und wissenschaftlich legitimierten Maßnahmen und Techniken der Verhaltensbeeinflussung zunehmend lauter wird, besteht die Gefahr eines unreflektierten und wahllosen Eklektizismus im Gebrauch motivationspsychologischer Erklärungen statt einer sensiblen, an die Bedingungen der jeweiligen Situation angepassten Orientierung des Lehrerhandelns. Zu bedenken bleibt auch, dass jede Maßnahme, die auf die Motivierung von Schülern gerichtet ist, in ihrer Wirkung immer abhängig ist vom gesamtem Kontext. Und in einem ist Monika und Jochen Grell (1979) sicher recht zu geben: Ein Lehrer, der glaubt, durch die bloße Beherrschung von Techniken oder gar durch wunderwirkende Tricks Motivation einfach „einschalten" zu können, nimmt Schüler nicht ernst und vergisst, dass sie sich auch aus Interesse an einer Sache und aus der Eigentätigkeit selbst motivieren können; er macht ihnen und sich selbst ein schlechtes Gewissen.
Es liegt – und das sei am Schluss ganz deutlich betont – nicht allein in der Verantwortung von Lehrerinnen und Lehrern, ob motiviertes Arbeiten im Unterricht stattfindet oder nicht. Eine Klasse besteht aus vielen Schülerindividuen; es wäre vermessen zu glauben, sie zur gleichen Zeit, in gleicher Intensität für den gleichen Lerngegenstand begeistern, ihre individuellen Bedürfnisse zu einem gegebenen Zeitpunkt in gleicher Weise ansprechen zu können. Darüber hinaus gilt es zu berücksichtigen, dass auch Inhalte und Organisationsformen der Schule die Möglichkeiten des einzelnen Lehrers beschneiden können. Am schwersten zu beeinflussen sind schließlich soziokulturelle Faktoren, die die Lernmotivation – und hier wiederum jedes einzelnen Schülers einer Klasse – fördern oder beeinträchtigen können. Erinnert sei beispielsweise an unterschiedliche Erziehungs- und Kommunikationsstile im Elternhaus, an die Veränderung der Sprachkultur und der Lesegewohnheiten, an Fernsehgewohnheiten und allgemeine Reizüberflutung oder an die Zunahme der Gewaltbereitschaft in unserer Gesellschaft. Der Beitrag kann also mit einem Trost gerade für angehende Lehrerinnen und Lehrer schließen: Wenn Sie sich um eine sorgfältige und engagierte Planung und Durchführung Ihres Unterrichts bemüht haben und trotzdem am Ende einer Stunde den Eindruck haben, nichts „bewegt" zu haben, dann verzichten Sie zwar nicht auf eine selbstkritische Analyse, aber resignieren oder verzweifeln Sie auch nicht. Sie sollten bei dieser Analyse auf keinen Fall die Faktoren vergessen, die sich Ihrem Einfluss entziehen und die Sie mental entlasten können.

Literatur

Aschersleben, K. (1977). Motivationsprobleme in der Schule. Stuttgart: Kohlhammer.
Brunnhuber, P. (1972). Prinzipien effektiver Unterrichtsgestaltung. Donauwörth: Auer.
Csikszentmihalyi, M. (1992). Flow. Das Geheimnis des Glücks. Stuttgart: Klett – Cotta.
Csikszentmihalyi, M, Schiefele, U. (1993). Die Qualität des Erlebens und der Prozess des Lernens. Zeitschrift für Pädagogik. 39. 207-221.

Deci, L. E., Ryan, R. M. (1993). Die Selbstbestimmungstheorie der Motivation und ihre Bedeutung für die Pädagogik. Zeitschrift für Pädagogik. 39. 223-238.

Gage, N.L., Berliner, D.C. (1986, 4. neubearb. Aufl.). Pädagogische Psychologie. Weinheim, München: Psychologie Verlags Union

Grell, J., M. (1979). Unterrichtsrezepte. München, Wien: Urban & Schwarzenberg.

Heckhausen, H. (1968). Förderung der Lernmotivation und der intellektuellen Tüchtigkeiten. In H. Roth (Hrsg.), Begabung und Lernen 193-228. Stuttgart: Klett.

Heckhausen, H. (1974). Leistung und Chancengleichheit. Göttingen: Hogrefe

Heckhausen, H., Rheinberg, F. (1980). Lernmotivation im Unterricht, erneut betrachtet. Unterrichtswissenschaft. 8. 7-47.

Heckhausen, H. (1989). Motivation und Handeln (2. überarb. u. erg. Aufl.). Berlin: Springer.

Held, J. und Plaum, E. (1995). Geschlechterdifferenzen bei Leistungsmotivationsvariablen. Untersuchungen mit Konstanzer Erfolgs-Misserfolgs-Batterie (KEMB) an Realschulen. Psychologie in Erziehung und Unterricht. 42. 115–130.

Keller, G., Thewalt, B. (1990). Praktische Schulpsychologie. Vorbeugung und Erste Hilfe im Schulalltag. Heidelberg: Asanger.

Keller, G. (1995). Motivationsstörungen im Schulalter. Formen – Ursachen – Förderung. Donauwörth: Auer

Keller, J.A. (1981). Grundlagen der Motivation. München: Urban & Schwarzenberg.

Konrad, K. (1997). Metakognition, Motivation und selbstgesteuertes Lernen bei Studierenden. Theoretische Grundlagen und Zusammenhangsanalysen. Psychologie in Erziehung und Unterricht. 44. 27–43.

Krapp, A. (1993). Die Psychologie der Lernmotivation – Perspektiven der Forschung und ihre Bedeutung für die Pädagogik. Zeitschrift für Pädagogik. 39. 187-206.

Krapp, A. (1992). Interesse, Lernen und Leistung – Neue Forschungsansätze in der Pädagogischen Psychologie. Zeitschrift für Pädagogik. 38. 747-770

Krapp, A., Prenzel, M. (Hrsg.). (1992). Interesse, Lernen, Leistung. Münster: Aschendorff.

Kuhl, J. (1983). Motivation, Konflikt und Handlungskontrolle. Berlin u.a.: Springer.

Lind, G. (1975). Sachbezogene Motivation im naturwissenschaftlichen Unterricht. Eine Darstellung der psychologischen und wissenschaftslogischen Grundlagen und ihrer unterrichtsmethodischen Kosequenzen. Weinheim, Basel: Beltz.

Möller, J. und Köller, O. (1997). Nicht nur Attributionen: Gedanken von Schülerinnen und Schülern zu Ergebnissen in Klassenarb eiten. Psychologie in Erziehung umd Unterricht. 44. 125–134.

Rheinberg, F., Krug, S. (1993). Motivationsförderung im Schulalltag. Konzeption, Realisation und Evaluation. In A. Knapp, D.H. Rost (Hrsg.). Ergebnisse der Pädagogischen Psychologie. Bd. 8. Göttingen: Hogrefe.

Roth, H. (1973, 14. Aufl.). Pädagogische Psychologie des Lehrens und Lernens. Hannover u.a.: Schroedel.

Schiefele, H. (1974). Lernmotivation und Motivlernen. Grundzüge einer erziehungswissenschaftlichen Motivationslehre. München: Ehrenwirth.

Schlag, B. (1995). Lern- und Leistungsmotivation. Opladen: Leske + Büdrich.

Schuckert, L. (1986, 3. überarb. Aufl.). Erziehen als Beruf. In H. Frommer (Hrsg.). Handbuch Praxis des Vorbereitungsdienstes Bd. 1. 13-32. Düsseldorf: Schwann.

Weißbrodt, W. (1982). Lehrer, Schüler, Klasse. In H. Frommer (Hrsg.) Handbuch Praxis des Vorbereitungsdienstes Bd. 2. 349-389. Düsseldorf: Schwann.

Weißbrodt, W. (1986, 3. überarb. Aufl.). Motivation im Unterricht. In H. Frommer (Hrsg.), Handbuch Praxis des Vorbereitungsdienstes Bd. 1. 155-175. Düsseldorf: Schwann.

Weiner, B. (1988, 2. Aufl.). Motivationspsychologie. München, Weinheim: Psychologie Verlags Union.

Weinert, F.E. (1980). Lernmotivation – Psychologische Forschung und pädagogische Aufgabe. Unterrichtswissenschaft. 8. 197-205.

Wild, E. und Wild, K.-P. (1997). Familiale Sozialisation und schulische Lernmotivation. Zeitschrift für Pädagogik. 43. 55–77.

11 Leistungsbeurteilung in der Schule

Hans Gert Wengert

Bei der Beurteilung von Schülerleistungen handelt es sich um einen hochsensiblen Bereich im Lehrer-Schüler-Verhältnis. Befragt man Schüler, welche Lehrereigenschaften ihnen besonders wichtig sind, so steht an erster Stelle fast immer der Wunsch nach dem gerechten Lehrer – und die Gerechtigkeit des Lehrers kommt für die Schüler in besonderer Weise in der Notengebung zum Ausdruck.

Lehrer müssen ihre Schüler nicht nur unterrichten, fördern und beraten, sie müssen auch deren Leistungen feststellen und bewerten. Viele können diese Aufgabe aber nur mit latentem Unbehagen erfüllen, weil sie zum einen wissen , dass Zensuren in mancherlei Hinsicht höchst fragwürdig und, wie jegliche Messung, fehlerhaft sind, zum andern, weil ihnen der Zwiespalt ihrer Doppelrolle als Helfer und Richter hier in besonderer Weise bewusst wird. Andere Lehrer verdrängen dieses Unbehagen aber mehr oder weniger erfolgreich und verlassen sich in der Routine des Schulalltags ganz auf „bewährte" Rezepte zur Notengebung.

Das war nicht immer so. In den 70er Jahren gehörte das Problem der Zensurengebung zu den „heißen Eisen" der Schulpädagogik. Harte Kritik wurde an nahezu allen Aspekten der herkömmlichen Benotungspraxis geübt, der Ruf nach gänzlicher Abschaffung der Noten wurde laut oder aber nach grundlegender Reformierung durch die Einführung wissenschaftlich erprobter Messverfahren. In der pädagogischen Literatur war man sich weitgehend einig, dass das alte Benotungswesen die Note „ungenügend" verdiente. Diese Diskussion hat sich in den 80er Jahren merklich beruhigt, ohne dass sich Spektakuläres geändert hätte. Abgesehen von den Anfangsklassen der Grundschule wurden, wie jedermann weiß, die Noten keinesfalls abgeschafft, auch haben moderne Testverfahren zur Erfassung von Schülerleistungen nicht in nennenswertem Umfang Eingang in den Schulalltag gefunden. Wohl aber versuchten viele Lehrer, durch die damaligen Auseinandersetzungen um die „Fragwürdigkeit der Zensurengebung" (Ingenkamp 1971) sensibilisiert, einige „vernünftige" Elemente der testtheoretisch fundierten Forderungen und Empfehlungen in ihr Alltagshandeln zu integrieren.

Ein solcher pragmatischer Standpunkt muss nicht von vornherein ein Nachteil sein, eher im Gegenteil: Vielleicht ist das pädagogisch verantwortungsvolle Handeln des erfahrenen Praktikers, der die problematischen Seiten der Notengebung kennt, wertvoller als das „Verabreichen" von wissenschaftlichen Tests durch einen „Unterrichtstechnokraten". Der Lehrer, der seine Klassenarbeit oder Schriftliche Wiederholung selbst zusammenstellt, kann damit in besonderem Maße das zentrale Gebot nach unterrichtlicher Gültig-

keit der Überprüfung erfüllen. Daher ist nach Möglichkeit an dem Grundsatz „Wer lehrt, der prüft!" festzuhalten.
Der vorliegende Text ist von diesem Standpunkt bestimmt. Zunächst soll knapp über die Problematik im Bereich der Notengebung informiert und in einem Exkurs die Einsatzmöglichkeiten von Tests im Schulunterricht kritisch dargestellt und diskutiert werden. Danach wird der Schwerpunkt auf der Behandlung praktischer Fragen liegen. Allerdings gibt der Text keine Handlungsanleitungen für stets gültige und „richtige" Verfahren der Schülerbeurteilung. Vor einer unkritischen Bindung an starre Benotungskonzepte muss vielmehr ausdrücklich gewarnt werden, sie käme einer teilweisen Selbstentmündigung des Lehrers gleich. Die Verantwortung für eine angemessene, gerechte und faire Leistungsbeurteilung liegt beim unterrichtenden Lehrer selbst – und da muss sie auch bleiben!

11.1 Funktionen der Notengebung

Historischer Ursprung

In der heute bekannten Form sind Schulzensuren erst im letzten Jahrhundert üblich geworden. Historisch betrachtet ist ihr Entstehungsort die Höhere Schule und es stand zunächst eindeutig ihre Berechtigungsfunktion im Vordergrund. Als ein wichtiger Vorläufer der Zensuren gilt das sogenannte Benefizienzeugnis, das lediglich bei Bedarf ausgestellt wurde. Mit ihm wurde einem Gönner gegenüber bezeugt, dass ein Kind mittelloser Eltern eines Freiplatzes oder eines Stipendiums würdig war. Zumeist standen weniger die Lernerfolge des Zöglings im Mittelpunkt der Auskünfte, als vielmehr sein Fleiß, sein Wohlverhalten und seine Gottesfürchtigkeit.

Leistungsprinzip

Erst allmählich wurde aus der formlosen Bescheinigung ein amtliches Dokument, mit dem jedem Schüler, nicht nur dem Bedürftigen, seine individuellen Lernerfolge und seine allgemeine schulische Leistungsfähigkeit attestiert wurden. Dazu hatte in Preußen zu Beginn des 19. Jahrhunderts die Einsicht geführt, dass die alte Führungsschicht des Adels nicht mehr ausreichte, um die Leitungspositionen eines modernen Staates adäquat zu besetzen. In dieser Situation konnte sich das Leistungsprinzip als demokratische Leitvorstellung des liberalen Bürgertums allmählich durchsetzen: Nicht Geburt, Religion, Geschlecht, Rasse usw. sollen den Zugang zu gesellschaftlichen Positionen bestimmen, sondern die individuelle Leistung. Unter den administrativen Maßnahmen, mit denen dies umgesetzt werden sollte, sind im Zusammenhang mit der Entwicklung der Zensuren besonders die Einführung der allgemeinen Schulpflicht zu nennen (Zeugnisse sollten ihre Erfüllung dokumentieren), ferner die Einführung von Jahrgangsklassen mit der jährlichen Versetzung nach den Leistungen in allen Fächern (Zensuren sollten die relative Homogenität der Lerngruppen gewährleisten) und schließlich die Regelung des Zugangs zur Universität über das Reifezeugnis. Bekanntlich hat sich aus diesen Ansätzen nach und nach unser gesamtes heutiges schulisches Berechtigungswesen entwickelt. Nach wie vor hat das Leistungsprinzip dabei Gültigkeit, es kommt ausschließlich auf die individuelle

Leistung an. Und diese wird im Bereich der Schule zumeist auf die sechsstufige Notenskala abgebildet, mit der verschiedene Leistungen intra- wie interindividuell vergleichbar gemacht werden. Jahres- und Abschlusszeugnisse sind maßgeblich für die Versetzung in die nächst höhere Klasse, für den Übergang zu weiterführenden Schulen, für den Hochschulzugang, für den Eintritt in eine qualifizierte Berufsausbildung. Stehen den „Abnehmern" zu viele Aspiranten zur Verfügung, die das geforderte formale Kriterium erfüllen (beispielsweise Mittlere Reife oder Abitur), können auf der Grundlage von Noten Auswahlentscheidungen getroffen werden.

Berechtigungs-, Zuteilungs- und Selektionsfunktion

Es ist also festzuhalten, dass diese Berechtigungs-, Zuteilungs- und Selektionsfunktion der Ausgangspunkt des gesamten Notenwesens war; Noten wurden also ursprünglich nicht aus genuin pädagogischen Gründen eingeführt.

Sozialisierungsfunktion

Schulnoten haben zudem eine wichtige Sozialisierungsfunktion. Mit dem Schuleintritt lernen die Kinder neue Leistungsnormen kennen, die sich von denen der Familie, der Spielgruppe und des Kindergartens deutlich unterscheiden: Nicht die gute Absicht, das Bravsein oder Sympathie und Liebe bestimmen die Noten, sondern einzig die Handlungsresultate. Die Einsicht entsteht erst allmählich, dass Leistungen selbst verursacht sind und dass es beispielsweise als gerecht gilt, wenn unterschiedliche Leistungsergebnisse auch unterschiedlich bewertet werden. (Noch in den Anfangsklassen des Gymnasiums sind für manche Schüler gute Noten ein Zeichen auch für die Zuneigung des Lehrers, schlechte Noten werden auch als Liebesentzug erlebt.) Im weiteren Verlauf der Schulzeit haben die Schulnoten immer größeren Einfluss auf die Entwicklung und Stabilisierung des Leistungsselbstbildes und des Selbstwertgefühls. Sie können mitbestimmend dafür sein, dass eine Person in leistungsbezogenen Situationen eher ein zuversichtliches, in Angriff nehmendes Verhalten zeigt, weil sie sich Erfolg erhofft, oder aber aus Furcht vor Versagen Bewährungssituationen eher zu vermeiden versucht.

Rückmeldefunktion

Natürlich werden den Schulnoten auch pädagogische Funktionen im engeren Sinne zugeschrieben. Von besonderer Bedeutung ist die Rückmeldefunktion für Schüler und Lehrer: Der Schüler bekommt durch die Noten Auskunft über den Stand seiner Lernbemühungen und indirekt erhält auch der Lehrer Informationen über Qualität und Erfolg seines Unterrichts.

Diese Ursachenzuschreibungen sind allerdings nicht zwingend, die Noten müssen von den Betroffenen entsprechend interpretiert werden. Nun weiß ein älterer Schüler im Allgemeinen, ob er eine Zensur auf eigene Anstrengung und eigenes Können zurückführen kann oder auf die Schwierigkeit des Unterrichts bzw. der Aufgabenstellung, oder aber ob in erster Linie der Zufall (Glück oder Pech) im Spiel war; im einen oder anderen Fall mag er auch eine Bevorzugung oder Benachteiligung durch den Lehrer vermuten. Und natürlich weiß er auch, wenn er eine Note mit Hilfe unerlaubter Mittel bekommen hat. Auch ein Lehrer hat verschiedene Möglichkeiten, die Zensuren in einer Klasse zu erklären. Er muss sie nicht notwendigerweise auf die Qualität seines Unterrichts zurückführen, er kann die Ursachen auch in erster Linie in den Lernenden selbst sehen, in ihrer Begabung, in ihren Vorkenntnissen und in ihrer Anstrengungsbereitschaft etwa. In einer amerikanischen Untersuchung stellte Beckmann (1970) die Neigung von Lehrern fest, gute Lernerfolge der Schüler eher auf die Qualität des eigenen Unterrichts, schlechte Lernergebnisse dagegen eher auf mangelnde Begabung und fehlenden Fleiß der Schüler zurückzuführen. Hierin verhalten sich Lehrer völlig normal, denn solche ich-bestätigenden und ich-schützenden Attribuierungen sind in emotional bedeutsamen Zusammenhängen ein allgemeinmenschliches Phänomen.

Berichtsfunktion

Für die Eltern schließlich haben Zensuren eine wichtige Berichtsfunktion: Sie bekommen durch Noten Mitteilungen über den momentanen Leistungsstand ihrer Kinder, die in gewisser Weise Hochrechnungen hinsichtlich des zu erwartenden Jahres- oder Abschlusszeugnisses und der mit ihm verbundenen rechtlichen Folgen (Versetzung, Abitur) erlauben. Die Noten der Kinder sind für Eltern der häufigste (und für viele der einzige) Anlass, die Sprechstunden der unterrichtenden Lehrer aufzusuchen, um diese um nähere Auskünfte zu bitten und um die weiteren gemeinsamen Erziehungsbemühungen abzustimmen.

Anreiz- und Diziplinierungsfunktion

Neben der Aufgabe der Information haben Noten natürlich auch eine Anreiz- und Disziplinierungsfunktion: Durch die Aussicht auf Belohnung durch gute bzw. die Furcht vor Bestrafung durch schlechte Noten sollen die Schüler dazu gebracht werden, sich mit dem Lernstoff auseinanderzusetzen. Aber Vorsicht ist geboten, die Sache selbst tritt oft in den Hintergrund: „Grundsätzlich ergibt sich bei der Motivierung durch Ziffernnoten die Gefahr, dass das Streben nach der guten Note über das Streben nach der guten Leistung gestellt wird" (Weiss 1971a, 55)

11.2 Bezugsnormen

Für die Beurteilung schulischer Leistungen können unterschiedlich geartete Maßstäbe zugrunde gelegt werden. Im wesentlichen spricht man von der sozialen, der individuellen und der kriteriumsorientierten Bezugsnorm. Der Unterschied zwischen den beiden erstgenannten Maßstabsarten soll zunächst an einem Beispiel aus der Psychologie verdeutlicht werden:

Beispiel Intelligenz

Angenommen, ein zwölfjähriger Schüler erzielt bei der Bearbeitung eines Intelligenztests den Rohpunkt-Gesamtwert 235. Um diesen Wert interpretieren zu können, wird er verglichen mit den Leistungen aller Zwölfjährigen. (Eine entsprechende Normtabelle wurde bereits bei der Testerstellung an einer repräsentativen Eichstichprobe erhoben.) Der Vergleich zeigt, so nehmen wir weiter an, dass dem Gesamtwert 235 der Prozentrang 84 entspricht. Das bedeutet, dass nur 16% der Zwölfjährigen einen noch höheren Gesamtwert erreichen. Der getestete Schüler bekommt daraufhin den IQ 115 zugesprochen.

Wir nehmen weiter an, dass der gleiche Schüler sechs Jahre später mit dem gleichen Test wieder den IQ 115 erzielt. Sein Intelligenzquotient ist also konstant geblieben, aber selbstverständlich kann er als jetzt Achtzehnjähriger mehr. Dies wird in einem sehr viel höheren Gesamtrohwert (seinem individuellen Zuwachs) deutlich. Wenn er dennoch wieder den IQ 115 hat, bedeutet das, dass sich seine Rangposition in der Gruppe der Gleichaltrigen weder verbessert noch verschlechtert hat (sozialer Vergleich). Seine Intelligenz hat sich quasi im Gleichschritt mit seinen Altersgenossen weiterentwickelt.

Soziale Bezugsnorm

Bei Anwendung der sozialen Bezugsnorm auf die schulische Leistungsbeurteilung wird die Lernleistung des einzelnen mit den Leistungen der Referenzgruppe verglichen und vor diesem Hintergrund bewertet. Während beim Intelligenztest oder bei einem standardisierten Englischtest die Bezugsgruppe beispielsweise aus allen Zwölfjährigen oder aus allen Neuntklässlern eines neusprachlichen Gymnasiums mit Englisch als erster Fremdsprache besteht, bildet bei der herkömmlichen Notengebung normalerweise die Schulklasse die Vergleichsgruppe.

Normalverteilung

Lehrer sind in aller Regel, das haben Untersuchungen ergeben, in der Lage, die Schüler ihrer Klasse nach ihren Schulleistungen verlässlich in eine Rangreihe zu ordnen. Bei schriftlichen Überprüfungen geschieht das zumeist durch die Bestimmung der Fehler- oder Punktezahl. Ein ständiges Problem der Notengebung ist nun die Abbildung einer solchen Rangreihe auf die Notenskala. Eine konsequente Umsetzung der sozialen Bezugsnorm ist die Anwendung von Quotenmodellen der Benotung, wie sie aus der Testtheorie übertragen werden können. In Anlehnung an die Gaußsche Normalverteilungskurve wird in einem solchen Modell etwa empfohlen, den besten 10% der Klasse die Note 1, den schlechtesten 10% die Note 5 (oder 6), den mittleren 34% die Note 3 und den rechts und links daneben liegenden jeweiligen 23% die Note 2 bzw.4 zu geben (vgl. Zielinski 1976a, 171). Eine weitere Unterteilung der Notenstufen ist natürlich ohne weiteres möglich. Bei einer solchen Benotung würde jede Klassenarbeit, ob schwer oder leicht, „gleich gut ausfallen“, der Durchschnitt wäre stets 3,0. Das mag vorteilhaft erscheinen, es kann aber in Extremfällen schnell ad absurdum geführt werden: Kein Lehrer kann beispielsweise nur 10% seiner Schüler die Note 1 geben, wenn 20% die Höchstpunktzahl erreicht haben. Allgemeiner gesagt ist die quotierte Ausschöpfung der gesamten Notenskala dann nicht möglich, wenn die Punkt- oder Fehlerzahlen nur sehr gering streuen, weil andernfalls minimale Leistungsunterschiede zu großen Notendifferenzen führen würden (vgl. Zielinski 1974a, 898).

Ein Lehrer kann also der Leistungsverteilung in seiner Klasse nicht so ohne weiteres die Normalverteilung überstülpen, denn dazu sind die entsprechenden Voraussetzungen meist nicht erfüllt. Bei standardisierten Tests ist die Normalverteilung stets auf sehr große, unausgelesene Gruppen oder Populationen bezogen.

Dennoch gilt die Normalverteilung von Schulleistungen in der Vorstellung vieler Lehrer wie auch Schüler, Eltern und Schulaufsichtsbeamter als etwas quasi „Natürliches“. Es entspricht der allgemeinen Beobachtung, dass es in den unterschiedlichsten Leistungsbereichen stets einige besonders gute und einige ausgesprochen schwache Schüler gibt, und dass sich der Großteil der Schüler im Mittelbereich befindet. Diese zunächst auf die Gesamtverteilung bezogene Erwartung wird oft mehr oder weniger unreflektiert auf die einzelne Schulklasse übertragen, obgleich dort die Verhältnisse ganz anders liegen können. Das hat dann etwa zur Folge, dass die Verteilung der Noten einer Klassenarbeit meist als angemessen gilt, wenn sie ungefähr der Normalverteilung entspricht. Ein paar schlechte Noten werden insbesondere dann ohne weiteres akzeptiert, wenn auf der anderen Seite auch gute Noten („Alibi-Eins") dabei sind. Nach weit verbreiteter Meinung ist erst eine stärkere Abweichung von der Normalverteilung erklärungsbedürftig, wenn etwa eine Klassenarbeit „zu schlecht" oder „zu gut " (!) ausgefallen ist.

Dabei könnte man sich auch auf den umgekehrten Standpunkt stellen und sagen, dass man als Lehrer mit einem Unterrichtsergebnis wenig zufrieden sein sollte, wenn die Lernleistungen normalverteilt sind und es immer einen gewissen Anteil an Versagern gibt. Ein erfolgreicher Unterricht, in dem auch die schwächeren Schüler hinreichend gefördert werden, wäre demnach gerade durch eine schiefgipfelige, von der symmetrischen Normalverteilung deutlich abweichende Leistungsverteilung charakterisiert.

Individuelle Bezugsnorm

Bei der individuellen Bezugsnorm werden die momentanen Lernleistungen eines Schülers mit seinen eigenen zu früheren Zeitpunkten verglichen. Dies geschieht oft in Form einer verbalen Beurteilung, die für jeden Schüler einzeln erstellt wird. Individuelle Lernfortschritte können so auch dann sichtbar und mitteilbar gemacht werden, wenn sich die Rangposition des betreffenden Schülers innerhalb der Lerngruppe nicht geändert hat.

In den Freien Waldorfschulen beispielsweise wird diese Bezugsnorm konsequent herangezogen: Es gibt keine Ziffernnoten (und damit auch kein Sitzenbleiben!), sondern nur ausführliche pädagogische Berichte über jeden einzelnen Schüler. Dieser wird damit nicht dauernd mit seinen Klassenkameraden verglichen, sondern vor allem „an sich selbst" gemessen.

Obwohl immer wieder heftig diskutiert, hat sich die Ersetzung der Ziffernote durch verbale Beurteilungen im staatlichen Schulwesen nur auf die Anfangsklassen der Grundschule übertragen lassen.

Kriteriums-orientierte Bezugsnorm

Bei der kriteriumsorientierten Bezugsnorm schließlich wird die Lernleistung des einzelnen Schülers mit dem Lernziel, dem Kriterium, verglichen. Die Distanz zum Lernziel gibt einerseits Rückmeldung über den Erfolg der bisherigen Lernbemühungen und zugleich Auskunft über die noch zurückzulegenden Lernschritte. Bei strikter Orientierung am Lernziel hat der Lehrer bei der Lernkontrolle mit Hilfe eines sogenannten kriteriums- oder lernzielorientierten Tests letztlich nur zwischen den beiden Möglichkeiten „Lernziel erreicht" und „Lernziel (noch) nicht erreicht" zu entscheiden. Kommt er zu dem Urteil „Lernziel noch nicht erreicht", müssen zusätzliche individualisierende Instruktionsbemühungen einsetzen, so dass schließlich der Lehrer allen Schülern die Einheitsnote „Lernziel erreicht" bzw. „bestanden" attestieren kann. Daran wird deutlich, dass die übliche Notenskala hier fehl am Platze ist. Die Bemühungen einiger Autoren, die Ergebnisse von kriteriumsorientierten Tests in die bekannte sechsstufige Notenskala umzurechnen, können nicht sehr überzeugen (vgl. Klauer 1972, 42). Es ist daher zu empfehlen, bei einer rein lernzielbezogenen Überprüfung auf Noten ganz zu verzichten und dieses Verfahren lediglich als eine besonders gut geeignete Form der gezielten Rückmeldung für Lehrer und Schüler zu betrachten, aus der für den weiteren Gang des Lernens und Lehrens unmittelbare Schlüsse gezogen werden können (vgl. Zielinski 1974b, Büscher 1984).

11.3 Gütekriterien

In der psychologischen Testtheorie wurden die sogenannten Testgütekriterien entwickelt. Als die drei wichtigsten Qualitätsnormen werden stets die Objektivität, die Reliabilität (oder Zuverlässigkeit) und die Validität (oder Gültigkeit) genannt. Diese lassen sich an einzelnen Punkten zwar relativ leicht auf Schulleistungstests oder sonstige Verfahren der schulischen Leistungsmessung übertragen (und dies soll in diesem Abschnitt beispielhaft geschehen). Man darf dabei aber nicht aus dem Auge verlieren, dass neben einigen Gemeinsamkeiten auch grundsätzliche Unterschiede zwischen psychologischen Tests, die ausschließlich dem Ziel dienen, auf verlässliche Weise Merkmalsdifferenzen zwischen Individuen aufzuzeigen, und pädagogischen Verfahren zur Feststellung von schulischen Lehr- und Lernerfolgen, bestehen. Diese schränken die Bedeutung der testtheoretischen Gütekriterien für die Verfahren zur schulischen Leistungsmessung ein. Darauf soll im Zusammenhang der sogenannten informellen Tests (vgl. 11.5) kurz eingegangen werden.

Objektivität:

Objektivität

Ein Test ist dann objektiv, wenn das Testergebnis vom Beurteiler unabhängig ist, wenn also beispielsweise verschiedene Beurteiler beim gleichen Schüler unabhängig voneinander zum gleichen Ergebnis kommen.
Je größer der Beurteilungsspielraum ist, den der Lehrer bei der Korrektur hat, desto geringer ist die Objektivität. Zur Einschränkung dieses Ermessensspielraums müssen bei Aufgabenstellungen mit frei zu formulierenden Antworten möglichst präzise Kriterien und Gewichtungen (beispielsweise bei Aufsätzen) oder Musterlösungen samt detaillierter Punkteverteilung („Erwartungshorizonte“) festgelegt werden. Natürlich gibt es auch Überprüfungsverfahren und Aufgabenarten, die in relativ hohem Maße objektiv auswertbar sind. So dürfte es beispielsweise bei der Korrektur eines Diktates oder einer Vokabelarbeit oder auch bei der Antwort auf die Frage etwa nach den Bestandteilen einer Tulpenblüte einen geringen Ermessensspielraum geben. Vollständig objektiv auswertbar schließlich sind alle gebundenen Aufgabenformen (beispielsweise Mehrfachwahl-Aufgaben).

Reliabilität (Zuverlässigkeit):

Reliabilität

Die Reliabilität eines Tests gibt die Genauigkeit an, mit der gemessen wird, mit der man also dem „wahren“ Wert nahekommt.

Allgemein gilt der Grundsatz: Je mehr voneinander unabhängige Einzelaufgaben zu einem Lernziel oder Lernbereich gestellt werden, desto zuverlässiger ist das Testergebnis. Ein etwas übertriebenes Beispiel soll das verdeutlichen: Wenn ein Lehrer überprüfen will, ob ein Schüler seine Vokabeln gelernt hat, wird er sich nicht mit dem Abfragen von ein oder zwei Wörtern begnügen. Er wird vielmehr zu einem einigermaßen zuverlässigen Urteil erst kommen, wenn er ihn zehn, besser noch zwanzig Vokabeln abgefragt hat. Oder wenn ein Deutschlehrer in der Unterstufe überprüfen will, ob seine Schüler in der Rechtschreibung verlässlich zwischen „das" und „dass" unterscheiden können, ist ein herkömmliches Diktat, in dem diese Unterscheidung nur drei- oder viermal getroffen werden muss, weniger reliabel als beispielsweise ein Lückentext, in dem die Schüler an fünfzehn oder zwanzig Stellen ihre Entscheidung eintragen müssen. (Über den allgemeinen Wert von Lückendiktaten soll hier allerdings nichts ausgesagt werden.) Problematisch hinsichtlich der Reliabilität sind komplexe, in sich zusammenhängende Aufgaben, wie sie beispielsweise im Fach Mathematik auf der Oberstufe gestellt werden. Wenn der erste Teil einer solchen Aufgabe nicht gelöst wird, können oft die nachfolgenden Teile gar nicht erst in Angriff genommen werden. Man wird im Mathematikunterricht aus guten Gründen auf solche Aufgaben nicht verzichten, möglicherweise lässt sich aber die Reliabilität (und damit auch die Validität!) durch die Angabe von Zwischenergebnissen oder das Bereithalten von Ersatzaufgaben erhöhen.

Validität

Validität (Gültigkeit):
Ein Test ist dann valide, wenn er das, was er zu messen vorgibt, auch tatsächlich misst.

Ein Beispiel aus der Schulpraxis für eingeschränkte Validität ist etwa ein Deutschdiktat in der Unterstufe, bei dem die Fehlerzahl nicht nur von den Orthographiekenntnissen einzelner Schüler, sondern auch stark von deren noch sehr geringen Schreibgeschwindigkeiten abhängt. Allgemeiner gesagt wird die Validität von Klassenarbeiten oft durch eine zu große Zeitbeschränkung beeinträchtigt: Wenn die Bearbeitungszeit so knapp bemessen ist, dass ein erheblicher Teil der Schüler manche Aufgaben schon gar nicht mehr in Angriff nehmen kann, lassen die Testergebnisse natürlich keine Rückschlüsse auf den betreffenden Lernstand zu. Auch der unkontrollierte Einfluss von Handschrift, Rechtschreibung, Art der Darstellung usw. auf die Note gehört hierher. (Wohlgemerkt, der *unkontrollierte* Einfluss! Wenn nämlich von Anfang an klargestellt ist, dass die genannten Aspekte Einfluss auf die Note haben werden, sind sie Teil dessen, was gemessen werden soll!)

Bei standardisierten Schulleistungstests, die nach strengen testtheoretischen Kriterien erstellt werden, wird die Gültigkeit hauptsächlich als Übereinstimmung mit dem Lehrplan definiert; man spricht dann von „curricularer Validität". Ein valider Schulleistungstest misst demnach das, was laut Lehrplan zu lernen war.

Lernziel-orientierung

In der Praxis reicht der Bezug auf den Lehrplan aber keinesfalls aus. Um Lernergebnisse von Schülern valide überprüfen und beurteilen zu können, muss Klarheit darüber bestehen, was *im konkreten Unterricht* gelernt werden sollte. Nun wird sich der Lehrer aber nicht erst bei einer anstehenden Überprüfung der Schulleistungen Gedanken über Lernziele machen, vielmehr muss er diese schon bei der Unterrichtsplanung reflektieren und festlegen, um geeignete Lerngelegenheiten für die Schüler schaffen zu können. Denn:„Wenn man nicht genau weiß, wohin man will, landet man leicht da, wo man gar nicht hin wollte" (Mager 1965, XVII). Er wird also bereits in seiner Vorbereitung und in der konkreten Unterrichtsgestaltung mehr oder weniger explizit Entscheidungen treffen, etwa über die Lernzielbereiche (kognitiv, affektiv, psycho-motorisch) und über die Taxonomiestufen (im kognitiven Bereich etwa die bekannten Stufen Wissen, Verständnis, Anwendung, Analyse, Synthese, Evaluation), und er wird auch Überlegungen zur Operationalisierung von Lernzielen (Was sollen die Schüler nach erfolgreichem Lernen konkret können?) anstellen. Wenn er dann am Ende der Unterrichtseinheit ein passendes Überprüfungsverfahren auswählt oder selbst zusammenstellt, ist der wichtigste Punkt die Gültigkeit in Bezug auf den zugrunde liegenden Unterricht. Der Lehrer muss sorgfältig darauf achten, dass die wichtigen Lernziele des Unterrichts entsprechend (also auch in ihrer Gewichtung) abgebildet sind. In diesem Sinn könnte man von „unterrichtlicher Validität" sprechen.

Wenn dies beachtet wird, kann es beispielsweise nicht passieren, dass in einem Geschichtstest nur Einzelfakten abgefragt werden, während es im Unterricht in erster Linie um das Verstehen historischer Zusammenhänge ging. Allgemein gesprochen ist die Beeinträchtigung der unterrichtlichen Validität durch die unangemessen starke Betonung von leicht überprüfbaren Lernzielen eine große Gefahr. Nochmals: Es muss ein enger Zusammenhang zwischen dem konkreten Unterricht und seiner Überprüfung bestehen, der auch für die Schüler klar erkennbar ist. Nur dann ist die Überprüfung fair und nur dann kann sie zu validen Ergebnissen führen! Der bekannte Satz, wonach in einem guten Unterricht den Schülern möglichst vielfältige Gelegenheiten geboten werden, das zu lernen und zu üben, was Gegenstand der Prüfung ist, kann umgedreht werden. Dann sagt er aus, dass in einem gültigen Überprüfungsverfahren das zum Prüfungsgegenstand gemacht wird, was im Unterricht tatsächlich gelehrt und eingeübt wurde.

11.4 Neuralgische Punkte der Notengebung

Die Unterrichtsforschung hat eine ganze Reihe von Schwachstellen der Notengebung ausfindig gemacht (vgl. Ingenkamp 1971). Einige besonders wichtige sollen an dieser Stelle genannt werden; eine kritische Analyse und Interpretation der damit zusammenhängenden empirischen Befunde kann hier aber nicht erfolgen.

Eigentlich wäre sie aber dringend geboten. Denn viele der häufig zitierten Ergebnisse hängen sehr stark von der ganz spezifischen Art der jeweiligen Untersuchung ab. Beobachtet man deren Rezeption in der pädagogischen Literatur, lässt sich feststellen, dass es vielfach zu unzulässigen Generalisierungen kommt. Wenn nun auch hier einige Befunde lediglich kurz genannt werden, so nur in der Absicht, auf mögliche Gefahrenpunkte und Probleme aufmerksam zu machen und Schlussfolgerungen für die Praxis zu ermöglichen. Zunächst sollen zwei systembedingte Schwachstellen angesprochen werden, danach wird es um das weite Feld der subjektiven Fehlerquellen gehen.

11.4.1 Systembedingte Schwachstellen der Notengebung

Skalenqualität

a) Skalenqualität:
Da die Noten lediglich eine Rang- und nicht eine Intervallskala bilden, sind die Abstände zwischen den Noten nicht interpretierbar. Man kann also zwar sagen, dass die Note „Eins" besser ist als die „Zwei" und dass die „Fünf" schlechter ist als die „Vier", man kann aber nicht sagen, dass die „Zwei" von der „Eins" gleich weit entfernt ist wie die „Fünf" von der „Vier". Da sich bei Rängen aber keine Mittelwerte bestimmen lassen, ist die Berechnung von Notendurchschnitten strenggenommen unzulässig. (Man stelle sich vor, unsere Noten würden mit den Buchstaben A,...,F bezeichnet. Wie wäre dann der Notendurchschnitt von drei Klassenarbeiten mit den Beurteilungen A, D, und E?). Dennoch erlauben die üblicherweise berechneten Notendurchschnitte gewisse Rückschlüsse; sie sind zwar ungenau, aber nicht völlig sinnlos. Jedenfalls kann man aber nicht behaupten, dass ein Schüler nach zwei Klassenarbeiten mit den Noten „Zwei" und „Vier" „genau auf 3.0 steht". Ein weiterer Aspekt kommt hinzu: Viele Lehrer erteilen bei schriftlichen Überprüfungen Viertelnoten, begnügen sich bei mündlichen Noten aber auf eine Unterteilung in Halbnoten. Beim Zusammenrechnen entsteht dann durch das Mitteln unterschiedlich exakt gemessener Werte eine weitere Ungenauigkeit.
Es ist also vor einer Überinterpretation des numerischen Aspekts von Noten zu warnen! Ziffernnoten sind weit weniger exakt als allgemein angenommen wird, sie gaukeln oft nur eine Scheingenauigkeit vor. Jedenfalls sind mathematische „Veredelungen" wie etwa die Durchschnittsbildung höchst problematisch, ein „Dezimalfetischismus" ist absurd. Oder positiv gesagt: Bei „Zwischen"fällen entscheidet nicht die Stelle hinter dem Komma, sondern die pädagogische Verantwortung des Lehrers!
Angefüdt sei, dass natürlich die gegenseitige Verrechnung von Noten aus verschiedenen Fächern noch weit problematischer ist. Wenn ein Schüler in die nächsthöhere Klasse versetzt wird, weil er einei„Fünf" in Fach A mit einer „Drei" im Fach B „ausgleichen" kann, dann lässt sich das nur so verstehen, dass man dem Schüler aufgrund seines „Polsters" im Fach B die Chance einräumt, ohne Klassenwiederholung die Lücken im Fach A durch zusätzliche Lernbemühungen zu schließen.

b) Der klassenbezogene Maßstab:
Untersuchungen haben gezeigt, dass Lehrer im Allgemeinen zwar in der

Der klassenbezogene Maßstab

Lage sind, die Schüler ihrer Klasse mit Hilfe der Noten zuverlässig in eine Rangreihe zu bringen, dass die Noten aus verschiedenen Klassen aber nur schwer vergleichbar sind. Der Grund ist, dass dem Lehrer für die Beurteilung der Schülerleistungen meist nur seine eigene Klasse als Referenzgruppe zur Verfügung steht, und die ist, statistisch gesehen, natürlich sehr klein und keinesfalls repräsentativ. Jeder Lehrer weiß, dass es leistungsstarke und -schwache Klassen gibt. Für die Noten des einzelnen Schülers kann die Klassenzugehörigkeit von großer Bedeutung sein, denn während ein mittelmäßiger Schüler in einer schwachen Klasse gute Noten bekommt, muss er bei gleichen Leistungen in einer sehr guten Klasse vielleicht um die Versetzung bangen! Streng genommen ist die Vergleichbarkeit von Schulnoten über Klassen hinweg (und natürlich erst recht über Schulen oder Bundesländer hinweg) eine Fiktion. Damit fehlt aber unserem gesamten schulischen Berechtigungswesen letztlich eine gesicherte Grundlage!
Natürlich wird der Beurteilungsmaßstab des einzelnen Lehrers mit zunehmender Berufserfahrung sicherer, insbesondere dann, wenn eine Klassenstufe zum wiederholten Male unterrichtet wird. Auch das gleichzeitige Unterrichten von zwei Parallelklassen ist in dieser Hinsicht vorteilhaft, weil es die Größe der Referenzgruppe verdoppelt und zugleich die Chance bietet, Unterschiede zwischen zwei Klassen wahrzunehmen, die sonst nicht so klar zu erkennen wären. Zur Erweiterung und Stabilisierung der eigenen Bezugsnorm ist der Blick über den Tellerrand der eigenen Klasse wichtig, wo immer er möglich ist: In vielen Fächern geben Schulbücher, Übungsmaterialien und Aufgabensammlungen interessante Orientierungen, ganz besonders natürlich Aufgaben, die bei Abschlussprüfungen zentral gestellt oder genehmigt wurden. Das Gespräch mit Fachkollegen bei Lehrerfortbildungsveranstaltungen und an der eigenen Schule, der Austausch von Klassenarbeitsblättern, der direkte Vergleich mit Parallelklassen, vielleicht sogar gelegentliche gemeinsame Klassenarbeiten, all das kann zur Angemessenheit des Beurteilungsmaßstabes beitragen.

11.4.2 Subjektive Fehlerquellen

Die Sozialpsychologie zeigt, dass jede Personwahrnehmung von meist unkontrollierten und teilweise unbewussten Erwartungen und Einstellungen des Beobachtenden beeinflusst und gesteuert ist. Psychologisch gesehen ist das sinnvoll, denn es erlaubt rasche Orientierung und Verhaltenssicherheit. Bei einer auf Objektivität und Vergleichbarkeit zielenden Leistungsbeurteilung müssen einige dieser Einflüsse aber als Fehlerquellen gelten.

a) Der Einfluss von Vor- und Zusatzinformation:

Einfluss von Vor- und Zusatzinformation

In einer vielzitierten Untersuchung (Weiss 1971b) wurde gezeigt, dass positive oder negative Zusatzinformationen über einzelne Schüler die Korrektur und Benotung von Arbeiten durch den Lehrer beeinflussen können – und das sogar in scheinbar so problemlos zu bewertenden Bereichen wie Rechtschreiben und Mathematik. Das hat enorme Bedeutung für die alltägliche Benotungspraxis, denn bei der Korrektur einer konkreten Arbeit weiß der Lehrer ja, ob es sich um das Heft eines Spitzenschülers, eines Sitzenbleibers, eines fleißigen oder eines häufig unaufmerksamen Schülers handelt. Auch hat er oft Zusatzinformationen über außerschulische Bedingungen. All dies kann die Korrektur beeinflussen. Man stelle sich beispielsweise vor, ein Lehrer weiß, dass der Vater eines Schülers Kollege, vielleicht sogar Fachkollege ist!

Einfluss von Sympathie und Geschlecht

b) Der Einfluss von Sympathie und Geschlecht:
In einer Untersuchung (Hadley 1971) wurde bestätigt, dass etliche Lehrer diejenigen Schüler, die ihnen sympathisch sind, zu günstig, und die ihnen unsympathischen zu ungünstig benoten. Als Maß für die tatsächliche Leistung der Schüler diente das Ergebnis eines standardisierten Schulleistungstests. Allerdings hat sich in der Untersuchung auch gezeigt, dass sich Lehrer hierin stark voneinander unterscheiden. Während bei manchen die Noten extrem stark mit der Sympathieeinstufung korrelierten, gab es andererseits auch Lehrer, die in dieser Hinsicht völlig immun waren.
Häufig wird auch ein Befund berichtet, wonach bei objektiv gleicher Leistung Mädchen günstiger benotet werden als Jungen – und zwar von Lehrern wie von Lehrerinnen! In Befragungen geben Lehrerinnen wie Lehrer an, Mädchen im Vergleich zu Jungen als fleißiger, angepasster, ordentlicher usw. wahrzunehmen.

Einfluss von subjektiven Theoriebeständen

c) Der Einfluss von subjektiven Theoriebeständen:
Das pädagogische Überzeugungswissen eines Lehrers ist Teil seiner berufsbezogenen „subjektiven Theorie“. Hinsichtlich einzelner Aspekte der Lehrertätigkeit können subjektive Theoriebestände in hohem Maße handlungsleitend sein. Im Falle der Schülerbeurteilung wird die Wahrnehmung und Einschätzung von Schülerleistungen oft sehr stark von ausgeprägten Überzeugungen über das Zustandekommen von Schulleistungsunterschieden beeinflusst. Denn die allgemeine Tatsache, dass man bevorzugt das wahrnimmt, was man wahrzunehmen erwartet, führt häufig zu Beobachtungsverzerrungen und -einseitigkeiten. Beispiele für solche Grundüberzeugungen sind etwa Sätze wie „Jungen sind sprachlich weniger begabt als Mädchen“ oder „Lateinklassen sind besser“.

Halo-Effekt und logische Fehler

d) Halo-Effekt und logischer Fehler:
Wenn von einem hervorstechenden Merkmal oder vom Gesamteindruck auf andere, nicht direkt beobachtbare Merkmale geschlossen wird, spricht man vom Halo-Effekt. Das Leitmerkmal oder der vorherrschende Eindruck überstrahlt gewissermaßen die anderen Merkmale. (Mit Halo bezeichnet man die Hof-Erscheinung um eine Lichtquelle.) In Bezug auf die schulische Leistungsbeurteilung können solche Leitmerkmale von Schülern etwa die Mitarbeit, die Sprachfertigkeit, die Handschrift, die Heftführung und die Ordentlichkeit, auch die Höflichkeit im Auftreten usw. sein.

Der logische Fehler ist verwandt mit dem Halo-Effekt und oft von diesem kaum zu unterscheiden. Beim logischen Fehler wird von einem beobachteten Merkmal auf ein anderes geschlossen, das als quasi „logisch" mit dem beobachteten verbunden angenommen wird. Logischer Fehler und Halo-Effekt sind Ausdruck der subjektiven Überzeugungen des Beurteilenden, also seiner diesbezüglichen „subjektiven Theorie". Weil sie sich auf Persönlichkeitseigenschaften bezieht, spricht man hier auch von der „impliziten Persönlichkeitstheorie" des Beurteilenden. Beispiele: „Wer sich gut ausdrücken kann, kann auch klar denken", „Wer in Mathematik gut ist, hat auch in Latein gute Noten", „Dummheit und Stolz wachsen auf einem Holz."

e) Stabile Urteilstendenzen

Stabile Urteilstendenzen

Untersuchungen haben ergeben, dass manche Lehrer bei der Notengebung stabile Beurteilungstendenzen haben. Vom Milde- bzw. Strengeeffekt spricht man, wenn ein Lehrer versucht, die Vergabe von sehr schlechten bzw. sehr guten Noten zu vermeiden. Eine Tendenz zur Mitte liegt vor, wenn ein Lehrer Extremausprägungen zu vermeiden versucht und stattdessen mittlere Noten bevorzugt.

f) Reihenfolgen-Effekte:

Reihenfolgen-Effekte

Werden mehrere Beurteilungen nacheinander durchgeführt, können Reihenfolgen- und Positionseffekte auftreten. Bei aufeinanderfolgenden mündlichen Prüfungen etwa (beispielsweise im Abitur oder beim „Abfragen" mehrerer Schüler) kann es für die Note eines Schülers erhebliche Auswirkungen haben, wenn er unmittelbar nach einem sehr guten oder sehr schwachen Mitschüler geprüft wird. Die erste Note in einer Reihe von Prüfungen, das wissen alle, die häufiger mündliche Prüfungen abnehmen müssen, setzt meist den Maßstab, mit dem die nachfolgenden Prüfungsleistungen verglichen werden.
Bei der Bewertung schriftlicher Arbeiten kann man häufig feststellen, dass sich der Beurteilungsmaßstab im Laufe der Korrektur langsam, für den Lehrer selbst zumeist unbemerkt, verändert. Zunächst hat der korrigierende Lehrer nur seinen eigenen Erwartungshorizont, d.h. die Ideallösung, mit dem er die Schülerantworten vergleicht. Im Verlauf der Korrektur sieht er immer mehr, was alles falsch gemacht werden kann, und wird vielleicht nachsichtiger in der Bewertung. Auch das Umgekehrte ist denkbar: Wenn im Lehrer während der Korrektur die Befürchtung entsteht, die Arbeit könnte zu gut ausfallen, wird er möglicherweise unbewusst die Anforderungen erhöhen.

11.5 Exkurs: Tests – eine Alternative?

In der Zeit der Bildungseuphorie um 1970 propagierten viele Pädagogen die Entwicklung und den Einsatz von standardisierten Schulleistungstests. Von ihnen versprach man sich Besserung in praktisch allen neuralgischen Punkten der herkömmlichen Notengebung.

Trennschärfe

Standardisierte Tests wurden ursprünglich in der Differentiellen Psychologie entwickelt. Mit ihnen sollen Unterschiede zwischen Personen hinsichtlich eines bestimmten Merkmals (z.B. Intelligenz) möglichst gut sichtbar gemacht werden. Ein Test vereinigt Items, die hohe Trennschärfe besitzen. Bei einem Intelligenztest beispielsweise sind das Aufgaben, die von den Hochintelligenten häufiger richtig gelöst werden als von den weniger Intelligenten. Items, die nicht zwischen den Merkmalsträgern diskriminieren, verlängern den Test nur unnötig, sie werden bei der Testerprobung eliminiert. Nur mittelschwere Aufgaben können trennscharf sein, denn ganz schwere oder sehr leichte Aufgaben werden von niemandem oder von allen gelöst, in ihnen können die „Guten" nicht besser sein als die „Schwachen".

Tests werden von Experten sehr sorgfältig erstellt, mehrfach erprobt, überarbeitet und schließlich an einer repräsentativen Stichprobe geeicht. Dabei ist die Orientierung an den Gütekriterien maßgeblich:

Orientierung an Gütekriterien

Die Objektivität eines Tests wird gewährleistet durch genaueste Festlegungen für die Durchführung (wörtliche Formulierung der Instruktion, exakte Angaben zur Bearbeitungszeit, zu den erlaubten Hilfsmitteln und zu sonstigen Bedingungen), für die Auswertung (zumeist durch gebundene Items, bei denen nur angekreuzt werden muss; bei frei zu formulierenden Kurzantworten durch Angabe von Listen akzeptabler Antworten) und für die Interpretation (durch die Angabe einer Norm).

Die Reliabilität eines Tests wird durch die Berechnung eines Kennwertes (des sogenannten „Reliabilitätskoeffizienten") bestimmt. Mit seiner Hilfe lassen sich Genauigkeitsgrenzen angeben, sogenannte „Vertrauensintervalle". Dabei liegt die Vorstellung zugrunde, dass jeder Messwert mit einem mehr oder weniger großen Fehler behaftet ist, dem „wahren Wert" also nur nahekommt. Wählt man, wie in der Psychologie üblich, eine Sicherheit von 95%, so markiert das Vertrauensintervall den Bereich um einen Messwert, in dem der „wahre Wert" mit 95%iger Wahrscheinlichkeit liegt. Die Testwerte zweier Probanden messen nur dann einen wirklichen („signifikanten") Unterschied, wenn sich ihre 95%-Vertrauensintervalle nicht überlappen.

Die Validität eines Tests wird beispielsweise durch Expertenurteil (bei Schulleistungstests etwa in Bezug auf die Lehrplanübereinstimmung) und durch Vergleich mit anderen relevanten Maßen sichergestellt. So können bei einem Intelligenztest die Testleistungen der Probanden beispielsweise mit deren Schul- und Berufserfolg korreliert werden.

Normierung

Die Normierung eines Tests an einer sehr großen, repräsentativen Eichstichprobe erlaubt den Vergleich der Leistung eines einzelnen oder einer Gruppe mit der gesamten Population.

Standardisierte Schulleistungstests

Zunächst wurden von Test- und Schulbuchverlagen mit hohem Aufwand standardisierte Schulleistungstests entwickelt, darunter auch solche für verschiedene Fächer und Klassenstufen des Gymnasiums. Autorenteams analysierten dazu entsprechende Lehrpläne, extrahierten Stichproben relevanter Lernziele, formulierten objektiv auswertbare Items, erprobten und überarbeiteten Rohfassungen und kamen schließlich zu Endfassungen, die sie an repräsentativen Stichproben eichten. Bald jedoch wurde klar, dass solche aufwendigen Schulleistungstests die herkömmlichen Verfahren zur schriftlichen Leistungsfeststellung nicht würden ersetzen können. Einige Gründe dafür seien kurz genannt:

- Die Entwicklung von Tests ist sehr teuer. Sie lohnte sich für die Verlage nicht, da zu erwarten war, dass Tests kaum gekauft, sondern vielmehr – obwohl verboten – meist „wild“ kopiert würden.
- Die Entwicklung von Tests hat sich als sehr zeitaufwendig (ein bis drei Jahre bei wiederholten Probedurchläufen) erwiesen. Das passte nicht in eine Zeit rasch wechselnder Lehrpläne.
- Aus kommerziellen Gründen sollten Tests möglichst in allen Bundesländern angewendet werden können. Da sie alle Lehrpläne berücksichtigen mussten, waren sie für kaum ein einziges Bundesland in optimaler Weise curricular valide.
- Auch bei gleichen Lehrplanvorgaben (also innerhalb eines Bundeslandes) kann und wird der Unterricht verschiedener Lehrer sehr unterschiedlich sein. Daher sagt die inhaltliche oder curriculare Validität eines Tests wenig darüber aus, wie gut er auf den konkreten Unterricht „passt“ (vgl. Langfeldt 1984, 80).
- Bei den vorhandenen Schulleistungstests sind die Vertrauensintervalle in der Regel sehr groß. Umgerechnet auf Noten sind oft erst Differenzen von eineinhalb oder zwei Notenstufen signifikant. Solche Informationen sind aber für den Lehrer, der ja auf halbe oder gar auf Viertelnoten genau zensieren soll, wenig hilfreich, und für einen Schüler, der die Note „Vier“ nicht erreicht hat, ist das Wissen ein geringer Trost, dass sich die 95%-Vertrauensintervalle der Testleistungen, die zu den Noten 3,0 und 4,5 führen, überlappen!
- Dies führt zu einem grundsätzlichen Einwand: Schulleistungstests, die für die Benotung eingesetzt werden sollen, beziehen sich auf den jeweils aktuellen Lern- und Leistungsstand, also auf ein rasch veränderliches Merkmal. Da scheint es nicht unbedingt sehr sinnvoll, vom konkreten Messwert auf einen vermuteten „wahren Wert“ zu schließen, denn die Grundlage für die Benotung kann stets nur die tatsächliche Testleistung sein. Es wird also eine Differenz von einigen Punkten auch dann schon zu unterschiedlichen Noten führen, wenn sich die zugehörigen Vertrauensintervalle noch überlappen.

Informelle Tests

Als schon früh klar wurde, dass sich für die schulische Praxis das Problem der Leistungsbeurteilung durch den Einsatz von anspruchsvollen und teuren Tests nicht lösen lässt, empfahl man den Lehrern, für die schriftliche Leistungserhebung sogenannte informelle Tests einzusetzen (vgl. Zielinski 1976b, Rosemann 1984). Damit sollten wenigstens in abgeschwächter Form wesentliche Aspekte klassischer Tests Eingang in die schulische Alltagspraxis finden.

Definition

„Als informell bezeichnet man die Tests, die – auf der klassischen Testtheorie basierend – vom Lehrer selbst mit Hilfe einiger grober Faustregeln konstruiert werden können und die nicht an einer repräsentativen Stichprobe, sondern nur am Leistungsstand der getesteten Klasse normiert sind.“ (Klauer 1972, 16)

Die wichtigsten Empfehlungen für die Konstruktion informeller Tests betreffen

Empfehlungen für die Konstruktion informeller Tests

- die an den (operationalisierten und taxonomisch geordneten) Lernzielen orientierte Auswahl repräsentativer Aufgaben (wegen der Validität),
- die Wahl von Aufgabenarten, die wenig Ermessensspielraum bei der Auswertung lassen, in erster Linie Aufgaben mit gebundenen Antworten (wegen der Objektivität),
- eine möglichst große Zahl voneinander unabhängiger Aufgaben (wegen der Reliabilität),
- eine Aufgabenanalyse im Anschluss an die Korrektur, in der Schwierigkeits- und Trennschärfe-Index näherungsweise bestimmt werden (um die Aufgaben für eine spätere Wiederverwendung des Tests verbessern zu können),
- eine überschlagsmäßige Berechnung des Relabilitätskoeffizienten (um Vertrauensintervalle für den „wahren Wert" angeben zu können).

Aber auch diese Empfehlungen müssen kritisch kommentiert werden:

Kritik

Die stärkere Betonung der Lernzielorientierung ist uneingeschränkt zu begrüßen. „Eine unerlässliche Vorbedingung für objektive Leistungsdiagnosen sind eindeutige *Lernzieldefinitionen*. Diese müssen mit den Unterrichts- oder Lehrzielen übereinstimmen und sind möglichst operational zu definieren." (Heller 1984, 31, Hervorhebung im Original) Und: „Der Lernzielbezug ist eine notwendige Bedingung jeder schulischen Leistungsmessung." (Büscher 1984, 99)

Die „Wahl objektiv auswertbarer Antwortarten" wird von Zielinski als einer „der entscheidenden Punkte auf dem Weg der testmäßigen Verbesserung von Klassenarbeiten" (1976a, 166) bezeichnet. Er empfiehlt wie viele andere Autoren den Einsatz von gebundenen Items, insbesondere von Multiple-choice-Aufgaben. Aber auch wenn allenthalben detaillierte Konstruktionshinweise gegeben werden (Gronlund 1974, Wendeler 1974), wird die Mühe bei der Formulierung einer größeren Zahl guter Mehrfachwahl-Aufgaben viel zu gering veranschlagt! Bei der Vielzahl von schriftlichen Überprüfungen, die ein Lehrer in jedem Schuljahr zusammenstellen muss, wird die Erstellung eines informellen Tests, wie sie in der Literatur propagiert wird, wohl seltene Ausnahme bleiben müssen, auch dann, wenn der Lehrer, wie empfohlen, eine Aufgabenkartei anlegt oder vorhandene Tests als „Steinbrüche" benutzt.

Eine Aufgabenanalyse ist zwar sinnvoll, um missverständliche Formulierungen zu erkennen und für eine künftige Wiederverwendung zu verbessern, gleiches gilt für wenig attraktive Alternativen bei Mehrfachwahlaufgaben, gegen die Berechnung von Schwierigkeits- und Trennschärfeindex mit dem Ziel einer künftigen Beschränkung auf mittelschwere und trennscharfe Aufgaben sind aber ernsthafte Einwände anzubringen. Zum einen sind diese Indizes nicht Kennzahlen von Items, sondern populations- und sogar situationsabhängige Werte, denn dieselbe Aufgabe kann für eine Klasse schwer, für eine andere Klasse oder für die gleiche Klasse zu einem anderen Zeitpunkt aber leicht sein. Zum zweiten ist es nicht einzusehen, warum in einem

Lernleistungstest Aufgaben , die von fast allen Schülern gelöst werden können, in jedem Fall eliminiert werden sollen. Es könnte ja sein, dass diese Aufgaben zu den wichtigen Basiszielen des Unterrichts gehören, die von fast allen Schülern erreicht wurden. Dann wären der niedrige Schwierigkeitsindex und die geringe Trennschärfe dieser Aufgaben geradezu Zeichen für erfolgreichen Unterricht, sie müssten unbedingt in dem Test verbleiben. Die überschlagsmäßige Berechnung eines Reliabilitätskoeffizienten ist auch bei informellen Tests nur von geringem Nutzen, denn stets wird die im Test konkret gezeigte Leistung bewertet und nicht ein „wahrer Wert", der sich nur in einem Vertrauensintervall um den gemessenen Wert vermuten lässt.
Der wohl größte Mangel der informellen Tests gegenüber den standardisierten Schulleistungstests ist das Fehlen von repräsentativen Normen. Die einzelne Klasse muss die Referenzgruppe bilden. Manche Autoren empfehlen dennoch, unter bestimmten Umständen auch bei Informellen Tests die Normalverteilung zu verwenden (Zielinski 1976a, 176). Damit handelt man sich aber die bekannten Nachteile der Gaußschen Verteilung ein, etwa dass es zu starken Verzerrungen der tatsächlichen Leistungsverteilung kommen kann, dass es stets einen bestimmten Prozentsatz an Versagern gibt und dass sich ein Schüler nur zu Lasten anderer verbessern kann.

Fazit

Fazit: Tests, wie sie in der Literatur empfohlen werden, können das Notenproblem nicht entscheidend bessern. Sie sind – auch in der Form der informellen Tests – für den Lehrer viel zu aufwendig und, was schwerer wiegt, sie sind von ihren Grundideen her als Verfahren zur Feststellung von Lernleistungen wenig geeignet. Zum einen können benotete schriftliche Überprüfungen immer nur das „in Rechnung stellen", was tatsächlich geleistet wird; Reliabilitätsabschätzungen und Vertrauensbereiche sind daher wenig hilfreich für die Benotung. Zum andern lässt die einseitige Ausrichtung auf den Diskriminationsaspekt das Können aller Schüler einer Klasse unberücksichtigt und betrachtet allein, wie mit dem Vergrößerungsglas quasi, die verbleibenden Unterschiede zwischen den Schülern. Damit wird die Selektionsfunktion in den Mittelpunkt gerückt; für einen lückenschließenden, fördernden Unterricht sind solche Tests als Überprüfungsverfahren ungeeignet. Dennoch können einige aus der Testdiskussion abgeleitete Einzelaspekte für die alltägliche Praxis der schulischen Leistungsbeurteilung nutzbar gemacht werden. Dies soll im abschließenden Kapitel näher erläutert werden.

11.6 Notengebung in der Praxis

In der Schule werden sehr unterschiedliche Verhaltensbereiche benotet. Am häufigsten ist wohl die direkte Überprüfung und Bewertung von Lernleistungen in schriftlicher oder mündlicher Form, Zensuren kann es aber auch für psycho-motorische oder künstlerisch-kreative Leistungen geben (etwa in den Fächern Sport, Bildende Kunst und Musik), ferner auch für das Erstellen von Protokollen, Berichten, Hausarbeiten, für Heftführung, Hausaufga-

ben usw., zudem gibt es noch die allgemeinen Noten für „Verhalten" und „Mitarbeit".
Die amtlichen Verordnungen zur Notengebung legen nur Rahmenbedingungen fest, beispielsweise eine Höchst- oder Mindestzahl von Klassenarbeiten oder schriftlichen Wiederholungen für einzelne Fächer und Klassenstufen. Dem Lehrer bleibt ein sehr großer Gestaltungsspielraum, den er pädagogisch verantwortungsvoll nutzen muss. Er kann die Art der Leistungsüberprüfung in weiten Grenzen selbst festlegen, wie auch die Gewichtung der Einzelkomponenten (schriftlich, mündlich, ggf. praktisch) zur Gesamtnote. In vielen Fällen kann er sogar selbst bestimmen, ob er von seinen Schülern überhaupt schriftliche Leistungsnachweise verlangt, oder ob er Zensuren nur aufgrund mündlicher Leistungen vergibt. Allerdings ist er selbstverständlich verpflichtet, zu Beginn des Schuljahres die Art seiner Notengebung für Schüler und Eltern transparent zu machen.

11.6.1 Einige Anmerkungen zur Gestaltung schriftlicher Überprüfungen

Die Klassenarbeit steht in der Regel am Ende eines längeren Unterrichtsabschnitts. Sie wird zumeist angekündigt, die Schüler können sich gezielt auf sie vorbereiten. Kurzarbeiten (oft spricht man in missverständlicher Weise von „Tests") oder schriftliche Wiederholungen beziehen sich in der Regel nur auf den Stoff der letzten Unterrichtsstunden. Sie sind deutlich kürzer als Klassenarbeiten und häufig unangekündigt.
Wenn im folgenden Anmerkungen zur Gestaltung von Klassenarbeiten gemacht werden, so gelten diese zumeist auch entsprechend für Kurzarbeiten und schriftliche Wiederholungen. Wegen der großen Unterschiede zwischen den einzelnen Fächern und Klassenstufen können sie zudem nur sehr allgemein gehalten sein. Die Ausführungen beziehen sich, dem Ablauf entsprechend, auf den der Klassenarbeit vorauslaufenden Unterricht, auf die Planung, die Bearbeitung in der Klasse, die Korrektur und Benotung und auf die Rückgabe der Arbeit.

Der vorauslaufende Unterricht

Der vorauslaufende Unterricht sollte – wie bereits an anderer Stelle ausgeführt – klar an Lernzielen ausgerichtet sein und den Schülern genügend Lern- und Übungsmöglichkeiten für die Inhalte bieten, die Gegenstand der Überprüfung sind. Die grundlegenden Lernziele, die zumeist auch für ein erfolgreiches Weiterlernen unverzichtbar sind, bilden das Basiscurriculum, ihre Beherrschung legt die Note „ausreichend" fest. Hinzu kommen die anspruchsvolleren Ziele des Aufbaucurriculums. Eine solche Unterteilung kann die Grundlage für eine differenzierende Unterrichtsgestaltung schaffen, die die schwächeren Schüler fördert und zugleich auch die leistungsstarken Schüler in genügendem Ausmaß herausfordert, und sie kann damit auch Basis für eine differenzierte Notengebung sein.
Rechtzeitig vor der Klassenarbeit wird der Lehrer seinen Schülern klare und hinreichende Informationen über Inhalt, Umfang und Art der Überprüfung

geben. Vage und lückenhafte Informationen können Verunsicherung und Angst auslösen. Beispielsweise ist der Satz „Es kann alles drankommen, was wir behandelt haben" oft weniger informativ als vielmehr angstinduzierend. Natürlich ist es zu vermeiden, dass in der letzten Unterrichtsstunde vor der Klassenarbeit bis zum letzten Augenblick neuer Stoff behandelt wird, der dann auch noch „drankommen"soll. Hilfreicher kann da eine abschließende Frage- oder Wiederholungsstunde mit gezieltem Fehlertraining sein.

Planung und Zusammenstellung der Klassenarbeit

Bei der Planung und Zusammenstellung der Klassenarbeit wird sich der Lehrer zunächst die wichtigsten Aspekte und Lernziele seines tatsächlich durchgeführten Unterrichts klarmachen, um bei der Formulierung oder Auswahl der Aufgaben zentrale Unterrichtsinhalte zu berücksichtigen. Diese Sicherstellung der unterrichtlichen Validität erfordert viel Sorgfalt. Manchmal besteht nämlich die Gefahr, dass der Lehrer von einer spontanen Idee oder von einer raffinierten oder eleganten Aufgabenstellung fasziniert ist und diese in die Klassenarbeit aufnimmt, obwohl sie zum Unterricht nicht unbedingt passt. Im Einzelnen sollten die folgenden Punkte beachtet werden:

- Wegen der Reliabilität ist, wenn möglich, eher eine größere Anzahl voneinander unabhängiger Aufgaben zu stellen.
- Bei der Formulierung ist auf die geeigneten Taxonomiestufen (Wissen, Verstehen, Anwenden, Analyse, Synthese, Evaluation) und Aufgabenarten (mit gebundenen Antworten, mit frei zu formulierenden Kurzantworten, mit längeren Einlassungen) zu achten. Da die Konstruktion von sinnvollen und attraktiven Alternativen für Multiple-choice-Aufgaben überaus schwierig ist, werden Lehrer für die höheren Taxonomiestufen oft Aufgaben wählen, deren Antworten frei formuliert werden müssen, und damit den Nachteil einer aufwendigen und wenig objektiven Auswertung in Kauf nehmen. Umgekehrt besteht beim Festhalten an gebundenen Aufgabenformen die Gefahr, dass niedrige Taxonomiestufen unangemessen bevorzugt werden.
- Die Aufgaben sollen klar und eindeutig formuliert sein und ggf. auch Angaben zur Art der verlangten Antwort enthalten (beispielsweise „Drücke in eigenen Worten aus...").
- Die Aufgaben sollten „schwierigkeitsgestaffelt" angeordnet sein: Den Anfang bilden einfache Aufgaben („Eisbrecher"), die auch schwächeren Schülern Mut machen.
- Der Umfang der Arbeit ist so zu bemessen, dass sich möglichst jeder Schüler mit allen Aufgaben befassen kann. Eine zu enge Zeitbegrenzung verleitet die Schüler zu schlampiger Arbeit, erzeugt bei einzelnen Stress und Angst und schränkt die Validität der Ergebnisse ein.
- Ist die Note „ausreichend" durch bestimmte Basiskenntnisse definiert, muss der Lehrer darauf achten, dass diese in einem solchen Ausmaß in der Klassenarbeit repräsentiert sind, dass die Note „ausreichend" auch tatsächlich erreicht werden kann.
- Sollen die verschiedenen Aufgaben unterschiedlich gewichtet werden, so wird häufig gleich auf dem Aufgabenblatt die pro Aufgabe maximal erreichbare Punktzahl angegeben. Die Schüler können damit ihre Ar-

beitsbemühungen besser einteilen. Andererseits sollte auch bedacht werden, dass ängstliche Schüler, die bei einer hoch bewerteten Aufgabe versagen, möglicherweise in Panik geraten können.

- Eigentlich eine Selbstverständlichkeit: Die Aufgabenblätter sollten nach Möglichkeit maschinengeschrieben sein. Werden sie handschriftlich verfasst, muss sich der Lehrer um eine besonders sorgfältige Schrift bemühen.
- Zu überlegen ist ferner auch, ob zur Verminderung von Abschreibmöglichkeiten Parallelgruppen gebildet werden können und sollen. Die Entscheidung darüber hängt von mehreren Faktoren ab (Verhältnis zur Klasse, Gewohnheiten, Klassenstufe, Fach, konkreter Stoff der Klassenarbeit, Größe der Klasse, räumliche Gegebenheiten usw.), so dass dazu keine einheitliche Empfehlung gegeben werden kann. Wenn aber für die Klassenarbeit zwei Fassungen erstellt werden, muss der Lehrer peinlich genau auf Parallelität achten!

Während der Klassenarbeit

Beim Schreiben der Klassenarbeit muss der Lehrer für eine freundliche und zugleich sachliche Atmosphäre in der Klasse und für eine störungsfreie Umgebung sorgen, in der die Aufregung der Schüler eher gedämpft als noch angeheizt wird. Wenn die Schüler arbeiten, sollte sich der Lehrer möglichst ruhig und unauffällig verhalten. (Beispielsweise sollte der Lehrer nicht laut zu einzelnen Schülern sprechen, sondern er sollte, wenn es unumgänglich ist, zu ihnen hingehen und mit ihnen flüstern, er sollte ferner rasche Bewegungen vermeiden, nicht ins Heft der Schüler schauen usw.)

Schwierig ist die Frage nach dem rechten Maß an Kontrolle und Aufsicht zu beantworten. Einerseits muss der Lehrer dafür Sorge tragen, dass keine unerlaubten Mittel eingesetzt werden (Abschreiben, Einsagen, Spickzettel, usw.), andererseits sollte er nicht von vornherein ein übertriebenes Misstrauen an den Tag legen. Wenn es dennoch zu unkorrektem Schülerverhalten kommt, muss der Lehrer eine ganze Palette abgestufter Maßnahmen zur Verfügung haben. Häufig genügt es bei kleineren Unkorrektheiten ja, wenn er durch Blickkontakt, Annäherung oder direkte kurze Ermahnung seine Wachsamkeit signalisiert. Bei groben Verstößen muss er aber auch den Mut zu härteren Maßnahmen haben, die vom Nichtwerten der momentan bearbeiteten Aufgabe über einen Notenabzug oder dem sofortigen Wegnehmen der Arbeit bis hin zu der Note „ungenügend" reichen können.

Werden ernsthafte Verstöße entdeckt, so ist das zumeist auch für den Lehrer unangenehm. Manche Lehrer neigen dazu, den Schwierigkeiten durch Wegsehen oder Verharmlosen aus dem Weg zu gehen – und halten das sogar noch für eine besondere Form der Liberalität. Doch die erzieherischen Folgen können im Sinne des heimlichen Lehrplans fatal sein: Die Schüler lernen aus solchem Lehrerverhalten nicht nur „Erlaubt ist, was nicht rauskommt" und „Skrupellosigkeit ist erfolgreicher als Ehrlichkeit", sondern auch „Man wäre dumm, wenn man sich an Regeln halten würde, die nicht einmal dem wichtig sind, der sie vertritt". Natürlich sollte man sich davor hüten, das Mogeln zu kriminalisieren, es entspringt ja einer gewissen Notsituation des Schülers, aber Täuschungsversuche dürfen nicht einfach übersehen werden.

Es muss eine Selbstverständlichkeit im Rollenverständnis eines jeden Lehrers sein, mit der nötigen Klarheit und Eindeutigkeit für eine faire, gültige und gerechte Notengebung zu sorgen.

Die Korrektur der Arbeit

Die Korrektur der Arbeit sollte möglichst umgehend erfolgen, um eine rasche Rückgabe zu gewährleisten. Sie steht unter dem Gebot, subjektive Einflüsse des Lehrers so gering wie möglich zu halten. Bei Aufgaben, die längere Einlassungen des Schülers erfordern, wird der Lehrer eine Musterlösung („Erwartungshorizont") mit detaillierter Aufschlüsselung der Punktvergabe erstellen. Wenn er im Verlauf der Korrektur über unvorhergesehene Antworten entscheidet, muss er den Erwartungshorizont natürlich entsprechend ergänzen.

Unter Umständen kann sich der Lehrer auch bemühen, die Namen der Schüler nicht zur Kenntnis zu nehmen und anonym zu korrigieren. Denn auch der Lehrer, der sich bewusst um Objektivität bemüht, ist in Gefahr, bei vergleichbaren Fällen unbewusst ungleich zu entscheiden, je nachdem, ob es sich beispielsweise um einen fleißigen, angepassten Schüler handelt oder um einen, der faul und desinteressiert ist. Häufig wird eine anonyme Korrektur nicht möglich sein, weil der Lehrer die Handschriften seiner Schüler kennt, hie und da mag sie auch aus anderen Gründen nicht angebracht sein. In vielen Fällen ist sie aber möglich und der Lehrer kann sich ihrer bedienen, wenn er für sich selbst eine Schutzmaßnahme einbauen will.

Wegen bekannter Reihenfolgeneffekte sollte der Lehrer die Arbeiten vor der Korrektur nicht in irgendeiner Weise ordnen, sondern in zufälliger Folge bearbeiten. Häufig ist es auch sinnvoll, „aufgabenweise" zu korrigieren. Wenn der Lehrer zunächst bei allen Schülern die erste Aufgabe korrigiert und danach erst, möglichst noch in umgekehrter Reihenfolge, die zweite Aufgabe usw., werden ihm seine jeweilige Musterlösung und seine konkreten Korrekturentscheidungen gut im Gedächtnis sein. Zudem besteht bei Unterbrechungen (am Ende einer Aufgabe) kaum die Gefahr von Ungleichbehandlung durch unkontrollierte Maßstabverschiebungen.

Leistungsbewertung

Ein besonderes Problem stellt der Übergang von der Leistungsfeststellung zur Leistungsbewertung dar, also die Abbildung der Punkte- oder Fehlerverteilung auf die Notenskala. Es gibt dazu keine bindenden amtlichen Vorschriften, vieles beruht auf Überlieferung und Erfahrung.

Die strikte Anwendung eines Normalverteilungsmodells mit festen Quoten für die Notenstufen ist wegen der bekannten Nachteile nicht zu empfehlen. Wichtige Orientierung können die Maßstäbe bringen, die bei zentralen Prüfungen (Abitur, Zentrale Klassenarbeiten usw.) angelegt werden. Sehr häufig wird die Note 3,5 oder die Note 4 bei der Hälfte der maximal erreichbaren Gesamtpunktzahl festgemacht, Entsprechendes lässt sich bei sprachlichen Arbeiten (z.B. Diktat, Übersetzung, ...) mit einem Fehlerquotienten festlegen, der die Fehlerzahl auf die Gesamtwortzahl bezieht. Bei einer solchen Festlegung ist im Allgemeinen eine hinreichende Differenzierung nach „oben" und nach „unten" möglich, auch wird dieser Maßstab zumeist allseits problemlos akzeptiert. Es sei aber nochmals darauf hingewiesen, dass bereits bei der Zusammenstellung der Arbeit eine inhaltliche Festlegung der

Notenstufe „ausreichend“ stattfinden sollte und dass daraufhin die Aufgaben so ausgewählt werden müssen, dass die für diese Zensur notwendige Punktzahl auch erreicht werden kann.

Kann oder darf der einmal so festgelegte Maßstab durch das konkrete Ergebnis der Klassenarbeit noch abgeändert werden? Diese Frage wird oft mit dem Hinweis verneint, dass dies eine unzulässige Manipulation sei. Dieser Vorwurf greift aber zu kurz, denn es kann ja nicht gemeint sein, dass ein Lehrer jedes gewünschte Ergebnis herbeiführen kann. Vielmehr ist an den Fall zu denken, in dem ein Lehrer im Verlauf der Korrektur feststellt, dass er durch Aufgabenschwierigkeit oder Umfang seine Schüler deutlich unter- oder überfordert hat. Dann kann sich die Trennung von Leistungsfeststellung und Leistungsbewertung als günstig erweisen. Waren die Aufgaben „zu“ leicht, ist die Problematik natürlich nicht sehr groß. Der Lehrer kann bei der Korrektur die Teilpunkte vielleicht etwas weniger großzügig vergeben als üblicherweise, ansonsten wird er aber nicht viel tun können (und wollen) und seinen Schülern die guten Noten gönnen. Bei der nächsten Arbeit wird er dann stärker auf die angemessene Schwierigkeitsstreuung der Aufgaben achten. Im Fall einer deutlichen Überforderung der Schüler durch unangemessen schwierige oder zu viele Aufgaben besteht ein größerer Handlungsbedarf, denn schließlich können die Schüler für den Missgriff des Lehrers nicht verantwortlich gemacht werden. Der Lehrer könnte sich dann beispielsweise dazu entschließen, Teilpunkte großzügiger zu vergeben oder besonders schwierige Aufgabenteile schwächer zu gewichten als ursprünglich vorgesehen, er kann auch erwägen, eine Aufgabe, die kein einziger lösen konnte, überhaupt nicht zu werten, oder auch den gesamten Maßstab zu verschieben. In jedem Fall handelt es sich um unangenehme Notmaßnahmen, deren Nachteile in Kauf genommen werden müssen, um Schlimmeres zu verhindern. Man denke an einen Schüler, der nach langer Mühe eine sehr schwere Aufgabe gelöst hat und bei der Rückgabe erfährt, dass die Gewichtung dieser Aufgabe reduziert wurde. In einem solchen Fall wäre wohl die Vergabe von Zusatzpunkten angebracht.

Die Korrektur wird mit der Note abgeschlossen. Da der Notendurchschnitt der Klasse in geeigneter Form ebenfalls mitgeteilt werden muss, wird er von vielen Lehrern auf der Arbeit mit vermerkt. Lobende oder ermutigende Kommentare unter den Arbeiten können sehr motivationsfördernd sein. Sie müssen aber individuell formuliert und „echt“ sein und dürfen nicht inflationär verteilt werden.

Die Rückgabe der Klassenarbeit

Die Rückgabe der Klassenarbeit muss stets mit einer mehr oder weniger ausführlichen Besprechung verbunden sein. Der Lehrer wird in geeigneter Form seinen Erwartungshorizont bekanntgeben und insbesondere auf typische Fehler, Irrtümer oder Missverständnisse eingehen, die ihm bei der Korrektur aufgefallen sind. Je schneller die Klassenarbeit wieder an die Schüler zurückgegeben wird, desto wirkungsvoller ist die Rückmeldung. Bedauerlicherweise nehmen es viele Lehrer mit diesem Punkt nicht sehr genau. Dabei ließe sich oft bei einer sorgfältigen Terminplanung die extreme Häufung von Korrekturarbeiten vermeiden.

Bei der Rückgabe muss der Lehrer behutsam und taktvoll vorgehen. Das Vorlesen der Noten sollte ebenso unterbleiben wie das Austeilen der Arbeit in der Reihenfolge der erzielten Noten. Im Allgemeinen ist es zu empfehlen, jedem Schüler seine Arbeit persönlich in die Hand zu geben, denn dabei kann der Lehrer kurze Kommentare, beispielsweise Zeichen des Lobs, der Zufriedenheit und Anerkennung, auch des Bedauerns, der Ermutigung oder Aufmunterung geben oder auch Gesprächsangebote machen – allerdings nicht mit erhobener Stimme für alle, sondern nur an den jeweiligen Schüler gerichtet. Den Klassenarbeitsdurchschnitt wird der Lehrer vor der Klasse vielleicht nennen. Es ist aber im Allgemeinen davon abzuraten, der Klasse die gesamte Notenverteilung („Notenspiegel") bekanntzugeben. Das Wissen etwa, dass in der Klasse zwei Noten unter „mangelhaft" liegen, dient nicht der Transparenz, es führt höchstens zum Anprangern der oft ohnehin schon bekannten „Schlusslichter". Transparenz recht verstanden bedeutet vielmehr, dass der Lehrer seine Beurteilungskriterien offenlegt, so dass jeder Schüler die Korrekturmaßnahmen in seiner Arbeit nachvollziehen kann. Fragen zu konkretenKorrekturentscheidungen dürfen vom Lehrer nicht als Belästigung verstanden und „abgewimmelt" werden. Jeder Schüler hat das Recht, bei Unklarheit um Auskunft zu bitten, und in berechtigten Fällen muss der Lehrer natürlich auch bereit sein, eine Korrekturmaßnahme abzuändern.

11.6.2 Einige Anmerkungen zur Benotung mündlicher Leistungen

Mündliche Leistungen liefern einen eigenständigen Beitrag zur Jahreszensur. In Baden-Württemberg beispielsweise müssen in jedem Fach (vielleicht mit Ausnahme von Sport) und in jeder Klassenstufe mündliche Noten erhoben werden. In den sogenannten Nebenfächern kann der Lehrer auf schriftliche Leistungsnachweise sogar ganz verzichten und die Noten ausschließlich nach den mündlichen Schülerbeiträgen erteilen. Das Umgekehrte ist in keinem Fach möglich. Mündliche Noten müssen unabhängig von den schriftlichen Noten erhoben werden. Es ist insbesondere nicht zulässig, die mündlichen Leistungen nur bei Bedarf zum Auf- oder Abrunden der durch Klassenarbeiten erhobenen Noten heranzuziehen.

Zur Feststellung der mündlichen Leistungen gibt es sehr unterschiedliche Verfahren, und Lehrer können weitgehend frei entscheiden, welche sie für angemessen halten und im Unterricht einsetzten wollen. Eines aber muss bei allen Verfahren gewährleistet sein: Sie müssen sich auf echte mündliche und nicht etwa auf verkappte schriftliche Leistungen beziehen.

Das heißt allerdings nicht, dass überhaupt nicht geschrieben werden darf. Für eine mündliche Leistungserhebung ist die Gesprächssituation ausschlaggebend, in der Einhilfen, Nachfragen usw. möglich sind, und in der der Lehrer flexibel auf die Antworten des Schülers eingeht. Ist diese Interaktion gewährleistet, ist es völlig unerheblich, wenn dabei auch einiges

– beispielsweise an der Tafel – schriftlich fixiert wird (vgl. Zielinski 1981, 657).

Mündliche Leistungen müssen unter Umständen vom Lehrer eingefordert werden. Ein Schüler darf nicht mit der Begründung eine schlechte mündliche Note bekommen, er habe sich im Unterricht nie gemeldet. In einem solchen Fall muss der Lehrer den Schüler bei verschiedenen Gelegenheiten von sich aus aufrufen.

Mündliche Noten eröffnen im Vergleich zu schriftlichen Noten große Vorteile und Chancen, sie bergen andererseits aber auch besondere Nachteile und Gefahren. Darauf soll kurz in Stichworten eingegangen werden:

Vorteile und Chancen mündlicher Noten

Vorteile und Chancen mündlicher Noten:

- Mündliche Noten eignen sich oft besser als punktuelle schriftliche Prüfungen zur Erfassung der Kontinuität und Ganzheit des Lernens.
- Durch Aufgaben „passender“ Schwierigkeit und durch die Möglichkeit zu flexiblem Nachfragen und Einhelfen kann man bei der mündlichen Überprüfung die Leistung des einzelnen Schülers genauer feststellen als bei der Klassenarbeit, in der alle Schüler die gleichen Aufgaben bearbeiten müssen und in der nicht eingeholfen werden kann.
- Bei mündlichen Prüfungen erfolgt in aller Regel eine unmittelbare Rückmeldung.
- Mündliche Noten können einen Chancenausgleich schaffen für Schüler, die bei schriftlichen Überprüfungen wegen Angst oder großer Aufregung häufig unter ihren Möglichkeiten bleiben.
- Bei mündlichen Überprüfungen besteht im Allgemeinen kein dauernder Zwang zu direktem sozialem Vergleich. Der einzelne Schüler kann stärker „an sich selbst“ gemessen werden, die individuelle Bezugsnorm spielt eine größere Rolle.
- Besondere Beiträge, kreative Leistungen „außer der Reihe“ etwa, können gewürdigt und mit guten mündlichen Noten belohnt werden.
- Mündliche Noten können Anreiz zur Unterrichtsbeteiligung sein.

Probleme und Nachteile mündlicher Noten

Probleme und Nachteile mündlicher Noten:

- Der Urteilsprozess vollzieht sich in einer sozialen Situation, in der der Lehrer einer der Hauptakteure ist. Er kann sich nicht auf die Rolle eines unbeteiligten Beobachters zurückziehen.
- Die Situation, auf die sich die mündliche Leistungsüberprüfung bezieht, ist „flüchtig“ , d.h. einmalig und einzigartig. Sie erlaubt keinen direkten Vergleich mit anderen Leistungen und erfordert die rasche Entscheidung des Lehrers.
- Mündliche Noten beruhen auf Schätzurteilen und sind damit meist weit weniger exakt und valide als schriftliche Noten, die sich meist aus der Anzahl der Punkte bzw. der Fehler ergeben. Zudem können schriftliche Noten durch wiederholte Korrektur, auch durch andere, überprüft werden, mündliche Noten nicht. Wegen der geringen Validität mündlicher Noten schlägt Birkel (1978, 642) vor, nur die wirklichen sprachlichen

und sprecherischen Leistungen mündlich, alle anderen dagegen nach Möglichkeit schriftlich zu überprüfen (vgl. auch Ingenkamp 1992, 102ff.). Auch in den Augen von Eltern und Schülern ist die Genauigkeit der mündlichen Noten gering und der Ermessensspielraum für den Lehrer dadurch entsprechend groß. Wenn sich beispielsweise bei einzelnen Schülern gegen Ende des Schuljahres eine Gefährdung der Versetzung abzeichnet, meinen Eltern oft, der Lehrer solle dem Schüler mündlich „noch eine Chance geben". Da sich die mündliche Note auf die Leistungen im gesamten Schuljahr bezieht, ist dieses Ansinnen nichts anderes als eine verbrämte Aufforderung, die mündliche Note heraufzusetzen. Umgekehrt: Bekommt ein Schüler wegen sehr schwacher mündlicher Leistungen die Note „ausreichend" (4), obwohl seine schriftlichen Leistungen einen Durchschnitt von 3,2 ergeben, so erfordert das einen gewissen Mut und der Lehrer muss sich seiner Sache sehr sicher sein.

- Erinnerungslücken oder -verfälschungen durch besonders herausragende Ereignisse können die Benotung mündlicher Leistungen verfälschen, da zwischen der Leistung selbst und der Benotung oder dem Aufschreiben der Note ein mehr oder weniger langer Zeitraum liegt.
- Bei der mündlichen Notengebung ist die Gefahr unbewusster subjektiver Einflüsse besonders groß, da der Lehrer mündliche Noten ja nicht „ohne Ansehen der Person" erteilen kann. Insbesondere der Halo-Effekt ist eine große Gefahr: Ein Schüler, der gut reden und flüssig formulieren kann, wird oft besser eingeschätzt als ein Schüler, der inhaltlich zwar dasselbe sagt, dessen Ausdrucksfähigkeit aber geringer ist. Gleiches wie für die Verbalisationsfähigkeit gilt auch für die Mitarbeit im Unterricht: Obwohl bei mündlichen Noten nur die Qualität der Beiträge zählen soll, sind für die beurteilenden Lehrer Qualität und Quantität oft kaum zu trennen. In aller Regel wirkt sich die hohe Unterrichtsbeteiligung eines Schülers nicht nur auf die Mitarbeitsnote günstig aus, sondern auch auf die mündliche Fachnote (vgl. Birkel 1984, 234)
- Mündliche Noten unterliegen häufig einem gewissen Erwartungseffekt: Liegt ein Schüler aufgrund seiner schriftlichen Leistungen in einem gewissen Bereich, wird der Lehrer die mündliche Note oft im gleichen Bereich erwarten. Nur bei sehr offensichtlichen Diskrepanzen werden stark unterschiedliche schriftliche und mündliche Noten gegeben. Dadurch kommt es oft dazu, dass die mündlichen Noten de facto doch nur den Ausschlag für das Auf- oder Abrunden der schriftlichen Noten geben.
- Mündliche Noten sind häufig beeinflusst von einem Milde-Effekt: So lange ein Schüler nicht völlig stumm bleibt, ist die Wahrscheinlichkeit, die Note „ungenügend" zu bekommen, sehr gering. Es gibt sogar Lehrer, die mit Hinweis auf die große Ungenauigkeit bei der Feststellung mündlicher Noten starke Hemmungen haben, überhaupt schlechtere mündliche Noten als „ausreichend" zu vergeben.

Prüffragen

Dem Lehrer stehen viele verschiedene Möglichkeiten zur Verfügung, um zu mündlichen Noten zu gelangen. Alle Verfahrensweisen haben Vor- und Nachteile, viele sind nur für bestimmte Fächer und Inhalte geeignet. Für die

Entscheidung, ob der Einsatz jeweils möglich oder sinnvoll ist, können die folgenden Prüffragen hilfreich sein:

- Ist die Überprüfung eher kontinuierlich oder ist sie punktuell?
- Beziehen sich die Noten auf konkrete Einzelleistungen oder eher auf eine Gesamtleistung?
- Wird für die mündliche Leistungserhebung gesonderte Unterrichtszeit benötigt?
- Kann die mündliche Überprüfung in die didaktische Konzeption der Stunde einbezogen werden?
- Hat das Verfahren zur mündlichen Leistungserhebung Auswirkungen auf Motivation und Mitarbeit der Schüler im Unterricht?
- Ist die Überprüfung angekündigt oder unangekündigt?
- Ist die Überprüfung offen oder verdeckt?
- Besteht die Gefahr, dass die Überprüfung angstinduzierend wirkt?
- Besteht eine besondere Gefahr von Beurteilungsfehlern durch:
  mangelnde Vergleichbarkeit?
  Vermischung von Qualität und Quantität?
  Erinnerungslücken?
  Sympathie/ Antipathie?

Abfragen

Zum Abschluss sollen einige häufige Verfahren zur Feststellung mündlicher Leistungen kurz genannt und stichwortartig skizziert werden.

Abfragen einzelner Schüler. (Tipp: Schüler durch Zufall bestimmen lassen; Einstiegsfragen schon vorher bereitlegen; versuchen, die Klasse mit einzubeziehen; hinterher Note mit Datum (!) notieren. Ein nachträgliches Kurzprotokoll über den inhaltlichen Ablauf, wie es in der Literatur gelegentlich empfohlen wird, ist im Allgemeinen zu aufwendig.)

Eindrucksnoten

Eindrucksnoten über einen bestimmten Zeitraum. (Der Lehrer ist nicht verpflichtet, eine Begründung zu notieren, muss auf Anfrage die Note aber näher erläutern können. Tip: Zeitraum notieren! Nicht zu große Zeitabschnitte wählen, da die Gefahr von Erinnerungsverzerrungen geringer ist und sich die Reliabilität mit der Anzahl der voneinander unabhängigen Messpunkte erhöht).

Einleitendes Wiederholungsgespräch

Einleitendes Wiederholungsgespräch mit der ganzen Klasse zu Beginn des Unterrichts, wobei man auf zwei oder drei zuvor vorgemerkte Schüler besonders achtet, um für diese mündliche Noten aufschreiben zu können. (Tip: Zufallsauswahl der zwei oder drei Schüler, Einstiegsfragen bereitlegen, hinterher Noten mit Datum notieren, also wie beim Abfragen. Der Unterschied zum Abfragen ist die verdeckte Form. Die Schüler sind zwar über das Vorgehen informiert, wissen im konkreten Fall aber nicht, wer „dran" ist. Damit soll die Klasse stärker einbezogen werden.)

Dialogische Bearbeitung von Kontrollaufgaben

Dialogische Bearbeitung von Kontrollaufgaben: Der Lehrer legt zu Beginn des Unterrichts ein Arbeitsblatt mit wiederholenden Kontrollaufgaben vor, die die Klasse in Stillarbeit löst. Der Lehrer ruft einen Schüler zu sich, um im Gespräch mit ihm die gleichen Aufgaben zu bearbeiten. (Tip: Ist das Arbeitsblatt auf Folie kopiert, kann diese bei der dialogischen Bearbeitung beschriftet werden. Dies erleichtert die anschließende Besprechung der Aufgaben beträchtlich.)

Strichliste

Strichliste. Der Lehrer notiert unmittelbar nach jeder Stunde anhand der Klassenliste Striche für besonders gute mündliche Leistungen. Nach längeren Zeitabschnitten macht er dann unter Zuhilfenahme der Strichliste Eindrucksnoten.

Protokoll der letzten Stunde

Protokoll der letzten Stunde. Der Schüler trägt frei vor, der Lehrer stellt Zusatz- und Anwendungsfragen. Es handelt sich hierbei um eine besonders liberale Form der mündlichen Überprüfung, weil der Schüler im voraus weiß, dass er drankommen wird und sich gezielt vorbereiten kann. Es ist darauf zu achten, dass nicht nur ein vorbereiteter Text wiedergegeben wird, sondern der Schüler in ein Gespräch verwickelt wird. Das Verfahren ist vor allem für die Oberstufe geeignet.

Mündliches vorgetragenes Referat

Mündlich vorgetragenes Referat zu einem vorgegebenen oder selbstgewählten Thema, zu dem Rück- und Zusatzfragen gestellt werden können und das ggf. anschließend diskutiert wird. Bewertungsgrundlage für die mündliche Note ist nicht nur das vorbereitete Referat, sondern auch die Reaktionen des Schülers auf Fragen und sein Verhalten in der Diskussion.

Bei vielen Verfahren ist der Zeitabschnitt, in dem mündliche Leistungen erhoben werden, vom übrigen Unterricht mehr oder weniger deutlich getrennt. Das ist gut so, denn der „normale“ Unterricht soll nicht durch die dauernde Angst vor ungünstiger mündlicher Benotung belastet sein. Die Schüler sollen beispielsweise zugeben können, wenn sie etwas nicht verstanden haben, und es wäre fatal, wenn sie sich nur noch bei „todsicher“ richtigen Dingen zu Wort melden würden. Eine permanente Bedrohung durch mündliche Noten sollte also nicht sein, wohl aber eine Verlockung, denn selbstverständlich können außergewöhnliche mündliche Beiträge jederzeit zusätzlich als gute mündliche Note vermerkt werden.

11.7 Schlussbemerkungen

Die Bewertung von Schulleistungen gehört nicht nur zu den zentralen, sondern auch zu den schwierigsten Aufgaben des Lehrers. In diesem Bereich gibt es vieles zu wissen, zu bedenken und zu beachten. Von einigen wichtigen Aspekten war hier die Rede, allerdings nur auf allgemeiner Ebene. Die Übertragung auf die konkreten Gegebenheiten des einzelnen Schulfaches und der jeweiligen Klassenstufe muss noch geleistet werden. Und vor allem müssen vielfältige eigene Erfahrungen gesammelt und reflektiert werden. Denn in den Ausführungen ist wohl deutlich geworden, dass es nicht in erster Linie um die pure Anwendung von theoretischen Modellen geht, sondern vielmehr um die Gewinnung von Handlungskompetenz in der „Schmuddeligkeit des schulischen Alltags“, wie es H. v. Hentig einmal ausdrückte.

Auch in der Routine des Berufsalltags muss sich der Lehrer immer wieder klarmachen, dass die Noten, die er vergibt, oft weitreichende Folgen haben. Sie eröffnen oder versperren Ausbildungswege und entscheiden so letztlich mit über Lebenschancen. Aus diesem Grund ist gerade hier höchste Sorgfalt geboten.

Aber man darf in der Beurteilung von Schülerleistungen nicht nur ein technisches Problem sehen. Für die Schüler ist die Notengebung deutlicher Ausdruck der Machtposition des Lehrers, und sie beobachten äußerst genau, wie er diese ausfüllt. Sie sehen, ob er ein offenes Ohr für ihre berechtigten Anliegen hat oder ob er rigoros demonstriert, wer letzlich am längeren Hebel sitzt und das Sagen hat. Sie sehen auch, ob der Lehrer zwischen Person und Leistung trennen kann oder ob nur der gute Schüler etwas zählt. Sie registrieren genau, in welchem Maß er sich um Klarheit und Eindeutigkeit, um Objektivität, Gerechtigkeit und Fairness bemüht. Sie erleben auch seine menschliche Anteilnahme, die Echtheit seiner Mitfreude und Anerkennung bei gelungenen Leistungen, wie auch, wenn es nicht geklappt hat, sein Bedauern und das Anbieten von Hilfe und Unterstützung, oder auch die Ernsthaftigkeit seiner Ermahnung, wenn Fleiß und Anstrengung zu gering waren, oder aber sie erleben Indifferenz oder gar ablehnende Distanz und kalte Gleichgültigkeit gegenüber ihren Erfolgen und Fehlschlägen. Jeder Lehrer sollte sich immer wieder bewusst machen, welche besondere Vorbildfunktion für die Schüler sein Verhalten gerade in diesem sensiblen Bereich hat.

Literatur

Beckmann, L. (1973). Auswirkungen von schulischen Leistungen auf die Kausalattribuierung von lehrenden und beobachtenden Personen. In M. Hofer, F. E. Weinert (Hrsg.). Pädagogische Psychologie Grundlagentexte 2 Lernen und Instruktion. 164-176. Frankfurt a.M.: Fischer.

Birkel, P. (1978). Mündliche Prüfungen. In K. J. Klauer (Hrsg.). Handbuch der Pädagogischen Diagnostik Band 3. 633-645. Düsseldorf: Schwann.

Birkel. P. (1984, 4., völlig neubearb. Aufl.). Beurteilung mündlicher Prüfungsleistungen. In K. A. Heller (Hrsg.). Leistungsdiagnostik in der Schule. 229-236. Bern, Stuttgart, Toronto: Huber.

Büscher, P. (1984, 4., völlig neubearb. Aufl.). Theoretische Ansätze der kriteriumsorientierten Leistungsmessung. In K. A. Heller (Hrsg.). Leistungsdiagnostik in der Schule. 99-116. Bern, Stuttgart, Toronto: Huber.

Gronlund, N. E. (1974). Die Anlage von Leistungstests.Herausgegeben von D. Hopf. Frankfurt a.M., Berlin, München: Diesterweg.

Hadley, S.T. (1971). Feststellungen und Vorurteile in der Zensierung. In K. Ingenkamp (Hrsg.) Die Fragwürdigkeit der Zensurengebung. 134-141. Weinheim, Berlin, Basel: Beltz.

Heller, K.A. (Hrsg.) (1984, 4., völlig neubearb. Aufl.). Leistungsdiagnostik in der Schule. Bern, Stuttgart, Toronto: Huber.

Ingenkamp, K. (Hrsg.) (1971). Die Fragwürdigkeit der Zensurengebung. Weinheim, Berlin, Basel: Beltz.

Ingenkamp, K. (1992, 2. Aufl.). Lehrbuch der pädagogischen Diagnostik. Weinheim, Basel: Beltz.

Klauer, K. J. (1972). Einführung in die Theorie lehrzielorientierter Tests. In K. J. Klauer, R. Fricke, M. Herbig, H. Rupprecht, F. Schott (Hrsg.). Lehrzielorientierte Tests. Düsseldorf: Schwann.

Langfeldt, H.-P. (1984, 4., völlig neubearb. Aufl.). Die klassische Testtheorie als Grundlage normorientierter (standardisierter) Schulleistungstests. In K. A. Heller (Hrsg.). Leistungsdiagnostik in der Schule. 65-98. Bern, Stuttgart, Toronto: Huber.

Mager, R.F. (1965). Lernziele und Unterricht. Weinheim, Basel: Beltz.

Rosemann, B. (1984, 4., völlig neubearb. Aufl.). Konstruktion und Auswertung informeller Schulleistungstests (Lernkontrolltests). In K. A. Heller (Hrsg.). Leistungsdiagnostik in der Schule. 162-197. Bern, Stuttgart, Toronto: Huber.

Weiss, R. (1971a). Aufgaben der Zensuren und Zeugnisse. In K. Ingenkamp (Hrsg.). Die Fragwürdigkeit der Zensurengebung. 52-55. Weinheim, Berlin, Basel: Beltz.

Weiss, R. (1971b). Die Zuverlässigkeit der Ziffernbenotung bei Aufsätzen und Rechenarbeiten. In K. Ingenkamp (Hrsg.). Die Fragwürdigkeit der Zensurengebung. 90-102. Weinheim, Berlin, Basel: Beltz.

Wendeler, J. (1974, 6. Aufl.). Standardarbeiten. Weinheim, Basel: Beltz.

Zielinski, J. (1981). Mündliche Prüfungen und praktische Prüfungen. In W. Twellmann (Hrsg.). Handbuch Schule und Unterricht Band 4.2. 653-704. Düsseldorf: Schwann.

Zielinski, W. (1974a). Die Beurteilung von Schülerleistungen. In F. E. Weinert, C. F. Graumann, H. Heckhausen, M. Hofer (Hrsg.). Funkkolleg Pädagogische Psychologie Band 2. 877-900. Frankfurt a.M.: Fischer.

Zielinski, W. (1974b). Verfahren zur Beurteilung des Unterrichts. In F. E. Weinert, C. F. Graumann, H. Heckhausen, M. Hofer (Hrsg.). Funkkolleg Pädagogische Psychologie Band 2. 901-923. Frankfurt a.M.: Fischer.

Zielinski, W. (1976a). Die Beurteilung von Schülerleistungen. In M. Hofer, H. Simons, F. E. Weinert, W. Zielinski (Hrsg). Pädagogische Psychologie. Teil VI. Lernen und Instruktionsoptimierung. 155-177. Weinheim, Basel: Beltz.

Zielinski, W. (1976b). Verfahren zur Beurteilung des Unterrichts. In M. Hofer, H. Simons, F. E. Weinert, W. Zielinski (Hrsg). Pädagogische Psychologie. Teil VI. Lernen und Instruktionsoptimierung. 179-201. Weinheim, Basel: Beltz.

12 Beratung und Gesprächsführung

Otto-Walter Müller

12.1 Beratungsanlässe

„Beratung ist ein wesentlicher Bestandteil des Erziehungs- und Bildungsauftrags der Schule und damit zunächst Aufgabe eines jeden Lehrers.“ So steht es in den baden-württembergischen Richtlinien für die Bildungsberatung (Kultus und Unterricht 1984, 349).

Praxisbeispiele für Beratungssituationen

In der Schulpraxis gibt es verschiedene Situationen und Fragestellungen, die Anlass für Beratungsgespräche sein können:

1. Schullaufbahnberatung
   Situation 1: Eine Schülerin braucht Informationen darüber, welche Fächer sie in welcher Kombination in der gymnasialen Oberstufe belegen kann.
   Situation 2: Ein Schüler der Klasse 9 eines neusprachlichen Gymnasiums möchte wissen, ob er mit nur zwei Fremdsprachen oder sogar nur mit Englisch das Abitur machen kann und an welchen Schulen seines Wohnorts das möglich ist.

Bei der Schullaufbahnberatung geht es in erster Linie um den Austausch von Informationen. Als Lehrerin oder Lehrer kennen Sie die Details und geben Ihr Wissen weiter. Die Beratung ist hier schwerpunktmäßig Entscheidungshilfe für die Schüler.

2. Psychosoziale Beratung
   Situation 3: Ein Schüler scheint wenig Kontakt zur Klasse zu finden. Seine Schulleistungen sind hingegen befriedigend.
   Situation 4: Eine Schülerin hat große Lücken in einem Hauptfach. Allgemeine aufmunternde Anregungen hatten bisher keinen sichtbaren Erfolg. Möglicherweise liegt es an unzureichenden Arbeitstechniken.
   Situation 5: Eine Schülerin der Klasse 11 ist seit längerer Zeit bedrückt. Ein Kollege teilt Ihnen mit, die Schülerin habe ihm unter Tränen eröffnet, dass sie zu Hause geschlagen wird.
   Situation 6: Die Mutter eines Schülers besucht Sie in der Schule. Sie möchte von Ihnen wissen, warum ihr Sohn in Ihrem Fach nicht bessere Noten nach Hause bringt.

Die psychosoziale Beratung hat zum Ziel, bei Lern- und Arbeitsschwierigkeiten, bei sozialen Konflikten und bei psychischen Störungen zu helfen und neue Handlungsperspektiven für die an dem Problem Beteiligten zu eröffnen. Anders als die Psychologen in einer schulexternen Beratungsstelle sind die beratenden Lehrerinnen und Lehrer immer selbst mit in diese Schwierigkeiten und Störungen, die sich auf die tägliche Arbeit und die Begegnung im Klassenzimmer auswirken, eingebunden und mitbelastet.

3. Beratung im Rahmen der Referendarausbildung
   Situation 7: Eine Fachleiterin besucht Sie im Unterricht und bespricht mit Ihnen, was sie beobachtet hat. Auch wenn die Fachleiterin sich bemüht, partnerschaftlich mit Ihnen über Ihre Arbeit zu reden, ist diese Gesprächssituation deutlich hierarchisch angelegt, also nicht symmetrisch. Denn die Beziehung zwischen den Partnern beruht hier auf Unterschiedlichkeit, nicht auf Gleichheit (Watzlawick, Beavin, Jackson 1974, 70). Selbst wenn Sie sich zum Gegenbesuch einladen, was ich Ihnen sehr empfehle, werden Sie wahrscheinlich nicht das Gesehene einer ähnlichen Detailanalyse unterziehen und der Fachleiterin anschließend Mut machen für ihre weitere Entwicklung als Lehrerin.
4. Systemberatung
   Situation 8: An Ihrer Schule soll ein bilingualer Zug für den Französischunterricht eingerichtet werden. Für die Planung, Begleitung und Auswertung des Schulversuchs werden schulexterne Fachleute herangezogen.

Wenn Experten geholt und konsultiert werden, um zu helfen, schulische Innovationen durchzuführen oder Konflikte und schulinterne Reibungsverluste aufzuarbeiten, spricht man von Systemberatung. Leider spielt sie im Schulalltag nicht die Rolle, die ihr zukäme. Dabei wäre professionelle Systemberatung vor Ort für den jeweils individuellen Organismus Schule lohnend und für die Psychohygiene ihrer Mitglieder hilfreich. Anzeichen dafür, dass die Schulaufsicht ihre Aufgaben stärker in diesem Feld sieht und neu definiert, sind erkennbar.

Beratung kommt also in verschiedenen Formen in der Schulpraxis vor. Was ist das Gemeinsame? Schwarzer u. Posse (1986, 634) geben folgende Definition für Beratung:

Was ist Beratung?

„Beratung ist eine freiwillige, kurzfristige, oft nur situative, soziale Interaktion zwischen Ratsuchendem (Klienten) und Berater mit dem Ziel, im Beratungsprozess eine Entscheidungshilfe zur Bewältigung eines vom Klienten vorgegebenen aktuellen Problems durch Vermittlung von Informationen und / oder Einüben von Fertigkeiten gemeinsam zu erarbeiten."

Für die Beratungstätigkeit von Lehrerinnen und Lehrern in dem wichtigen Aufgabenfeld 2 (psychosoziale Beratung) können wir diese Definition so nicht übernehmen. Das hängt damit zusammen, dass wir als Lehrer oder Lehrerin – im Gegensatz zu einem schulexternen Berater – in aller Regel unmittelbar mit in die Problemsituation einbezogen sind. Die Aufteilung der Rollen (Ratsuchender oder Klient und Berater) und die Definition der Aufgabe (Bewältigung eines vom Klienten vorgegebenen Problems) ist für die Handlungszusammenhänge in der Schule, in der die Lehrkräfte selbst verwickelt sind, nicht angemessen. Für die Beratung bei psychosozialen Problemen schlage ich daher folgende Abwandlung der Definition von Schwarzer u. Posse vor:

Beratung ist eine soziale Interaktion zwischen Ratsuchenden mit dem Ziel, im Beratungsprozess Entscheidungshilfen zur Bewältigung von aktuellen Problemen gemeinsam zu erarbeiten.

Das Beratungsgespräch mit Eltern als Paradigma

Ich möchte mich im folgenden wegen ihrer besonderen Bedeutung in der Praxis auf die Beratung bei psychosozialen Fragestellungen konzentrieren und wähle hier die Situation aus, in der Eltern die Gesprächspartner sind. Nach meiner Erfahrung lassen sich in dieser Situation wesentliche Qualifikationen leichter einüben und verwirklichen, weil Eltern als erwachsene Beratungspartner autonomer und unabhängiger sind als Schüler und Schülerinnen, die wir gleichzeitig noch zu unterrichten und zu beurteilen haben. Für die Gespräche mit Eltern nehmen wir uns meistens mehr Zeit und suchen einen Ort auf, wo wir in Ruhe reden können. Das ist bei Gesprächen mit Schülern und Schülerinnen, die leider oft zwischen Tür und Angel und unter zeitlichem Druck stattfinden, meistens nicht so günstig. Auf der anderen Seite sind die positiven Grundfähigkeiten, die wir in Gesprächen mit erwachsenen Partnern entwickeln können, übertragbar auf die Lehrer-Schüler-Gespräche.

12.2 Sind Gespräche mit Eltern nötig?

Referendarinnen und Referendare sind durch Unterricht und Unterrichtsvorbereitung und die anderen täglichen Geschäfte so stark in Anspruch genommen, dass sie eine Einladung an Eltern zu einem Gespräch in der Regel als zusätzliche Belastung ansehen und anderen Aufgaben Priorität einräumen, was ich gut verstehen kann.
Auf der anderen Seite zeigt die Erfahrung, wie hilfreich es für den Umgang mit Schülern und Schülerinnen ist, wenigstens einen kleinen Einblick in ihre individuelle Geschichte und ihre gegenwärtige Umgebung zu haben. Das Gespräch mit der Mutter oder dem Vater oder mit beiden Eltern ist wie ein kleines Fenster, das hilft, Probleme und schwierige Situationen neu zu sehen und besser zu verstehen. Wir können danach umsichtiger und behutsamer mit dem Kind, dem Jugendlichen oder dem jungen Erwachsenen im Klassenzimmer reden und arbeiten. Unser Unterricht wird reicher und persönlicher, wenn wir die Hintergründe kennen, die mit den Problemen im Klassenzimmer in Zusammenhang stehen. Wenn Sie sich auf dieses Arbeitsfeld einlassen, werden Sie rasch sehen, dass ein solches, etwa halbstündiges Gespräch oft mehr bringt als dreißig Minuten für die weitere Konzentration auf den Inhalt der nächsten Unterrichtseinheit.

Hindernisse auf dem Weg zum Elterngespräch

Ich möchte einige Barrieren ansprechen, die sich in den Weg stellen können:
1. Denkmuster: Mit den Eltern reden ist erst notwendig, wenn es wirklich schlimm kommt. Wegen einer Fünf braucht man nicht gleich die Eltern zu alarmieren.
Das Gespräch mit den Eltern hat leider in den Köpfen von Lehrenden und Lernenden manchmal eine dramatische Einfärbung. Eine Einladung wird nicht selten als Hinweis auf etwas Bedrohliches missverstanden. Dabei ist der Gedankenaustausch zwischen den an der Erziehung eines jungen Menschen beteiligten Erwachsenen als wünschenswerte Standardsituation anzusehen. Im Schulgesetz von Baden-Württemberg heißt es hierzu:

„§ 55 (1) […] Die gemeinsame Verantwortung der Eltern und der Schule für die Erziehung und Bildung der Jugend fordert die vertrauensvolle Zusammenarbeit beider Erziehungsträger. Schule und Elternhaus unterstützen sich bei der Erziehung und Bildung der Jugend und pflegen ihre Erziehungsgemeinschaft." (Kultus und Unterricht, 1983, 594)

Das Gespräch mit den Eltern in die Alltagspraxis einbeziehen

Versuchen Sie diese erste Barriere dadurch aus dem Weg zu räumen, dass Sie die Besprechung mit Eltern entdramatisieren und als willkommene und zwanglose Begegnung ansehen.

2. Denkmuster: Mit den Eltern reden ist nicht so wichtig. Ich kann ja direkt mit dem einzelnen Schüler sprechen. Das ist mir auch lieber als hinter dem Rücken der Schüler über sie zu reden.

Sich einen Zugang zum familiären Hintergrund erschließen

Beide Gespräche haben ihren eigenen Wert; sie können einander nicht ersetzen. In aller Regel werden Sie dem Schüler oder der Schülerin auch eröffnen, dass Sie die Eltern zu einem Gespräch einladen möchten, weil Ihnen eine solche Unterredung hilfreich und nützlich erscheint. Wenn Sie die Einladung über die Schülerin oder den Schüler ausrichten lassen wollen, kann es auch dann, wenn Sie vorab mit ihr oder ihm die Situation besprochen haben, zu hinhaltenden Manövern („Ich glaube nicht, dass meine Mutter Zeit hat") kommen, die vor dem Hintergrund des ersten Denkmusters verständlich sind. Es bedarf dann einer gewissen Zähigkeit Ihrerseits.

Nicht selten habe ich erlebt, dass in der Zeit vor der erwarteten Zusammenkunft ein Schüler oder eine Schülerin alles getan hat, um in einem möglichst günstigen Licht zu erscheinen. Gelegentlich war ich sogar überrascht zu erleben, dass sie in dieser Situation offenbar über genau die erstrebenswerten Verhaltensmuster (gute Mitarbeit, Interesse, Konzentration und themenbezogene Beteiligung) verfügen konnten, die ich zuvor vermisst hatte. In solchen Fällen hat das Gespräch schon im Vorfeld förderliche Auswirkungen gehabt und günstige Entwicklungen in Gang gesetzt.

3. Denkmuster: Mit den Eltern reden kann ich erst, wenn ich noch mehr weiß und mehr Erfahrung habe.

Den Erfolgsdruck abbauen

Manchmal setzen sich Lehrer oder Lehrerinnen dadurch unter Druck, dass sie meinen, es komme bei einem Beratungsgespräch darauf an, schnell und zielstrebig den richtigen Rat zu erteilen. Dieses Missverständnis hängt damit zusammen, dass „beraten" im Deutschen zwei verschiedene Bedeutungen hat, nämlich erstens „jemandem einen Rat geben" und zweitens „beratschlagen".

Beratung kann also verstanden werden als

1. Erteilung eines Rates oder als
2. Besprechung, Unterredung.

Für das Eltern-Lehrer-Gespräch in der Schule ist es angemessen, die zweite Zielvorstellung in den Vordergrund zu rücken und die erste in den Hintergrund treten zu lassen. Sie sind dann gut für ein solches Gespräch vorbereitet, wenn Sie selbst eher offene Fragen und noch ungelöste Probleme sehen als fertige Antworten bereits im Kopf haben und wenn Sie sich selbst von der Begegnung einen Gewinn und neue Erkenntnisse versprechen. Experten sind wir nicht besonders dann, wenn wir in allen Lebenslagen stets schlagfertig Bescheid wissen und vorgefertigte Ratschläge an Eltern erteilen, sondern wenn wir gut zuhören können und offen sind für die Begegnung.

12.3 Qualifikationen

12.3.1 Aktives Zuhören

Wenn eine Mutter oder ein Vater oder – was selten ist – beide zusammen mich zu einem Gespräch in der Schule aufsuchen, freue ich mich darauf, sie kennenzulernen und etwas von der Welt, in der sie mit ihrem Kind leben, zu erfahren. Zu dieser persönlichen Welt gehören die äußerlichen Verhältnisse wie die Familiensituation, aber auch die Erwartungen und Perspektiven, die Sorgen und Enttäuschungen, die sozialen und kommunikativen Muster und Gewohnheiten. Wie sieht der Schlüssel zu dieser Welt aus?

Ein weit verbreitetes Missverständnis ist es, den Schwerpunkt auf Fragen zu legen und in ihnen das geeignete Mittel zu sehen, möglichst viel herauszubekommen. Fragen führen aber leicht eine Situation herbei, in der der Befragte sich wie in ein Verhör verwickelt vorkommt und nur das Notwendige und für ihn Günstige preisgibt. Außerdem lenken Fragen die Aufmerksamkeit einseitig auf die Aspekte, die dem wichtig sind, der die Fragen stellt. Damit kann der Kern des Problems, so wie es sich für die Eltern darstellt, verfehlt werden.

Weniger fragen, mehr zuhören

Versuchen Sie statt dessen, möglichst wenig Fragen zu stellen. Sorgen Sie vielmehr für ein Klima, in dem gegenseitiges Vertrauen entsteht und die Bereitschaft wächst, sich zu öffnen und zu dem vorzudringen, was Ihren Partnern am Herzen liegt. Denen fällt es leichter, auch über ihre Gefühle zu reden, wenn sie merken, dass Sie aufmerksam mitdenken und annehmen, was Ihnen eröffnet wird. Wie geht das?

Auf Gefühle achten

Der Schlüssel heisst aktives Zuhören (reflektierendes Zuhören; Spiegeln; Verbalisieren emotionaler Erlebnisinhalte; einfühlendes Verstehen). Beim aktiven Zuhören spiegeln Sie, wie die Botschaft Ihrer Gesprächspartner oder -partnerinnen bei Ihnen angekommen ist und was Sie wahrgenommen haben. Dabei kommt es auf die verbalen und auf die nonverbal verschlüsselten Anteile der Mitteilungen an. Die Gefühle sind oft als Kommentar zu dem Gesagten nonverbal kodiert und sehr wichtig für die Bearbeitung des Problems.

Zwei Schritte für ein Lernprogramm

Sie können lernen, aktiv zuzuhören, wenn Sie zuerst einmal anhand von Beispielen (Wagner 1982, 182-198) üben, den Inhalt der Nachricht zu paraphrasieren. In einem zweiten Schritt können Sie dann im Rollenspiel trainieren, zusätzlich die Gefühle, die vermittelt werden, in Worte zu fassen.

Beispiel zu Situation 3 aus 12.1:

Die Mutter und der Vater eines 15-jährigen Schülers aus der Klasse 9 haben mich wie vereinbart um 7.45 Uhr zu einem Gespräch in der Schule aufgesucht. Ihre Wohnung liegt etwa zwei Kilometer vom Gymnasium entfernt. Die Mutter sagt im Verlauf des Gesprächs: „Ich kann ihn doch nicht alleine gehen lassen. Seit der Sexta muss ich ihn täglich zur Schule fahren."

- Paraphrase des Inhalts:
  „Er wird von Ihnen jeden Tag mit dem Auto hergebracht."
- Verbalisierung der Gefühle:
  „Sie machen sich Sorgen, es könnte ihm unterwegs etwas zustoßen, wenn er zu Fuß geht oder mit dem Fahrrad zur Schule fährt." Oder „Ohne Ihre Hilfe würde er das nicht schaffen."

Die Mutter spürt, dass ihre Befürchtungen und Ängste ernst genommen werden. Sie kann anschließend das wahrgenommene und gespiegelte Bild ihrer Botschaft annehmen oder verändern. Sie sagt: „So schusselig und kopflos, wie der ist … Ich hätte Angst, dass er überhaupt nicht ankommt. Der kann das nicht allein."

- Aktives Zuhören (entspricht Paraphrasieren des Inhalts und Verbalisieren der Gefühle):
  „Sie wollen ihn nicht morgens mit dem Fahrrad losschicken. Sie trauen ihm nicht zu, dass er mit dem Verkehr zurechtkommt."

Die Mutter sagt: „Das war von Anfang an so, dass er mich für alles braucht. Praktisch seit seiner Geburt. Es war eine schwierige Geburt."

Selbstexploration

Erkundung eigener Handlungsalternativen

Der Mutter liegt am Herzen, die behütende Beziehung zu ihrem Sohn bis zur Geburt zurückzuverfolgen und Einzelheiten über die dramatischen Umstände bei der Geburt mitzuteilen. Sie sieht darin den Ursprung ihres stark beschützenden Verhaltens. Im weiteren Verlauf des Gesprächs geht sie selbst der Frage nach, wie sie die wechselseitige Abhängigkeit in diesem Mutter-Sohn-Verhältnis allmählich abbauen könnte. Sie hält selbst nach Lösungsmöglichkeiten Ausschau. Das aktive Zuhören war für die Selbstexploration und die Entfaltung eigener Handlungsperspektiven hilfreich. Ich gehe davon aus, dass vorschnelle Vorschläge für eine Verhaltensänderung der Mutter möglicherweise als Bevormundung aufgefasst worden wären. Sie wären vielleicht zurückgewiesen worden. So sind sie von der Mutter selbst auf der Basis ihrer eigenen Erkenntnisse und Wünsche in Erwägung gezogen worden. Solche selbstentwickelten Pläne sind leichter zu verwirklichen als fremde Vorschläge, so gut diese auch objektiv sein mögen.

Während dieses Gesprächs hatte der Vater geschwiegen, die Mutter fast pausenlos geredet. Mehrmals sagte sie, sie müsse selbst gleich zum Dienst und habe nur zehn Minuten Zeit. Nach zwanzig Minuten verabschiedete sich die Mutter und ging. Der erste Satz, den der Vater dann sagte, war: „So, jetzt komme ich auch mal zu Wort."

Abbildung von Kommunikationsmustern in der Familie

In dieser Situation sind Muster des kommunikativen Verhaltens zwischen den Angehörigen der Familie abgebildet worden. Dieser Einblick hat mir geholfen, zu verstehen, weshalb Franz im Unterricht schweigt und sich an der Kommunikation nicht beteiligt. Und warum er isoliert ist und am Rand steht. Er hat vermutlich nicht lernen können, seine kommunikative Kompetenz auszubilden, weil er zu Hause auch nicht ausreichend zu Wort kommt. Ich verstehe jetzt auch besser, warum er sich nicht bei andern erkundigt, wenn er Hilfe braucht. Vielleicht verfügt er einfach nicht über die nötigen sozialen Fertigkeiten, um sich in Situationen Hilfe zu besorgen, in denen sie ihm nicht aufgezwungen wird.

Helfendes Verständnis und behutsame Förderung

Hat das Gespräch etwas gebracht? Als Lehrer kann man doch nicht die Kommunikation in der Familie verändern, mag vielleicht jemand einwenden. Das ist richtig. Aber die Kommunikation im Unterricht ist durch das Gespräch verändert worden. Meine eigenen Möglichkeiten, Franz angemessen und helfend zu begegnen, sind durch das neu gewonnene Verständnis angeregt und gefördert worden. Die Beziehung ist entkrampft worden, weil ich den gelegentlich schwer erträglichen Wechsel zwischen infantilem und brüskem Verhalten jetzt leichter verstehen und nachvollziehen kann und umsichtiger pädagogisch handeln kann.
Ich nehme jetzt auch vermehrt Gelegenheiten für Gespräche außerhalb des Unterrichts wahr, in denen Franz ausführlicher zu Wort kommen kann und reden lernt. Es sei für ihn zu anstrengend mit seinen Klassenkameraden zu reden. Nur wenn er etwas brauche, rede er mit ihnen. Das sei selten der Fall. Er denkt offenbar nur an materielle Hilfe. Dabei ist er sehr empfänglich für soziale Zuwendung, kann sie aber von sich aus nicht herbeiführen.

12.3.2 Eigene Gefühle mitteilen

Beim aktiven Zuhören versuchen Sie, sich in den anderen hineinzuversetzen (Perspektivenwechsel) und mit seinen Augen die Lage zu sehen. Bei der Mitteilung eigener Gefühle und Eindrücke sprechen Sie aus, wie Ihnen zumute ist, wenn Sie mit Hans, Ihrem Schüler, arbeiten. Dabei ist es günstig, wenn Sie strikt darauf verzichten, Hans wegen seiner Eigenarten anzuklagen. Versuchen Sie vielmehr, Ihre eigenen Sorgen bei der Arbeit in Worte zu fassen. Es kann nützlich sein, wenn Sie darlegen, was Sie unternommen haben, um Hans zu helfen, und welche Fortschritte Sie erkennen können. Auch wenn Sie enttäuscht sind und noch nicht sehen können, dass Ihre Bemühungen angeschlagen haben, können Sie das aussprechen und so in die gemeinsame Beratung einbringen.
Das Eltern-Lehrer-Gespräch stellt eine starke Versuchung dar: Manchmal lassen sich Lehrende verführen, die Anwesenheit von anderen erwachsenen Bezugspersonen, die auch mit dem Verhalten des Jugendlichen unzufrieden sind, auszunutzen und klagend ihrem Ärger Luft zu machen. Aus dem Gefühl der eigenen Ratlosigkeit und Schwäche heraus setzen sie auf die Solidarität der Erwachsenen, mit denen sie eine Art Bündnis gegen den Jugendlichen eingehen, der sich ihren Bemühungen zu widersetzen scheint.
Ich empfehle Ihnen, diese Gefahr, die im Arrangement der Situation liegt, ernst zu nehmen und der Versuchung entgegenzuarbeiten.
Erstes Beispiel:

Ungünstig: „Franziska macht keine Hausaufgaben. Ich habe schon alles versucht. Es hat alles keinen Wert."

Günstiger: „Ich habe mir Gedanken gemacht, wie ich Franziska bewegen könnte, mehr Zeit auf die Hausaufgaben zu verwenden. Ich hatte aber bisher noch nicht viel Erfolg damit und bin jetzt etwas enttäuscht."

Zweites Beispiel:

Ungünstig: „Franz lässt immer einen Platz zwischen sich und seiner Nachbarin frei. Er ist ein richtiger Eigenbrötler."

Günstiger: „Ich habe ihn schon gebeten, sich auf den freien Platz zwischen seiner Nachbarin und ihm zu setzen. Franz hat das abgelehnt. Ich habe noch keinen Weg gefunden, diese Mauer zu durchbrechen, und mache mir jetzt Sorgen, weil er sich so von den andern isoliert."

Darauf achten, dass Worte und Gefühle übereinstimmen

Bei der Mitteilung eigener Gefühle sind Echtheit und Selbstkongruenz (Tausch 1974, 126) wichtig. Was wir sagen, muss mit dem, was wir empfinden, übereinstimmen. Wenn Sie Bewunderung oder Sympathie für eine Schülerin oder einen Schüler empfinden, können Sie das so in das Beratungsgespräch einbringen. Wenn das nicht so ist, sollten Sie sich nicht verstellen. Aber es kann helfen, diese anderen, eher unangenehmen Gefühle als Teil der Problemsituation in Worte zu fassen und in die Besprechung einzubringen. Sie können zum Beispiel sagen: „Ich habe das Gefühl, dass Barbara mir und dem, was ich mache, starke Ablehnung entgegenbringt. Ich möchte diese Barrieren abbauen. Aber ich habe noch keinen Weg gefunden."

Wir müssen aber auch nicht alle unsere Gefühle in Worte fassen, sondern können auswählen. Man spricht dann von selektiver Authentizität.

Ich habe bisher Bezug genommen auf die drei Grundkonzepte der klientenzentrierten Beratung (Rogers 1972; Tausch 1974; Schwarzer u. Posse 1986, 663):

1. Akzeptieren, Anteilnahme und Wertschätzung,
2. Einfühlsames Verstehen und aktives Zuhören,
3. Echtheit und Kongruenz.

Das sind günstige Bedingungen für ein Klima, das für Veränderungen, Entwicklungen und inneres Wachstum förderlich ist.

12.3.3 Konkretisierung

Für das Gespräch Materialien und konkrete Informationen besorgen

Ich bereite mich auf die Gespräche, zu denen ich Eltern einlade, so gut ich kann, vor:

1. Ich spreche vorher mit Kolleginnen und Kollegen über meine und deren Erfahrungen mit diesem Schüler oder der Schülerin.
2. Ich hole mir Informationen über die Ergebnisse in den Kernfächern, zum Beispiel aus den Übersichtslisten im Lehrerzimmer.
3. Ich bringe konkrete Arbeitsstichproben zur Besprechung mit, zum Beispiel das Klassenarbeitsheft, in dem auch die Berichtigungen eingetragen sind, das Hausheft oder die Blätter mit den schriftlichen Wiederholungsarbeiten. Diese Materialien lege ich der gemeinsamen Besprechung zugrunde. Bei der Diagnose dieser Arbeitsstichproben können sich daraus wichtige Hinweise ergeben.
4. Ich wähle aus der Erinnerung einzelne Situationen und Erfahrungen aus, die ich in die Beratung einbringen will, vielleicht eine für mich belasten-

de Situation, in der ich das Verhalten des Schülers oder der Schülerin als schwer verständlich oder provozierend oder als besonders angenehm erlebt habe.
Beispiel: Petra, eine Schülerin aus der Mittelstufe, hat im Fach Gemeinschaftskunde das Arbeitsblatt mit Informationen zum Unterrichtsthema absichtlich zerrissen, unmittelbar nachdem es ausgeteilt worden war. Sie hat daraufhin ein zweites Blatt erhalten; die Arbeit konnte beginnen.
Zehn Tage später findet aus anderem Anlass ein Beratungsgespräch mit der Mutter statt. Sie eröffnet in dem Beratungsgespräch, dass ihre Tochter mit ihr auch über diese Situation in der Schule gesprochen habe. Petra habe plötzlich Wut und Zorn empfunden, weil sie das Blatt an ein ähnliches Papier mit Mathematikaufgaben erinnert habe, die sie nicht habe lösen können. Es sei wohl der gleiche Geruch nach Umdruckerflüssigkeit gewesen, der ihr in die Nase gestiegen sei. Das aggressive Verhalten habe dem Mathematiklehrer und den schwierigen Rechenaufgaben gegolten. Sie sei mit sich selber unzufrieden gewesen, dass sie das so zum Ausdruck gebracht habe.

12.3.4 Gesprächsstrukturierung

Die an dem Gespräch Beteiligten haben den Wunsch, die Beratung als nützlich und erfolgreich zu erleben und am Ende zu sehen, was dabei herausgekommen ist.

Zwei Phasen im Beratungsgespräch

Es hat sich in der Praxis bewährt, die Beratung in die Phasen A und B zu gliedern:

Phase A: Exploration
Auskundschaften der Lage. Offenheit für Neues, für Gefühle, Eindrücke, Stimmungen, für Fragen, auch für Ratlosigkeit. Nach und nach ergibt sich eine Art Landkarte: Verbindungen zwischen den Einzelbeobachtungen und Begründungszusammenhänge werden allmählich sichtbar.

Phase B: Handlungsplanung
Ein Programm für die Intervention wird gemeinsam zusammengestellt. Was kann – auf der Basis der bis jetzt gesammelten Erkenntnisse – in nächster Zeit getan und verändert werden?
Der Übergang zu dieser Phase kann zum Beispiel mit folgenden Worten eingeleitet werden: „Wir sollten uns jetzt überlegen, was in Zukunft zu tun ist.“ Oder: „Es haben sich jetzt schon mehrere Ansatzpunkte gezeigt. Das war einmal … . Und dann … “
Ich greife dabei auf Linien zurück, die bereits in Phase A zutage getreten sind, und verlängere sie zu praxisnahen Handlungsplänen
– für die Eltern,
– für den Schüler oder die Schülerin,
– für mich selber.

Selbst gefundene Pläne können leichter verwirklicht werden als Aufgaben von außen

Die Reihenfolge ergibt sich aus der konkreten Gesprächssituation. Auch die Verknüpfung der einzelnen Handlungspläne und das Zusammenwirken der beteiligten Personen wird besprochen. Die Handlungspläne für die Eltern, die diese selbst für sich im Verlauf des Gesprächs vorbereitet und entwickelt haben, werden zusammengefasst und in das Handlungsnetz eingefügt. Vorschriften („Sie sollten einmal ...“) sind in der Regel nicht sehr geeignet, etwas in Bewegung zu bringen. Was in der Phase A nicht von den Eltern selbst – wenigstens in Umrissen – gesehen wurde, sollte in Phase B nicht von außen aufgezwungen werden. Das, was unsere Gesprächspartner oder -partnerinnen nicht selbst herausgefunden haben und für wünschenswert ansehen, werden sie schwerlich in die Tat umsetzen können. Wenn sie aber in dem Gespräch Ansatzpunkte für Veränderungen bei sich selbst herausarbeiten, werden sie leichter die Energie, die Beständigkeit und Enttäuschungsresistenz aufbringen, die erforderlich sind, um das zu verwirklichen, was ihnen vorschwebt. Und sie werden mit Interesse beobachten, wie sich ihre Erwartungen allmählich erfüllen.

In manchen Situationen werden Sie Problemlösungen auch zusammen mit Ihrem Gesprächspartner erarbeiten und dabei stärker mitwirken. Sie können dann versuchen, Verbindungen zu dem, was Ihre Partner herausgefunden haben, herzustellen.

Auch die Handlungspläne, die ich selbst in der nächsten Zeit – angeregt durch das gemeinsame Beratungsgespräch – verwirklichen will, lege ich so konkret wie möglich dar.

Es hat erfahrungsgemäß wenig praktische Auswirkungen, wenn ein Lehrer oder eine Lehrerin zur Mutter einer Schülerin aus der Unterstufe sagt: „Sagen Sie ihr, dass sie sich im Unterricht unbedingt mehr melden muss!“ Oder wenn die Mutter dem Lehrer folgenden allgemeinen Handlungsplan ans Herz legt: „Nehmen Sie sie doch bitte öfter dran!“

Erfolgversprechender und empfehlenswerter sind hingegen folgende Pläne: „Ich werde morgen Claudia bitten, einmal für einige Stunden Buch zu führen, wie oft sie sich im Lateinunterricht meldet. Für jedes Melden soll sie sich in ein besonderes Heftchen einen Strich, für jedes Drankommen ein Kreuz machen. Wenn sie so ihr eigenes Verhalten registriert, kann sie es besser steuern und beeinflussen. Ich werde dann mit ihr über die Ergebnisse sprechen. Davon verspreche ich mir, dass sie sich allmählich immer häufiger zu Wort melden wird.“

Bei der Verwirklichung dieses Plans zeigte sich übrigens in meiner Praxis in einer sechsten Klasse ein erfreulicher Ausstrahlungseffekt: Nicht nur Claudia, sondern auch ihre Nachbarinnen führten Strichlisten über ihre Meldefrequenz und hatten Spaß daran, sich immer häufiger zu Wort zu melden. Mit den Strichen und Kreuzen, die sie sich selbst notierten, verstärkten und belohnten sie sich für ihre Beteiligung. Das war sehr wirkungsvoll und ansteckend.

Abschluss des Gesprächs

Zum Abschluss verabrede ich in der Regel eine erneute Begegnung in ein paar Wochen, um dann zu besprechen, welchen Erfolg die ins Auge gefassten Maßnahmen hatten und was nunmehr zu tun ist.

12.3.5 Störungen

Störungen in der Kommunikation

Gelegentlich kommt es auch vor, dass ein Beratungsgespräch ergebnislos, enttäuschend oder unerfreulich verläuft. Ein Beratungsgespräch ist – wie jede andere Kommunikation auch – anfällig für Störungen.
Bei der Beantwortung der Frage, wie es im konkreten Fall dazu kommen konnte, ist es sinnvoll, die vier Seiten einer Nachricht (Schulz von Thun 1982) zu beleuchten und abzusuchen: Sachinhalt, Beziehungsaspekt, Selbstkundgabe und Appell.
Beispiel: Bei einem Elternsprechtag war das Gespräch mit einem Vater deswegen unergiebig, weil dieser nicht bereit war, über seine eigenen Beobachtungen als Vater und über die Erfahrungen seiner Tochter zu sprechen. Was seine Tochter angehe, so habe er keine Klagen vorzutragen. Er sagte, er teile lediglich mit, was andere Eltern dächten, die ihrerseits seine Frau, die Elternvertreterin sei, ins Bild gesetzt hätten. Seine Frau sei aber am Kommen gehindert und habe ihn daher beauftragt zu sagen, was andere sich nicht zu sagen getrauten.

Selbstkundgabe

Die Selbstkundgabe kann aber weder delegiert noch ausgeblendet werden ohne Schaden für die Begegnung. Der Vater in dem Beispiel hat versucht, sich selbst von den mitgeteilten Gefühlen zu distanzieren, und sich angestrengt, lediglich als Referent fremder Gefühle aufzutreten. Er hat sich beständig geweigert, sich selbst als Vater seines Kindes, meiner Schülerin, einzubringen. Vielleicht hat er gefürchtet, er würde seine Mitteilungen dann selbst abschwächen und unterlaufen.

Beziehungsaspekt

Auch der Beziehungsaspekt war bei dem Scheitern des Gesprächs mit im Spiel: Wie kommt dieser Mann dazu, so mit mir zu reden, so überheblich und von oben herab?

Sachinhalt

Den Sachinhalt trug er „uneigentlich" vor. Statt Kritik direkt zu äußern, versuchte er, die Vorwürfe indirekt und allgemein vorzutragen, um sie unwiderlegbar zu machen und sie so von vornherein gegen entgegenstehende Hinweise zu immunisieren: „Man kann sich durchaus vorstellen, dass ein Lehrer eine Schülerin beim Abfragen fertig machen kann", sagte er und meinte damit ganz konkret mich.
Was hätten Sie in dieser Situation getan?
Ich habe dem Vater zweimal erklärt, dass ich es als unwürdig empfinde, wenn nicht offen und klar geredet wird, sondern versteckt und indirekt, wobei beide Beteiligten genau wüssten, was gemeint, aber nicht gesagt werde. Er hat sich dann bald verabschiedet. Die Eltern der übrigen Schülerinnen und Schüler dieser Klasse, die ich zum Gespräch eingeladen hatte, konnten sich dann mit mir beraten. Alle waren sie meiner Einladung gefolgt.
Ich habe Ihnen dieses Beispiel berichtet, um Sie etwas zu entlasten und den Erfolgsdruck abzubauen. Alle am Gespräch beteiligten Personen tragen durch ihr Mitwirken zum Gelingen eines Beratungsgesprächs bei und sind für die Ergiebigkeit verantwortlich. Nach diesem Gespräch habe ich mich allerdings selbst kritisch gefragt, ob ich vielleicht auf dem Beziehungsohr (vgl. Schulz von Thun 1982, 51) überempfindlich war.

Wie gegenseitiges Verstehen gefördert werden kann

Was können Sie tun, um Störungen möglichst gering zu halten und zu dem Gelingen des Gesprächs beizutragen?

1. Seien Sie empfänglich für alle vier Seiten der Nachricht. Versuchen Sie, mit vier Ohren zu empfangen (Schulz von Thun 1982, 44), statt einseitig zu hören und zu riskieren, manches zu überhören oder in den falschen Hals zu bekommen.
2. Beziehen Sie die nonverbal verschlüsselten Botschaften und Kommentare Ihrer Gesprächspartner und -partnerinnen in die Versuche, sie zu verstehen, mit ein. Hören Sie zum Beispiel auf den Klang einer Stimme. Schwingen da Befürchtungen oder Kummer oder Freude mit? Manchmal steht hinter einem brüsk geäußerten Vorwurf das Gefühl eigener Unzulänglichkeit oder die Angst zu versagen.
3. Sorgen Sie für ein unterstützendes und wohltuendes Klima, in dem sich Ihre Partnerinnen und Partner angenommen fühlen und bereit sind, aus sich herauszugehen, ohne Gefahr laufen zu müssen, sich preiszugeben oder sich bloßzustellen.
4. Versuchen Sie, sich unvoreingenommen zu öffnen für die individuelle Welt Ihrer Gesprächspartner und für die persönlichen Bedeutungen, die sie den Problemen zuordnen. Machen Sie sich frei von dem Druck, schnell Ordnung schaffen zu müssen und nach Etiketten zu suchen, die zu dem Gehörten passen könnten.

12.4 Bildungsberatung

Was können Sie tun, wenn Sie mit einer schwierigen Situation nicht mehr allein weiterkommen? Sie können auf die Hilfe von speziell geschulten Beratern und Beraterinnen zurückgreifen, die Sie an Ihrer Schule oder in den schulexternen Beratungsstellen finden.

Schulexterne Experten hinzuziehen

Die in den Bildungsberatungsstellen tätigen Schulpsychologen sind nicht direkt in das Problemfeld involviert und können aus der Distanz beobachten. Das kann in manchen Fällen für die Problemlösung nützlich sein. Die Fachleute an den Bildungsberatungsstellen in Baden-Württemberg

„– helfen mit psychologischen Beratungsmethoden Schülern, die wegen Lern- und Arbeitsstörungen sowie aufgrund von Beeinträchtigungen im sozialen und emotionalen Bereich Schwierigkeiten in der Schule haben. Sie wirken mit bei der Behebung von Verhaltensauffälligkeiten von Schülern und bei der Bewältigung innerschulischer Konflikte,
– unterstützen Lehrer und Schulaufsicht bei pädagogisch-psychologischen Fragestellungen, wirken mit in der Lehrerfortbildung sowie bei der Entwicklung geeigneter Untersuchungs- und Beratungsmethoden und beteiligen sich auf Weisung des Ministeriums für Kultus und Sport an Schulversuchen […].“ (Richtlinien für die Bildungsberatung. Kultus und Unterricht, 1984, 350)

Sie können also Kontakte zwischen den Schülern oder ihren Eltern und der Beratungsstelle vermitteln. Sie können aber auch selbst oder zusammen mit einer Gruppe von Lehrerinnen und Lehrern Ihrer Schule dort Rat und Unterstützung einholen oder Fachleute von dort an Ihre Schule einladen.

Sich an den Beratungslehrer in der Schule wenden

In Baden-Württemberg nehmen an der Bildungsberatung außer den Fachkräften an den schulexternen Beratungsstellen auch die schulinternen Beratungslehrer oder Beratungslehrerinnen teil, die eine besondere Ausbildung erhalten haben. Der Beratungslehrer ist ein Kollege an Ihrer Schule, dessen Rat und Hilfe Sie oder die Schülerinnen und Schüler oder deren Eltern in Anspruch nehmen können. Neben seiner besonderen Qualifikation bringt er einen wichtigen Vorteil ins Spiel: Er ist wie Sie Lehrer an Ihrer Schule und kennt die Verhältnisse. Gleichzeitig ist er aber nicht in das spezielle Problemfeld in Ihrer Klasse direkt eingebunden und kann von den Ratsuchenden als unbelasteter Helfer angesehen werden und bei Lösungsversuchen hinzugezogen werden.

Hier sind zwei Beispiele für typische Situationen, in denen es gut zu wissen ist, dass Sie sich an die Beratungslehrerin oder an den Beratungslehrer Ihrer Schule wenden können:

- Ein Schüler hat Lernschwierigkeiten und schreibt schlechte Noten. Das hat bereits eine lange Vorgeschichte. Sie haben schon öfter mit ihm geredet, aber nichts bewegen können. Sie haben nun den Eindruck, dass Sie mit Ihrem Latein am Ende sind. Sie fühlen auch, wie Enttäuschung, Frustration und Ärger in Ihnen aufsteigen, was für die ohnehin schwierige Beziehung nicht gerade förderlich ist.

Mediation: Dritte können helfen und vermitteln

- Das Arbeitsklima in einer Ihrer Klassen ist unerquicklich. Es kommt immer wieder zu Spannungen unter den Schülern und auch im Verhältnis zu Ihnen. Sie haben das Gefühl, dass das, was Sie an Ideen in den Unterricht einbringen, ohne Resonanz bleibt, und dass eine Art Mauer zwischen der Klasse und Ihnen steht. Sie machen der Klasse den Vorschlag, den Beratungslehrer einzuladen: Er könnte die Gesprächsleitung und die Moderation bei dem Konfliktgespräch übernehmen und als Mediator willkommen sein.

Beratung in der Schule hat mehrere Seiten. Je nach Situation kann Beratung für Lehrerinnen und Lehrer bedeuten: Hilfe gewähren oder Hilfe gemeinsam erarbeiten oder Hilfe in Anspruch nehmen und sich beraten lassen.

Hilfsquellen kompetent erschließen

Zur professionellen Kompetenz von Pädagogen und Pädagoginnen gehört die Fähigkeit, Probleme und Schwierigkeiten sensibel zu erkennen, ernst zu nehmen und angemessen zu bearbeiten. Das schliesst die Möglichkeit ein, Hilfe von anderen bei der Bewältigung von Problemen, in die man selbst verwickelt ist, einzubeziehen und zwar gerade aufgrund von kompetenten Entscheidungen und ohne die Befürchtung, das Gesicht zu verlieren. Es ist für Menschen allerdings nicht immer leicht, sich selbst als Ratsuchende zu definieren, besonders nicht für Lehrende. Dabei kann genau das der erste Schritt zur Bearbeitung und Meisterung einer schwierigen und belastenden Situation sein.

Literatur

Affeldt, M., Gudjons, H., Lüttge D., Raulinat, A. (1991). Beraten in der Schule. Pädagogik, Heft 10, 6-28.

Bachmair, S., Faber, J., Hennig, C., Kolb, R., Willig, W. (1982). Beraten will gelernt sein. Ein Übungsbuch für Anfänger und Fortgeschrittene. Weinheim: Beltz.

Bethäuser, H. (1982). Die Beratungsaufgabe des Lehrers. In H. Frommer (Hrsg.), Handbuch Praxis des Vorbereitungsdienstes. Band 2. Düsseldorf: Schwann, 431-456.

Hornstein, W., Bastine, R., Junker, H., Wulf, C. (1977). Funkkolleg Beratung in der Erziehung. Band 1 und 2. Frankfurt: Fischer.

Kranz, D., Teegen, F. (1973). Psychologisch hilfreiche Gespräche mit Schülern und Eltern. In H. Nickel, E. Langhorst (Hrsg.), Brennpunkte der Pädagogischen Psychologie. Bern: Huber, 348-358.

Mucchielli, R. (1972). Das nicht-direktive Beratungsgespräch. Salzburg: Otto Müller Verlag.

Müller, O.-W. (1993). Denkmuster und Handlungssteuerung in der Schule. Schwierige Situationen neu sehen lernen. Bad Heilbrunn: Klinkhardt.

Richtlinien für die Bildungsberatung. Verwaltungsvorschrift vom 26. April 1984. In Kultus und Unterricht [Amtsblatt des Ministeriums für Kultus und Sport Baden-Württemberg] 1984, 349-351.

Rogers, C. R. (1972). Die nicht-direktive Beratung. München: Kindler.

Schulgesetz für Baden-Württemberg. In Kultus und Unterricht, 1983, 584-611.

Schulz von Thun, F. (1981). Miteinander reden: Störungen und Klärungen. Psychologie der zwischenmenschlichen Kommunikation. Reinbek: Rowohlt.

Schwarzer C., Posse, N. (1986). Beratung. In B. Weidenmann, A. Krapp (Hrsg.). Pädagogische Psychologie. Ein Lehrbuch. München / Weinheim: Psychologie Verlags Union.

Schwarzer, R. (Hrsg.). (1977). Beraterlexikon. Ein praktisches Nachschlagewerk für Erziehung und Unterricht. München: Kösel.

Tausch, R. (1974, 6. Aufl.). Gesprächspsychotherapie. Göttingen: Hogrefe.

Wagner, A. C. (Hrsg.). (1982, 2. Aufl.). Schülerzentrierter Unterricht. Weinheim: Beltz.

Watzlawick, P., Beavin, J., Jackson, D. (1974, 4. Aufl.). Menschliche Kommunikation. Formen, Störungen, Paradoxien. Bern: Huber.

13 Interaktionsprozesse im Unterricht

Günter Trenz

13.1 Missverständnisse zwischen Lehrern und Schülern – ein unvermeidbares Problem?

Einführungsbeispiel

In einer Englischstunde in Klasse 6 wird das Grammatikthema „Steigerung der Adjektive“ wiederholt.
Auf eine entsprechende Lehrerfrage meldet sich eine Schülerin eifrig und schreibt, ihrer Sache sicher, „easy – easier – easiest“ an die Tafel. „Are you sure?“ fragt sie der Lehrer mit ernstem Gesicht, und sie antwortet, schon ein wenig unsicher, „Yes.“ Aus der Klasse kommen Zwischenrufe „mit y“; der Lehrer schaut überlegend, „Well, let's have a close look at the spelling again“, und beginnt eine Wiederholung der Schreibregeln. Die Schülerin geht an ihren Platz zurück und beteiligt sich nicht mehr am Unterricht. Als sich ihre Lösung nach einiger Zeit als richtig herausstellt, bemerkt sie zu ihrer Nebensitzerin: „Das habe ich doch gleich gesagt.“
Was hat den Lehrer zu seiner Reaktion veranlasst? Wahrscheinlich hat er während der schnellen und sicheren Problemlösung in der Klasse Reaktionen wahrgenommen, die es ihm geboten erschienen ließen, den Stoff noch einmal zu systematisieren. Um die Spannung in der Klasse aufrechtzuerhalten, wollte er die richtige Lösung nicht sofort verraten. Die Schülerin andererseits wurde durch dieses Verhalten verunsichert, frustriert und schließlich verärgert. Was für viele Schüler der Klasse motivierend wirkte, hatte für sie den gegenteiligen Effekt.
Nun kann man sagen, als Lehrer könne man es ohnehin niemals allen recht machen, und dies trifft in gewisser Hinsicht auch zu. Trotzdem wird an diesem Beispiel deutlich, dass zielgerichtete und durchaus wohlmeinende Handlungen beim Gegenüber einen nicht intendierten, vielleicht sogar gegenteiligen Effekt bewirken können. Bei häufiger Wiederkehr ähnlicher Interaktionsmuster kann dies zu tiefgreifenden Missverständnissen zwischen Lehrer und Schüler führen.

Typische Fehlsteuerungen in der Interaktion

Drei weitere, oft beobachtete und analysierte Phänomene belegen die Vermutung, dass scheinbare Kleinigkeiten im Interaktionsprozess problematische Lehrer-Schüler-Beziehungen mitbedingen:

– Lehrer loben vermeintlich schwache Schüler bei der Lösung leichter Aufgaben häufig über Gebühr. Bei den Betroffenen verfestigt sich die Etikettierung „schlechter Schüler“:
  Sie denken möglicherweise, dass sie nicht für sonderlich intelligent gehalten werden, weil diese doch leichte Lösung kein so überschwengliches Lob verdient hätte, und folgern weiter, dass sie für eine solch leichte Aufgabe gerade gut genug seien.

- „Lieblinge“ werden bei gleichem Verhalten anders behandelt als Schüler, die Lehrer „auf dem Kieker“ haben.
- Schülerleistungen werden oft wenig objektiv beurteilt: So ist bekannt, dass in den Klassen 5 und 6 des Gymnasiums Rechtschreibfehler in Diktaten von Mädchen mit ordentlichem Schriftbild am häufigsten übersehen werden.

Guter Wille allein reicht also nicht aus, um Missverständnisse im Klassenzimmer auszuschließen und den Wunsch nach Herstellung und Aufrechterhaltung eines positiven und für den Lernprozess förderlichen Unterrichtsklimas zu realisieren. Dies kann dauerhaft nur gelingen, wenn die Grundzüge des komplexen Interaktionsgeflechtes in der Schulklasse entwirrt, wenn Einsichten in Ursachen von Schüler- und Lehrerverhalten gewonnen und wenn die theoretischen Erkenntnisse für die Praxis nutzbar gemacht werden. Darum geht es in diesem Kapitel.

13.2 Theoretische Grundlagen

Interaktions- und Kommunikationsmodell

Interaktion kann definiert werden als wechselseitige Beeinflussung von Individuen und Gruppen hinsichtlich ihrer Einstellungen, Gefühle und Handlungen. Sie geschieht auf der der Basis von zwischenmenschlicher Kommunikation: Eine Person, der „Sender“, teilt eine Nachricht in verschlüsselter Form mit, zum Beispiel im Zeichensystem der Sprache. Der „Empfänger“ entschlüsselt die Botschaft und gibt dem Sender eine Rückmeldung über Empfang und Verständigung. Der Sender kann dann wiederum kontrollieren, ob das von ihm gewünschte Kommunikationsziel mit dem erzielten Ergebnis übereinstimmt, er kann gegebenenfalls korrigieren oder wiederum bestätigen.

13.2.1 Paul Watzlawick: Menschliche Kommunikation

Der aus Österreich stammende und in Palo Alto (USA) forschende Psychologe Paul Watzlawick hat mit seiner Untersuchung „Patterns of Human Communication“ (1967, dt. 1985) richtungsweisende Erkenntnisse der Kommunikationspsychologie vorgelegt. Bis heute vertritt er seinen in der Tradition Gregory Batesons stehenden und in Deutschland beispielsweise durch die soziologische Forschung Niklas Luhmanss bekannt gewordenen „radikalen Konstruktivismus“ vehement.

Realität als Bündel von Deutung und Zuschreibung

Es gibt zwar, so betont Watzlawick, durchaus eine Art „Wirklichkeit“, die auf Wahrung und Anschauung beruht. In letzter Konsequenz jedoch wird unsere Realität durch subjektive Deutungen,durch kognitive und emotionale Zuschreibungen bestimmt, von denen niemand sagen kann, ob sie „wahr“ sind.

Watzlawicks zentrale These, die besagt, dass Wirklichkeit im Kommunikationsprozess entsteht, ist philosophiegeschichtlich keineswegs neu, und auch Watzlawick zitiert gerne Epiktet: „Es sind nicht die Dinge, die uns beunruhigen, sondern die Meinungen, die wir von den Dingen haben." In den letzten Jahren allerdings haben die konstruktivistischen Forschungen in vielen wissenschaftlichen Disziplinen erneut an Bedeutung gewonnen, beispielsweise in den Erkenntnissen der gegenwärtigen interdisziplinären neurobiologischen und lernpsychologischen Forschung (vgl. dazu auch Kap. 6 im vorliegenden Buch).

Pragmatische Axiome

Was Watzlawicks Arbeiten darüber hinaus gerade für den Lehrberuf interessant macht, sind die praktischen Konsequenzen, die er in fünf „pragmatischen Axiomen" zusammenfasst:

1. Axiom: „Man kann nicht nicht kommunizieren" (S.53)
Handeln, Nichthandeln, Sprechen, Schweigen, Hin- oder Wegsehen, alles hat im Kommunikationsprozess Mitteilungscharakter. Ob Schüler sich am Unterricht aktiv beteiligen, ob sie aufmerksam sind oder träumen, ob sie den Lehrer bewusst ignorieren oder ihn stören wollen, immer senden sie Nachrichten im kommunikationstheoretischen Sinn, die vom Empfänger aufgenommen und interpretiert werden und schließlich zu einer Rückmeldung führen.

2. Axiom: „Jede Kommunikation hat einen Inhalts- und einen Beziehungsaspekt" (S. 56)
Während auf der inhaltlichen Ebene die reine Sachinformaton vermittelt wird, deutet der Beziehungsaspekt darauf hin, wie der Sender seine Botschaft vom Empfänger verstanden haben möchte und wie er seine Beziehung zum Empfänger sieht.
Die Qualität einer Beziehung beruht oft auf impliziten Annahmen über Ursache-Wirkungs-Zusammenhänge, im Konfliktfall auch auf Schuldzuschreibungen („Interpunktionen"). Im Interaktionsgeschehen werden sie nur selten explizit verbalisiert („Metakommunikation"), sondern meist durch die Art der Fomulierung, durch Betonungen sowie non-verbale Kommunikationsanteile wie Gestik und Mimik definiert („digitale und analoge Kommunikation").

Die Axiome 3 und 4 betonen diese Zusammenhänge, während das fünfte Axiom noch einmal die Struktur der Beziehungsformen thematisiert.

3. Axiom: „Die Natur einer Beziehung ist durch die Interpunktionen der Kommunikationsabläufe seitens der Partner bedingt."

4. Axiom: „Menschliche Kommunikation bedient sich digitaler und analoger Modalitäten. Digitale Kommunikationen haben eine komplexe und vielseitige logische Syntax, aber eine auf dem Gebiet der Beziehungen unzulängliche Semantik. Analoge Kommunikationen dagegen besitzen dieses semantische Potential, ermangeln aber die für eindeutige Kommunikation logische Syntax." (S. 68)

Komplexität

5. Axiom: „Zwischenmenschliche Kommunikationsabläufe sind entweder symmetrisch oder komplementär, je nachdem, ob die Beziehung zwischen den Partnern auf Gleichheit oder Unterschiedlichkeit beruht."(S.70)
Gerade im Schullattag lässt sich im jeweils vorherrschenden Interaktionsmuster unschwer die Art der Lehrer-Schüler-Beziehung erkennen. Weidenmann/Krapp stellen ein leicht erweitertes Modell der Interaktionsstile vor, in dem sie idealtypisch zwischen symmetrischer und asymetrischer Interaktion, ergänzt durch die Zwischenstadien der Pseudo- und der reaktiven Interaktion unterscheiden (Bild 1). Im Gegensatz zum symmetrischen werden sich Schüler im asymmetrischen Interaktionsstil kaum als ernstzunehmende Partner verstehen können.

Interaktionsstile

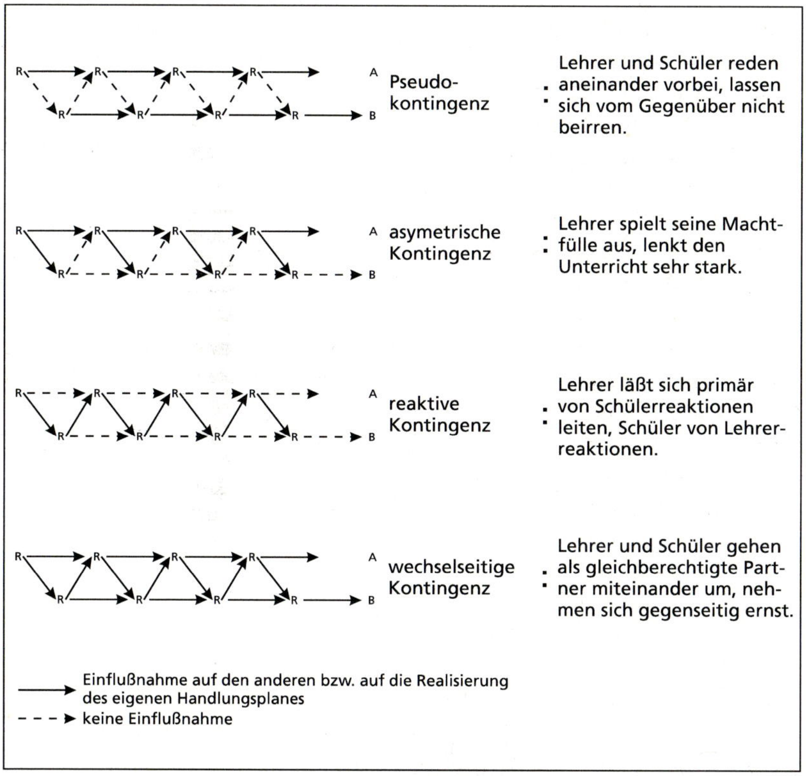

Bild 1: Interaktionsstile (nach Weidenmann, Krapp 1986, 367)

Therapeutischer Nutzen

Als klinischer Psychologe interessiert sich Paul Watzlawick in erster Linie für die therapeutischen Konsequenzen seiner Erkenntnisse. Für ihn liegt die Pathologie eindeutig nicht beim Einzelnen, sondern im gestörten System der Kommunikation. Auf eine plakative Kurzformel gebracht heißt sein Therapieansatz: „Lerne die Sprache des Anderen." Systemische Therapieformen haben den Erkenntnissen der auf Watzlawick beruhenden Kommunikationspsychologie viel zu verdanken.

13.2.2 Friedemann Schulz von Thun: Miteinander reden

Störungsfreie Kommunikation

Die Intentionen des Hamburger Psychologen Friedemann Schulz von Thun sind weniger therapeutischer als vielmehr prophylaktischer Natur. Schulz von Thun möchte Kommunikationsabläufe optimieren, um Störungen des Interaktionsprozesses zu vermeiden bzw. entstandene Konflikte zur Zufriedenheit aller Beteiligten zu lösen. Seine praxisorientierten Ideen haben sowohl im betrieblichen Bereich als auch zunehmend bei einem mit Lehr-Lernprozessen befassten Personenkreis Anklang gefunden.

Inhalts- und Beziehungsaspekt

Schulz von Thun beruft sich explizit auch auf Watzlawick, erweitert jedoch dessen Vorstellung von Inhalts- und Beziehungsaspekt. Er sieht ein Geflecht von vier in einer Nachricht enthaltenen Botschaften: Sachinhalt, Selbstoffenbarung, Beziehung und Appell (1981, 25 ff.)

Ein Beispiel soll dies verdeutlichen: Beim Abschreiben des Tafelanschriebs beschwert sich ein Schüler lautstark bei der unterrichtenden Referendarin: „Ihre Schrift kann doch kein Mensch lesen.“ Die Sachinformation dieser Nachricht ist eindeutig, steht aber sicherlich weniger im Vordergrund als die Selbstoffenbarungsseite, aus der zunächst hervorgeht, dass der Schüler die Schrift an der Tafel nicht lesen kann, und die wohl weiter beinhaltet, dass er aufmerksam ist, den Tafelanschrieb tatsächlich abschreiben möchte, über ein gutes Maß an Selbstvertrauen verfügt und anscheinend keine Angst hat, seine Lehrerin mit einer solchen Aussage zu konfrontieren. Interessant ist auch die Beziehungsebene, auf der deutlich wird, wie der Sender zum Empfänger steht und was er von ihm hält. Im gewählten Beispiel könnte die Botschaft zum einen lauten: „Ich halte Sie für so humorvoll und partnerschaftlich, dass ich mir eine solche Bemerkung zutraue“. Zum anderen könnte sie die Kritik umfassen: „Sie müssen noch dazulernen und Ihre Schrift verbessern.“ Die Appellebene schließlich beschreibt, wozu der Sender den Emp-

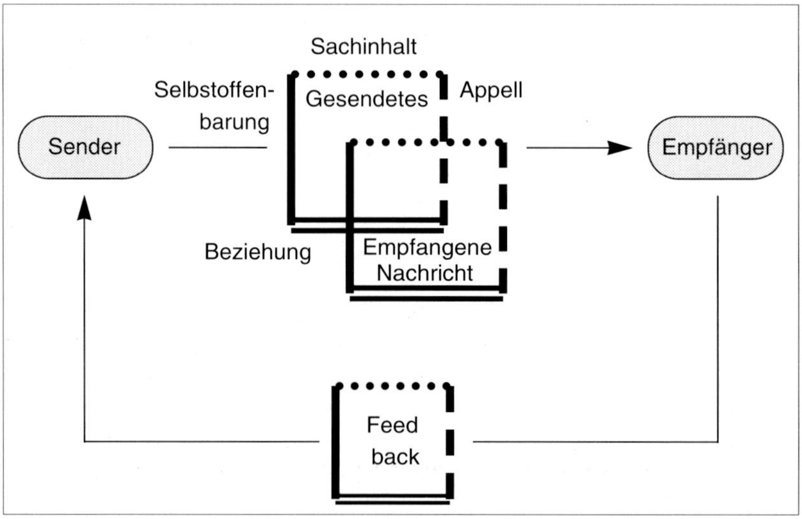

Bild 2: Vollständiges Kommunikationsmodell (Schulz von Thun 1981, S. 81)

fänger veranlassen möchte und beinhaltet hier die Forderung, deutlicher zu schreiben.
Wie schon Watzlawick weist auch Schulz von Thun auf die Bedeutung zum einen der die Interaktionsprozesse prägenden Kommunikationsstile (Band 2), zum anderen der den Verbalisierungen inhärenten „Qualifikationen der Nachricht" (S. 36) hin: Kontext, Art der Fomulierung, Mimik und Gestik, Tonfall sind entscheidende Teile der Botschaft.
Eine ansatzweise Vorstellung von der tatsächlichen Komplexität menschlicher Kommunikation bekommt man, wenn man sich vor Augen hält, dass auch auf der Seite des Empfängers vier entsprechende Ebenen bestehen – Schulz von Thun nennt sie „Ohren" –, auf denen die jeweilige Nachricht entschlüsselt und je nach Prämisse der Wahrnehmung unterschiedlich interpretiert werden kann. Schließlich ist auch die Rückmeldung vom Empfänger zum Sneder als Nachrichtenquadrat zu verstehen, so dass sich das vollständige Kommunikationsmodell sehr umfassend darstellen (Bild2).
Missverständnisse sind im Kommunikationsprozess angelegt: Wenn die Referendarin im obigen Beispiel die Schüleräußerung etwas zuvörderst auf dem Beziehungs- und Appellohr hören würde, könnte sie aufnehmen, dass der Schüler sie für unfähig hält, verunsichern und provozieren will, und würde vielleicht äußerlich auf der Inhaltsebene reagieren, eigentlich aber die Beziehungsebene meinen: „Vielleicht brauchst du eine Brille."

Metakommunikation zur Konfliktlösung

„Metakommunkation" ist im Modell Schulz von Thuns der Schlüssel zur Konfliklösung. Das Gespräch über die Nachricht, über die Intentionen des Senders und die Interpretationen des Empfängers kann Missverständnisse im Interaktionsprozess klären und ist wichtiger als die Beantwortung der Frage nach Ursache und Wirkung, nach Aktion und Reaktion oder nach Interpunktion.
Schulz von Thun umschreibt seine diesbezüglichen systemtheoretischen Überlegungen mit der Formel „1 + 1 = 3" (S. 87), man könnte ebenso gut im Sinne kybernetischer Regelkreise davon sprechen, dass das Ganze mehr ist als die Summe seiner Teile.
Menschen neigen bekanntermaßen dazu, das eigene Verhalten eher als Reaktion denn als Aktion zu sehen. „Weil ihr faul seid, muss ich Druck ausüben", sagt er Lehrer und der Schüler denkt: „Weil er Druck ausübt habe ich keine Lust zum Arbeiten."

Offene und verdeckte Kreisläufe

Kommunikation verläuft also nicht linear, sondern ist kreisförmig angelegt, sodass aus ganzheitlicher Sicht folgende Fragen für eine Analyse mit dem Ziel der Verbesserung des Interaktionsverhaltens gestellt werden müssen: Nach welchen Regeln (offen oder verborgen) wird im System beispielsweise der Schulklasse gespielt, welche Rolle spielen die jeweiligen Beteiligten dabei, und vor allem, welche Vorteile hat jeder Einzelne im gegebenen Rahmen?
Mit anderen Worten, es geht um die Analyse von offenen und verdeckten Kreisläufen, die sich durchaus zu Teufelskreisen ausdehnen können, wie das Beispiel in Bild 3 zeigt.

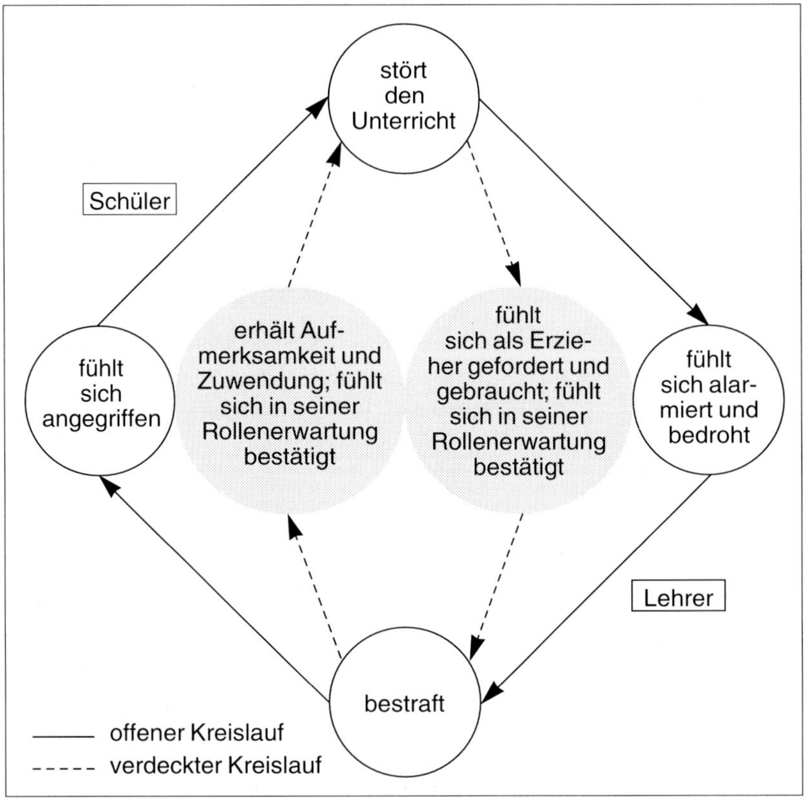

Bild 3: Beispiel für einen Teufelskreis im Schulalltag

13.2.3 Die Unterrichtssituation

Rollenkonflikte von Schülern und Lehrern

Aufgrund der ihnen eigenen Komplexität sind Interaktionsprozesse schon in der Beziehung zwischen zwei Menschen nicht einfach zu analysieren. Um ein Vielfaches problematischer ist die entsprechende Analyse der Unterrichtssituation: Schüler sind als Mitglieder der Schulklasse Rollenkonflikten ausgesetzt, Machthierarchien und sozialer Status stehen auf dem Spiel. Auch Lehrer leben in Rollenkonflikten, denn sie wollen Freund und Berater ihrer Schüler sein, sind jedoch gleichzeitig Vertreter der Institution Schule. Sie sind in jeder Phase des Unterrichts mit vielfältigen, divergenten Anforderungen – z.B. Stoffvermittlung, Beurteilung, Förderung, Konfliktmanagement – konfrontiert, die in der täglichen Praxis ihre ganze Aufmerksamkeit und ein hohes Maß an Routinisierung und Typisierungen erfordern.

Emotionale Befindlichkeit

Weiterhin ist die individuelle emotionale Befindlichkeit von Bedeutung. Es ist ein Trugschluss anzunehmen, persönliche Probleme und Gefühle blieben außerhalb des Klassenzimmers, auch wenn Lehrer durch Professionalisierung und Schüler durch Erfahrungen und äußeren Druck gelernt haben mögen, sich bis zu einem gewissen Grad davon zu lösen. Tabelle 1 gibt einen Überblick über die vielfältigen Faktoren, die in das Interaktionsgeschehen hineinspielen.

situative Faktoren	soziale Faktoren	persönliche Faktoren	strukturelle Faktoren	inhaltliche Faktoren
Ort und Zeit: – Klassenzimmer – Stellung d. Stunde am Vormittag Ereignisse der vorangegangenen bzw. kommenden Stunde; äußere Einflüsse, z.B. Unruhe	Schüler in der Gruppe; Schülerrolle; Lehrerrolle; Sozialisation: – außerhalb und – innerhalb der Schule	kognitive und emotionale Befindlichkeit; Erwartungen und Bewertungen; Ursachenzuschreibungen	Funktionen von Interaktion im Unterricht: – persönlich (Lehrer-Schüler-Beziehung) – unpersönlich (Wissensvermittl.) Ziel: Effektivität	Sachinhalte; Themen

Tabelle 1: Determinanten von Interaktionsprozessen im Unterricht

13.3 Lehrerverhalten

13.3.1 Überblick

Wissenschaftliche Untersuchungen, die das Verhalten und Handeln von Lehrern analysieren, reichen von behavioristischen Rezepten und sozialpsychologischer Führungsstilforschung über Überlegungen der schülerzentrierten, humanistischen Psychologie bis zu kognitiv orientierten Attribuierungs- und Motivationstheorien. Gegenwärtiger Untersuchungsschwerpunkt kognitiver Psychologie sind individuelle Ursachen von Lehrerverhalten, von denen man annimmt, dass sie prinzipiell analysierbar und damit veränderbar sind.

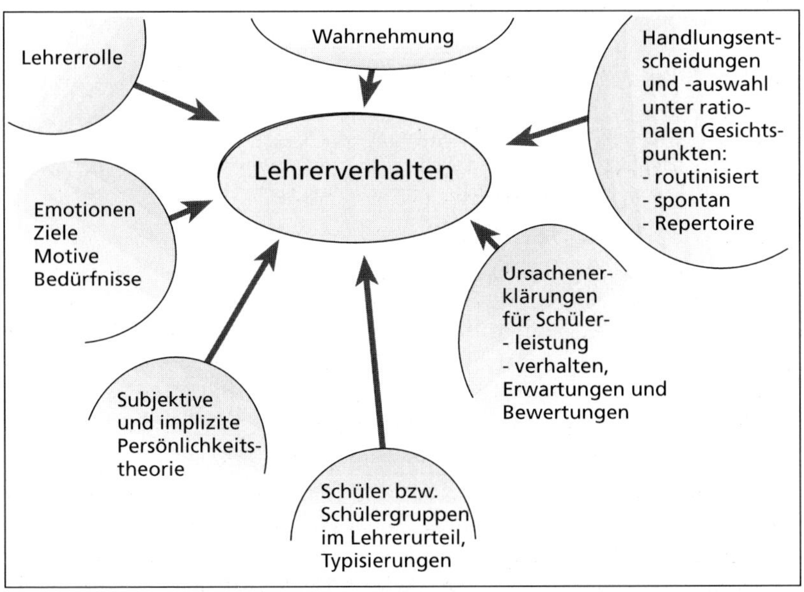

Ursachen des Lehrerverhaltens

Bild 4: Übersicht über Ursachen des Lehrerverhaltens (vgl. Dobrick, Hofer (1991); zum Stellenwert der Lehreremotionen Weidenmann, Krapp (1986), 345-360)

Auf einer abstrakten Ebene kann man sagen, dass das Lehrerverhalten eine konkrete Folge von rationalisierbaren, komplexen kognitiven und emotionalen Prozessen ist, deren Basis in den kognitiven Konzepten zu suchen ist, die dem Lehrer zur Verfügung stehen. Die Komplexität und vielfältige Vernetzung der Ursachen von Lehrerverhalten wird in Bild 4 dargestellt.
Im Folgenden sollen, nach einem Blick auf die wegweisenden klassischen Forschungen zu Führungsstilen, die zentralen Punkte dieses Beziehungsgeflechts erläutert werden.

13.3.2 Die klassischen Untersuchungen zum Lehrerverhalten – Lewin und Tausch

Erziehung zur Demokratie

Der nach Amerika emigrierte deutsche Psychologe Lewin setzte in den dreißiger Jahren mit seinen sozialpsychologischen Experimenten und Analysen Maßstäbe im Bereich der Führungsstilforschung. Geprägt von den Erfahrungen des Faschismus erforschte er die Frage nach der bestmöglichen Erziehung zur Demokratie. Er untersuchte die Auswirkungen dreier Typenkonzepte von Führungsstilen auf das soziale Klima und das Verhalten von Jugendlichen und Kindern in Gruppen.

Autokratischer / autoritärer Stil **Merkmale**	**Demokratischer / partnerschaftlicher Stil** **Merkmale**	**Laissez-faire-Stil** **Merkmale**
Lehrer bestimmt über alles	Was und Wie werden gemeinsam beschlossen	kein gemeinsames Thema festgelegt, Lehrer macht lediglich auf Arbeitsmaterial aufmerksam
Unterricht streng dirigiert, z.B. Vormachen-Nachmachen oder einfaches Frage-Antwort-Verfahren	eher offener Unterricht, Klassengespräch, Partner- und Gruppenarbeit, eigenständiges Bemühen um Lösungen wird gefördert	keine Unterrichtskonzeption, völlige Freiheit für Schüleraktivitäten, keine Gruppenstruktur
Kritik fast ausschließlich durch den Lehrer, häufig auch persönlich	sachbezogene, konstruktive Kritik, auch gegenseitig, z.B. als „Manöverkritik“	keine Leistungsbeurteilung oder Rückmeldungen
Anweisungen, Befehle, Strafandrohungen, Lob angepasster Schüler	wenig Drohungen und Strafen, höfliches Eingehen des Lehrers auf einzelne und Gruppen	keine Drohungen oder Strafen, Lehrer weitgehend passiv, freundliches Verhältnis zu Schülern
pessimistische Auffassung vom Lernwillen und der Urteilsfähigkeit der Schüler, Mißtrauen	optimistische Auffassung vom Wollen und Können der Schüler, Vertrauen	eher gleichgültige Auffassung vom Wollen und Können der Schüler

Tabelle 2a: Erziehungs- und Führungsstile nach Lewin sowie **Merkmale** entsprechenden Lehrerverhaltens

Drei klassische Führungsstile

Dabei ließ Lewin (1939) alle drei Stile von einem Erzieher praktizieren und zeigte damit, dass Führungsstile erlernbar sind, auch wenn ein Stil bevorzugt wird. Lewins Führungsstile werden in den Tabellen 2a und 2b im Zusammenhang mit Merkmalen und Auswirkungen typischen Lehrerverhaltens idealtypisch dargestellt. Lewins Untersuchungen wurden in der jungen demokratischen Gesellschaft der Bundesrepublik Deutschland aufmerksam

Autokratischer / autoritärer Stil **Auswirkungen**	**Demokratischer / partnerschaftlicher Stil** **Auswirkungen**	**Laissez-faire-Stil** **Auswirkungen**
Gefühl von Druck und Unfreiheit bei Schülern, die sich bezüglich ihrer Wünsche und Interessen nicht verstanden fühlen, bestimmte Schüler identifizieren sich mit dem Verhalten des Lehrers	größere Zufriedenheit, Entspanntheit, Gefühl des Verstandenwerdens, autoritär erzogene Schüler fühlen sich verunsichert, zu sehr auf sich selbst gestellt und Gleichaltrigen ausgesetzt	Unzufriedenheit mit sich selbst und mit Lehrer, Aggressivität und Verunsicherung
Gehorsam und Anpassung oder versteckte (seltener offene) Opposition	Anregungen zur Gestaltung des Unterrichtsgeschehens kommen von Schülern und/ oder werden von ihnen aufgenommen	Vorschläge für gemeinsame Aktivitäten werden gemacht, die Realisierung scheitert aber oft an mangelnder Konsensfähigkeit
Isolation gegenüber Mitschülern, ehrgeizige Wettbewerbsstimmung, feindliche Cliquen	stärkere Integration und Kooperation von Gruppen, wechselseitige Kritik auf sachlicher Ebene	keine Bildung einer Gruppenstruktur, eher aggressives Verhalten untereinander
Distanz zwischen Lehrer und Schüler	Zuneigung und persönliches Vertrauen zum Lehrer	Unzufriedenheit mit Lehrer, oft Aggressivität
latente Spannungen brechen bei Abwesenheit des Lehrers aus: Unhöflichkeiten, Aggressionen, Drohungen untereinander	Lösung von Spannungen durch Diskussion, Übereinkunft, Gruppenklima höflicher, hilfsbereiter, gewaltlos	Spannungen werden nicht gelöst, häufig chaotisches, unkontrolliertes Verhalten
rasche Unterordnung, die verschwindet, sobald äußere Kontrolle entfällt	wenig Unterordnung, durch Einsicht und Freiwilligkeit geprägte Einstellung, die langsamer erreicht wird, aber dauerhafter ist	Recht des Stärkeren
hohe Schulleistungen im Bereich gelernten Wissens, weniger geistige Selbständigkeit, Tendenz zur Übernahme der Autoritätsmeinung, schematisches Denken	höherer Zeitaufwand, Menge des Gelernten zunächst geringer, Behalten jedoch dauerhafter, größere Selbständigkeit, kritisches Denken und Prüfen vorgegebener Ansichten	geringe Arbeitsleistung, wenig Lernergebnisse

Tabelle 2b: Erziehungs- und Führungsstile nach Lewin sowie **Auswirkungen** auf Schüler

rezipiert. In den fünfziger und sechziger Jahren entwickelten Reinhard und Anne-Marie Tausch, der Tradition der humanistischen Psychologie Rogers verhaftet, Lewins Typenkonzept durch analytische Verfahren weiter. Auch Tausch, Tausch (1970) geht es in erster Linie um den Unterschied und die Auswirkungen der drei Führungsstile. Intensiver als Lewin jedoch stellen sie durch Lehrer initiierte Interaktionsprozesse in den Vordergrund ihrer Überlegungen, denn erst ein gutes Unterrichtsklima in einem schülerzentrierten, offenen Unterricht ermöglicht in ihren Augen demokratische Erziehung. Konsequenterweise sprechen sie dann auch vom sozialintegrativen Führungsstil.

Sozialintegrativer Führungsstil

Dimensionen des Lehrerverhaltens

Tausch und Tausch gelangen durch die Zusammenfassung vieler Einzelmerkmale mit hohem Zusammenhang zu vier Hauptdimensionen des Lehrerverhaltens:

- Dimension der emotionalen und sozialen Zuwendung
- Dimension der Lenkung, Dirigierung und Kontrolle
- Dimension der Aktivität / Passivität
- Dimension der Klarheit und Deutlichkeit / Verschwommenheit und Unbestimmtheit

Sie gehen weiter davon aus, dass Lewins Führungsstile diesen vier Dimensionen zugeordnet werden können, und verdeutlichen dies am Beispiel der ersten beiden Dimensionen (Bild 5 unten).

Dies leuchtet unmittelbar ein und bietet eine sinnvolle Ergänzung zu den Lewinschen Kategorien. Problematisch aber ist die Zuordnung konkreten Leh-

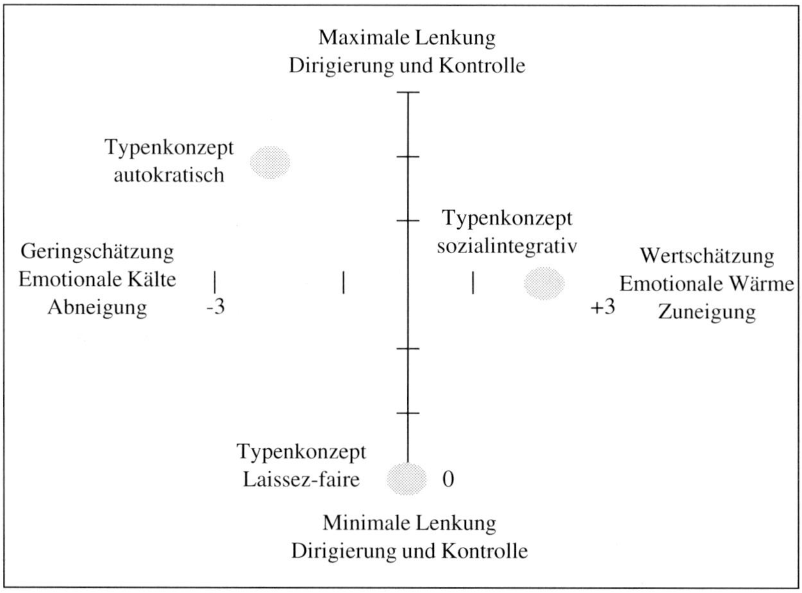

Bild 5: Einordnung von globalen Typenkonzepten der Führungsstile in das Koordinatensystem der emotionalen Dimension und der Lenkungsdimension des Lehrerverhaltens (nach Tausch, Tausch 1970)

rerverhaltens zu den Dimensionen, denn in aller Regel verhalten sich Lehrer nicht typengerecht, sondern variieren ihr Verhalten von Situation zu Situation, von Schüler zu Schüler, von Klasse zu Klasse. So stellten auch Tausch und Tausch Lehrerverhaltenskomplexe fest, die den globalen Typenkonzepten nicht oder nicht präzise zuzuordnen waren (Bild 6).
Sowohl Typenkonzepte als auch die Beschreibung von Lehrerverhalten durch Dimensionen leisten abstrakte und grundsätzlich zutreffende Beschreibungen, sie liefern aber keine über allgemeine Raster hinausgehende exakte Darstellungen. So kann zwar mit Recht festgestellt werden, dass ein sozialintegrativer Erziehungs-/Führungsstil zu größerer Zufriedenheit, angenehmerem Unterrichtsklima und dauerhaften Behaltensleistungen führt, warum aber trotzdem Disziplinkonflikte, Leistungsversagen und Unzufriedenheit an der Tagesordnung sind, wird nicht hinreichend beantwortet. Weiterhin sind die von Tausch und Tausch angebotenen praktischen Verhaltensregeln zum Erreichen des sozialintegrativen Führungsstils vergleichsweise eindimensional und beziehen die Persönlichkeit des unterrichtenden Lehrers nicht in ausreichendem Maße mit ein.
Die klassischen Untersuchungen sind somit als nützliche Voraussetzungen zum Verständnis des Lehrerverhaltens und seiner Auswirkungen auf die Schüler zu bewerten. Das Beziehungsgeflecht der Lehrer-Schüler-Interaktion aber ist komplexer, und seine Analyse muss die Ursachen des Lehrerverhaltens, die Schülerpersönlichkeit und den für die Schule zentralen Problembereich der Stoffvermittlung berücksichtigen.

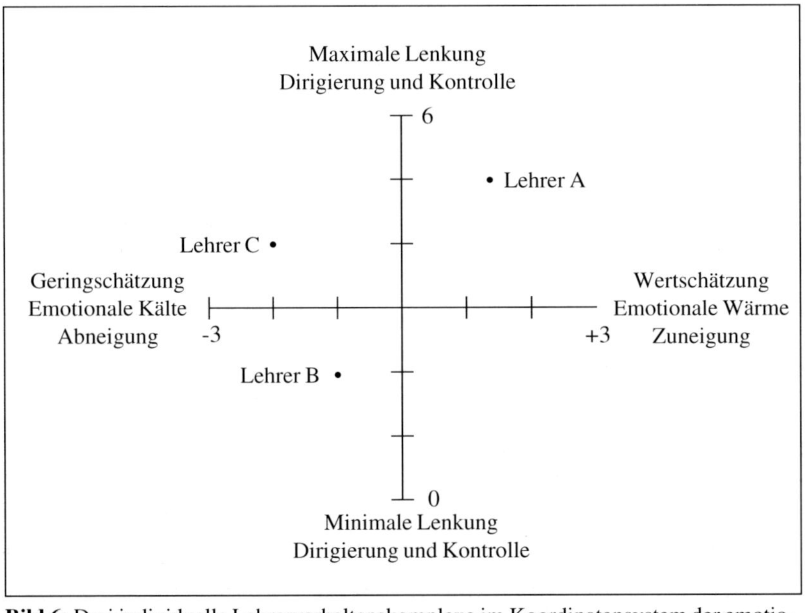

Bild 6: Drei individuelle Lehrerverhaltenskomplexe im Koordinatensystem der emotionalen Dimension und der Lenkungsdimension des Lehrerverhaltens (nach Tausch, Tausch 1970)

13.3.3 Wahrnehmung

„Wahrnehmen" bedeutet, mit Hilfe von Sinnessystemen Reize aus der Umwelt und aus dem eigenen Körper aufzunehmen und zu verarbeiten. Wie alle Wahrnehmungsprozesse sind auch die im Unterricht ablaufenden selektiv und von situativen sowie persönlichen Faktoren bedingt.

Selektive Wahrnehmung

So fühlen sich Lehrerinnen und Lehrer durch bestimmte Schüler oder Schülergruppen aufgrund von äußeren oder angenommenen inneren Merkmalen (Geschlecht, physische Attraktivität, Schichtzugehörigkeit, Sprache, Gestik, Mimik, Leistungsniveau) besonders gestört, angeregt oder bestärkt. Emotionale und kognitive Befindlichkeit beeinflussen die Wahrnehmung wie auch eher stabile verhaltenstypische Eigenschaften, zum Beispiel die individuell bevorzugte Blickrichtung in die Klasse.

Auch Schüler nehmen selektiv wahr, fühlen sich individuell durch verschiedene Lehrertypen mehr oder weniger angesprochen, akzeptiert oder motiviert. Sie gehen mit unterschiedlichen Erwartungen in eine Unterrichtsstunde und müssen ihre jeweilige kognitive und emotionale Befindlichkeit den an sie gestellten Anforderungen anpassen. Häufig überwiegt hier die Vorstellung, sie seien der schulischen Situation eher passiv ausgesetzt, und Lehrer könnten qua Rolle die momentanen Bedürfnisse ohnehin nicht erfüllen.

Stark abhängig ist die Wahrnehmung unterrichtlicher Ereignisse und des Lehrerverhaltens auch vom jeweiligen Unterrichtsfach: Verhalten von Lehrern, die ein bevorzugtes Fach unterrichten, wird vergleichsweise wohlwollend wahrgenommen und interpretiert.

13.3.4 Subjektive und implizite Theorien, Typisierungen

Stark verfestigte Denkstrukturen

Subjektive Theorien beziehen sich auf menschliches Handeln und können als stark verfestigte Denkstrukturen beschrieben werden. Sie beruhen auf Kenntnissen – gleichgültig ob falsch oder richtig – und individuellen Erfahrungen. Sie sind zumindest teilweise bewusst verfügbar. Wenn sich subjektive Theorien aufgrund von kontinuierlicher Bestätigung so weit verfestigen, dass sie nicht mehr bewusst zugänglich sind, spricht man von impliziten Theorien. Subjektive und implizite Theorien sind stark handlungsleitend.

Eine bei Lehrern weitverbreitete subjektive Theorie ist die Ansicht, auf störendes Schülerverhalten könne man bis zu einem gewissen Grad mit Nichtbeachtung reagieren, weil dann dieses Verhalten im Sinne der Reiz-Reaktions-Theorie nicht verstärkt würde. Wie sich in vielen Unterrichtsstunden zeigt, trifft dies nur teilweise zu, was aber die scheinbare Gültigkeit der subjektiven Theorie kaum tangiert. Sie wird sich erst dann verändern, wenn neue

Veränderungen

Kenntnisse über das Problem erworben, verarbeitet und durch Handlungserfahrungen bestätigt werden – ein komplizierter und langwieriger Prozess, der unter den hohen Anforderungen des Schulalltags nicht ohne weiteres leistbar ist.

Subjektive und implizite Theorien bilden eine Grundlage, auf der Schüler nach Typen klassifiziert werden. Je nach Typisierung kann die gleiche Schüler-

Häufige Typen	**Zugeschriebene Eigenschaften**	**Erklärungsmuster a) bei richtiger Antwort b) bei falscher Antwort**	**Beispiel für eine Lehrerhandlung a) bei richtiger Antwort b) bei falscher Antwort**
Intelligenter Schüler	begabt, fleißig, aktiv, meistens diszipliniert	a) Wissen, Begabung, Konstanz, Interesse b) punktuelle Unaufmerksamkeit, „Aussetzer", „Blackout"	a) positive Rückmeldung geben, loben, Antwort weiterverarbeiten b) zum Weiterarbeiten ermuntern, nachfragen, Zusatzinformation anbieten
„Quirl"	unruhig, unzuverlässig, nicht dumm, Mitarbeit oft gut, aber nicht konstant	a) Interesse, trotz mangelnder Konzentration b) Unaufmerksamkeit, mangelnde Motivation, andere Interessen	a) positive Rückmeldung geben, „dranbleiben", ermuntern b) ermahnen, Notendruck ausüben, disziplinieren
„Arbeitsbiene"	zuverlässig, motiviert, ausreichend intelligent, extrem fleißig	a) Vorarbeit, Aufmerksamkeit, Bemühen b) mangelnde Fähigkeit, trotz intensiver Arbeit	a) loben, bestärken, Vorbild herausstellen b) übergehen, ermuntern, Hilfen geben
„cooler" Typ	selbstsicher,lässig, indifferent, unzugänglich, verunsichernd	a) Intelligenz, Unterrichtsqualität (!), Angabe vor der Klasse b) Unaufmerksamkeit, Desinteresse, Provokation	a) intensiv loben, weiter motivieren, auf die eigene Seite ziehen b) ignorieren, kritisieren (auch persönlich)
schlechter Schüler	nicht genug begabt, überfordert, mangelnde Mitarbeit, Desinteresse	a) leichte Frage, Anstrengung, Zufall („ein blindes Huhn ...") b) mangelnde Intelligenz, geringe Arbeitsbereitschaft	a) intensiv loben, aufmuntern, durch leichte Fragen weiter einbeziehen b) übergehen, kritisieren, eher unstrukturierte Hilfen geben

Tabelle 3: Beispiele für Typisierungen von Schülern durch Lehrer, ihnen zugeschreibene Eigenschaften sowie typische Lehrerantworten bei richtiger bzw. falscher Antwort

handlung verschieden erklärt werden und entsprechend unterschiedliches Lehrerverhalten nach sich ziehen. In der voranstehenden Tabelle 3 wurden diesbezügliche Beobachtungen von Referendarinnen und Referendaren zusammengefasst.
Solche Typisierungen sind die kognitive Basis, die es Lehrern ermöglicht, in der hochdifferenzierten Unterrichtssituation die blitzschnell erforderlichen Entscheidungen zu treffen. Typisierungen sind in der kognitiven Struktur stark verfestigt. Sie mögen von Fall zu Fall zutreffend sein, wie alle routinisierten Handlungen werden sie allerdings kaum noch hinterfragt. Hinzu kommt, dass sich Schüler dem im Lehrerverhalten zum Ausdruck kommenden Wunsch tendenziell annähern. Dieser „Pygmalion-Effekt" (vgl. 13.3.7) verstärkt die Typisierungen.

Überwindung des Schubladendenkens

Zusammenfassend lässt sich feststellen, dass die individuell zur Verfügung stehenden subjektiven oder impliziten Theorien und Typisierungen Lehrern und Lehrerinnen keine Gewähr dafür geben können, sich situationsadäquat und so zu verhalten, dass das Ziel einer guten Lehrer-Schüler-Beziehung erreicht wird. Offenheit und die Bereitschaft, eigene subjektive Theorien zu hinterfragen und zu verändern, sind demgegenüber wichtige Voraussetzungen für die unbedingt anzustrebende Überwindung des „Schubladendenkens".

13.3.5 Kausalattribuierung

Ursachenzuschreibung

Der Grundgedanke der Kausalattribuierung ist es, eigenes und beobachtetes Verhalten zu erklären, indem ihm bestimmte Ursachen zugeschrieben werden. Heider nahm schon in den fünfziger Jahren mit den Begriffen „Können (can)" und „Bemühen (try)" zwei allgemeine innerpersonale Kausalfaktoren an. In den sechziger Jahren erweiterte dann der amerikanische Motivationspsychologe Weiner (1975) Heiders Gedanken um externale Faktoren. Weiner postulierte mit seiner Vierfeldertafel ein Modell, welches es ermöglichen soll, jede existierende Handlungsentscheidung durch Rückführung auf Kombinationen der vier Kausalfaktoren begründen zu können. Tabelle 4 verdeutlicht dieses Modell der Kausalattribuierung.

	Beeinflussungsbereich	
Stabilität über die Zeit	internal	external
stabil	Fähigkeit, Begabung	Aufgabenschwierigkeit
variabel	Anstrengung	äußere Umstände, z.B. Glück, Pech, Zufall

Tabelle 4: Modell der Kausalattribuierung (nach Weiner 1975)

13.3.5.1 Selbstbewertung

Selbstkonzept

Die Kausalfaktoren, auf die jeder Mensch Erfolg bzw. Misserfolg einer Handlung zurückführt, sind stark vom individuellen Selbstkonzept abhängig. Dieses beinhaltet Wahrnehmung und Bewertung eigener Einstellungen, Urteile und Werthaltungen im Hinblick auf Verhalten, Fähigkeiten und Eigenschaften. Es bildet sich im Austausch des Einzelnen mit der umgebenden sozialen Umwelt, wobei Familie, Gruppe Gleichaltriger und Schulklasse wichtige Faktoren sind.

Positives Selbstkonzept	**Negatives Selbstkonzept**
hohes Maß an Selbstvertrauen	geringes Selbstwertgefühl
Erfolgszuversicht, geringe Ängstlichkeit	höhere Ängstlichkeit, pessimistische Zukunftserwartung
frühe Entwicklung zur Autonomie	Autonomiebestrebungen später und weniger erfolgreich
Leistungsmotiv stark und erfolgszuversichtlich ausgeprägt; erbrachte Leistung wird auf persönlichkeitsspezifische Faktoren zurückgeführt; intrinsische Motivierung, größere Unabhängigkeit von Außenkontrollen	Misserfolgsorientierung, schnelle Entmutigung; selbstwertabträgliche Erklärungsmuster: Erfolg eher durch Zufall oder leichte Aufgaben; Motivierung kaum intrinsisch, hohes Maß an Abhängigkeit von Außenkontrollen
Kritikfähigkeit; Beeinträchtigungen des Selbstkonzepts werden nicht resignativ hingenommen; Versuch der positiven Verarbeitung	starke Neigung zur Resignation bei angebrachter Kritik und zu starrer Abwehr von Beeinträchtigungen
negative Reaktionen und Sanktionen auf eigenes nonkonformistisches Verhalten werden ausgehalten	geringe Reserven gegen selbstwertabträglichen Situationsdruck

Tabelle 5: Auswirkungen und Erscheinungsformen eines positiven bzw. negativen Selbstkonzeptes bei Schülerinnen und Schülern (nach Baus, Jacoby 1976)

Man unterscheidet zwischen einem positiven und einem negativen Selbstkonzept. Mischformen sind vorherrschend, die signifikant in die eine oder andere Richtung tendieren.

Die praktischen Konsequenzen erfolgs- bzw. misserfolgsorientierter Kausalattribuierung im Schulalltag sind offensichtlich: Ein Schüler, der falsche Antworten auf die eigene, zu geringe Anstrengung zurückführt, wird als Folge davon vielleicht größere Ausdauer und verstärktes Bemühen an den Tag legen. Die Attribuierung mit dem Kausalfaktor „mangelnde Fähigkeit“ hingegen führt leicht zur Aufgabe und Resignation.

Bedeutung für Handlungsweisen

Ähnliches gilt für Lehrer: Je nach Persönlichkeit und Selbstkonzept werden sie eigenen Erfolg oder spezifische Schulprobleme auf unterschiedliche Kausalfaktoren zurückführen. Dies hat Auswirkungen nicht nur auf das Selbstbild sondern auch auf das Bild vom Schüler und führt wiederum zu unterschiedlichen Handlungsweisen: So können anhaltende Disziplinkonflikte auf die eigene Unfähigkeit im Umgang mit der Klasse zurückgeführt werden, was zu Resignation, übergebührlicher Strenge oder sehr hohen Leistungsanforderungen führen kann. Sie können aber auch als unglückliche Konstellation äußerer Umstände aufgefasst werden und damit psychisch entlastend wirken.

13.3.5.2 Fremdbewertung

Sowohl für Schüler wie auch für Lehrer sind die dem Interaktionspartner zugeschriebenen Kausalfaktoren von großer Bedeutung. Die Schüleräußerung „Das interessiert mich alles nicht" beispielsweise kann zu völlig unterschiedlichen Lehrerreaktionen führen: Als pubertäre Trotzreaktion einer Schülerin mit Liebeskummer extern/variabel attribuiert, wird sie vielleicht ein mildes Lächeln, eine sanfte Ermahnung oder ein tröstendes Gesprächsangebot nach sich ziehen. Wird sie demgegenüber als Provokation einer engagierten und kritischen Schülerin eher stabil /internal gesehen, reagiert man eher abwehrend bis aggressiv.

Fremd- und Selbstbewertung bedingen einander stark, und so wird mancher Lehrer mit eher negativem Selbstkonzept eine solche Schüleräußerung kaum auf äußere Umstände zurückführen, sondern eher seinen Unterricht, unter Umständen gar sich selbst als Person, gefährdet sehen und entsprechend reagieren.

Kausalattribuierung und Schülerleistungen

Häufig untersucht wurden Kausalattribuierungen von Lehrern im Bereich der Schülerleistungen. Typisierte Situations- und Persönlichkeitsraster verleiten Lehrer tendenziell dazu, erbrachte Leistungen in erster Linie auf stabile/internale („Intelligenz") und kaum auf variable/externale Faktoren („Bemühen, Glück") zurückzuführen. Nicht von ungefähr sind deutliche Leistungsverbesserungen oder auch -verschlechterungen eines Schülers bei einem Lehrer selten, nach einem Lehrerwechsel jedoch eher möglich.

Abweichungen von der Norm

Untersuchungen der letzten Jahre bestätigen diese Tendenz und erweitern sie in zweierlei Hinsicht (Dobrick, Hofer 1991). Zunächst wird deutlich, dass Merkmale, die von einer durch die Alltagserfahrung definierten „normalen" Ausprägung abweichen, verstärkt zur Ursachenattribuierung herangezogen werden. So wird eine durchschnittliche Schülerleistung weniger zu erklären versucht als eine sehr gute oder sehr schlechte, und durchschnittliche Begabung wird seltener als Faktor der Kausalattribuierung für die Erklärung von Schulleistungen herangezogen als über- oder unterdurchschnittliche.

Beeinflussbarkeit von zugeschriebenen Ursachen

Die zweite Ergänzung der „klassischen" Attribuierungstheorien bezieht sich unmittelbar auf das Verhältnis von Ursachenzuschreibung und Verhalten. Ergänzend zum Erklärungsmuster stabil/variabel erweist sich die Beeinflussbarkeit von angenommenen Ursachen als handlungsleitend im Verhältnis von Lehrern und Schülern. Lehrer suchen vorzugsweise in denjenigen Faktoren nach Ursachen für Schülerleistung, die sie glauben beeinflussen zu können: „Begabung" wird dann subjektiv weniger wichtig als Aufgabenschwierigkeit, Interesse, Anstrengung oder die Art der Darstellung. Lehrer versuchen meist, ihr Verhalten in erster Linie auf Modifikationen im Bereich dieser Faktoren abzustimmen, um bessere Leistungen bei den Schülern ihrer Klasse bewirken zu können. Dies geschieht wiederum in enger Abhängigkeit zum angenommenen Schülertypus (vgl. Tabelle 3). Interessant ist in diesem Zusammenhang auch, dass beim „schlechten Schüler" kaum Ansatzpunkte für Verbesserungen angenommen werden.Seine Leistungsschwäche wird meist als „mangelnde Begabung" stabil/internal attribuiert und verfestigt sich damit.

13.3.6 Erwartungen und Bewertungen

Erwartungs-Bewertungstheorien wollen erklären, warum Menschen in bestimmten Situationen spezifische Handlungen aus dem ihnen zur Verfügung stehenden Handlungsrepertoire wählen (Heckhausen 1974, Heckhausen, Rheinberg 1980). Lehrerverhalten erfordert die Kompetenz, auf vielen Ebenen in der Unterrichtssituation ständig Entscheidungen zu treffen, sie zu reflektieren und erneut zu handeln. Dies geschieht auf der Basis blitzartig auflaufender kognitiver und emotionaler Prozesse (Erwartungen und Bewertungen).

Emotionen

Situationsbewertungen sind stark durch Emotionen wie Angst, Ärger oder gute Laune, vor allem aber durch die dem wahrgenommenen Verhalten zugeschriebenen Ursachen beeinflusst.

Ursachenzuschreibung

Die Vermutung eines Lehrers, eine Störung erfolge, um ihn zu ärgern oder gar lächerlich zu machen, wird zweifellos zu einer anderen Reaktion führen als die Ursachenzuschreibung „Störung wegen punktueller Langeweile". Weiterhin werden subjektive Persönlichkeitstheorien herangezogen: Störungen von vermeintlich wohlerzogenen, guten und sympathischen Schülerinnen und Schülern werden anders beurteilt als solche von vermeintlich schlechten und wenig kooperativen (vgl. 13.3.3).

Auch Schüler bewerten das beobachtete Lehrerverhalten auf dieser Basis: Kritik an einem Schülerbeitrag – „Du hast die Frage offensichtlich nicht richtig verstanden" – wird, wenn sie von einem Lehrer geäußert wird, der für fachlich und pädagogisch kompetent, für gerecht und einfühlsam gehalten wird, durchaus akzeptiert werden. Das subjektive Bild eines inkompetenten, sich hinter Notendruck versteckenden Lehrers wird demgegenüber eher zu einer ablehnenden Reaktion führen.

Erwarteter Situationsverlauf

Die Entscheidung darüber, ob es überhaupt nötig ist, in einer gegebenen Situation etwas zu tun, geschieht auf der Grundlage der subjektiven Einschätzungen des erwarteten Situationsverlaufs.

Die erwähnte Unterrichtsstörung „wegen punktueller Langeweile" wird dann keinen Handlungsbedarf signalisieren, wenn sie von einem vermeintlich guten, sympathischen Schüler kommt („er ist gleich wieder bei der Sache"), während sie massiv eine Handlung fordert, wenn sie durch einen scheinbar schlechten, wenig kooperativen Schüler ausgeübt wird („das ist sicherlich nur der Anfang ...").

In ähnlicher Weise wird eine Schülerin, die aufgrund ihrer subjektiven Erfahrungen und Einschätzungen der Überzeugung ist, sie könne durch rege

Beteiligung ihre mündliche und damit ihre Zeugnisnote verbessern, eher auf eine Frage antworten als im umgekehrten Fall.

Kurz- und langfristige Ziele

Je größer das individuelle Repertoire an Lehrerverhaltensweisen, desto effektiver kann auf eine spezifische Situation reagiert werden. Routinen erleichtern hierbei die blitzartig zu fällenden Entscheidungen sehr. Auswahlkriterien können unmittelbar angestrebte Ziele sein, also etwa Ruhe, Ordnung, Motivation oder regere Beteiligung, weiterhin mittelfristig die Erwartung der Folgen der zu wählenden Handlung. Auch langfristig angestrebte Erziehungsziele sind von Bedeutung: Lehrer, die ihre Aufgabe zuerst in der Stoffvermittlung sehen, werden beispielsweise Disziplinkonflikte vorzugsweise durch didaktisch-methodische Maßnahmen zu lösen versuchen; demgegenüber werden Lehrer, denen gute Beziehungen zu Schülern wichtiger sind, sich eher bemühen, die Konfliktursachen durch Gespräche und soziale Maßnahmen zu beseitigen.
Auch bei Schülern ist die Handlungsauswahl von entsprechenden Faktoren bestimmt, wobei ihnen in der Unterrichtssituation als meist reagierendem und eher abhängigem Interaktionspartner weniger Möglichkeiten offenstehen. Sie werden in der Regel den an sie gestellten Handlungsaufforderungen zu entsprechen versuchen.

Handlungs-alternativen	**Erwartung (0) - (+1)**	**Bewertung (-10) - (+10)**	**Ergebnis**
Ignorieren	0,2 „vielleicht klappt es“	+ 8 „repressionsfrei“ „gutes soziales Klima“	+ 1,6
Ermahnen	0,3 „Schüler sprechen meist darauf an“	+ 6 „noch erträglich für soziales Klima“	+ 1,8
Strafarbeit	0,6 „könnte mir Respekt verschaffen, funktioniert meistens“	+ 1 „Unterrichtsklima verschlechtert sich, Maßnahme widerspricht Erziehungszielen“	+ 1,6
Unterrichts-inhalte abfragen	0,4 „kurzfristige Ruhe, Vorbildeffekt, hält vielleicht an, Notendruck funktioniert immer“	+ 7 „sinnvoll, wird weniger als Strafe, eher als Warnung oder Hinweis verstanden“	+ 2,8
Anbrüllen	0,8 „sofortiger Erfolg“	- 7 „mit Erziehungszielen nicht vereinbar, könnte peinlich wirken“	- 5,6

Tabelle 6: Beispiel für einen Erwartungs-Bewertungs-Prozess

Heckhausen, Rheinberg (1980) haben ein griffiges Modell entwickelt, um den Zusammenhang der Erwartungs-Bewertungsprozesse zu verdeutlichen. Sie greifen zum Bild der multiplikativen Verknüpfung: Für Bewertungen wird eine Bandbreite von (+10) bis (-10), für Erwartungen von (0) bis (+1) angenommen. Ein Beispiel aus dem Unterrichtsalltag soll dies verdeutlichen. Wenn es darum geht, zwei ständig schwätzende Schüler zur Ruhe zu bringen, könnte das Ergebnis des in der vorangegangenen Tabelle 6 schematisierten Prozesses die Maßnahme „Inhalte des laufenden Unterrichts abfragen“ sein. Das gewählte Beispiel stellt nur einen Ausschnitt aus dem kognitiven Prozess dar, denn der Erwartungs-Bewertungsprozess wird auf drei Ebenen angenommen: Es geht darum, ob eine Handlung überhaupt angezeigt ist, weiter um die Möglichkeit, das gewünschte Ergebnis mit ihr erzielen zu können, und schließlich um das Abschätzen weiterer Folgen der gewählten Handlung. Heckhausen und Rheinberg sprechen von Situations-Ergebnis- (S-E), Handlungs-Ergebnis- (H-E) und Ergebnis-Folge-Erwartung (E-F) (Bild 7).

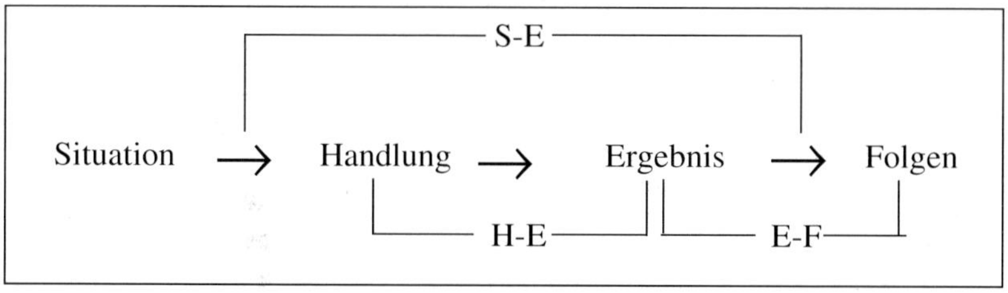

Bild 7: Drei Arten von Erwartungen im kognitiven Entscheidungsprozess (nach Heckhausen, Rheinberg 1980)

Bedeutung von Routinen

Alle drei Erwartungen werden im Verlauf des in Sekundenbruchteilen unter komplexen, belastenden Bedingungen ablaufenden kognitiven Entscheidungsprozesses auch bewertet. Dabei kommt Routinen eine besondere Bedeutung zu, weil diese von wenig Unsicherheit gekennzeichnet sind und aus den individuellen Erfahrungen heraus den größten Nutzen versprechen. Nicht immer wird also die der Situation adäquate Handlung gewählt, sondern manchmal auch auf die am leichtesten zugängliche zurückgegriffen.

13.3.7 Sich-selbst-erfüllende Prophezeiungen

Sowohl die tägliche Unterrichtspraxis als auch wissenschaftliche Erkenntnisse zeigen, dass sich Schüler/innen dem in ihren Augen vom Lehrer gewünschten Verhalten, also seinen Erwartungen, anpassen. Dies ist zum Teil zurückzuführen auf die institutionalisierten Hierarchien und Zwänge der Schule, muss aber auch verstanden werden als Ausprägung des bekannten „Pygmalion-Effekts“, der „Sich-selbst-erfüllenden Prophezeiungen“.

Pygmalion-Effekt

Die Psychologen Rosenthal /Jacobson wollten mit ihrer bahnbrechenden Untersuchung „Pygmalion im Klassenzimmer“ (1971) zeigen, dass sich Schülerleistungen durch spezifisches Lehrerverhalten signifikant verbessern lassen:

„Die Lehrer … übernahmen zu Beginn des Schuljahres neue Klassen, kannten also die Schüler noch nicht. Ein Intelligenztest wurde durchgeführt, der – wie den Lehrern gesagt wurde – zur Feststellung der Aufblüher dienen sollte. In Wirklichkeit wurden die dem Lehrer als Aufblüher prophezeiten Schüler nicht auf Grund der Testdaten, sondern nach dem Los bestimmt … Nach einem dreiviertel Jahr wurde der gleiche Intelligenztest wieder angewandt. Die Zuwachswerte des Intelligenzquotienten in der Gruppe der Aufblüher wurden den Werten aller übrigen Schüler, die als Kontrollgruppe dienten, gegenübergestellt. Der Vergleich zeigt einen größeren IQ-Zuwachs in der experimentellen Gruppe der vermeintlichen Aufblüher als in der Kontrollgruppe.“ (Dobrick, Hofer 1991, 2)

Trotz berechtigter Kritik am geschilderten Experiment, die in erster Linie seine enge Bindung an das Konzept Intelligenz und die daraus resultierenden Verallgemeinerungsprobleme thematisiert (Brophy, Good 1974), bleibt das Phänomen an sich unbezweifelt. Am Beispiel einer angenommenen Leistungsverbesserung soll der Prozess noch einmal veranschaulicht werden:

Erwartungen

1. Auf Grund von Vorerfahrungen, subjektiven und impliziten Theorien sowie Typisierungen prägen sich bei Lehrern spezifische Erwartungen hinsichtlich der Leistungsfähigkeit eines Schülers aus, die von Kausalattribuierungen begleitet werden. Gute Leistung wird auf hohe Begabung, Leistungsbereitschaft und positives Arbeitsverhalten zurückgeführt.

Typische Verhaltensweisen

2. Das Lehrerverhalten entspricht diesen Erwartungen. Folgende Lehrerverhaltensweisen könnten hieraus resultieren:
   - Aufbau eines warmen und sozialverträglichen emotionalen Klimas, etwa durch Lächeln, Kopfnicken, Hinbeugen zum Schüler, durch Augenkontakte sowie freundliche Äußerungen, die auch nicht-schulische Aspekte einbeziehen;
   - Lehrerimpulse und -fragen berücksichtigen den angenommenen Leistungsstand des Schülers, knüpfen dort an und führen weiter. So wird ständiges Mit- und Weiterdenken gefordert und gefördert, ohne dass durch Misserfolgserlebnisse dauerhaft demotiviert wird; auch das Selbstkonzept des Schülers wird somit verstärkt;
   - Schülerreaktionen werden nicht überhastet eingefordert, es bleibt ausreichend Zeit nachzudenken, Rückfragen zu stellen und die gewünschte Antwort auch ausformulieren zu können;
   - inhaltliche Rückmeldungen an den Schüler enthalten ein hohes Maß an Rückkoppelung über den Lernfortschritt, beispielsweise durch sachliche Korrektur falscher oder die Bestätigung richtiger Antworten, die adäquat gelobt werden; häufig werden auch konstruktive Hilfen gegeben, die den Schüler zum Weiterdenken anregen.

Rückwirkung

3. Der Schüler bemerkt das Bild, das der Lehrer von ihm hat, und die kontinuierliche Bestärkung wird ihn ermuntern, sich selbst entsprechend einzuschätzen. Die Fremdbewertung überträgt sich auf die Selbstbewertung: „Ich bin im Fach X gut, weil ich intelligent bin. Falls es einmal nicht so gut klappt, habe ich Pech gehabt und muss mich mehr anstrengen.“ Verstärkt wird die typische Kausalattribuierung durch Mitschüler und Eltern.

4. Veränderte Selbstbewertung kann die sich verbessernden schulischen Leistungen weiter unterstützen. Der Erfolg wird mehr und mehr auf das eigene Verhalten zurückgeführt und überträgt sich ggf. auf andere Schulfächer. **Selbstbewertung**
5. Im schulischen Interaktionsprozess bemerkt wiederum der Lehrer, dass sich sein Bild vom Schüler als richtig erweist. Er wird sein Verhalten weiter darauf abstimmen und evtl. versuchen noch intensiver zu helfen. So schließt sich der Kreis, auf höherer Ebene kann der Prozess erneut beginnen. **Bestätigung**

13.4 Schüler in der Gruppe

13.4.1 Sozialpsychologische Aspekte

Die Organisationsform der Schulklasse spielt eine wichtige Rolle im Schulalltag und beeinflusst Lehrer/innen gleichermaßen wie Schüler/innen.

Zwangsaggregat Schulklasse

Die verwickelten Interaktionen in der Klasse werden durch die Tatsache, dass Lehrer ihren Schülern kaum einmal als Individuen, sondern fast ausschließlich als Mitglieder der Klasse begegnen, zusätzlich verkompliziert. Dies betrifft neben Unterrichtsplanung und -gestaltung auch den Bereich der Konfliktentstehung und -lösung. Schüler sind dem sozialpsychologischen „Zwangsaggregat" ausgeliefert, müssen ihre soziale Rolle darin finden und spielen, ihren Status erarbeiten und erhalten. Sie sind auf Anerkennung und Akzeptanz in der Klasse angewiesen und erbringen ihre individuellen Leistungen unter den Augen der Anderen und im Vergleich oder gar Wettbewerb mit ihnen.
Die tagtägliche, praktische Bedeutung der Organisationsform „Klasse" bleibt unabhängig von der Beantwortung der Frage bestehen, ob die Schulklasse tatsächlich eine Gruppe im sozialpsychologischen Sinn ist. Eine allgemeine Definition legt dies zunächst nahe: „Eine Gruppe ist ein organisiertes System von zwei oder mehr Individuen, die so miteinander in Beziehung stehen, dass das System eine Funktion erfüllt, einen Standardsatz von Rollenbeziehungen zwischen seinen Mitgliedern besitzt sowie Normen beinhaltet, welche die Funktion der Gruppe und jedes Mitglieds in ihr regulieren." (Baus, Jacoby 1976, 40)
Andererseits macht das Erreichen eines gemeinsamen Ziels auf ökonomische Art und Weise den Gruppencharakter aus. Jedes Mitglied ist auf die funktionsgerechte Mitarbeit Anderer angewiesen. Dies trifft kaum auf die Klasse zu.

Schulklasse und Gruppe

Auch die Betrachtung sozialpsychologischer Merkmale, mit denen Gruppen klassifiziert werden (vgl. Tab. 7), ergibt kein eindeutiges Bild: Die Schulklasse ist zwar eindeutig eine formelle Sekundärgruppe, kann aber Groß- wie auch Kleingruppencharakter haben, denn Harmonie und Wir-Gefühl schwanken. Schulklassen können sowohl aufgaben- als auch sozial-emotionalorientiert sein, sind phasenweise Arbeitsgruppen und haben andererseits kein gemeinsames Gruppenziel. Wichtiger als die Frage nach dem sozialpsychologischen Gruppencharakter ist für alle in der Schule Arbeitenden die Kenntnis und Berücksichtigung wichtiger Elemente, die für die Wechselwirkung zwischen Individuum und Schulklasse von Bedeutung sind. Dies soll unter den Gesichtspunkten Leistung, Urteilsbildung, Selbstkonzept erfolgen.

Kriterium	Begriff	Merkmale
Größe	Kleingruppe	29, max. 30 Mitglieder, di e sich untereinander kennen, „Wir-Gefühl“
	Großgruppe	Mitgliederzahl höher, kein „Wir-Gefühl“ und kein „face-to-face-“ Kontakt, Stabilität durch die Organisation, durch Institutionalisierung, Nor men oder Gesetze
Interpersonale Beziehung	Primärgruppe	Kleingruppe, in der erste soziale Erfahrungen gemacht werden – in der Regel die Familie
	Sekundärgruppe	alle anderen
Grad der Formalisierung	formelle Gruppe	entsteht nicht freiwillig, Ziele sind von außen gesetzt, unpersönliche Bindungen der Mitglieder
	informelle Gruppe	entsteht freiwillig, Ziele sind selbstständig von den Mitgliedern gesetzt, persönliche Bindungen d. Mitglieder
Funktion / Ziele	sozial-emotionale Gruppe	Freizeitgruppe, ausgeprägtes Zusammengehörigkeitsgefühl d. Mitglieder, gemeinsame Interessensschwerpunkte
	aufgabenorientierte Gruppe	Arbeitsgruppe in Schule, Betrieb,-leistungsorientiert, produktorientiert
Gruppenmitglied	Ingroup (Eigen-, Wir-Gruppe)	vom (temporären) Standpunkt der Mitglieder ausgehend: Identifikation, Gefühl der Zugehörigkeit
	Outgroup (Eigen-, Wir-Gruppe)	vom (temporären) Standpunkt der Mitglieder ausgehend: keine Identifikation, Abwertungen, Fremdgefühl

Tab. 7: Soziologische Merkmale zur Klassifikation von Gruppen (Baus, Jacoby 1976)

13.4.2 Die Bedeutung der Schulklasse für den einzelnen Schüler

13.4.2.1 Leistung

Grundsätzlich ist zu bedenken: Es besteht ein struktureller Widerspruch zwischen dem schulischen Erziehungsziel des Erstellens, Bewertens und Benotens einer individuellen Leistung und der Tatsache, dass diese in einer kollektiven Situation erbracht werden muss. Weiterhin ist Leistung in der Klassensituation manchmal schwieriger zu erbringen als in einer Individualsituation, etwa bei der Erledigung von Hausaufgaben in vertrauter Umgebung.

Kooperation

Leistung kann in und von einer Gruppe dann optimal erbracht werden, wenn die Gruppe kooperiert, zum Beispiel arbeitsteilig vorgeht, und wenn das Gesamtergebnis der Gruppe entscheidend ist. Dem wird im Schulalltag nur selten entsprochen. Der Versuch, die Schlüsselqualifikation „Fähigkeit zur Teamarbeit“

in den Lehrplänen zu verankern und sie mit fächerverbindenden, neuen Unterrichtformen zu verknüpfen, könnte hier ansatzweise regulierend wirken. Andererseits kann nicht behauptet werden, Lernen in der Schule würde grundsätzlich durch das Klassenarrangement beeinträchtigt. Alle Schüler lernen auch durch Beobachtung, und bei einfacheren Aufgaben und Lernpensen stört die Existenz von Publikum nicht, sofern Klassen- und Unterrichtsklima angstfrei sind. Andere Lernprozesse, z.B. Kommunikationsfähigkeit, mutter- und fremdsprachliche Kompetenz oder kreative Problemlösungen, werden durch das Gruppenarrangement sogar gefördert.

Neue Unterrichtsformen

13.4.2.2 Urteilsbildung

Übernahme der Gruppenmeinung

Schüler/innen sind in der Schulklasse häufig starkem Gruppendruck ausgesetzt, vor allem in Phasen psychischer und sozialer Instabilität, etwa während der Pubertät, wenn Sekundärgruppen eine immer wichtiger werdende Rolle in der Identitätsfindung einnehmen. Wie die Experimente von Asch zeigten, neigen Menschen zur Angleichung ihres Urteils an die Mehrheitsmeinung. Dies trifft umso stärker zu, je größer das Gefälle im sozialen Status und je ausgeprägter bestehende Hierarchien sind: Schüler stimmen häufig wider besseres Wissen der Lehrermeinung zu, sei es aus Notenangst oder Opportunismus; sie lassen sich häufig überzeugen und begraben Zweifel sehr schnell. Ähnliches gilt für die Akzeptanz und Übernahme der Gruppenmeinung, was im Schulalltag zu dem bekannten Phänomen führt, dass Schüler im Einzelgespräch kooperativ sind, in der Klasse aber gegen den Lehrer agieren können, wenn dies die Gruppenmehrheit tut oder erwartet.

13.4.2.3 Selbstkonzept

Familie und Gleichaltrigengruppe

Bei der Bildung des Selbstkonzeptes kommt Gruppen eine große Bedeutung zu. Anfangs sind die Familie, später die Gleichaltrigen- und Freundesgruppen entscheidend. In besonderem Maße gilt dies für die Schulklasse, denn das „Zwangsaggregat" bleibt für viele Jahre soziales Bezugssystem. Hinzu kommt die Bedeutung von Schule im gesellschaftlichen Selektions- und Allokationsprozess sowie die überragende Bedeutung schulischer Leistung in diesem Bereich. Insofern ist die Schulklasse Belastungsprobe und Chance zugleich. In ihr findet der einzelne täglich vielfältige Möglichkeiten der Selbst- und Fremdbewertung, was das Selbstkonzept bestätigen oder tendenziell auch verändern kann.

Erziehender Unterricht

Lehrern kommt in dieser Situation besondere Bedeutung zu. Als Interaktionspartner sind sie – im Sinne des „Erziehenden Unterrichts" – Modellpersonen und Reibungsfläche zugleich. Ihre Erwartungen und Bewertungen setzen sich um und wirken auf das Selbstkonzept der Schüler/innen ein. Sie können ihren Schülern beim Aufbau eines positiven Selbstkonzeptes helfen, indem sie in der Klassensituation überhöhte Leistungsanforderungen vermeiden, intellektuelle wie auch soziale und emotionale Belastungsgrenzen beachten und Erfolgserlebnisse kennzeichnen. Ebenso wichtig kann es sein, gelegentlich intellektuelle zugunsten von technischen, sozialen, methodischen oder praktischen Fähigkeiten zu relativieren und insgesamt dem emotionalen sowie dem künstlerisch-musischen Erleben mehr Raum zu gewähren.

Literatur

Bateson, G. (1991). Ökologie des Geistes. Frankfurt: Suhrkamp.

Baus, M., Jacoby, K. (1976). Sozialpsychologie der Schulklasse. Bochum: Kamp.

Brophy, J. E., Good, T. L. (1976). Die Lehrer-Schüler-Interaktion. München: Urban & Schwarzenberg.

Dann, H.D. (1989). Was geht im Kopf des Lehrers vor? Lehrerkognition und erfolgreiches pädagogisches Handeln. Psychologie in Erziehung und Unterricht, 36, 81-90.

Dann, H. D., Tennstädt, K. Ch. (1987). Subjektive Theorien und erfolgreiches Handeln von Lehrern/-innen bei Unterrichtskonflikten. Unterrichtswissenschaft, 3, 306-320.

Dobrick, M., Hofer, M. (1991). Aktion und Reaktion. Die Beachtung des Schülers im Handeln des Lehrers. Göttingen: Hogrefe.

Gage, N. L., Berliner, D. C. (1986). Pädagogische Psychologie. Weinheim: Beltz.

Heckhausen, H. (1974). Lehrer-Schüler-Interaktion. In F. Weinert, C. F. Graumann, H. Heckhausen u. a. (Hrsg.), Funkkolleg Pädagogische Psychologie (547-574). Frankfurt: Fischer.

Heckhausen, H. (1974). Motive und ihre Entstehung. In F. Weinert, C. F. Graumann, H. Heckhausen u. a. (Hrsg.), Funkkolleg Pädagogische Psychologie (133-172). Frankfurt: Fischer.

Heckhausen, H., Rheinberg, F. (1980). Lernmotivation im Unterricht erneut betrachtet. Unterrichtswissenschaft, 11, 7-47.

Hirsch, G. (1990). Biographie und Identität des Lehrers. Eine typologische Studie über den Zusammenhang von Berufserfahrung und beruflichem Selbstverständnis. Weinheim,München: Beltz.

Kraak, B. (1987). Was Lehrerinnen und Lehrer denken und tun, erklärt mit der Handlungs-Entscheidungs-Theorie. Unterrichtswissenschaft, 3, 274-284.

Lewin, K. u. a. (1939). Patterns of aggressive behavior in experimentally created social climates. Journal of Social Psychology, 10, 271-299.

Mandl, H., Huber, G. L. (1983). Subjektive Theorien von Lehrern. Psychologie in Erziehung und Unterricht, 30, 98-112.

Miller, R. (1995). „Das ist ja wieder typisch." Kommunikation und Dialog in Schule und Schulverwaltung. 25 Trainingseinheiten. Weinheim: Beltz.

Perrez, M., Huber, G. L. , Geißler, K. (1986). Psychologie der pädagogischen Interaktion. In B. Weidenmann, A. Krapp (Hrsg.), Pädagogische Psychologie (361-446). München: Urban & Schwarzenberg.

Rogers, C. (1974). Lernen in Freiheit. München: Kösel.

Rosenthal, R., Jacobson, L. (1971). Pygmalion im Klassenzimmer. Weinheim: Beltz

Schulz von Thun, F. (1981). Miteinander reden, Störungen und Klärungen, Bd. 1 u. 2. Reinbek: Rowohlt.

Tausch, R., Tausch, A. (1970). Erziehungspsychologie. Göttingen: Hogrefe.

Weber, E. (1970). Erziehungsstile. Donauwörth: Auer.

Wahl, D., Weinert, F. E., Huber, G. L. (1984). Psychologie für die Schulpraxis. München: Kösel.

Watzlawick, P., Beavin, J. H., Jackson, D. D. (1985, 7. Aufl.). Menschliche Kommunikation. Bern, Stuttgart: Huber.

Weiner, B. (1975). Wirkung von Erfolg und Mißerfolg auf die Leistung. Bern: Huber.

Weidenmann, B., Krapp, A. (Hrsg.) (1986). Pädagogische Psychologie. München: Urban & Schwarzenberg.

Weißbrodt, W. (1981). Lehrer-Schüler-Klasse. In H. Frommer (Hrsg.), Handbuch des Vorbereitungsdienstes (349-389). Düsseldorf: Schwann.

14 Zum Umgang mit Konflikten im Schulalltag

Die Gordon-Methode Manfred Dick

14.1 Konflikte als wesentlicher Bestandteil der Lehrer-Schüler-Beziehung

Situation der Lehrer

Die Situation der Lehrer scheint nicht erfreulich zu sein. Diesen Eindruck gewinnt man jedenfalls, wenn man in einige unserer Magazine oder Zeitschriften blickt. So hat der „Spiegel" im Juni 1993 den „Horrorjob Lehrer" beschrieben (Spiegel vom 14.6.1993): Abgeschlafft seien die Pädagogen, lustlos, frustriert und ausgelaugt, unfähig, mit ihren Schülern und den Anforderungen ihres Jobs zurechtzukommen. Einige Monate später hat S. Etzold in der „Zeit" gar vom „Ruin eines Berufs" (Zeit vom 3.9.93) gesprochen. Eine allgemeine Rollenunsicherheit sei spürbar, eine intensive Wehleidigkeit. Da passt es ins Bild, dass wenige Wochen danach in derselben Wochenzeitschrift eine Realschullehrerin ihre schlimmen Erfahrungen in einer noch scheinbar heilen Kleinstadt schildert: Unter der idyllischen Fassade Kampf und Krampf, Gewalt bis zum Terror, Versagensängste, psychosomatische Beschwerden bis hin zu untherapierbaren Magenschmerzen. Derartige Berichte haben in Zeitungen die Neigung zu pointierten Zustandsschilderungen. Als Seismograph, der für bestimmte Entwicklungen sensibel ist, sind sie trotzdem nützlich. Schule scheint in der Tat schwieriger geworden zu sein. Auch ein besonnener Betrachter wie der frühere Konstanzer Ordinarius Helmut Fend meint in seinem vorsichtig abwägenden Urteil, die Konfliktintensität zwischen Erwachsenen und Jugendlichen habe sich gegenüber früher insgesamt erhöht (Fend 1990, 116).

In gewissem Ausmaß sind Konflikte, in der Schule wie anderswo, unvermeidbar. Wie aber mit solchen Konflikten umgegangen wird, hat wesentlichen Einfluss auf das Klima im Raum der Schulklasse, mag es sich um Unterrichtsstörungen – meist als Disziplinkonflikte bezeichnet – oder um andere Formen der Auseinandersetzung zwischen Lehrern und Schülern handeln. Die große Bedeutsamkeit dieses Themas wird allgemein gesehen; deshalb auch das beachtliche Angebot an sogenannten Konfliktlösungsmodellen in der pädagogisch-psychologischen Literatur. Unbestritten ist auch, dass die zunehmenden Probleme im sozialen Umfeld die Schule häufig mit neuen Forderungen konfrontieren. So schreibt Winfried Leiprecht in einem Leitartikel einer schwäbischen Tageszeitung (Gränzbote vom 15.9.93):

„Der Schule werden ständig neue Probleme vor die Tür gekehrt. Gewalt unter Jugendlichen wird beklagt – die Lehrer sollen es richten. Der Bundeskanzler hat entdeckt, dass es der jungen Generation an Wertebewusstsein mangelt – die Schulmeister sind aufgerufen, Abhilfe zu schaffen." Leiprecht räumt zwar – ich möchte fast sagen, notgedrungen – ein, dass es keine „Über-

Überforderung der Lehrer

lehrer" gibt, fordert aber nichtsdestoweniger, dass sich „die Lehrer der Herausforderung stellen (müssen), dass sie mehr denn je auch als Erzieher gefordert sind". Man liest es mit gemischten Gefühlen, und man möchte den Kollegen warnend zurufen: Zieht euch um Gotteswillen diesen Schuh nicht an! Es ist leicht einzusehen, dass der Versuch, sich auf einen solchen Anspruch einzulassen, nur mit einem Scheitern enden kann. Einige Pädagogen haben überdies darauf hingewiesen, dass ein solcher Anspruch auch gar nicht erhoben werden sollte, selbst wenn er eingelöst werden könnte, weil er dem Wesen einer sinnvollen Beziehung zwischen Erwachsenen und Heranwachsenden widerspricht. So sagt Hartmut von Hentig: „Für die Jugendlichen (d.h. Menschen vom Beginn der Pubertät an, also etwa ab 12 Jahren) ist nach meiner Meinung die Pädagogik nicht mehr zuständig. Sie verdirbt den Sinn dieses Lebensabschnittes, der auf Selbsterprobung angelegt ist. Die Beziehung zwischen Erwachsenen und Jugendlichen muss persönlich oder sachlich oder politisch sein; in der erzieherischen Abstinenz liegt hier die erzieherische Hilfe" (Hentig 1976, 35). Diese Sätze – mit denen Hentig übrigens eine Uralt-Erkenntnis des berühmten Jenaer Pädagogen Johann Friedrich Herbart aufgreift – sind sehr bedenkenswert. Trotzdem scheint es, als enthielte die Forderung Leiprechts etwas Wahres – genaugenommen liegt das Richtige direkt daneben, nämlich, dass die Fähigkeit zur Konfliktregelung wichtiger ist denn je. Nicht die Kategorie „Erziehung" ist vorrangig gefragt, sondern Kategorien wie Verständnis und Auseinandersetzung. Nicht um die Einlösung eines utopischen und außerdem, wie Hentig und Herbart betonen, unangemessenen Erziehungsanspruchs geht es, sondern um die Fähigkeit, sich als Lehrer Berufsfreude und Berufszufriedenheit zu bewahren – und dazu gehört das Gefühl Einfluss ausüben und etwas bewirken zu können, eigene Bedürfnisse und Neigungen auf vernünftige und angemessene Weise durchsetzen zu können, Zeit zu haben für befriedigende Unterrichtsarbeit. Letzteres gehört zu den wesentlichen Zielen der sogenannten Gordon-Methode, die ich im folgenden Abschnitt näher erläutern möchte.

Verständnis und Auseinandersetzung sind gefragt

14.2 Die Bedeutung der Gordon-Methode

Thomas Gordon war ein Schüler von Carl Rogers, dem Begründer der Gesprächspsychotherapie. Wie die Transaktionsanalyse und die themenzentrierte Interaktion nach Ruth Cohn gehört das Gordon-Konzept zu den Ansätzen der humanistischen Psychologie. Im Zentrum dieses Ansatzes steht die Möglichkeit des Menschen zu Wachstum, Reifung und Entwicklung. Thomas Gordon war längere Jahre als Schulpsychologe tätig; im Rahmen dieser Tätigkeit begegnete er den Problemen sogenannter verhaltensgestörter oder verhaltensauffälliger Kinder und war immer wieder beeindruckt, wieviel Leid Eltern und Erzieher Kindern zufügen, ohne dies zu wollen. Wie kommt es, fragte sich Gordon, dass Eltern und Lehrer, die im Allgemeinen gute Absichten haben und weder krank noch unfähig sind, ganz offensichtlich im Umgang mit Kindern Methoden anwenden, die ihren Absichten ge-

Verbreitete Unfähigkeit zur Konfliktbewältigung

radewegs zuwiderlaufen? Eine ganz ähnliche Frage hatten sich Reinhart und Annemarie Tausch, die Autoren des bekannten Buchs „Erziehungspsychologoie“ Anfang der 60er Jahre gestellt. Sie hatten die Beobachtung gemacht, dass praktisch alle Lehrer in Befragungen die Absicht äußerten, Probleme und Konflikte mit Schülern auf demokratische Weise, also in fruchtbarem Miteinander, zu lösen. Wenn aber Konflikte auftraten, griffen fast alle Lehrer auf Methoden zurück, die sie theoretisch verurteilten. Warum ist dies so? Tausch und Gordon meinen, dass Lehrer zwar gelernt hätten, wie man unterrichtet und wie man sich verhält, wenn alles reibungslos läuft. Sie haben in ihrer Ausbildung aber offensichtlich nicht gelernt, was in Problemsituationen zu tun ist. Gordon hat in der Folgezeit versucht, ein Konzept zu entwickeln, das derartige Fähigkeiten vermittelt: Fähigkeiten, Probleme vernünftig anzugehen und Konflikte auf konstruktive Weise zu bewältigen. Bücher wie die „Familienkonferenz“ und die „Lehrer-Schüler-Konferenz“ sind zu Bestsellern geworden. Seit etwa fünfundzwanzig Jahren werden im amerikanischen und deutschen Sprachraum Kurse in der Gordon-Methode angeboten, die mittlerweile mehrere Millionen Teilnehmer besucht haben. Meine eigene Erfahrung zeigte mir, dass die Gordon-Methode zwar kein Patentrezept ist, mit dem sich alle Schulprobleme mit Leichtigkeit lösen lassen. Aber sie vermittelt wertvolle Einsichten und Fähigkeiten, mit Problemen und Konflikten im Schulalltag umzugehen, und sie erweitert den Handlungsspielraum beträchtlich. Ein Bewunderer hat einmal gesagt, die Gordon-Methode gehöre zum Brauchbarsten, was die Psychologie der Pädagogik bislang angeboten habe. Ich stimme dem zu.

14.3 Darstellung der Gordon-Methode in Grundzügen

Die folgende Kurzdarstellung muss sich darauf beschränken, einige der wesentlichsten Aspekte des Gordon-Konzepts begreiflich zu machen; sie ersetzt nicht den Besuch eines Gordon-Lehrertrainings oder die intensive Lektüre der Lehrer-Schüler-Konferenz (Gordon 1986).

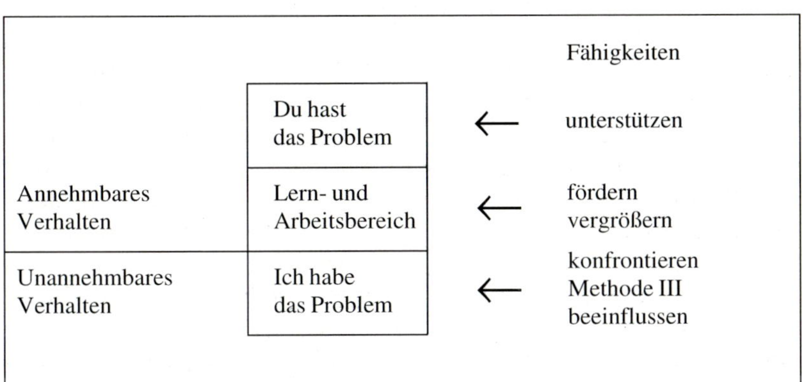

Bild 1: Verhaltensrechteck des Lehrers

Das sogenannte „Verhaltensrechteck des Lehrers“ (siehe Abbildung) gibt einen recht guten Einblick in die Grundzüge des Gordon-Konzepts:Eines der bedeutsamsten Ziele des Unterrichts ist die Herstellung einer Atmosphäre, in der fruchtbares Lernen und Arbeiten möglich ist (im Verhaltensrechteck als Lern- und Arbeitsbereich bezeichnet). Voraussetzung dafür ist allerdings, dass bei Lehrern und Schülern Kopf und Herz frei sind für solche produktive Aktivität.

Grundzüge des Konzepts

Manchmal habe ich als Lehrer das Problem, auf Verhalten von Schülern zu stoßen, das für mich unannehmbar ist; es verletzt meine Bedürfnisse, es behindert meine Absichten, es ärgert oder frustriert mich, macht mich zornig oder wütend, bereitet mir Enttäuschung oder Angst. Es mag andererseits auch sein, dass Schüler Probleme haben, die sie an einer fruchtbaren Mitarbeit hindern, und dass ich erkenne, dass sie solche Probleme haben. In diesem Fall möchte ich den Schülern vielleicht helfen. Wohlgemerkt: Diese Schüler schränken mein Wohlbefinden nicht ein, sie behindern meine Unterrichtstätigkeit nicht, sie verletzen keines meiner Bedürfnisse, ihr Verhalten ist für mich als durchaus annehmbar; aber vielleicht fühle ich in mir den Wunsch, sie bei der Bewältigung ihrer Probleme zu unterstützen. In diesem Fall ist die Fähigkeit des Zuhörens, besonders in seiner aktiven Form, von besonderer Bedeutung. Wenn das Problem dagegen bei mir liegt, wenn also ich in meinen Bedürfnissen verletzt bin, ist eine andere Vorgehensweise nützlich: das effektive Konfrontieren mit sogenannten Ich-Botschaften. Der Beschreibung dieser beiden Fähigkeiten, der wichtigsten Säulen der Gordon-Methode, wird der größere Teil des folgenden Abschnitts zugeordnet sein. Zunächst möchte ich aber auf bestimmte Reaktionsweisen von Lehrern hinweisen, die außerordentlich verbreitet sind, aber unglücklicherweise das Gegenteil von dem bewirken, was beabsichtigt ist; sie behindern oder blockieren die Kommunikation, statt sie zu fördern.

14.3.1 Ungeeignete Lösungswege: Die zwölf Straßensperren

Im folgenden Beispiel geht es um die Schwierigkeiten, die ein Schüler hat, mit einer gestellten Aufgabe fertig zu werden, und um typische Lehrerreaktionen auf eine solche Situation . Manche Reaktionen teilen herabsetzende Bewertungen mit und sind deshalb für den Schüler nicht sehr hilfreich:

- Verurteilen, kritisieren, widersprechen, beschuldigen: „Du gibst dir einfach keine Mühe. Du hast von jeher leicht aufgegeben.“
- Beschimpfen, etikettieren: „Du verhältst dich, als müsstest du zum erstenmal eine schwierige Aufgabe lösen. Du führt dich auf wie ein Versager.“
- Analysieren, interpretieren: „Du hast einfach keine Lust, dich anzustrengen.“

Die folgenden Reaktionen vermitteln dem Schüler das Gefühl, dass seine Probleme nicht ernst genommen werden; Gordon spricht in diesem Zusammenhang von der „Sprache der Nichtannahme“.

- Befehlen, kommandieren
- Drohen, warnen
- Moralisieren
- Lösungen anbieten
- Belehren, Vorträge halten

Problematisch sind auch

- Loben, positive Bewertungen geben
- Beruhigen, trösten

Das mag auf den ersten Blick überraschen. Man muss sich aber klar machen, dass diese Reaktionen einen Versuch darstellen, die Schwierigkeiten des Schülers als unbedeutend oder eingebildet hinzustellen.

Schließlich bestehen zwei weitere verbreitete Reaktionsweisen darin, entweder Fragen zu stellen, um dann das Problem für den Schüler lösen zu wollen, oder darin, auf heitere, elegante, ablenkende oder im schlimmeren Fall zynische Art das Thema zu wechseln:

- Fragen, sondieren, ins Kreuzverhör nehmen
- Ablenken, sarkastisch sein, zerstreuen

Alle zwölf Reaktionsweisen vermitteln dem Schüler das Gefühl, nicht in Ordnung zu sein. Aber 90 – 95 % der Lehrer, hat man in den Kursen festgestellt, benutzen irgendeine von diesen Straßensperren!

Die Gordon-Methode vertraut demgegenüber der wahrhaft zauberkräftigen Wirkung des Zuhörens, besonders des sogenannten aktiven Zuhörens.

14.3.2 Aktives Zuhören

Unsere Gefühle können wir anderen niemals direkt mitteilen. Wir sind zu ihrer Übermittlung auf Symbole angewiesen, auf Zeichen, auf Worte oder Körpersprache, das heißt auf einen Code, den das Gegenüber erst entschlüsseln muss. Um zu erkennen, ob ich die Botschaft meines Gesprächspartners richtig verstanden habe, kann ich ihm eine Rückmeldung geben, welche die zwei bedeutsamen Elemente dieser Botschaft widerspiegelt: die Worte und die zugrundeliegenden Gefühle. Diesen Vorgang bezeichnet man als aktives Zuhören. Hier ein Beispiel aus der „Lehrer-Schüler-Konferenz“ (Gordon 1986, 66f.):

Beispiele für aktives Zuhören

Ein Schüler macht sich Sorgen wegen einer bevorstehenden Klassenarbeit. Da er diese Angst nicht offen zeigen kann oder will, drückt er sich verschlüsselt aus: „Werden wir schon bald eine Arbeit schreiben?“ Der Lehrer macht nun einen Entschlüsselungsversuch in Form einer Rückmeldung. Er vermutet Angst und Besorgnis beim Schüler und sagt: „Es macht dir Sorgen, bald geprüft zu werden.“ Falls die Vermutung ins Schwarze getroffen hat, wird der Schüler sie bestätigen. Damit weiß der Lehrer, dass er verstanden hat, und der Schüler, dass er verstanden wurde. Gesetzt den Fall aber, die Angst des Schülers hätte eine andere Ursache? Er hätte die Befürchtung, die bevorstehende Arbeit wäre ein Aufsatz, bei dem er üblicherweise wenig Erfolg hat? In diesem Fall war die Entschlüsselung ungenau. Der Schüler hat nun aber seinerseits die Möglichkeit, die inkorrekte Rückmeldung zu korrigieren. Dann könnte die Unterhaltung z.B. so weiterlaufen:

Schüler: Nein, ich weiß nur nicht, was für eine Arbeit Sie schreiben lassen werden. Und ich fürchte, dass es ein Aufsatz sein wird.
Lehrer: Ach, du machst dir Sorgen über die Art der Arbeit, die wir schreiben werden.
Schüler: Ja, Aufsätze liegen mir nicht.
Lehrer: Aha, du meinst, dass du in naturwissenschaftlichen Arbeiten besser bist.
Schüler: Ja, Aufsätze verhaue ich immer.
Lehrer: Es werden mehrere Themen zur Wahl stehen.
Schüler: Schön! Jetzt mache ich mir keine so großen Sorgen mehr.

Das Beispiel zeigt, dass man keine überragende Intuition braucht, um die Methode des aktiven Zuhörens zu erlernen. Wenn meine Rückmeldung nicht ins Ziel trifft – wie oben bei der Antwort des Lehrers -, weiß das Gegenüber, dass es seine Botschaft so lange wiederholen oder modifizieren muss, bis es die Sicherheit hat, verstanden worden zu sein. Ich habe vorhin von der „zauberkräftigen Wirkung“ des aktiven Zuhörens gesprochen. Dies mag etwas pathetisch klingen; aber mir scheint in der Tat, dass das aktive Zuhören eine Art Königsweg des Verstehens darstellt und wirksame Prozesse in Gang zu setzen vermag. Eine meiner ersten und überaus erfreulichen Erfahrungen mit der Gordon-Methode machte ich bei dem Versuch, einen Streit zwischen einem Schüler der 8. Klasse und dessen Klassenkameradin zu schlichten, und zwar nur durch Anwendung aktiven Zuhörens. Es wirkte damals fast wie ein kleines Wunder auf mich, dass der Streit innerhalb weniger Minuten zu einem glücklichen Ende gebracht werden konnte und die beiden Kontrahenten in der Folgezeit gute Freunde wurden. – Die sichere und geläufige Anwendung des aktiven Zuhörens verlangt allerdings einige Übung.

14.3.3 Effektives Konfrontieren mittels Ich-Botschaften

Ich-Botschaften sollen gesendet werden, wenn der Lehrer das Problem besitzt: Bestimmte Verhaltensweisen eines Schülers beeinträchtigen sein Wohlbefinden, stören, ärgern, ängstigen oder kränken ihn. Solche Ich-Botschaften werden deshalb auch „Konfrontationsbotschaften“ genannt. Leider aber sind die meisten Botschaften, die Lehrer in einer Konfrontationssituation tatsächlich senden, Du-Botschaften und identisch mit den Straßensperren, die zuvor beschrieben wurden. So zum Beispiel:
Du hörst jetzt sofort damit auf! (Befehlen).
Du benimmst dich wie ein Baby! (Beschimpfen)
Du willst es ihm nur heimzahlen. (Analysieren)
Warum hast du das getan? (Sondieren, Verhören)
Du bist ein zweiter Einstein. (Sarkasmus)

Diese Botschaften enthalten Aussagen über Schüler und werden in der Regel von diesen als negativ bewertend empfunden. Die innere Bereitschaft, sich oder sein Verhalten zu ändern, wird durch solche „Du-Botschaften" beim Schüler vermutlich nicht gefördert. Eine negative Etikettierung wird in der Regel Widerstand hervorrufen.

Vorteile von Ich-Botschaften

Ich-Botschaften versuchen diese Nachteile zu vermeiden. Eine Ich-Botschaft ist ein Stück Selbstenthüllung und offenbart etwas von den Gefühlen dessen, der sie aussendet. Eine Ich-Botschaft so zu formulieren, dass sie wirksam ist, scheint indessen gar nicht so leicht. Eine solche Botschaft enthält drei Bestandteile: 1. eine wertungsfreie Beschreibung des störenden Verhaltens; 2. die konkreten Folgen für mich, die sich aus diesem Verhalten ergeben, und 3. eine Schilderung des Gefühls, das bei mir ausgelöst wird. Zum Beispiel: „Wenn du die Füße in den Gang streckst, stolpere ich leicht darüber, und ich fürchte, daß ich fallen und mir wehtun werde". Die zweite Komponente einer Ich-Botschaft, nämlich die konkrete Folge (im Beispiel also: ... stolpere ich leicht darüber), ist häufig am schwierigsten glaubhaft zu formulieren. Dieser Bestandteil ist aber meist unverzichtbar, da Erfahrungen zeigen: Schüler sind selten bereit, ihr Verhalten zu ändern, wenn die behauptete Folge, die der Lehrer anführt, ihnen nicht wirklich stichhaltig erscheint. Wichtig ist es auch darauf zu achten, daß der erste Bestandteil konsequent auf offene oder versteckte Wertungen verzichtet. „Wenn du dich wie ein Idiot benimmst..." ist keine Ich-Botschaft, sondern eine Du-Botschaft, da sie eine starke Etikettierung enthält, noch dazu massiv beleidigend! Die dritte Komponente soll die Gefühle zum Ausdruck bringen, die den Sender gerade bewegen: Irration, Trauer, Ärger, Enttäuschung... .

Viele Lehrer empfinden diese Offenheit, die ja auch ein Stück Selbst-Offenbarung darstellt, als problematisch. Sie ist wirksam, aber macht in einem gewissen Sinn auch verletzlich. Wenn diese Hemmschwelle aber einmal überwunden ist – sie kann zu Anfang beträchtlich sein – stellen Lehrer meist mit Erleichterung und Freude fest, dass die Beziehung zu den Schülern an Befriedigung und Intensität deutlich gewonnen hat.

Ein eigenes Problem stellen Ich-Botschaften dar, die Zorn oder gar Wut ausdrücken. Selbst wenn eine Etikettierung peinlichst vermieden wird, werden solche Botschaften von Schülern als herabsetzend und angstauslösend empfunden. Hier hilft die Erkenntnis, dass Wut selten ein primäres Gefühl ist. Im allgemeinen geht ihr ein anderes Gefühl voraus – Enttäuschung oder, noch häufiger, Angst.

Dazu ein eigenes Erlebnis: Auf einer Fahrradtour zum Bodensee mit einer 6. Klasse kommt es beinahe zu einem schweren Unfall. Die Klasse fährt ein kurzes Stück auf der Bundesstraße. Den Kindern ist vorher mehrfach eingeschärft worden, in Reihe zu fahren und auf keinen Fall zu überholen. Trotzdem startet eines der Mädchen zu einem gewagten Überholmanöver, genau in dem Augenblick, als sich von hinten ein Auto nähert. Ich höre mich noch dem Mädchen zuschreien: „Fahr rechts ran!" – Völlig sinnlos natürlich, sie kann mich nicht hören und noch weniger reagieren. Ohnmächtig muss ich zusehen, wie die Katastrophe sich zusammenbraut. Zu meiner großen Erleichterung passiert nichts, schleudernd, hupend, mit quietschenden Bremsen schlängelt sich das Auto gerade noch zwischen Schülerin und einem entgegenkommenden LKW durch … Aufatmen. 200 m weiter beginnt der Radweg. Die Schüler sammeln sich vor der Weiterfahrt. Inzwischen hat sich bei mir die ausgestandene Angst in fürchterliche Wut verwandelt. Ich schreie die Gruppe zusammen: Was ihnen denn einfiele, ob sie die Anweisungen nicht verstanden hätten, dass ich keinerlei Lust verspüre, mit solchen Kindern noch einmal eine Radtour zu machen… Betreten, versteinert, kleinlaut lassen die Schüler meinen Wutausbruch über sich ergehen. Der Beziehung zu der Klasse hat der Zwischenfall dann letztlich doch nicht geschadet. Aber nach einiger Zeit, mittlerweile wieder besonnen geworden, habe ich dann überlegt: Warum war es eigentlich nicht möglich, das ursprüngliche Gefühl zu äußern, nämlich die Angst? – Gordon gibt einen interessanten Hinweis: Wenn Lehrer häufig zornige oder wütende Ich-Botschaften senden, haben sie wahrscheinlich die Verbindung zu ihren primären Gefühlen verloren.

14.3.4 Ich-Botschaften und Methode III

Probleme sind noch keine Konflikte. Häufig gelingt es, ein Problem durch Ich-Botschaften zu lösen. Falls es nicht gelingt, habe ich einen Konflikt. Alles hängt nun von der Fähigkeit ab, einen solchen Konflikt auf angemessene Weise zu bewältigen. Das Klassenzimmer sollte nicht zum Schlachtfeld werden, auf dem Sieger und Besiegte zurückbleiben. Meist, so die Beobachtung, scheint es nur zwei Möglichkeiten zu geben: Entweder der Lehrer setzt sich durch auf Kosten der Schüler (Methode I) oder die Schüler setzen sich durch auf Kosten des Lehrers (Methode II).
Niederlagenlose Konfliktbewältigung heißt die Forderung; damit ist eine Methode gemeint, die die Mängel der beiden ersten vermeidet. Diese sogenannte Methode III ist ein Prozess, in dem die Beteiligten nach Möglichkeiten suchen, die Bedürfnisse beider Seiten angemessen zu berücksichtigen. – Nachfolgend ein Beispiel aus der Lehrer-Schüler-Konferenz (Gordon 1986, 191):

Beispiel

Frau W.: Arthur, ich kann nicht arbeiten, wenn du mit deiner Gruppe dermaßen laut redest. Ich stehe aber unter Zeitdruck und muss die Arbeit mit meiner Gruppe noch heute beenden.

Arthur: Wir sollen doch den Ausflug für die nächste Woche planen. Ich weiß nicht, wie wir das ohne Sprechen tun sollen.

Frau W.: Ihr müsst also auch eine Arbeit erledigen, und dazu ist es nötig, dass ihr untereinander redet.

Arthur: Ja, wir müssen heute mit der Formulierung der Fragen fertig werden, sonst können sie bis Montag, wenn wir sie brauchen, nicht mehr vervielfältigt werden.

Frau W.: Ihr steht also auch unter Zeitdruck. Ich muss aber ebenfalls meine Gruppe noch anhören, bevor sie weiterarbeiten kann. Der Lärm, den eure Unterhaltung verursacht, stört meine Konzentration.

Arthur: Ja?
Frau W.: Hast du irgendeine Idee, wie wir dieses Problem lösen könnten und trotzdem beide zufrieden wären?
Arthur: Nun, wenn es Ihnen recht ist, könnte unsere Gruppe im Konferenzzimmer arbeiten. Es ist um diese Zeit immer leer.
Frau W.: Mein Problem wäre damit gelöst. Aber bist du sicher, dass es euch nichts ausmacht, dorthin zu gehen? Das Zimmer ist ein bisschen klein für euch alle.
Arthur: Das ist schon in Ordnung…
Frau W.: Dann ist uns allen geholfen. Werdet ihr wohl heute mit eurer Arbeit fertig, oder braucht ihr morgen das Konferenzzimmer noch einmal?
Arthur: Ich glaube, wir schaffen es heute.

An diesem zugegebenermaßen ziemlich leicht zu lösenden Konflikt lässt sich immerhin in Ansätzen zeigen, dass ein solcher Problemlösungsprozess im Prinzip 6 Stufen durchläuft.

Stufen des Problemlöse-prozesses

1. Definition des Problems / Klärung der Bedürfnisse
2. Sammlung möglicher Lösungen
3. Wertung der Lösungsvorschläge
4. Entscheidung für die beste Lösung
5. Richtlinien für die Realisierung der Entscheidung
6. Bewertung der Effektivität der Lösung

Das Verfahren kann aufwendig sein, und auf jeder Stufe stecken im Detail zahlreiche Tücken. Es ist von entscheidender Bedeutung, das Verfahren auszuprobieren, einzuüben und sich mit diesen Details vertraut zu machen. Häufig könnte ein Problem, bevor es zum Konflikt wird, allein durch Ich-Botschaften gelöst werden. Überraschend häufig aber scheitern solche Ich-Botschaften. Es ist wichtig, sich mögliche Gründe eines solchen Scheiterns vor Augen zu halten.

14.3.5 Gründe für das Scheitern von Ich-Botschaften

Vier Fehlerquellen:

Die sogenannten Ich-Botschaften sind das wahrscheinlich bekannteste Element der Gordon-Methode. Das wirkt sich manchmal eher nachteilig aus. Oft, wenn man mit Leuten spricht, die oberflächlich mit dem Gordon-Konzept in Kontakt geraten sind, kann man hören: „Gordon? Ist das nicht der mit den Ich-Botschaften? – Kann man vergessen! Ich habe das probiert und festgestellt, dass es nicht funktioniert!“ – Übersehen wird dabei, dass Gordon sehr viel Mühe darauf verwendet, die Voraussetzungen zu beschreiben, die für eine erfolgreiche Verwendung solcher Ich-Botschaften gegeben sein müssen. Insbesondere sind es vier häufige Fehlerquellen, die eine Ich-Botschaft unwirksam machen können:

Unechtheit

1. Ein unangemessener Ausdruck, das heißt eine Ausdrucksweise in Worten oder Körpersprache, die meinen tatsächlichen Gefühlen nicht oder nur ungenügend entspricht. Der Schüler kauft mir einfach nicht ab, dass sein Verhalten auf mich so störend wirkt, wie ich behaupte.

Kein Umschalten auf aktives Zuhören

2. Das sogenannte Umschalten ist nicht vorhanden. Die zweite wesentliche Säule der Gordon-Methode ist neben den Ich-Botschaften das Zuhören, besonders in der Art des sogenannten aktiven Zuhörens, das die Worte des Gesprächspartners samt der dahinterliegenden Botschaft zurückspiegelt und dadurch zweierlei bewirkt: Es zeigt dem anderen, dass ich ihn verstanden habe, und ermutigt ihn darüber hinaus, sich weiter zu äußern. Die Ich-Botschaften dienen dazu, klar und unmissverständlich meine eigenen Bedürfnisse deutlich zu machen; das aktive Zuhören, die Bedürfnisse des Gegenübers zu erkennen. Beides ist unverzichtbar, um zu einer niederlagenlosen Konfliktbewältigung zu gelangen, welche die Bedürfnisse beider Seiten berücksichtigt. Nehmen wir also einmal an, ich hätte einem Schüler meine schönste Ich-Botschaft gesendet, in der ich meinen Ärger darüber ausdrücke, dass er zum drittenmal seine Hausaufgaben nicht gemacht hat, und ich bemerke, dass er seinerseits mit Angst, Verärgerung oder Zorn reagiert. Mit anderen Worten: Ich habe ihn mit meiner Ich-Botschaft in Schwierigkeiten gebracht – er besitzt jetzt ein Problem, wie es in der Gordon-Terminologie heißt. In diesem Fall wäre es unklug, mit weiteren Ich-Botschaften die Emotionen noch weiter aufzuheizen. Empfehlenswert ist eher, ihm Gelegenheit zu geben, seine Gefühle zu äußern. Ich muss auf aktives Zuhören umschalten, um den Emotionspegel auf ein Maß zu senken, das einen Austausch im Gespräch erst ermöglicht.
   Dies gilt als allgemeiner Grundsatz: Habe ich das Problem, so ist die angemessene Verhaltensweise eine Ich-Botschaft, mit der ich eine klare Schilderung meiner verletzten Bedürfnisse gebe. Hat der andere das Problem, so ist Unterstützung die angemessene Reaktion, zum Beispiel durch aktives Zuhören. Aus diesem Grund ist es auch von großer Bedeutung, sich in einer gegebenen Situation darüber klar zu werden, wer eigentlich das Problem besitzt – diesbezügliche Irrtümer oder Missverständnisse können eine erfolgreiche Konfliktlösung behindern oder gar unmöglich machen.
3. Manchmal besteht der Grund für das Scheitern einer Ich-Botschaft auch darin, dass das Gegenüber, etwa eine Schulklasse, überstarke Bedürfnisse besitzt. Eine häufige Situation: 6. Stunde als Abschluss eines anstrengenden Schulvormittags, womöglich noch zuvor eine zweistündige Klassenarbeit geschrieben. Die Schüler hängen bleich, ausgelaugt und lustlos in den Bänken. Es wird wenig nützen, dann zu sagen: „Wenn ihr euch nicht konzentriert und nur Unsinn macht, nervt mich das fürchterlich; ich komme einfach mit dem Thema nicht vorwärts.“ Selbst eine ganze Anzahl derartiger Ich-Botschaften, mit angemessenem Ausdruck vorgetragen, wird dann nicht in der Lage sein, das Schülerverhalten zu ändern. Gordon weist in diesem Zusammenhang zustimmend auf das

Maslow-Modell hin, das eine Hierarchie von Bedürfnissen postuliert: Auf den untersten Ebenen die Mangelbedürfnisse wie Überleben und Sicherheit, auf denen dann die höheren aufbauen: Liebe und soziale Beziehungen, Leistung und Prestige, Selbstverwirklichung und schließlich, auf der höchsten Ebene, Transzendenz. Zwar wurde das Modell von Kritikern stark in Zweifel gezogen, weil „Selbstverwirklichung und Transzendenz in der Regel nicht das Höchste sind, was Menschen anstreben... Zu ihrem Wohlbefinden gehören sehr häufig Selbstbetrug, Verdrängung und Illusion“ (Bovet, Frommer 1988, 85); aber für die Erklärung vieler Vorgänge, die sich in unseren Schulen abspielen, scheint mir das Maslow-Modell doch recht brauchbar. Wie oft wird, besonders in den unteren Klassen, von Schülern Leistung erwartet, wo ein elementarer Mangel in der Befriedigung von Grundbedürfnissen vorliegt. Hartmut von Hentig bemerkt einmal: „Die Lebensprobleme der heute heranwachsenden Kinder sind so viel größer als ihre Lernprobleme, sie schieben sich so gebieterisch vor diese oder fallen ihnen in den Rücken, dass die Schule, wenn sie überhaupt belehren will, es erst mit den Lebensproblemen aufnehmen muss: Sie muss zu ihrem Teil Leben ermöglichen“ (Hentig 1976, 96f.).

Bedürfnisse zu wenig berücksichtigt

14.3.6 Bedürfsniskonflikte und Wertkonflikte

Schließlich könnte das Scheitern einer Ich-Botschaft auch ein Hinweis darauf sein, dass es sich nicht um einen Bedürfniskonflikt, sondern um einen Wertkonflikt handelt. – Worin besteht der Unterschied? Wie so häufig folgt Gordons Terminologie hier nicht den Gesetzen strenger Logik. Genaugenommen stellen natürlich auch sogenannte Bedürfniskonflikte (das heißt: eines meiner „realen“ Bedürfnisse ist verletzt worden) im Grunde Wertkonflikte dar. Auch ihnen liegt in jedem Fall ein Wert zugrunde. Wie Selbstverbrennungen und Hungerstreiks zeigen, kann selbst der elementarste Wert, die Selbsterhaltung, zugunsten höher bewerteter Ziele hintangestellt werden. Die Unterscheidung wird rein pragmatisch vorgenommen: Ein Wertkonflikt zwischen Schüler und Lehrer könnte sich zum Beispiel darin zeigen, dass der Lehrer nicht in der Lage ist, dem Schüler klarzumachen, dass eines seiner realen Bedürfnisse verletzt worden ist; dies pflegt häufig der Fall zu sein bei Dingen wie Kleidung, Haartracht, Lektüre, Rauchen, Freizeitgestaltung – oder auch bei scheinbar banalen Dingen wie Stricken oder Essen im Unterricht. – Die Unterscheidung zwischen „Wert“ – und „Bedürfnis“-Konflikten ist von großer Bedeutung, weil sie die Wahl der geeigneten Reaktionen bestimmt.

Die vierte Fehlerquelle

Bei einem Bedürfniskonflikt wird die Methode der effektiven Konfrontation durch Ich-Botschaften und aktives Zuhören empfohlen. Diese Methoden sind aber bei Wertkonflikten oft unzureichend. Hier ist meist nur Beeinflussung möglich. Beeinflussung des Gegenübers – aber vor allem Beeinflussung meiner selbst. Bei einem Überdenken der eigenen Wertvorstellungen

könnte ich zum Beispiel zum Ergebnis kommen, dass ich einen Teil davon ungeprüft in der Kindheit von sogenannten Autoritätspersonen übernommen habe und keine Notwendigkeit besteht, sie weiter aufrecht zu erhalten. Es könnte allerdings auch das Gegenteil eintreten, dass nach einer sorgfältigen Überprüfung sich gewisse Wertvorstellungen als besonders bedeutsam bestätigen. Gordon weist in diesem Zusammenhang auf die enge Beziehung zwischen Selbstannahme und Annahme anderer Menschen hin. Häufig kann ich andere Wertvorstellungen akzeptieren und respektieren lernen, wenn ich mich selbst ändere.
Die Überlegungen zur Wertproblematik machen deutlich, dass die Gordon-Methode nur zu einem geringen Teil Vermittlung von Techniken ist – obwohl auch diese ihre Bedeutung haben. Viel wesentlicher aber sind Einsichten, Einstellungen und deren Umsetzung in die tägliche Praxis. Methoden können dabei wesentliche Hilfestellungen geben, nicht mehr, aber auch nicht weniger.

14.3.7 Macht und Ohnmacht

Immer deutlicher wurde mir im Verlauf der Auseinandersetzung mit dem Gordon-Konzept, welchen zentralen Stellenwert das Problem der Macht besitzt – und auch das Problem ihres Gegenpols, der Ohnmacht oder Machtlosigkeit. „Wenn Konflikte unsere Beziehungen trüben, so wollen wir uns verpflichten, derartige Konflikte zu bewältigen, ohne zu Macht Zuflucht zu nehmen, um auf Kosten des anderen zu siegen“, sagt Gordon im sogenannten pädagogischen Credo! Der Satz hat etwas durchaus Atemberaubendes. Gibt es nicht den berühmten Ausspruch des Thomas Hobbes, das menschliche Leben sei ein Kampf „um Macht und immer mehr Macht“, der erst im Tod zum Stillstand gelange? Und haben nicht die Philosophen der alten Zeit und die Psychologen der Moderne sich wieder und wieder damit befasst, das Problem von Macht und Machtausübung zu umkreisen – in ihren offenen und noch mehr ihren larvierten Formen und ihrer Verbindung mit Existenzangst und schwankendem Selbstwertgefühl?

Macht und Selbstbewusstsein

Gordon stellt demgegenüber die, wie manche Kritiker meinen, zu naive Hoffnung auf die Macht der Selbsterkenntnis und die Kraft der Intention: Du kannst dich in einer Situation entschließen, auf den Gebrauch von Macht zu verzichten, wenn du das willst. Und du kannst bei deinen Schülern Voraussetzungen dafür schaffen, dass sie ebenfalls in stärkerem Ausmaß dazu in der Lage sind. „Die Heftigkeit eines Machtkampfes“, sagt Brühlmeier, ein schweizer Lehrer, „steht in einem proportionalen Verhältnis zu unverarbeiteten Minderwertigkeitsgefühlen – beim Schüler ebenso wie bei uns selbst. Alle erzieherischen Maßnahmen, die das Selbstgefühl des Schülers stärken, Anteilnahme, Ermutigung, Annahme, wirken prophylaktisch. Ist der Konflikt aber einmal ausgebrochen, besteht die Aufgabe für den psychologisch geschulten Erzieher darin, den Machtkampf zu erkennen, Lösungsmöglichkeiten anzubieten und die Differenzen sachlich zu bereinigen.“

14.4 Fazit: Hilfreiche Aspekte der Gordon-Methode in Kurzfassung

Wenn ich nun versuche, die wesentlichsten Aspekte und Erkenntnisse des Gordon-Konzepts hervorzuheben – mit subjektiver Färbung selbstverständlich, aber nicht willkürlich – so würden es wohl die folgenden sein:

1. Zunächst: Ich muss als Lehrer keine Idealfigur darstellen, nicht nach Perfektion streben. Im Gegenteil: Als der Mensch, der ich bin, mit meinen Fehlern und Schwächen, kann ich erfolgreiche und befriedigende Arbeit leisten. Das heißt einerseits: Je mehr ich als Person für die Schüler fassbar werde, je weniger ich vormittags von mir abspalte, umso weniger Erschöpfungsschlaf brauche ich am Nachmittag.
   Andererseits: Ein Stück weit die Maske abzunehmen, offen zu sein, ist wirksam, hat aber auch seine Gefahren; ich mache mich dadurch verletzlich. Im allgemeinen schätzen wir diese Gefahren aber als größer ein, als sie es wirklich sind.
2. Zuhören lernen, besonders in der Form des sogenannten aktiven Zuhörens, kann eine magische Wirksamkeit entfalten. Es ist ein mächtiges Mittel, um Einblick in eine Situation zu erlangen. Das heißt einerseits: Es ist von Bedeutung, auf diese Weise Verständnis für die Probleme von Schülern zu gewinnen. Andererseits: Ich muss auch meine eigenen Interessen, Bedürfnisse, Wünsche angemessen vertreten und durchsetzen. Hier gibt es in den sogenannten Ich-Botschaften eine erfolgversprechende Möglichkeit. Unsere Bedürfnisse als Lehrer sind zwar nicht wichtiger, aber ganz gewiss auch nicht weniger wichtig als die unserer Schüler.
3. Wichtig ist in diesem Zusammenhang, genau zu eruieren, wer das Problem besitzt. Zu häufig machen wir vorschnell Probleme, die eigentlich Probleme unserer Schüler sind, zu unseren eigenen, was dann zu Reaktionen führt, welche diese Probleme verschärfen statt lösen.
   Manchmal ist es auch sinnvoller, in gewissen Situationen nicht vorschnell nach Lösungen zu suchen, sondern die zugrundeliegenden Bedürfnisse zu klären. Ich kann und muss auch lernen, mich gegen unzumutbare und unerfüllbare Forderungen zu schützen. Das heißt einerseits: Es ist wünschbar, Schülern bei der Bewältigung ihrer Probleme zu helfen. Andererseits sollte ich mir vorher im klaren darüber sein, ob ich das in einer gegebenen Situation will. Wir können nicht alle Probleme unserer Schüler lösen.
4. Bei sogenannten Wertkonflikten kann es sehr hilfreich sein, die eigenen Wertvorstellungen zu überprüfen. Das heißt einerseits: Manche Wertkollisionen mit Schülern lösen sich dadurch auf, dass ich mich selbst in dieser Beziehung ändere; dadurch, dass ich feststelle, dass ich diese Wertvorstellung irgendeinmal in der Vergangenheit ungeprüft von irgendwelchen Autoritätspersonen übernommen habe und kein Anlass besteht, sie weiter aufrechtzuerhalten. – Andererseits: Die Überprüfung einer Wertvorstellung kann auch dazu führen, dass sie sich in ihrer Geltung neu bestätigt und kräftigt.

5. Für alle die vorgenannten Dinge bietet das Gordon-Konzept hilfreiche Methoden an. Diese Methoden sind aber niemals als Selbstzweck zu verstehen. Noch weniger kann das bloße „Anlernen“ solcher Methoden und die bloß mechanische Anwendung aus sich selbst etwas bewirken. Sie haben eine ähnliche Funktion wie etwa eine Schwimmweste für einen Menschen, der das Schwimmen erlernen möchte. Solange er noch wenig geübt ist, bleibt sie nützlich oder sogar unverzichtbar; sobald er sich souverän im offenen Wasser bewegt, wird sie entbehrlich. Entscheidend ist die feste Absicht, schwimmen zu lernen, also die Intention.
6. Das heißt letztlich: Es besteht die Hoffnung, dass wir uns, im Rahmen unserer grundsätzlichen Möglichkeiten, ändern können. Eine Überlegung mag dabei hilfreich sein: Erfahrungen, die wir machen, Gefühle und Einstellungen stehen in einem wechselseitigen Verhältnis und verstärken sich gegenseitig. Weil ich bestimmte Erfahrungen gemacht habe, haben sich entsprechende Einstellungen herausgebildet, vor allem eine bestimmte Art und Weise, die Welt wahrzunehmen. Diese Einstellungen und Wahrnehmungen führen wiederum dazu, dass ich die alten Erfahrungen mache, die ihrerseits die Einstellungen verstärken. Wenn es mir an einer Stelle gelingt, eine neue Erfahrung zu machen, so können Einstellungen und Gefühle verändert und es kann dadurch etwas Neues in Gang gesetzt werden. Das alte Wechselspiel, die alte Kreisbewegung ist damit an einem Punkt durchbrochen. Hermann Steinthal, ehemaliger Direktor des Uhland-Gymnasiums in Tübingen, gab dieser Hoffnung einmal Ausdruck, mit den Worten (Zeit v. 4. April 1980): “Angst- und repressionsfrei soll die Schule sein. Man kann dazu etwas tun, selbst in ganz verkorksten Situationen. Alle diese Verhältnisse sind ja in erster Linie seelische, und die Menschenseele ist keine Rechenmaschine. Eine Andeutung kann für das Ganze genommen werden. Sobald überhaupt ein Hoffnungsschimmer da ist, ist „das Ganze“ anders, man kommt plötzlich mit dem Angebot auf Partnerschaft an, kann so arbeiten, wie man es sich vorstellt.“

Literatur

Bovet, G., Frommer, H.(1988). Grundkurs Psychologie. Düsseldorf: Cornelsen.

Fend, H. (1990, 2. Aufl.). Sozialgeschichte des Aufwachsens. Bedingungen des Aufwachens und Jugendgestalten im zwanzigsten Jahrhundert. Frankfurt/M.: Suhrkamp.

Gordon, T. (1986). Lehrer-Schüler-Konferenz. Reinbeck bei Hamburg: Rowohlt.

Hentig, H.v. (1976) Was ist eine humane Schule?. München: Hanser.

Tausch, A., Tausch, R. (1979, 9. Aufl.). Erziehungspsychologie. Begegnungen von Person zu Person. Göttingen, Toronto, Zürich: Hogrefe.

15 Lehrerbilder

Egon Gramer

„Von der Parteien Gunst und Hass verwirrt,
Schwankt sein Charakterbild in der Geschichte.“
Was der Dramatiker Schiller über den Schlachtenlenker Wallenstein resümiert, lässt sich cum grano salis auch über den Berufsstand der Unterrichtslenker sagen: Fremdbilder und Selbstbilder vom Lehrer schwanken beträchtlich. Die Parteien der Schüler, Eltern, Politiker und anderer, einschließlich der Lehrer selbst, haben höchst unterschiedliche Lehrerportraits entworfen.

15.1 Kunstbilder

Vier Bilder aus verschiedenen Jahrhunderten zeigen, wie unterschiedlich Lehrer und Schüler gesehen und wie vielfältig der Unterricht gestaltet wurde.(Schiffler, Winkeler 1985).
Über dem Steinrelief ist das Thema eingemeißelt: Das ABC. Ein Lehrer-Mönch mit Rute, dem Standessymbol der Lehrenden, versucht einem Untier das Lesen beizubringen, was misslingt, da die Bestie den Widder (das Lamm) hinter ihm reißt. Die Geschichte in Stein enthält eine Erfahrung der damaligen Zeit:

Bild 1: Die Wolfsschule (Romanischer Teil des Freiburger Münsters)

Bild 2: Die Schulstunde von Georg Melchior Kraus

Bild 3: Dorfschule um 1848 von Albert Anker

Bild 4: von Ernst Würtenberger (1909)

Die Gelehrsamkeit schafft es nicht, das unkultiviert Tierische, sei es in Christen oder Heiden, zu bilden. Das Studieren befreit den Menschen nicht vom Bösen, sondern allein Christus, der, wie sein Vor-Bild Samson, dem Tier in den Rachen fasst und es gefügig reitet. Der Glauben ist wirkungsvoller als der Lehrplan der sieben Künste.

Das Bild (um 1770) vón Georg Melchior Kraus (Bild 2), der zum Goethekreis gehörte, zeigt einen aufgeklärten Schul-Hofmeister bei der Arbeit. Die Mini-Rute kommt nicht zum Einsatz. Zwar sitzt der Lehrer etwas erhöht, hat aber ein freundschaftliches Verhältnis zur kleinen Schülergruppe. Ein Schüler löst mittels eines Buchs selbstständig eine Aufgabe.

Das Bild von Albert Anker von 1896 (Bild 3) zeigt eine Schulsituation, die bereits 50 Jahre zurückliegt, sich also von der zeitgenössischen modernen Schule unterscheidet. Der Betrachter blickt in einen offenen Raum mit einem Lehrer, der, nach den Utensilien an den Wänden zu schließen, hauptberuflich Handwerker ist. Den Jungen droht er mit der Rute, die Mädchen, an den Seiten plaziert, lernen eifrig in ihren Büchern.

Wo ist auf dem Bild von Ernst Würtenberger (1909) der Lehrer (Bild 4)? Die Perspektive, die von schräg oben nach unten weist, ist Lehrersicht auf einen Nachsitzer, der zur Strafe aus der Bibel abschreiben muss. Die Grau-in Grau-Töne drücken aus: So soll Schule nicht sein.

Angenommen, es müsste heute ein Bild von Lehrern, Schülern, Schulsituation gezeichnet werden – welche Bilder entstehen?

15.2 Wunschbilder

Was der Lehrer unserer Zeit sein soll und was er tun soll, führt zu langen Wunschlisten. Er soll lehren und lebenslänglich lernen und das Lernenlernen vermitteln. Er soll erziehen und beraten und beurteilen, aber auch korrekt verwalten, ohne Innovationen zu scheuen. Der Lehrer, ein Beamter mit innerer Berufung, ein Multitalent und Allzweckexperte. Sieht die eine Partei im präzisen Handwerker ein wünschenswertes Lehrermodell, so macht ihn die andere zu einem Künstler, besonders begabt, ja berufen für eine Lebensarbeit mit jungen Leuten. Dem Lehrer-Polizisten als Garanten für Disziplin sekundiert ein Lehrer-Richter mit leistungsgerechten Notenskalen. Menschenbildner soll er sein, aber auch Lehrplankonstrukteur und Treuhänder der Gesellschaft. Der Lehrer soll Mut zur Erziehung haben, die Jugendlichen fordern und nicht verwöhnen, ohne zu versäumen, als Anwalt dem Kinde, als Partner dem Jugendlichen, nahe zu sein. Ein guter Lehrer kann jederzeit jeden Schüler motivieren und fördern. Der strenge Kontrolleur der Lernprozesse kann auch mühelos ins Fach des Animateurs überwechseln. Das Hohelied auf den Ideallehrer stören die Klagelieder über den fehlerhaften Reallehrer. Die Wunschkataloge lassen sich auf einen Nenner bringen, der heißt: „Überforderung“.

Wem gleicht der Lehrer von heute? Er gleicht einem „Bergführer, der eine Wandergruppe mit Spitzensportlern und Behinderten bei Nebel durch un-

wegsames Gelände zu führen hat, und zwar so, dass alle bei bester Laune und möglichst gleichzeitig an drei verschiedenen Zielorten ankommen!" (Wandspruch in einem Lehrerzimmer).
Bisher hat ein einziger Berufsstand sein Berufsethos in einer Formel konzentriert, die Ärzte im Hippokratischen Eid. Hartmut von Hentig möchte die Lehrer auf einen „Sokratischen Eid" verpflichten.
„Als Lehrer und Erzieher verpflichte ich mich,

- die Eigenheit eines jeden Kindes zu achten und gegen jedermann zu verteidigen;
- für seine körperliche und seelische Unversehrtheit einzustehen;
- auf seine Regungen zu achten, ihm zuzuhören, es ernst zu nehmen;
- zu allem, was ich seiner Person antue, seine Zustimmung zu suchen, wie ich es bei einem Erwachsenen täte;
- das Gesetz seiner Entwicklung, soweit es erkennbar ist, zum Guten auszulegen und dem Kind zu ermöglichen, dieses Gesetz anzunehmen;
- seine Anlagen herauszufordern und zu fördern,
- seine Schwächen zu schützen, ihm bei der Überwindung von Angst und Schuld, Bosheit und Lüge, Zweifel und Misstrauen, Wehleidigkeit und Selbstsucht beizustehen, wo es das braucht;
- seinen Willen nicht zu brechen – auch nicht wo es unsinnig erscheint; ihm vielmehr dabei zu helfen, seinen Willen in die Herrschaft seiner Vernunft zu nehmen;
- es also den mündigen Verstandsgebrauch zu lehren und die Kunst der Verständigung und des Verstehens;
- es bereit zu machen, Verantwortung in der Gemeinschaft zu übernehmen und für diese;
- es auf die Welt einzulassen, wie sie ist, ohne es der Welt zu unterwerfen, wie sie ist;
- es erfahren zu lassen, was und wie das gemeinte gute Leben ist;
- ihm eine Version von der besseren Welt zu geben und Zuversicht, dass sie erreichbar ist;
- es Wahrhaftigkeit zu lehren, nicht die Wahrheit, denn ‚die ist bei Gott allein'.

Damit verpflichte ich mich,

- so gut ich kann, selber vorzuleben, wie man mit den Schwierigkeiten, den Anfechtungen und Chancen unserer Welt und mit den eigenen immer begrenzten Gaben, mit der eigenen immer gegebenen Schuld zurechtzukommen;
- nach meinen Kräften dafür zu sorgen, dass die kommende Generation eine Welt vorfindet, in der es sich zu leben lohnt und in der die ererbten Lasten und Schwierigkeiten nicht deren Ideen, Hoffnungen und Kräfte erdrücken;
- meine Überzeugungen und Taten öffentlich zu begründen, mich der Kritik – insbesondere der Betroffenen und Sachkundigen – auszusetzen, meine Urteile gewissenhaft zu prüfen;

- mich dann jedoch allen Personen und Verhältnissen zu widersetzen – dem Druck der öffentlichen Meinung, dem Verbandsinteresse, dem Beamtenstatus, der Dienstvorschrift -, wenn sie meine hier bekundeten Vorsätze behindern.

Ich bekräftige diese Verpflichtung durch die Bereitschaft, mich jederzeit an den ihr erhaltenen Maßstäben messen zu lassen." (von Hentig 1992, 114)

In seinem Roman „Schlaflose Tage" entwirft Jurek Becker in der konfliktreichen DDR-Gesellschaft ein Wunschbild von einem „guten Lehrer".

„1. Mein guter Lehrer muss ein Verbündeter der Kinder sein. Nicht in der Absicht, einen pädagogische Trick anzubringen, nicht wie ein Taschenspieler, der mit Hilfe seines Verbündeten-Tuns andere Ziele verfolgt, sondern ohne Vorbehalt. Nur auf Grund der Überzeugung, dass die Kinder Verbündete brauchen.

2. Verbündeter sein heißt, sich gegen jemanden zu verbünden bereit sein, und sei es die mächtige Schule. Sich verbünden gegen sinnlose Bräuche und Anordnungen, von denen es die Fülle gibt. Niederlagen nicht vor den Kindern verheimlichen, sondern offen mit ihnen darunter leiden. Sich aber mit der Niederlage nicht zu früh abfinden, nicht kämpfen wie ein Fallsüchtiger.

   Wie kannst du ruhig bleiben, wenn dem einen Kinde infolge von Offenheit Unannehmlichkeiten entstehen und dem anderen, das nach dem Munde redet, Vorteile.

3. Im Extremfall bereit sein, Konsequenzen zu ziehen (denn es sind Niederlagen denkbar, die nicht hingenommen werden dürfen). Bereit sein, nicht länger Lehrer zu sein, sich mit dieser Bereitschaft Bewegungsfreiheit verschaffen. Doch nicht eine zu kleine Währung daraus machen, für jeden Tag.

4. Er muss sich dem Kinde verantwortlich fühlen, mehr als der Schulbehörde. Über den vielgebrauchten Satz, die Schule sei dazu da, die Kinder aufs Leben vorzubereiten, darf er nicht vergessen, dass die Gegenwart ja schon das Leben der Kinder ist. Dass sie schließlich nicht Tote sind, die erst zum Leben erweckt werden müssen.

5. Gespielte Anteilnahme ist schlimmer als eingestandene Interessenlosigkeit, denn sie verführt die Kinder zu Offenbarungen vor verschlossenen Ohren. Stell dir einen Blinden vor, dem weisgemacht wird, in einem in Wirklichkeit leeren Raum sitzen Zuhörer, die an seinem Schicksal interessiert sind. Wie er anfängt zu erzählen, bis er durch das Ausbleiben von Reaktionen erkennt, dass er betrogen wurde.

6. Der gute Lehrer muss gute Nerven haben. Die kann er sich nicht antrainieren, ebensowenig sie erzwingen. Nur die Liebe kann sie ihm geben. (Aber wen lassen sie nicht alles Lehrer werden.)

7. Er muss neugierig auf die verschiedenen Anlagen der Kinder sein, er muss sie erkennen wollen. Er darf nicht ein fertiges Kind im Kopf haben, an das er alle anderen heranführen will, gebrochen und gleich.

8. Es wird geschehen, dass seine Ansichten von denen abweichen, die er laut Lehrplan den Kindern vorzutragen hat. (Ihm, meinen guten Lehrer,

wird das immer wieder geschehen.) Wie sich verhalten? Nur die andere Ansicht sagen? Oder nur die eigene? Oder beide? Wahrscheinlich gibt es keinen anderen Weg, als den Kindern zu erklären, wie Überzeugungen zustandekommen: nicht nur aus Urteilen, sondern auch aus Vorurteilen. Das ist ein abenteuerliches Thema. Er darf die Kinder nicht lähmen mit Endgültigem, sondern er muss sie vergleichen lehren und somit zweifeln.

9. Sich selbst darf er über keine Auseinandersetzung stellen, also auch nicht über die Zweifel. Er hat gewonnen, wenn die Kinder ihn akzeptieren, obwohl sie ihn ungestraft ablehnen könnten..“ (Becker 1978, 57ff.)

Der Ideallehrer war, eine selbstverständliche Voraussetzung, rundum gesund. Heute ist Schule ein Risikofaktor geworden, viele Lehrer leiden unter berufsspezifischen Krankheiten. Internationale Studien machen als Befund aus: Angst und Frustrationen, emotionales Erschöpftsein, Berufsunzufriedenheit, Arbeitsunfähigkeit. Besonders die Männer sind gefährdet. „Das relative Erkrankungsrisiko, speziell für Neurosen, beträgt bei Männern im Lehrerberuf das Sechsfache gegenüber der Bevölkerung, welches mit dem Lebensalter kontinuierlich ansteigt. (Leuschner, Schirner 1993, 6) „Während in anderen Berufen nach ein bis zwei Jahrzehnten der Höhepunkt im beruflichen Schaffen erreicht wird, sind Lehrer zu dieser Zeit besonders von Stress und Überforderung geplagt. In Baden-Württemberg bleiben nur knapp 10 % bis zur Erreichung der Altersgrenze im Dienst.

15.3 Wissenschaftliche Bilder

Die empirische Unterrichtsforschung hat zahllose Daten über das Lehrerverhalten im Unterricht erhoben, Lehrertypen konstruiert und Verhaltensdimensionen und Kriterien für ein erfolgreiches Agieren im Unterricht entwickelt. Notwendigerweise sind die wissenschaftlichen Lehrerbilder von den Erkenntnisinteresssen und den Zeittrends abhängig.

So entwarf Kurt Lewin drei Lehrertypen und untersuchte das je unterschiedliche Verhalten in Versuchsreihen. Der vor dem Zweiten Weltkrieg für eine demokratisch verfasste Gesellschaft notwendige Lehrertyp war der demokratische Lehrer und nicht der autoritäre, der in der Schulwirklichkeit noch dominierte. Nicht Kommando und Direktiven und Druck bringen einen verantwortlichen und kreativen Schüler hervor, wohl aber ein Lehrer, der ermuntert, Mitbestimmung ermöglicht, für Transparenz sorgt. Autoritär nach dem Führerprinzip hatte der Nationalsozialismus seine Jugendarbeit organisiert. Lewin stellte die bessere Alternative heraus.

Noch in den 60er Jahren konnten Tausch und Tausch das Vorherrschen des autoritären-autokratischen Types in den Schulen der Bundesrepublik nachweisen. Dieser Lehrertyp dominierte durch straffe Lenkung des Unterrichts, durch ein Übermaß an Fragen, durch häufiges Tadeln und wenig Schülerakzeptanz. Der erwünschte Lehrer war zu dieser Zeit der sozial-integrative, der auf hohe Schülerbeteiligung, Autonomie, positive emotionale Zuwendung setzt.

Den Unterrichtsmanager stellt J. Kounin als idealen Lehrer vor; er genügt den Kriterien: hohe Mitarbeit der Schüler und wenig Störungen. Er hat alles im Griff, ist Herr der Lernlage, spricht jeden Schüler an durch ein vielfältig motivierendes und kontrollierendes Programm.
Zahlreiche andere Unterrichtsforscher haben das Verhalten der Lehrer vor Ort im Unterricht untersucht. Bei unterschiedlichen Ergebnissen ist doch allen gemeinsam, dass im Mittelpunkt der Forschung der Lehrer steht, dass er für die entscheidende Variable gehalten wird, dass erfolgreiches Lehrerverhalten gelernt werden kann.
Standen am Anfang der wissenschaftlichen Beschäftigung mit dem Lehrer große plakative Begriffe, die den Typus des Lehrers festlegten, gültig für alle Lehrer aller Fächer und aller Schularten, so untersuchen heutige Forscher ganz spezifische Probleme. Heute heißt die Frage nicht mehr „Was ist ein guter Lehrer?“ sondern: Was macht erfolgreichen Unterricht aus, und zwar in Mathematik, und, noch genauer, bei Schülern vom Beginn der 5. bis zum Ende der 6. Jahrgangsstufe?
Die Münchner Studie (Helmke, Schrade 1993, 11ff.) vom Max-Planck-Institut zieht aus einer repräsentativen Stichprobe von Lehrern und Schülern, die beobachtet, beurteilt, getestet und mit Fragebögen untersucht wurden, folgende Schlüsse. Erfolgreicher, das heißt die Leistung fördernder Unterricht zeichnet sich aus durch:

- Klarheit:
  Der Unterricht ist klar strukturiert und verständlich.
- Zeitnutzung:
  Der Lehrer nutzt die Unterrichtszeit intensiv für den Lernstoff. Nur wenig Zeit verwendet er für administrative aber auch für Probleme privater und sozialer Art.
- Effiziente Klassenführung:
  Bereits zu Beginn des Schuljahres sorgen verbindliche Verhaltensregeln für einen Unterricht, der nur wenig durch Störungen unterbrochen wird.
- Individuelle fachliche Unterstützung:
  Erfolgreiche Lehrer achten in Übungs- und Stillarbeitsphasen besonders auf den Lernfortschritt einzelner Schüler. Sie geben Tips, kontrollieren die Arbeit und halten sich nicht heraus, sondern sorgen allgemein für die Disziplin in der Klasse.

Man kann sich den geschilderten Lehrer, der die Kriterien für einen erfolgreichen Unterricht erfüllt, vorstellen. Ist aber der Lehrer allein für gelingenden Unterricht verantwortlich? Unterricht findet doch immer unter spezifischen Rahmenbedingungen statt, die, unabhängig vom professionellen Können des Lehrers, ihre Wirkung ausüben.
Die Münchner Studie untersucht die Kontextvariable Vorkenntnisniveau der Klasse mit folgendem Ergebnis: Hohes Leistungsniveau einer Klasse zu Beginn eines Schuljahres ist auch ein Jahr später noch vorhanden. Es gibt lernstarke und lernschwache Klassen; die Leistungsdifferenz ist sehr stabil. Das hat zur Folge, dass bei lernschwachen Klassen der Lehrer Zeit investieren muss und zudem mehr mit Störungen zu rechnen haben wird.

Nicht allein der Lehrer ist also verantwortlich für den Lernfortschritt des Schülers, sondern auch die Klasse. Aus der Klasse kann Gegenwind oder Rückenwind fürs Lernen kommen. Die Münchner Studie zeigt die Wirkmöglichkeit wie die Machtlosigkeit des guten Lehrers.
Man kann gegen die bisherige Methode, den guten Lehrer zu ermitteln, einwenden, sie sei zu leistungsorientiert ausgerichtet, neben den fachlichen Lernzielen kämen die sozialen und politischen zu kurz. Daher folgt eine weitere Fragestellung: Welche Folgen haben die genannten Kriterien (Klarheit ...) für den Schüler, für sein Selbstvertrauen in die eigene Leistungsfähigkeit und für seine Lernfreunde?
Eine intensive Zeitnutzung sorgt für ein günstiges Selbstbild des Schülers; er kann realistische Lernanforderungen stellen und kommt so zu besseren Leistungen, was sich wieder positiv auf sein Selbstkonzept auswirkt. Aber erstaunlicherweise hat intensive Zeitnutzung auch negative Folgen – langfristig reduziert sie die Lernfreunde beträchtlich. Man kann vermuten, dass ein Schüler der 5. und 6. Klasse einen Lehrer, der die Zeit intensiv nutzt, nicht besonders schätzt, weil der Schüler auch private und soziale Bedürfnisse hat.

15.4 Die Schülerperspektive

Man kann Schülern die Möglichkeit geben, ein Bild von ihrem Wunsch-Lehrer zu skizzieren. Eine 16jährige Schülerin schreibt: „Verständliche Tafelanschriebe, einfallsreicher Unterricht, neutral, besitzt also keine Lieblinge, behält die Nerven bzw. bleibt seiner Sache treu, verständnisvoll, macht seinen Beruf, weil er ihn auch mag, d.h. er setzt sich auch für die Schüler ein".

Von dem Wunsch-Lehrer hebt sie zwei Typen von realen Lehrern ab:
„1. Streng, autoritär, Schreihals ohne Durchsetzungsvermögen, Witzfigur (besonders Religions- und Musiklehrer), ewige Monologe, unangesagte Tests.
2. Macht einen auf Schülerfreund, diskutiert andauernd irgendwas, entschuldigt sich andauernd, wird nicht ernstgenommen, haut einem dann doch eine gemeine Arbeit rein und spielt trotz alledem immer noch den ewigen Schülerkumpel."

Den Wunsch-Lehrer von Schülern kann man erfahren, wenn man fragt, wem er denn gleichen sollte. Mögliche Antworten lauten: Er soll sein wie ein „Freund, Quizmaster, Lexikon, ... auf keinen Fall wie ein Zahnarzt."
Äußerungen von einzelnen Schülern sind für den Lehrer ein nützliches Feedback – aber sind die Wünsche nicht zu verschieden und unvereinbar?
Ein besseres Mittel ist ein Fragebogen (Beispiele in Wahl et al. 1984, 351ff.) für eine ganze Klasse, der das Klassenklima erforschen kann. Ein gutes Unterrichtsklima ist Voraussetzung für erfolgreiches kognitives und soziales Lernen. Die ganze Klasse interpretiert die Wetterlage im Klassenzimmer, die Identifikation mit der Unterrichtsarbeit, die Leistungsanforderungen, die Kooperation zwischen Lehrer und Schülern und unter den Schülern selbst.

In den USA wurde eine einzige Klasse von 12- bis 13jährigen Schülern intensiv befragt, wie sie ihre Lehrer einschätzen. Folgende Kriterien kamen zutage:

„1. Hält auf Ordnung – hält nicht auf Ordnung
2. Bringt uns etwas bei – bringt uns nichts bei
3. Erklärt viel – erklärt wenig
4. Interessant – langweilig
5. Gerecht – ungerecht
6. Freundlich – unfreundlich.

Alle Kinder sind der Meinung, dass der Lehrer für Ordnung sorgen soll. Die Schüler erwarten ferner von ihren Lehrern, dass sie sich an die Grenzen ihres Faches halten. Sie bevorzugen einen Unterricht, der ihnen das Gefühl vermittelt, etwas gelernt zu haben. Diskussionen z.B. sehen sie häufig nicht als ‚richtigen' Unterricht an. Sie erwarten bei Verständnisschwierigkeiten von den Lehrern Hilfe und Erklärung. Unbeliebt sind vor allem Lehrer, die die Schüler auffordern ‚darüber nachzudenken' oder etwas ‚selbst herauszufinden'. Geschätzt sind Lehrer, die zügig unterrichten und die Hauptpunkte des Lehrstoffes klar und verständlich herausarbeiten. Nur wenige Schüler schätzen es, wenn der Lehrer den Fortgang des Unterrichts ständig durch ‚störende' Fragen unterbricht." (Weidenmann, Krapp 1986, 236)

Soll der Lehrer sich die genannten Kriterien zu eigen machen? Geht er dabei den bequemen Weg?

„Eine Theorie des Lehrerverhaltens kommt nicht an der Person des Schülers vorbei". Hofer (1982, 248) teilt die Schülerperspektive auf den Lehrer in zwei Teile, das „mastery theme" und das „love theme". Im ersten treffen sich Lehrer- und Schüleransicht, wenn von einem guten Lehrer verlangt werden: fachliche Kompetenz, Qualität des Unterrichts (Spannung, Abwechslung, Verständlichkeit), Durchsetzungsfähigkeit.

Beim „love theme" ergeben sich Differenzen. Folgende Faktoren sind wichtig: Soziale Kompetenz, Verständnis für den Schüler, Flexibilität. Nimmt der Lehrer auf Schülerwünsche Rücksicht, geht er auf Schülerprobleme ein? Bei diesem Thema allerdings gehen Lehrer- und Schülerperspektive oft deutlich auseinander. Ein Beispiel: Lehrer verbieten das Abschreiben; es sei unfair gegenüber den andern Schülern, verfälsche das Leistungsbild, sei ein Zeichen von Unselbstständigkeit. Schüler übernehmen oft die Lehrerperspektive nicht und können mit ihrer flexiblen Interpretation einer Schulnorm durchaus leben.

15.5 Lieblingsschüler aus Lehrersicht

Auch Lehrer machen sich ein Bild von beliebten und unbeliebten Schülern, auch sie haben Wunschschüler (Bäuerle, Kury 1980, 354-362). Klassenlehrer der Klassen 4 bis 9 an der Hauptschule nannten ihre Kriterien. Die beliebten Schüler haben in allen Unterrichtsfächern die signifikant besseren

Noten. Die unbeliebten Schüler zeigen deutlich mehr Schulunlust. Lehrer bevorzugen offensichtlich leistungsfähige Schüler, stellen diese doch eine Bestätigung, ja Belohnung ihrer Unterrichtstätigkeit dar. Schüler mit positiver Einstellung zur Schule erleichtern dem Lehrer die Arbeit, stören weniger – sie sind die Lieblinge des Lehrers. Demotivierte Schüler dagegen erzeugen auch demotivierte Lehrer.
Lehrer befragen Schüler häufig über einen optimalen Unterricht und das eigene Verhalten. Seltener machen sie direkt deutlich, welches Schülerverhalten für die eigene Arbeit besonders nützlich und angenehm ist. Durch eine direkte Thematisierung könnten Lehrer und Schüler die Interdependenzen in ihrem Verhalten erfahren.

15.6 Selbstbilder oder das Berufsethos der Lehrer

Lehrer haben ein großes Interesse am Image ihres Berufs in der Öffentlichkeit, gepaart mit großer Statusunsicherheit. Daher stufen sie sich häufig tiefer in der Prestigehierarchie ein, als dies die Allgemeinheit tut. Sie eignen sich ja auch als Sündenböcke, denen die Schuld am Versagen der Schüler, an misslingenden Reformen, an der gestiegenen Aggressivität von Jugendlichen aufgeladen wird, sind doch einzelne Personen zur Schuldzuschreibung geeigneter als komplexe gesellschaftliche Bedingungen. Die Diskussion über die Arbeitszeit der Lehrer machte deutlich, dass das Ansehen der Lehrer ab- und ihre Aufgaben zunehmen.
Vermutlich wird aus diesen Gründen in letzter Zeit mehr über die Professionalisierung und das Berufsethos des Lehrers nachgedacht. Die Schule ist die einzige Institution, die jeder Jugendliche durchlaufen muss. An der Schaltstelle für Lebenschancen sitzt der Lehrer und trifft wichtige Entscheidungen.
In einer Untersuchung zum Berufsethos (Schwänke 1988) antworten die Berufsverbände (Rücklauf 60 %) auf einen umfangreichen Fragebogen. Die Antworten der Verbände entsprechen häufig den Antworten von Lehrern, die zeitlich früher befragt wurden.
Es folgen einige Beispiele, in denen „völlig“ oder „teilweise“ den einzelnen Statements zugestimmt wird:

- 91% Lehrerfortbildung gehört zum Beruf des Lehrers, auch wenn dadurch seine Freizeit eingeschränkt wird.
- 91% Die Schüler müssen dem Lehrer im Unterricht sein persönliches Engagement anmerken können.
- 88% Jeder Lehrer sollte einen regelmäßigen Kontakt zu den Eltern seiner Schüler pflegen.
- 85% Die Schüler haben ein Recht darauf, vom Lehrer jederzeit über ihren jeweiligen Leistungsstand informiert zu werden.
- 69% Auf Kritik, die Schüler am Unterricht äußern, muss ein Lehrer auch dann eingehen, wenn er diese Kritik für unbegründet hält.
- 66% Der Lehrer muss im Dienst ebenso wie im Privatleben ein Vorbild für seine Schüler sein.

62% Ein Lehrer soll es vermeiden, seine parteipolitische Überzeugung im Unterricht durchblicken zu lassen.
56% Lehrer sollten sich nicht der Illusion hingeben, dass man in der Schule ohne Leistungsdruck und ohne Sanktionen auskommen könne.
53% Lehrer sollten sich regelmäßig gegenseitig im Unterricht besuchen.
50% Ein Lehrer, der gerecht sein will, muss immer Distanz zu seinen Schülern wahren.
34% Lehrer sollten ähnlich wie Ärzte ein Gelöbnis ablegen, das sie auf ihre Berufspflichten festlegt.
19% Die Lehrer sollten sich in erster Linie der Förderung der begabten Schüler verpflichtet fühlen.

In frei formulierten Antworten wurde am häufigsten genannt „das Prinzip der individuellen Förderung der Schüler durch Hilfen zur Selbstentfaltung", durch „pädagogische Zuwendung", durch „Anknüpfung an den Entwicklungsstand und an die Vorkenntnisse der Schüler." (Schwänke 1988, 10 und 110)

Seit geraumer Zeit ist aber auch von einem Phänomen die Rede, das besonders die Lehrer betrifft, vom Burn-out-Syndrom. Betroffene Lehrer fühlen sich ausgebrannt, überfordert, ohne Freude auf den morgigen Unterricht. Der Blick nach vorne ist von Resignation, der nach hinten von Enttäuschung gekennzeichnet. Man steht in einer selbst widersprochenen Anstrengung, will etwas leisten, sieht aber gleichzeitig die Fragwürdigkeit der eigenen Unternehmungen. Als starke Beeinträchtigung werden genannt: Problemschüler, die Schulaufsicht – viel kontrollierend und wenig ermunternd -, die Rahmenbedingungen des Unterrichtens, aber auch das Lehrerbild in der Öffentlichkeit (Horrorjob Lehrer, Spiegel 24, 1993).

Notwendig und ermutigend sind neue Entwicklungen: Lehrerselbsthilfegruppen, schulinterne Lehrerfortbildung, Lehrer-Schüler-Elterninitiativen.

15.7 Die Lehrerrolle

Eine soziale Rolle ist durch drei Merkmale gekennzeichnet:
„(1) Soziale Rollen sind gleich Position quasi-objektive, vom einzelnen prinzipiell unabhängige Komplexe von Verhaltensvorschriften. (2) Ihr besonderer Inhalt wird nicht von irgendeinem einzelnen, sondern von der Gesellschaft bestimmt und verändert. (3) Die in Rollen gebündelten Verhaltenserwartungen begegnen dem einzelnen mit einer gewissen Verbindlichkeit des Anspruchs, so dass er sich ihnen nicht ohne Schaden entziehen kann." (Dahrendorf 1974, 14 und 145)

Die Rolle enthält also die Summe der Verhaltenserwartungen, die an eine Person in einer bestimmten Position gestellt werden und die man selbst auch an andere stellen darf. Ein guter Lehrer sollte …, ein vernünftiger Autofahrer muss …, ein guter Schüler tut das und meidet jenes. Die Erwartungen steuern das Verhalten des einzelnen, er gewinnt Orientierungshilfen für sein Verhalten, es wird, da sozial begrenzt determiniert, vorhersagbar.

Folgt aus der gegebenen Definition: Je mehr einer die Rollenerwartungen erfüllt, desto richtiger handelt er? Falls der andere die Verhaltenserwartungen völlig einlöst, sind dann optimale Bedingungen für eine gelungene wechselseitige Kommunikation möglich? Wenn einer die Rollenerwartungen nicht erfüllt, gerät er dann schon in die Zone abweichenden Verhaltens?
Von einem Lehrer erwarten viele Vielfaches: Er soll lehren, prüfen, benoten, fördern, Vorbild sein .... Die Lehrerrolle lässt sich nicht eindeutig auf allgemeine und immer gültige Erwartungen hin bestimmen. Erwartet zum Beispiel eine Gruppe von Eltern besonders die intellektuelle Förderung ihrer Kinder, so mögen andere auf sozialem Lernen in der Schule vorrangig bestehen, wieder andere fordern vom Lehrer das Einüben politischer Qualifikationen. Die Vielfalt, Unterschiedlichkeit, ja Gegensätzlichkeit der Erwartungen führt zur Rollendiffusion. Die kann für den einzelnen, der nach einer sicheren Orientierung oder Anleitung für sein Handeln sucht, belastend sein. Sie verhindert aber auch Erstarrung und lässt Individuelles zu. In jedem gesellschaftlichen System, also auch in der Schule, sind die Normen, die angemessenes Rollenverhalten festlegen, nicht eindeutig definiert. Es ist geradezu unmöglich, Regeln für jedes Verhalten vorzugeben; eine so verfasste Gesellschaft, also auch die Schule, würde erstarren. Der mangelnde Normenkonsens ermöglicht, ja erfordert die interpretative Tätigkeit des einzelnen. Durch subjektive Interpretation muss das Individuum die mangelnde Orientierung ergänzen. Dieser Prozess findet in der Interaktion zwischen Lehrern und Schülern statt, aber auch mit allen mit der Schule befassten Personen und Institutionen. In dieser Interaktion decken sich die gegenseitigen Erwartungen nicht völlig. Die Chance der einzelnen liegt nun darin, diesen Spielraum durch Interpretation zu nutzen.

Literatur

Bäuerle, S., Kury, H. (1980). Bei Lehrern beliebte und unbeliebte Schüler. Die Deutsche Schule Heft 6

Becker, J. (1978). Schlaflose Tage. Frankfurt/M.: Suhrkamp.

Dahrendorf, R. (1974). Homo Sociologicus. Versuch zur Geschichte, Bedeutung und Kritik der sozialen Rolle. In: R. Dahrendorf. Pfade aus Utopia. München, Zürich: Piper.

Helmke, A., Schrade, F.W. (1993). Was macht erfolgreichen Unterricht aus? Praxis Schule, Heft 1, 5-10.

Hentig von, H. (1992). Der sokratische Eid. In: Verantwortung. Friedrich-Jahresheft X, 114-115.

Hofer, M. (1982). Lehrerverhalten aus der Sicht der Schüler. In: Unterrichtswissenschaft.

Leuschner, G., Schirber, F. (1993). Lehrergesundheit aus medizinischer Sicht. Pädagogik, Heft 1. 6-8.

Schiffler, H., Winkeler, R. (1985). Tausend Jahre Schule. Eine Kulturgeschichte des Lernens in Bildern. Köln: Belser.

Schwänke, U. (1988). Der Beruf des Lehrers. Professionalisierung und Autonomie im historischen Prozess. Weinheim, München: Juventa.
Wahl, D., Weinert, F. E., Huber, G. L. (1984). Psychologie für die Schulpraxis. Ein handlungsorientiertes Lehrbuch für den Lehrer. München: Kösel.
Weidenmann, B., Krapp, A. (1986). Pädagogische Psychologie. München, Weinheim: Psychologie Verlags Union. Urban & Schwarzenberg.

16 Kindheit und Jugend heute

Birgit Hauck-Bühler

16.1 Probleme der Jugendforschung

„Versucht nicht, uns zu verstehen. Ihr könnt uns untersuchen, befragen, interviewen, Statistiken über uns aufstellen, sie auswerten, interpretieren, verwerfen, Theorien entwickeln und diskutieren, Vermutungen anstellen, Schlüsse ziehen, Sachverhalte klären, Ergebnisse verkünden, sogar daran glauben. Unseretwegen. Aber ihr werdet uns nicht verstehen."
(P. König in Michel/Spengler 1993)

Der dies aus der Perspektive von Jugendlichen schreibt, ist selbst Jahrgang 1971, also durchaus der Jugendphase zuzurechnen, die heute eine Zeitspanne von 15 Jahren und mehr umfasst und die etwa 14 – 29jährigen meint.
Die in dieser Äußerung zutage tretende Ironie gegenüber einer Gesellschaft, die sich die Erforschung von Jugend eine Menge kosten lässt, richtet sich sowohl gegen die Methoden der Datengewinnung, als auch gegen die Nutznießer dieser Forschung: die Politik und die Medien.
„Es gehört zu den wenigen wirklichen Leiden aller Heranwachsenden, dass sie alle paar Jahre öffentlich gebündelt in Fernsehsendungen und Zeitschriftenartikeln zur Schau gestellt werden" (Spiegel 38, 1994, 58). In keinem anderen Land werde die Jugend, wohl aus Angst vor der Wiederkehr der Vergangenheit, so intensiv erforscht wie in Deutschland, heißt es da. Will man den Kritikern glauben, so gehen alle Anstrengungen der Wissenschaftler ins Leere.
Die Werbebranche mit ihren jungen PR-Agenturen und Trendscouts ist in vielen Segmenten der aktuellen Jugendforschung besser informiert als die universitäre Soziologen- und Pädagogenkonkurrenz, weil sie Jugendkulturen und Szenen als teilnehmende Beobachter durchforschen und sich eine subtile Kenntnis jugendlicher Lebensformen aneignen, sagt K. Farin. Durch medienwirksam aufgemachte Berichte seien die realen Kenntnisse der Erwachsenen über Jugendkulturen und jugendliche Alltagswelten verzerrt und reduziert und trügen so zu dem hohen Grad an Entfremdung der Generationen bei.
Tatsächlich hat die ständige Untersuchung jugendlicher Lebens- und Denkstile etwas Abstruses in einer Zeit, der einerseits eine vielfach überzogene Verherrlichung von Jugendlichkeit nachgewiesen werden kann, andererseits aber auch eine rücksichtslose Lebensweise auf Kosten der nachwachsenden Generation, wenn man beispielsweise die weltweite Schuldenbelastung, den Ressourcenverbrauch, Lebensstil und -standard der

westlichen Industrienationen und strukturelle Jugendarbeitslosigkeit in Betracht zieht.

Die Jugend gibt es nicht

Die Jugend gibt es nicht, – darin stimmen Wissenschaftler wie ihre Kritiker überein –, wohl aber eine enorme Vielfalt von Lebensstilen und Identifikationsmustern. Wenn hier dennoch von „Jugend" die Rede ist, soll damit nicht eine Einheitlichkeit suggeriert werden, die es nicht gibt und wahrscheinlich auch nie gegeben hat.

Zwei Bedeutungen von „Jugend"

„Jugend" hat zumindest zwei Bedeutungen:

- Zum einen bezeichnet sie als subjektive biografische Lebensphase die Zeit der inneren und äußeren Entwicklung, des Lernens, der Identitätsbildung ebenso wie die allmähliche Übernahme von Aufgaben und Verantwortung im Sozialsystem.
- Zum anderen ist „Jugend" die gesellschaftlich bestimmte Lebenslage von Heranwachsenden, auf die sich die Erwartungen der Gesellschaft vor allem in Bezug auf Integration in die Arbeitswelt richten. Es konnte gezeigt werden, dass den im Zuge der Bildungsexpansion der letzten 30 Jahre investierten Anstrengungen und Kosten beachtliche ökonomische und kulturelle Erträge gegenüberstehen (Klemm 1997). Die erweiterte Teilhabe an Bildung hat nicht nur der Gesellschaft insgesamt und den Einzelnen ökonomische Vorteile gebracht, sondern auch ein größeres Spektrum individueller Lebensgestaltung und biografischer Entwürfe ermöglicht.

Die gesellschaftliche Krise hat die Jugend erreicht

Die Shell-Studie (1997) fasst ihre Untersuchungen mit den Worten zusammen: „Die gesellschaftliche Krise hat die Jugend erreicht". Gemeint ist damit, dass die ökologischen und ökonomischen Belastungen längst auch – vermutlich in verstärktem Ausmaß – die heutigen Heranwachsenden beeinträchtigen. „Wenn die Arbeitsgesellschaft zum Problem wird, dann muss auch die Jugendphase als Phase der biografischen Vorbereitung auf diese Gesellschaft zum Problem werden" (Shell-Studie 1997, 13).

Als größte Belastung geben fast die Hälfte der Jugendlichen die Arbeitslosigkeit an; viele sind über ihre Familien kurzzeitig oder längerfristig damit in Berührung gekommen. Die Zahl derer, die unter Armut, Perspektivverlust, Ohnmacht und Zusammenbruch eigener Initiative leiden, nimmt zu. Zu gleicher Zeit präsentieren sich aber auch die Gegenbilder: materieller Überfluss, Vervielfachung der Bildungsangebote, Machbarkeit von Karrieren.

Kindheit wie Jugend sind Spiegel der Gesellschaft. Farin fasst dies so zusammen: „Die Jugend denkt und agiert fast genauso spießig, (anti-)rassistisch, rechts oder links, pazifistisch oder gewaltbereit, „unpolitisch" und konsumtrottelig wie ihre ausgewachsenen Vorbilder." (Farin 1996). Er setzt hinzu, seine „eher hoffnungsvolle Bestandsaufnahme ‚der' Jugend in den Neunzigern stützt sich allein auf das kleine Wörtchen ‚fast'. Es bedeutet nämlich, dass fast alle Protestbewegungen und vor allem -aktionen der 90er Jahre ein exklusives Jugendvergnügen waren und sind." Kann man daraus schließen, Jugendliche seien und lebten das, was ihnen die Erwachsenen vormachen?

16.2 Kindheit und Jugend heute – veränderte Rahmenbedingungen

16.2.1 These vom Verschwinden der Kindheit

Philippe Ariès hat in seiner „Geschichte der Kindheit" sehr anschaulich die Entstehung von Kindheit und Jugend als eigenständige Lebensphasen innerhalb einer Gesellschaft auf den Beginn der Neuzeit datiert. Die Herausbildung von Familie als Erziehungsinstanz zu Beginn des 15. Jahrhunderts hat bis in unser Jahrhundert ihre Bedeutung bewahrt. Mit der Differenzierung von Produktionsprozessen wird auch die Qualifizierung der Beschäftigten immer bedeutsamer, sodass zunächst Schulen, später auch Kindergärten und andere Bildungseinrichtungen die Vorbereitung auf das Berufsleben ergänzten.

Diese sozialen Konstruktionen scheinen sich heute so grundlegend zu verändern, dass von einem Verschwinden der Kindheit die Rede ist.

Gründe für „das Verschwinden der Kindheit"

Postman (1986) begründet diese These vor allem mit der Mediatisierung der Lebenswelt von Kindern und Jugendlichen. Mit dem Vordringen der Bild- und Informationsflut in den letzten häuslichen und territorialen Winkel sieht er alle Privatheit aufgehoben und grundsätzlich die Chance gegeben, an alle nur denkbaren Wissensbestände heranzukommen. Damit aber ist eine soziale und intellektuelle Hierarchie als Voraussetzung für ein Erziehungsverhältnis nicht mehr begründbar. Die These lässt sich auch noch anders stützen. In einer Gesellschaft, in der keine klaren Ordnungen und Institutionen mehr bestehen, wo Werte und Verhaltensmuster offen sind und individuell gestaltbar, können Handlungsziele und Lösungswege nicht verbindlich vorgegeben werden, sie sind allenfalls Verhaltensangebote für die Auseinandersetzung mit Aufgaben und Konflikten unserer Lebenswelt. Für die Legitimierung eines hierarchischen Erziehungsverhältnisses reicht das kaum.

Kinderärzte und Psychologen machen darauf aufmerksam, dass sich Krankheitsbilder bei Kindern denen von Erwachsenen angleichen: Beinahe ebensoviele Kinder wie Erwachsene erkranken an ehemals typischen Kinderkrankheiten; umgekehrt zeigen heute zunehmend mehr Kinder Krankheitssymptome, die bisher den Erwachsenen vorbehalten waren. „Bei vielen Kindern kommt es heute zu Erschöpfungszuständen, Nervosität und Unruhe, Magenverstimmungen und Schlafstörungen, die nicht auf eine einzelne Ursache zurückgeführt werden können. Es sind unspezifische Erkrankungen, die ganz offensichtlich mit der Überforderung der körperlichen, seelischen und sozialen Regelkreise zu tun haben … .Viele dieser Beschwerden können als psychosomatisch oder soziosomatisch bezeichnet werden" (Hurrelmann 1997, 544).

Armut in einer reichen Gesellschaft

Von Armut sind in Deutschland zunehmend mehr Familien betroffen. Nach Angaben des Statistischen Bundesamtes bezogen zum Jahresende 1995 bundesweit 2,52 Millionen Menschen Sozialhilfe, von denen 38,3 Prozent jünger als 18 Jahre alt waren (Zs. E&W 10/97, 26). Die Auswirkungen auf die Gesellschaft können bisher noch gar nicht abgeschätzt werden. Arm sein in ei-

ner reichen Gesellschaft veranlasst viele Betroffene, die eigene Lage zu verheimlichen. Neben den fehlenden materiellen Grundlagen zum Leben bedeutet Armut eine Beeinträchtigung der Bildungschancen, eine Einschränkung der Lebensperspektiven. Klemm (1997) zeigt den Zusammenhang zwischen Armut, schlechter Schulausbildung und geringerem Gesundheitsbewusstsein, was zudem die Wahl von Berufen mit höherer Gesundheitsgefährdung nach sich zieht. Er schlussfolgert daraus, dass die Bildungspolitik wesentlich mehr Fürsorge für die Benachteiligten zeigen müsse.
Fazit: Kindliches Leben wird in unserer Gesellschaft immer unkindlicher, von einem Schonraum für Entwicklung und das Einüben gesellschaftlicher Rollen kann kaum mehr gesprochen werden.

Pädagogisierung aller Lebensbereiche

Auf der anderen Seite können wir aber auch von einer Gegentendenz sprechen: Wir erleben eine fortschreitende Pädagogisierung aller Lebensbereiche, und speziell kindliche und jugendliche Lebensräume werden durch immer mehr Bildungs- und Betreuungsangebote verfügbar gemacht – das reicht von Säuglingstreffs bis zu Geburtstagsbetreuung, wobei Pädagogisierung und Kommerz nicht immer leicht zu trennen sind.
Dies ist aber nur scheinbar ein Gegensatz. Giesecke (1996) sieht die fortschreitende Pädagogisierung als Tendenz der Anbindung Jugendlicher an Institutionen der Gesellschaft, als eine Form des Abhängighaltens. Diese wird scheinbar notwendig, wo die Verbindlichkeit normativer Orientierung verlorengeht. Giesecke setzt sich daher vehement für ein Aufgeben des Erziehungsanspruchs spätestens ab dem 6./7. Lebensjahr ein, also ab dem Zeitpunkt des Schuleintritts der Kinder. Statt dessen fordert er die aufmerksame und interessierte Teilnahme der Erwachsenen am Sozialisationsgeschehen der aufwachsenden Generation.

Lebenswelten von Kindern und Erwachsenen nähern sich an

Wo die Lebenswelten von Kindern und Erwachsenen immer ähnlicher werden, ist eine Belehrung der Kinder durch die ältere Generation überholt, zumal die Sozialisationseffekte außerhalb von Familie und Schule erheblich an Bedeutung gewonnen haben.
Die Behauptung vom allmählichen Verschwinden der Kindheit einerseits, und die alle Lebensbereiche überziehende und überzogene Pädagogisierung als gesellschaftliche Tendenz andererseits können also als zwei aufeinander bezogene Prozesse gesehen werden.

16.2.2 Bedingungen des Aufwachsens von Kindern und Jugendlichen heute

16.2.2.1 Variable Familienstrukturen

Heutige Familien weisen eine Vielfalt an Strukturen auf. Die Tatsache, dass etwa ein Drittel aller Ehen geschieden wird, hat zu neuen Konstellationen des Zusammenlebens geführt; beispielsweise das Zusammengehen zweier Teilfamilien oder die Erziehung durch einen Elternteil. Folgende Minimaldefinition von Familie berücksichtigt die ganze Palette ihrer Erscheinungen: Es sind „Lebensgemeinschaften, in denen Kinder in einem gemeinsamen

Haushalt mit einem oder beiden Elternteilen aufwachsen und betreut werden" (U. Münch, zitiert nach Schwinger 1997, 551).
Die Zahl der Geburten hat sich deutlich verringert, die Chance, mit einem Bruder oder einer Schwester aufzuwachsen, besteht nur noch für ein Drittel aller Kinder.
Die Müttererwerbstätigkeit ist deutlich angestiegen. Tagesmütter und andere Betreuungspersonen werden zunehmend eingesetzt. Es wird von den „elternreichen Familien" heute gesprochen. Wenn von Vater und Mutter die Rede ist, verstehen zwei Kinder unter Umständen Verschiedenes darunter. Die Bedeutung solcher Veränderungen ist noch schwer einzuschätzen. Nur soviel lässt sich sagen: Familien haben zweifellos an Stabilität eingebüßt; andererseits bleiben Familien heute seltener als Zwangsaggregate bestehen, weil Rechtsprechung und öffentliche Meinung die Möglichkeiten der Trennung erweitert haben.

16.2.2.2 Veränderungen des Erziehungsstils

Übergang vom Befehlshaushalt zum Verhandlungshaushalt

Fragen nach der angemessenen Erziehung haben sich spätestens seit der 68er-Zeit zu einem Generalthema der Gesellschaft herausgebildet. Die Verunsicherungen über das „Wie" und „Wozu" haben inzwischen eher zu- als abgenommen. Insgesamt ist das Erzieherverhalten permissiver, liberaler, offener geworden. Heutige Eltern betonen eher solche Ziele, die auf Stärkung und Durchsetzungsfähigkeit ihrer Kinder ausgerichtet sind, Kooperation und Kreativität rangieren vor Selbstbeherrschung und Disziplin. An die Stelle autoritären Erziehungsverhaltens ist das Aushandeln von Modalitäten des Zusammenlebens getreten. Soziologen sprechen vom Übergang des Befehlshaushalts in einen Verhandlungshaushalt, Pädagogen vom Übergang der Erziehung zur Be-ziehung. Jedoch geben Eltern damit keineswegs wichtige Entscheidungen aus der Hand. Vielmehr konzentrieren sich ihre Erwartungen und ihre suggestive Einflussnahme besonders auf das Lern- und Leistungsverhalten ihrer Kinder. Deren Lernerfolge bzw. -misserfolge bestimmen häufig das Familienklima und vermitteln Kindern einen hohen Grad an Erwartungsbelastung. Dabei ist oft nicht die Frage relevant, in welchen Bereichen die Leistung erwartet wird, sondern es gilt, der oder die Beste zu sein, zumindest besser als die meisten anderen: Zielwert ist „das perfekte Kind" (Brater 1997).

Be-ziehung statt Er-ziehung

16.2.2.3 Spiel- und Freizeitangebote für heutige Heranwachsende

Spiel- und Freizeitangebote haben das Freizeitverhalten heutiger Kinder grundlegend verändert. Um es auf den Begriff zu bringen: Heutige Kindheit ist eine „mediatisierte, institutionalisierte, verplante, verhäuslichte, vereinzelte, verinselte Kindheit"(Nissen 1992, 281) Mit diesen Merkmalen setzt sich die Autorin allerdings kritisch auseinander und kommt zu dem Schluss, dass sie am ehesten auf Kinder der oberen Mittelschicht und auf Mädchen zutreffen.

Die Untersuchung des Deutschen Jugendinstituts München zum Freizeitverhalten von 1056 8-12jährigen Kindern in drei unterschiedlichen Regionen (Großstadt, ländliches Gebiet, stadtnahes Wohndorf) belegt – so Nissen –, dass die Mehrzahl der Kinder sich noch immer regelmäßig in öffentlichen Freiräumen aufhält, allerdings sind es deutlich mehr Jungen als Mädchen, die den Lernort Straße aufsuchen.

Mädchen halten sich weniger in öffentlichen Freiräumen auf als Jungen

Die Autorin sieht dies darin begründet, dass
- Mädchen weniger Zeit als Jungen haben, weil sie nach wie vor mehr zu Arbeiten im Haushalt herangezogen werden und längere Zeit für die Hausaufgaben aufwenden;
- Mädchen aus Angst vor sexueller Bedrohung weitaus häufiger als Jungen der Aufenthalt in öffentlichen Räumen verboten wird.

Die Folge ist, dass Mädchen mehr als Jungen halböffentliche Räume aufsuchen, mehrere Freizeitangebote wie Sport, Musik und/oder schulische Freizeitangebote nutzen, was zur Institutionalisierung des Freizeitverhaltens führt. Während Jungen in der Regel nur ein Sportangebot wahrnehmen, nehmen Mädchen häufig an mehreren Freizeitgruppen teil. Dies hat weitreichende Konsequenzen:

Das Aufsuchen solcher Veranstaltungen
- erfordert genaues Planungs- und Organisationsverhalten,
- nimmt mehr Zeit in Anspruch und
- verlangt einen häufigen Wechsel in verschiedene inhaltliche und soziale Kontexte,
- verlangt damit auch den Wechsel der Einstellung auf erwachsene Bezugspersonen und auf pädagogische Konzepte.

Die These von der Verinselung des Lebensraumes – die besagt, dass Kinder ihre Freizeitorte nur durch längere Fahrten mit dem Auto beziehungsweise öffentlichen Verkehrsmitteln erreichen und infolgedessen nicht mehr in einem dichten Beziehungsnetz agieren, sondern einzelne Freizeitinseln aufsuchen – hat sich auf Grund der Studie des Deutschen Jugendinstituts nicht bestätigt. Nach wie vor liegen die Ziele der Freizeitaktivitäten im näheren Wohnumfeld und werden zu Fuß oder mit dem Fahrrad erreicht. Die These trifft aber zu im kontextuellen und sozialen Rahmen institutionalisierter Freizeitangebote, wie sie obere Mittelschichtkinder und Mädchen in Anspruch nehmen.

Die Autorin zieht folgenden Schluss daraus: Die Chancen für weibliche Entwicklung liegen eindeutig im Planen, Wählen, Organisieren, Kommunizieren, sie liegen in Bildungsvielfalt und der Herausbildung sozialer Kompetenz.

Eine Belastung sieht Nissen allerdings darin, dass Mädchen früher und mehr als Jungen den Widerspruch zwischen Verfügungsmöglichkeiten einerseits und Fremdbestimmung andererseits zu spüren bekommen.

Zwei weitere Aspekte des Freizeitverhaltens sollen erwähnt werden: Das Überangebot an Freizeitmöglichkeiten macht auch einen Wechsel von einem Angebot zu einem anderen völlig unproblematisch. Lern- und Ausbildungsangebote werden zu austauschbaren Dienstleistungen. Ihre Auswahl und Nutzung hängt stark mit der Schichtzugehörigkeit zusammen; Bildungsabstinenz trifft vor allem auf solche Gruppen zu, die selbst nur einen geringen Bildungsabschluss haben, die durch Arbeitslosigkeit, Krankheit, Scheitern bedroht sind oder ihre materielle Not zu verheimlichen suchen. Das bedeutet, dass sich die Unterschiede von Kindern und Jugendlichen im kognitiven, musisch-ästhetischen und sozialen Bereich weiter vergrößern. Es ist ein brandaktuelles Problem, den Beitrag zu untersuchen, „den damit das Bildungssystem zu der immer neuen Produktion von Ungleichheit leistet“ (Klemm 1997).

Lern- und Ausbildungsangebote werden zu austauschbaren Dienstleistungen

16.2.2.4 Medienangebote und deren Nutzung

Heutige Kinder sind selbstverständlich und umfassend mit der Medienwelt vertraut. Der Durchschnitt der Kinder geht mit diesen Medien durchaus wählerisch um. Er hat präzise Kenntnisse von Programmen, Anbietern und Sendezeiten. Für die überwiegende Mehrheit der Kinder bedeuten die Medien jederzeitige Verfügbarkeit von Unterhaltung, Spannung, Zerstreuung, jederzeit abrufbare Informations- und Lernangebote. Nur ein kleiner Teil der Kinder zeigt extensiven Medienmissbrauch mit all den schädlichen Nebeneffekten, die in der Presse immer wieder angeprangert werden: Das Überwiegen der Sekundärerfahrung, Bewegungsarmut, Mangel an Kontakten, an Ansprache, Unterentwicklung der Sprachkompetenz, mangelnder Realitätsbezug. Was für die Nutzung außerschulischer Bildungsangebote gesagt wurde, gilt entsprechend für die Nutzung der Medien: Sie lassen die Entwicklungsschere zwischen Kindern aus höheren und niederen Sozialschichten weiter aufgehen.

16.2.2.5 Kinder und Jugendliche als Konsumenten

Kinder und Jugendliche heute – und zum großen Teil auch schon deren Eltern – sind in einer Gesellschaft aufgewachsen, die die Befriedigung der grundlegenden physiologischen Bedürfnisse entproblematisiert hat. Nahrung, Kleidung, Gebrauchs- und Spielartikel stehen zur Verfügung, und auch sexuelle Bedürfnisse sind aufgrund der Liberalisierung des Geschlechterverhältnisses heute leichter zu befriedigen. Zugleich gilt aber auch das Gegenteil, dass nämlich die Bedürfnisbefriedigung auf dem Umweg über Massenproduktion, über Vermarktung und Kommerzialisierung aller Lebensbereiche einen hohen Einsatz an Zeit, Anstrengung und persönlichem Einsatz erfordert. Die Formel: „Ich kaufe, also bin ich“ bestimmt unser Erwachsenenverhalten in hohem Maß. Kaufen verspricht Macht, Individualisierung und Flexibilität, die Verführung zum Kauf wird als „Erlebnis“ mitverkauft. Wieviel mehr gelten diese Effekte erst für Heranwachsende, die ja ein „Ich bin“ erst konstituieren. Ihr Kaufen hat deswegen in einem noch höheren Grad als bei Erwachsenen die Funktion der Selbstdefinition.

„Ich kaufe, also bin ich“

Kinder als Käufer und Konsumenten sind ein geläufiges Bild unserer Warenwelt. Sie verfügen über viel Taschengeld, kennen das Warenangebot häu-

fig besser und genauer als ihre Eltern, entscheiden früher über das, was gekauft werden soll und gehen auch – entgegen anderslautender Meinung – durchaus preisbewusst vor: Der Kauf teurer Markenartikel, den viele Eltern und Erzieher bedauern, ist Ausdruck dieses Preisbewusstseins. Im Warenangebot werden Identifikationsentwürfe möglich, das Teure ist das in der Gesellschaft Wertvolle.
Wie wollen Heranwachsende ihre Selbstwertschätzung anders zum Ausdruck bringen als durch die Wertmaßstäbe, die ihnen die erwachsene Generation vorlebt? Identifikationen sind Spielformen der Selbstdefinition, sie haben infolgedessen auch Übergangscharakter.

16.2.2.6 Ökologische Bedingungen – Zeitumgang

Es wurde bereits angesprochen, wie sehr heutige Kinder mit Krankheit auf Belastungen ihrer physischen Umwelt reagieren. Als soziale, kulturelle und auch gesundheitliche Seismografen (Hurrelmann 1997, 549) zeigen sie uns den Zustand unserer Lebensorganisation überdeutlich. Einbezogen in die Lebensvollzüge der Erwachsenenwelt, fehlen ihnen häufig noch die Strategien, um Schäden von sich fernzuhalten.

Zeitökonomie verplant kindliches Zeiterleben

Dies gilt zum Beispiel auch für unseren Zeitumgang, dem die Kinder durch Arbeits- und Freizeitorganisation voll ausgesetzt sind. Die kontinuierliche Ausrichtung an der Ökonomie optimaler Zeitnutzung lässt Diskontinuität kaum mehr zu, kindliches Zeiterleben braucht aber nichts dringlicher als Zeit für die leiblich-sinnlichen Erfahrungen von sich selbst wie der umgebenden Welt (Neumann 1992). „Durch Arbeitsprozesse und Konventionen der Zeitökonomie sind Eltern gezwungen, ihre Bedürfnisse vor die des Kindes zu stellen" (ebd., 275).
Ebenso haben sich die gesellschaftlichen Lern- und Leistungsanforderungen verdichtet und dringen bis in die Kindergartenzeit vor. Parallel dazu findet eine Ausdehnung und Intensivierung der Freizeitbeschäftigungen statt, bei denen Kinder bereits ein hohes Maß an planerischer und organisatorischer Kompetenz entwickeln können, aber gleichzeitig in einen kaum mehr aufhebbaren Prozess der Verplanung geraten.

16.2.2.7 Fazit

Kinder sind den gleichen Belastungen ausgesetzt wie Erwachsene

„Das Kind wird nicht erst ein Mensch, es ist schon einer." Dieser Satz J. Korczaks aus der ersten Hälfte unseres Jahrhunderts, gemünzt gegen eine allzu selbstherrliche, von sich eingenommene Erziehergeneration, kann in unserem Zusammenhang eine weitere Bedeutung erhalten. Das Menschen-Kind, damals wie heute, ist den Herausforderungen und Belastungen seiner Lebensumgebung ausgesetzt wie ein Erwachsener, ohne aber über die gleichen Mittel des Selbstschutzes, der Verdrängung, der Dickhäutigkeit zu verfügen, ohne genau so ernst genommen zu werden wie dieser.

16.3 Bestimmungsmerkmale von Jugend

Entstrukturierung der Jugendphase

Die Jugendforschung spricht seit längerem von der Entstrukturierung der Jugendphase. Damit ist folgendes gemeint: Die traditionelle Abfolge bestimmter Zeitabschnitte wie Schule – Berufsausbildung – Beruf – Heirat hat allenfalls noch relative Gültigkeit. Bedeutsam sind aber folgende Verschiebungen:
- Eine zeitliche Ausdehnung von Jugendzeit; für immer mehr Menschen reicht sie ans 30. Lebensjahr heran;
- mehrere Ausbildungsphasen, die aneinandergereiht werden, ohne je in einen Arbeitsprozess eingemündet zu sein;
- Aufnahme von Geschlechtsbeziehungen während der Schul- und Ausbildungszeit; Lebensgemeinschaften mit oder ohne Kinder;
- Warteschleifen vor Lehrstellen- oder Berufseintritt;
- schließlich Arbeislosigkeit mit unabwägbaren Perspektiven.

16. 3.1 Biologisch-psychologische Reifung

Säkulare Akzeleration

Mit dem Begriff „säkulare Akzeleration" wird die Tatsache bezeichnet, dass heutzutage die biologische Reifung früher einsetzt. Das bedeutet die Vorverlagerung der Geschlechtsreife und ein beschleunigtes und größeres Wachstum. Die Gründe hierfür werden in einer ausgewogeneren Ernährung und geringeren körperlichen Belastung, besonders auch in der Zeit der Pubertät, gesehen. Als Indiz für die sexuelle Reifung wird bei Mädchen das Datum der ersten Menstruation – etwa mit 13 Jahren – gesehen, bei Jungen das der ersten Ejakulation – etwa im Alter von 14/15 Jahren. Ob daran entsprechend auch eine frühere kognitive Entwicklung gekoppelt ist, bleibt in der Jugendforschung umstritten. Einige Psychologen (Baacke 1993, Kohnstamm 1994) gehen davon aus, dass auch die kognitive Entwicklung akzeleriere, wobei meist das Piagetsche Entwicklungsmodell zu Grunde gelegt wird.
Die Befürworter dieser Annahme stützen sich auf Untersuchungen, aus denen hervorgeht, dass
- Kinder heute visuelle Informationen schneller aufnehmen können als Erwachsene;
- Kinder mit den Inhalten zugleich die Technik der Übermittlung lernen; selbst wenn sie darüber keine Auskunft geben können, verstehen sie sie ab dem 10. Lebensjahr vollständig;
- der schnelle Bildwechsel die Aufmerksamkeit der Kinder erhöht;
- die Computertechnik sowohl
  - die Augen-Hand-Koordination enorm fördert, was die Grundvoraussetzung kognitiven Lernens ist als auch
  - die Berücksichtigung zweier oder mehrerer Aspekte zu gleicher Zeit erfordert.

Papert, ein Schüler Piagets, geht davon aus, dass die Art des Bild- und Spielmaterials die Art des Denkens und die Denkentwicklung beschleunigen kann (Kohnstamm1994,106f und 124f).

Peer-groups gewinnen früher an Einfluss

Auffällig bei Jugendlichen ist auch eine hohe Fähigkeit der Selbstreflexion und der Reflexion über Motive anderer, auch schon bei 13jährigen. Mit der vorverlagerten Reifung geht eine frühere Sozialorientierung einher. Peergroups gewinnen heute schon bei den 9-10jährigen an Einfluss, während früher die Orientierung an den Eltern länger andauerte. Möglicherweise ist dies ein Grund dafür, dass Jugendliche mehr interaktive Kompetenz entwickeln.

Entscheidend für das Datum des ersten Geschlechtsverkehrs ist, wann der Zeitpunkt der sexuellen Reifung eintrat; je früher er liegt, desto eher werden intime Beziehungen zum anderen Geschlecht aufgenommen. Auch hier hat sich das Durchschnittsalter für den ersten Intimverkehr auf 16 Jahre vorverlagert (Baacke 1993, 141).

Eine individuelle Akzeleration (Frühentwicklung) ist für die männlichen Jugendlichen von einigem Vorteil, sie sind ausgeglichener, selbstbewusster und sicherer als Normalentwickelte. Dagegen haben es die Spätentwickler außerordentlich schwer, da sie als wenig attraktiv, verkrampft, unsicher gelten.

Für die Mädchen ist die Sache komplizierter. Das hängt mit den verschiedenen weiblichen Attraktivitätsmodellen zusammen. Jedenfalls stehen frühentwickelte Mädchen unter hohem und vor allem widersprüchlichen gesellschaftlichen Erwartungsdruck. „Obwohl ‚Keuschheit' kein Ideal mehr darstellt, sondern ins soziale Abseits führt, bestehen die Pole – ‚sexuelle Freizügigkeit' auf der einen und ‚Verklemmtheit' auf der anderen Seite – doch weiter. Die Mädchen müssen irgend etwas dazwischen finden, ohne Bilder dafür zu haben, wie das aussehen könnte. Die eigenen Wünsche stehen dabei selten im Vordergrund. Immer noch gilt es, den ‚guten Ruf zu bewahren'." (Düring 1993, 77). Zugleich besteht ein immenser Druck, ab einem gewissen Zeitpunkt sexuelle Erfahrungen mit Jungen gemacht zu haben, um sich im Vergleich zu anderen noch als normal einzustufen.

16.3.2 Kennzeichnung der Lebenssituation von Jugend

Jugend bedeutet Statusunsicherheit

Wichtigstes Merkmal von Jugend ist ihre Statusunsicherheit. Eine frühzeitigere Hinwendung zu Gleichaltrigen bedeutet eine frühere Neuorientierung außerhalb der Familie, was mit Chancen ebenso wie mit Unsicherheit verbunden ist. Unsicherheit besteht auch im Hinblick auf Formen des Zusammenlebens. Nicht nur als Angehörige von Lebensgemeinschaften, sondern auch als junge Erwachsene stehen Jugendliche vor der Frage, welche Lebensform ihnen zukünftig angemessen erscheint. Eine Rolle spielen dabei auch gleichgeschlechtliche Partnerschaften.

Widersprüchliche Wertangebote

Die Vielfalt, ja Widersprüchlichkeit geltender Werte unserer Gesellschaft ist für Heranwachsende, die Orientierung für ihre Selbstfindung brauchen, eine schwierige Herausforderung. Nebeneinander bestehen beispielsweise Arbeitshaltungen wie Disziplin, Leistungsbereitschaft und Aufschub von Bedürfnissen, während Werbung und Medien Werte wie Konsum, Wohlleben und Genuss-sofort-Mentalität vermitteln.

Abgenommen haben die Möglichkeiten, über eigene sinnliche Erfahrungen Vorstellungen von der Welt zu erhalten, statt dessen wird eine Vielzahl sekundären Erlebens vermittelt, oft aus völlig anderen Lebenszusammenhängen. Jugendliche erschließen sich virtuelle Welten, über deren Wirkung auf sie noch wenig gesagt werden kann.

Sekundäres Erleben dominiert sinnliche Erfahrung

Die Medien konfrontieren Jugendliche täglich mit Katastrophen weltweit, die ihnen ihre Lebensgrundlagen äußerst unsicher erscheinen lassen. Die Ängste unter Heranwachsenden entstehen vor allem aus der Kentnis über den Zustand unserer Biosphäre und einem gestiegenen Bewusstsein ihrer Bedrohung. Sie entstehen zugleich aus dem Wissen um die globale Vernetzung aller Probleme.

Jugendliche wachsen wie selbstverständlich mit Angehörigen anderer Kulturen und Religionen auf, haben über Reisen und Medien mehr Kontakte zu fremden Nationalitäten. Die Chance der Verständigung können viele Jugendliche nutzen, aber es sind auch diejenigen unübersehbar, denen das Fremde immer auch das Bedrohliche – meist für ihre eigene schwache Existenz – bleibt, die sich in Vorurteil, Hass und Gewalt zu retten suchen.

Zentrales Problem ist – auch nach Aussagen der Jugendlichen selbst – die immens angewachsene Arbeitslosigkeit. Wenn der Status des Erwachenen in erster Linie durch seine ökonomische Unabhängigkeit definiert ist, so zeigt sich darin für die kommende Generation die ganze Paradoxie ihrer Lage. Das Gefühl der Ohnmacht nimmt zu, weil auch dieses ein globales Problem ist und die politischen Systeme sich außerstande sehen, effektive Maßnahmen dagegen zu treffen.

Vorherrschend ist also in der Lebenssituation Jugendlicher der Faktor Unsicherheit. Diese hat heute eine andere Qualität, weil es keinen klaren Zielbezug im Hinblick auf die Erfordernisse der Zukunft gibt. „Im Jugendalter muss nicht nur gelernt werden, die Welt zu erkennen und zu übernehmen, sondern sie individuell (für die eigene Biografie) zu erschaffen" (Brater 1997, 150).

Unsicherheit als bestimmender Faktor der Lebenssituation Jugendlicher

Unsicherheit kann als Herausforderung erlebt werden und zu kreativen Leistungen befähigen, aber auch als Bedrohung, Beeinträchtigung und Ausgrenzung empfunden werden. Für einen Teil der Jugend werden Bedürfnisse nach Sicherheit, Zugehörigkeit, Achtung und Wertschätzung nicht zu befriedigen sein (Tulodziecki 1996, 66).

16.4 Ergebnisse der Shell-Studie 1997

Was die Hauptprobleme von Jugendlichen heute seien, das beantworten 45,3 Prozent der Befragten im Alter zwischen 12 und 29 Jahren mit „Arbeitslosigkeit", gefolgt von „Drogenproblemen" (36,4%) und „Problemen mit Personen im Nahbereich" (32,1%) (Shell-Studie 1997, 279). Differenziert man nach Altersgruppen, so nimmt das Statement „Arbeitslosigkeit" stetig zu, von 18 Prozent bei den 12-14jährigen bis zu 62,8 Prozent bei den 22-24jährigen, und ist bei der Gruppe der Berufstätigen am stärksten vertreten: 64,4 Prozent sehen darin ihr Hauptproblem, was deutlich macht,

Arbeitslosigkeit als Hauptproblem

dass die Arbeits„besitzer" sich noch unsicherer fühlen als die Jugendlichen vor Berufseintritt.

Die Studie zieht daraus folgenden Schluss: Auffällig ist, „dass also nicht irgendein Problem, irgendeine Schwierigkeit der jugendlichen Entwicklung, Konflikte mit älteren, psychosoziale Krisen, Identitäts- oder Orientierungsprobleme oder ähnliches, die gemäß den Lehrbüchern der Entwicklungspsychologie oder Sozialisationstheorie im Jugendalter zentral stehen, sondern das gesellschaftlich-ökonomische Problem der Krise der Erwerbsarbeit erlebt wird. Die gesellschaftlichen Krisen haben das Jugendalter erreicht" (ebd., 279).

Richtig ist: Es gibt wenig zu sehen von lautstarker Auseinandersetzung zwischen den Generationen. Die Ablehnung alles dessen, was Erwachsene tun oder lassen, hat früher wenigstens als Negation eine Orientierung ermöglicht. Dies gilt heute nicht mehr. Die Liberalisierung der Umgangsformen, der weitgehende Verzicht auf Ge- und Verbotsstrukturen, häufig auch fehlende Grenzen gestehen Jugendlichen insgesamt mehr Freiräume zu. Sie müssen nicht kämpfen für die Durchsetzung eigener Lebensstile, sie leben sie einfach. Aber auch ein anderer Gesichtspunkt kommt ins Spiel: Die Grenzen zwischen den Altersphasen verwischen sich zunehmend. Die Suche nach Orientierung teilen heute die Erwachsenen mit den Jugendlichen, und es ist keineswegs entschieden, wer Vorbild für den anderen ist. Der Adaptionsprozess jugendlicher Lebensformen geht jedenfalls so weit, dass von „Infantilisierung" und „Verjugendlichung" des Erwachsenseins gesprochen wird.

Was bedeuten aber die genannten Problembereiche „Arbeitslosigkeit", „Drogen", „Probleme mit Personen im Nahbereich" anderes als Orientierungsprobleme, Interaktionskonflikte, psychsoziale Krisen? Es zeigt sich doch, dass Jugendliche sehr genau einzuschätzen vermögen, was die eigentliche gesellschaftliche Erwartung an sie ist: Integration durch Besetzung einer Position im Arbeitsprozess und Erwerb ökonomischer Unabhängigkeit.

Festhalten am Jugendlichen-Status mangels beruflicher Perspektive

Ohne Perspektive, ohne Zukunft ist diese Phase schwer zu gestalten. Das Festhalten am Jugendlichen-Status – auch dies ein Ergebnis der Shell-Studie – hängt mit eingeschränkten beziehungsweise fehlenden Berufsperspektiven zusammen und wird folglich von denen am häufigsten genannt, die die geringsten Chancen haben: zehn Prozent mehr Ostdeutsche als Westdeutsche, Frauen mehr als Männer.

Zwar wird die verlängerte Jugendphase teilweise für zusätzliche Qualifikationen genutzt, um die Einstellungschancen zu verbessern; so werden auch Studienabschlüsse weiter hinausgezögert, um das Ergebnis zu optimieren. Aber das dahinterstehende Dilemma drohender Arbeitslosigkeit ist damit nur verschoben.

16.4.1 Bedeutung der Jugendkulturen

Die Verlängerung der Jugendphase steht auch im Zusammenhang mit der Herausbildung von Jugendkulturen. Sie sind Ausdruck von Haltungen, die

Jugendliche gegenüber der gesellschaftlichen Realität einnehmen, im Kern also eine Form der Auseinandersetzung mit ihr. Bereits seit den 50er-Jahren bilden sich zunächst wenige, dann immer mehr jugendkulturelle Stile heraus, und ihre Spontanität und Kurzlebigkeit entspricht in vielem dem Bedürfnis Heranwachsender, sich für eine kurze Zeit in die eine oder andere Szene, oft auch in mehrere gleichzeitig, einzuklinken, ohne sich aber für längere Dauer binden zu wollen.

Heute sind im Zugriff von Industrie und Kommerz die Moden, Szenen, Trends der jungen Generation für viele Erwachsene kaum mehr überschaubar, Farin (1996) spricht von bis zu 400 Jugendkulturen, die die Werbung aufgespürt haben will, zu deren Entstehung sie teilweise sogar kräftig beigetragen hat.

Potenzial kultureller Produktivkraft

Die große Bedeutung dieser Jugendkulturen liegt darin, dass sich in ihnen ein Potenzial kultureller Produktivkraft äußert, das in früheren Gesellungsformen nicht derart ausgeprägt war. In ihnen zeigen Jugendliche, „wie angesichts fehlender allgemeinverbindlicher Normen eigene Normen entstehen und ‚von unten' gebildet werden können. Die Jugendkultur ist ein Entwicklungsschritt auf dem Weg zur Selbstfindung, ambivalent, aber in vielen Fällen wohl die entscheidende Stütze in der allgemeinen Auflösung der bisher geltenden Welt." (Brater 1997, 152)

Dies gilt auch dann noch, wenn man die starke Vergesellschaftung vieler dieser Moden und Trends berücksichtigt. Das Spiel mit Labels, Attributen, Abzeichen ist oftmals nur eine kleine Abgrenzung vom Standard, etwa bei der Frage, ob man die Zunge der Markenturnschuhe über oder unter den Schnürsenkeln trägt. Ein kurzes Engagement, probeweises Mittun, schneller Wechsel der Szenen entsprechen vielen Jugendlichen mehr als die Zugehörigkeit zu traditionellen Vereinen.

Die Mitgliederzahlen organisierter Gruppen nehmen daher immer weiter ab; dies gilt für politische, gewerkschaftliche, konfessionelle Gruppierungen ebenso wie inzwischen auch für Sportvereine. Es wurde schon gesagt, dass heute bereits 9–11jährige sich an Gleichaltrigen orientieren, auch sie werden früh Mitglieder in Clubs, Cliquen und Fan-Gemeinden, um sie eventuell genauso schnell wieder zu verlassen. Mädchen haben ihre Position in solchen Gruppierungen verbessert; „am internationalen Jugendtourismus sind sie inzwischen fast gleichberechtigt beteiligt, sie können heute allein oder mit Freundinnen außer Haus gehen" (Baacke 1993[2],15), allerdings unterliegen sie immer noch stärkeren Restriktionen als Jungen, wenn sie abends ausgehen wollen.

16.4.2 Werthaltungen und politisches Engagement von Jugendlichen heute

Dauerthema der Jugendstudien ist die Erforschung der politischen Einstellungen und des politischen Engagements der Heranwachsenden. Das schlimme Wort von der Politikverdrossenheit der Jugend ist noch nicht vergessen, die Behauptung selbst aber durch viele Veröffentlichungen widerlegt.

Statt Politikverdrossenheit der Jugend Jugendverdrossenheit der Politik

Die Shell-Studie 1997 wählt deshalb den Weg über biografische Portraits von engagierten Jugendlichen, die in irgendeinem ihnen wichtigen Bereich „etwas bewegt haben". Dabei kommen dann die Motive für den persönlichen Einsatz sowie die politische Einstellung deutlicher zum Ausdruck als mittels Fragen zum Wahlverhalten oder zur Parteieneinschätzung. „Nicht die Politikverdrossenheit der Jugend, sondern die Jugendverdrossenheit der Politik wird hier zum Thema." (Shell-Studie 97, 17)

Vorgestellt werden junge Menschen, die sich in Kirche, Kommune, Kultur, Schule, Betrieb, im Umweltschutz, Tier- und Landschaftsschutz einsetzen und dies tun, weil es Spaß macht und etwas bringt. Die Autoren der Studie unterscheiden eine eher „nutzenorientierte Motivation" bei den Jüngeren, und eine eher „zielorientierte Motivation" bei den über 15jährigen (ebd.,18). Die nutzenorientierte Motivation zielt auf Annehmlichkeiten, die darin bestehen, dass niemand Vorschriften macht, die Freunde mit dabei sind und eine Abwechslung zu dem geboten ist, was in Schule/Betrieb passiert. Auf einen Nenner gebracht, bedeutet es die Wahl selbstbestimmten Tuns zusammen mit Gleichgesinnten. Bei den „Zielorientierten" kommen pragmatische Aspekte hinzu: es geht darum, die eigenen Fähigkeiten einzubringen, mitzubestimmen und ein Ziel in angemessener Form zu erreichen.

Farin verweist auf eine andere Variante politischen Engagements. „Nach Umfrage des Hamburger GEWIS-Instituts [erklärte sich] jeder zweite der interviewten Jugendlichen bereit und weitere 42 % bedingt bereit, eine Marke oder ein Produkt zu boykottieren, das auf menschenverachtende Weise hergestellt oder vermarktet wird. Vor allem ökologisch korrektes Verhalten von Konzernen wird nicht mehr (oder nur) durch Demonstrationen eingeklagt, sondern an der Ladenkasse durchgesetzt. Vater Marx hat sich rar gemacht, Mutter Coca Cola die alleinige Verantwortung übernommen. Ansprechpartner (Vorbild, Sinnstifter und verhasste Autorität) für Jugendliche ist heute eher die Industrie als die Politik – vielleicht eine Folge des Realitätsbewusstseins von Jugendlichen... ." (Farin 1996)

Dieses Realitätsbewusstsein drückt sich meines Erachtens noch in einer anderen Komponente für jugendliches Engagement aus: In dem unverhohlenen Wunsch nach Spaß.

Auch diese Tendenz hat viel Unverständnis auf Seiten der Erwachsenen ausgelöst, aber die Lektüre der Biografien der Shell-Studie wirft ein Licht darauf, was Spaß für die Jugendlichen bedeutet: Sie verbinden damit die Vorstellung, dass persönliche Vorteile im Engagement gefunden werden. Diese könnten sein: ein Zuwachs an Kompetenz, das Auftreten in der Öffentlichkeit, Gewinn an „Publicity", Erfolgserleben, Selbstdarstellung und schließlich: in ihren Initiativen ernst genommen zu werden. Alle diese Faktoren stellen gewichtige Werte unserer Gesellschaft dar und sind für Jugendliche unverzichtbare Bereiche der Selbsterprobung und Weiterentwicklung. Jugendliche scheinen darin ehrlicher zu sein, wenn sie ihr Engagement nicht als schieren Altruismus verkaufen.

16.5 Jugendliche heute – Leben in Widersprüchen

Jugendliche, so sollte gezeigt werden, leben heute weitaus weniger in einem Schonraum, der ihnen Zeit und Schutz für das Kennenlernen und die Aneignung einer klar strukturierten Welt gewähren würde. Statt dessen sind sie von klein auf konfrontiert mit Chancen und Gefährdungen einer Zeit des Umbruchs, über dessen Ausgang alle im Ungewissen sind. Jugendphase ist auch kein transitorischer Abschnitt mehr zwischen den relativ klaren und festen Welten der Kindheit und des Erwachsenenalters, deren Grenzen immer unschärfer werden. In einer entwicklungsoffenen Gesellschaft finden Jugendliche Bedingungen vor, denen allenfalls vorübergehende Bedeutung für die Gestaltung ihres eigenen Lebens zukommt. „Die Erwachsenen verkörpern nicht mehr die Zielwelt des Erwachsenenseins schlechthin, sondern allenfalls eine bestimmte individuelle Lösung der Probleme des Erwachsenwerdens ohne kollektive Verbindlichkeit, dagegen oft mit auch für die Jugendlichen erkennbaren Grenzen und Widersprüchen.“ (Brater 1997, 150)
Einen Teil dieser Widersprüche, denen Jugendliche auf Grund veränderter gesellschaftlicher Lebensbedingungen ausgesetzt sind und die sie zum Teil in ihrem Verhalten reproduzieren, möchte ich tabellarisch einander gegenüberstellen:

Widersprüche, denen Jugendliche ausgesetzt sind	
Auf der einen Seite:	Auf der anderen Seite:
– Bewegungs- und Erfahrungsverlust auf Grund der Dominanz der neuen Medien	– Erweiterung des Erfahrungsspektrums durch neue Mobilität, Sport- und Jugendkulturen
– Tendenz zur Vereinheitlichung, Normierung, Uniformierung	– Vielfalt der Lebensstile Zwang zur Individualisierung
– Sensibilität gegenüber Kaputtheit der Lebensbedingungen, Ängste	– Rücksichtslosigkeit bei der Durchsetzung des eigenen Lebensgenusses
– Engagement in neuen sozialen Bewegungen	– Rückzug, Verweigerung von Partizipation
– früher einsetzende kulturelle Selbstständigkeit	– länger andauernde ökonomische Abhängigkeit

Alle Versuche, mit diesen Widersprüchen produktiv umzugehen, sofern sie nicht selbstzerstörerisch sind, verdienen Beachtung als Beiträge zur Konstruktion gesellschaftlicher Wirklichkeit. Um Jugendliche, wenn nicht zu verstehen, so doch ernst zu nehmen, „ist die Kunst des Zuhörens gefragt und die Bereitschaft zum Beobachten, Sammeln, Nachfragen und Nachdenken. Vorgefasste Meinungen sind diesem Prozess nur hinderlich. Insofern halten wir uns an die Devise ‚weniger Denkschablonen, mehr Risikofreude‘ und plädieren für offene Ohren.“ (Shell-Studie 1997, 89) In diesem Sinne kann man den Autoren nur zustimmen.

Literaturverzeichnis

Ariès, Ph. (1975). Geschichte der Kindheit. München, Wien.

Ausubel,D. (1970). Das Jugendalter, Fakten, Probleme, Theorie. München: Juventa Verlag.

Baacke, D. (1976). Die 13-18jährigen. München, Wien, Berlin: Urban + Schwarzenberg.

Baacke, D. (1993). Jugend und Jugendkulturen. Weinheim und München: Juventa Verlag.

Beck, U. (Hrsg.) (1997). Kinder der Freiheit. Frankfurt am Main: Suhrkamp Verlag.

Block, R., Klemm, K. (1997). Lohnt sich Schule? Aufwand und Nutzen: Eine Bilanz. Reinbek: Rowohlt Verlag.

Böhnisch, L. (1997). Versorgt – und doch abgeschnitten. In: Zeitschrift „Erziehung und Wissenschaft" 10/97, S. 12-14.

Brater, M. (1997). Schule und Ausbildung im Zeichen der Individualisierung. In: Beck, U. Kinder der Freiheit. Frankfurt am Main: Suhrkamp Verlag, S. 149 - 174.

Düring, S. (1993). Wilde und andere Mädchen: Die Pubertät. Freiburg i. Br.: Kore Verlag.

Erikson, E.H. (1974). Jugend und Krise, Die Psychodynamik im sozialen Wandel. Stuttgart: Klett Verlag

Farin, K. (1996). Handout zu einem Vortrag vom November in der Ev. Akademie Bad Boll zum Thema: Die Zukunft der Bildung in der Zivilgesellschaft.

Giesecke, H. (1996). Das Ende der Erziehung. Neue Chancen für Familie und Schule. Stuttgart: Klett-Cotta.

Hensel, H. (1995). Die neuen Kinder und die Erosion der alten Schule. Ein Essay zur inneren Schulreform. München: AOL-Verlag, Lichtenau und Lexika-Verlag.

Hurrelmann, K. (1997). Kleine Erwachsene. Das unkindliche Leben unserer Kinder. In: Universitas, Zeitschrift für interdisziplinäre Wissenschaft, Jg. 52/Nr. 612, Stuttgart, S. 541-550

Hurrelmann, K. (1997). Lebensphase Jugend. München: Juventa Verlag.

Janke, K., Niehues, S. (1995). Echt abgedreht. Die Jugend der 90er Jahre. München: Becksche Verlagsbuchhandlung.

Jugendwerk der deutschen Shell (1992). Jugend 92, Gesamtdarstellung und biografische Portraits. Opladen: Leske +Budrich.

Jugendwerk der deutschen Shell (1997). Jugend 97, Zukunftsperspektiven, Gesellschaftliches Engagement, Politische Orientierungen. Opladen: Leske +Budrich.

Klemm, K. (1997). Mehr Beachtung für die Kellerkinder. In Zeitschrift „Erziehung und Wissenschaft" 10/97, S. 25-26.

Kohnstamm, R. (1994). Praktische Psychologie des Schulkindes. Bern, Göttingen, Toronto, Seattle: Verlag Hans Huber.

Korczak, J. (1973). Das Recht des Kindes auf Achtung. Göttingen: Vandenhoeck und Ruprecht.

Michel, K. M., Spengler, T. (1993). Kursbuch Deutsche Jugend, Heft 113. Berlin: Rowohlt.

Nissen, U. (1992). Freizeit und moderne Kindheit – Sind Mädchen die moderneren Kinder? In: In Zeitschrift für Pädagogik, 28. Beiheft. S.281f.

Neumann, K. (1992). Zeit für Kinder und Zeit der Kinder. Kindheit in der Moderne zwischen Zeitökonomie und Zeitautonomie. In Zeitschrift für Pädagogik, 28. Beiheft. S. 274f.

Postman, N. (1986). Das Verschwinden der Kindheit. Frankfurt: Fischer

Schwinger, E. (1997). Familie als „Natur"? In: Universitas, Zeitschrift für interdisziplinäre Wissenschaft, Jg. 52/Nr. 612, Stuttgart, S. 551-559

Tulodziecki, G. (1996). Unterricht mit Jugendlichen. Bad Heilbrunn: J. Klinkhardt Verlag.

17 Intelligenz, Begabung und Kreativität

Otto-Walter Müller

„Mein Sohn ist sehr lebhaft und sehr intelligent. Er will einmal Medizin studieren.“ Mit diesen Worten leitete die Mutter eines Schülers meiner 7. Klasse das Gespräch ein, zu dem ich sie gebeten hatte, nachdem ihr 13-jähriger Sohn Christian in der allerersten Klassenarbeit in Latein (Anfangsunterricht) mit Abstand die meisten Fehler gemacht hatte. Während 20 von 29 teilnehmenden Schülern und Schülerinnen erwartungsgemäß gute und sehr gute Ergebnisse erzielt hatten, lag Christian mit der Note 4–5 weit hinter den anderen zurück. Das hatte mich mit Sorge erfüllt und motiviert, nach Hilfsmaßnahmen zu suchen.
Die Einleitungssätze der Mutter, mit der sie nach einer kurzen Begrüßung das Gespräch eröffnete, haben mich überrascht. Woher wusste die Mutter, dass ihr Sohn „sehr intelligent“ ist?

17.1 Intelligenz

17.1.1 Alltagsbeobachtungen intelligenten Verhaltens

Intelligenz kann nur indirekt erschlossen werden

Intelligenz ist ein hypothetisches Konstrukt, d.h. sie kann nicht unmittelbar beobachtet und nicht direkt gemessen werden wie z.B. die Körpergröße oder das Gewicht eines Menschen. Wir schließen vielmehr aus dem beobachtbaren Verhalten in bestimmten Situationen auf eine dahinter stehende steuernde Fähigkeit, die wir Intelligenz nennen. Die Mutter wird im alltäglichen Umgang mit Christian solche Beobachtungen gesammelt haben: Vielleicht hat sie gesehen, dass er oft schneller als andere in der Familie eine defekte Maschine reparieren kann, vielleicht kann er sich besonders gut Telefonnummern merken, vielleicht ergreift er überraschend oft das Wort, wenn sich Erwachsene bei Tisch unterhalten. Es können also ganz unterschiedliche Beobachtungen sein, aus denen die Mutter auf besondere Kompetenzen schließt, denen sie den Begriff Intelligenz zuordnet. In der Alltagssprache wird dieser Begriff im Singular verwendet, obwohl verschiedene Fähigkeiten in ganz unterschiedlichen Bereichen zusammengefasst werden, wie hier Verstehen von komplexen Abläufen und räumliche Orientierung (Maschinen), Zahlenlernen (Telefonnummern) sowie sprachliche und soziale Fähigkeiten (Kommunikation). Gemeinsam ist in diesen Beispielen die Kompetenz, Informationen schnell und effektiv zu verarbeiten, abzurufen und mit dem gespeicherten Wissen zu operieren.
Im Gegensatz zu solchen oder ähnlichen Beobachtungen, die Christians Mutter in 13 Jahren gesammelt und zu dem Urteil „sehr intelligent“ verdich-

tet hat, steht die Beobachtung von Christians Verhalten angesichts dieser relativ einfachen sprachlichen Aufgaben, die ich in der Klassenarbeit vorgelegt hatte. In dieser Situation hat er besonders schlecht abgeschnitten und ist von allen andern weit übertroffen worden. Offenbar war bei ihm in diesem Bereich in den Anfangswochen und (oder besonders) am Tag der Klassenarbeit die Verarbeitung von sprachlicher Information fehlerhaft und wenig effektiv. Muss das Urteil über Christians Intelligenz jetzt revidiert werden?

17.1.2 Messung der Intelligenz

Fachleute verfügen über Messinstrumente, mit denen sie Intelligenz messen können.

Intelligenztests und Messinstrumente

Was geschieht, wenn Experten in einer Bildungsberatungsstelle Christians Intelligenz messen?
Sie legen dem Schüler (dem Probanden) einen Intelligenztest zur Bearbeitung vor.
Der besteht aus aus einer Reihe von speziellen Aufgaben, von denen man annimmt, dass zu ihrer zügigen und richtigen Bearbeitung Intelligenz erforderlich ist. Beim Bearbeiten zeigt der Proband ein messbares (quantifizierbares) Verhalten, von dem dann auf die dahinter stehende Intelligenz geschlossen wird.
Die Tests, die heute zur Messung der intellektuellen Fähigkeiten Verwendung finden, sind Batterien von spezielleren Subtests, die jeweils verschiedene Intelligenzfaktoren messen, z. B.
- Sprachbeherrschung,
- abstrakt-logisches Denken,
- Wort- und Gedankenflüssigkeit,
- räumliches Vorstellungsvermögen,
- Umgang mit Zahlen.

Die Personen, die sich dem Test unterziehen, markieren auf einem Blatt, was ihnen die richtige Lösung zu sein scheint; bei andern Aufgaben streichen sie das Element aus, das nicht in eine geordnete Reihe gehört, so wie es die Instruktion vorgibt.

Auswertung der Testergebnisse

Die Zahl der zustreffenden Lösungen ergibt für jeden Subtest die Rohpunktzahl. Um dieses Teilergebnis (z. B. 35) interpretieren zu können, braucht man eine Tabelle mit Vergleichszahlen, aus denen hervorgeht, wie andere Personen gleichen Alters (die Eichstichprobe) abgeschnitten haben. Mit Hilfe dieser Tabellen wird der Rohpunktzahl, die ein Proband in einem Subtest erzielt hat, ein Prozentrangplatz (z. B. 84) zugeordnet. Ein Prozentrangplatz (PR) von 84 bedeutet, dass 84 % der Gleichaltrigen ein geringeres (oder ein gleich gutes) Testergebnis in diesem Subtest erzielt haben, 16 % aber ein besseres.
Aufschlussreich ist bei einer Testbatterie, die zur Messung der intellektuellen Fähigkeiten eingesetzt wird, der Umstand, dass bei einem Individuum die Ergebnisse in den einzelnen Subtests in der Regel nicht gleich hoch sind

(also nicht ein und denselben Prozentrangplatz haben), sondern ein Profil mit Stärken und Schwächen offenlegen. Wenn man dieses Profil graphisch darstellt, entsteht ein Bild, das mit dem Bart eines Schlüssels verglichen werden kann. Dieser persönliche Schlüssel schließt dann gut, wenn der Schließzylinder im Schloss diesem Profil entspricht. Das Anforderungsprofil einer weiterführenden Schule mit ihren besonderen Schwerpunkten (z. B. eine, zwei oder drei Pflichtfremdsprachen; mathematischer Zug; Züge mit Musik als Kernfach) kann nun mit dem Schloss verglichen werden, zu dem der Schlüssel (das Fähigkeitenprofil) des Schülers mehr oder weniger gut passt. Ein Schüler, der in Baden-Württemberg ein alt- oder neusprachliches Gymnasium besucht, findet ein Programm vor, das zwingend von ihm verlangt, in den Klassen 9, 10 und 11 drei Pflichtfremdsprachen nebeneinander zu lernen. Das ist eine anregende Herausforderung für Schüler und Schülerinnen mit einem entsprechenden Schlüssel, also guten Fähigkeiten speziell im sprachlichen Bereich. Für einen anderen Jugendlichen, der bei den Subtests, die mit sprachlichem Material zu tun haben, geringe Werte (Einkerbungen im Profil) aufweist, in den Bereichen Umgang mit Zahlen, räumliches Vorstellungsvermögen und abstrakt-logisches Denken aber hohe Werte hat, passt das Schloss nicht zu seinem Schlüssel. Das Lernprogramm dieser Institution ist wahrscheinlich wenig geeignet für diesen Schüler. Sind seine Schulleistungen in den Sprachen dann so gering, dass Fortkommen und Versetzung in Frage gestellt sind, so kann eine Schule mit einem anderen Lernangebot (z. B. mit nur einer Fremdsprache) eine bessere Voraussetzung für Lernfreude, Selbstsicherheit und Erfolg sein als das hartnäckige Verharren in einer Bildungseinrichtung, die zu seinem Schlüssel nicht gut passt.

Dem Testprofil entspricht das Profil der Fähigkeiten

Schloss und Schlüssel

17.1.3 Anwendung auf die schulische Praxis

In der Alltagspraxis eines Gymnasiallehrers liegen freilich solche Testergebnisse mit den entsprechenden Profilen in aller Regel nicht vor. Auch für meinen Schüler Christian nicht. Mir hat aber die Beschäftigung mit Intelligenz und ihrer Messung geholfen, wesentliche Prinzipien zu erkennen und auf meine Praxis zu übertragen:

1. Das globale Werturteil „Jemand ist (sehr) intelligent" wird ersetzt durch präzisere Aussagen über die zugrunde liegenden intellektuellen Fähigkeiten, z.B.: „Jemand kann sich besonders gut (schnell) einen Text einprägen und wiedergeben."

2. Diese immer noch sehr umfassend beschriebene Fähigkeit (im sprachlichen Bereich) kann wieder spezifiziert werden in zugrunde liegende einzelne Fertigkeiten: „Diese Schülerin filtert beim Einprägen eines Textes Schlüsselbegriffe und deren logische Verknüpfung heraus."

3. Welches beobachtbare Verhalten zeigt eine Person konkret, die über diese Fertigkeiten verfügt und sie anwendet? Wenn wir der Schülerin zuschauen, die in diesem Bereich „intelligent" handelt, können wir z.B. sehen: Sie hebt hervor (unterstreicht), zieht Verbindungslinien im Text, verwendet far-

Konkrete Verhaltensbeobachtungen statt globaler Urteile

bige Markierungen für Zusammengehörendes; vielleicht fertigt sie sich eine Skizze über die Zusammenhänge an (optische Kodierung der Information). Die professionell gestellte Frage ist also nicht: Ist dieser Schüler intelligent oder nicht? Die für die Praxis relevante Frage lautet vielmehr: Was tut jemand, der sich intelligent (klug, umsichtig, geschickt) verhält? Je konkreter ich diese Tätigkeiten beschreiben kann, desto besser kann ich einem Schüler helfen, diese konkreten Handlungen zu übernehmen (zu lernen und anzuwenden). Er wird dann mit diesen fortgeschrittenen Techniken seine Resultate verbessern.

Intervention (Fallbeispiel)

Wie kann dem Schüler Christian geholfen werden, in Zukunft bessere Arbeiten zu schreiben?

Ich habe seinen Umgang mit sprachlichem Material anhand des Dokuments in seinem Klassenarbeitsheft studiert und dabei entdeckt, dass er die Buchstaben und Wörter, die in der Fremdsprache aufzuschreiben waren, so klein schreibt und so wenig voneinander unterscheidet, dass halbrunde Bögen manchmal ein u, ein v, ein n oder ein m repräsentieren sollten. Auf diese Weise macht er es sich selber schwer oder unmöglich zu diskrimieren, zu prüfen und zu korrigieren, was er geschrieben hat. Diese metakognitiven Tätigkeiten (Prüfen und Überwachen der eigenen Arbeit) sind aber wesentliche Teilfertigkeiten, die Experten beim Verfertigen eines fremdsprachlichen Textes einsetzen.

Wenn Christian lernen würde, für jeden einzelnen Buchstaben Verantwortung zu übernehmen, müsste er auch Souveränität gewinnen und sich sagen können: „So (und nicht anders) soll es heißen. Aus dem, was ich weiß, ist es so richtig, nicht anders."

Zum Training dieser mentalen und motorischen Praxis habe ich mich mit Christian immer dann 15 Minuten vor Unterrichtsbeginn im Klassenzimmer verabredet, wenn wir zusammen die erste Stunde hatten. Das war zweimal pro Woche der Fall.

Das Ergebnis war überraschend deutlich: Die Schriftzeichen des Textes, den Christian in der zweiten Klassenarbeit vorlegte, waren deutlich größer, eindeutig zu lesen und strahlten etwas von der gewonnenen Übersicht und Selbstsicherheit aus. Fast alles war richtig; seine Note lautete 1- (eins minus). Für den Erfolg war einerseits das gezielte Schreib- und Unterscheidungstraining verantwortlich, andererseits aber auch die mit dem Training verbundene persönliche Zuwendung und Christians Entschlossenheit, dem optimistischen Bild gerecht zu werden, das seine Mutter von dem, wozu er fähig ist, gezeichnet hat; darüber hinaus sind weitere kleine Veränderungen durch die gemeinsamen Übungen angestoßen worden.

Ich habe dieses Beispiel aus meiner Praxis hier eingearbeitet, um Ihnen zu zeigen, dass es hilfreich ist, bei der pädagogischen Analyse von Erfolgen und Misserfolgen in der Schule möglichst weitgehend auf den Gebrauch der informationsarmen Etikette Intelligenz zu verzichten und statt dessen Anstrengungen zu unternehmen, die in der Hierarchie weiter unten stehenden spezifischen, konkreten und handlungsbezogenen Fertigkeiten zu beschreiben, die dem einen zur Verfügung stehen und die ein anderer erst noch lernen muss. Die mit dieser Analyse ausgelösten Lehr- und Lernprozesse bringen Ihren Schülern und Schülerinnen auf wirkungsvolle Weise Fortschritte, Ihnen selber Erfolgserlebnisse und Glücksgefühle.

17.1.4 Was sind Intelligenzquotienten?

Grundkenntnisse aus der Intelligenzmessung können Ihnen auch helfen, Informationen, die aus anderen Quellen an Sie herangetragen werden, angemessen zu interpretieren, z.B. wenn Sie einen Aufsatz in einer Fachzeitschrift lesen, oder wenn Sie sich in folgender Situation vorfinden:
Eine Mutter sagte mir in einem Beratungsgespräch: „An der Intelligenz kann es nicht liegen. Ich hab meine Tochter in der Beratungsstelle mal testen lassen. Petra hat einen IQ von 120.“
Was bedeutet dieses Messergebnis? Und wieso wird ein Quotient angegeben?
Der französische Psychologe Alfred Binet (1857 - 1911), einer der Wegbereiter der modernen Intelligenzmessung, hat systematisch die intellektuellen Fähigkeiten von Kindern in Abhängigkeit vom Lebensalter untersucht. 1908 legte er zusammen mit Théodore Simon (1873 - 1961) eine Skala mit Aufgaben für jede der Altersstufen von 3 bis 15 Jahren vor. Mit diesem Instrument konnte er Kinder herausfinden, die ihrer Altersgruppe voraus (en avance) waren; sie lösten auch schon Aufgaben, die für ältere Kinder vorgesehen waren. Andere Kinder, die im Rückstand waren (en retard) sollten eine besondere Förderung erfahren, die ihnen helfen sollte, den Entwicklungsrückstand aufzuholen. Bei den Kindern dieser letzten Gruppe sagte man, ihr Intelligenzalter sei niedriger als ihr Lebensalter; umgekehrt schrieb man der ersten Gruppe im Vergleich zu ihrem Lebensalter ein höheres Intelligenzalter zu. Um die Abweichung mit einer Zahl ausdrücken zu können, bildete William Stern 1912 den Quotient aus Intelligenzalter und Lebensalter. Das ergab bei einem Intelligenzalter von 9 Jahren und einem Lebensalter von 10 Jahren einen Quotienten von 0,9. Um die wenig handliche Dezimale zu ersetzen, multiplizierte man mit 100; das ergibt 90.

Intelligenzalter und Lebensalter

Die Rechenvorschrift für den Intelligenzquotienten (IQ) lautete also: Intelligenzalter (IA) geteilt durch Lebensalter (LA) mal 100.

$$IQ = \frac{IA}{LA} \bullet 100$$

Demnach bedeutete damals also ein Quotient von 110 eines 10-jährigen Kindes, dass das Kind alle Aufgaben seiner Altersgruppe und alle Aufgaben für 11-jährige Kinder löst.
Sie haben bereits gesehen, dass heute nicht mehr auf diese Weise ein Quotient gebildet wird, sondern die individuellen Testwerte anhand von Tabellen mit Normen (Vergleichswerte aus der Eichstichprobe) in Prozentrangplätze übersetzt werden. Die Bezeichnung IQ wird aber weiterhin für das Gesamtergebnis in einem Intelligenztest verwendet. Ein IQ von 100 entspricht einem Prozentrangplatz von 50. Umittelbar rechts und links von diesem Mittelwert liegen mehr Fälle als weiter außen in der sanft ausschwingenden Ver-

Prozentrangplätze

teilungskurve (Normalverteilung; Gaußsche Glockenkurve). Die IQ-Skala ist so aufgebaut, dass zwischen dem Wert 100 und 115 die Messergebnisse von 34,1 % der Gleichaltrigen liegen. Ein IQ von 115 sagt: Dieses Ergebnis ist besser als das Resultat, das von ca. 84 % der Altersgruppe (50 % + 34 %) erreicht wird; etwa 16 % der Altersgenossen lösen aber mehr Aufgaben in der gleichen Zeit. Ein IQ von 130 entspricht einem Prozentrangplatz von 97,7; also nur 23 von 1000 gleichaltrigen Personen schaffen mehr zutreffende Lösungen unter gleichen Bedingungen.

Den IQ-Wert von 120, der Petra zugeordnet worden ist, können Sie jetzt folgendermaßen interpretieren: Deutlich mehr als 84 % (IQ = 115), grob geschätzt etwa 90 % der Gleichaltrigen, haben geringere Testwerte als Petra; ungefähr 10 % haben bessere Ergebnisse. Das ist in der Tat ein beachtlicher Wert. Allerdings muss bei der Interpretation berücksichtigt werden, dass Petra in ihrer Gymnasialklasse zusammen mit einer ausgewählten Teilstichprobe aus der Grundgesamtheit aller Gleichaltrigen lernt und mit ihnen verglichen wird. Sie dürfte mit ihrem Testergebnis in ihrer Klasse einen guten Platz im Mittelfeld einnehmen. Zum andern haben Sie bereits gesehen, dass für den Schulerfolg in bestimmten Fächern das Profil der Fähigkeiten aufschlussreicher ist als der aus Stärken und Schwächen gemittelte informationsärmere Pauschalwert, den Petras Mutter in dem Gespräch mitgeteilt hat.

Gymnasialklassen sind selegierte Teilstichproben

Korrelation zwischen IQ und Schulleistung

Zwischen Intelligenz und Schulleistung besteht ein mittelstarker Zusammenhang. Bei Messungen wird im allgemeinen ein Korrelationskoeffizient von $r = .5$ ermittelt; das heißt: Etwa 25 % der Schulleistungsvarianz wird durch den Prädiktor Intelligenz aufgeklärt. Also sind 75% Prozent der Schulleistungsvarianz durch andere Variablen (z.B. Motivation, Fleiß, Ausdauer, Interesse, Herkunft, häusliche Unterstützung, gesundheitliche Stabilität, Verhältnis zu Lehrern und Mitschülern, Qualität des Unterrichts und anderes) beeinflusst.

17.1.5 Was ist Intelligenz?

Sie warten immer noch auf eine Definition von Intelligenz?

Sie werden enttäuscht sein: Es gibt keinen Konsens über die wesentlichen Bestimmungsstücke des Begriffs, geschweige denn eine allgemein anerkannte Definition. Der Verlauf der Erforschung dessen, was Intelligenz genannt wurde, war von pragmatischen Fragestellungen bestimmt: die Unterschiede zwischen Menschen sollten herausgefunden und messbar gemacht werden, um Zugänge zu Fördermaßnahmen oder sozialen Positionen (im Beruf) zuzuteilen oder zu verwehren. Die Verwendbarkeit der Ergebnisse, die mit Intelligenztests erhoben werden konnten, war wichtiger als die Eingrenzung des Messbereichs. Die folgenden Sätze zeigen folglich nur verschiedene Aspekte dessen, was gemeint ist, wenn von Intelligenz die Rede ist.

- Intelligenz ist das, was ein Intelligenztest misst [operationaler Aspekt].
- Intelligenz ist das, was dem Menschen hilft, sich an neue Situationen anzupassen und Probleme zu lösen [informations- oder lerntheoretischer Aspekt].

– Intelligenz bezeichnet diejenigen Fähigkeiten, die den innerhalb einer bestimmten Kultur Erfolgreichen gemeinsam sind [gesellschaftlicher Aspekt].

Welche Fähigkeiten aber stehen in einer Kultur in Ansehen? Welche Qualitäten bringen Erfolg? Wer urteilt darüber?

Sieben verschiedene „Intelligenzen" (multiple intelligences)

H. Gardner (1983; 1985; 1993) hat an der einseitigen Bevorzugung der sprachlichen Intelligenz und der logisch-mathematischen Intelligenz in unserem Kulturkreis Kritik geübt und das Spektrum der relativ autonomen Kompetenzen erweitert. Er beschreibt insgesamt sieben Intelligenzen:

1. Sprachliche Intelligenz:
   die Fähigkeit, mit Wörtern und Sätzen (mit Semantik und Syntax) einer Sprache angemessen umzugehen und Probleme kommunikativer und ästhetischer Natur zu lösen;
2. Logisch-mathematische Intelligenz:
   die Fähigkeit mit abstrakten nicht-sprachlichen Elementen und Strukturen umzugehen;
3. Räumliche Intelligenz:
   die Fähigkeit, die sichtbare Welt zu erfassen und zu modifizieren; die Fähigkeit, solche Wahrnehmungen zu speichern und mit Räumen und Formen umzugehen (Beispiele: Orientierung in Städten; Wiedererkennen von Objekten und Szenarien, auch wenn sie teilweise verdeckt oder verändert werden; Gestalt-Sensibilität bei Bildhauern, bei Maschinenbauern);
4. Musikalische Intelligenz:
   die Fähigkeit, Muster von Tönen, Tonfarben und Rhythmen horizontal (über einen Zeitraum hinweg) und vertikal (mehrere Klänge zur selben Zeit) zu erfassen, zu speichern und zu erzeugen;
5. Körperlich-kinästhetische Intelligenz:
   die Fähigkeit, die eigenen Körperbewegungen (die Feinmotorik) optimal zu steuern und Objekte geschickt und kunstvoll zu manipulieren (Beispiele: Pantomimen, Tänzer, Schauspieler, Sportler, Pianisten, Zeichner);
6. Intrapersonale Intelligenz:
   die Fähigkeit, sich selbst zu erkennen, das eigene Gefühlsleben zu erfassen und Identität zu entwickeln;
7. Interpersonale Intelligenz:
   die Fähigkeit, Unterschiede im Verhalten und in den Gefühlen anderer Menschen zu erkennen, ihre Intentionen und Motivationen zu verstehen und angemessen damit umzugehen.

Über die letzten beiden Intelligenzen schreibt auch Daniel Goleman, der in seinem Buch „Emotionale Intelligenz" (1995) zu zeigen versucht, dass der intelligente Umgang mit dem eigenen Gefühlsleben und den Gefühlen anderer lernbar ist und neben der kognitiven Intelligenz der Ausbildung und Förderung bedarf.

17.2 Begabung

In der Familie, in der Schule, aber auch in der Bildungspolitik genießt neben Intelligenz ein zweiter Begriff großes Ansehen: die Begabung.

17.2.1 Anlage und Umwelt

Wenn im Lehrerzimmer von der Begabung eines Schülers gesprochen wird, können Sie damit rechnen, dass dem Begriff Begabung unausgesprochen sehr verschiedene Vorannahmen zur Anlage-Umwelt-Frage unterlegt werden, was eine Verständigung erschweren kann. In einem deutschen Wörterbuch (Duden 1989, 220) wird die Bedeutung von Begabung im Alltagssprachgebrauch des „Durchschnittssprechers" (S. 10) wie folgt umschrieben:
„Begabung: das Begabtsein, natürliche Anlage, angeborene Befähigung zu bestimmten Leistungen; Talent: eine hohe B. für etwas haben; Musikalität und mathematische B. sind oft miteinander verbunden; sie hat B. zur Lehrerin."
Hier wird eine Sichtweise und Begriffsverwendung dokumentiert, die Begabung auf die genetische Disposition (natürliche Anlage; angeboren) einschränkt, obwohl doch offenkundig ist, dass es keinen Menschen gibt, der nicht in einer Umwelt aufgewachsen ist, wo er vielfältige Beeinflussungen erfahren hat, die ihn zu dem gemacht haben, was er ist und was er kann. Niemand könnte z.B. ein noch so bedeutsames genetisches Potential für den Umgang mit sprachlichen Zeichen zur Entfaltung bringen, wenn er nicht gesprochene Sprache in seiner Umgebung vorfinden würde und von früh auf bei seinem Versuch, an dem Austausch sprachlich kodierter Information teilzunehmen, Verstärkung und Korrektur erführe.

Begabung als Ergebnis des Wechselspiels von Anlage und Umwelt

Anlage und Umwelt stehen in einem Wechselspiel. Begabung ist das jeweilig vorläufige und veränderliche Zwischenergebnis eines vorausgegangenen Prozesses, an dem beide Faktorengruppen so vernetzt beteiligt sind, dass ihre Isolation unangemessen ist und misslingen muss.

Zwillingsforschung

1. Mit Erblichkeitsschätzungen sollte herausgefunden werden, wie groß die Spielbreite zum Beispiel für Intelligenz ist. So wurden die Korrelationskoeffizienten in Intelligenztests bei eineiigen Zwillingen, die zusammen aufgewachsen waren, verglichen mit den Korrelationskoeffizienten bei eineiigen Zwillingen, die früh getrennt wurden. Dabei zeigte sich folgendes: Waren die Lernumwelten für die getrennt aufwachsenden eineiigen Zwillinge in ihrem Anregungsgehalt trotz der räumlichen Trennung ähnlich, so ergaben sich sehr hohe Korrelationen. Bei sehr unterschiedlichen Lernumwelten waren die Korrelationen zwischen den Intelligenzquotienten niedrig - trotz gleicher Erbanlage der Zwillingspaare. Dieses letzte Ergebnis scheint auf die Bedeutung der Umwelteinflüsse hinzuweisen, ohne allerdings gesicherte Aussagen über deren Gewicht zuzulassen. Nehmen wir einmal an, es gelänge, die Lern- und Entwicklungsbedingungen in Familie, Schule und Gesellschaft für alle Heranwachsenden (einer Region) durch immense Anstrengungen gleich gut zu gestalten: Dann müssten - wegen der geringen

Einfluss der Umwelt

Umweltvariabilität - logischerweise die noch verbleibenden Intelligenzunterschiede fast ausschließlich auf genetische Unterschiede zurückgeführt werden. Das aber hieße, die genetische Determination weit überschätzen.

Quantitative Aufteilung ist nicht angemessen

2. Die naive Frage, wieviel Prozent der Unterschiede durch Erbfaktoren bestimmt werden und wieviel Prozent auf Milieueinflüsse zurückgehen, kann nicht beantwortet werden. Das additive Modell der prozentualen Varianzaufteilung zwischen Anlage- und Umweltfaktoren ist dem lebendigen Wechselwirkungsprozess nicht angemessen.

Nicht individuell aufschlüsselbar

3. Erblichkeitsschätzungen sind auf Populationen bezogen; sie sagen nichts aus über den Anteil oder die Bedeutung von Anlage- und Umweltfaktoren in der Entwicklung des Individuums (Krapp 1992 a, 39). Sie dürfen folglich auch nicht herangezogen werden für eine Aufschlüsselung von Erb- oder Milieueinflüssen in der individuellen Biographie eines Menschen.

Beeinflussbarkeit der Intelligenzvarianz

4. Erblichkeitsschätzungen sagen nichts darüber aus, ob und wie die umweltbedingte Intelligenzvarianz durch pädagogische oder psychologische Veränderungen real im Leben von Jugendlichen überhaupt absichtsvoll beeinflusst werden kann. Die Stellung in der Geschwisterreihe, Schichtzugehörigkeit, prä- und perinatale Schädigungen sind Umweltfaktoren, können aber entweder nicht oder nur sehr schwer verändert werden. Andererseits können genetisch gesteuerte Entwicklungen von Merkmalen teilweise durch ärztliche Behandlung, also durch die Umwelt, korrigiert werden. Ein bekanntes Beispiel ist die Phenylketonurie, eine Stoffwechselstörung, die unbehandelt zu erheblicher geistiger Retardierung führt, bei geeigneter Diät jedoch nicht zu verminderter Intelligenz führt.

Denkmuster über Begabung in der Praxis

Im Schulalltag bestimmen subjektive Überzeugungen und Denkmuster (Müller 1993), die gegen wissenschaftsbezogene Argumentation relativ immun sind, das Handeln und die Antwort auf die Frage, inwieweit dabei pädagogischer Optimismus oder vielmehr Defaitismus angezeigt ist.

In einem längeren Gespräch sagte mir eine Kollegin kürzlich: „Es ist doch erwiesen, dass wir Lehrer da wenig machen können. Was ein Kind kann, ist ja zum größten Teil durch seine Anlage bestimmt. Das seh ich doch auch im Klassenzimmer. Wenn ich mir meine Sextaner anschaue, dann kann ich es einigen vom Gesicht ablesen, dass die nie das Abitur machen werden. Die schauen mich ganz anders an, wenn ich was erkläre."

Sich selbst erfüllende Prophezeiung

Sie stützte ihre Auffassung zum einen mit den eher bescheidenen Ergebnissen des Headstart-Projekts, das in den 60er-Jahren in den Vereinigten Staaten durchgeführt wurde: Unterprivilegierten Kindern aus Slumgebieten sollte durch systematische Förderung vor ihrer Einschulung geholfen werden, besser in der Schule mitzukommen.

Zum andern kann aus ihrer Perspektive als Lehrerin einer Klasse nicht das Lernangebot, welches sie ja allen Kindern gleichermaßen macht, für die Unterschiede in den Schulleistungen verantwortlich sein.

Sie führte dann noch Abraham Lincoln ins Feld, der nur ein paar Monate überhaupt die Schule hat besuchen können, weil er zu Hause hat zupacken müssen, sich aber dennoch zum Rechtsanwalt hochgearbeitet hat und schließlich Präsident der Vereinigten Staaten wurde.

Vergeblich habe ich in der Diskussion im Lehrerzimmer darauf hingewiesen, dass bei den Kindern ihrer Sexta die Umweltbedingungen in relevanten Details wahrscheinlich doch nicht so homogen sind, wie sie unterstellt hat: die häuslichen Ressourcen (Hilfsquellen: z.B. Bücher und kleine Unterstützungen bei den Hausaufgaben) und die Kommunikation in der Familie (Ähnlichkeit mit der Lehrersprache) variieren - neben vielen anderen Umweltfaktoren; sie liefern verschiedene Vorgeschichten, die zu unterschiedlichen Eingangsvoraussetzungen geführt haben, und stellen gleichzeitig uneinheitliche Begleitbedingungen, die den Grad des Lernerfolgs moderieren, dar.

Bedeutung von Begleitbedingungen

Für die praktische pädagogische Arbeit gilt:

1. Ohne Umwelt läuft nichts. Alle Menschen, denen wir begegnen, sind Phänotypen, d. h. sie sind in ihrer Erscheinung konkret geprägt durch das Zusammenwirken ihrer Erbanlagen mit den Umwelteinflüssen, denen sie bislang ausgeliefert waren und die sie zum Teil aktiv aufgesucht oder herbeigeführt haben.
2. Wäre der Spielraum für Beeinflussung und Lernen gering, so müssten umso größere Anstrengungen für eine möglichst günstige Gestaltung dieses Fensters unternommen werden; es ist unsere einzige Einflussquelle.
3. Unser pädagogischer Einfluss ist umso nachhaltiger, je stärker wir als Lehrer und Lehrerinnen davon überzeugt sind, dass die weitere Entwicklung der intellektuellen, sozialen und emotionalen Fähigkeiten und schulischen Fertigkeiten der uns anvertrauten Kinder und Jugendlichen deutlich von uns mitbestimmt wird. In der Praxis ist hier sogar eine gelegentliche Überschätzung und selektive Wahrnehmung der auf unsere Aktivität zurückführbaren Fortschritte nicht nachteilig, sondern eher förderlich für unser Engagement, - vorausgesetzt, es kommt noch die nötige Portion Enttäuschungsfestigkeit hinzu.

Begabungen können entwickelt werden (aber auch blockert werden)

17.2.2 Hochbegabte

Haben Sie in einer Ihrer Klassen auch einen Schüler oder eine Schülerin, bei denen Sie immer wieder folgendes beobachten:

Erfahrungen im Klassenzimmer

- Wenn Sie aus didaktischen Gründen eine Regel vorläufig etwas vereinfacht formulieren und sagen: „In den meisten Fällen gilt folgendes: ...", meldet sich Uwe ein oder zwei Minuten später und erkundigt sich genau nach den von Ihnen ausgesparten Ausnahmefällen: „Wie ist es aber, wenn ...?"
- Wenn Sie aufgeben, kurz eine Hypothese über den weiteren Fortgang der Kriminalgeschichte zu formulieren, von der Sie bislang nur die ersten beiden Seiten ausgeteilt haben, hat der Schüler Daniel bis zur nächsten Stunde die Geschichte im Stil der Autoren zu Ende geschrieben und legt einen mehrseitigen ideenreichen Text vor.
- Wenn Sie ein anspruchsvolles französisches Gedicht (z. B. Rimbaud: Le Dormeur du Val) Ihrer elften Klasse zum ersten Mal vorlegen und sagen:

„Bitte, beschäftigt Euch mit dem Gedicht und schreibt auf, was Euch dabei wichtig ist. Nehmt Euch dafür jetzt eine gute Viertelstunde Zeit“, hat Sonja nach 20 Minuten eine Interpretation verfasst, die auf alle wesentlichen Elemente des Kunstwerks sensibel eingeht, sodass sich Ihre eigenen Erläuterungen weitgehend erübrigen.

Wie gehen Sie mit diesen besonders fähigen, talentierten Menschen in Ihrer Klasse um?

- Mit Uwe, der Ihre kluge Beschränkung aufhebt und Sie veranlassen will, über genau das zu sprechen, was Sie aus Rücksicht auf die anderen Schüler diesmal beiseite lassen wollten? Halten Sie ihn für einen Quertreiber?
- Mit Daniel? Wie würdigen Sie sein Werk? Hält das nicht auf, wenn Sie ihn bitten, seine Geschichte vorzulesen? Wie werden die Mitschüler diese herausragende Arbeit entgegennehmen? Mit Murren und Abwertung - schließlich ist Daniel über das Geforderte weit hinausgegangen? Oder hat er gar mit seiner überraschenden Leistung an der gestellten Aufgabe vorbeigeschrieben? Schließlich war es weder kurz noch hypothetisch formuliert.
- Mit Sonja, die das vorweggenommen hat, was Sie zeigen wollten? Sollte sie ihre Erkenntnisse vielleicht eher nicht vortragen und nicht zu Wort kommen, damit Sie mit Rücksicht auf die andern systematisch Schritt für Schritt vorgehen können?

Probleme von Hochbegabten

Erfahrungsberichte zeigen, dass es Hochbegabte nicht selten schwer haben in der Schule: Unterforderung, Verlust von Motivation und Lernfreude, Rückzug von Gleichaltrigen, die ihrerseits Druck und soziale Kontrolle auf die, die aus der Norm ausscheren, ausüben, bis hin zu Leistungsverweigerung und psychosomatischen Störungen.

Binnendifferenzierung

Gelingt es, soviel Binnendifferenzierung im Klassenzimmer zu praktizieren, dass alle auf ihre eigene Weise lernen und dabei Unterstützung und Anerkennung für ihre Arbeit finden? Dass auch Uwe, Daniel und Sonja mit ihrem Talent Würdigung und Förderung erfahren?
Ich habe es folgendermaßen versucht:

- Uwe (7. Klasse) hat immer wieder Lehraufgaben (z.B. Besprechung der Hausaufgaben) übernommen und dabei den spontanen Applaus seiner Klassenkameraden geerntet. Bei der Bewältigung dieser anspruchsvollen Aufgabe kamen ihm seine Bescheidenheit, seine Einfühlsamkeit und seine Hilfsbereitschaft entgegen. An anderer Stelle habe ich ihn gebeten, Einblick in die Steuerungsvorgänge beim Analysieren und Abarbeiten eines lateinischen Satzes zu ermöglichen: Er sollte mit der Methode des „Lauten Denkens“ alles aussprechen, was ihm bei der Übersetzungsarbeit in den Sinn kommt: wie er vorgeht; wie er vorläufige Vermutungen prüft; wie er fortfährt, wenn eine gewählte Strategie versagt und Alternativen vonnöten sind; was er tut, wenn er eine Stelle nicht versteht und er aus einer Sackgasse herauszukommen versucht. Die Leitvorstellung hierbei stammt aus der Experten-Novizen-Forschung: Experten verwenden in der Regel effiziente Formen der Informationsverarbeitung. Sind deren Strategien bekannt, so besteht die Möglichkeit, dass Novizen durch Lernen am Modell ihre eigenen Vorgehensweisen anreichern und fortentwickeln können.

- Daniels Initiative war der Anstoß zu einer Idee, auf die ich selbst gar nicht gekommen war: anzuregen, dass immer zwei Personen aus diesem Leistungskurs ein Tandem bilden (wie Boileau und Narcejac, den Autoren des Krimis) und selbst eine Kriminalgeschichte auf französisch schreiben sollten - als praktische Umsetzung und Erprobung der gemeinsam herausgearbeiteten Erzähltechniken. Diese phantasievollen schriftstellerischen Werke sind dann in kleiner Auflage publiziert worden und einem Kreis von interessierten Lesern und Leserinnen zugänglich gemacht worden.
- Was Sonja und alle anderen in dieser 11. Klasse zu dem Gedicht herausgefunden hatten, konnte ich während der Stillarbeitsphase im einzelnen sehen und zur Kenntnis nehmen: Der eine hat aus dem Gedicht eine zweizeilige Pressenachricht gemacht; eine andere Schülerin schreibt über den Prozess der zunehmenden Veränderung ihrer Wahrnehmung beim Lesen; andere über Zweifel, wie einzelne Beobachtungen zu deuten seien; bei Sonja schließlich sind die Hinweise und Zeichen im Gedicht zu einer dramatischen Botschaft zusammengefügt. Mir fiel angesichts dieser Zwischenergebnisse die Aufgabe des Dirigenten zu: allen in einer angemessenen Reihenfolge das Wort zu geben, um einerseits jedem an der passenden Stelle seinen Einsatz zu geben, wo er seine besondere Sicht in das Konzert einbringen konnte. Andererseits sollte so die dramatische Entwicklung innerhalb des Gedichts selbst und bei der Lesearbeit der Adressaten zum Vorschein gebracht werden. Als Moderator habe ich gestaunt, was die Gruppe in einer einzigen Unterrichtsstunde - ohne wesentliche inhaltliche Hilfe von mir - zuwege gebracht hat: Jede Person hat nach Kräften ganz verschieden und individuell mit höchst wertvollen Beiträgen zum Gelingen beigetragen.

Diese Praxisberichte sollen illustrieren, wie der Umgang mit Hochbegabten in der alltäglichen Arbeit aussehen kann, obwohl „trotz jahrzehntelanger Forschung unser Wissen über die internen und externen Bedingungen von Hochbegabung unzureichend ist“ (Weinert & Waldmann 1985, 789). In ihrem Literaturbericht über das Denken Hochbegabter schreiben Weinert & Waldmann (1985, 790) weiter:
„Unabhängig vom jeweiligen Entwicklungsstand psychologischer Theorien kann man sich die alltägliche Erfahrung zunutze machen, dass es auf allen Altersstufen offenkundig und unübersehbar Kinder gibt, die ihren Altersgenossen auf vielen oder einzelnen Gebieten weit überlegen sind: Sie interessieren sich für Dinge, beschäftigen sich mit Problemen, suchen nach Informationen, gewinnen Einsichten und erzielen Leistungen, die den meisten Gleichaltrigen verschlossen sind. Ihnen genügend Gelegenheit zu geben, das

zu tun, was sie tun wollen und können, ihnen Hilfe angedeihen zu lassen, wenn sie Fragen haben oder nach Erfahrungsmöglichkeiten suchen, und sie zu fördern, ohne sie zu gängeln, - dazu bedarf es nicht unbedingt wissenschaftlicher Theorien, sondern es genügt in vielen Fällen die psychologische Sensibilität und das pädagogische Fingerspitzengefühl von Erziehern."

Forschungslage

Bedeutsame Forschungsfragen, die zu einem besseren Verständnis der Denkprozesse Hochbegabter führen sollen, sind zahlreich:
Was findet statt, wenn jemand in einer Situation ein lösungsbedürftiges Problem sieht, während andere achtlos daran vorbeigehen? Wie planen, organisieren und überwachen Hochbegabte lösungsrelevante Teilstrategien? Welche Rolle spielt dabei der Vorrat an flexibel einsetzbarem problemspezifischem Wissen, über das Experten im Unterschied zu Novizen verfügen? Wie ist dieses Wissen repräsentiert und organisiert, wenn Denkprozesse schnell und effektiv ablaufen? Welcher Grad an zeitweiliger Toleranz gegenüber unfertigen Lösungen ist günstig? Wie ist der Entwicklungsverlauf für kognitive Teilkompetenzen? Gibt es Lebensabschnitte, in denen Training und Förderung effektiver informationsverarbeitender Operationen besonders vielversprechend sind?

Angesichts des bescheidenen Erkenntnisstandes in diesem Bereich ist gegenwärtig eine frühe, systematische und verbindliche Selektion hochintelligenter Kinder mit dem Ziel isolierter und spezifischer Förderung nicht zu vertreten. Auch aus gesellschaftlichen, pädagogischen und ethischen Gründen ist eine Segregation solcher Kinder und Jugendlicher nicht erstrebenswert.
Für eine pragmatische Hochbegabtenförderung sind vielmehr Programme wünschenswert, die ein Maximum an Offenheit (Zugänglichkeit) und an Vielfalt (in der Thematik) aufweisen, um zu vermeiden, dass begabte Kinder, die als solche zu einem bestimmten Zeitpunkt nicht identifiziert werden können, von der Förderung ausgeschlossen sind, und um unterschiedlichen Begabungen und verschiedenen Interessensrichtungen gerecht werden zu können (Waldmann & Weinert 1990, 185).

Entfaltungsmöglichkeiten und Lernangebote

Folgende Entfaltungsmöglichkeiten und Lernangebote für besonders motivierte und leistungsfähige Schüler sind an der Schule etabliert (vgl. Rost & Albrecht 1992, 298):

1. Innere Differenzierung im Rahmen des gesamten Klassenverbands mit Verbreiterung und Niveauanhebung des Unterrichtsstoffes für die Hochbegabten (enrichement);
2. Früheinschulung und Überspringen von Klassen (acceleration);
3. spezielle „Arbeitsgemeinschaften für besonders befähigte Schülerinnen und Schüler", freiwillig und zusätzlich zum regulären Unterricht. Im Schuljahr 1996/97 nahmen in Baden-Württemberg 4500 Schülerinnen und Schüler an rund 500 solcher AGs teil; beteiligt waren 350 weiterführende Schulen, davon 37 Hauptschulen, 113 Realschulen, 170 Gymnasien und 30 Berufsschulen [In: Elternjournal 1/1997];

4. spezielle Ferienkurse und Sommerakademien, teilweise mit internationaler Beteiligung;
5. Ausschreibung besonderer Wettbewerbe auf lokaler, regionaler und überregionaler Ebene (z.B. Landes- und Bundeswettbewerbe „Mathematik"; „Jugend forscht"; „Jugend musiziert"; „Chemie im Alltag"; „Deutsche Sprache und Literatur"; „Alte Sprachen").

17.3 Kreativität

Über seine eigenen Lernerfahrungen im Studium schreibt der Physiker und Nobelpreisträger Gerd Binnig (*1947) folgendes:
„Meine ursprüngliche Motivation, mich mit Kreativität auseinanderzusetzen, war meine Enttäuschung im Studium der Physik. Ich empfand sehr stark, dass üblicherweise bei der Lehre an der Universität die Kreativität zu kurz kam. Das Hauptgewicht lag darauf, Stoff - also Wissen - zu vermitteln, während das spielerische Umgehen mit diesem Stoff kaum eine Rolle spielte oder vollkommen übergangen wurde." (Binnig 1992, 13)
Aus diesen Erfahrungen zieht er Schlussfolgerungen:

Kreative Erneuerung des Schulsystems

„Ich denke, dass unser Schulsystem in den nächsten Jahren bzw. Jahrzehnten selbst einen sehr dynamischen Prozess durchlaufen wird und auch durchlaufen muss. Kreativitätsfördernder Unterricht wird mehr und mehr betont werden. [...] Ich bin sicher, dass unser gesamtes Ausbildungssystem sich beschleunigt erneuern wird. Die Mastgans-Methode ist die falsche. Ein spielerisches, kreatives Selbsterarbeiten des Stoffes ist der richtige Weg." (Binnig, o.J., 12)

17.3.1 Was ist Kreativität?

An ihren Früchten sollt ihr sie erkennen

Bei der Antwort auf diese Frage wird oft versucht, die Schwierigkeiten mit Matthäus 7, Vers 16 zu lösen: Kreativität ist ein Bündel von Fähigkeiten, mit deren Hilfe kreative Produkte hervorgebracht werden.
Ein kreatives Produkt hat folgende Merkmale:
- Es ist neu und anders als das Übliche.
- Es ist überraschend und steht im Widerspruch zu den Erwartungen.
- Es ist zugleich kulturell bedeutsam. Ihm wird von Experten ein hoher Wert beigemessen.

Der kreative Prozess

Aus Selbstzeugnissen von Menschen, die über kreative Schaffensperioden bei sich selber berichten, wissen wir, dass sich bei dem kreativen Prozess im wesentlichen vier Phasen unterscheiden lassen:
1. Stadium der Präparation: Sammlung von Informationen;
2. Stadium der Inkubation: Fortschritt der unbewussten geistigen Arbeit durch inneres Umstrukturieren und unzensiertes Ausprobieren;
3. Stadium der Illumination: Auftauchen der Lösung, Heureka-Erlebnis;
4. Stadium der Verifikation: Prüfung und Ausarbeitung der Lösung.

So praktisch diese Einteilung ist:
- Nicht notwendigerweise immer und nur so werden kreative Produkte hervorgebracht.
- Es besteht kein Widerspruch zwischen der Fähigkeit zu analytischem Denken und Kreativität, etwa in dem Sinne, dass ein Mehr des einen zu einem Weniger des andern führen müsste.
- Harte Arbeit und Beharrungsvermögen, triviale Begleitumstände wie Zufall und Glück, die Nutzung der sich bietenden Chancen erweisen sich oft als förderlich und machen die kreative Produktion nicht selten erst möglich.

In jedem Menschen stecken kreative Fähigkeiten

Sie mögen jetzt vielleicht ein wenig enttäuscht sein, weil das desillusionierend wirkt. Die Entmystifizierung der Kreativität trägt aber dazu bei, im Alltag Situationen, in denen schöpferische Prozesse gedeihen können, aufzusuchen oder herbeizuführen – statt auf Genialität und Inspiration zu warten. Kreativität ist nicht auf eine kleine Gruppe begnadeter Persönlichkeiten beschränkt. Kreativität ist ein Bündel von Fähigkeiten, über die wir alle verfügen, freilich in unterschiedlichem Ausmaß. Das hängt auch damit zusammen, dass diese Fähigkeiten z.B. durch rigide Lernerfahrungen blockiert sein können. Es kommt also darauf an, hemmende Barrieren abzubauen.

Beispiel: Brainstorming. Dabei geht es darum, Ideen frei fließen zu lassen und diesen Prozess nicht zu früh durch Beurteilungsprozesse (Kritik, Zensur im Kopf) zu paralysieren. Gleichzeitig ist die Stimulation durch die Ideen anderer Teilnehmer willkommen und förderlich. Allerdings werden dabei zwar mehr Ideen zutage gefördert, aber nicht unbedingt bessere als die des besten Teilnehmers.
Begabungen, erworbenes Expertenwissen und Beharrlichkeit sind wichtige Persönlichkeitsmerkmale, die die Wahrscheinlichkeit, dass kulturell bedeutsame kreative Produkte hervorgebracht werden, erhöhen.

17.3.2 Kreativität fördern

Guilford (1959; 1966) unterscheidet:
- konvergentes Denken: Die Aufgabe führt zu einer richtigen oder anerkannt besten Lösung;
- divergentes Denken: Die Aufgabe regt an, in verschiedene Richtungen zu denken; viele Lösungen sind möglich.

Guilford war daran interessiert, Tests zur Erfassung der divergenten Produktion zu entwickeln. Er konstruierte praktische Aufgaben, um Verhalten zu provozieren, aus dem auf den Ausprägungsgrad relevanter Fähigkeiten geschlossen werden konnte.
Auf diese Arbeiten können Lehrer und Lehrerinnen aufbauen, wenn sie die kreative Produktion bei ihren Schülerinnen und Schülern fördern wollen. Für sie heißt die Aufgabe dann: Arrangiere Lernsituationen, in denen divergentes Produzieren freigesetzt wird.

Kreatives Verhalten ist trainierbar

Folgende Faktorengruppen charakterisieren die divergente Produktion:

1. Flüssigkeit:
   Das ist die Leichtigkeit, mit der gespeicherte Information abgerufen werden kann. Beispiele:
   - In kurzer Zeit möglichst viele Wörter mit der Nachsilbe „heit" nennen.
   - Möglichst viele Substantive im Deutschen (oder in einer Fremdsprache) suchen, in denen die drei Buchstaben „r, d, a" vorkommen.
2. Flexibilität:
   Das ist die Leichtigkeit, mit der von einem Bereich zu einem anderen gewechselt werden kann. Das Gegenteil davon wäre Gebundenheit oder Rigidität. Beispiel:
   - Backsteinaufgabe: Suche in kurzer Zeit möglichst viele verschiedene Verwendungsmöglichkeiten für einen Backstein, eine Büroklammer .... Werden die Ergebnisse nur nach ihrer Menge ausgewertet, so erhält man ein Maß für Flüssigkeit. Schaut man danach, wie oft in andere Bereiche übergegangen oder umgeschaltet wird, so ergibt sich daraus ein Wert für Flexibilität.
3. Originalität:
   Das ist die Fähigkeit, seltene Antworten, denen neuartige, ungewöhnliche Ideen anstelle von benachbarten, naheliegenden, trivialen Gedanken zugrunde liegen, hervorzubringen. Beispiel:
   - Dir ist der Name für „Zelt" in einer Fremdsprache entfallen. Wie könntest du statt dessen sagen? – Mit der Frage wird angeregt, auch Metaphern einzubeziehen. Lösungen, die im statistischen Sinne seltener genannt werden, werden als origineller angesehen.
4. Sensibilität für Probleme:
   Das ist die Fähigkeit, Lücken und Veränderungsbedarf überhaupt zu erkennen und auf suboptimale Systeme erfinderisch und mit Lösungsperspektiven zu reagieren. Beispiel:
   - Wie kann dieser Gebrauchsgegenstand (Regenschirm; Tachometer; ein bestimmtes Werkzeug; Kinderspielzeug) verbessert werden?

17.3.3 Motivationale Tendenzen und Präferenzen bei kreativen Menschen

Bei Menschen, die phantasievoll und schöpferisch sind, treffen Sie in der Regel folgende Qualitäten häufiger oder stärker ausgeprägt an:

- hohe Neugier, verbunden mit spielerisch-explorativer Problembehandlung;
- hohes Anspruchsniveau gegenüber eigenen Zielen und Leistungen;
- Mut zu abweichenden Vorstellungen, Nonkonformismus;
- Toleranz gegenüber widersprüchlichen Elementen in einer Situation;
- Bereitschaft, mit kognitiven Konflikten umzugehen;
- Produktive Verarbeitung von Misserfolgen;
- Zähigkeit beim Ausbleiben von schnellen Erfolgen, Hartnäckigkeit.

Kreativität und abweichendes Verhalten

Der Umgang mit Menschen mit solchen Präferenzen und Verhaltensmustern im Klassenzimmer ist nicht immer leicht. In der Praxis können sich Abweichen und Querdenken belastend auf den geplanten Ablauf des Unterrichts und auf die Lehrer-Schüler-Beziehung auswirken.
Tipp: Statt solchem Schülerverhalten die Diagnose „Störung des Unterrichts" zuzuordnen, kann Reframing hilfreich sein. Reframing (Bandler, Grinder 1985) bedeutet, dass einem Verhalten ein anderer Rahmen zugeordnet wird, in dem es eine neue, wertvollere Bedeutung erhält. Der neue Rahmen könnte hier sein: Quertreiben ist ein Zeichen von Kreativität. Quertreiben wird jetzt in einem positiven Licht gesehen. Damit können Sie eine spannungsreiche Situation entlasten und gelassener im Umgang mit diesem Schüler arbeiten.

17.3.4 Kreativität im Unterricht

Günstige Bedingungen für die Entfaltung von kreativen Lösungen

Joerger hat eine nützliche Liste für die Arbeit in der Schule zusammengestellt. Sie enthält viele Anregungen, die für ein Klima, in dem sich Kreativität entfalten kann, bedeutsam sind. Sie selbst können Ihren Unterricht so arrangieren, dass folgende Aspekte und Situationen häufiger vorkommen:

„1. Problemsichtigkeit (Sensibilität für Probleme) erzeugen. (Stimmt das überhaupt? Kann das überhaupt sein? Könnte es nicht auch anders sein? Spannungen wirken lassen, Barrieren nicht abräumen, Paradoxien anbieten, zum Widerspruch provozieren.)
2. Durchbrechen von konventionellen Ansätzen und Sichtweisen. (Man könnte das auch anders sehen, machen, verstehen. [...] Verfremdung von Bekanntem.)
3. Keine einzelne Methode überlernen [lassen ...]. Keine zu starren Lern-Einstellungen aufkommen lassen. (Wer findet das Ergebnis auch auf andere Weise? Nicht auf einer Methode beharren, starres Regeldenken abbauen.)
4. Scheinbar (!) Unzusammengehöriges in Beziehung bringen. [...]
5. Vermutungen und Hypothesen der Schüler nicht blockieren durch zu frühe Kritik. („Brainstorming", keine (!) Antwort eines Schülers ist falsch innerhalb seines Denkprozesses.)
6. Hinweis-Signale bereitstellen. (Visuelle Hilfsmittel, nebenher eingestreute Bemerkungen u. dgl., die den Weg zur Umstrukturierung unauffällig anzeigen, aber nicht das Ergebnis vorwegnehmen!)
7. Zeit zum „Probieren" lassen. Leistungsdruck suspendieren. (Stress erzeugt Perseveration und vermindert Flexibilität, Ängstliche brauchen noch mehr Zeit, Ehrgeiz und ichhafte Einstellung erschweren das Umstrukturieren.)
8. Phasen der Lockerung und Entkrampfung einfügen. [...]"
(Joerger 1976, 140f.)

Sie werden in dieser Checkliste sicher viele Erkenntnisse aus der Kreativitätsforschung wiedererkannt haben. Gleichzeitig sind diese Hinweise sehr praxisorientiert. Wenn Sie kreatives Verhalten bei Ihren Schülerinnen und Schülern fördern wollen, werden Sie solche Anregungen in Ihrem Unterricht häufiger verwirklichen, als wenn Ihnen Kreativität nicht so wichtig ist.

Einwand: Stoff- und Zeitdruck

Sie werden jetzt gewiss fragen: Geht das überhaupt? Steht mir im Unterrichtsalltag überhaupt soviel Zeit zur Verfügung? Wird nicht gerade bei Unterrichtsbesuchen von mir erwartet, dass ich zügig und ohne große Umwege zu Ergebnissen komme? Ist das alles noch vereinbar mit gutem Unterricht?
In einer Münchener Studie sind Weinert und Mitarbeiter der Frage nachgegangen, was erfolgreichen Unterricht auszeichnet. Sie haben dabei u.a. Klarheit des Unterrichts, Zeitnutzung und individuelle fachliche Unterstützung in Beziehung gesetzt zu den mittelfristigen Effekten in den Bereichen Lernfreude und Selbstvertrauen. Sie sind zu Ergebnissen gekommen, die auf den ersten Blick überraschend sind:
„Während das Merkmal ‚Klarheit des Unterrichts' durchweg förderlich ist, erweist sich eine intensive Zeitnutzung als zwiespältig. Zwar stärkt sie das Selbstvertrauen des Schülers, dämpft aber seinen Spaß am Lernen." (Weinert, Helmke 1987, 70)
„Wie kann man sich dieses Ergebnis erklären? Es könnte sein, dass ein sehr effektiv unterrichtender Lehrer bei den Schülern ein Gefühl permanent kontrollierten Lernens erzeugt, so dass Bedürfnisse nach spontanem Handeln, privater Zuwendung und entspannter Atmosphäre unbefriedigt bleiben. Unser Fazit: Die ‚beste' Lehrmethode gibt es nicht. Bei der Verschiedenheit der Kinder und der Vielfältigkeit der von der Schule verfolgten Ziele ist es am günstigsten, wenn der Lehrer engagiert, sachbezogen, kind-orientiert und flexibel unterrichtet. Notwendig ist die Balance von Spannung und Entspannung, von Leistungsorientierung und persönlicher Zuwendung, von Kontrolle und Spontaneität." (Weinert, Helmke 1987, 72f.)

Schwerpunkte setzen und Freiräume schaffen

In dieser Balance muss Raum geschaffen werden für Risikofreude und Offenheit für Unerwartetes. Eine einseitige Ausrichtung auf die Vermeidung von Fehlern wäre für die Entfaltung neuer Ideen tödlich. Ebenso die ständige Angst, Zeit zu verlieren. Machen Sie einmal die Gegenprobe: Was wissen Schüler nach zwei oder zehn Jahren noch von dem mit der Mastgans-Methode (Binnig) dargebotenen Stoff? Und welche Gefühle sind an diesen Stoff gekoppelt?
Was heißt Schule? Wenn Sie in einem Wörterbuch unter dem altgriechischen Wort für Schule nachsehen, finden Sie dort als Bedeutungen „Rast, Ruhe, Muße, gute Zeit, bes. Freiheit von Staatsgeschäften, [...] Zeit haben, um sich mit sich selbst zu beschäftigen" (Rost, V. [1882]. Griechisch-deutsches Wörterbuch. Band 2. Braunschweig: Westermann, 497f.).

17.3.5 Zensurengebung und Kreativität

Kann und soll man kreative Produkte und kreatives Tun in der Schule in die Beurteilung miteinbeziehen? Im Fach Bildende Kunst ist das geübte Praxis, aber in den andern Fächern? Ich will Ihnen an ein paar Beispielen ganz prag-

matisch zeigen, wie ich mit dieser Frage im Schulalltag umgehe.
Günstig für die Entfaltung von Kreativität sind Situationen, in denen möglichst wenig Leistungsdruck und keine Prüfungsangst herrschen. Erfreuliche Beobachtungen zum kreativen Verhalten von Schülern während der entspannten alltäglichen Arbeit lassen sich zu einem bewertenden Bild zusammenfassen, das ich, ohne dem eine Ziffer als Note zuzuordnen, mit einer verbalen Beschreibung in meinem Notenbuch festhalten und bei der Zeugnisbeurteilung positiv in die Waagschale werfen kann, zum Beispiel: großer Einfallsreichtum, oder: S. verwendet geschickt Metaphern, um seine Gedanken angemessen auszudrücken.

Schöpferische Arbeiten anregen und würdigen

Für die Klassenarbeiten überlege ich mir meistens eine Zusatzaufgabe, die dann bearbeitet werden soll, wenn alle anderen Aufgaben gelöst sind. Diese fakultative Aufgabe bringt Zusatzpunkte, die kompensatorisch verrechnet werden, aber nicht für das Erreichen der besten Note erforderlich sind. Beispiele:

- Ein aus dem Lehrbuch bekannter lateinischer oder französischer Text ist durch Tinte, die aus einem umgefallenen Tintenglas ausgelaufen ist, teilweise zerstört worden. Es geht darum, ihn möglichst vollständig zu rekonstruieren.
- Die Geschichte im Teil A der Klassenarbeit bricht nach dem Höhepunkt ab. Die Zusatzaufgabe kann dann heißen: Wie könnte die Geschichte weitergegangen sein?

Bei der Bewertung der Qualität einer Fortsetzung vergebe ich dann Pluspunkte. Kriterien sind z.B. innere Stimmigkeit; Originalität; Sensibilität für die Probleme, die im bekannten ersten Teil der Geschichte angedeutet sind, sowie Elaboriertheit (angemessene Ausschmückung und Detailreichtum).
Diese Beispiele sollten Sie dazu anregen, für Ihre Situation und Ihre Fächer selbst angemessene Lösungen zu finden.

17.3.6 Die Kreativität und Spielfreude von Lehrern und Lehrerinnen

Wir können eine Atmosphäre, in der Kreativität gedeiht, nicht herbeizwingen oder verordnen. Obwohl ich viel von guten Handlungsplänen und professionellem Know-how halte, bin ich der Auffassung, dass es mit Kreativitätstechniken allein nicht getan ist. Menschen, die in diesem Bereich eingeschränkt sind, können Kreativität kaum bei anderen Menschen anregen.

Bei sich selbst Lust am Spielen und Einfallsreichtum entwickeln

Wir müssen also als Lehrende Kreativität mit Risikobereitschaft und Spielfreude zuallererst bei uns selbst verwirklichen. Dann gelingt es uns leichter, zu einer kreativen Arbeitsatmosphäre beizutragen. Und wir sind selbst ein positives Modell, das auf die Lernenden ansteckend wirkt. Wir sind kreativer und können deshalb sensibler und aufmerksamer auf günstige Gelegenheiten eingehen, die sich unvorhergesehen und spontan im Klassenzimmer bieten.

Hier sind ein paar Beispiele aus meiner eigenen Praxis als Französisch- und Lateinlehrer, mit denen ich Sie anregen möchte, kreative Möglichkeiten bei sich selbst zu entfalten:

1. Recycling

Einfälle aus Abfällen

   Ich versuche, den Materialien aus meiner Umgebung, die scheinbar wertlos sind, neue nützliche Aspekte abzugewinnen und sie wiederzuverwenden. Beispiele:
   - Ein gebrauchter Briefumschlag mit einem lateinischem Poststempel SURREXIT CHRISTUS DE SEPULCRO - ALLELUJA aus dem Vatikan
     Ich gebe den Schülern eine Kopie des Dokuments und sage nur: „Meine Tochter hat gestern einen Brief bekommen. Schaut mal: Das stand auf dem Umschlag." Die Situation provoziert jetzt Fragen, die die Schüler und Schülerinnen selbst aufwerfen, z.B.: Wo wurde der Brief abgeschickt und gestempelt? Das ist doch Latein: Was könnte das heißen? Und warum gerade Latein? Versteht das noch jemand? Wäre nicht eine andere Sprache geeigneter?
   - Anzeige in einer Tageszeitung:

Ungewöhnliche Zusammenhänge aufdecken

     Anzeigen sollen die Aufmerksamkeit der Leser und Leserinnen auf das Produkt lenken. Das gelingt, wenn sie Neugier wecken und kreativ gemacht sind. Beim Zeitunglesen fallen mir manchmal Bezüge zu Fragestellungen aus meinen Fächern auf. Ich schneide sie dann aus und rege die Schüler und Schülerinnen an, damit eine Seite in ihrem Heft zu gestalten.

2. Tafelbilder

Information in ein Bild übersetzen

   Im Verlauf meiner eigenen Praxis habe ich herausgefunden, dass ich dann gut vorbereitet bin und einen neuen Sachverhalt gut erklären kann, wenn es mir gelungen ist, den Stoff optisch zu kodieren. Bei dieser Übersetzung von einem linear gedruckten oder gesprochenen Text in eine graphische Darstellung (Tabelle, Flussdiagramm, Entwicklungslinie mit Höhepunkt) oder in ein konkretes Bild muss nämlich die relevante von der irrelevanten Information getrennt werden. Das kann ich nur, wenn ich alles gut verstanden habe. In der Stunde ist es dann für mich leichter, wenn ich meine Gedanken fixieren und an beliebigen Stellen ergänzen kann. Und die Schüler haben es leichter, wenn sie gleichzeitig hören und sehen können.
   - Sie können das trainieren: Versuchen Sie, in Texten den optischen Kern zu entdecken, um den sich die Detailinformationen gruppieren lassen.

Freude am ästhetischen Gestalten fördern

   - Wenn Sie Ihre Fähigkeiten, naturalistisch z.B. Personen, Tiere an die Tafel zu zeichnen, weiterentwickeln wollen, empfehle ich Ihnen, das Buch von Bühs (1989) durchzuarbeiten. Ich habe noch nie Schüler gehabt, die partout nicht hätten zeichnen können. Im Gegenteil: Mit etwas pädagogischer Unterstützung fertigen sie Schulhefte, die auch ästhetischen Ansprüchen genügen. Versuchen Sie also nicht, sich einzureden: Zeichnen kann ich nicht. Verzichten Sie darauf, eine Tafelzeichnung mit solchen Worten einzuleiten. Das wirkt unprofessionell und so, als wollten Sie Ihr Licht unter den Scheffel stellen. Zeichnen Sie einfach! Mut und Risikobereitschaft sind ja Teil des kreativen Verhaltens. Bei der häuslichen Vorbereitung können Sie probieren und verwerfen und verändern, sodass Sie vor der Stunde einigermaßen wissen, wie Sie alles anordnen wollen. Seien Sie nicht irritiert, wenn dann der Kopf mit Sprechblase im Heft Ihrer Schüler Ähnlichkeiten mit Ihrem eigenen aufweist. Das ist als Kompliment gemeint.

3. Inszenieren, Experimentieren mit Live-Situationen
Manchmal bringe ich ein Requisit, z.B. ein ausrangiertes Telefon, einen Hut, eine Baguette, eine Pflanze mit zum Unterricht. Es entsteht dann schnell und unmittelbar ein Handlungszusammenhang, der mit den zur Verfügung stehenden Mitteln, den fremdsprachlichen und nonverbalen Kommunikationsmitteln, von allen Beteiligten zu bearbeiten ist. Diese Situationen sind auch für Komik, Witz und Überraschungen gut. So genau weiß keiner, wie es ausgeht, weil offen ist, wie die einzelnen – die Schüler und der Lehrer – die Stituation ausgestalten wollen.

Einfache Requisiten erleichtern kleine szenische Aufführungen

4. Ideen und Inkubationszeit
Die besten Ideen für meinen Unterricht kommen mir oft beim Geschirrspülen, bei der Gartenarbeit, beim Aufwachen, manchmal erst bei der Fahrt zur Schule, also meist gerade dann nicht, wenn ich mich besonders anstrenge, eine gute Idee zu finden. Manchmal fällt mir zufällig etwas in die Hände, was ich für meinen Unterricht brauchen kann. Oder ein Geruch, von Lavendel zum Beispiel, steigt mir plötzlich in die Nase, und mir fällt ein, dass ich eine solche Pflanze mit in die Klasse nehmen könnte, die Blätter von den Schülern, die es wollen, zerreiben lassen könnte und so die Provence, von der die neue Lektion handelt, den Schülerinnen und Schülern vor Augen führen und unter die Nase reiben könnte. Tipps:

Mehrere Sinne ansprechen

   – Beschäftigen Sie sich so früh wie möglich mit den Elementen des Unterrichtsthemas und machen Sie einen vorläufigen Grobplan für die Unterrichtssequenz. Gehen Sie dann anderen Beschäftigungen nach oder genießen Sie es ganz einfach, zu entspannen und nichts zu tun. Sie haben dann gute Voraussetzungen für Einfälle und Ideen geschaffen. Erzwingen können Sie Einfälle ohnehin nicht, auch kaum beschleunigen. Und manchmal kommt es vor, dass die Inkubationszeit länger ist als die Zeit bis zum Unterricht. Das ist auch kein Drama; vielleicht lässt sich ja doch noch etwas anfangen mit dieser Idee in der nächsten Stunde oder in einem anderen Zusammenhang.
   – Machen Sie sich öfter von neuem klar: Wir haben als Lehrer und Lehrerinnen einen kreativen Beruf. Künstlerisches Gestalten von sozialen Situationen ist Teil unserer Aufgaben. Wir erfüllen unsere Aufgaben nicht dann besonders gut, wenn wir uns ständig im Stress befinden oder Mittel und Wege nicht wahrnehmen, die uns erlauben, uns dem permanenten Druck durch Arbeit und Forderungen, die schnell überhand nehmen können, im Rahmen dessen, was angemessen ist, wenigstens partiell zu entziehen. Es darf schließlich von uns erwartet werden, dass wir uns einigermaßen entspannt, offen und gelassen den Lernenden präsentieren, gleichzeitig neugierig und gespannt auf das, was kommt, also in einer Verfassung, in der Kreativität gedeihen kann.

Unterrichten als kreative Tätigkeit

Literatur

Bandler, R. & Grinder, J. (1990, 4. Aufl.). Reframing. Paderborn: Junfermann.

Binnig, G. (1992, 4. Aufl.). Aus dem Nichts. Über die Kreativität von Natur und Mensch. München: Piper.

Binnig, G. (1993). Kreativität und Schule [Interview]. In Schulintern. Informationen für Lehrer in Baden-Württemberg, 1, 1 - 4.

Binnig, G. (o. J.). Freies Spiel für unseren Kreativitätsmuskel. In Kreativer Unterricht in der Grundschule. Impulse für einen anderen Unterricht. Zusammengestellt von der Redaktion der Schul-Jugendzeitschriften Flohkiste und Floh. München: Domino, 5 - 13.

Bühs, R. (1992, 2. Aufl.). Tafelzeichnen kann man lernen. Hamburg: Bergmann und Helbig.

Duden (1989). Deutsches Universalwörterbuch. 2. Aufl. Mannheim: Dudenverlag.

Eltern-Journal (1997). Zeitschrift für Eltern von Schülerinnen und Schülern der Klassenstufen 1 - 10, hrsg. vom Ministerium für Kultus, Jugend und Sport Baden-Württemberg, Stuttgart. [„Begabungen fordern heraus", in: Eltern-Journal 1, 1997, 8 - 9].

Frommer, H. (1982). Begabung und Lernen. In H. Frommer (Hrsg.), Handbuch Praxis des Vorbereitungsdienstes, Band 2. Düsseldorf: Schwann, 35 - 71.

Gardner, H. (1983). Frames of Mind. The Theory of Multiple Intelligences. New York [dt.: Abschied vom IQ. Die Rahmen-Theorie der vielfachen Intelligenzen. Stuttgart 1991].

Gardner, H. (1985). Unsere sieben Intelligenzen [Interview]. In Psychologie heute, 2, 20 - 31.

Gardner, H. (1993). Multiple intelligences: the theory in practice. New York: Basic Books.

Goleman, D. (1995). Emotionale Intelligenz [Deutsche Übersetzung]. München: Hanser.

Guilford, J. P. (1959). Drei Aspekte der intellektuellen Begabung [Deutsche Übersetzung]. In F. Weinert (Hrsg.), Pädagogische Psychologie. Kiepenheuer & Witsch, 118 - 136.

Guilford, J. P. (1966). Grundlegende Fragen bei kreativitätsorientiertem Lehren [Deutsche Übersetzung]. In Mühle & Schell (1970), 139 - 164.

Heinelt, G. (1974). Kreative Lehrer - kreative Schüler. Freiburg: Herder.

Joerger, K. (1976). Einführung in die Lernpsychologie. Freiburg: Herder.

Krapp, A. (1992 a). Anlage und Umwelt. In Asanger, R. & Wenninger, G. (Hrsg.), Handwörterbuch Psychologie. 4. Aufl. Weinheim: Psychologie Verlags Union, 37 - 42.

Krapp, A. (1992 b). Intelligenz und Begabung. In Asanger, R. & Wenninger, G. (Hrsg.), Handwörterbuch Psychologie. 4. Aufl. Weinheim: Psychologie Verlags Union, 315 - 322.

Landau, E. (1971). Psychologie der Kreativität. München: Ernst Reinhardt.

Mühle, G. & Schell, C. (Hrsg.). Kreativität und Schule. München: Piper.

Müller, O.-W. (1993). Denkmuster und Handlungssteuerung in der Schule. Schwierige Situationen neu sehen lernen. Bad Heilbrunn: Klinkhardt.

Oerter, R. (1974, 4. Aufl.). Psychologie des Denkens.Donauwörth: Auer.

Rost, D.H. & Albrecht, H.T. (1992). Hochbegabung. In: Assanger, R. & Wenniger, G. (Hrsg). Handwörterbuch Psychologie. 4. Aufl. Weinhein: Beltz, 294 - 300

Roth, E., Oswald, W. D. & Daumenlang, K. (1972) Intelligenz. Stuttgart: Kohlhammer.

Sikora, J. (1976). Handbuch der Kreativ-Methoden. Heidelberg: Quelle & Meyer.

Seiffke-Krenke, I. (1983). Kreativitätsförderung in der Schule. In B. Fittkau (Hrsg.), Pädagogisch-psychologische Hilfen für Erziehung, Unterricht und Beratung. Band 1. Braunschweig: Agentur Pedersen.

Ulmann, G. (1968). Kreativität. Weinheim: Beltz.

Waldmann, M. & Weinert, F. E. (1990). Intelligenz und Denken. Perspektiven der Hochbegabungsforschung. Göttingen: Hogrefe.

Weinert, F. E. & Waldmann, M. (1985). Das Denken Hochbegabter: Intellektuelle Fähigkeiten und kognitive Prozesse. In Zeitschrift für Pädagogik, 6, 789 - 804.

Weinert, F. E. & Helmke, A. (1987). Die Münchener Studie: Schulleistungen - Leistungen der Schule oder der Kinder? In Bild der Wissenschaft, 1, 62 - 73.

Wewetzer, K.-H. (1972). Intelligenz und Intelligenzmessung. Darmstadt: Wissenschaftliche Buchgesellschaft.

18 Schulschwierigkeiten

Erika Kern-Felgner

18.1 Veränderte Kindheit und Jugend

Familiale Veränderungen

Kinder und Jugendliche wachsen heute unter wesentlich anderen Bedingungen auf als die Generation ihrer Eltern oder gar Großeltern. Der Erfahrungsraum Familie hat sich tiefgreifend gewandelt. Mit der Reduktion der Geburtenziffern ist die Zahl der Familien mit nur einem Kind deutlich gestiegen, sodass viele Kinder heute ohne Geschwistererfahrung aufwachsen. Auch die Familienformen sind vielfältiger geworden: So hat die Zahl nichtehelicher Lebensgemeinschaften zugenommen; die Scheidungsrate hat sich erhöht, teils werden die betroffenen Kinder von einem Elternteil alleine erzogen, teils gehen die Eltern neue Partnerbindungen ein. All diese familialen Veränderungen beeinflussen auch die sozialen Erfahrungen, die Kinder und Jugendliche in die Schule einbringen. Viele Schüler erhalten in ihrer Familie die intensive Zuwendung ihrer erwachsenen Bezugspersonen und werden gleichzeitig mit hohen Erwartungen – vor allem hinsichtlich des Schulerfolgs – konfrontiert. Die von Fölling-Albers im Rahmen einer empirischen Arbeit befragten Grundschullehrer weisen mehrheitlich darauf hin, „dass das Gymnasium für sehr viele Eltern als die einzig erstrebenswerte weiterführende Schule angesehen werde“ (Fölling-Albers 1995, 29). Diese Einstellung der Eltern schlägt sich auch in der Erhöhung der Übergangsquoten auf Realschulen und Gymnasien im Verlaufe der letzten Jahrzehnte nieder, wie die folgenden Tabelle am Beispiel Baden-Württembergs zeigt. Dabei ist zu berücksichtigen, dass die Quoten in den einzelnen Bundesländern auf Grund unterschiedlicher bildungspolitischer Bedingungen erheblich differieren.
Hier zeigt sich bereits der in allen hoch entwickelten, komplexen Gesellschaften zu beobachtende Trend zu verlängerten Schulzeiten, der das Jugend-

Erhöhte Übergangsquoten

Zum Schuljahr	Realschulen	Gymnasien
1967/68	19,8	25,9
1977/78	28,6	28,6
1987/88	27,9	30,0
1997/98	30,1	32,6

Tabelle 1: Übergänge auf Realschulen und Gymnasien in Baden-Württemberg (in Prozent der Viertklässler des vorangehenden Schuljahrs). (Statistisches Landesamt Baden-Württemberg 1978, 1990, 1998)

Verlängerte Schulzeiten

alter konstitutiv prägt. „Jugend … heißt nicht mehr: Einstiegsphase in den Arbeitsprozess sondern Zeit des Erwerbs von Bildungstiteln" (Zinnecker 1987, 313). Dies kann – gerade in Zeiten einer schwierigen Arbeitsmarktsituation – von Jugendlichen als Chance, aber auch als Belastung empfunden werden.

Gewandeltes Freizeitverhalten

Das Freizeitverhalten der Schüler hat ebenfalls deutliche Veränderungen erfahren. Bereits viele jüngere Kinder sind auch außerhalb der schulisch gebundenen Zeiten terminlich regelrecht „verplant". Bei der Gestaltung der noch verbleibenden Freizeit spielen die Medien, in erster Linie das Fernsehen, in steigendem Maße auch die neuen Bildschirmmedien wie Videorecorder, Telespielgeräte und Computer, eine nicht zu unterschätzende Rolle.

Schulische Auswirkungen

Dass die skizzierten Veränderungen nicht ohne Einfluss auf Erleben und Verhalten unserer Schüler bleiben können, liegt auf der Hand. Lehrer nehmen viele der heutigen Kinder als konzentrationsschwächer, unruhiger und weniger ausdauernd wahr als Schüler, die sie vor mindestens zehn Jahren unterrichtet haben, und betonen gleichzeitig die sich weitende Entwicklungsschere, die dadurch bedingt sei, dass ein Teil der Schüler im Elternhaus intensiv gefördert werde, während andere Kinder in hohem Maße sich selbst überlassen blieben (Fölling-Albers 1995, 45). Wenn dann noch hervorgehoben wird, dass nahezu alle befragten Lehrkräfte angeben, heute wesentlich stärker als früher auf jedes einzelne Kind individuell eingehen zu müssen (Fölling-Albers 1995, 49), so wird deutlich, dass die veränderte Kindheit neue Herausforderungen für die Schule mit sich bringt.

18.2 Zum Begriff der Schulschwierigkeiten

Unter Schulschwierigkeiten verstehen wir Probleme, die ein Schüler in und mit der Schule hat. Er ist, was seine kognitiven, psychomotorischen, motivationalen, lern- und arbeitstechnischen beziehungsweise seine emotionalen und sozialen Kompetenzen betrifft, den von der Schule gestellten Anforderungen nicht gewachsen. Seine Überforderung kann sich im Leistungs- wie auch im Verhaltensbereich zeigen.

18.2.1 Leistungsschwierigkeiten

Individuelle vs. soziale Bezugsnormen

Um die Leistungsergebnisse eines Schülers adäquat einschätzen zu können, muss man sie zu einem Vergleichsmaßstab in Beziehung setzen. Hierbei spielen zwei Arten von Bezugsnormen eine besonders wichtige Rolle: individuelle Bezugsnormen, bei denen die Leistungen einer Person mit ihren früher erbrachten Leistungen verglichen werden, und soziale Bezugsnormen, bei denen die Leistungen eines Individuums zu der Leistungsverteilung in einer Bezugsgruppe in Beziehung gesetzt werden. Kennzeichnend für die Leistungsbewertung in der staatlichen Schule als Institution innerhalb der Leistungsgesellschaft ist die Ausrichtung an sozialen Bezugsnormen.

Spricht man im Falle eines Schülers von Leistungsschwierigkeiten, so ist dies immer eine relative Aussage. Die für das Alltagserleben des Schülers wichtigste Bezugsgruppe ist seine Klasse. Besonders deutlich werden Leistungsprobleme , wenn ein Schüler das Klassenziel nicht erreicht, also nicht versetzt wird; sie sind aber auch zu konstatieren bei einem Schüler, der bislang gute oder befriedigende Noten erzielte, innerhalb eines Schuljahrs, vielleicht sogar in wenigen Monaten leistungsmäßig aber erheblich nachlässt. Beachtung verdienen in diesem Zusammenhang auch die Umstellungsschwierigkeiten, die beim Übergang von der Grundschule auf die weiterführenden Schulen auftreten können.
Eine Problematik, die meist eng mit Leistungsschwierigkeiten verschränkt ist, stellen die Verhaltensauffälligkeiten dar.

18.2.2 Verhaltensauffälligkeiten

Die meisten Definitionen der Begriffe „Verhaltensauffälligkeit" und „Verhaltensstörung" orientieren sich an einer Norm durchschnittlichen Verhaltens. Als Beispiel sei die Begriffsbestimmung von Schumacher angeführt: „Verhaltensgestört sollte man einen Schüler nennen, dessen Gesamtverhalten – unter Berücksichtigung einer gewissen Variationsbreite... – von dem des durchschnittlichen Schülers in habitueller Form abweicht" (Schumacher 1979, 12).

Abweichung von gedachter Norm

Hier bleibt es den von eigenen Erfahrungen geprägten, durchaus subjektiv getönten Vorstellungen des einzelnen Lesers überlassen, wo er die Grenze zwischen tolerablem und abweichendem Verhalten zieht. So wird ein Lehrer, der an einer Sonderschule für verhaltensauffällige Schüler tätig ist, sicherlich andere Maßstäbe anlegen als ein Lehrer an einem Gymnasium. Aber auch innerhalb der Gruppe der Gymnasiallehrer klaffen die Vorstellungen auseinander. Wir gehen von folgender Arbeitsdefinition aus: Unter einer Verhaltensauffälligkeit verstehen wir ein über einen längeren Zeitraum hinweg immer wieder auftretendes Verhalten, das von relevanten Bezugspersonen – Lehrern, Eltern, unter Umständen auch Mitschülern – als störend oder beeinträchtigend bewertet wird, da es von ihren Erwartungen über ihre Toleranzgrenze hinaus abweicht. Der verhaltensauffällige Schüler selbst kann, muss aber nicht unter seinem eigenen Verhalten leiden. Zwischen Verhaltensstörungen und -auffälligkeiten sehen wir lediglich einen graduellen Unterschied. Abweichungen von einer gedachten Norm sind bei den Verhaltensstörungen stärker ausgeprägt, in anderen Worten: Verhaltensauffälligkeiten sind die mildere Form von Verhaltensstörungen. Folgende Verhaltensauffälligkeiten spielen in der Schule eine wichtige Rolle:

Arbeitsdefinition

Beispiele für schulische Verhaltensauffälligkeiten

- Konzentrationsmängel
- motorische Unruhe
- Aggressionen gegen Personen und Sachen
- Disziplinstörungen
- extrem gehemmtes Verhalten

- Überempfindlichkeit
- geringe Frustrationstoleranz
- von Angst geprägtes Verhalten
- Clownerien

Ob ein Verhalten von der Umwelt als auffällig beurteilt wird, hängt davon ab, wie es sich konkret äußert, mit welcher Häufigkeit und Intensität es auftritt und in welchen Situationen es zu beobachten ist.

18.3 Bedingungen von Schulschwierigkeiten

18.3.1 Ein multifaktorielles Erklärungsmodell

Multikausalität; Interdependanz der Variablen

Selten ist ein Einzelfaktor allein als eindeutige Ursache von Schulschwierigkeiten auszumachen, wie dies beispielsweise bei einer unfallbedingten Hirnverletzung der Fall sein kann. Doch selbst hier kommt es zu Wechselwirkungen zwischen person- und umweltbezogenen Variablen. Auch bei einschneidenden Erlebnissen, die scheinbar direkt schulische Probleme hervorrufen, greifen monokausale Erklärungen zu kurz. Ein Ereignis wie zum Beispiel der Umzug in eine völlig neue Umgebung, eine eigene schwere Erkrankung oder der Tod eines Familienmitglieds führt nicht unmittelbar zu bestimmten Schulschwierigkeiten; es wird in Interaktion mit den familialen, schulischen und sonstigen Lebensbedingungen von der einzelnen Schülerpersönlichkeit individuell erfahren und verarbeitet. Bei Überforderung kann es zu Lernschwierigkeiten und Verhaltensauffälligkeiten kommen.

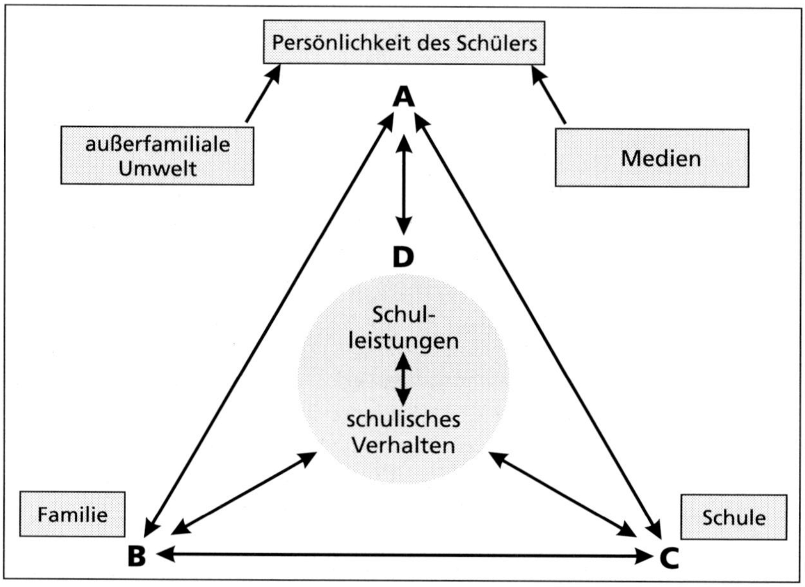

Bild 1: Bedingungsgefüge von Schulleistungen und schulischem Verhalten

Das voranstehende Modell repräsentiert das Bedingungsgefüge von Schulleistungen und schulischem Verhalten. Man unterscheidet drei Bedingungsbereiche (Schwarzer 1983, Hurrelmann, Wolf 1986):
- Persönlichkeit des Schülers
- Familie
- Schule

Hinzu kommen weitere Einflussfaktoren, die hier durch die Medien und die außerfamiliale Umwelt – gemeint sind Menschen und Institutionen außerhalb der Familie und der Schule – vertreten sind. Sowohl zwischen den drei Bedingungsbereichen als auch innerhalb der Variablenbündel finden vielfältige Einflussprozesse statt, so dass ein komplexes interdependentes Wirkungsgefüge entsteht.

18.3.2 Bedingungsbereiche

Die im Folgenden exemplarisch angeführten Bedingungsfaktoren „sind einerseits durch ihre gewisse Spielraumbreite gekennzeichnet, d.h. sie haben keinen determinierenden Charakter, sondern sind in ihrer Auswirkung mehr oder minder stark von situativen Gegebenheiten und Außeneinflüssen abhängig. Sie stellen jedoch Gefährdungen für den Betroffenen dar. Andererseits sind sie durch Lern- und Verarbeitungsprozesse ihrerseits modifizierbar, sind also keine starren, fixierten Größen“ (Bach 1989, 18).

18.3.2.1 Schülerpersönlichkeit

Die somatischen, kognitiven, affektiven und sozialen Voraussetzungen der Schüler sind teils anlage-, teils umweltbedingt, wobei die genetischen und die Umweltfaktoren von Anfang an in ihrer Wirkung ineinandergreifen, was bei den psychischen Merkmalen besonders deutlich wird. Fähigkeiten und Eigenschaften sind Konstrukte, die nur über beobachtbare Verhaltensweisen erschlossen werden können. Gerade bei Alltagsbeurteilungen ist mit subjektiven Tendenzen zu rechnen. Psychologische Tests wiederum berücksichtigen nicht oder zumindest nicht genügend den Bezug zu konkreten Schulsituationen. In jedem Fall sind vorschnelle Diagnosen zu vermeiden.

Intelligenz

Ein für die Schulleistung wichtiger Faktor ist die Intelligenz. Von Interesse ist dabei nicht nur die geschätzte Intelligenz bzw. der mit Hilfe eines Tests ermittelte Intelligenzquotient als globales Maß, sondern vor allem das Intelligenzprofil, das eine Aussage über einzelne kognitive Teilfähigkeiten wie Wortflüssigkeit, Gedächtnis, logisches Denken und numerische Fähigkeiten ermöglicht. Entspricht die Intelligenzstruktur nicht den Anforderungen der betreffenden Schulart, kann es zu Leistungsschwierigkeiten kommen.

Kognitive Stile

Schulrelevant ist auch der Ansatz der kognitiven Stile, d.h. typischer Arten und Weisen der Wahrnehmung, des Erinnerns, des Urteilens und der Problemlösung. Als Beispiel soll der Stil der kognitiven Reflexivität/Impulsivität angeführt werden (Culp, Wagner 1983, 111). Bei der Aufgabenbearbeitung lassen sich durch Kombination der Kategorien „benötigte Arbeitszeit" und „Fehlerhäufigkeit" vier Sorgfaltsgruppen unterscheiden, von denen in diesem Zusammenhang zwei von Bedeutung sind: Reflexive arbeiten eher langsam und richtig, Impulsive dagegen eher schnell und falsch. Es konnte nachgewiesen werden, dass impulsive Schüler signifikant mehr schulische Leistungsprobleme haben als ihre reflexiven Klassenkameraden (Schwarzer 1983, 45).

Leistungsmotiv

Was die Entwicklung des Leistungsmotivs angeht, so hat es seine Wurzeln in früher Kindheit und differenziert sich im Schulalter weiter aus. Entscheidend sind die bisherigen Erfolgs- und Misserfolgserlebnisse und die Reaktionen der Umwelt. Konnte sich kein stabiles Vertrauen in die eigene Leistungsfähigkeit aufbauen, wird das Kind misserfolgsängstlich und neigt zur Resignation, was sich beeinträchtigend auf sein Selbstkonzept und auf diesem Wege auch auf künftige Leistungen auswirkt.

Einstellungen

Auch überängstliche und ablehnende Einstellungen gegenüber der Schule, einzelnen Fächern, Lehrern oder Mitschülern können das Lernen blockieren und den Aufbau befriedigender sozialer Kontakte behindern.

18.3.2.2 Familie

Emotionale Belastungen

In der Familie sammelt das Kind grundlegende persönlichkeitsrelevante Erfahrungen.Fühlt es sich zuhause nicht geborgen und angenommen, wird es vernachlässigt, ist das Familienklima langfristig von Streit und Spannungen geprägt oder ist die Familie durch Krankheit, Tod oder Trennung der Eltern überlastet, so kann sich dies massiv auf das Sozial- und Lernverhalten des Kindes auswirken.

Erziehungsstil

Auch der elterliche Erziehungsstil kann einen negativen Einfluss haben, beispielsweise eine ausgesprochen autoritäre Erziehung, ein Gleichgültigkeit ausstrahlendes Laissez-faire, ein für das Kind undurchschaubares, inkonsequentes Verhalten oder eine ehrgeizige, überfordernde Erziehung, die sich dann fatal auswirken kann, wenn sie im Falle der Nichterfüllung der elterlichen Erwartungen mit Liebesentzug verbunden wird.

Anregungsbedingungen – sozioökonomischer Status

Die familialen Anregungsbedingungen stehen in engem Zusammenhang mit der Schichtzugehörigkeit (Schwarzer 1983, 104ff., Hess 1989, 180ff.). Bei niedrigerem sozioökonomischem Status finden sich eher beengte Wohnverhältnisse, weniger phantasieförderndes Spielzeug, ein höherer Fernsehkonsum, ein engerer Interessenhorizont der Eltern; die Sprache ist weniger differenziert, und es besteht eine größere emotionale Distanz zur Schule, besonders zum Gymnasium; auch sind die Unterstützungsmöglichkeiten bei Schulleistungsschwierigkeiten geringer als bei höheren Sozialschichten. Natürlich sind im Einzelfall aufgrund der Kenntnis eines Merkmals, z.B. der elterlichen Berufe, noch keine gesicherten Rückschlüsse auf die genannten Bereiche möglich.

Ist die häusliche Umwelt eines Kindes durch häufigen Wechsel der Bezugspersonen gekennzeichnet – etwa wenn das Kind in einem Heim oder in verschiedenen Pflegefamilien untergebracht wird –, so kann dies zu psychischen Belastungen führen, die sich dann auch im schulischen Bereich niederschlagen können.

Bezugspersonen

18.3.2.3 Schule

Rahmenbedingungen

Die allgemeinen Rahmenbedingungen werden schulpolitisch und -organisatorisch gesetzt. Wichtige Faktoren sind neben der Dreigliedrigkeit des Sekundarschulsystems die Lehrpläne, Versetzungs- und Prüfungsordnungen. Für Lehrer wie Schüler unmittelbar spürbar sind etwa die Klassengrößen und die Lehrerversorgung, Deputats- und Stundenplanaspekte. Innerhalb dieses Rahmens hat der Lehrer pädagogische Gestaltungsmöglichkeiten. Es gibt Fälle, in denen Lehrer ihrem Beruf missmutig oder resigniert nachgehen, ihren Unterricht oberflächlich vorbereiten, das Vorwissen ihrer Schüler nicht genügend berücksichtigen, methodisch inadäquat oder monoton vorgehen, zu wenig Wert auf die Vermittlung von Arbeitstechniken legen oder ihre Schüler nur als Rezipienten von Fachwissen sehen. Auch wenn diese Negativa nur eine Minderheit betreffen, sind sie ernst zu nehmen, da sie auf Schüler sehr belastend wirken können.

Lehrer

Mitschüler

Eine starke Beeinträchtigung stellen auch schwierige Beziehungen zu den Klassenkameraden dar. „Nicht selten sind Verhaltensstörungen und feindliche Einstellungen zu den Mitschülern die Folge einer Beschneidung sozialer Entfaltungsmöglichkeiten... Probleme mit Mitschülern wirken sich negativ auf die Lernbereitschaft, die Erfolgszuversicht und das Anspruchsniveau aus, wodurch schulischer Misserfolg begünstigt wird“ (Petillon 1987, 141).

18.4 Teufelskreis Schulschwierigkeiten

18.4.1 Aufbau einer negativen Lernstruktur

Im Folgenden befassen wir uns nicht mit schwierigen Lernprozessen, die mühselig vonstatten gehen oder vorübergehend erfolglos verlaufen, sondern mit Lernstörungen, bei denen „der Lernprozess selbst angegriffen ist. Dies bedeutet, dass Variablen, die wir in direkter Verbindung mit dem Lernen sehen, über längere Zeit ungünstig verändert sind“ (Betz, Breuninger 1996, 3). Zu diesen Variablen gehören Erwartungshaltungen, Kausalattributionen, soziale Wahrnehmungen, Etikettierungsvorgänge, Emotionen sowie soziale Positionen. Durch das Zusammenwirken dieser verschiedenen Faktoren kann sich eine positive oder eine negative Lernstruktur etablieren. Betz und Breuninger stellen den Aufbau einer negativen Struktur folgendermaßen dar:

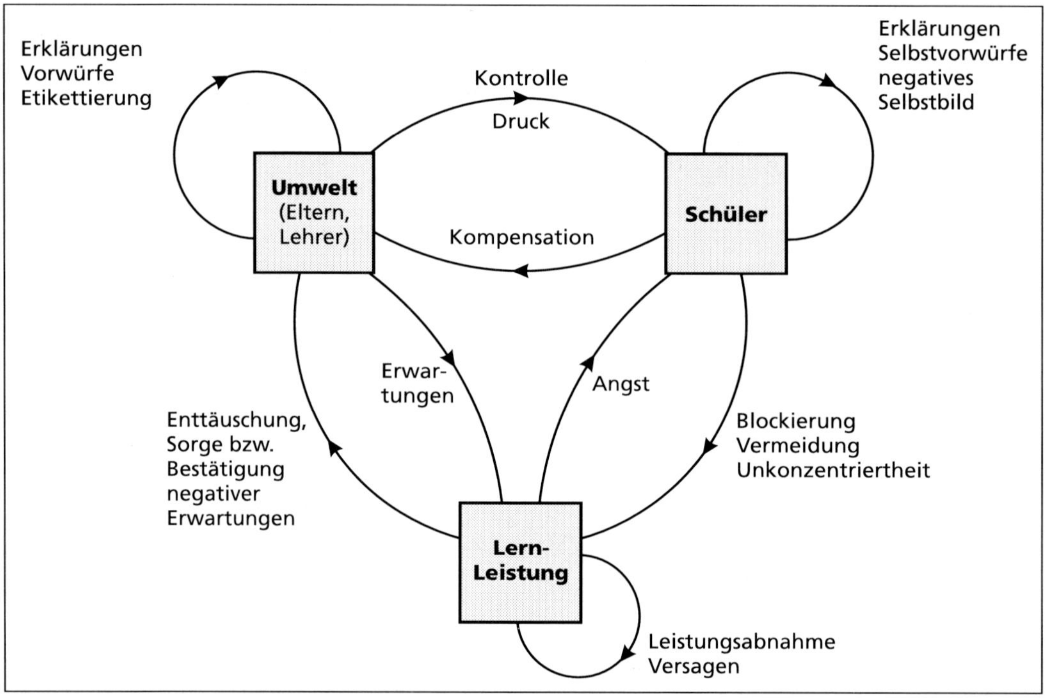

Bild 2: Aufbau einer negativen Lernstruktur. Nach: Betz, Breuninger 1996, 41 und 46

Fallbeispiel

Ein Fallbeispiel möge dies verdeutlichen. Die Schulleistungen des zwölfjährigen Peter haben sich im Verlaufe des sechsten Schuljahrs deutlich verschlechtert. Vor allem das Fach Mathematik bereitet ihm zunehmend Schwierigkeiten. Seine Eltern versuchen, ihre Enttäuschung vor Peter zu verbergen, doch er spürt ihre Sorge wohl. Sie meinen, der Lehrer kümmere sich im Unterricht nicht genügend um den Jungen, und sehen eine Lösung in intensivem Nachhilfeunterricht. Außerdem kontrolliert Peters Mutter nun regelmäßig seine Hausaufgaben; sind sie nicht korrekt, muss Peter sie nochmals schreiben. So sitzt er täglich stundenlang am Schreibtisch, wodurch seine Kontakte mit Freunden sich reduzieren. Nach einer kurzfristigen Verbesserung lassen Peters Leistungen wieder nach. Vor Klassenarbeiten schläft er schlecht und kann nicht frühstücken, während er sonst einen guten Appetit hat; auch klagt er über Bauchschmerzen. An solchen Tagen würde er am liebsten zu Hause bleiben; auf diesen Wunsch gehen seine Eltern aber nicht ein. Sie hören von den Lehrern übereinstimmend, dass ihr Sohn im Unterricht in letzter Zeit nicht aufpasse, dass er vielmehr die Rolle des „Klassenkaspers" spiele, indem er durch alberne Bemerkungen, Grimassenschneiden und Faxen seine Mitschüler zum Lachen reize, und dass er dadurch den Unterricht störe. Gespräche wie Strafmaßnahmen zeigen nur vorübergehenden Erfolg. Die Eltern sind nun offen enttäuscht und machen Peter heftige Vorwürfe. Sie verstehen nicht, weshalb ihr Sohn trotz aller Bemühungen leistungsmäßig immer schwächer wird. Der Junge selbst hält sich inzwischen für einen Versager. Das Einzige, was ihm in der Schule noch bleibt, ist die Anerkennung durch seine Klassenkameraden.

Zirkuläre Verstärkerprozesse

„Das System hat sich selbstständig gemacht, es braucht keine „Zufuhr" von außen mehr, sondern ist zu einem Teufelskreis geworden. Mehr noch: es ist eigentlich eine „Teufelsspirale", denn das System arbeitet mit Verstärkung" (Betz, Breuninger 1996, 37). Es finden ineinandergreifende zirkuläre Verstärkerprozesse statt, die zur Verfestigung des Leistungsversagens führen.

18.4.2 Alltagstheoretische Interpretationsmuster

Funktionen und Gefahren der Alltagstheorien

In einer Längsschnittstudie über Schulerfolg und Schulversagen im Jugendalter, in deren Verlauf Jugendliche, ihre Eltern und Lehrer befragt wurden, konnten Hurrelmann und Wolf nachweisen, dass die Alltagstheorien von Lehrern, Schülern und Eltern zum Schulversagen systematisch voneinander abweichen. „Die Schüler verarbeiten das Ereignis in einem ersten Schritt überwiegend dadurch, dass sie auf ihre unzureichenden Lernaktivitäten, ihr mangelndes unterrichtliches Interesse und ihren fehlenden Fleiß hinweisen. Aber diese unzureichende persönliche Arbeitshaltung ... ist nach Einschätzung der Schüler abhängig von schulischen Bedingungen und vor allem vom Verhalten der Lehrer... Auch für die Eltern stehen die schulischen Bedingungen, insbesondere das Lehrerhandeln, im Zentrum der Erklärung... Die alltagstheoretischen Interpretationsmuster der Lehrer unterscheiden sich von denen der Schüler (und Eltern) sehr deutlich. Das Versagen ist für die Mehrheit der Lehrer ein in der Person des Schülers liegendes Problem, das letztlich rein außerschulische familiale Verursachung hat" (Hurrelmann, Wolf 1986, 28f.). Schüler, Eltern und Lehrer interpretieren also das Leistungsversagen jeweils so, dass sie selbst nicht die Hauptverantwortung dafür tragen müssen. Zwar ist diese Tendenz zur eigenen Entlastung menschlich verständlich, doch ist sie nur unproblematisch, solange sie sich nicht mit „Sündenbock-Attribuierungen" verbindet (Fittkau, Rauer, Janowski 1981, 182). Außerdem kann sie dazu führen, dass die nötigen Schritte zum Auffangen sich abzeichnender Leistungsprobleme nicht rechtzeitig unternommen werden und dass auf diese Weise ein Schüler im „circulus vitiosus" seiner Schulschwierigkeiten gefangen bleibt. Zur Aufrechterhaltung dieses Teufelskreises tragen Konzentrationsmängel und motorische Unruhe, Angst und Stress in besonderem Maße bei.

18.5 Konzentrationsmängel und motorische Unruhe

18.5.1 Zum Begriff der Konzentration

Konzentration ist ein hypothetisches Konstrukt, mit dem erklärt wird, weshalb Menschen in der Lage sind, eine kognitive oder eine kognitiv gesteuerte motorische Aktivität über eine gewisse Zeit hinweg aufrechtzuerhalten

und „bei der Sache zu bleiben", ohne dass es zu erheblichen Leistungseinbußen kommt. „Konzentration bezeichnet einen Prozess willentlich gesteuerter Aufmerksamkeit… Ist ein Individuum in der Lage, bestimmte Reize … in den Mittelpunkt seiner Beachtung zu stellen und gleichzeitig unerwünschte Reize weitgehend zu vernachlässigen (auszuklammern), so wird ihm konzentrative Aufmerksamkeit zugesprochen. Ist das Individuum in der Lage, diese konzentrative Aufmerksamkeit fortlaufend zu erbringen, d.h. kann es nicht nur im Einzelvorgang solche Reize identifizieren, sondern einen fortgesetzten Arbeitsvorgang an Material auch mit fremdgesetzter Relevanz bei relativ gleichmäßiger Leistung durchführen, so wird ihm Konzentration zugesprochen" (Kleber 1978, 395).
Erfolgreiche Lernprozesse sind ohne konzentrative Aufmerksamkeit nicht möglich. Je komplexer der Unterrichtsgegenstand, umso wichtiger ist die länger anhaltende Konzentration. Schulleistungsmängel werden sehr häufig mit Konzentrationsschwierigkeiten erklärt. „Als Attribuierungskategorie ist Konzentration die sozial best akzeptierte der Personzuweisungen" (Kleber 1991, 171), denn gelegentliche Konzentrationsstörungen können sich bei allen Menschen unter bestimmten Bedingungen finden.

18.5.2 Die Konzentrationsspanne in verschiedenen Altersstufen

Wie lange können sich Kinder und Jugendliche in den einzelnen Altersstufen durchschnittlich auf eine Aufgabe konzentrieren? Verschiedenen empirischen Untersuchungen zufolge beträgt die Konzentrationsspanne bei acht- bis zehnjährigen Kindern im Durchschnitt etwa 20 Minuten, bei Zehn- bis Zwölfjährigen 20-25, ab dem Alter von zwölf bis vierzehn Jahren circa 30 Minuten (Ortner 1979, 157). Dabei ist allerdings zu beachten, dass es deutliche Unterschiede zwischen Gleichaltrigen gibt. Außerdem kann die Konzentrationsspanne in der Vorpubertät und zu Beginn der Pubertät vorübergehend noch einmal kürzer werden, ehe sie sich dann bei durchschnittlich 30 Minuten stabilisiert. Auch spielen Bedingungen der Situation und der Person eine wichtige Rolle, besonders die Art der Aufgabenstellung und im Zusammenhang damit die Motivation der Kinder und Jugendlichen.

18.5.3 Indikatoren von Konzentrationsmängeln im Schulalltag

Beispiele

In der großen Pause unterhalten sich mehrere Kollegen über ihre sechste Klasse, die sie übereinstimmend als ausgesprochen unruhig und unkonzentriert und dadurch als sehr anstrengend erleben. Welche Verhaltensweisen der Schüler fallen den Lehrern besonders auf? Johannes schaut gerne aus dem Fenster oder lässt seinen Blick im Klassenzimmer umherschweifen. Danach beugt er sich zu seinem Sitznachbarn hinüber, um sich von diesem erklären zu lassen, woran die Klasse gerade arbeitet. Silke beteiligt sich aktiv am Unterricht; bei ihren Beiträgen zeigt sich aber immer wieder, dass sie zuvor offenbar nur flüchtig hingehört hat. Zuweilen meldet sie sich schon, ehe eine Frage oder Aufgabe vollständig gestellt ist. Auch geschieht es immer wieder, dass Silke nicht die aufgegebenen Hausarbeiten, sondern versehentlich andere Aufgaben erledigt. Stefan ist ein richtiger „Zappelphilipp“: Er rutscht ständig auf seinem Stuhl hin und her und wippt mit den Beinen. Häufig spielt er mit einem Gegenstand; er dreht beispielsweise einen Bleistift zwischen den Fingern, radiert ziellos auf der Pultfläche umher oder holt Schreibutensilien, die überhaupt nicht gebraucht werden, aus seinem Mäppchen. Seine Mitschülerin Hanna beginnt manchmal mitten in der Stunde, in ihrem Ranzen zu kramen. Auf die Frage, was sie suche, antwortet sie verlegen, sie wisse es nicht. Thomas lässt sich leicht ablenken. Erzeugt die Kreide an der Tafel ein kratzendes Geräusch, hört man Schritte auf dem Gang, niest ein Mitschüler – schon ist Thomas nicht mehr bei der Sache. Sabine gibt sich zwar viel Mühe, scheint aber bereits nach kurzer Arbeitsdauer erschöpft zu sein. Bei schriftlichen Aufgaben erledigt sie den ersten Teil meist gut, während ihr im zweiten Teil viele Fehler unterlaufen. Nicole schaut oft verträumt in die Luft; sie beteiligt sich kaum am Unterricht. Wird sie aufgerufen, weiß sie meist nicht, worum es geht. Bei schriftlichen Aufgaben vergeht viel Zeit, bevor Nicole überhaupt beginnt. Sie arbeitet langsam und scheint mit ihren Gedanken immer wieder von der Aufgabe abzugleiten. Während Nicole mit der zur Verfügung stehenden Zeit fast nie auskommt, ist Mario meist als erster fertig. Beim Durchsehen seiner Arbeiten zeigt sich, dass diese viele Flüchtigkeitsfehler enthalten.

Formen der Unkonzentriertheit

Wird im schulischen Alltag über mangelnde Konzentration geklagt, so ist damit ein breites Spektrum an Phänomenen gemeint. Die wichtigsten Formen der Unkonzentriertheit in der Schule sind

- erhöhte Ablenkbarkeit durch Außenreize in der Umgebung
- erhöhte Ablenkbarkeit durch Innenreize wie Tagträume oder andere Gedanken
- Zerstreutheit und Vergesslichkeit
- kognitive Impulsivität, zu verstehen als Tendenz, bei Aufgaben vorschnell zu reagieren und hastig sowie fehlerhaft zu arbeiten
- mangelnde Ausdauer, fehlendes Durchhaltevermögen.

Zusammenfassend „lassen sich im Leistungsverhalten zwei Grundmuster unterscheiden: einerseits die motorisch unruhigen, hastig und überstürzt arbeitenden, reizoffenen und leicht störbaren Kinder, andererseits die ruhigen, langsam arbeitenden, verträumten und trödelnden Kinder“ (Kinze/Barchmann 1990, 13). Letztere dürfen nicht verwechselt werden mit den langsam und sorgfältig arbeitenden Reflexiven, die den rasch und flüchtig vorgehenden Impulsiven gegenübergestellt werden (vgl. 18.3.2.1). Freilich kann auch ein Übermaß an Reflexivität zu Schwierigkeiten führen, dann nämlich, wenn der Betreffende so penibel und mit dermaßen perfektionistischem Anspruch an Aufgaben herangeht, dass er ständig extrem viel Zeit benötigt. Im Kontext der Konzentrationsschwierigkeiten geht es dagegen um diejenigen Schüler, die gedanklich leicht abschweifen, gerne in Tagträumereien versinken und daher nicht in der Lage sind, ihre Aufmerksamkeit intensiv und lange genug auf die jeweilige Aufgabe zu fokussieren. Das langsame Vorankommen kann noch einen weiteren Hintergrund haben: Es ist möglich, dass die Betroffenen an unwesentlichen Details hängenbleiben und den Überblick verlieren. Die langsamen, ruhigen Unkonzentrierten finden nicht selten erst dann Beachtung, wenn sich ihre Schwierigkeiten in gravierender Weise im Leistungssektor niederschlagen. Im Gegensatz dazu ziehen die unruhigen, durch externe Reize leicht ablenkbaren, alltagssprachlich oft als „nervös" bezeichneten Kinder die Aufmerksamkeit der Umwelt durch ihr störendes Verhalten schnell auf sich. Eines ihrer hervorstechenden Merkmale, die motorische Unruhe, ist gekennzeichnet durch

Kennzeichen der motorischen Unruhe

- die unzureichende Fähigkeit, eine altersgemäß zumutbare Zeitspanne stillzusitzen
- rastlose, nicht auf die schulischen Aufgaben bezogene motorische Aktivitäten, etwa das Hantieren mit Gegenständen.

Die motorische Unruhe tritt häufig gekoppelt mit kognitiver Impulsivität und einer kurzen Aufmerksamkeitsspanne auf. Sind diese Merkmale sehr stark ausgeprägt, spricht man vom hyperkinetischen Syndrom (Kinze, Barchmann 1990, 17). Hyperaktive Kinder verfügen oft über eine nur geringe Frustrationstoleranz, können also Enttäuschungen und die Nichterfüllung ihrer Erwartungen schwer verkraften. Als Leitsymptom des hyperkinetischen Syndroms gilt die Konzentrationsstörung.

18.5.4 Konzentrationsmessung

Begrenzter Aussagewert von Tests

Konzentrationstests bestehen aus einfachen Selektions-, Sortier- oder Rechenaufgaben, die unter Zeitdruck zu bearbeiten sind. Die Auswertung berücksichtigt die Menge sowie die Qualität der erbrachten Leistung; bei einigen der umfangreicheren Tests wird auch der Konzentrationsverlauf erfasst. Erbringt ein Schüler eine hohe Testleistung, bearbeitet er also überdurchschnittlich viele Aufgaben nahezu fehlerfrei, so kann ihm eine gute Konzentrationsfähigkeit zugesprochen werden. Dennoch ist es möglich, dass er in schulischen Situationen ausgesprochen unaufmerksam ist. Der Test gibt hier einen Hinweis darauf, dass andere Bedingungen als mangelnde Konzentrationsfähigkeit eine Rolle spielen, etwa die Motivation, die Beziehungen zu den Lehrern oder Mitschülern oder starker Leistungsdruck seitens der Eltern. Ist die Testleistung eines Schülers dagegen niedrig, so lässt sich wenig aussagen. Hat er eine geringe Anzahl von Aufgaben bearbeitet und dabei wenige Fehler gemacht, so hat er sich vielleicht besondere Mühe gegeben, sorgfältig zu arbeiten. Hat er viel und fehlerhaft gearbeitet, so kann dies daran liegen, dass er die Aufgaben nicht als Herausforderung empfunden hat. Das Hauptproblem der Konzentrationstests liegt darin, dass die Aufgabenstellungen allzu stark von denen des schulischen Alltags abweichen. Gewinnbringender als Tests sind in vielen Fällen möglichst genaue Beobachtungen des Schülerverhaltens im Unterricht sowie die Analyse der erbrachten schriftlichen und mündlichen Leistungen im Hinblick auf mögliche Flüchtigkeitsfehler und Leistungsschwankungen.

18.6 Stress und Angst in der Schule

18.6.1 Begriffliche Klärung

Schulstress

Unter Schulstress verstehen wir Belastungen sowie Gefühle der Anspannung, des Gefordert- und Überfordertseins, die im Zusammenhang mit der Schule erlebt werden. Zwar stehen die negativen Konnotationen des Stressbegriffs meist im Vordergrund, doch dürfen mögliche positive Folgen mäßiger Stresseinwirkung nicht übersehen werden. In Anlehnung an den von der Physiologie herkommenden Stressforscher Selye werden auch in der Stresspsychologie zwei Arten von Stress unterschieden (Meile 1982, 25):

Eustress

– Eustress: anspornender, leistungsfördernder, als positiv empfundener Stress als Reaktion auf vom Individuum selbst gesuchte oder von der Umwelt gebotene Herausforderungen, wobei letztere sinnvoll, ja notwendig sind, damit der Mensch sein Potential entwickeln kann.

Distress

– Distress: negativer, durch vorübergehende oder lang anhaltende Überlastung bzw. Überforderung entstandener Stress, der mit einer wesentlichen Beeinträchtigung des Wohlbefindens verbunden ist und längerfristig zu erheblichen schädlichen Folgen im physischen wie im psychischen Bereich führen kann.

Schulangst

Bei der Schulangst handelt es sich um einen als unangenehm erlebten Gefühlszustand, in den ein Schüler gerät, wenn er mit Anforderungen konfrontiert wird, denen er sich nicht gewachsen fühlt und die damit sein Selbstwertgefühl bedrohen. „In der Schulangst zeigen sich typische Merkmale von Distress, der durch dauernde Einwirkung von Stressoren bei gleichzeitig fehlender Fluchtmöglichkeit gekennzeichnet ist" (Harnisch 1984, 32). Der Schüler kann sich den schulischen Anforderungen – sei es im Leistungs- oder im Sozialbereich – nicht ohne weiteres entziehen und fühlt sich in bestimmten Situationen hilflos und unsicher.

Zustands- vs. Eigenschaftsangst

In der Angstforschung hat es sich durchgesetzt, die Zustandsangst – Angst verstanden als akuter, zeitlich abgrenzbarer emotionaler Zustand – von der Eigenschaftsangst – Ängstlichkeit eines Individuums als Verhaltensdisposition – abzugrenzen. Die traditionelle Unterscheidung zwischen der Furcht, die sich auf ein spezifisches Objekt bezieht, und der eher diffusen Angst wurde aufgegeben; der psychologische Angstbegriff umfasst beide Aspekte.

18.6.2 Indikatoren von Stress und Angst in der Schule

Beispiele

Der zehnjährige Klaus hat den Wechsel von der ihm vertrauten Grundschule auf das Gymnasium noch nicht verkraftet. Er wirkt häufig erschöpft. Sei-

ne Mutter teilt der Klassenlehrerin besorgt mit, Klaus sei zur Zeit sehr krankheitsanfällig; zuweilen sei er ungewöhnlich aggressiv im Ton, zu anderen Zeiten wiederum besonders anlehnungsbedürftig.
Die sechzehnjährige Anke macht sich seit einigen Monaten Gedanken darüber, ob sie das Gymnasium am Ende des Schuljahrs verlassen soll, um eine Berufsausbildung zu beginnen. Sie äußert, sie fühle sich unsicher und stark unter Druck. Ihre Mutter berichtet, dass bei Anke in letzter Zeit verstärkt psychosomatische Beschwerden wie Kreislaufstörungen, Erbrechen und Kopfschmerzen auftreten.
Uta, Schülerin der 7. Klasse, erbringt gute mündliche Leistungen, denen die Ergebnisse der Klassenarbeiten jedoch in keiner Weise entsprechen. Uta sagt selbst: „Ich habe furchtbare Angst vor jeder Klassenarbeit. Manchmal habe ich ein richtiges Brett vor dem Kopf – warum, weiß ich nicht. Meine Eltern schimpfen nicht mit mir, wenn ich eine schlechte Note habe; sie sind nur enttäuscht."
Zwei Monate vor dem Abitur vertraut Michael seinem Tutor an: „Ich weiß überhaupt nicht, wie ich die Vorbereitung auf die Prüfung schaffen soll. Der Lernstoff steht wie ein riesiger Berg vor mir."
Wird die Sechstklässlerin Birgit in ihrem Problemfach Englisch im Unterricht aufgerufen, zuckt sie manchmal zusammen und sitzt mehrere Sekunden starr da, ehe sie antwortet.
Der fünfzehnjährigen Evelyn fallen schriftliche Arbeiten leicht. Wird sie aber an die Tafel gerufen, so begibt sie sich mit hochrotem Kopf nach vorne. Vor der Klasse stottert sie häufig. Hat sie die Aufgabe endlich erledigt, geht sie schweißgebadet an ihren Platz zurück.
Susanne, elf Jahre alt, hat Schwierigkeiten mit ihrem Erdkundelehrer. Wenn er seine laute Stimme erhebt, schrickt sie zusammen. Bei ihm meldet sie sich kaum, während sie sich bei allen anderen Lehrern aktiv am Unterricht beteiligt.
Der zwölfjährige Wolfgang, ein dicker, unsportlich wirkender Junge, geht auf dem Schulweg und in den Pausen zwei Mitschülern deutlich sichtbar aus dem Weg. Doch er entrinnt ihnen nicht; immer wieder machen sie sich über ihn lustig, beschimpfen, bedrohen und verprügeln ihn. Als Mobbing-Opfer lebt er in ständiger Anspannung und Angst.

18.6.2.1 Formen von Stress und Angst

Formen von Schulstress

Zwischen den im Folgenden angeführten Stress- und Angstformen bestehen enge Beziehungen und Überlappungen. In Bezug auf den Schulstress unterscheiden wir

- Stress unter spezifischen schulischen Belastungsbedingungen, beispielsweise bei Versetzungsgefährdung, nach dem Wechsel auf eine neue Schule, vor und während Prüfungszeiten
- sich mittelbar schulisch auswirkenden Stress durch Belastungsfaktoren wie schwere Krankheit, Scheidung der Eltern oder einen Todesfall in der Familie
- Dauerstress als anhaltendes Gefühl der Überforderung

Formen schulischer Angst

Bei der schulischen Angst heben wir als wichtig hervor
- Angst vor Misserfolg in Leistungssituationen:
  Angst vor mündlichen Leistungssituationen, vor schriftlichen Tests und Klassenarbeiten, vor Abschlussprüfungen
- Angst vor Blamage und negativer Etikettierung:
  Angst, in den Augen anderer zu versagen, ausgelacht und bloßgestellt zu werden, die Anerkennung anderer zu verlieren
- Angst vor Personen:
  Angst vor Lehrern, vor Mitschülern, vor Eltern.

18.6.3 Stress- und Angstmessung

Komponenten des Phänomenbereichs „Stress und Angst"

Der Phänomenbereich „Stress und Angst" lässt sich in drei Komponenten aufgliedern:
- Körperliche Reaktionen: Blutdruckerhöhung, Beschleunigung von Puls und Atmung, Störungen des Magen-Darm-Trakts, Blässe, Erröten, Schweißausbrüche, Zittern, Zusammenzucken, Verkrampfungen, Stottern
- Subjektives Erleben: die Wahrnehmung eigener Stress- und Angstempfindungen, die sich in Gedanken niederschlagen, welche spontan oder auf Befragen mitgeteilt werden können
- Verhalten: Reaktionen wie Ausweich- und Vermeidungsverhalten, Aggressionen, Demonstrieren scheinbarer Gleichgültigkeit.

Im Schulalltag finden sich Stress- und Angstindikatoren aller drei Komponenten, wobei natürlich nicht alle der Beobachtung unmittelbar zugänglich sind. Im Bewusstsein dieser Einschränkung sollten Lehrer auf potentielle Stress- und Angstsignale ihrer Schüler achten, um angemessen reagieren zu können. Im Mittelpunkt der pädagogischen und psychologischen Angstforschung steht der Versuch, die Komponente des subjektiven Erlebens mittels Befragungen zu erfassen. Die Fragestellungen von Angst- und Stressfragebögen überlappen einander, wobei in Angstfragebögen mehr die subjektiven Gefühle des Bedrohtseins, in Stressfragebögen eher die Belastungsempfindungen im Vordergrund stehen. Ausgehend von verschiedenen Theorien werden die Begriffe Angst und Stress auf jeweils spezifische Weise operationalisiert. Daher sind die Resultate empirischer Untersuchungen meist nicht unmittelbar miteinander vergleichbar. Bei der Beschäftigung mit Ergebnissen der Angst- und Stressforschung ist also immer das jeweilige theoretische Konzept mit in Betracht zu ziehen.

Angst- und Stressfragebögen

18.6.4 Ein kognitives Stress- und Angstmodell

Einen hohen Erklärungswert für den Schulalltag hat das an die Stressverarbeitungstheorie von Lazarus angelehnte Modell von Schwarzer. Dieser vertritt „die transaktionale Position…, der eine Wechselwirkung von Situation und Person zu Grunde liegt und die den kognitiven Prozessen und der Stressbewältigung eine primäre Bedeutung zuschreibt." (Schwarzer 1993,14). Parallel zur kognitiven Einschätzung der Situation treten Begleitemotionen wie Angst, Ärger und Gefühle des Bedrängtseins auf, die selbst wiederum einen Informationswert haben und das Individuum möglicherweise zu Neueinschätzungen seiner Lage veranlassen.

Bewertung einer Situation; Vergleich mit eigenen Kompetenzen

Beurteilt eine Person eine Situation, zum Beispiel eine Prüfung, als stressrelevant, so kann sie diese als herausfordernd oder als beeinträchtigend bzw. bedrohlich auffassen. Hierbei spielt das Selbstmodell, zu verstehen als die kognitive Repräsentation des eigenen Ich, die entscheidende Rolle (Schwarzer 1993,15). Die Person vergleicht die situativen Anforderungen mit ihren individuellen Ressourcen, in unserem Fall mit ihren Fachkenntnissen, Arbeitstechniken und bisherigen Erfahrungen in prüfungsähnlichen Situationen. Von den im Laufe des bisherigen Lebens erworbenen Kompetenzerwartungen hängt der nun folgende Bewältigungsprozess ab, der in der Stresspsychologie auch als „Coping“ bezeichnet wird. Wie verschieden dieser Prozess ablaufen kann, soll am Beispiel stressbelasteter Schüler vor dem Abitur gezeigt werden: Martin beteiligt sich intensiver als bisher am Unterricht und achtet besonders auf prüfungsrelevante Hinweise der Lehrer. Brita stellt genau fest, wo sie noch fachliche Lücken hat, und arbeitet diese gezielt auf. Christian beruhigt sich selbst, indem er sich immer wieder sagt, die schriftlichen Abiturprüfungen seien im Grunde nichts anderes als die üblichen Klausuren. Doris fühlt sich hilflos, bis ihre Freundin ihr anbietet, sich gemeinsam mit ihr auf die Prüfungen vorzubereiten. All diesen Schülern gelingt es, mit dem Stress vor dem Abitur fertig zu werden; hilfreich ist dabei das Gefühl der Selbstwirksamkeit und der eigenen Kontrolle über die Situation (vgl. Schwarzer 1993, 173ff). Ob die Schülerinnen und Schüler die jeweilige Copingform in ihrem späteren Leben vor Examina wieder anwenden werden, hängt nicht zuletzt von ihrer subjektiven Zufriedenheit mit dem Verlauf und den Ergebnissen der Abiturprüfung ab.

Coping

18.6.5 Stress, Angst und Leistung

Ein gewisses Maß an Erregung ist zum Erzielen von Leistungsfortschritten notwendig. Ist der Lernende passiv und gleichgültig – möglicherweise unterfordert – so beeinträchtigt dies seine Leistungen. Stress und Angst sind mit einer Zunahme an Erregung verbunden. Ein Stress- bzw. Angstniveau, das zu einem mittleren Grad an Aktivierung führt, wirkt lernfördernd (Gage/Berliner 1986, 740). Das notwendige Maß an Erregung im Sinne von „Eustress“ kann bei hoher intrinsischer Motivation, unter Umständen auch bei starker extrinsischer Motivation, durchaus ohne Angst erreicht werden. Überfordernde Dauerbelastungen im Sinne von „Distress“ und ein hoher individueller Angstgrad rufen dagegen eine starke Erregung hervor, die zu deutlichen Leistungsbeeinträchtigungen und emotionalen Belastungen führen kann. Empirische Untersuchungen zeigen, dass sich Angst bei einfachen Routineaufgaben kaum negativ auswirkt, während sie im Bereich des Problemlösungsverhaltens und des kreativen Denkens zu Leistungsminderung führt. Je komplexer und je schwieriger die Aufgaben für den Lernenden sind, umso stärker ist die leistungsmindernde Wirkung der Angst (Krohne 1977, 30f.). Diese kann zur Beeinträchtigung der Fähigkeit, relevante von irrelevanten Reizen zu unterscheiden, und zur Einschränkung der potentiell verfügbaren Verhaltensweisen führen; der Schüler entscheidet sich unter Angstdruck oft vorschnell für einen Lösungsweg, ohne mögliche Alternativen zu durchdenken (Krohne 1977, 32). Damit werden die schulischen Chancen eines leistungsängstlichen Schülers gemindert.

18.7 Bewältigung von Schulschwierigkeiten

18.7.1 Beitrag des Lehrers zur Prophylaxe und zum Abbau von Schulschwierigkeiten

18.7.1.1 Möglichkeiten pädagogischen Handelns

Sozio-emotionales Klima

Das in einer Klasse herrschende sozio-emotionale Klima ist von wesentlicher Bedeutung für das fachliche, persönliche und soziale Lernen, für die Selbstakzeptanz der Heranwachsenden und für das Wohlgefühl von Lehrern und Schülern. Nach Rogers ist eine positive Interaktion geprägt durch

1. Wertschätzung und Achtung
2. Einfühlendes Verstehen (Empathie)
3. Echtheit und Aufrichtigkeit

(Vgl. hierzu und zum folgenden Tausch,Tausch 1991, 99ff. und Strittmatter 1993, 27ff.)

Zu 1. Der Lehrer nimmt seine Schüler als individuelle Persönlichkeiten ernst, er akzeptiert und achtet sie als Menschen. Die Wertschätzung eines Schülers darf nicht davon abhängen, ob dieser gute fachliche Leistungen erbringt. Ist das Verhalten eines Schülers aus Lehrersicht problematisch, so sollte dies dem Schüler deutlich vermittelt werden. Dabei ist es wichtig, klar zwischen Person und Verhalten zu unterscheiden und dem Schüler zu signalisieren, dass er menschlich weiterhin akzeptiert wird, auch wenn ein bestimmtes Verhalten zurückgewiesen, möglicherweise eine Sanktion verhängt wird. Kritik sollte möglichst sachlich und konstruktiv erfolgen; dabei darf der Schüler nicht bloßgestellt, gedemütigt oder blamiert werden. Eine tragfähige Beziehung zu unseren Schülern können wir nur aufbauen, wenn wir uns – so weit dies der Schulalltag zulässt – Zeit für sie nehmen und ein offenes Ohr für sie haben. Dabei verändert sich die emotionale Bedeutung der Lehrer mit zunehmendem Alter der Schüler natürlich erheblich. Wir sollten gegenüber Jugendlichen immer gesprächsbereit bleiben, aber auch in der Lage sein, Distanz zu halten.

Zu 2. Das Verhalten eines Lehrers ist empathisch, wenn er seinen Schülern konzentriert zuhört, versucht, ihre Perspektive zu erfassen, und dazu bereit ist, sich auch über den Kommunikationsprozess selbst mit ihnen zu verständigen. „Einschätzungen und Etikettierungen von Schülern nach dem ersten Eindruck … müssten offengehalten und ergänzt werden. Das bedeutet aber auch, dass der Lehrer eine höhere Toleranz, Unsicherheit in der Einschätzung der Schüler zu ertragen, entwickeln müsste" (Strittmatter 1993, 36).

Zu 3. „Echt" und „aufrichtig" ist ein Lehrer dann, wenn sein verbales wie nonverbales Verhalten mit seinen tatsächlichen Gedanken und Gefühlen übereinstimmt. Er hat es nicht nötig, sich hinter einer täuschenden Fassade zu verbergen.

Klassenmanagement

Die Bedeutung von Rogers' Interaktionsmerkmalen erweist sich auch am Beispiel „Klassenmanagement". Im Rahmen eines empirischen Projekts wurde untersucht, wie Lehrer mit Störungssituationen im Unterricht umgehen. Ein niedriger Störpegel, verbunden mit einem guten Unterrichtsklima, zeigt sich bei den Lehrkräften, deren Verhalten von Gesprächsbereitschaft, Ermutigung, Einfühlung und Anerkennung der Schüler geprägt ist (Dann 1989, 87).

Selbstreflexion

Doch sind nicht alle Lehrkräfte gleichermaßen in der Lage, für eine solche positive Unterrichtsatmosphäre zu sorgen. Gelingt dies nicht, so kann es sich lohnen, über die Hintergründe, die Angemessenheit und die potenziellen Wirkungen des eigenen Verhaltens und über Alternativen gemeinsam mit Anderen nachzudenken. Hierzu bieten sich beispielsweise pädagogische Fallbesprechungsgruppen an.

Eingehen auf Schüler

Im Unterricht sollte immer wieder nach Möglichkeiten gesucht werden, an den Erfahrungen der Schüler anzuknüpfen, auf ihre Interessen und Bedürfnisse einzugehen und fächerübergreifend auf die Erfassung komplexer Lebens- und Problemsituationen hinzuarbeiten.

Vermittlung von Lernstrategien

Eine unserer grundlegenden Aufgaben besteht in der Vermittlung effektiver Lern- und Arbeitsstrategien, die den Schülern helfen, gezielt und systematisch vorzugehen, Lerndefizite auszugleichen und selbstständig zu arbeiten.

Rechtzeitige individuelle Hilfen

Entwickeln sich bei einem Mädchen oder Jungen Schulprobleme, so kann zunächst versucht werden, durch persönliche Zuwendung, individuelle Arbeitshinweise, Ermutigung bei kleinen Fortschritten und differenzierende Aufgabenstellung – etwa bei Stillarbeit im Unterricht oder bei Hausaufgaben – eine Verbesserung zu erzielen. In jedem Fall ist es sehr wichtig, auf schulische Schwierigkeiten rechtzeitig zu reagieren, ehe sich diese verfestigen, sich zu unüberwindbar erscheinenden Barrieren auftürmen, zu Leidensdruck, Hilflosigkeit und Aggressionen führen, ehe sich eine negative Lernstruktur etabliert und der Schüler ein problematisches Selbstbild entwickelt.

Kooperation mit Eltern

Je jünger die Schüler, desto wichtiger ist eine enge Zusammenarbeit mit ihren Eltern. „In Sprechstundengesprächen erfahren Eltern durch die Lehrer Charakterisierungen und Beurteilungen ihrer Kinder, die das Verhältnis zu den Kindern modifizieren können; dies ist umso wahrscheinlicher, je wichtiger den Eltern das Lehrerurteil ist und je deutlicher es sich von ihrer eigenen Einschätzung unterscheidet" (Ulich 1993, 23).Vorschnelle Bewertungen und „gute Ratschläge" in Rezeptmanier sind zu vermeiden; statt dessen sollten wir in Gesprächen mit Eltern zuhören können, Gedankenanstöße und, wenn möglich, konkrete Lern- und Arbeitshinweise geben.

18.7.1.2 Konzentrationsförderung

Wie können wir als Lehrer die sachbezogene Konzentration unserer Schüler fördern? Ungeeignet sind allgemeine Hinweise („Jetzt konzentriere dich doch endlich!"), lautes Sprechen über längere Zeit hinweg, tadelnde Bemerkungen („Muss ich bei dir denn alles dreimal sagen?") sowie Strafreize (Hanke, Huber, Mandl 1984, 193).

Strukturierung des Unterrichts

Hilfreich ist dagegen eine klare Strukturierung des Unterrichts im Sinne einer deutlichen Phaseneinteilung, die die altersspezifische Konzentrationsspanne berücksichtigt. Der Wechsel von Anspannung und Entspannung sollte von vornherein in die Unterrichtsplanung mit einbezogen werden. Nach Erledigung einer Aufgabe, die die ungeteilte Konzentration verlangte, folgt am besten eine Auflockerung durch eine reizvolle Aufgabe, die den Schülern leichtfällt, oder eine entspannende Phase in Form einer Arbeitspause, in der die Schüler eine lockere Sitzhaltung einnehmen und tief ein- und ausatmen können; vielleicht führt der Lehrer mit ihnen eine kleine Entspannungsübung durch. Nützlich ist auch kurzes Lüften zwecks Sauerstoffzufuhr. „Im Mathematik- und Fremdsprachenunterricht sollte das Pausen-Machen besonders ernstgenommen werden, da in diesen Fächern der Ermüdungskoeffizient am höchsten ist" (Keller 1991, 77).

Pausen

Lernstoffwechsel

Auch ein abwechslungsreicher Unterricht kann dazu beitragen, der Ermüdung und Übersättigung vorzubeugen. Zunächst ist hier an den Lernstoffwechsel zu denken: Verschiedene Lerngebiete oder Aspekte eines Themas werden behandelt, Wiederholungen und möglichst vielseitige Übungen werden eingeplant, die Schüler haben die Möglichkeit, eigene Erfahrungen und persönliche Meinungen einzubringen oder über Fragen des schulischen Alltags zu sprechen. Auch Lern- und Denkspiele und ausgesprochene Konzentrationsübungen können ab und zu für stoffliche Abwechslung sorgen und zugleich auf motivierende Weise die Konzentration trainieren (vgl. Vester, Beyer, Hirschfeld 1983).

Lernwegwechsel

Aufmerksamkeitsfördernd wirkt auch der Lernwegwechsel; hierzu können unterschiedliche Sozialformen, variierende Lehr- und Lernverfahren und der Einbezug verschiedener Sinneskanäle beitragen. Natürlich dürfen sowohl Lernstoff- als auch Lernwegwechsel nicht zu kurzschrittig erfolgen; sonst könnten sie in hektische Betriebsamkeit ausarten, welche die Konzentration wiederum mindern würde.

Lehrerexpressivität

Als bezüglich der Schüleraufmerksamkeit wirkungsvolle Variable hat sich die Lehrerexpressivität erwiesen. Gemeint ist damit eine ausdrucksstarke Mimik und die Worte unterstreichende Gestik, häufiger Blickkontakt mit einzelnen Schülern, nuancenreiches Sprechen, also Variation in Tempo, Tonfall, Ausdruck und Lautstärke. Die Lehrerexpressivität ist, wie empirisch nachgewiesen werden konnte, innerhalb gewisser persönlichkeitsspezifischer Grenzen trainierbar (Wagner 1991, 190). Es empfiehlt sich, so oft wie möglich individuellen Kontakt mit den Schülern aufzunehmen, deren Konzentration leicht nachlässt. Ein Kopfnicken, ein Blick oder direktes freundliches Ansprechen sind geeignet, sie wieder in den Unterricht einzubinden.

Sprechen über ablenkende Ereignisse

Sind die Schüler durch ein für sie aufregendes Ereignis, zum Beispiel eine Klassenarbeit oder ein besonderes Vorkommnis, abgelenkt, so wird es ihnen besser gelingen, sich auf den Unterrichtsstoff konzentriert einzustellen, wenn der Lehrer am Anfang der Stunde Verständnis äußert und den Jungen und Mädchen die Gelegenheit gibt, kurz über das betreffende Ereignis zu sprechen.

Eigenaktivität der Schüler

Je mehr eigene unterrichtsbezogene Aktivität Schüler entfalten können, umso leichter wird ihnen die aufmerksame Mitarbeit fallen. Der Lehrer sollte daher möglichst viele Schüler in das Unterrichtsgeschehen einbeziehen, sie zu Fragen und eigenständigen Beiträgen ermuntern, realisierbare Vorschläge seitens der Schüler aufgreifen und sie auf dem Weg zu eigenverantwortlichem Arbeiten unterstützen.

Strategien zur kognitiven Selbststeuerung

Hierbei kann auch die Vermittlung von Strategien zur kognitiven Selbststeuerung des Verhaltens nützlich sein. Vorliegende Trainingsprogramme mit dem Ziel der Konzentrationsverbesserung und der Reflexion des eigenen Arbeitsverhaltens führen schrittweise von der Instruktion durch den Lehrer zur Selbstinstruktion der Schüler. Die Schüler erlernen beispielsweise die Aufgabenanalyse, die Formulierung von Zwischenzielen, die Bewältigung von Frustrationen, die Selbstaufforderung, sich Zeit zu lassen, und die Selbstverstärkung für bewältigte Teilaufgaben (Wagner 1991, 193f.).

Lehrer als Vorbild

Natürlich müssen wir als Lehrer auch selbst ein positives Verhaltensvorbild für zielgerichtetes, konzentriertes Arbeiten darstellen.

18.7.1.3 Abbau von Angst und Stress

Differenzierende Behandlung

Unser Anliegen ist die Verminderung von schulischem „Distress", der Abbau unnötiger Angst und die Hilfe bei der konstruktiven Bewältigung unvermeidbarer Angst. Dieser Zielsetzung dienen alle unter 17.7.1.1 angeführten Möglichkeiten pädagogischen Handelns. Die sehr unterschiedlich ausgeprägte Ängstlichkeit unserer Schüler erfordert eine differenzierende Behandlung. Bei wenig Ängstlichen kann ein gewisser Arbeitsdruck zur Aktivierung notwendig sein, während bei allgemein sehr ängstlichen Kindern und Jugendlichen der Druck vermindert werden muss, damit sie sich persönlich entfalten und effektiv arbeiten können. Die Art, wie wir mit unseren Schülern sprechen, wie wir sie ermutigen, loben und kritisieren, wie wir ihnen Leistungsrückmeldungen geben, sollte abgestimmt sein auf ihre unterschiedliche Sensibilität.

Umgang mit Hausaufgaben

Eine Stressquelle im Leben vieler Schüler und Eltern stellen die Hausaufgaben dar. Sie sollten eng an den Unterricht angekoppelt sein, klar und eindeutig gestellt und rechtzeitig bekanntgegeben werden, damit bei Bedarf noch

Gelegenheit zu Nachfrage und Erläuterung besteht. Der Sinn der Hausarbeiten muss erkennbar sein; keinesfalls dürfen sie in bloß routinemäßige Beschäftigung ausarten. Vielleicht lässt sich zuweilen eine Differenzierung nach Schwierigkeitsgrad, Übungsschwerpunkt oder Thematik vornehmen; in manchen Fächern kann die Chance genutzt werden, Interessen und Erfahrungen der Schüler bei unterschiedlichen Aufgaben zu berücksichtigen oder kleinen Gruppen gemeinsame Arbeitsaufträge zu erteilen. In jedem Fall sollten die Hausaufgaben so gestellt sein, dass sie auch ohne elterliche Hilfe erledigt werden können. Hat ein Schüler die häusliche Arbeit einmal nicht bewältigt und teilt dies dem Lehrer vor der Besprechung mit, so sollte dieser bei schriftlichen Aufgaben darauf bestehen, einen Lösungsansatz bzw. eine lückenhafte Ausführung zu sehen, gleichzeitig aber auch die Bereitschaft erkennen lassen, den nicht verstandenen Unterrichtsstoff noch einmal aufzugreifen.

Gestaltung der Leistungsbeurteilung

Stress- und Angstempfindungen in der Schule konzentrieren sich häufig auf den Bereich der Leistungsbeurteilung. Wissen Schüler nicht, was in einer Klassenarbeit geprüft oder in einer mündlichen Leistungssituation von ihnen erwartet wird, so fühlen sie sich unsicher. Um dies zu verhindern, sind Leistungsbewertungsprozesse transparent zu gestalten, so dass die Schüler sich innerlich auf mündliche und schriftliche Beurteilungssituationen einstellen können. Bei Klassenarbeiten sollten die Schüler wissen, welcher Stoff und welche Arbeitsformen verlangt werden, wieviel Zeit zur Verfügung steht und welche Hilfsmittel zugelassen sind. Diese Informationen können sowohl von ängstlichen als auch von wenig ängstlichen Schülern für die gezielte Vorbereitung auf bevorstehende Leistungsüberprüfungen genutzt werden. Bei Hochängstlichen ist möglicherweise die Misserfolgserwartung bereits so stark ausgeprägt, dass sie sich überhaupt nicht zutrauen, durch eigene Anstrengungen anerkennenswerte Leistungen erbringen zu können und auf diesem Hintergrund auch nicht zu effektiver Arbeit imstande sind.

Die kognitiven Zwischenprozesse sind langfristig beeinflussbar. Der misserfolgsorientierte Schüler kann über Zuwendung, Ermutigung, kleine Erfolgserlebnisse und Lob lernen, sich selbst als handlungs- und leistungsfähig wahrzunehmen, und so seine Attributionen in selbstwertstärkende Richtung verändern. Das Lernen des Lernens kann diesen Prozess wesentlich unterstützen. Die Einübung von Studiertechniken führt nachgewiesenermaßen dazu, dass die Leistungsforderungen der Schule als weniger bedrohlich empfunden werden (Schwarzer 1993,117). Bei Klassenarbeiten sollten klare, eindeutige Arbeitsanweisungen selbstverständlich sein. Ein routinemäßiger Ablauf zu Beginn einer Arbeit – zum Beispiel Eintrag ins Inhaltsverzeichnis, kurzes Durchsprechen der Aufgaben, Möglichkeit zu Rückfragen – schafft Sicherheit und wirkt beruhigend. Bei der Rückgabe von Klassenarbeiten ist taktvolles, einfühlsames Verhalten angebracht. Schüler mit schwachen Leistungen dürfen nicht bloßgestellt werden. Bei einer für einen Schüler schlecht ausgefallenen Arbeit ist vor allem deren Rückmeldefunktion zu betonen. Eine Fehleranalyse kann aufzeigen, wo der Schüler beim Arbeiten effektiv ansetzen kann. Ein persönlich formulierter, ermutigender Kommentar, verbunden mit Lerntips, wird von den meisten Schülern als hilfreich begrüßt. Im Gespräch kann ausführlicher auf Maßnahmen zur Aufarbeitung von Lücken und auf Ausgleichsmöglichkeiten eingegangen werden.

Orientierung an individuellen Bezugsnormen

Es ist wichtig, die Leistungsentwicklung des einzelnen Schülers im Auge zu behalten. „Die überwiegend soziale Bezugsnormorientierung hat sich ... als ungünstige Bedingungskonstellation für die Entwicklung des Leistungsmotivs erwiesen, besonders bei Schülern, die ohnehin schon weniger leistungsstark sind und ein Selbstkonzept geringer Fähigkeiten haben. Die stärker individuelle Bezugsnormorientierung ist dagegen gerade bei diesen Schülern günstig für die Förderung der Leistungsmotivation“ (Dann 1989, 84). Bei Schülern, die vorübergehend oder langfristig Leistungsprobleme haben, sollten auch Fortschritte, die sich notenmäßig noch kaum niederschlagen, anerkannt werden; das Lob bedeutet gerade hier einen wichtigen Ansporn.

Soziale Integration

Ist ein Schüler gut in die Klasse als informelle Gruppe integriert, so verschafft ihm dies einen emotionalen Rückhalt und hilft ihm bei der Bewältigung angstbesetzter Situationen. Hierzu können kooperative Arbeitsformen wie Partner- und Gruppenarbeit in der Schule, aber auch gemeinsam zu erledigende Aufträge für die häusliche Arbeit beitragen. Bei der Gruppenbildung ist darauf zu achten, dass hochängstliche Schüler möglichst mit wenig ängstlichen, kooperationsbereiten Klassenkameraden zusammenarbeiten.

Entspannungstraining

Auch Entspannungstraining kann eine hervorragende Hilfe zur Verringerung von Belastung sein. Kleinere Übungen lassen sich gut in den Unterricht integrieren (Keller 1991, 79 und Harnisch 1984, 101ff.).

Beitrag einzelner Fächer

Dem Fach Sport kommt hier ebenfalls eine wichtige Funktion zu: Sport, Spiel und regelmäßiges Laufen können in hohem Maße zum Stressabbau beitragen. Der Musik- und der Kunstunterricht bieten die Chance, kreative Kräfte freizusetzen und innere Spannungen zu lösen.

Außerunterrichtliches Schulleben

Des weiteren kann das außerunterrichtliche Schulleben zum Wohlgefühl in der Schule beitragen und Ängste reduzieren. Zu denken ist hier beispielsweise an Klassen- und Schulfeste, Sportveranstaltungen, Schultheater, Konzerte, Ausstellungen von Schülerwerken, Exkursionen und Schullandheimaufenthalte.

18.7.2 Möglichkeiten der Schule

18.7.2.1 Reaktionen auf Leistungsschwierigkeiten

Stütz- und Förderunterricht

An einem Teil der Schulen wird in begrenztem Umfang in einzelnen Fächern Stütz- und Förderunterricht angeboten. Dieser erfüllt seinen Zweck dann, wenn in Kleingruppen gezielt auf Schwächen und Lücken einzelner Schüler eingegangen wird. Ein Ausbau des Förderunterrichts, verbunden mit Lehrerfortbildungsmaßnahmen über spezifische Trainingsmöglichkeiten im Bereich des Arbeitsverhaltens, ist wünschenswert.

Nichtversetzung

Erbringt ein Schüler im Verlaufe eines Schuljahrs nicht die Leistungen, die erwarten lassen, dass er den Anforderungen der nächsthöheren Klasse gewachsen sein wird, reagiert die Schule mit Nichtversetzung. Bei dieser Maßnahme wird davon ausgegangen, dass der Schüler durch Wiederholen einer Klasse seinen Leistungsrückstand aufarbeiten kann. Daneben mag das „Sitzenbleiben" auch eine Signalwirkung für Jugendliche haben, die zu wenig Zeit und Energie in die Schule investieren. Die Nichtversetzung ist pädagogisch jedoch durchaus umstritten.

Schulartwechsel

Schließlich kommt bei lang anhaltenden Leistungsproblemen, die auf Überforderung hindeuten, ein Schulartwechsel in Betracht. Ein Gymnasiast, der durch ständige Misserfolge entmutigt ist, kann durch rechtzeitigen Übergang auf eine Realschule – ehe er durch wiederholte Nichtversetzung dazu gezwungen wird – zu einem positiven Leistungsselbstbild finden. Natürlich darf hier nicht übersehen werden, dass ein Schulwechsel für betroffene Schüler unter Umständen auch erhebliche Selbstwertprobleme mit sich bringen kann.

Professionelle Beratung

Für Schüler und Eltern kann es hilfreich sein, sich zum Zwecke der Schullaufbahnberatung oder der Unterstützung bei Lern- und Leistungsproblemen an den zuständigen Beratungslehrer zu wenden, der seine Beratungstätigkeit neben seinem Unterrichtsauftrag an der Schule ausübt, oder einen Schulpsychologen aufzusuchen, der je nach Bundesland an einer Schule oder an mehreren Schulen bzw. an einer Bildungsberatungsstelle in einem Expertenteam tätig ist.

18.7.2.2 Reaktionen auf Verhaltensprobleme

Pädagogische Reaktionen

Auf Verhaltensauffälligkeiten, die ohnehin häufig mit Lernschwierigkeiten gekoppelt auftreten, sollte möglichst frühzeitig pädagogisch reagiert werden, bevor sie sich zu gravierenden Störungen auswachsen.

Ordnungsmaßnahmen

Erziehungs- und Ordnungsmaßnahmen wie Nachsitzen, Überweisung in eine Parallelklasse, zeitweiliger Ausschluss vom Unterricht oder gar Ausschluss aus der Schule kommen nur in Frage, wenn pädagogische Mittel nicht ausreichen. Ohne erzieherisch-beratende Begleitung berühren derartige Sanktionen nur die Oberfläche des jeweiligen Problems.

Professionelle Beratung

Liegen im Falle eines Schülers psychosoziale Belastungen vor, welche die Kompetenz der Lehrer überschreiten, sollte dem Schüler und seinen Eltern geraten werden, die Hilfe von Fachleuten in Anspruch zu nehmen. Die erste Anlaufstelle wird meist der Beratungslehrer bzw. Schulpsychologe sein. Bildungsberatungsstellen bieten häufig gezielte Förder- und Trainingsprogramme an und leiten therapeutische Maßnahmen ein. Bei Bedarf kann auch Kontakt mit Erziehungs- und Drogenberatungsstellen, mit Jugend- und Sozialämtern, mit Psychotherapeuten oder anderen Personen bzw. Institutionen aufgenommen werden, die an der Beratung und Betreuung von Kindern und Jugendlichen sowie deren Familien mitwirken.

Schulische Probleme lassen sich nur auf der Basis der Zusammenarbeit bewältigen; diese wiederum setzt unsere Bereitschaft zum Gespräch voraus: zum Gespräch mit Kollegen, mit Eltern, mit der Schulleitung, mit Experten, in erster Linie aber mit unseren Schülern.

Literatur

Bach, H. (1989). Verhaltensstörungen und ihr Umfeld. In H. Goetze & H. Neukäter (Hrsg.), Pädagogik bei Verhaltensstörungen (3-35). Berlin: Wissenschaftsverlag Spiess.

Betz, D., Breuninger, H. (1996, 4. Aufl.). Teufelskreis Lernstörungen. München, Weinheim: Psychologie Verlags Union.

Culp, W., Wagner, I. (1983). Aufmerksamkeitstraining bei Kindern mit Konzentrationsschwierigkeiten. In E. Sander (Hrsg.), Lernhilfen bei Schulschwierigkeiten (110-121). Stuttgart: Klett.

Dann, H.-D.(1989). Was geht im Kopf des Lehrers vor? Lehrerkognitionen und erfolgreiches pädagogisches Handeln. Psychologie in Erziehung und Unterricht, 36, 81-90.

Fittkau, B., Rauer, W., Janowski, A.(1981). Beurteilungshilfen für Lehrer. In W.Twellmann (Hrsg.), Handbuch Schule und Unterricht, Bd. 1 (178-197). Düsseldorf: Schwann.

Fölling-Albers, M. (1995, 2. Aufl.). Schulkinder heute. Auswirkungen veränderter Kindheit auf Unterricht und Schulleben. Weinheim, Basel: Beltz.

Gage, N.L., Berliner, D.C.(1986). Pädagogische Psychologie (4.,überarbeitete Aufl.). Weinheim/Basel: Beltz.

Hanke, B., Huber, G., Mandl, H.(1984). Aggressiv und unaufmerksam. München: Urban & Schwarzenberg.

Harnisch, G.(1984). Schulstress: praktische Hilfen für Lehrer, Erzieher und Eltern. Düsseldorf: Schwann.

Hess, Th.(1989). Lern- und Leistungsstörungen im Schulalter. Individuumorientierte und systemische Erklärungsansätze. Dortmund: verlag modernes lernen.

Hurrelmann, K., Wolf, H. (1986). Schulerfolg und Schulversagen im Jugendalter. Weinheim, München: Juventa.

Keller, G. (1991, 3. Aufl.). Lehrer helfen lernen. Donauwörth: Auer.

Kinze, W., Barchmann, H. (1990). Konzentrationsfähigkeit und Konzentrationsstörungen bei Schulkindern. Psychologie in Erziehung und Unterricht, 37, 13-25.

Kleber, E. (1978). Konzentration. In Klauer, K.J. (Hrsg.), Handbuch der pädagogischen Diagnostik Bd.2 (395-401). Düsseldorf: Schwann.

Kleber, E. (1991). Die Vielgesichtigkeit der Konzentrationsprobleme im pädagogischen Feld und Maßnahmen zur Abhilfe. In H. Barchmann, W. Kinze, N. Roth (Hrsg.), Aufmerksamkeit und Konzentration im Kindesalter – interdisziplinäre Aspekte (170-176). Berlin: Verlag Gesundheit.

Krohne, H. (Hrsg.). (1977). Angst bei Schülern und Studenten. Hamburg: Hoffmann und Campe.

Meile, B. (1982). Verhaltensauffällige Schüler: zur theoretischen Analyse und Begründung des Stressmodells. Basel: Karger.

Ortner, R. (1979). Kind – Schule – Gesundheit. Donauwörth: Auer.

Petillon, H. (1987). Der Schüler: Rekonstruktion der Schule aus der Perspektive von Kindern und Jugendlichen. Darmstadt: Wissenschaftliche Buchgesellschaft.

Schumacher, G. (1979). Neues Lernen mit Verhaltensgestörten (2.Aufl.). Berlin: Marhold.

Schwarzer, Ch. (1983). Gestörte Lernprozesse. Analyse von Leistungsschwierigkeiten im Schulsystem (2.Aufl.). München: Urban & Schwarzenberg.

Schwarzer, R. (1993, 3. überarb. u. erw. Aufl.). Stress, Angst und Handlungsregulation. Stuttgart: Kohlhammer.

Statistisches Landesamt Baden-Württemberg (Hrsg.). (1978). (1990). (1998). Statistik von Baden-Württemberg. Das Bildungswesen. Stuttgart: Verlag Statistisches Landesamt.

Strittmatter, P. (1993). Schulangstreduktion. Abbau von Angst in schulischen Leistungssituationen. Neuwied: Luchterhand.

Tausch, R., Tausch, A. (1991. 10. erg. und überarb. Aufl.). Erziehungspsychologie. Göttingen: Hogrefe.

Ulich, K. (1993). Schule als Familienproblem. Konfliktfelder zwischen Schülern, Eltern und Lehrern. Frankfurt/M.: Fischer.

Vester, F., Beyer, G., Hirschfeld, M. (1983, 2. Aufl.). Aufmerksamkeitstraining in der Schule. Heidelberg: Quelle & Meyer.

Wagner, I. (1991). Möglichkeiten der Förderung. In W. Kinze, N. Roth (Hrsg.), Aufmerksamkeit und Konzentration im Kindesalter – interdisziplinäre Aspekte (184-197). Berlin: Verlag Gesundheit.

Zinnecker, J. (1987). Jugendkultur 1940 -1985. Opladen: Leske & Budrich.

19 Moralerziehung – Erziehung zur Demokratie

Rolf Dürr

Einführung

Wertekrise/ Symptome

Gewalt gegen Ausländer, Minderheiten und Schwache, immer weniger Rücksicht und Hilfsbereitschaft, Ladendiebstähle, Ausschreitungen im Umfeld von Demonstrationen und Sportveranstaltungen, Überfälle mit zunehmender Brutalität: Ein fortschreitender Verlust der Verbindlichkeit von Werten und Normen in unserer Gesellschaft und insbesondere bei der Jugend ist unübersehbar. Auch in der Schule lässt sich diese Entwicklung beobachten. So berichtet der SPIEGEL (Nr.24, 1993) von schwindender Autorität der Lehrer, von Sachbeschädigungen an Mobiliar und Gebäuden, Nötigung, Erpressung, Körperverletzung, Diebstahl, Raub und sexueller Bedrohung in der Schule.

Dieser Werteverlust ist mit einer Orientierungslosigkeit verbunden, die sich unter anderem in einer Zunahme des Drogenkonsums und einem großen Zulauf bei Ersatzreligionen aller Art äußert.

Ursachen

Die Ursachen dieser Entwicklung sind vielfältig und bis heute noch nicht befriedigend erforscht. Als wesentliche Faktoren werden genannt:

- Die Familie ist immer weniger in der Lage, die Kinder zu erziehen. Die berufliche Beanspruchung der Eltern lässt ihnen häufig kaum noch Zeit für ihre Kinder. Eine zunehmende Zahl von Alleinerziehenden kann Erwerbstätigkeit und Kindererziehung kaum vereinbaren, zumal viel zu wenig Einrichtungen zur Kinderbetreuung zur Verfügung stehen. Scheidungsdramen hinterlassen psychische Schäden bei den betroffenen Kindern. Viele Kinder sind Einzelkinder mit einem Defizit an Erfahrungen im Umgang mit anderen Kindern.
- Viele Jugendliche sind oder fühlen sich sozial benachteiligt. Gründe dafür sind Probleme bei der Lehrstellensuche, ein gescheitertes Studium, Arbeitslosigkeit oder drohende Arbeitslosigkeit, Konkurrenzdruck in Schule, Ausbildung und Beruf, immer weniger Geld für Ausbildungsprojekte und Beschäftigungsprogramme. In ihrer unmittelbaren Umgebung erfahren die Jugendlichen, dass traditionelle Modelle der Lebensbewältigung in Beruf und Familie unbrauchbar werden.
- Die immer mehr kommerzialisierten Medien vermitteln ein Zerrbild der Wirklichkeit. Gewalt ist zum alltäglichen (Bildschirm-) Erlebnis der Jugendlichen und sogar der Kinder geworden. Angebote zur sinnvollen Freizeitgestaltung als Alternative zum übermäßigen Medienkonsum gibt es zu wenige.
- Das Bild unserer Welt wird immer komplizierter. Zusammenhänge in Natur und Technik, aber auch in Politik und Gesellschaft sind oft kaum

mehr zu durchschauen, Entscheidungen nicht mehr nachvollziehbar. Globale Bedrohungen wie die sich möglicherweise anbahnende Klimakatastrophe, Ozonloch und Vergiftung von Boden, Wasser und Luft sowie unsere Unfähigkeit, auf Hunger, bittere Armut und Kriege angemessen zu reagieren, verunsichern zutiefst und stellen unser Wertesystem in Frage.

Wie kann dieser Wertekrise und der zunehmenden Orientierungslosigkeit entgegengewirkt werden? Die damalige baden-württembergische Ministerin für Kultus und Sport schreibt dazu in ihrem Brief zum Beginn des Schuljahres 1993/94 an die Gymnasien:

Rolle der Schule

„Die Schule ist nicht Ursache dieser Entwicklung! Aber sie kann und darf sich ihr nicht entziehen. Sie muss die Kinder und Jugendlichen zunächst so akzeptieren, wie sie sind. Das ist allerdings nicht genug. Notwendig ist mehr Erziehung, ist Wertorientierung, Wertevermittlung und Werteverwirklichung." (Schultz-Hector 1993)

Die obige Liste von mutmaßlichen Ursachen dieser Entwicklung zeigt deutlich die begrenzten Einflussmöglichkeiten der schulischen Erziehung. Dennoch ist unbestritten, dass die Moralerziehung in der Schule ein wichtiger Aspekt innerhalb einer notwendigen Neuorientierung der Gesellschaftspolitik ist.

Auf welche Weise Moralerziehung in der Schule verwirklicht werden sollte, ist allerdings umstritten. Im folgenden ersten Abschnitt werden dazu drei idealtypische Konzepte vorgestellt und bewertet. Die entwicklungspsychologischen Grundlagen des von mir bevorzugten kognitiv-entwicklungsorientierten Ansatzes werden im zweiten Abschnitt beschrieben. Konkrete Möglichkeiten für die Umsetzung dieses Ansatzes in den Unterricht stelle ich im letzten Abschnitt vor.

19.1 Konzepte der Moralerziehung

19.1.1 Charaktererziehung

Kultur- und Wertübermittlungsansatz

Die Grundidee dieses Ansatzes besteht darin, den Schüler von einem Kanon allgemein anerkannter Werte wie Respekt vor dem Leben, Ehrlichkeit, Fleiß, Freundschaft zu überzeugen und ihn zu einem von diesen Werten geleiteten Handeln zu erziehen. Hinter dieser Konzeption steckt die Vorstellung, dass der Mensch als ein formungsbedürftiges, seinen asozialen Trieben folgendes Wesen zur Welt kommt und daher nur durch äußere Lenkung und Druck zu einem akzeptablen Mitglied der Gesellschaft wird (Kultur- und Wertübermittlungsansatz/Oser, Althof 1992). Diese Konzeption weist entscheidende Mängel auf.

– In einer pluralistischen Gesellschaft wie der unseren ist es nicht möglich, sich auf einen verbindlichen Wertekanon zu einigen. Ein oberflächlicher Konsens ist zwar möglicherweise erreichbar, aber bei der Definition der Tugenden und der Abwägung zwischen einzelnen Tugenden wird deut-

lich, dass es keinen universell gültigen Wertekanon gibt. Ist Ehrlichkeit ein höherer Wert als das Ziel, eine Freundschaft nicht zu zerstören? Ist Tyrannenmord trotz der Achtung vor dem Leben moralisch gerechtfertigt?
- Das negative Menschenbild, von dem dieser Moralerziehungsansatz ausgeht, kann leicht zu drastischen Erziehungsmaßnahmen anregen und zu ihrer Rechtfertigung dienen.
- Forschungen der letzten Jahre (Lind 1992, Lind 1993) zeigen, dass moralische Entwicklung mehr bedeutet als Anpassung an soziale Normen und sich nicht durch sozialen Druck in Form von Belohnung und Bestrafung bewirken lässt.

Fazit: Das Konzept der Charaktererziehung tendiert zur Indoktrination und ist in seiner Wirkung zweifelhaft.

19.1.2 Wertklärung

Reifungsansatz

Der Gegenpol zum Kultur- und Wertübermittlungsansatz ist der Reifungsansatz. Er geht davon aus, dass „der Mensch von Natur aus gut ist", wie schon J. J. Rousseau im 18.Jahrhundert postulierte oder dass er wenigstens zum Gutsein veranlagt ist. Auf dieser Grundidee bauen Erziehungskonzepte wie die Antipädagogik auf, die nicht in die „natürliche" moralische Entwicklung eingreifen will, oder der Wertklärungsansatz, der sich damit begnügt, beim Kind ein Wertebewusstsein zu wecken.
Die Grundidee des Wertklärungsansatzes, dass es in der Abwägung zwischen konkurrierenden Werten keine „richtige" Entscheidung gibt, bedingt das unterrichtliche Vorgehen. Der Lehrer regt zu Diskussionen an, welche die unterschiedlichen Werte der Schüler sichtbar werden lassen. Er weist auf die verschiedenen Werte hin, ohne selbst Stellung zu beziehen. Auf diese Weise entgeht der Lehrer der Gefahr der Indoktrination, lässt aber seine Schüler ohne Orientierung. Rassistische Argumente können gleichberechtigt neben der Befürwortung der Menschenrechte stehen, egoistische Motive neben der Idee der Nächstenliebe. So ist es nicht verwunderlich, dass über die Wirksamkeit dieser pädagogischen Methoden „keine oder nur sehr widersprüchliche Befunde" vorliegen (Lind 1992, 2).

19.1.3 Kognitiv-entwicklungsorientierter Ansatz

Förderung von Urteilsfähigkeit

Die beiden beschriebenen Ansätze wurden lange Zeit vorwiegend mit den Mängeln des jeweils anderen Ansatzes gerechtfertigt. Wenn aber Menschen sich nicht von alleine moralisch entwickeln, andererseits aber auch Belehrung, Druck und Zwang wenig Erfolg zeigen, liegt ein dritter, vermittelnder Ansatz nahe: Moralentwicklung ist nur durch geeignete pädagogische Förderung zu erreichen.
Wie der Wertklärungsansatz geht auch der kognitiv-entwicklungsorientierte Ansatz von offenen, freien Diskussionen über Entscheidungen in Kon-

fliktsituationen aus und meidet so die Gefahr der Indoktrination. Dabei verschweigt der Lehrer jedoch seine Meinung nicht, drängt sie aber den Schülern auch nicht auf. Es werden Veränderungen beim Schüler angestrebt, die aber nicht die in den Äußerungen der Schüler enthaltenen Werturteile betreffen, sondern die Art des moralischen Urteilens. So soll der Schüler zum Beispiel nicht lernen, ob Tyrannenmord moralisch gerechtfertigt ist oder nicht. Er soll vielmehr lernen, die in solchen Konfliktsituationen konkurrierenden Werte zu erkennen, sie gegeneinander abzuwägen und zu einem an Prinzipien wie „Gerechtigkeit" orientierten Urteil zu kommen.
Ziel dieses Ansatzes ist also die Stimulierung und Förderung einer Entwicklung, die zu komplexeren Urteilsstrukturen und einer differenzierten Urteilsfähigkeit führt. Dieses Konzept geht auf den amerikanischen Psychologen und Pädagogen Lawrence Kohlberg (1927 – 1987) zurück und beruht auf seinen Theorien und Befunden zur Entwicklung der moralischen Urteilsfähigkeit, die im folgenden Abschnitt beschrieben werden.

19.2 Kohlbergs Theorie der Entwicklung moralischer Urteilsfähigkeit

19.2.1 Grundgedanken der Theorie

Moralische Dilemmasituationen

Stellen Sie sich bitte folgende Situation vor: Sie sind ein Mitarbeiter des Technischen Hilfswerks irgendwo an der Nordseeküste. Bei einer Springflut ist Ihre Aufgabe, einen gefährdeten Deich, der ein Krankenhaus schützt, zu überwachen. Mit dem Fernglas sehen Sie, dass in zwei Kilometer Entfernung der Bruch eines nicht überwachten Deiches unmittelbar bevorsteht. Hinter diesem Deich liegt Ihre Wohnung, in der sich Ihre kranke Frau mit den beiden Kindern befindet.
Was würden Sie tun und wie würden Sie Ihr Verhalten begründen?
Naheliegend sind pragmatische Lösungsversuche wie zum Beispiel die Einsatzzentrale über Telefon zu bitten, sich um die gefährdete Familie zu kümmern. Kohlberg geht es aber in seiner Entwicklungspsychologie um Erkenntnisse über moralische Urteilsfähigkeit und nicht um Erkenntnisse über Problemlösefähigkeiten. Es sollen also in dieser Situation nur zwei Reaktionen möglich sein: zur Familie gehen oder an der Einsatzstelle bleiben. Für die Begründung der Entscheidung gibt es allerdings viele Möglichkeiten (Gage, Berliner 1983):

1. Bleiben, da sonst eine Strafe durch die Behörden droht.
2. Gehen, da in solchen Notsituationen Ihre Frau Ihnen auch helfen würde.
3. Gehen, da gute Ehemänner sich um ihre Familie kümmern.
4. Bleiben, da die Dienstvorschrift es verlangt. Wenn jeder sich über Vorschriften hinwegsetzen könnte, würde die öffentliche Ordnung zusammenbrechen.
5. Bleiben, da Sie sich dazu verpflichtet haben. Unter besonderen Umständen wäre aber das Verlassen des Postens zu rechtfertigen.

6. Bleiben, da sonst die Sicherheit weniger über die Sicherheit vieler gestellt wäre, was nicht richtig ist. Würden Sie gehen, so würden Sie sich Ihr Leben lang Vorwürfe machen.

Forschungsmethode

An diesem Beispiel lassen sich wesentliche Grundgedanken Kohlbergs zur Entwicklung moralischer Urteilsfähigkeit aufzeigen. Ausgangspunkt seiner Theorie ist das „moralische Dilemma“. Er versteht darunter eine Situation, in der verschiedene Wertorientierungen aufeinandertreffen und in der eine Entscheidung zwischen diesen Wertorientierungen mit Folgen für andere Menschen getroffen werden muss. In dem Eingangsbeispiel steht das Recht auf Leben von vielen unbekannten Menschen gegen das Recht auf Leben der Familienangehörigen. In Kohlbergs bekanntestem Beispiel steht ein Mann vor der Entscheidung, ob er für seine schwerkranke Frau ein unerschwinglich teures lebensrettendes Medikament stehlen soll. Er muss also zwischen dem Recht auf Leben seiner Frau und dem Recht auf Eigentum eines Apothekers abwägen. Kohlberg kommt es in solchen Dilemmasituationen nicht darauf an, welche konkrete Entscheidung getroffen wird, sondern ihn interessiert das begründende Nachdenken über die Entscheidung. Es geht ihm also nicht um den Inhalt, sondern um die Struktur des moralischen Urteils. Im obigen Beispiel kann der Dammwächter die Entscheidung, seinen Posten nicht zu verlassen, mit der Furcht vor einer Strafe, mit der Achtung vor dem Gesetz oder mit ethischen Prinzipien begründen.

Kohlberg legte vielen Personen verschiedenen Alters und kultureller Herkunft moralische Dilemmasituationen vor. Mit der Analyse ihrer Äußerungen arbeitete er typische Strukturen des moralischen Urteilens heraus und konnte damit die Entwicklung der moralischen Urteilsfähigkeit beschreiben.

19.2.2 Notwendige Voraussetzungen für die Entwicklung moralischer Urteilsfähigkeit

Analysiert man Äußerungen zu moralischen Dilemmasituationen, so findet man Unterschiede in den Formen des Wahrnehmens und Denkens (kognitive Voraussetzungen) und in der Art und Weise, wie die soziale Umwelt gesehen wird (soziale Perspektive). Die Entwicklung dieser beiden Teilaspekte betrachtet Kohlberg als notwendige, aber nicht hinreichende Voraussetzung für die Entwicklung moralischer Urteilsfähigkeit.

Bei der Formulierung seiner Theorie baut er auf Erkenntnissen der Psychologie über die Entwicklung dieser beiden Aspekte auf, die ich in den beiden folgenden Unterabschnitten kurz skizziere.

19.2.2.1 Entwicklung von Denkfähigkeiten

Grundstruktur des Erkenntnisprozesses

Der schweizer Biologe und Psychologe Jean Piaget (1894 – 1980) beschreibt den Prozess der kognitiven Entwicklung als ein dauerndes Streben nach einem Gleichgewicht zwischen dem gegenwärtigen Wissen und Denken des

Kindes und dem, was es an einer neuen Erfahrung, Beobachtung oder Problemstellung wahrnimmt. Piaget bezeichnet diese Anpassungsprozesse als Assimilation und Akkomodation. Unter Assimilation versteht er den Prozess, mit dem das Wahrgenommene so interpretiert und verändert wird, dass es zu den aktuellen Wissens- und Denkstrukturen passt. Akkomodation dagegen ist der Prozess, der die gegenwärtigen Wissens- und Denkstrukturen so verändert, dass sie im Einklang mit dem Wahrgenommenen stehen.

Assimilation
Akkomodation

Als Triebfeder der geistigen Entwicklung kann also die Verarbeitung von Erfahrungen angesehen werden. Dabei lassen sich nach Piaget vier Stufen mit relativ stabilen Verarbeitungsmustern unterscheiden, wobei die Übergänge zwischen den Stufen fließend sind. Beim Durchschreiten dieser Stufenfolge ist das Denken immer weniger an die konkrete Erfahrung, die Anschauung und die eigene Perspektive gebunden. Es wird also formaler, flexibler und objektiver.

Stufenfolge

19.2.2.2 Entwicklung der sozialen Perspektive

Erkenntnisse über die Entwicklung der sozialen Perspektive gehen auf Überlegungen des amerikanischen Philosophen und Sozialpsychologen George Herbert Mead (1863 – 1931) über die Fähigkeit zur Rollenübernahme zurück. Neuere Untersuchungen legen eine fünfstufige Abfolge von verschiedenen sozialen Perspektiven nahe (Aufenanger u.a. 1981).

Fähigkeit zur Rollenübernahme

Zu Beginn der Entwicklung sieht sich der Einzelne nur in seiner Beziehung zu konkreten anderen Personen. Im weiteren Verlauf erkennt er sich zunächst als Mitglied einer Gruppe, dann der Gesellschaft mit jeweils wechselseitigen Beziehungen zu Anderen, um schließlich eine Perspektive einzunehmen, aus deren Sicht sich der Einzelne und die Gesellschaft gegenüber stehen. Das Verhältnis ist jetzt bestimmt durch Prinzipien und vertragliche Vereinbarungen.

Stufenfolge

19.2.3 Stufen der Moralentwicklung

19.2.3.1 Beschreibung der Stufen

Erste Versuche, Stufen der moralischen Entwicklung zu definieren, gehen auf Dewey und Piaget (Kohlberg 1987) zurück. Vor dem Hintergrund der Erkenntnisse über die kognitive Entwicklung und die Entwicklung der sozialen Perspektive erweiterte Kohlberg diese Ansätze zu einer Abfolge von drei Ebenen, zu denen jeweils zwei Stufen gehören:

Ebenen und Stufen

I. Präkonventionelle Ebene
  „Moralische" Entscheidungen werden auf der präkonventionellen Ebene mit drohenden Strafen und mächtigen Autoritäten oder mit eigenen Interessen begründet.

Strafe und Gehorsam

1. Stufe: Vermeidung von Strafe und Unterordnung unter die Autorität gelten als Werte an sich. Dahinter steht keine tieferliegende Moralordnung. Ob eine Handlung gut ist, wird nur anhand der unmittelbaren Konsequenz für den Handelnden beurteilt.

Wie du mir, so ich dir

2. Stufe: Handlungen sind an den eigenen Bedürfnissen orientiert. Erste Ansätze von Gegenseitigkeit sind zwar vorhanden, dienen aber der Durchsetzung eigener Interessen nach dem Motto „Eine Hand wäscht die andere" und sind keine Frage von Gerechtigkeit oder Dankbarkeit.

II. Konventionelle Ebene

Diese Ebene ist gekennzeichnet durch die Tendenz zur Erhaltung wichtiger Sozialbeziehungen. Das Erfüllen der Erwartungen der Gruppe, der man angehört, oder der Erwartungen der Gesellschaft ist von Wert, unabhängig von unmittelbaren Konsequenzen. Das Befolgen von Regeln beruht jetzt nicht auf „Gehorsam" sondern auf einem „Motiviertsein".

Good boy – nice girl

3. Stufe: Richtiges Verhalten ist, was anderen (zum Beispiel der Familie oder anderen Primärgruppen) gefällt oder ihnen hilft. Kohlberg nennt dieses Verhalten „good boy – nice girl" – Orientierung. Die „gute Absicht" wird zum ersten Mal wichtig.

Law and order

4. Stufe: Die Orientierung erweitert sich von der Gruppe auf übergreifende Systeme wie Staat oder Religionsgemeinschaft. Rechtes Verhalten besteht darin, dass man seine Pflicht tut und zum Erhalt der sozialen Ordnung um ihrer selbst willen beiträgt.

III. Postkonventionelle Ebene

Es ist ein Bemühen festzustellen, Prinzipien und Werte zu definieren, die unabhängig sind von der Autorität einzelner Personen oder Gruppen. Gesetze werden verteidigt, Verstöße gegen Gesetze sind aber gerechtfertigt, wenn diese die Menschenrechte nicht gewährleisten.

Sozialvertrag

5. Stufe: Das Verhältnis zur Gesellschaft wird als ein Sozialvertrag gesehen, der prinzipiell zwischen den Beteiligten vereinbar ist und daher auch verändert werden kann. Die Relativität persönlicher Wertungen und Meinungen wird deutlich gesehen. Die Menschenrechte sind nicht verhandelbar. Es tritt ein neuer Aspekt der Gerechtigkeit auf, nämlich die Gerechtigkeit des Verfahrens bei der Entscheidungsfindung.

Universelle Prinzipien

6. Stufe: Das Recht wird definiert durch eine bewusste Entscheidung in Übereinstimmung mit selbstgewählten, logisch widerspruchsfreien und umfassenden ethischen Prinzipien. Ein solches Prinzip könnte zum Beispiel Kants Imperativ in der folgenden Fassung sein: „Ohne zu wissen, welcher der Betroffenen ich selbst bin, überlege ich aus ihrer aller Positionen heraus, ob ich einer Regel zustimmen könnte." Handlungsleitend sind also die universalen Prinzipien der Gleichheit, Gerechtigkeit und Solidarität. Solche Prinzipien sind keine konkreten Moralregeln wie die Zehn Gebote oder die Werte, die die Charaktererziehung postuliert. Diese sind eher in die vierte Stufe einzuordnen.

Beispiele für Argumentationen, wie sie auf den einzelnen Stufen geäußert werden, sind die im Abschnitt 19.2.1 aufgeführten möglichen Reaktionen im „Deichwächter-Dilemma". Ihre Reihenfolge entspricht dabei den ansteigenden Kohlberg-Stufen.
Eine typische Schulsituation, in der Argumente und Handlungsweisen verschiedener Moralstufen aufeinandertreffen, wird in Aufenanger et al. (1981) beschrieben:

Moralisches Dilemma im Schulalltag

Peter, ein Schüler, der wegen verschiedener Vergehen unmittelbar vor dem Schulausschluss stand, stahl in der Pause die Geldbörse seines Lehrers. Der Lehrer bemerkte den Verlust seiner Börse sofort und gab dem Dieb die Gelegenheit, sie zurückzugeben, ohne bestraft zu werden. Nachdem diese Chance nicht genutzt wurde, kündigte der Lehrer an, den Vorfall dem Direktor zu melden. Peters bester Freund Hans beobachtete am Ende der Unterrichtsstunde, wie Peter schnell eine Geldbörse in seiner Schultasche verschwinden ließ. Am nächsten Tag teilte Hans dem Lehrer unter vier Augen mit, dass er den Dieb kenne, seinen Namen aber nur nennen würde, wenn er ihm verspreche, dass dieser nicht bestraft werde. Der Lehrer willigte nach kurzem Zögern ein, sprach Peter in der nächsten Pause an und erhielt seine Geldbörse zurück. Daraufhin meldete der Lehrer dem Direktor, dass der Fall erledigt sei. Der Direktor bestand jedoch darauf, den Namen des Diebes zu erfahren, um ihn bestrafen zu können. Der Lehrer gab den Namen jedoch nicht preis, obwohl er wusste, dass er damit seine anstehende Beförderung gefährdete.
Die Beteiligten bewerteten die Situation folgendermaßen:

Peter: Hans ist gemein. Er hat auch schon viel angestellt, und ich habe ihn noch nie verraten. (Stufe 2)

Hans: Was würden denn die Lehrer und die Mitschüler von uns denken, wenn man bei uns beklaut wird. (Stufe 3)

Direktor: Das Verhalten des Lehrers war nicht richtig. Man kann nicht in einer großen Gemeinschaft wie unserer Schule zusammenleben, ohne dass es eine gewisse Ordnung und Regeln gibt, an die sich alle halten müssen. (Stufe 4)

Lehrer: Man muss in bestimmten Situationen abwägen, ob einem Versprechen grundlegendere Bedeutung zukommen kann als der Schulordnung. Ich glaube, dass es in diesem Fall gerechtfertigt ist, sich nicht so wörtlich an die Buchstaben der Schulordnung zu halten. (Stufe 5)

(Aufenanger et al. 1981, 41f.)

19.2.3.2 Das Stufenkonzept und der Zusammenhang mit dem Lebensalter

Kohlberg konnte nachweisen, dass die so definierte Entwicklungssequenz alle drei charakteristischen Merkmale einer Stufenfolge, wie sie schon Piaget forderte, besitzt.

Kennzeichen von Entwicklungsstufen

- Jede Stufe ist eine strukturierte Ganzheit.
  Nachweis: Ca. zwei Drittel des moralischen Urteilsverhaltens einer Person zu einem bestimmten Zeitpunkt können einer Stufe zugeordnet werden. Das restliche Drittel gehört zu einer der angrenzenden Stufen.
- Die Stufen bilden eine invariante Sequenz.
  Nachweis: In mehreren Längsschnittuntersuchungen, die sich zum Teil über dreißig Jahre erstreckten und in verschiedenen Ländern (USA, Türkei, Israel) stattfanden, waren die Personen zu jedem Untersuchungszeitpunkt auf der gleichen oder der um eins höheren Stufe wie beim vorherigen, drei Jahre früheren Zeitpunkt. Das Überspringen einer Stufe oder ein Stufenrückschritt wurden nicht beobachtet.
- Die Stufen sind „hierarchische Integrationen", das heißt Denken auf einer höheren Stufe schließt das Denken auf einer darunterliegenden Stufe ein.
  Nachweis: Jugendliche konnten schriftliche Äußerungen auf oder unterhalb der eigenen Stufe richtig wiedergeben. Dieses gelang ihnen nicht bei Äußerungen, die mehr als eine Stufe über ihrer eigenen lagen.

Moral und Lebensalter

Als logische Folge dieses Stufenkonzeptes müssten bei einer Querschnittuntersuchung die Anteile der höheren Entwicklungsstufen mit zunehmendem Alter der untersuchten Personen größer werden. Dieser Zusammenhang konnte auch nachgewiesen werden, wie das nachstehende Bild 1 verdeutlicht.

Die Prozentangaben variieren mit dem kulturellen Hintergrund der befragten Personen und dem Bereich, aus dem das vorgelegte moralische Dilemma stammt.

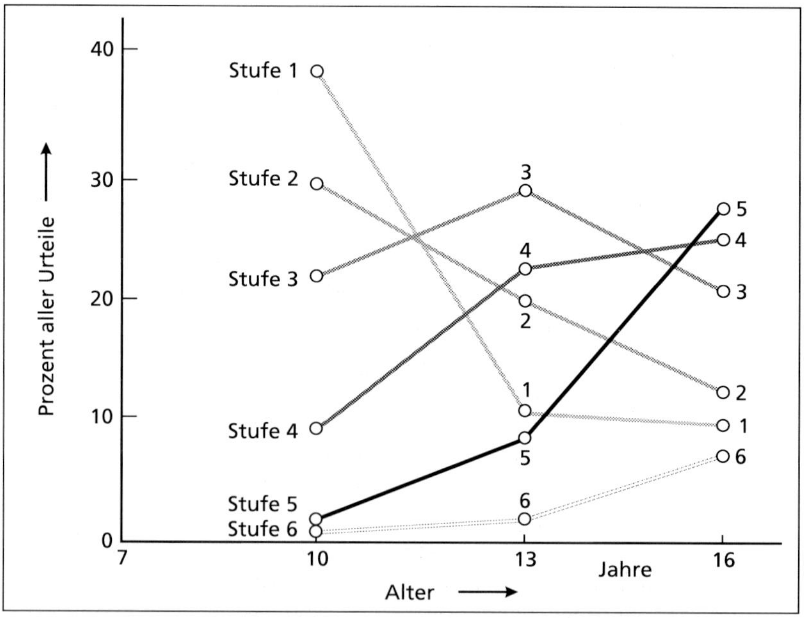

Bild 1: Entwicklungsverlauf des moralischen Urteils (aus R. Oerter et al. 1987, 755)

19.2.3.3 Moralentwicklung und Moralphilosophie

Prinzipienorientierte Moral

Kohlbergs Stufenschema beschreibt den empirisch nachgewiesenen Verlauf der moralischen Entwicklung. Es macht jedoch keine Aussage darüber, ob dieser Verlauf auch wünschenswert ist. Diesbezügliche Aussagen sind Aufgabe der Moralphilosophie. Kohlberg beruft sich hier auf die liberale und rationale Tradition von Kant bis Habermas (Kohlberg 1987). Ihr zufolge ist eine angemessene Moral prinzipienorientiert. Moralurteile sollten sich also auf universelle Prinzipien stützen und nicht auf konkrete Regeln (Gebote und Verbote). Allerdings decken sich in den meisten Fällen prinzipiengeleitete Entscheidungen mit Entscheidungen auf der Grundlage konventioneller moralischer Regeln. Dem Verhalten, das Eigentum des Nachbarn nicht anzutasten, kann der Kantsche Imperativ, aber auch die Achtung des Strafgesetzbuches oder des biblischen Gebotes zugrundeliegen.
Akzeptiert man diese Ideen der Moralphilosophie, so können die beschriebenen Entwicklungsstufen der Moral auch als Qualitätsstufen moralischen Denkens angesehen werden.

19.2.4 Moralische Argumentation und moralisches Verhalten

Die Fähigkeit, auf einem hohen Niveau moralisch urteilen zu können, muss nicht unbedingt moralisch rechtes Handeln zur Folge haben. Für die Pädagogik ist die Klärung dieses Zusammenhangs von zentraler Bedeutung.

Ehrlichkeit

In einer Studie von Krebs und Kohlberg (Kohlberg 1987) wurde den Teilnehmern an einem moralpsychologischen Test die Gelegenheit geboten, vermeintlich unbemerkt zu betrügen. Diese Gelegenheit zum Betrug nutzten 70 Prozent der Personen auf dem präkonventionellen Niveau, von den konventionellen Personen 55 Prozent und von den postkonventionellen nur 15 Prozent.

Politisches Engagement

In einer Studie von Haan et al. (Oerter, Montada 1987) mit amerikanischen Studenten wurde der Zusammenhang zwischen der Zugehörigkeit zu einem Niveau des moralischen Urteilsvermögens und der Beteiligung an politischen Protestaktionen (Vietnamkrieg beziehungsweise Bürgerrechte für Farbige) untersucht. Von den 109 befragten engagierten Studenten argumentierten 56 Prozent auf postkonventionellem Niveau, 34 Prozent auf konventionellem und 10 Prozent auf vorkonventionellem Niveau, während bei der Kontrollgruppe der „Nicht-Protestierenden“ (n=284) der Anteil der konventionell Argumentierenden mit 85 Prozent deutlich überwog (vorkonventionell 3 Prozent, postkonventionell 12 Prozent).
Im berühmten Milgram-Experiment, bei dem die Versuchsteilnehmer in einer angeblichen Untersuchung über „Bestrafung und Lernen“ ihre Partner mit immer stärker werdenden (natürlich fingierten) Elektroschocks traktieren sollten, weigerte sich nur ein Drittel der Teilnehmer, den Versuch zu Ende zu führen (Wellhöfer 1993). Diese Teilnehmer befanden sich alle auf dem postkonventionellen Niveau.

Aus diesen und weiteren Untersuchungen lässt sich folgendes Fazit ziehen: Reifes moralisches Urteilen ist eine notwendige, aber noch keine hinreichende Bedingung für reifes moralisches Handeln. Aber Urteilen und Handeln sind um so enger verknüpft, je höher die Stufe des moralischen Urteilsvermögens ist.
Eine wichtige Rolle spielt hier natürlich auch der Kontext, in dem gehandelt werden muss. Eine harte Konkurrenzsituation in einem Betrieb oder zwischen Betrieben erzwingt eventuell eine vorkonventionelle Handlungsorientierung. In der Schule kann durch eine starke Reglementierung ein Handeln nahegelegt werden, das einen auf ein niedrigeres Niveau verweist als man intellektuell moralisch erreicht hat und in Situationen, in denen man selbstverantwortlich ist, auch zeigt.(vgl. 19.3.3)

19.2.5 Neuere Untersuchungsergebnisse

Neuere Forschungsergebnisse, vor allem auch für den deutschsprachigen Raum, die mit verbesserten Diagnoseinstrumenten (dem sogenannten Moralisches-Urteil-Test MUT) gewonnen wurden, stammen von Georg Lind. Sie stützen zu einem beträchtlichen Teil die Theorie Kohlbergs, legen aber auch einige Revisionen nahe. Lind nennt wesentliche Erkenntnisse: (Lind 1992, 3)

Moralisches Verhalten als Fertigkeit

- Moralisches Verhalten bedarf nicht bloß der „richtigen“ Einstellung, sondern auch einer entwickelten Urteilsfähigkeit. Es muss ein Mittelweg zwischen einem moralischen Rigorismus und der Unfähigkeit, Entscheidungen zu treffen, gefunden werden. Dazu ist die Fähigkeit notwendig, eigene Entscheidungen begründen und abweichende Begründungen anderer auf ihre ethische Gültigkeit hin überprüfen zu können („Diskursfähigkeit“).
- Moralisches Versagen in realen Situationen beruht selten auf dem Fehlen moralischer Haltungen, sondern häufiger auf einer mangelnden oder verzerrten Wahrnehmung der moralischen Intentionen und Kompetenzen anderer an der Situation Beteiligter („pluralistische Ignoranz“). Das kann durch kommunikationsfördernde Maßnahmen abgebaut werden.
- Ohne allgemeine Bildungserfahrungen findet kaum eine Entwicklung der moralischen Urteilsfähigkeit statt; es kommt sogar nachweislich zu einer Rückentwicklung dieser Fähigkeit. Dies steht in deutlichem Gegensatz zu Kohlbergs Befunden.
- Gut geeignet für die Förderung der gewünschten Entwicklung sind Diskurse über hypothetische oder reale moralische Dilemmasituationen.

Statt „+1-Intervention“ „Pro- und Contra-Intervention

Während Kohlberg die beste Förderung darin sah, die Schüler mit Argumenten zu konfrontieren, die bis zu einer Moralstufe über ihrem eigenen momentanen Niveau liegen („+1-Intervention“, Oser 1987, 48), zeigt die neuere Forschung, dass die Konfrontation mit Argumenten, die der Schülermeinung widersprechen, wesentlich wirkungsvoller ist („Pro- und Contra-Intervention“; Oser, Althof 1992, 207).

19.2.6 Folgerungen für die Moralerziehung

Moralerziehung als Förderung demokratischen Verhaltens

Aus den bisherigen Ausführungen folgt fast zwingend die Aufgabe der Moralerziehung: Sie sollte den Gang der von Kohlberg beschriebenen und pädagogisch wünschenswerten „natürlichen" Entwicklung anregen und unterstützen. Ziel der erzieherischen Bemühungen ist also, bei jedem Schüler die Entwicklung zur jeweils nächsten Stufe des moralischen Denkens zu stimulieren, bis er möglichst Stufe 5 erreicht. Diese Auffassung von Moralerziehung ist die Grundidee des im Abschnitt 19.1.3 beschriebenen kognitiv-entwicklungsorientierten Ansatzes. Bezieht man die Erkenntnisse von Lind mit ein, dann wird die Moralerziehung zu einer Förderung von demokratischen Grundkompetenzen:
„Die SchülerInnen sollen lernen, individuelle Ansprüche und Vorstellungen mit denen anderer abzugleichen, die eigenen emanzipatorischen Interessen mit konkurrierenden Vorstellungen in Beziehung zu setzen und an sozialen Institutionen mitzuwirken, die Interessengegensätze ausgleichen und produktiv gestalten können." (Lind 1992, 2)
In den Bildungsplänen der meisten Bundesländer wird dieses Ziel explizit formuliert. So findet man im derzeit gültigen Bildungsplan des Landes Baden-Württemberg, dass die Schule gehalten ist, „die Schülerinnen und Schüler auf die Wahrnehmung ihrer verfassungsmäßigen staatsbürgerlichen Rechte und Pflichten vorzubereiten und die dazu notwendige Urteils- und Entscheidungsfähigkeit zu vermitteln." (Ministerium für Kultus und Sport 1994, 9)
Auch wenn die Schule mit einer so orientierten Erziehung nicht alle Probleme, wie sie in der Einführung beschrieben wurden, lösen und ihre Ursachen beseitigen oder kompensieren kann, so sollte ihr Einfluss aber auch nicht unterschätzt werden. Konkrete Vorschläge, wie das Konzept „Erziehung zur Demokratie" im Unterricht umgesetzt werden kann, stelle ich in den folgenden Abschnitten vor.

19.3 Realisierungsmöglichkeiten in der Schule

Erfolgreiche Projekte

Konzepte der Moralerziehung, die auf den Forschungen und Ideen Kohlbergs aufbauen, wurden in Schulen und außerschulischen Einrichtungen mit Erfolg erprobt. Zwei groß angelegte Projekte sind dabei besonders hervorzuheben:
- Kohlberg und seine Mitarbeiter gestalteten in den USA die institutionellen Rahmenbedingungen verschiedener High Schools so um, dass Lehrer und Schüler sich durch moralische Diskussionen eigene Wertpositionen erarbeiten und diese über demokratische Entscheidungsfindungen in Regeln und Normen des Verhaltens in der Schule umsetzen konnten („Just Community Schools", Higgins 1987).
- In einem 1986 in Nordrhein-Westfalen begonnenen Modellversuch „Demokratie und Erziehung in der Schule – Förderung moralisch-demokra-

tischer Urteilskompetenz" wurden vor allem die Möglichkeiten der Förderung dieser moralisch-demokratischen Urteilskompetenz im Rahmen des Fachunterrichts verschiedener Schulformen untersucht (Landesinstitut 1991).

Aus den Erfahrungen solcher Versuche lassen sich drei verschiedene Klassen von besonders geeigneten Vorgehensweisen für den Schulunterricht ableiten.

a) Stimulation der Entwicklung der Voraussetzungen moralischer Urteilsfähigkeit.
Neben der Förderung der allgemeinen kognitiven Entwicklung sollte die Entwicklung der sozialen Perspektive durch kooperative Lernformen (Huber et al. 1984), insbesondere durch Rollenspiele angeregt werden.
b) Diskussionen über moralische und soziale Dilemmasituationen.
Die zu diskutierenden Dilemmata können wie das „Deichwächter-Dilemma" konstruiert sein, dem Schulleben entstammen oder auch Inhalt des Fachunterrichts sein.
c) Schaffung demokratischer Schulstrukturen, die mehr Mitbestimmung, aber auch mehr Mitverantwortung ermöglichen.

19.3.1 Rollenspiele

Ablaufplan eines Rollenspiels

Für die Durchführung eines Rollenspiels hat sich der folgende Verlaufsplan bewährt (Aufenanger 1981, Meyer 1987).

- Besprechung des Spielanlasses und der Ziele des Rollenspiels: Sich in andere hineinversetzen können, das eigene Handeln aus der Sicht der anderen beurteilen können usw.
- Beschreibung der Situation: Sie sollte einfach strukturiert und für jeden Beteiligten durchschaubar sein wie im folgenden Beispiel: Petra kommt um 23 Uhr von ihrer Freundin nach Hause, obwohl sie eigentlich schon um 21 Uhr zurück sein sollte. Ihre Eltern erwarten sie ...
- Charakterisierung der Rollen: Für Anfänger ist es wichtig, klare Vorgaben für das Handeln der einzelnen Personen, eventuell sogar schriftlich zu haben („role taking"). Im freien Rollenspiel für Geübtere können die Rollen kreativ ausgestaltet werden („role making").
- Auswahl der Mitspieler und Aufgaben für die Beobachter: Hier ist besonders darauf zu achten, dass kein Schüler langfristig auf eine bestimmte Rolle festgelegt wird, sondern im Lauf der Zeit verschiedenartige Rollen spielen kann.
- Durchführung des Rollenspiels: Anfänger sollten eine Weile durchspielen können. Kommen die Spieler zu weit vom geplanten Verlauf ab oder fassen sie ihre Rolle falsch auf, muss der Lehrer das Spiel unterbrechen. Ein Rollenspiel sollte höchstens 15 Minuten dauern.
- Diskussion: Die Gefühle und Erlebnisse der Spieler werden mit den Beobachtungen der Zuschauer in Zusammenhang gebracht und mit den zu Beginn besprochenen Zielen verglichen.

Durch die Analyse der Äußerungen der Spieler kann der Lehrer beurteilen, aus welcher sozialen Perspektive sie argumentieren und damit in den folgenden Rollenspielen die Rollen so gestalten, dass sie die Entwicklung der sozialen Perspektive noch besser fördern.

19.3.2 Dilemma-Diskussionen

Möglichkeiten für Fachlehrer und Klassenlehrer

Der Grundgedanke dieses Vorgehens ist, durch Präsentation eines überzeugenden, Betroffenheit auslösenden moralischen Konflikts die Schüler dazu anzuregen, Argumente zu formulieren, Argumentationsmuster durchzuhalten und nach einem Konsens zu suchen. Der Lehrer sorgt dabei gemäß der +1-Intervention oder der Pro-und-Contra-Intervention für eine möglichst kontroverse Diskussion.

Bei richtigem und konsequentem Einsatz von Dilemma-Diskussionen konnten Fortschritte bis zu einer halben Entwicklungsstufe innerhalb eines Schuljahres nachgewiesen werden.

Die folgenden Beispiele sollen die Anwendungsbreite der Dilemma-Diskussionen aufzeigen.

a) Konstruierte Dilemma-Situationen
Hans begeht einen Ladendiebstahl. Sein Freund Dieter, der mit ihm im Kaufhaus war, wird zurückgehalten, während Hans entkommen kann. Soll Dieter den Namen seines Freundes angeben?
b) Dilemma-Situationen aus dem Schulleben
Anja findet neben dem Kopiergerät in der Schule die Mathematikarbeit, die am nächsten Tag in ihrer Klasse geschrieben werden soll. Soll sie sie für sich behalten, um endlich einmal eine gute Arbeit schreiben zu können? Soll sie ihre Freundin an diesem kostbaren Wissen teilhaben lassen oder soll sie den Mathematiklehrer verständigen?
c) Dilemma-Situationen aus dem Fachunterricht
   - Erdkunde:
     Der Besitzer einer kleinen Skiliftanlage in den Alpen kann mit deren Betrieb seinen Lebensunterhalt nicht mehr verdienen. Soll er die Anlage vergrößern, obwohl er um die Umweltgefährdung eines solchen Projekts weiß?
   - Biologie:
     Sind Tierversuche für die medizinische Forschung gerechtfertigt?
   - Mathematik:
     Müssen die Ergebnisse statistischer Erhebungen immer vollständig und objektiv veröffentlicht werden, oder ist es gerechtfertigt, zu Werbezwecken eine subjektive Auswahl zu treffen?
   - Geschichte:
     Die Bauernkriege – ist Gewalt für eine „gerechte Sache“ legitim?
   - Chemie:
     Darf eine Firma ein Labor, mit dem Giftgas produziert werden kann, an eine Diktatur verkaufen?

Neben der Grundform „Diskussion im Klassenverband" sollten auch Variationen wie Gruppenarbeit, Pro- und Kontra-Abstimmungen, Gerichtsverhandlungen und andere Planspiele eingesetzt werden.
Viele weitere Beispiele und hilfreiche Anregungen zur Gestaltung einer Dilemmastunde sind in dem Werkstattbericht „Schule und Werteerziehung" (Landesinstitut für Schule und Weiterbildung 1991) zu finden.

19.3.3 Demokratie als Mittel der Erziehung

Demokratisierung der Schule

Die konsequenteste Umsetzung des kognitiv-entwicklungsorientierten Ansatzes ist der Versuch, die Schule als Lebenswelt so umzugestalten, dass die moralische Kompetenz der Schüler herausgefordert und weiterentwickelt wird. Dazu müssen Strukturen geschaffen werden, in denen Schüler und Lehrer im ernsthaften Diskurs Regeln und Normen für ihr Zusammenleben und -arbeiten in der Schule finden und auftretende Konflikte gemeinsam lösen können. Die Idee ist also, Demokratiefähigkeit durch demokratische Mitbestimmung, Verantwortung durch Übernahme von Verantwortung zu lernen. Sie beruht auf der simplen Einsicht, dass nur durch Handeln im weitesten Sinne und durch Erfahrung wirklich etwas gelernt wird.
Als Konsequenz solcher Überlegungen gründete Kohlberg mit einigen Mitarbeitern sogenannte „Gerechte Gemeinschaft-Schulen" („Just Community Schools"). In diesen Schulen wird Wert gelegt auf informellen Umgang miteinander, Abbau von hierarchischer Bürokratie und mehr Gleichberechtigung zwischen Lehrern und Schülern. Durch die Einrichtung von verschiedenen institutionellen Komponenten wie Beratungsgruppen zur Besprechung persönlicher Probleme, Fairness-Komitees (zwei Lehrer und sechs bis acht Schüler) zur Diskussion und Entscheidung bei Disziplinproblemen und Streitfällen, Vollversammlungen als letzte Instanzen mit vollem Stimmrecht der Schüler wird dieses praktische Lernen ermöglicht und ein Gemeinschaftssinn geschaffen.
Die in den USA gewonnenen positiven Erfahrungen mit dem „Just Community"-Ansatz konnten in dem nordrhein-westfälischen Schulversuch „Demokratie und Erziehung in der Schule" in modifizierter Form auch auf deutsche Schulverhältnisse übertragen werden (Landesinstitut 1991 und Lind 1993, Kapitel 8). Trotz des großen Aufwandes und vieler zu erwartender Widerstände führt meines Erachtens kein Weg an einer solchen Demokratisierung der Schule vorbei, denn nur die Schule kann Demokratie so lehren, dass die Jugendlichen aktiv beteiligt sind.

Literatur

Aufenanger, S., Garz, D., Zutavern, M. (1981). Erziehung zur Gerechtigkeit. Unterrichtspraxis nach L. Kohlberg. München: Kösel.

Gage, N., Berliner, D. (1983). Pädagogische Psychologie. Weinheim, Basel: Beltz.

Higgins, A. (1987). Moralische Erziehung in der Gerechte Gemeinschaft-Schule – Über schulpraktische Erfahrungen in den USA. In G. Lind, J. Raschert (Hrsg.). Moralische Urteilsfähigkeit. 54 - 72. Weinheim, Basel: Beltz.

Huber, G. L., Rotering-Steinberg, S., Wahl, D. (Hrsg.). (1984). Kooperatives Lernen. Weinheim, Basel: Beltz.

Kittler, U. (1987). Immer mit dem Strom schwimmen? Bausteine für eine Auseinandersetzung mit Lawrence Kohlbergs Theorie der Entwicklung moralischer Urteilsfähigkeit. In Forum E (VBE), Heft 9, 9-13.

Kohlberg, L. (1987). Moralische Entwicklung und demokratische Erziehung. In G. Lind, J. Raschert (Hrsg.). (1987). Moralische Urteilsfähigkeit. 25 - 43. Weinheim, Basel: Beltz.

Landesinstitut für Schule und Weiterbildung (Hrsg.). (1991). Schule und Werteerziehung – ein Werkstattbericht. Erfahrungen und Materialien aus dem Modellversuch des Landes Nordrhein-Westfalen. Soest: Soester Verlagskontor.

Lind, G., Raschert, J. (Hrsg.). (1987). Moralische Urteilsfähigkeit. Eine Auseinandersetzung mit Lawrence Kohlberg. Weinheim, Basel: Beltz.

Lind, G. (1992). Moralische Urteilsfähigkeit – Neuere Forschungsbefunde und ihre Bedeutung für die Schule. Unveröffentlichtes Positionspapier zur Tagung des Südwestdeutschen Lehrerverbandes für Geschichte und Politische Wissenschaft e.V. am 20.4.1992.

Lind, G. (1993). Moral und Bildung. Zur Kritik von Kohlbergs Theorie der moralisch-kognitiven Entwicklung. Heidelberg: Asanger.

Meyer, H. (1987). Unterrichtsmethoden. Band 2. Frankfurt a.M.: Scriptor.

Ministerium für Kultus und Sport, Baden Württemberg (1994). Bildungsplan für das Gymnasium. 1.: Lehrplanheft 4/1994.

Oerter, R., Montada, L. et al. (1987). Entwicklungspsychologie. München, Weinheim: Psychologie Verlags Union.

Oser, F. (1987). Möglichkeiten und Grenzen der Anwendung des Kohlbergschen Konzepts der moralischen Erziehung in unseren Schulen. In G. Lind, J. Raschert (Hrsg.). Moralische Urteilsfähigkeit. 44 - 53. Weinheim, Basel: Beltz.

Oser, F., Althof, W. (1992). Moralische Selbstbestimmung. Stuttgart: Klett-Cotta.

Regenbrecht, A. (1988). Der Beitrag Kohlbergs zu einer Theorie der moralischen Erziehung. Vierteljahresschrift für wissenschaftliche Pädagogik, Heft 1.

Schultz-Hector, M. (1993). Brief an die öffentlichen allgemeinbildenden Gymnasien zu Beginn des Schuljahres 1993/94. Stuttgart: Ministerium für Kultus und Sport Baden-Württemberg.

Wellhöfer, P. (1993). Gruppendynamik und soziales Lernen. Stuttgart: Enke.

20 Aggression

Susanne Lin

20.1 Schlagzeilen und Realität

Anfang der 90er-Jahre wurde das Thema Aggression bzw. Gewalt an Schulen mit folgenden Schlagzeilen besetzt: „Schulalltag in Ostdeutschland. Die Gewalt explodiert" (Bild am Sonntag), „Aufrüstung im Klassenzimmer – Die Gewalt macht Schule" (Psychologie Heute) und „Die rasten einfach aus. An deutschen Schulen explodiert die Gewalt" (Spiegel). Die Frage allerdings nach vergleichbaren und verallgemeinerbaren empirischen Befunden hinsichtlich des Ausmaßes, der Erscheinungsformen und der Entwicklungstendenzen von Gewaltphänomenen an Schulen und ihren jeweiligen Bedingungsfaktoren blieb zunächst unbeantwortet. Umso interessanter die Ergebnisse empirischer Forschung: Einerseits kann von einer Zunahme von verbaler Gewalt und Vandalismus ausgegangen werden (Niebel et al. 1993, 797, Schubarth 1996, 42); andererseits ist die Gewaltsituation an ostdeutschen Schulen, bezogen auf den Vergleich sächsischer, thüringischer, hessischer und baden-württembergischer Schulen, entgegen anderslautenden Presseberichten – mit Ausnahme der Erscheinungsformen: rechtsextreme Parolen, Schmierereien und Outfit – weniger dramatisch als die an westdeutschen Schulen (Schubarth 1996, 33). – Gleichwohl soll in diesem Artikel nicht einer Verharmlosung das Wort geredet werden, denn mindestens die Erfahrung von Disziplinlosigkeit, von Unterrichtsstörungen, mangelnder Mitarbeit, Unruhe in den Klassen und von aggressivem Verhalten Sachgegenständen, Schülern und möglicherweise auch Lehrern gegenüber bleibt vermutlich keinem Referendar und keiner Referendarin, aber auch keinem Lehrer und keiner Lehrerin erspart. Indessen gibt es zum einen durchaus Möglichkeiten, den – vor dem Beginn der populären Gewalt-in-der-Schule-Diskussionen – sogenannten Disziplinkonflikten zu begegnen, und zum anderen existieren Konzepte für Kooperation und für Gewaltprävention, die von betroffenen Schulen – im Fortgang des Beitrags an einem Beispiel dargestellt – praktiziert werden. Wie sind die angedeuteten Gewaltphänomene einzuordnen, wie können wir, die Lehrerinnen und Lehrer, mit ihnen umgehen?

Tendenzen der Gewaltzunahme

20.2 Begriffe

Aggressionsbegriffe

Es gibt in der psychologischen Forschung nicht den einen wissenschaftlich unumstrittenen Aggressionsbegriff. Man kann einen eher weiten von einem eher engen Begriff unterscheiden. Der weite meint jede gerichtete, offensive Aktivität und schließt beispielsweise auch Selbstbehauptung und tatkräftiges Handeln ein. Dieser weite Aggressionsbegriff ist in der Psychoanalyse und in der Verhaltensforschung gebräuchlich.

Weiter und enger Begriff von Aggression

Der enge Aggressionsbegriff dagegen meint ein zielgerichtetes Schädigen, z.B. andere Menschen bedrohen, verletzen, töten. Es ist sinnvoll, von dem engen Aggressionsbegriff auszugehen, der die zielgerichtete Schädigung meint. Er umfasst immer noch eine Vielzahl verschiedener Verhaltensweisen: Die Aggression kann aus körperlichen Attacken, Verletzungen und Beschädigungen (körperliche Aggression), aus Vorwürfen, Diffamierungen, Beleidigungen (verbale Aggression), aus Geringschätzung, Ignoranz und Ausgrenzung (psychische Aggression) bestehen. Die Aggression kann sich nach außen, gegen andere richten, aber auch nach innen, gegen die eigene Person. Objekte aggressiven Verhaltens können sowohl Menschen als auch Sachen sein.

Gewalt als Teilmenge von Aggression

Gewalt ist eine Teilmenge der Aggression. Als Gewalt sind schwere, körperliche Aggressionen zu bezeichnen, die sich gegen Menschen richten. Gewaltanwendung gegenüber Sachen nennt man Vandalismus. In der Literatur werden die Begriffe Aggression und Gewalt leider häufig synonym verwendet; so spricht man beispielsweise von „verbaler Gewalt" oder „Gewalt durch Sprache". Durch diese Ausweitung verliert der Gewaltbegriff an Prägnanz und Schärfe. Das halte ich für problematisch. Zwischen Aggression und Gewalt sollte korrekt unterschieden werden, und zwar dahingehend, dass Gewalt eine Teilmenge der Aggression bezeichnet, nämlich die zielgerichtete, physische Schädigung eines Menschen. Darüber hinaus sollte man differenzieren zwischen Aggression, die aggressives Verhalten meint, und inneren aggressiven Gefühlen oder Impulsen, die durchaus nicht immer mit aggressivem Verhalten einhergehen müssen. Gleichwohl wird diese Sprachregelung selbst in diesem Beitrag nicht konsequent durchgehalten, weil sie unüblich ist.

20.3 Befunde

Ergebnisse einer Schulleiterbefragung

Schubarth/Kolbe/Willems präsentieren in ihrem Buch „Gewalt an Schulen. Ausmaß, Bedingungen und Prävention" von 1996 u.a. Ergebnisse einer Schulleiterbefragung aus den Bundesländern Sachsen, Hessen (Erhebungsphase Ende 1993/Anfang 1994), Thüringen und Baden-Württemberg (Erhebungsphase Mitte 1994). Für diese Studie erfolgte in allen genannten Bundesländern eine Totalerhebung der Schulen – bis auf Baden-Württemberg. Hier wurde nur eine Stichprobe von 25% aller Schulen einbezogen. Verglichen wurden anschließend die Schulformen Gymnasium, Förderschule (Lernbehindertenschule) und Berufsschule. Das Ergebnis soll hier bereits in Teilen vorweggenommen werden: Es gibt unterschiedliche schulformspezifische Gewaltbelastungen. Förderschulen sind stärker betroffen als die Berufsschulen, Gymnasien geringer als Berufsschulzentren.

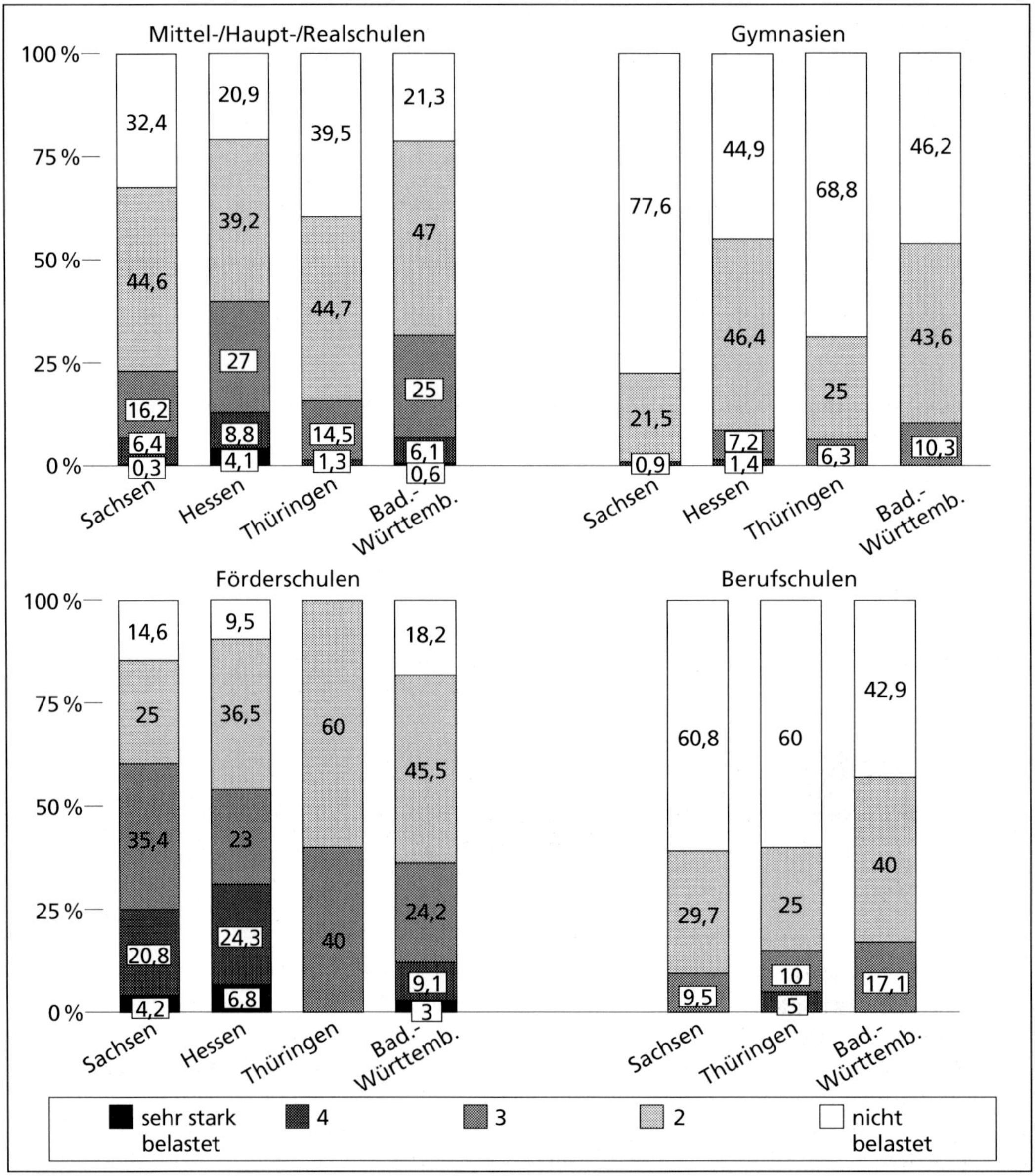

Bild 1: Belastung durch abweichendes Verhalten nach Schulform und Bundesland (in %), Schubarth 1996,55.

Der Gewaltbegriff, der dieser Studie zu Grunde gelegt wurde, erfasste beobachtbare, absichtsvolle Handlungen mit Schädigungsfolgen, nämlich sowohl die Gewalt gegen Personen, Gewalt gegen Sachen, aggressive Äußerungsformen als auch sonstige abweichende Verhaltensweisen, beispielsweise Diebstahl. Interessanterweise kommen in den vier Bundesländern dieselben Gewaltphänomene ähnlich häufig (z.B. Unterrichtsstörungen an 75-85% der

Schulen zumindest gelegentlich) und ähnlich selten vor (Schutzgelderpressung, Schlägereien zwischen Schülergruppen sowie Tragen von Schusswaffen u.ä.); das Ausmaß von Vandalismus ist an den Schulen in allen vier Bundesländern relativ hoch (Schubarth 1996, 25/35).

Bundesland	Sachsen		Hessen		Thüringen		Baden-Württemberg	
Erscheinungsformen	%	Rang	%	Rang	%	Rang	%	Rang
Vandalismus	33,6	1	41,2	1	28,6	1	27,1	2
Diebstahl	17,1	2	33,3	2	16,0	2	33,2	1
Urkundenfälschung	10,1	3	14,7	4	10,4	4	16,5	4
Körperverletzung	9,0	4	21,5	3	11,3	3	20,5	3
Nötigung/Erpressung	7,6	5	13,1	5	5,7	6	12,0	5
Aneigng. v. Sachen unter Gewaltanwendg., -androhung	3,5	6	10,5	6	6,5	5	9,9	6
Sexualdelikte	0,0	7	1,4	7	1,0	7	1,7	7
Die angegebenen Prozentwerte beziehen sich auf die zusammengefassten Kategorien „häufig" und „gelegentlich" einer vierstufigen Antwortvorgabe („selten", „nie")								

Tab. 2: Rangreihe und Vorkommenshäufigkeit allgemeiner Formen von Gewalt und abweichendem Verhalten an Schulen in den vier Bundesländern (in %), Schubarth 1996, 35.

Auch Gewalt gegenüber Lehrerinnen und Lehrern wird angegeben. Mit Ausnahme der Gymnasien werden solche Gewaltvorfälle in der Regel in Form von verbaler, manchmal aber auch von körperlicher Gewalt von 18% der hessischen, 15% der baden-württembergischen, 14% der thüringischen und 9% der sächsischen Schulen berichtet. Umgekehrt greifen auch Lehrerinnen und Lehrer gegenüber Schülerinnen und Schülern zu Gewalt, beispielsweise in Form von Ohrfeigen, dem Werfen von Gegenständen, dem unberechtigten Erteilen von schlechten Leistungsnoten für unangemessenes Verhalten. Dies wird von 21% der hessischen, 16% der baden-württembergischen, 10% der thüringischen und 7% der sächsischen Schulen genannt, wobei die höheren Gewalt-Werte für die beiden alten Bundesländer den Gesamttrend der hier zitierten Studie bestätigen (vgl. Schubarth 1996, 39).

Schulische Maßnahmenkataloge

Entgegen der in der Öffentlichkeit häufig zu findenden Darstellung, dass die Schulen gegenüber einer gewalttätigen Schülerschaft hilflos dastehen würden, zeigt sich anhand der vergleichenden Schulleiterbefragung, dass Schulen der Gewaltproblematik mit einer konkreten Staffelung bzw. Rangreihung von Maßnahmen begegnen; es handelt sich um „Aussprache mit einem Lehrer, schriftlicher Verweis, Überweisung an eine Beratungsstelle oder das Jugendamt, Einschalten der Polizei, Versetzung in eine Parallelklasse, Umschulung in eine andere Schule der gleichen oder einer niedrigeren Schulform" (Ackermann 1996, 206/207). Die Schulen sind allerdings

Tendenz zu interner Problemlösung

bestrebt, Konflikte im Kontext von Gewalt vor allem innerhalb der eigenen Institution, also intern zu lösen. Auch hier zeigen sich schulartspezifische Unterschiede, da die Gymnasien angeben, nur selten, und wenn, nur mit bestimmten der vorgegebenen Formen zu intervenieren, nämlich mit den Aussprachen mit Lehrern, mit schriftlichen Verweisen und mit dem Einschalten der Polizei. In den Gymnasien Thüringens und Sachsens nimmt das Einschalten der Polizei mit ca. 7% den dritten Rang ein. Demgegenüber wird weder in Hessen noch in Baden-Württemberg von einem der Gymnasien angegeben, dass es die Polizei gelegentlich oder häufig einschalte. Dies lässt die Vermutung zu, dass an ostdeutschen Gymnasien eher mit administrativen/restriktiven Methoden gearbeitet wird. Die Präventionskonzepte der Schulen verteilen sich auf verschiedene Handlungsfelder, schwerpunktmäßig auf die außerunterrichtliche Arbeit, darüber hinaus auf Elternarbeit, Aktivitäten des Kollegiums wie Fortbildungen und pädagogische Tage, Maßnahmen zur Kontrolle und Bestrafung, so beispielsweise die Erarbeitung einer Hausordnung, deren konsequente Durchsetzung und die Einrichtung von Schülerordnungsgruppen, die Durchführung von Unterrichtseinheiten zu den Themen Gewalt, Aggression, Ausländerfeindlichkeit, abwechslungsreiche Unterrichtsgestaltung, den Einsatz von Beratungslehrern und Schulpsychologen sowie die Zusammenarbeit mit städtischen und kirchlichen Institutionen (vgl. Ackermann 1996, 211/212).

Schulische und außerschulische Bedingungsfaktoren

Trotz vorhandener Maßnahmenkataloge und Präventionskonzepte muss jedoch davon ausgegangen werden, dass Lehrerinnen und Lehrer zumindest in manchen Fällen Hilflosigkeit empfinden, weil die praktizierten Maßnahmen nicht unbedingt zum Erfolg führen. Dies verwundert letztlich nicht, da es für das Auftreten von Gewalt an Schulen schulische sowie außerschulische Bedingungsfaktoren gibt und letztere oft nur schwer veränderbar sind. Franz Petermann geht von verschiedenen Ursachen aggressiven Verhaltens aus und hält dieses Verhalten – gemäß empirischer Untersuchungen – für sehr stabil und nur schwer beeinflussbar (Petermann 1995). Zu den durch die Schule nicht oder nur kaum veränderbaren Ursachen aggressiven Verhaltens gehört das Elternhaus. Petermann schreibt den Eltern aggressiver Kinder zu, dass sie nur gering über den Alltag ihres Kindes informiert seien, ihre Kinder nur unzureichend beaufsichtigten, nur wenig Anteil an deren Aktivitäten und Interessen nähmen und selbst ein antisoziales bzw. delinquentes Verhalten zeigten und Unstimmigkeiten in ihrer Ehe aufwiesen. Gleichwohl hält er es durch pädagogische Trainings und therapeutische Hilfen für möglich, aggressives Verhalten von Kindern mit Hilfe der Einbeziehung der Eltern abzubauen und ihnen zu einer differenzierten Fremd- und Selbstwahrnehmung, angemessener Selbstbehauptung, zu Kooperation und Hilfeverhalten, einer besseren Handlungssteuerung und zu positivem Einfühlungsvermögen zu verhelfen (Petermann 1995, 1018-1023).

In ähnlicher Weise systematisieren Bründel und Hurrelmann (1994) schulische sowie außerschulische „Risikofaktoren" für aggressives Verhalten: (1) Ungünstige Familienverhältnisse, (2) Integration in eine delinquente Jugendkultur, (3) Entfremdung und Distanz zu schulischen Normen und

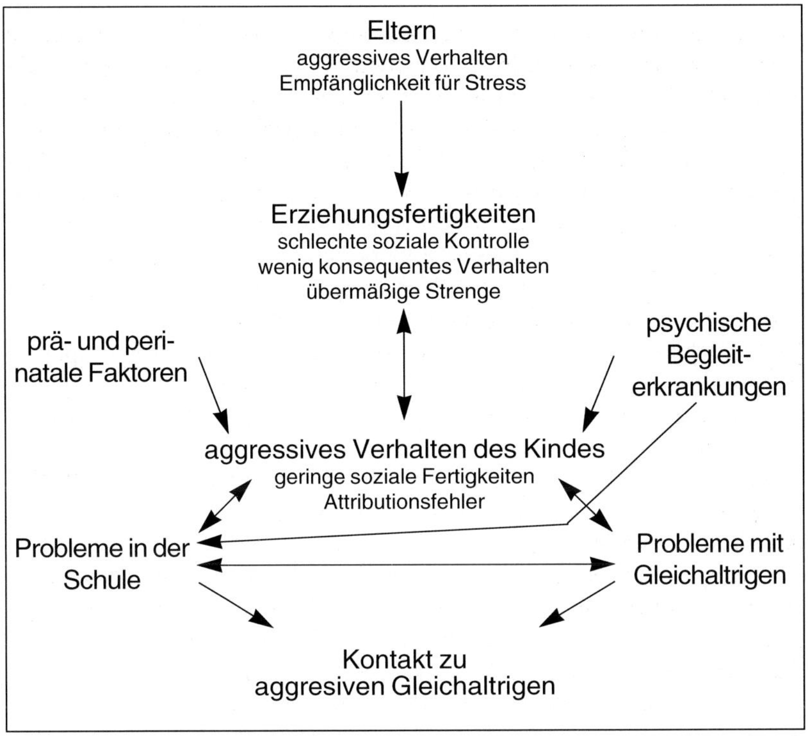

Bild 3: Ursachen aggresiven Verhaltens, Petermann 1995, 1020.

Werten, (4) schulisches Leistungsversagen, (5) ungünstige schulökologische und schulorganisatorische Bedingungen, (6) schlechtes soziales Betriebsklima im Kollegium und (7) die schlechte Qualität der Lehrer-Schüler-Beziehungen. Aggressives Verhalten wird auch bei ihnen als durch unterschiedliche Faktoren beeinflusst beurteilt, wenngleich Bründel/Hurrelmann stärker auf die Veränderung aggressionsauslösender schulischer Bedingungen abheben und verschiedene Motive für spontanes oder aber geplantes aggressives Verhalten annehmen. An diesem Punkt ist es nun geboten, sich mit den unterschiedlichen Erklärungen für verschieden motivierte aggressive Handlungen auseinanderzusetzen.

20.4 Aggressionstheorien

Drei Theorieansätze

Aggressives Verhalten kann triebtheoretisch, lerntheoretisch und/oder durch die Frustrations-Aggressions-Theorie erklärt werden. Diese Theorien werden im Folgenden kurz dargestellt. Die jeweilige Theorie sollte allerdings nicht als Erklärung für aggressives Verhalten schlechthin rezipiert werden, sondern eher unter dem Gesichtspunkt, dass mit ihr jeweils bestimmte, verschieden motivierte Aggressionen erklärt werden können, nämlich die Ärger-Aggression oder die instrumentelle Aggression (vgl. Nolting

1993 und 1993a). Nolting hält die Ärger-Aggression und die instrumentelle Aggression für die zwei Hauptaggressionstypen und ordnet ihnen die „verselbstständigte“ Aggression (persönliche Neigung zu Grausamkeiten o.ä.), die er später mit „spontaner“ Aggression bezeichnet, unter.
Aggressionen, die auf Ärger, Wut, Zorn beruhen und als Folge von Frustration entstehen, sind Ärger-Aggressionen. Diese Ärger-Aggression kann mithilfe der Frustrations-Aggressions-Theorie, aber auch lerntheoretisch erklärt werden, denn man kann – je nach Aussicht auf Erfolg und Misserfolg – lernen, seinem Ärger unterschiedlich Ausdruck zu verleihen, sowohl mit Schimpfen als auch mit gespielter Höflichkeit. Aggressionen instrumenteller Art hingegen, die aus Nutzeffekten angestrebt werden, lassen sich primär lerntheoretisch erklären.

20.4.1 Die triebtheoretische Erklärung von Aggression

Angeborener Triebimpuls

Die Triebtheorie geht davon aus, dass im Organismus eine angeborene Quelle existiert, die aggressive Impulse produziert. Diese angeborenen Triebimpulse müssen sich entladen; sie müssen sich, allerdings nicht unbedingt zerstörerisch, in Verhalten umsetzen können, da sie sonst zu psychischen Störungen führen. Die bekanntesten Vertreter dieser Auffassung sind Sigmund Freud (Psychoanalyse) und Konrad Lorenz (Ethologie). Freud geht davon aus, dass der Todestrieb der letzten Endes auf Selbstvernichtung gerichtet ist und nur durch die Mischung mit dem Sexualtrieb nach außen gelenkt wird, was der Entlastung des Triebhaushaltes dient. Lorenz hingegen nimmt bei Mensch und Tier einen spezifischen, gegen die Artgenossen gerichteten Kampftrieb an und bewertet diesen im Prinzip positiv, da er der Auslese der Stärkeren und dem Schutz der Nachkommenschaft diene. Eine vermittelnde Rolle nimmt der Verhaltensforscher Irenäus Eibl-Eibelsfeldt ein, der zwar einerseits aggressives wie auch liebevolles Verhalten als genetisch vorprogrammiert betrachtet, andererseits jedoch mehr Veränderungsmöglichkeiten des Menschen durch Lernen sieht als Freud und Lorenz. Am triebtheoretischen Ansatz ist zu problematisieren, dass es keine empirischen Belege für die Annahme eines Selbstaufladungsvorganges beim Menschen gibt; viel eher ist zu fragen, wie sich denn ein spontanes Aggressionsbedürfnis als allgemeines Menschheitserbe mit den großen individuellen Unterschieden zwischen Menschen in dieser Hinsicht vereinbaren lässt (vgl. Nolting 1993, 13).

20.4.2 Die Frustrations-Aggressions-Theorie

Aggressiver Impuls nach Frustration

Nach der Frustrations-Aggressions-Theorie beruht aggressives Verhalten auf aggressiven Impulsen, die durch Frustrationen entstanden sind. Unter einer Frustration wurde zunächst nur die Störung einer zielgerichteten Aktivität verstanden; später erweiterte sich dieser Begriff auf alle unangenehmen

Frustationsarten

Ereignisse, wie z.B. auch auf Belästigungen und Entbehrungen, so dass drei Typen von Frustrationen unterschieden werden: Die Störung einer zielgerichteten Aktivität (Hindernisfrustration), Mangelzustände (Entbehrungsfrustration) und Angriffe, Provokationen und Belästigungen (Belästigungsfrustration). Das Aggressionsbedürfnis entsteht nach dieser Auffassung also nicht von selbst, sondern in der Folge von Frustrationen, die sich in irgendeiner Form entladen müssen. Insofern wird mit der Frustrations-Aggressions-Theorie auch ein Energiemodell der Aggression vertreten. In der neueren Forschung wird die Rolle der Frustration als Aggressionsauslöser relativiert. Zum einen wird darauf verwiesen, dass es aggressive Handlungen wie Gewalthandlungen auf Befehl, gedankenlose Nachahmung aggressiven Verhaltens in einer Gruppe oder Gewalttaten zur Bereicherung gibt, die instrumentellen oder zweckdienlichen Charakter haben und nicht aus Frustrationen heraus entstehen. Zum anderen hat man festgestellt, dass aggressive Reaktionen in der Folge von Frustrationen nur dann auftreten, wenn „...

- das Frustrationsereignis den Charakter von Angriffen und Provokationen oder (...) von Hindernissen hat,
- das Ereignis als ‚frustrierend' interpretiert und bewertet wird (...),
- daher auch Ärgergefühle auslöst,
- die betreffende Person für solche Situationen aggressive Verhaltensgewohnheiten mitbringt,
- keine oder nur schwache Hemmungen geweckt werden,
- die Situation aggressive Modelle oder Signale bietet" (Nolting 1993a, 70).

Ablauf von der Frustration zur Aggression

Die so relativierte Frustrations-Aggressions-Theorie nimmt einen bestimmten Ablauf vom Frustrationsereignis hin zur aggressiven Handlung an. Das Frustrationsereignis wird von der Person nämlich zunächst interpretiert und bewertet. Erst darauf stellt sich Ärger ein, der dazu führt, das erlernte aggressive Verhaltensrepertoire und fehlende Hemmungen zu aktivieren, um dann aggressiv zu handeln. Eine durch Frustrationen hervorgerufene Aktivierung des Organismus setzt sich nur in die aggressiven Verhaltensweisen um, die das Individuum erlernt hat.

Ihre besondere Bedeutung hat die Frustrations-Aggressions-Hypothese dadurch erhalten, dass sie die Aggressivität einzelner Menschen oder Gruppen als Ergebnis der Summe von Unterdrückungen, Entbehrungen, Misserfolgen im Kindes- und Jugendalter oder aus sozialen oder wirtschaftlichen Notlagen deutete. Bei einer solchen Interpretation der Frustrations-Aggressions-Hypothese wird allerdings ein problematischer Bedeutungswandel im Verständnis der Frustration vorgenommen, denn Frustrationen werden nun als Entbehrung im weitesten Sinne und Aggressivität als relativ überdauernde Eigenschaft verstanden.

Katharsis-Hypothese

Die Katharsis-Hypothese, die Annahme einer möglichen vorbeugenden Senkung des Aggressionspotentials zur Vermeidung eines aggressiven Ausbruchs, wird zwar vorwiegend von Triebtheoretikern wie Konrad Lorenz vertreten, sie gehört aber auch zum ursprünglichen Bestand der Frustrations-Aggressions-Hypothese. Lorenz und andere Vertreter der Katharsis-Hypothese haben jedoch keine eigenen Versuche dazu durchgeführt, und die Katharsis-Hypothese wird von vielen Sozialpsychologen infrage gestellt. Auch Nolting kommt zu dem Schluss, dass Ärger reduzierende Effekte (also „kathartische Effekte") sich wohl nur dann einstellen, wenn die eigenen Reaktionen auf erfahrene Frustrationen zu einem subjektiv befriedigenden Ergebnis führen. Dieses subjektiv befriedigende Ergebnis kann jedoch sowohl durch aggressives als auch durch nichtaggressives Verhalten erreicht werden (vgl. Nolting 1993a, 190).

20.4.3 Die lerntheoretische Erklärung von Aggression

Die Lerntheorie erklärt das Auftreten und Lernen aggressiven Verhaltens nach Prinzipien, die auch sonst für das Lernen von Verhalten gelten. Gelernt wird einerseits, was man an körperlichen und sprachlichen Verhaltensformen, Interpretationsweisen, Begriffen, Vorlieben, Problemlösefertigkeiten usw. anwenden kann, also Inhalte und Situationsbezüge, und andererseits, wann bzw. in welchen Situationsbezügen, beispielsweise bei welchen Anlässen, gegenüber welchen Personen, an welchen Orten diese gelernten Inhalte aktiviert werden können.

Vier Ansätze zum Lernen:
– am Modell

Nolting unterscheidet innerhalb der lerntheoretischen Überlegungen verschiedene Lerntypen: Das Lernen am Modell, das Lernen am Effekt, also ein Lernen an Erfolg und Misserfolg, kognitives Lernen im Sinne von Wissensbildung und das Signallernen (vgl. Kap. 6 von Bovet).
Beim Lernen am Modell wird das aggressive Verhalten, z.B. eine gewalttätige Konfliktlösung, an Menschen, die man beobachtet, erlernt. Häufig wird das beobachtete Verhalten lediglich im Gedächtnis gespeichert, manchmal wird es sofort nachgeahmt. Als Leitbilder dienen hierbei die eigenen Eltern, Menschen aus dem Freundeskreis, andere Bezugspersonen und Medien.

– an Erfolg und Misserfolg

Beim Lernen an Erfolg und Misserfolg wird aus den Konsequenzen des eigenen Tuns gelernt. Wenn man sich z.B. erfolgreich durch Gewalt bereichert hat, ist dieser Erfolg möglicherweise handlungsbestimmend, da man sich in aller Regel auch zukünftig für ein Handeln entscheidet, das belohnt wird. Auch „angenehme innere Effekte wie Nervenkitzel (z.B. bei Fußballrowdies) und positive Selbstbewertungen (z.B. Stolz über die eigene Stärke und Tapferkeit)" wirken als Verstärker für ein Verhalten (vgl. auch im Folgenden Nolting, 1993, 15). – Das Lernen am Modell macht mit neuartigen Verhaltensweisen vertraut; Erfolge führen dazu, es verschiedentlich einzusetzen.

– kognitiv

Beim kognitiven Lernen werden aggressionsrelevante Begriffe, Denkweisen, Handlungspläne und Methoden erlernt: So können Volksweisheiten wie „Strafe muss sein" bestimmen, wie wir gewisse Dinge auffassen und damit unser Handeln anleiten.

– Signallernen

Beim Signallernen können dann diese kognitiv gelernte Bewertungen wirksam werden, so dass beispielsweise immer ein aggressives Gefühl entsteht, wenn man eine bestimmte Person sieht.

20.4.4 Integrierendes Erklärungsmodell zur Aggression

Integriertes Erklärungsmodell

Nolting versucht, die Annahmen der oben dargestellten Aggressionstheorien, vorzugsweise jedoch lerntheoretische und frustrationstheoretische Annahmen, in ein Erklärungsmodell zu integrieren. Er geht davon aus, dass die Entwicklung der Aggression eines Menschen zum Teil durch die Erbanlagen und zum Teil durch Lernvorgänge bestimmt wird, weiterhin davon, dass „vermutlich eine ‚ungestüme' körperlich-affektive Reaktion bei aversiven Ereignissen (‚Frustrationen') samt der Fähigkeit zu einfachen Verhaltensweisen wie schreien, treten, stoßen usw." ebenso angeboren ist wie die Fähigkeit zu lernen. Sicherlich werden auch „Unterschiede in den Erbanlagen (...) für die individuellen Aggressivitäts-Unterschiede mitverantwortlich sein (...)" (Nolting 1993, 17).

Personen- und Situationsabhängigkeit

Entscheidend für das Nolting´sche Erklärungsmodell ist, dass aggressive Handlungen als von gedanklichen Vorgängen gesteuert aufgefasst werden. Eine konkrete aggressive Handlung und die dahinter liegenden inneren Prozesse sind sowohl von der jeweiligen Person abhängig als auch von den jeweiligen Situationen. Nur so ist es möglich zu erklären, dass derselbe Mensch sich unterschiedlich je nach Anlass, nach Anwesenheit bestimmter Personen usw. einmal aggressiv, dann wieder friedlich verhält (Einfluss der Situation), und dass sich in derselben Situation verschiedene Menschen unterschiedlich verhalten (Einfluss der Person). Die am aggressiven Verhalten beteiligten Prozesse lassen sich – wie bei anderem menschlichen Verhalten auch – untergliedern in einen aufnehmenden, situationsverarbeitenden und einen verhaltensbezogenen, situationsverändernden Teil. Zur Aufnahmeseite gehören das Wahrnehmen, das Interpretieren und Verstehen und die emotionalen Reaktionen. Zur verhaltensbezogenen Seite gehören die Motivation, das planende, zielbezogene Denken und das äußere Handeln (vgl. Nolting 1993a, 138/139).

Vier Kategorien

In Noltings integrativem Modell werden die unterschiedlichen theoretischen Ansätze zur Erklärung aggressiven Verhaltens miteinander verbunden, indem sie vier Kategorien zugeordnet werden, die das aggressive Verhalten des Einzelnen bestimmen. Dazu gehören a) die aktuellen, inneren Prozesse der Person wie Absichten und Gefühle, b) die jeweiligen Situationsfaktoren bzw. das jeweilige Ereignis (äußerer Faktor) wie beispielsweise die Gegenwart bestimmter Personen, c) die personalen Dispositionen, also Voraussetzungen der Person wie Einstellungen und Fähigkeiten und d) die Entwicklungsbedingungen einer Person, also ihre Erziehung, Erfahrung mit bestimmten Personen, angeborene Grundlagen etc.

Leitfaden zur Analyse von Fallbeispielen

Auf diesem integrierenden Erklärungsmodell aufbauend entwickelt Nolting den abgebildeten „Leitfaden zur Analyse von Fallbeispielen", an dem man sich orientieren kann, wenn man schwierige Unterrichtssituationen, verursacht oder beeinflusst durch aggressives Schülerverhalten, durchschauen oder zumindest besser verstehen möchte. Den einzelnen, die Aggression bedingenden Prozessen werden Fragen zugeordnet, mit denen die jeweils relevanten Dispositionen, Prozesse, Entwicklungsbedingungen und Situationsfaktoren

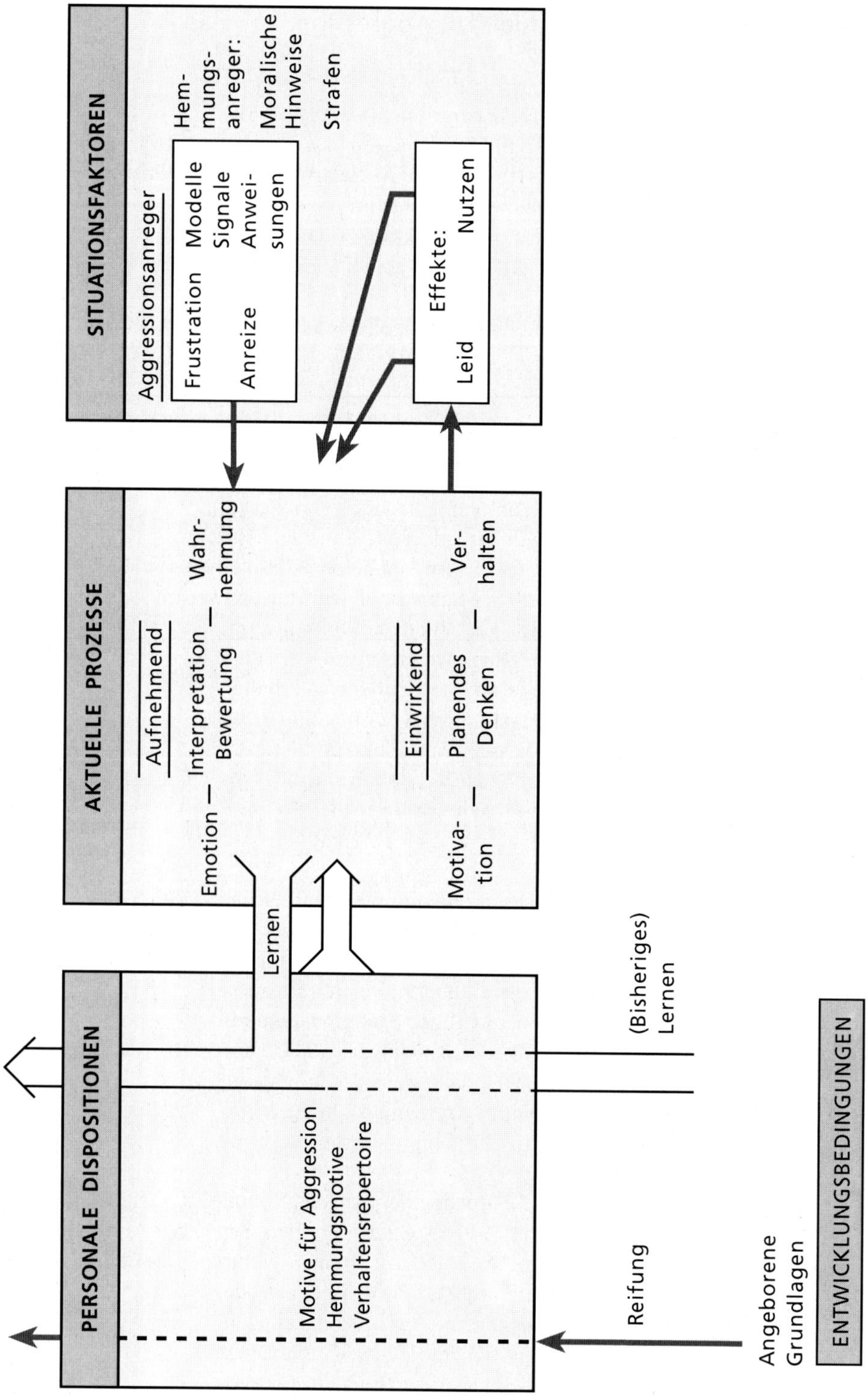

Bild 4: Integrierendes Erklärungsmodell zur Aggression, Nolting 1993a, 138.

Personale Dispositionen
nicht beobachtbar,
z.T. erschließbar, z.T. Vermutungen

- Neigt zu Vergeltungsbedürfnis? Sieht viele Bedrohungen? Strebt nach Durchsetzung, Gewinn u.a.?
- Hat moralische Normen gegen Aggression? Ist ängstlich in Bezug auf Strafrisiko?
- Hat eingeschliffene aggressive Gewohnheiten? Beherrscht aggressive Fertigkeiten gut? Hat intellektuelle, kommunikative Defizite für alternatives Verhalten?

Aktuelle Prozesse
Verhalten beobachtbar, innere Prozesse
z.T. erschließbar oder erfragbar

- Was sieht, was übersieht die Person?
- Wie interpretiert und bewertet sie das Ereignis?
- Was fühlt sie?
- Was ist ihr Ziel? Welche Befriedigung sucht sie?
- Ist Verhalten geplant und gesteuert oder „automatisch?
- Was genau tut (auch Mimik, Gestik) oder sagt die Person?

Entwicklungsbedingungen
z.T. erfragbar oder beobachtbar, z.T. Vermutungen

- Auf welchen Erfahrungen können die Dispositionen beruhen? Frustationen, Modelle, Aggressionserfolge, Belehrungen, Einsichten u.a.?
- In welchen Umwelten? Durch welche selbst initiierten Lernprozesse?
- Welcher alterstypische Reifungsstand, welche persönlichen Anlagen könnten bedeutsam sein?

Situationsfaktoren
zum Gutteil beobachtbar oder erfragbar

- Welche Frustationen, Anreize und Gelegenheiten, Modelle usw. regen das Verhalten an? Welche Effekte in der Umwelt (Nachgeben o.a.) ruft es hervor?
- Welche gegenläufigen Faktoren (z.B. Strafandrohung, Appelle) gibt es?
- Gegenüber welchen Personen tritt das aggressive Verhalten auf?
- Gemeinsam mit wem wird die Aggression ausgeübt? Im Beisein von wem?

Bild 5: Einige Fragen als Leitfaden zur Analyse von Fallbeispielen, Nolting 1993a, 139.

Aggressionsarten

z.T. erschlossen, beobachtet oder erfragt werden können. Da Aggression nicht gleich Aggression ist, Ärger-Aggression, instrumentelle Aggression und verselbstständigte, spontane Aggression zumindest hypothetisch voneinander unterschieden werden können, kann dieses Modell helfen, die Motivationsart der jeweils aggressiven Handlung im Kontext von Situation und Person zu erschließen und dementsprechende Veränderungsstrategien zu planen.
Darüber hinausgehend gibt Nolting Anregungen, wie aggressives Verhalten speziell in der Schule vermindert werden könnte, und regt an „...
- die Vermeidung unnötiger Frustrationen durch Überforderung und persönliche Herabsetzung sowie den Einsatz positiver Anreger (...)
- unterrichtsartige Projekte zur Förderung von Einfühlung, von Skepsis gegenüber aggressiven Modellen und Reflexion über Werte (...)
- den begrenzten und behutsamen Gebrauch von Strafen sowie die Förderung von inneren Hemmungen durch Gespräche über Verhaltensnormen u.a.
- die Kommunikation über Gefühle und die ‚niederlagelose Methode' der Konfliktlösung, die Bedeutung von Modellen, Bekräftigungen und problemlösendem Denken" (Nolting 1993a, 276; vgl. Kap. 14 von Dick).

Einige seiner Anregungen werden in die folgenden Strategien zum präventiven und intervenierenden Umgang mit Disziplinschwierigkeiten, aggressivem und gewalttätigem Verhalten integriert.

20.5 Strategien

20.5.1 Individuelle präventive Strategien

Prävention im Unterricht durch

Es ist notwendig, sich individuelle Strategien zum Bestehen von schwierigen Unterrichtssituationen, zum vorbeugenden Agieren und fortwährenden Reagieren während des Unterrichts zu entwerfen. Dies kann und muss präventiv geschehen, damit Agggressionen möglichst gar nicht erst entstehen (vgl. dazu Handke 1977, 68 ff.):

– Rituale

- Unterricht muss sorgfältig, klar in den Arbeitsabläufen, abwechslungsreich in den Methoden und Sozialformen geplant werden. So ermöglichen Rituale beispielsweise zu Beginn der Unterrichtsstunde eine innere Sammlung der Schüler und den Aufbau von Konzentration. Auch der Einsatz von Bewegungsmöglichkeiten, motivationsschaffenden Spielen, Entspannungs- oder Konzentrationsübungen – je nach Unterrichtsstunde, Klassenstufe und Situation, z.B. mit stets bereitgestellten und ad hoc durchführbaren Phantasiereisen oder ähnlichen Übungen – sollte versucht werden.

– Differenzierung

- Die unterschiedlichen Lerntempi der Schülerinnen und Schüler sollten soweit wie möglich berücksichtigt werden. Zusatzaufgaben, möglicherweise mit Belohnung, sollten für die schnelleren vorausplanend bereitgestellt, Selbstkontrollen ermöglicht werden, um die in einer Stillarbeitsphase herrschende Arbeitsruhe nicht unterbrechen zu müssen. Darüber hinaus lohnt es sich, auf die unterschiedlich ausgeprägten Fähigkeiten und Kenntnisse der Schülerinnen und Schüler, Aufgaben zu erfassen und zu bearbeiten, durch differenziert zusammengestellte Materialien einzugehen. Die sogenannte Binnendifferenzierung des Unterrichts fordert und fördert Schülerinnen und Schüler – gerade in Bezug auf ihre kognitiven Fähigkeiten – individuell und verbessert damit ihre Lernerfolgsbedingungen. Allerdings verlangt eine solche Binnendifferenzierung eine gute Kenntnis der Schülerinnen und Schüler und einen höheren, weil differenzierteren Vorbereitungsaufwand bezüglich der Unterrichtsgestaltung.

Prävention im Unterricht durch

– Vom Lehrer/von der Lehrerin erwünschtes Arbeitsverhalten sollte positiv verstärkt (Lob, Unternehmungen...), nicht erwünschtes Arbeitsverhalten ignoriert, bestraft oder angemahnt werden, möglichst in Verbindung mit der Verstärkung des erwünschten Verhaltens. So sollte z.B. ein Schüler, der wegen seines unkontrollierten Dazwischenredens ermahnt oder ignoriert wurde, gelobt und bestätigt werden, wenn er sich meldet und mit dem Reden wartet, bis er aufgerufen wird. Es ist sinnvoll, individuell und nicht kollektiv zu ermahnen. Ändert sich jedoch eine als disziplinlos empfundene Unterrichtssituation in mehreren aufeinander folgenden Stunden nicht, ist es geboten, sich einen angemessenen Sanktionskatalog (auf die erste Ermahnung folgt ...) zu überlegen, der den Schülerinnen und Schülern mitgeteilt und nach erfolgter Mitteilung konsequent umgesetzt werden sollte.

– Positive Verstärkung

– Mit Schülern, die häufig durch ein bestimmtes, für sich und die Klasse nicht förderliches Mitarbeitsverhalten auffallen (Langeweile, innere Abwesenheit, Unterrichtsstörungen etc.) sollten nach einem persönlichen Gespräch kooperative Verträge ausgehandelt werden, wie ihre Mitarbeit gesteigert werden kann (vgl. Verhaltensmodifikation in Kap. 7 von Bovet).

– kooperative Verträge

Nach dem Unterricht: Kollegengespräche

– Gespräche mit Kollegen und Kolleginnen können Hilfen für subjektiv nicht erträgliche Unterrichtssituationen bieten und sollten wahrgenommen bzw. gesucht werden. Problematische Unterrichtssituationen haben häufig mehr mit der Lehrerrolle zu tun als mit den Unzulänglichkeiten der eigenen Person. Diese Einsicht ist auch die Grundlage, auf welcher der Austausch von Kollegen und Kolleginnen über problematische Unterrichtssituationen geführt werden sollte.

20.5.2 Fallanalyse

Im Alltag werden die Ursachen für Konflikte oft nicht gründlich genug analysiert. Sie sind in der Regel vielfältiger Natur, ein konkretes aggressives Verhalten ist selten auf nur eine Ursache zurückzuführen. Mit dem Fallanalyseschema von Nolting kann man versuchen, die verschiedenen Bedingungen einer konkret beobachteten Aggression zu untersuchen.
Nehmen wir folgenden Fall an: Lehrer X unterrichtet neu in Klasse 8 einstündig; der Unterricht fällt durch Feiertage öfter aus, der Kontakt zur Klasse ist deshalb nicht intensiv. Ein Schüler fällt besonders durch sein demotiviertes Verhalten und aggressiv-abwertende Äußerungen dem Lehrer gegenüber auf. Am Ende des ersten Halbjahres ist die Leistung des Schülers mit Fünf zu beurteilen, bei der Halbjahreskonferenz stellt sich heraus, dass der Schüler

auch in einem anderen Fach mit Fünf beurteilt wird und Schwierigkeiten hätte, am Ende des Schuljahres einen Notenausgleich zu finden. Herr X beginnt, gründlich über den Schüler und sein eigenes Verhalten nachzudenken und könnte Noltings Schema folgend (vgl. dazu die Fragen unter „Aktuelle Prozesse" und „Situationsfaktoren") nun fragen:

Schema zur Fallanalyse

Was genau tut der Schüler?
„Der Schüler sitzt in der letzten Bank, ist von beiden Seiten abgelenkt, vergisst öfter sein Heft, beschäftigt sich mit seiner Frisur und mit seinem auf dem Boden liegenden Rollerskate, wirft halblaute abwertende aggressive Bemerkungen über mich und meinen Unterricht in den Raum."
Gemeinsam mit wem wird die Aggression ausgeübt? Im Beisein von wem?
„Häufig gibt er allein abwertende und provozierende Kommentare ab, manchmal aber auch zusammen mit seinem Bankkollegen. Immer findet diese negative Art von Kommunikation vor der ganzen Klasse bei fragend-entwickelndem Unterrichtsgespräch statt, während der Gruppenarbeiten nicht."

Was fühlt, sieht, denkt er vermutlich? Ist sein Verhalten geplant?
„Er fühlt sich wahrscheinlich abgelehnt, weil er einen Unterricht sieht und erlebt, der in inhaltlicher Hinsicht ohne ihn abläuft. Seine mangelnde Sachkenntnis wird in mündlichen Abfragesituationen deutlich und wird durch seinen Misserfolg in der Klassenarbeit bestätigt. Er fühlt sich wahrscheinlich gelangweilt, aber auch gereizt und provoziert. Um sich zu wehren und um vor der Klasse besser dazustehen, muss er versuchen, sich auf eine andere Art darzustellen. Seine konkreten aggressiv-abwertenden Bemerkungen ergeben sich dann aus der Situation, sind nicht genau geplant, erwachsen eher reflexhaft aus seiner negativen Haltung gegenüber dem Unterricht und mir."

Bühler/Tolksdorf (1996) schlagen vor in ähnlicher Weise für die Analyse einer andauernden Konfliktsituation vorzugehen. Sie ergänzen jedoch die Fragen, die sich auf das Schülerverhalten beziehen (*Frage A: Was kann ich real beobachten? Was tut der/die betreffende Schüler/in?)* durch Fragen, die der Lehrer/die Lehrerin sich selbst stellen muss. Lehrer X reflektiert weiter:

Frage B (Interpretation): Was denke ich darüber? Zuschreibung von Eigenschaften, Etikettierung, Ursachen usw.
„Der Schüler hat kein Interesse am Unterricht, er ist faul, nicht intelligent genug, nicht anstrengungs- und anregungsbereit, hat vermutlich eine schwierige pubertäre Phase."

Frage C (Gefühl): Wie fühle ich mich dabei?
„Ich ärgere mich, fühle mich durch sein offensichtliches Desinteresse gestört und achte empfindlich auf seine Äußerungen."

Frage D (Gesellschaftliche Analyse): Welches sind (wahrscheinlich) die sozialen und gesellschaftlichen Hintergründe?

„Möglich ist, dass die Eltern ihren Jungen unbedingt das Gymnasium besuchen lassen wollen und übersehen, dass er an seine Grenzen kommt. Andererseits kann es sein, dass sich der Junge aufgrund seiner Pubertät in einer schwierigen Phase befindet und auch die Eltern keinen rechten Zugang zu ihm haben."

...Schema zur Fallanalyse

Frage E (Ursachenanalyse): Welche Ursachen kann ich feststellen und überprüfen?
„Ich kann den Notenspiegel des Schülers ab Klasse 5 überprüfen, mit der Mutter bzw. den Eltern ein Gespräch über das Verhalten des Schülers Zuhause und sein Verhalten und seinen Leistungsstand in der Schule führen. Vielleicht hat sein Verhalten aber auch etwas mit meinem Unterricht und meiner Unterrichtsplanung zu tun – kann ich abwechslungsreicher und interessanter gestalten?"

Frage F (Zielplanung): Was möchte bzw. muss ich erreichen?
„Ich möchte die Situation verändern, sein unangemessenes Verhalten mir gegenüber. Ich brauche eine bessere Kenntnis der Situation, in der sich der Schüler befindet, um ihn möglicherweise in seinen Fähigkeiten stützen zu können."

Frage G (Handlungsmöglichkeiten): Welche Möglichkeiten habe ich, um mein Ziel zu erreichen?
„Ich kann a) nach wie vor mit Sanktionsmaßnahmen auf sein Verhalten reagieren, eine gewisse Ignoranz zeigen. Ich könnte b) ein Gespräch mit dem Schüler, der Mutter/den Eltern, mit den Kollegen führen und seinen bisherigen Leistungsstand in den vorhergehenden Jahren überprüfen."

Frage H (Folgenabschätzung): Welche wahrscheinlichen Folgen (und Nebenfolgen) haben diese Möglichkeiten?
„Bleibe ich bei meinem bisherigen Verhalten, wird sich sein Verhalten nicht ändern. Führe ich die genannten Gespräche und verschaffe mir damit einen Überblick über die Situation des Schülers, könnte das der Beginn einer besseren Beziehung zu dem Schüler sein, möglicherweise auch der Beginn einer besseren Beziehung des Schülers zu sich selbst."

Frage I (Entscheidung): Für welche Handlungsalternative entscheide ich mich?
„Ich verfolge Plan b), also Gespräche, Überprüfung des bisherigen Leistungsstandes etc."

Frage J (Handlung): Wie handle ich daraufhin?
„So wie bereits formuliert: Ich werde zunächst ein Gespräch mit dem Schüler (Verständnis – Verhalten – Leistung) führen, dann möglicherweise mit der Mutter/den Eltern, auf jeden Fall mit den Kollegen und seinen bisherigen Leistungsstand in den vorhergehenden Jahren überprüfen. Außerdem überprüfe ich meinen Unterricht auf Integrationsmöglichkeiten für diesen Schüler."

Problemanalysemodell

Dieses Problemanalysemodell von Bühler/Tolksdorf eignet sich m.E. für die individuelle Reflexion, aber auch für das Gespräch zwischen Kollegen und Kolleginnen. Nach einer so gründlichen Analyse vor sich selbst und einem Kollegen, dürfte der Weg gebahnt sein, eine Entscheidung zur Veränderung der Konfliktsituation zu treffen und auch die darauffolgenden Handlungen immer einmal wieder im Gespräch mit einem Kollegen zu besprechen.

20.5.3 Kollektive Strategien

Individuelle Förderung

Individuelle Strategien und Reflexionen reichen aber für den über Unterrichtsstörungen hinausgehenden schulischen Umgang mit aggressivem und gewalttätigem Verhalten und deren Prävention nicht aus. Als kollegiale bzw. schulische allgemeine Präventionsmaßnahmen gilt die Leistungsförderung der Schülerinnen und Schüler unabhängig vom jeweiligen Schultyp, da ein Zusammenhang zwischen Schulversagen und Gewaltbereitschaft gegeben ist.

Transparenz

Konsens in Schlüsselfragen

Differenzierung

Beziehungsgestaltung

Thematisierung

Damit einhergehen sollten transparente und gerechte Beurteilungsregeln im fachlichen Leistungs- und im sozialen Beziehungsbereich, ein gutes Schulklima, die Vorbildwirkung von Lehrern und Lehrerinnen in Bezug auf Konfliktlösung und Konsensbildung, Solidarität untereinander, Beratung über wichtige Regeln des Miteinanders und die Herstellung von Konsens zumindest in Schlüsselfragen, der von allen beachtet und eingehalten werden sollte. Nötig sind ebenso wechselnde und differenziert angewandte Unterrichtsmethoden und -gestaltung sowie der Wechsel von Lernsituationen. Wichtig ist die Gestaltung der sozialen Beziehungen zwischen Lehrern und Schülern. Lehrer sollten Ansprechpartner für Schülerinnen und Schüler sein, ohne dabei gleich in die Rolle des Therapeuten schlüpfen zu müssen. Die Themen „Gewalt", „Aggression", „Ausländerfeindlichkeit" sollten im Unterricht behandelt, außerunterrichtliche Aktivitätsangebote anbgeboten werden innerhalb von Arbeitsgemeinschaften, durch Ganztagsangebote, Pausenaktivitäten, Projektwochen, gemeinsame Gestaltung von Schulräumen verbunden mit der unbedingten Beteiligung der Schülerinnen und Schüler am Schulleben; gerade hier sollte auch über alltägliche Spannungen und Konflikte nachgedacht, gemeinsame Regeln aufgestellt und eingehalten werden. Die

Zusammenarbeit mit Eltern

intensive Zusammenarbeit mit den Eltern sollte ebenso wie Aktivitäten des Lehrerkollegiums/der Schulleitung, beispielsweise durch Fortbildung, Beratung, pädagogische Tage, Fallbesprechungen und die präventive und kontrollierende Zusammenarbeit zwischen Beratungslehrern, dem Kollegium und anderen Institutionen wie Suchtberatungsstellen, Kirchen, Integrationsmöglichkeiten in den Stadtteil u.ä. gesucht werden (vgl. Ackermann 1996, Bründel/Hurrelmann 1994).

Klare Regeln

Besonders wichtig ist jedoch, dass es in jeder Schule klare und eindeutige Regeln gegenüber Gewalt und aggressivem Verhalten gibt. Um aggressivem und gewalttätigen Verhalten an Schulen präventiv und intervenierend entgegentreten zu können, müssen solche Regeln aufgestellt werden, die sowohl

das Verhalten der Lehrer als auch das der Schüler betreffen. Auf gewalttätige Konflikte muss von Lehrerseite aus reagiert werden und zwar nicht individuell, sondern kollektiv im Rahmen einer kollegialen Strategie. Ziehen sich die Kollegen zurück, ignorieren sie derartige Vorkommnisse, scheuen sie Gespräch und Auseinandersetzung mit den Schülern, dann verlieren sie in den Augen der Schüler an Autorität und ermutigen damit indirekt zur Fortsetzung aggressiven Verhaltens (vgl. Bründel/Hurrelmann 1994, 132).
Regeln von und für Schüler und ihren Umgang mit aggressivem Verhalten könnten lauten: „Wir tyrannisieren oder schikanieren unsere Schulkameraden nicht. – Wir helfen Mitschülern, die von anderen schikaniert werden" (Bründel/Hurrelmann 1994, 128). Für das Kollegium bedeutet eine solche Verpflichtung der Schüler, mit ihnen kooperierend auf die konsequente Durchsetzung der gegebenen Prinzipien zu achten.

Intervenierende Maßnahmen

Als stärkste nicht mehr präventive sondern intervenierende Maßnahmen können dann – der empirischen Studie von Schubarth/Kolbe/Willems folgend – der schriftliche Verweis, die Überweisung an eine Beratungsstelle oder das Jugendamt, das Einschalten der Polizei, die Versetzung in eine Parallelklasse, die Umschulung in eine andere Schule der gleichen oder einer niedrigeren Schulform gelten.

Beispiel einer Schule

Schulen bzw. Kollegien sind gezwungen, eigene, konkrete Konzepte zu entwickeln: Jene zu Beginn des Beitrags als Beispiel erwähnte Schule im Ruhrgebiet, an der Schülerinnen und Schüler sowie Lehrerinnen und Lehrer über häufige Prügeleien und Schlägereien auf dem Schulhof und den Schulwegen klagten und die jüngeren Schüler und Schülerinnen wegen der ausgeübten Gewalt Angst vor den älteren hatten (vgl. auch im folgenden Bründel/Hurrelmann 1994, 134), begann ihren Weg mit einem Gespräch zwischen Schulleitung, dem Kollegium und den Schülervertretern. Es wurde eine anonyme Fragebogenaktion bezüglich der Erfahrung von Gewalt an der Schule durchgeführt, die Ergebnisse diskutiert, gegenseitige Vereinbarungen getroffen. Auf Elternabenden wurden Diskussionen über die unterschiedlichen Erwartungen von Lehrern und Eltern geführt, ein pädagogischer Tag zu diesem Thema durchgeführt, Patenschaften von Schülern für Schüler initiiert, Unterrichtsreihen zum Thema Gewalt, Übungen zur Stärkung des Selbstwertgefühls durchgeführt, für eine bessere und wohnliche Gestaltung der Klassenräume und des Schulgebäudes gesorgt, runde Tische für das Gespräch aller an Gewaltvorfällen Beteiligter eingeführt, Pausenspiele organisiert, Integrationsübungen im Klassenverband veranstaltet, soziales Verhalten trainiert und die Möglichkeit eröffnet, den Schülerinnen und Schülern einen eigenen Raum für Besprechungen zur Verfügung zu stellen. Diese Schule befindet sich auf einem schweren und mühsamen Weg, aber sie geht ihn!
Gesellschaftlich bedingte Ursachen, die verantwortlich sind für die immer schwieriger werdende Umsetzung des schulischen Erziehungs- und Bildungsauftrags, werden die Schulen und ihre Mitarbeiter gleichwohl nicht beseitigen. Sie können und müssen sich den daraus resultierenden Problemen stellen – und dies unter den gegebenen Voraussetzungen begrenzter finanzieller Aufwendungen für Erziehung und Bildung in der Schule.

Literatur

Ackermann, Ch. (1996). Interventions- und Präventionspraxis an Schulen – Ergebnisse einer vergleichenden Schulleiterbefragung. In: Schubarth/Kolbe/Willems (1996). 205 – 215. Opladen: Leske und Budrich.

Bründel, H./Hurrelmann, K. (1994). Gewalt macht Schule. Wie gehen wir mit aggressiven Kindern um? München: Droemer Knaur.

Bühler, C./Tolksdorf, R. (1996). Hilfen für die Lehrerin/den Lehrer im Vorbereitungsdienst zum besseren Umgang mit Schülerinnen und Schülern in schwierigen Lern- und Erziehungssituationen. In: SEMINAR, Lehrerbildung und Schule. Bundesarbeitskreis der Seminar- und Fachleiter e.V. (Hrsg.). Umgang mit schwierigen Schulsituationen 3/96. 6-20.

Handke, U. (1997). Der Mutmacher. Ratgeber für den pädagogischen Berufseinstieg. Berlin: Cornelsen.

Hurrelmann, K./Palentin, Ch./Wilken, W. (1995) (Hrsg.). Anti-Gewalt-Report. Handeln gegen Aggressionen in Familie, Schule, Freizeit. Weinheim/Basel: Beltz.

Konflikte in der Schule (1997). Bearbeitung und Lösung. Thema in: Pädagogik, Heft 10. Weinheim: Beltz.

Melzer, W./Schubarth, W. (1996). Zur Studie. In: Schubarth/Kolbe/Willems (1996). 21-29. Opladen: Leske und Budrich.

Niebel, G./Hanewinkel, R./Ferstl, R. (1993). Gewalt und Aggression in schleswig-holsteinischen Schulen. In: ZfP, Jahrgang 39, Heft 5, Sept. 93. 775 – 798. Weinheim: Beltz.

Nolting, H.-P. (1993). Kein „Erklärungseintopf". Ein Überblick aus psychologischer Sicht. In: Aggression und Gewalt. Landeszentrale für politische Bildung Baden-Württemberg. 9-23. Stuttgart/Berlin/Köln: Kohlhammer.

Ders. (1993a). Lernfall Aggression. Wie sie entsteht – Wie sie zu vermindern ist. Ein Überblick mit Praxisschwerpunkt Alltag und Erziehung. Hamburg: rororo.

Petermann, F. (1995). Aggressives Verhalten. In: Oerter/Montada: Entwicklungspsychologie. Ein Lehrbuch, 3., vollständig überarbeitete und erweitere Aufl. 1016-1023. Weinheim: Beltz.

Schnabel, K.U. (1993). Ausländerfeindlichkeit bei Jugendlichen in Deutschland – eine Synopse empirischer Befunde seit 1990. In: ZfP, Jahrgang 39, Heft 5, Sept. 1993. 799 – 825. Weinheim: Beltz.

Schubarth, W. (1996). Je liberaler, desto mehr Gewalt an Schulen? Ergebnisse eines Ost-West-Vergleichs. In: Schubarth/Kolbe/Willems (1996). 29-47. Opladen: Leske und Budrich.

Schubarth, W./Melzer, W. (1995) (Hrsg.). Schule, Gewalt und Rechtsextremismus. 2. Afl. 1995. Opladen: Leske und Budrich.

Schubarth, W./Kolbe, F.-U./Willems, H. (1996) (Hrsg.). Gewalt an Schulen. Ausmaß, Bedingungen und Prävention. Quantitative und qualitative Untersuchungen in den alten und neuen Ländern. In der Reihe Schule und Gesellschaft: F. Hamburger, M. Horstkemper, W. Melzer, K.-J. Tillmann (Hrsg.). Band 11. Opladen: Leske und Budrich.

21 Umwelterziehung als zentrale Zukunftsaufgabe

Wulf Datow

21.1 Krise des Systems Erde

21.1.1 Situation

Leben auf der Erde

Luft, Wasser, Erde werden immer mehr vergiftet. Dem Licht und der Wärme, die von der Sonne kommen, können wir nicht mehr trauen, denn an die intensiver werdende UV-Strahlung sind unsere Augen und unsere Haut nicht mehr angepasst. Auch Tiere und Pflanzen leiden immer stärker unter den Folgen unseres Umgangs mit der Natur, z.B. die kranken Bäume. Jeden Tag werden durch den Menschen weltweit ca. 50 Arten ausgerottet. Sie sind für den Genpool der Erde unwiederbringlich verloren.

Die globalen Klimaveränderungen, verursacht durch die Verschiebung des bisherigen Gleichgewichts in der Atmosphäre, sind ein Anzeichen dafür, dass die vom Menschen verursachten Prozesse auf eine Krise hin laufen: auf die drastische Veränderung der Lebensbedingungen, an die wir durch unsere bisherige Evolution optimal angepasst waren.

Normale Katastrophen

Betrachtet man die Geschichte des Lebens auf der Erde, so zeigt sich, dass etwa 90% der Arten, die sich im Laufe der Evolution gebildet haben, wieder ausgestorben sind. Ursachen waren wenigstens fünf Perioden eines Massensterbens, z.B. der großen Dinosaurier im ausgehenden Mesozoikum, hervorgerufen durch regionale Klimaänderungen, vielleicht Meteoriteneinschläge, oder auch Verdrängung durch besonders erfolgreiche einzelne Arten. Bewegt sich die augenblickliche Krise unseres Ökosystems „Erde" wieder einmal auf solch eine Katastrophe hin? Ist das eine normale Entwicklung? Läuft die Evolution danach auf einem anderen Organisationsniveau weiter?

Evolutionsrate höher als Aussterberate

Aus der Sicht der Evolutionsbiologie erleben wir die wohl größte Umweltzerstörung seit Beginn des Lebens . Die Evolutionsrate, d.h. die Bildung neuer Arten, sinkt weit hinter die Aussterberate zurück. Die Krise ist global und sie ist von einer einzigen Art verursacht: dem homo sapiens. Außerdem kennen wir Menschen die Ursachen, den Verlauf und die Konsequenzen der kritischen Entwicklung, und wir könnten ihr wohl noch Einhalt gebieten. Denn der homo sapiens verfügt über einzigartige Lern- und Problemlösefähigkeiten, die Teil seiner Anpassungsmöglichkeiten sind.

Umweltschutz ist ein weltweiter Versuch, der Krise zu begegnen. Aber die Maßnahmen wirken zu langsam. Und manchmal scheint es, als betrieben wir die Umweltzerstörung wissentlich, vorsätzlich, unberührt von den Konsequenzen. Werden wir die Entwicklung anhalten? Können wir es wirklich? Sollen wir es tun? Wollen wir es tun? Es erscheint als „... die höchste Ironie der organischen Evolution: dass Leben in dem Augenblick, da es durch den Geist des Menschen zur Selbsterkenntnis gelangt, seine schönsten Schöpfungen dem Untergang geweiht hat. So schließt der Mensch die Tür zu seiner Vergangenheit." (Wilson 1995).

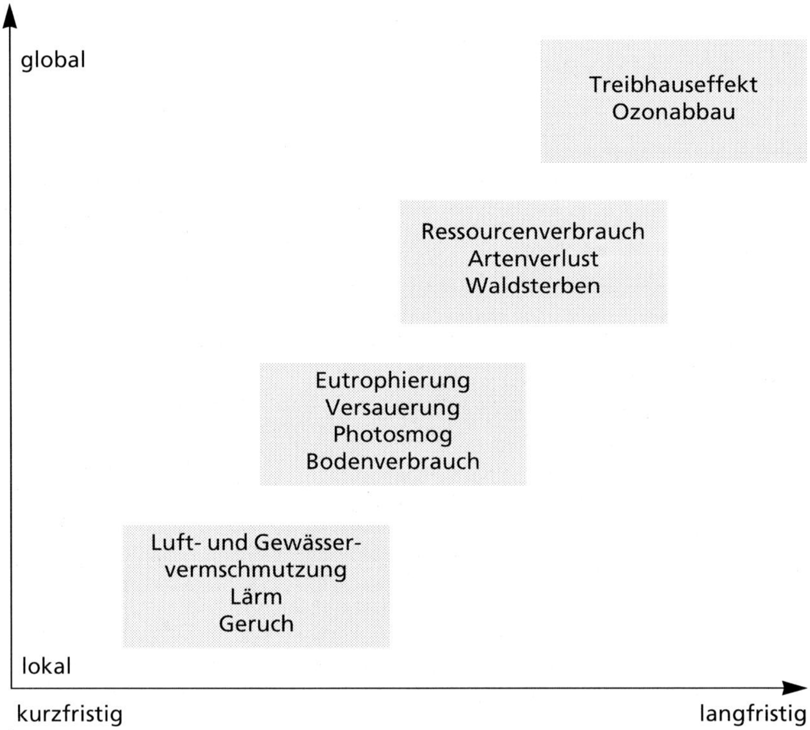

Bild 1: Umweltprobleme (nach Mayer 1997)

21.1.2 Ursachen

Bedürfnisbefriedigung

Ursache der Umweltkrise ist letztlich die Befriedigung unserer Bedürfnisse nach Nahrung, Kleidung, Wohnung, Gesundheit, Unterhaltung, Anerkennung und Erkenntnis.

Jahrmillionenlang konnte die Erde genug geben für diesen Bedarf der wenigen Menschen; giftige Abfälle fielen problemlos zurück in die großen natürlichen Kreisläufe. Es konnte ein Bewusstsein von der „unendlichen Natur" entstehen. Heute übersteigt der wachsende Bedarf allmählich die vorhandenen Ressourcen und die Wirkungen der Abfallmengen überschreiten die Pufferfähigkeiten der Böden, Ozeane und der Atmosphäre. Diese Übernutzung und beginnende Zerstörung des uns tragenden Systems entsteht durch die Bevölkerungsexplo-

Pufferfähigkeit

sion in der„dritten Welt“ und durch intensive, ständig ansteigende Pro-Kopf-Umweltnutzung in den Industriestaaten. So hat sich z.B. die Wohnfläche je Einwohner in der BRD von 1960 bis 1993 fast verdoppelt. Motor dieser Entwicklung ist unser Streben nach Perfektionierung der Befriedigung unserer materiellen Bedürfnisse. Aus dieser Perfektionierung entsteht die Forderung nach ständigem wirtschaftlichen Wachstum, die in unserer Kultur weithin eine Selbstverständlichkeit ist.

Bevölkerungs-explosion

21.1.3 Hintergründe

21.1.3.1 Kulturelle Einbettung umweltschädigenden Verhaltens

Konsum als Identität

Unsere umweltschädigenden Konsumgewohnheiten sind ein bestimmendes Merkmal unseres Lebensstils (Wegwerfgesellschaft), der fest in unsere Kultur eingebettet ist. Das bedeutet, dass Verhaltensmuster wie z.B. Konsum über das Notwendige hinaus, Konsum als Statussymbol (Auto, Reisen, Kleidung),
- zusammen mit den sie steuernden Einstellungen sehr früh gelernt werden,
- als sinngebende Selbstverständlichkeit erfahren werden,
- unter hohem Konformitätsdruck stehen (Sanktionierung durch Verlust von Ansehen bei Abweichungen, Anerkennung von Anpassung),
- Teil unserer kulturell bedingten Identität werden,
- durch vorherrschende „Ideologeme“ verankert sind und stabilisiert werden (z.B. Selbstwert von Kapitalwachstum),
- durch die gesamte gesellschaftliche Organisation (z.B. Interessenverbände) und durch die materiellen Bedingungen dem Einzelnen auch gegen bessere Einsicht „aufgedrängt“ werden, wie etwa auf Verschleiß hin konstruierte „Verbrauchsgüter“– statt technisch möglicher langlebiger Gegenstände.

Ein Infragestellen des Lebensstils kann zu erheblichen individuellen Verunsicherungen und Ängsten führen. Nötig wäre ein umfassender Kulturwandel, wie er z.B. von Amery, Jonas oder Fromm („Sein“ statt „Haben“) gefordert wird. Jedes kulturelle System braucht für seinen Fortbestand die Tradierung seiner Verhaltensmuster (Sozialisation), es braucht aber auch die Fähigkeit zur Anpassung an neue Gegebenheiten. Ansatzpunkte hierfür sind der Nonkonformismus Einzelner und die Erziehung der nächsten Generation. Hier liegt die Chance und Notwendigkeit der Umwelterziehung. Insbesondere in der Pubertät, in der mit den gewachsenen kognitiven Fähigkeiten und den Prozessen der Identitätsbildung eine kritische Auseinandersetzung mit den traditionellen Normen stattfindet, könnten neue, umweltgerechte Verhaltensmuster in die Kultur eingebracht werden (Leitbild „Nachhaltigkeit“).

21.1.3.2 Historische Ursachen naturvergessenen Verhaltens

Ursachen umweltschädigenden Verhaltens liegen auch in der Qualität des Verhältnisses Mensch – Natur. Natur erfahren wir zum einen als die uns umgebende, uns gegenüberstehende, zum anderen erfahren wir sie über unseren Körper. Er ist Natur, wir selbst sind Natur. Entfremdung von der Natur bedeutet auch Entfremdung von uns selbst.

Anthropozentrik

In der Geschichte der westlichen Kultur verschmolzen antike und christliche Naturvorstellungen zu einem Weltbild von Harmonie und Zweckmäßigkeit des göttlichen Weltplanes, von Unerschöpflichkeit der Natur und deren Bestimmung und Nützlichkeit für den Menschen. Technische Nutzung der Natur wurde so schöpfungs- und heilstheologisch gerechtfertigt. In diesem anthropozentrischen Weltbild konnte Natur zum Objekt technischer Ausbeutung werden und der Mensch wurde, geblendet von den Erfolgen der Machbarkeits-Ideologie und Naturmanipulation, blind für ihre Zerstörung.
Alte Vorstellungen von der beseelten Natur, in der die Götter wohnen, wurden verdrängt. Ausnahmen und Gegenbewegungen seien hier nur erwähnt, z.B. Franz von Assisi, Paracelsus, die Mystik, die Romantik und die zeitgenössische ökologische Theologie (Altner 1989). Natur als bloße Materie ist entwertet, das betraf auch die Leiblichkeit des Menschen. Entfremdung von der Natur führte zugleich zu einer Entfremdung vom Körper und zu einer Geringschätzung und Verkümmerung der Sinne. Dies wird heute verstärkt durch eine weitgehend mediale Welterfahrung. Eine Folge ist die Naturvergessenheit unserer Lebensweise. Wir können Natur nur schwer wahrnehmen als unsere Lebensgrundlage, als Gesamtzusammenhang (System), als uns übergreifendes Ganzes und Großes, auch Bedrohliches, als Wert an sich, als spirituelle Größe.
Natur ist weitgehend Mittel zum Zweck geworden, ein rechtloser Ressourcensack. Es ist ein gefährlicher Irrtum anzunehmen, die durch Ökonomie induzierte globale Eigendynamik der Naturzerstörung sei unvermeidlich. Sie wird dann hingenommen wie früher das „Walten Gottes" oder eine Naturgesetzlichkeit. Trotz Sachzwängen und Marktmechanismen bleibt der Mensch Gestalter seiner Geschichte und auch seines Umgangs mit der Natur.

21.1.3.3 Psychische Ursachen ökologischer Unvernunft

Einflüsse auf umweltrelevantes Verhalten

Der weithin zu beobachtende Widerspruch zwischen ausgeprägtem Umweltbewusstsein und umweltschädigendem Verhalten wird verständlich, wenn man den größeren Kontext der inneren und äußeren Einflussfaktoren auf unser Verhalten betrachtet (Bild 2). Das hier stark vereinfachende Schema soll zeigen, dass Wissen und Einstellungen zwar notwendige aber nicht hinreichende Bedingungen des Verhaltens sind. Ihr Einfluss wird häufig überschätzt, das zeigen z.B. unrealistisch hohe Erwartungen an die Erziehung. Wichtig sind auch entsprechende Verhaltensangebote (z.B.: öffentlicher Nahverkehr), Handlungsanreize (z.B.: der Verzicht auf PKW bringt mehr Vor- als Nachteile) und wahrnehmbare Konsequenzen des umweltschonenden Verhaltens. Diese Rückmeldungen sind für die Stabilisierung von Verhalten wichtig. Alle genannten Faktoren lassen sich bei der schulischen Umwelterziehung berücksichtigen, z.B. wenn man die Möglichkeit wahrnimmt, den „Betrieb Schule" in Zusammenarbeit mit der Gemeinde als Lernort zu nutzen (vgl. Bolscho/Seybold 1996, 182).

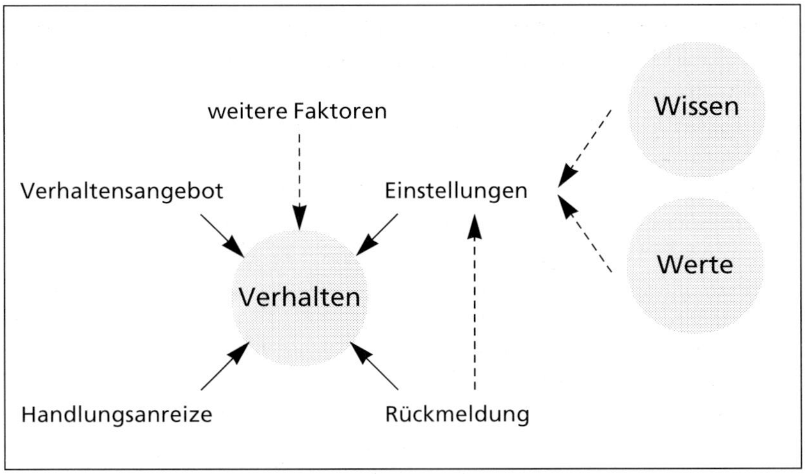

Bild 2: Einflüsse auf umweltrelevantes Verhalten (nach: Schahn/Giesinger, 1993)

Wahrnehmung und Denken

Unsere Sinnesorgane und die Verarbeitung der von ihnen gelieferten Informationen durch das Denken sind auf einen „Mesokosmos" ausgerichtet, d.h. auf überschaubare Räume und soziale Gruppen sowie auf kurze bis mittlere Zeitspannen. Viele Umweltprobleme sind jedoch global, die Ursachen oder Wirkungen liegen außerhalb unserer Naherfahrung, und viele Folgen bewegen uns nicht, da sie unvorstellbar weit in der Zukunft liegen (Erfahrungsdistanz, z.B. Halbwertszeit von Plutonium: 29.000 Jahre).

Schleichende Umweltveränderungen sind zu langsam für unsere Fähigkeit, Reizveränderungen wahrzunehmen (Unterschiedsschwelle; z.B. Erosion, Luft- und Wasserverschmutzung). Manche Reize sind für unsere Sinne zu schwach (absolute Schwelle) oder sie sind überhaupt nicht wahrnehmbar (viele „neue" Gifte). Diese natürlichen Defizite können wir kulturell ausgleichen, z.B. durch Messgeräte; wirklich beeindruckt werden wir aber durch das, was „wir selbst sehen". Dem vertrauen wir auch und messen ihm großen prognostischen Wert bei. Hinzu kommt, dass wir vornehmlich das wahrnehmen, was wir wünschen, befürchten und erwarten (Subjektivität, Selektivität). In Fällen, in denen wir Tiere und Pflanzen nicht kennen, bemerken wir nicht, wie sie aussterben.

Es fällt uns schwer, am folgerichtigen Denken festzuhalten, wenn es darum geht, sich widersprüchliche Fakten wahr- und ernstzunehmen. Wir verfügen über Strategien zur Auflösung zu starker kognitiver Dissonanzen, z.B. Vereinfachung durch Verwischen oder Übertreiben von Unterschieden, Selektion, Verdrängen usw. Zwar erweist sich solch eine Beseitigung von Unsicherheiten in vielen Lebenssituationen eher als zielführende Strategie als ein langsam abwägendes Betrachten aller Möglichkeiten. Aber die für uns evolutionär neue Situation der Umweltkrise lässt die Erfolgsrate mancher alter Strategien sinken, besonders in zwei typischen Problemsituationen: in den Dilemmata, in denen keine der verfügbaren Lösungen zielführend ist oder ein Widerspruch zwischen Individual- und Allgemeininteresse besteht.

Dilemmata können nicht aufgelöst, sondern nur vermieden werden, nämlich durch die Aufhebung ihrer Ausgangssituation. Z.B. mindern Katalysatoren die schädlichen Abgase spürbar, aber nicht ausreichend; ohne Kat fahren ist falsch, aber mit Kat fahren im Grunde auch; d.h. der Antrieb müsste grundsätzlich geändert werden. Eine soziale Falle ist das „Allmendeproblem". Für den Einzelnen bedeutet die von ihm verursachte, geringfügige Überlastung des Allgemeingutes „Umwelt" (z.B. Luft) einen relativen Vorteil. Da aber alle „heimlich" und unabgesprochen so denken und handeln, entsteht summativ ein gravierendes Umweltproblem: die Allmendeweide ist kahl gefressen und zertrampelt und zwar ehe wir es bemerken (z.B. Treibhauseffekt). Die entsprechende, alltäglich wirkende Einstellung äußert sich z.B. so: „Was kann es schon schaden, wenn ich eben mal ..." bzw. komplementär: „Wenn alle ... dann ist es ja egal, wenn ich auch ...". Diese Einstellungen sind typisch für unseren umwelterheblichen, täglichen Konsum (z.B. Autofahren). Mögliche Auswege aus sozialen Fallen bietet die Kommunikation. Durch Rollen- und Planspiele kann sie in der Schule im Kontext der Problemanalysen erlernt und geübt werden (vgl. z.B. das „Fischerei-Spiel" in: Politik und Unterricht 1, 1995, 7ff. und Bolscho/Seybold 1996, 165 ff.).

Der Charakter der Umweltprobleme (Globalität, Vernetztheit, Langfristigkeit, Diffusität usw.) erfordert die Veränderung unserer Denkmuster, z.B. vom langsamen, kurzschrittigen, einsträngigen Ursache-Wirkung-Denken hin zu einem „vernetzenden" Denken, in dem auch Interaktionen mitgedacht werden. Erschwerend sind dabei Kapazitätsgrenzen unserer kognitiven Fähigkeiten, z.B. das Tempo der Informationsaufnahme. Vielversprechend sind Spielmethoden, z.B. Computer-Simulationsspiele nach dem Zeitraffersystem, die uns schnell mit unseren Fehlern konfrontieren. In den simulierten Krisensituationen kann geübt werden, was besonders wichtig erscheint: das Einstellen unserer vorhandenen Denkfähigkeiten auf die Umstände der neuen Situationen (Dörner 1997, 288ff.). Eine ganz andere, vielleicht komplementäre Methode im Umgang mit hochkomplexen Phänomenen bietet die Symboldidaktik (vgl. unter Religionsunterricht).

Emotionen

Denk- und Verhaltensgewohnheiten ändern ist mühsam und erzeugt Unlust und Abwehr, z.B. als Entschuldigung und Rechtfertigung für das Beibehalten umweltschädigenden Verhaltens („Da könnte man ja gar nicht mehr ..."). Deshalb erscheint es wichtig, sich z.B. für einen Konsumverzicht „psychischen Ausgleich" zu holen und mit seinen Gefühlen so umzugehen, dass man auch kleine, individuelle Verhaltensänderungen ohne große Effekte als Erfolg bewerten kann. Der Rückhalt in Gruppen Gleichgesinnter kann stützend wirken, denn auch Angst und Schuldgefühle lassen uns wider besseres Wissen ökologisch unvernünftig handeln.

Verhaltensmuster

Die zu beobachtende Hartnäckigkeit der ökologischen Unvernunft führt zu der Annahme, dass nicht nur unsere Wahrnehmungs- und Denkmuster, durch die physiologische Ausstattung unserer Sinne, auf genetisch festgelegten Grunddispositionen beruhen, sondern auch unsere Verhaltensmuster zur Bedürfnisbefriedigung. „Wesentliche Instinktreste bestehen darin, dass fast allen unseren Verhaltensweisen die Tendenz zugrunde liegt, das Ziel zentrisch perfektionierter Bedürfnisbefriedigung zu verfolgen" (Kösters 1993, 393). „Zentrisch perfektioniert" heißt: „Ich, Sofort, Alles", und daraus folgt die ständige Steigerung des Wohlstandes, des Wachstums und der Umweltzerstörung, auch gegen besseres Wissen.

21.2 Wege aus der Krise

21.2.1 Ökologische Zivilisierung

In allen Gesellschaften ist es gelungen, Sexualität und Aggression kulturell unter Kontrolle zu bekommen. Ebenso müsste es möglich sein, den mächtigen Antrieb zu materieller Bedürfnisbefriedigung zu „zivilisieren", so Kösters zentrale These. Fromm spricht vom Lebensmodus des „Seins" im Gegensatz zu dem des „Habens". Der Weg aus der Krise, in die wir durch Verschwendung geraten sind, führt also über eine neue Kultur umweltbewusster Bescheidung. Ein technisches Mittel ist dabei effizientes Wirtschaften (Weizsäcker, 1997). Die Hauptschwierigkeit liegt jedoch darin, die sehr stabilen Verhaltensweisen unserer perfektionierten Bedürfnisbefriedigung zu modifizieren. Dazu muss die sie stützende kulturelle Einbettung geändert werden, und der Einzelne muss durch Erziehung und Selbsterziehung die „umweltbewusste Bescheidung" internalisieren, genauso wie die Kontrolle über Sexualität und Aggressivität. Voraussetzung ist der gesellschaftliche Konsens über einen Verhaltenskodex, der u.a. folgende Elemente enthält:

plain living high thinking

- eine höhere Wertschätzung des Allgemeinwohls, die Individualinteressen als Korrektiv zu lässt;
- eine höhere Wertschätzung der Gleichheit, die keine Privilegien zu vermehrter Umweltnutzung für ökonomisch starke oder politisch einflussreiche Bürger oder Organisationen zulässt;
- eine Hochschätzung der Bescheidung als einer intrinsisch motivierten Begrenzung der Bedürfnisbefriedigung;
- eine höhere Wertschätzung immaterieller Werte, z.B. von Persönlichkeitsmerkmalen und sozialen Beziehungen.

Hier ergeben sich für die Werteerziehung z.T. große Probleme. „Die immateriellen Befriedigungen haben es schwer, sich gegen die materiellen Befriedigungen durchzusetzen – nicht weil die immateriellen als weniger wichtig empfunden würden, sondern weil die materiellen schneller und leichter zu haben sind. Solange unsere Zivilisation diesen Mechanismus der Unterdrückung immaterieller Befriedigung durch materielles Wachstum weder durchschaut noch überwindet, haben wir keine Chance, das Wettrennen zwischen Effizienzzuwächsen und ... der hemmungslosen Wachstumsspirale zu gewinnen." (Weizsäcker 1997, 327).

Folgende Möglichkeiten der politischen Verhaltenssteuerung als einer „sanften Hilfe zur Selbststeuerung" sind auch für die Umwelterziehung in der Schule anregend (Kösters 1993): soziale Anerkennung für umweltgerechtes Verhalten, Ächtung von Abweichungen; Förderung engagierter einzelner; das soziale Bedürfnis nach Anerkennung und Zugehörigkeit nicht mit materiellen Ersatzbefriedigungen abspeisen („Zeit für Kinder"); Förderung immaterieller Statussymbole; Trendsetzen durch Modellpersonen. Solche einzelnen Maßnahmen brauchen die integrierende Kraft eines Leitbildes, wie dem der „nachhaltigen Entwicklung".

21.2.2 Nachhaltige Entwicklung

Sustainability

Der Terminus Nachhaltigkeit stammt ursprünglich aus dem Forstwesen und bezeichnet eine Wirtschaftsweise, bei der nicht mehr geerntet wird, als jeweils nachwächst. Nachhaltige Entwicklung (sustainable development) ist ein gesellschaftliches Leitbild: die Sicherung der natürlichen Lebensgrundlagen soll in Einklang gebracht werden mit der Verbesserung der ökonomischen und sozialen Lebensbedingungen aller Menschen.Dieses Leitbild zeigt nicht nur das ökologische Ziel: „nicht mehr ernten als nachwächst", sondern auch das ökonomische und ethische Ziel: gerechte Verteilung des Wohlstandes. Nachhaltige Entwicklung ist noch kein Lösungskonzept sondern ein Auftrag, ein umweltethischer Imperativ. Der grundlegende Wert, der ihn rechtfertigt, ist nicht eine heile Natur, die Schöpfung, das intakte Ökosystem Erde, sondern das auf den Menschen bezogene Prinzip der Gerechtigkeit.
Das Leitbild der nachhaltigen Entwicklung wurde im Anschluss an die erste internationale Umweltkonferenz der UN 1972 in Stockholm erarbeitet und zwar aus der Notwendigkeit und dem Willen zu einem globalen umweltpolitischen Konsens, in dem Umweltschutz und wirtschaftliche Entwicklung in Einklang gebracht werden sollten. Entscheidenden Einfluss auf die Konzeption des Leitbildes hatten folgende Tatsachen: Die Umweltzerstörung in der dritten Welt ist größtenteils bedingt durch Armut und Bevölkerungswachstum. Ein Verzicht auf den Lebensstandard der westlichen Industrieländer ist den Ländern der dritten Welt moralisch nicht zumutbar, und er wäre politisch nicht umsetzbar. Durch die UN-Konferenz zu „Umwelt und Entwicklung" (Rio de Janeiro 1992) wurde nachhaltige Entwicklung zum Leitbild der Umweltpolitik, dem sich über 150 Regierungen in dem Aktionsprogramm „Agenda 21" verpflichtet haben, so auch 1994 nochmals ausdrücklich die Enquetekommission des Deutschen Bundestages „Schutz des Menschen und der Umwelt".
Für die Umwelterziehung ergeben sich bestimmte Aufgabenfelder, wenn man die drei Hauptdimensionen der nachhaltigen Entwicklung betrachtet: Retinität, Globalität, Intergenerationalität.
Retinität (Gesamtvernetzung) als Handlungsprinzip fordert die Berücksichtigung der inneren Einheit und wechselseitigen Abhängigkeit von ökonomischen, ökologischen und sozialen Prozessen. Lösungsversuche für die konfliktbeladenen Spannungen, z.B. zwischen Armut und verschwenderischem Reichtum, müssen der Tragfähigkeit des ökologischen Systems gerecht werden.

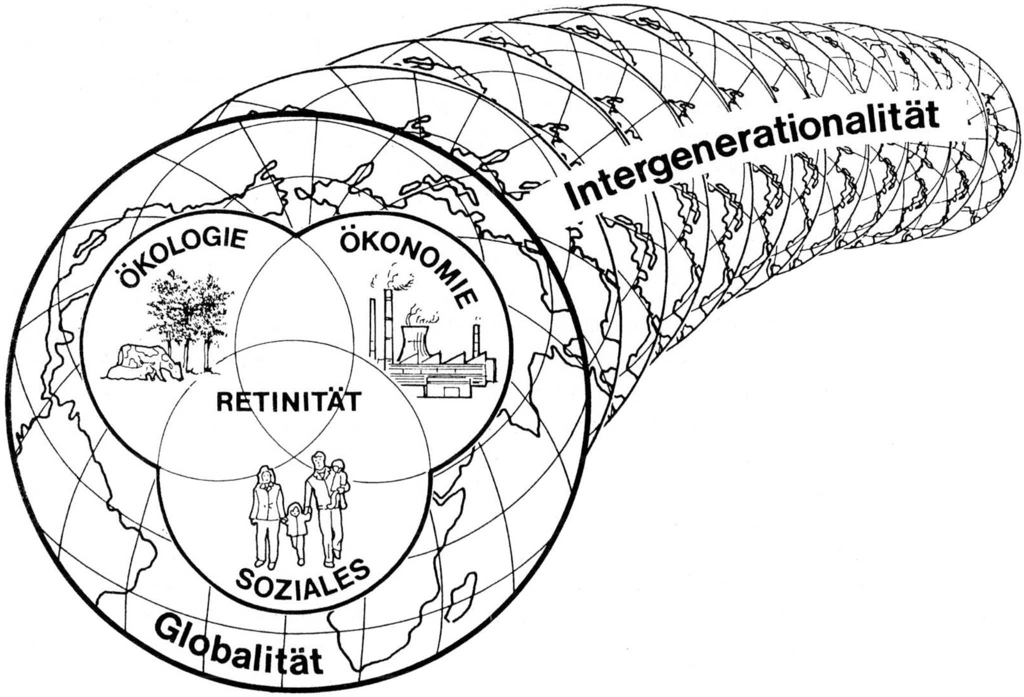

Bild 3: Dimensionen des Leitbildes nachhaltiger Entwicklung (Mayer 1997)

Globalität als Handlungsprinzip fordert die Berücksichtigung der Tatsache, dass durch den globalen Wandel die gesamte Erde zum Problemraum geworden ist. Die blinde Maximierung einer nationalen Wirtschaft kann die Ressourcen eines Dritte-Welt-Landes kurzfristig zerstören und damit langfristig auch die eigene Wirtschaft. Die Betroffenen leben außerhalb des Erfahrungshorizontes der Verursacher aber sehr wohl im Bereich ihrer Verantwortlichkeit.

Intergenerationalität als Handlungsprinzip betont die Verantwortung der lebenden Generation für die Lebensgrundlagen künftiger Generationen. Menschlich verursachte Umweltveränderungen reichen z.T. weit in die Zukunft (Treibhauseffekt). Alarmsignale fehlen oder sind nicht wahrnehmbar. Das übersteigt die Antizipationsfähigkeit, es entsteht keine Betroffenheit, die Probleme werden ungenügend berücksichtigt, kurzfristige Bedürfnisbefriedigung bestimmt das Handeln.

Will man der Gerechtigkeit folgen, dann zeigt das Leitbild der nachhaltigen Entwicklung, welche Interessenausgleiche gefunden werden müssen und dass diese in einem „Sustainability"-Diskurs aller Betroffenen erarbeitet werden müssen. Ziel dieser diskursiven Verständigung ist die jeweilige Auslegung und Konkretisierung von nachhaltiger Entwicklung in einem speziellen Kontext. Das heißt z.B.: Was ist gerecht im Sinne nachhaltiger Entwicklung hinsichtlich unterschiedlicher Bedürftigkeit, Fähigkeiten, Möglichkeiten und Chancen von Menschen, Staaten und Generationen –

auch hinsichtlich unterschiedlicher Kulturen (zur Problematik: Jüdes 1997). Die Umsetzung des Prinzips der nachhaltigen Entwicklung könnte zu einer der größten gesellschaftlichen Aufgaben werden. Die schulische Umwelterziehung muss daher diese Aufgabe durch Bereitstellen des Sachwissens zum Verständnis des Leitbildes (naturwissenschaftlich, ethisch, sozial-politisch) und durch Einüben der Diskursfähigkeit vorbereiten.

21.2.3 Frieden mit der Natur

Angst

Die Behandlung der Umweltproblematik kann bei Schülern starke Betroffenheit und heftige Gefühle von Bedrohung und Angst auslösen. Anders als Erwachsene haben Kinder weniger Schutzmechanismen, und aufgrund von Identifikationen und Projektionen leiden sie u.U. intensiv mit anderen Menschen, aber auch mit Tieren und Pflanzen. Deshalb ist es hilfreich, wenn der Lehrer geprüft hat, ob er bereit und fähig ist, den Gefühlen der Schüler einen Raum zu geben oder sie sogar mit ihnen zu teilen. Ist der Umgang mit Angst zugleich rational (Information) und emotional (Zulassen von z.B. Wut und Trauer), dann können angstauslösende Erfahrungen leichter in das Wissen integriert werden (Rest-Hartjes 1996).

Angst ist grundsätzlich eine sinnvolle Reaktion, da sie hilft, realen Bedrohungen auszuweichen oder sie zu beseitigen. Angstauslösend ist vor allem die Unbestimmtheit von Umweltgefahren. Es kann zur Angstabwehr kommen (Verleugnen, Verharmlosen, Verdrängen), aber auch zu Schuldverschiebung auf andere oder zu Abstumpfung, z.B. durch Sensationsberichterstattung oder durch planlose Wiederholung der Thematik in verschiedenen Fächern (Überdruss).Unterricht kann am besten dadurch gegen die Angst arbeiten, dass er Wissen und Handlungsfähigkeit vermittelt, dass er Handlungsmöglichkeiten zeigt und selbst nutzt. Dabei sollte man übersteigerte Erwartungen hinsichtlich schneller ökologischer Verbesserungen vermeiden. Es muss vielmehr auf Schwierigkeiten und Widerstände aufmerksam gemacht werden, damit bei Misserfolgen, besonders wenn auf großes Engagement Enttäuschung folgt, nicht Hilflosigkeit gelernt wird, mit den möglichen Folgen von Selbstzweifel, verstärkter Angst und Resignation.

Ermutigung

Für manche kann der Weg aus der Krise nur beginnen, wenn wir Frieden mit der Natur geschlossen haben (Meyer-Abich 1990), denn die Umweltzerstörung entspringt dem falschen, anthropozentrischen Denken, das Kultur gegen Natur stellt. Es macht blind dafür, dass die Kultur der Beitrag des Menschen zur Geschichte der Natur ist. Kultur ist für uns Menschen das, was das Schneckenhaus für die Schnecke ist. Wir haben uns unsere Kultur gemacht, sie ist uns gewachsen, wir wohnen darin, und um uns herum ist die große Natur. Wenn wird das wahrnehmen, wird sich unsere Haltung zur Natur ändern, wir werden anders denken und anders handeln aus einer holistischen Ethik heraus. Frieden mit der Natur sucht auch der Schöpfungsglaube. Für ihn ist es ein Frieden zwischen dem Menschen und seinen Mitgeschöpfen. Er „ahnt die Nähe Gottes bei den Dingen“ (Altner 1989, 423).

21.3 Erziehung zu umweltgerechtem Verhalten

21.3.1 Aufgaben

Das Verhältnis Mensch - Natur ist der zentrale Gegenstand der Umwelterziehung. Angesichts der ökologischen Krise ist es ihr Ziel, Wahrnehmungsfähigkeit, Problembewusstsein, Sachkompetenz (problemspezifisches Basis- und Spezialwissen), Handlungsfähigkeit und Handlungsbereitschaft zu schaffen für umweltgerechtes Verhalten, nicht zuletzt auch in der Gestalt von Gewohnheiten (Lebensstil). Grundlagen dafür sind Einsichten in das Ökosystem Erde, in psychosoziale Bedingungen menschlichen Verhaltens und in ökonomische und politische Zusammenhänge. Ein gesellschaftliches Leitbild für umweltgerechtes Verhalten ist das Prinzip der nachhaltigen Entwicklung. Die zugrundeliegenden Werte klärt und reflektiert die Umweltethik (Brenner 1996; Schlitt 1992).
Umwelterziehung braucht Sachkompetenz als Voraussetzung für das Entscheiden und Handeln. Das Wissen muss aber mit der Ausbildung des Willens verbunden werden. Der Einzelne klärt und festigt die Ziele seines Wollens und er bildet und schult die Kraft seines Willens. Wollen und Handeln werden erst auf der Grundlage von Wissen verantwortbar. Wissen ohne selbstständiges Wollen ist manipulierbar.
Die traditionelle Stärke der Schule liegt in der Vermittlung von Wissen. Der einzelne Lehrer hat aber z.B. durch die Freiheit der Methodenwahl Möglichkeiten, schon die Bedingungen des Lernprozesses so zu gestalten, dass das dabei erworbene Wissen für den Schüler handlungsrelevant werden kann (Projekt, handlungsorientierter Unterricht). Die erzieherische Wirkung des Unterrichts kann verstärkt werden durch Zusammenarbeit mit Eltern und Gemeinde. Für die Schüler erweitert sich dann der Handlungsraum der Schule in den persönlichen (Familie) und den öffentlichen Nahbereich.

21.3.2 Konzepte der Umwelterziehung

Seit den 70-er Jahren entstanden auch außerhalb der Schule, bei Umweltverbänden, Kirchen, Jugendorganisationen, vielfältige, eigenständige umweltpädagogische Aktivitäten und der Versuch ihrer Vernetzung (UNESCO-Verbindungsstelle 1986;Jüdes 1995, 15). Inzwischen lassen sich drei Hauptkonzepte unterscheiden, die das Feld umweltpädagogischer Möglichkeiten umreißen:

Wissen von der Natur

- Ökologische Grundinformation liefert lediglich Wissen als eine der Voraussetzungen für umweltgerechtes Verhalten, das aber in der Verantwortung des Einzelnen und der Gesellschaft liegt.

Selbstbescheidung

- Ökopädagogik will, ähnlich der Friedenserziehung, eine grundlegende ökologische Neuorientierung der Gesellschaft durch Erziehung. An die Stelle der Naturausbeutung soll die Verantwortung für das Lebenssystem Erde treten (z.B. Kleber 1993, Bölts 1995).

Handlungskompetenz

– Umwelterziehung beabsichtigt Wissensvermittlung, Ausbildung eines Umweltbewusstseins und einer entsprechenden Handlungskompetenz im gegebenen gesellschaftlichen Kontext.

21.3.3 Didaktische Ansätze

Umwelterziehung wird als eine Querschnittsaufgabe in allen Bildungsbereichen gesehen. Abhängig davon, wo die Hauptursachen für die Umweltkrise gesehen werden und auf welchem Wege am ehesten Abhilfe vermutet wird, ergeben sich didaktische Ansätze mit unterschiedlichen Gewichtungen, die sich zum Beispiel im Hinblick auf Altersgemäßheit untereinander ergänzen:

– **Erlebnis der Natur:** Durch sinnliche Erfahrung soll die für die Krise letztlich verantwortliche, krankmachende Entfremdung zwischen Mensch und Natur überwunden werden (Gefahr: ökonomische Aspekte sind weitgehend ausgeschlossen).
– **Verantwortlichkeit des Einzelnen:** Ausgehend von lokalen Problemen und persönlicher Betroffenheit wird die ökologische Bedeutsamkeit der individuellen Verhaltensweisen, z.B. der Konsumgewohnheiten, bewusst gemacht (interne Verantwortlichkeit; Gefahr: einseitige Schuldzuweisungen).
– **Ökonomie und Ökologie:** Die Verflechtung ökologischer, ökonomischer, militärischer, sozialer und kultureller Faktoren und deren historische Hintergründe werden betrachtet (externe Verantwortung; Gefahr: Ohnmachtserfahrung, Entschuldigung des Einzelnen).

Die unterschiedlichen Ansätze der Umwelterziehung haben eine Reihe gemeinsamer Merkmale: sie arbeiten problembezogen, exemplarisch, handlungsorientiert, vom Lokalen zum Globalen fortschreitend, fächerübergreifend, systemisches Denken fördernd; sie sind sowohl kognitiv wie emotional orientiert, wertbetont, zukunftsgerichtet; sie berücksichtigen Alternativen und fördern Anpassungsfähigkeit; sie betonen einen frühestmöglichen Beginn und lebenslange Dauer.
Trotz dieser Gemeinsamkeiten fehlt den umweltpädagogischen Bemühungen noch eine gemeinsame, stringente Theorie. Sie sind häufig geleitet von impliziten Motiven und individuellen Alltagstheorien über Natur, Mensch und Gesellschaft. Eine der Gefahren, die aus einer zu wenig kritischen und zu wenig selbstkritischen Praxis entstehen kann, ist die ungewollte Stabilisierung der Ursachenlage von Umweltschädigungen, etwa durch einseitige Schuldzuschreibungen auf Industrie oder Verbraucher. Weitere Schwierigkeiten liegen in der noch ungenügenden Wirkungsforschung. Welchen Anteil haben sachlich-analytische, künstlerisch-ästhetische oder emotionale Elemente beim Zugehen auf die Natur? Der Umstand, dass Umwelterziehung in der Schule als „Querschnittsaufgabe" für alle Fächer bestimmt wurde, führt in der Praxis häufig dazu, dass sie sich auf wenige Fächer wie Biologie oder Geographie beschränkt und dass selbst Projekte meist fachspezifisch angelegt sind.

21.3.4 Lehr- und Bildungspläne

Durch die Empfehlung der KMK von 1980 ist Umwelterziehung eine der Aufgaben der Schule geworden. Im Sinne eines fächerübergreifenden Unterrichtsprinzips wurden zunächst allgemeine Ziele formuliert: Beobachtung und Untersuchung der Umwelt; Einblick in ökologische Zusammenhänge und Ursachen von Störungen; Einsicht in die Tatsache, dass Artenvielfalt heutige und zukünftige Lebensgrundlage des Menschen ist, dass Umweltbelastung ein internationales Problem ist bei besonderer Verantwortung der Industriestaaten, dass notwendig Interessenkonflikte entstehen und auszugleichen sind, dass verantwortungsbewusstes Handeln des Einzelnen und der Gesellschaft nötig ist; Kenntnis der Rechte und Pflichten des Bürgers sowie Bereitschaft zur politischen Mitarbeit. Die Lehr- und Bildungspläne nennen konkrete Themenbereiche (z.B. Bayern, zitiert nach Diskussion Deutsch, 1994, 18):

Themen

- Vielfalt, Eigenart und Schönheit der Natur: z.B. Artenreichtum; Natur als Erlebnisraum, als Gegenstand von Dichtung, bildender Kunst und Musik;
- Bedeutung und Geschichte der Kulturlandschaft, die Zivilisation als Umweltfaktor: z.B. Dorf und Stadt als Lebensraum des Menschen; Denkmalpflege;
- Grundaussagen der Ökologie: z.B. Belastbarkeit von Ökosystemen;
- Beziehungsgeflecht Umwelt – Gesellschaft – Staat – Wirtschaft: z.B. Wohlstand, Energie, Abfall; staatliche Aufgaben; umweltpolitische Prinzipien, z.B. Vorsorgeprinzip; Gesetzgebung; Dritte Welt; UN;
- Art und Ausmaß der Umweltbelastungen: z.B. Luft, Boden, Wasser, Klima; lokale und globale Wirkungszusammenhänge;
- das Umweltproblem als Herausforderung an Forschung und Technik: z.B. Möglichkeiten und Grenzen technischen Umweltschutzes; Energieeinsatz; Recycling; Problemvermeidung durch vorausschauendes Planen und Forschen;
- das Verhältnis Mensch – Umwelt als ethische Herausforderung: z.B. anthropologische Aspekte; Orientierungsmaßstäbe; Ehrfurcht vor der Schöpfung; Prinzip Verantwortung; Bereitschaft zu Mäßigung und Verzicht;
- persönliche Lebensgestaltung und Umwelt: z.B. Konsumverhalten; Ernährung; Wahrnehmen der staatsbürgerlichen Verantwortung;
- Geschichte der Umweltproblematik: z.B. Bedingungen und Folgen der Bevölkerungsentwicklung; Wachstumsideologie

21.3.5 Ganzheitliches Lernen

Pädagogisches Leitbild ist das „Pflegerische“ (Winkel 1995). Von klein auf sollen Kinder zu einem rücksichtsvollen, fürsorglichen, liebe- und ehrfurchtsvollen, „vernünftigen“ Umgang mit Pflanzen, Tieren, Landschaften, Ökosystemen, Ressourcen und mit der eigenen physischen und psychischen Gesundheit hingeführt werden. In altersgemäßer Weise können die Schüler dabei immer den eigenen Körper erleben und die Natur direkt mit ihren Sinnen wahrnehmen. Der Weg zum schonenden Umgang mit der Natur läuft vom Kennenlernen, Vertrautwerden, Sich-Wohl-Fühlen in der Natur, zum Erforschen, Erkennen, Wertschätzen, zu Rücksichtnahme und Bereitschaft zur Konfliktlösung. Angepasst an den jeweiligen Entwicklungsstand der Schüler integriert dieser ganzheitliche Unterricht mehrere Aspekte:

Unterrichtsprinzipien

- sinnliche Erfahrung (Entwicklung und Schulung der Sinne als Voraussetzung für den Umgang mit der Natur – nutzend, wissenschaftlich analysierend, ästhetisch, kreativ oder kontemplativ; vgl. Cornell 1991);
- ästhetische Erfahrung (Erlebnis der Schönheit in der Natur mit unmittelbarer Überzeugungskraft, was handlungsrelevante Einstellungen bildet),
- religiöse und mythische Erfahrung (Sonne, Quelle, Baum, Garten u.a. in ihrer Symbolfunktion),
- Wissen,
- Umgang mit Konflikten.

Der Gesamtunterricht der ersten Schuljahre kann diese Aspekte gut realisieren und so erzieherisch wirken. Im Idealfall kann man in der 5. Klasse darauf aufbauen, dass die Kinder mit der „freien" Natur vertraut sind, sich in ihr zurechtfinden und sie kennen (Artenkenntnis). Systematischer Fachunterricht benötigt die isolierende Betrachtungsweise; er darf aber den ganzheitlichen Ansatz nicht vergessen und sollte ihn altersgemäß weiterentwickeln.

21.3.6 Umweltkompetenzen aus dem Leitbild der nachhaltigen Entwicklung

- **Diskursfähigkeit:**
  z.B. in Dilemmasituationen, zur Konsensbildung und als Voraussetzung zur Ideologiekritik (z.B. bei der Berücksichtigung fremder Kulturen).
- **Umgang mit Komplexität, Unsicherheit und Risiko:**
  u.a. grundsätzliches Misstrauen gegenüber der Faszination scheinbar einfacher Lösungen und monokausaler Erklärungsmuster, Ambiguitäts- und Fehlertoleranz, Geduld, Hartnäckigkeit, Zivilcourage.
- **Antizipations- und Partizipationsfähigkeit:**
  u.a. zur Überwindung der Raum- und Zeitdistanzen bei der Wahrnehmung und bei Verantwortung (Betroffenheit, Fernethik), „Global denken – lokal handeln".
- **Umweltbezogene Selbstkompetenz:**
  d.h. „die Menschen stärken"; zum Aufbau von Zuversicht aufgrund von Sachwissen, Entscheidungs- und Handlungsfähigkeit; Fähigkeit zum Umgang mit Angst und Zukunftshoffnung.
- **Reflexive Handlungskompetenz:**
  d.h. grundsätzliche Bereitschaft zur situationsgerechten Revision aller Strategien.

21.3.7 Ergänzende Angebote

Zentren für Umwelterziehung

In den letzten zehn Jahren entstand eine große Zahl von Schulbiologiezentren, Naturschutzzentren, Freilandlaboren, Umweltjugendherbergen, Waldlandheimen (Liste und Adressen in: Kochanek u.a. 1996; Winkel, 1995). Der schulischen Umwelterziehung bieten sie Ergänzungen durch ihre speziellen Möglichkeiten: Ausstattung (Laborplätze, Geräte und Werkstätten für ganze Klassen), für Freilandarbeit geeignetes Gelände, originale Naturbegegnung, erlebnis- und handlungsorientierte Methoden, fertige Programme, Fachleute, Zeit. Schwierigkeiten können u.U. daraus entstehen, dass sich Mitarbeiter und Schüler nicht kennen. Das Arbeiten an außerschulischen Lernorten muss nicht nur von der Sache her vorbereitet werden, sondern auch im Hinblick auf die Personen (pädagogische Mitarbeiter, Experten).

Wettbewerbe

„Kann man sich ein beflügelnderes Unternehmen vorstellen als die Wiederherstellung der Natur, die Erneuerung der wunderbaren Vielfalt des Lebens, die uns noch immer umgibt?" (Wilson 1995, 419). Gebraucht werden Vordenker, Aktivisten, Initiativgruppen. Diejenigen zu finden, die sich „beflügeln" lassen, ist das Ziel des jährlichen „Bundesumweltwettbewerbs". Teilnehmer sind Jugendliche ab der 9. Klasse bis 21 Jahre. Aufgabe: An einem Beispiel aus dem eigenen Erfahrungsbereich die Ursachen eines Umweltproblems untersuchen, die Zusammenhänge darstellen und Lösungen für ein verantwortliches Handeln entwickeln. Träger ist das Bundesministerium für Bildung, Wissenschaft, Forschung und Technologie, Veranstalter das Institut für Pädagogik der Naturwissenschaften, IPN, Kiel. Darüber hinaus gibt es in Deutschland über 100 Umweltwettbewerbe mit unterschiedlichen Zielsetzungen, z.B. den der Tutzinger Stiftung für Umweltbildung, bei dem insbesondere die Verbindung von ökologischen, sozialen und pädagogischen Aspekten im Vordergrund steht. Der Fachlehrer, der seine Schüler genau kennt, spielt hier eine Schlüsselrolle als Anreger und Förderer.

21.4 Möglichkeiten des Unterrichts

21.4.1 Fächerverbindender Unterricht

Interdisziplinäres Arbeiten

Für den Schüler ist es wünschenswert, dass er in jeder Stufe einmal an einem großen, fächerverbindenden Projekt teilnehmen kann, in dem ein Thema exemplarisch umfassend behandelt wird. Dabei kann er seine Lehrer als Modelle des interdisziplinären Arbeitens an einem Umweltproblem erleben.

Die Geographie betrachtet die Erde als Ganzes und den Menschen innerhalb dieses Systems. Die Biologie betrachtet lebendige Systeme und ihre Rahmenbedingungen. Die philosophische und religiöse Ethik zeigt, dass in der Natur selbst keine handlungsleitenden Normen für den Menschen gefunden werden können, sondern dass er selbst Normen setzen oder akzeptieren muss. Psychologie, Soziologie, Politik betrachten die Möglichkeiten, Bedingungen und Grenzen menschlichen Handelns. Kunst, Musik, Deutsch und Sprachen

können die ästhetische, Religion die metaphysische Dimension der menschlichen Existenz in der Natur, mit ihr und ihr gegenüber, zu erschließen versuchen. Für den Lehrer stellt sich die Frage, was für ihn machbar ist: manchmal Projekte leiten, öfter Beiträge liefern, vor allem „Bausteine" seines Faches entwickeln und bereit halten, die Kollegen der traditionellen Leitfächer unterstützen. Im eigenen Fachunterricht gilt es, fachüberschreitend die jeweils fehlenden Aspekte, z.B. die politischen im Biologieunterricht, zumindest zu nennen, wenn nicht in bescheidener Form zu integrieren durch Schülerreferate oder Besuche von Kollegen.
Das Zusammenspiel der Fächer mit ihren spezifischen Beiträgen soll am Thema „Baum/Wald" (Klasse 8/11) gezeigt werden, die Möglichkeiten eines größeren Projekts am Thema „Schutz der Erdatmosphäre" (Klasse 11).

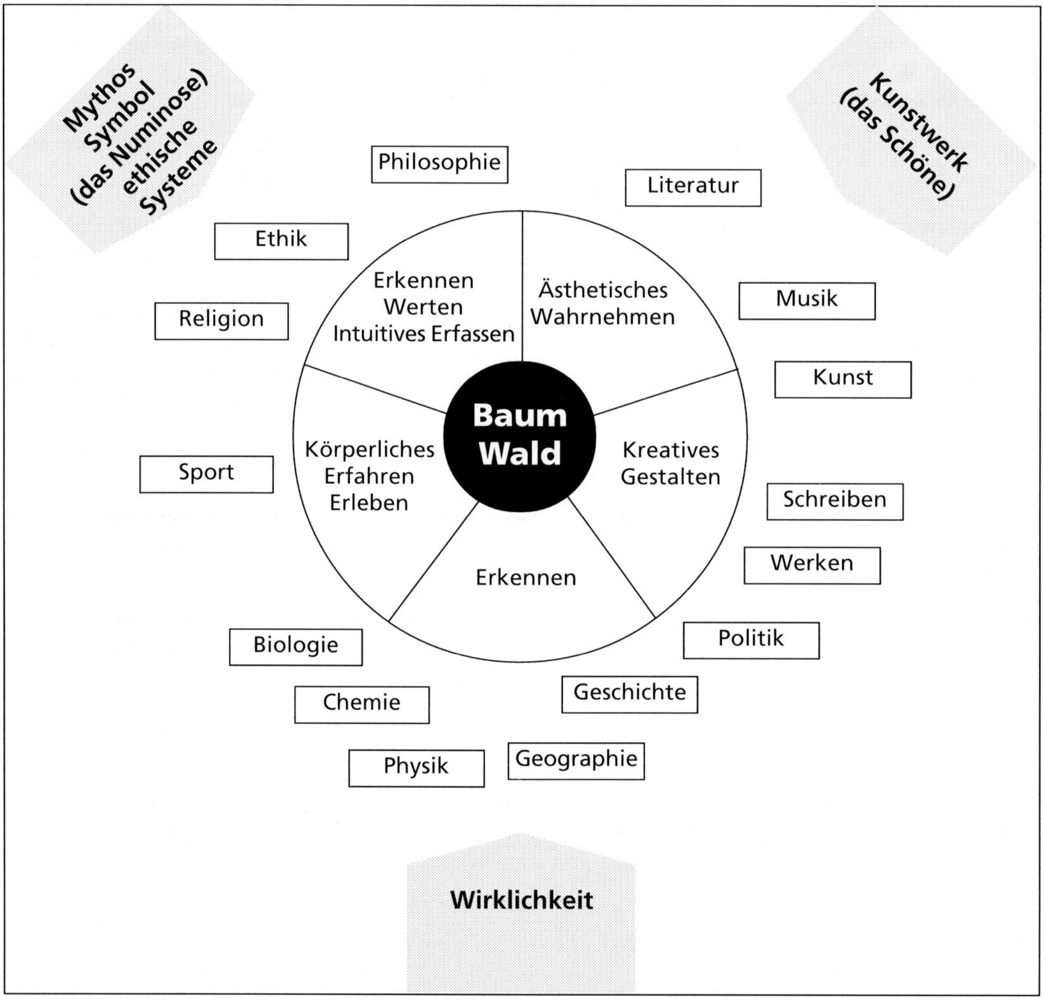

Bild 4: Projekt „Baum – Wald" im fächerverbindenden Unterricht

Projekt: Schutz der Erdatmosphäre

Aspekte des Themas	Hinweise	Vorausgehender Fachunterricht	Projekt: 3–4 Tage im zweiten Halbjahr
• Energieversorgung in Industrie- u. Entwicklungsländern • Primärenergieträger • Bevölkerungswachstum, Lebensstandard u. Energiebedarf • Probleme: Emissionen CO_2 ,SO_2, NO_x; Ressourcenverbrauch	• Vorkommen, Entstehung, Vorrat • Kontrolle v. Geburten und Pro-Kopf-Nutzung; umweltökonomische Gesamtbilanzen • Lebensqualität durch techn. Fortschritt; Folgen für die Biosphäre	Stellt Grundlagen bereit Erdkunde	Mögliche Themen für die Gruppenarbeit der Schüler (1–9) mit Experimenten:
Erdatmosphäre: Zusammensetzung, Aufbau, Strahlungshaushalt; natürlicher u. anthropogener Treibhauseffekt, Ursachen und Folgen	• Entwicklung der Atmosphäre; Vulkanismus; Energienutzung, FCKW, Rodung, Landwirtschaft; Klimaänderungen, Meeresspiegelanstieg,Naturkatastrophen	Erdkunde oder Physik in Absprache	**1) Was ist der Treibhauseffekt?** Exp.: Absorption von Infrarotstrahlung durch CO_2
Kohlenstoff-Kreislauf CO_2 -Quellen CO_2 -Senken	• Karbonate: Bildung und Zersetzung • Auswirkung auf d. Biosphäre • Löslichkeit v. CO_2 in H_2O, Photosynthese, Dissimilation	Chemie Biologie	**2) Das CO_2-Problem** Exp.: Biolog. CO_2-Produktion und CO_2-Verbrauch
Ozonzerstörung in der Stratosphäre, FCKW-Reduktion		Physik, Chemie, Erdkunde	**3) Das Ozonproblem** Exp.: Erzeugung, Eigenschaften, Abbau
Wirtschaftsordnung u. -politik; Nachhaltigkeit als Leitprinzip	• Möglichkeiten zu politischem Handeln • ökon., ökol. u. soziale Erfordernisse • Zukunftsfähigkeit	Gemeinschaftskunde	**4) Wie hängen Ökonomie, Ökologie und Politik zusammen?**
Kluft zwischen Wissen und Verhalten	Informationsverarbeitung: Sinne u. Wahrnehmung, Verhaltensdispositionen: evolutionär u. kulturell	Biolgoie, Psychologie	**5) Warum handeln wir oft gegen besseres Wissen?**
Kosmisches Gleichgewicht u. seine Gefährdung in religiöser u. ästhet. Erfahrung	• Aussagekraft von Symbolen, Mythen, Kunstwerken	Bildende Kunst, Musik, Deutsch, (Latein, Griechisch), Religion	**6) Luft, Wasser, Himmel in Mythos und Kunst**

	Aspekte des Themas	Hinweise	Vorausgehender Fachunterricht	Projekt: 3–4 Tage im zweiten Halbjahr
ERLEBEN	Sinne und Gefühle ansprechende Wahrnehmung	geschärfte Wahrnehmung von nichtoptischen Reizen (Duft, Wind, Geräusche, Boden)		**7) Aktion:** Schüler gehen nachts einzeln oder paarweise schweigend auf ausgewählter Strecke durch den Wald
ENTSCHEIDEN	ethische Maßstäbe u. verantwortliches Handeln Natur und Mensch	• Naturverhältnis verschiedener Epochen u. Kulturen • ökol. Ethik: Begründungen und Konsequenzen • Schöpfungsbewusstsein	Religion, Ethik, Philosophie	**8) Warum w(s)ollen wir die Atmosphäre schützen?**
global HANDELN lokal	Möglichkeiten zur Verringerung der Treibhausgase, Zielkonflikte	• Energiesparen: Haushalt (Heizung, Lebensmittel, Gebrauchsgüter) Verkehr • Regenerative Energien • Aktivitäten in unserer Stadt: Information, technische Maßnahmen, Förderprogramme für Bürger	Physik, Gemeinschaftskunde	**9) Was können wir tun?** Ich selbst und wir in unserer Schule, Familie und Stadt. Exp.: Solarenergie, Aktion: „Solarkocher für die 3. Welt“ vgl. Dieckhoff/Roth 1996, 134ff.

Grundlage des Projekts: Bildungsplan Baden-Württemberg, Klasse 1
Darstellung nach: U. Müller, Seminar für Schulpädagogik (Gymnasien), Heidelberg

Hinweise zum Ablauf des Projekts

Herbst: Lehrer informieren über Ziel und Themen; Zustimmung der Klasse; Absprache der Fachlehrer, Erarbeiten der Grundlagen für die Projektthemen im Fachunterricht

Januar: Schülergruppen wählen ihre Themen [1) bis 9)]

Febr./März: Ausgabe der Materialien in einer gemeinsamen Stunde aller Beteiligten; Fachunterricht nach Lehrplan und Arbeit der Gruppen zu Hause

Mai/Juni: Projekttage

1. Tag Einführung durch Lehrer: Ziele, Vorwissen, Organisation; Präsentationsform für die Ergebnisse: Stellwand; Gruppenarbeit: Aufbereitung der Inhalte

2. Tag Gruppenarbeit: Fertigstellen der Schautafeln (Bilder, Texte, Folien), Kurzvorträge, Experimente;
Planung und Probelauf der Präsentation vor der eigenen Klasse, Verbesserungen

3./4. Tag Präsentation der Ergebnisse vor einer Parallelklasse; pro

Gruppe 10 - 40 Min., dazu Fragen und Diskussion; je nach Anzahl der Themen auch 2 Tage; alternativ: nur Ausstellung und/oder Projektheft

später: Präsentation vor anderen Klassen, Eltern; Aufstellen der Schauwände im Schulhaus; Exkursion zu Energieversorgungsunternehmen, Energiesparhaus etc.; gemeinsames Essen als Abschluss; Aktion Solarkocher

21.4.2 Beiträge einzelner Fächer

Biologie

Lebendige Systeme

Das Fach Biologie hat die längste Erfahrung und durch die Behandlung „lebendiger Systeme" schafft es die wichtigste Wissensgrundlage. Es bieten sich vielfältige Möglichkeiten der Begegnung mit der Natur (Beobachtung, Experiment, Exkursion), auch Verantwortung kann übernommen werden (Schulgarten, Bachpatenschaften usw.). Eine wichtige Aufgabe könnte es sein, mit den Nachbarfächern ein „Basiscurriculum Ökologie" zu entwickeln, das als Spiralcurriculum durch alle Schuljahre läuft.

Geographie

Bewohbare Erde

„Hierin erblicke ich die große Aufgabe des Geographen, der sich nicht bloß mit einer Beschreibung des jetzigen Zustandes der Erdoberfläche begnügt, sondern diese als etwas Gewordenes und Werdendes betrachtet, der die Richtung erkennt, nach welcher hin sie sich umwandelt und durch menschliche Arbeit umgewandelt werden kann, der auch nicht davor zurückschreckt, Werturteile zu fällen, zu denen er befähigt ist." (Penck 1941, 30; zit. nach Kroß 1996, 9).
Dieses Selbstverständnis der Geographie, die von ihrem Gegenstand her schon immer global denkt, macht den Geographieunterricht in vieler Hinsicht zu einem potentiellen Leitfach in einer fächerverbindenden Umwelterziehung. Die Geographie selbst führt Informationen zusammen, die zur Behandlung der Umweltproblematik nötig sind (Landwirtschaft, Rohstoffe, Abfall, Energie, Grenzen des Wachstums, Tragfähigkeit, Zukunftsfähigkeit, nachhaltige Entwicklung, Stoffkreisläufe, Regenerationsfähigkeit usw.). Aus den Fragestellungen ergeben sich die Verbindungen zu Biologie, Chemie, Physik ebenso wie zu Politik, Geschichte, Ethik und Religion. Dabei werden Einstellungen wie „blinde Technikgläubigkeit" oder „risikoscheue Technikfeindlichkeit" problematisiert, und es werden neue Leitbilder wie das „Besser – Anders – Weniger" diskutiert, sogar im Sinne möglicher Vorbildfunktion der „Industrieländer" für die „Entwicklungsländer" (Kroß 1996, 9).

Material: Z.B. in „Geographie heute“: Heft 138, März 1996 (Nutzung und Bewahrung der Erde); Heft 146, Dezember 1996 (Tragfähigkeit-Zukunfsfähigkeit); Heft 150, Mai 1997 (Ökologie); in „Praxis Geographie“: 7/8, 1996 (Neue Wege in der Umweltbildung); 12/1996 (Kulturlandschaft: Bewahren und Nutzen). Zu „Ökologie im Spiegel der Landschaftsmalerei“ vgl. Makowski/Buderath, 1983. Eine engagierte Darstellung des „Störfalls Mensch im Ökosystem Erde“ aus der Sicht des Geographen gibt Eichler, 1993.

Religion

Metaphysische Anbindung

Der spezifische Beitrag des Religionsunterricht zur Umwelterziehung ist die metaphysische Anbindung umweltgerechten Verhaltens. Weil - nach christlicher Auffassung – die Natur und mit ihr der Mensch von Gott geschaffen sind, gebührt ihr Ehrfurcht.
Aus dem Schöpfungsglauben folgt die ethische Forderung nach Bewahrung der Schöpfung (Genesis 2,15). „Schöpfungsglaube ist [aber auch] Wissen um die Sterblichkeit aller Kreaturen und Versuch der Verarbeitung dieses tiefsten Schmerzes in der Annahme der eigenen Vergänglichkeit“ (Altner 1989, 422). Zwar ist der Schöpfung Bestand zugesagt im Wechsel der Zeiten, aber nicht Ewigkeit (Genesis 8,22: der Regenbogen). Die Aufgabe der Menschen ist es, das Leben zu meistern im Angesicht des Weltendes: mit ganzem Herzen bewahren wollen und zugleich ganz loslassen können. Nach der Katastrophe kommt die „neue Schöpfung“ (Offenbarung 21,5). Darauf richtet sich die Hoffnung. Die Verbindung von Schöpfungsglauben und ökologischem Wissen soll Orientierungshilfen geben und auch die Bereitschaft zu einer Umkehr im Verhalten wecken (neuer Lebensstil).
Die Lehrpläne zeigen, wie sich der Religionsunterricht der Umweltproblematik und der Umwelterziehung zugewendet hat. Ausgewählte Unterrichtseinheiten aus dem Bildungsplan von Baden-Württemberg:

Klasse 1/2:	Die Welt als Gottes Schöpfung wahrnehmen und sich daran freuen
	Dem Geheimnis der Schöpfung nachspüren
Klasse 5:	Miteinander in der Schöpfung leben: Menschen, Tiere, Pflanzen
Klasse 9:	Solange die Erde steht: Hoffnung unterm Regenbogen
Klasse 11:	Verantwortung für die Schöpfung
Klasse 12/13:	Glaube und Naturwissenschaft.

Neben der Wissensvermittlung nimmt sich der Religionsunterricht mehr Zeit als andere Fächer, um auf Emotionen der Schüler einzugehen, auf Betroffenheit, Ohnmachtserfahrung, Angst, Staunen, Glück in der Naturerfahrung. Er geht dabei auch besondere Wege, z.B. in der Symboldidaktik, mit Meditation, jahreszeitlichen Festen oder z.B. einer „einfachen Mahlzeit“ (Liedke 1984, 200ff, vgl. auch Brinkmann 1996, 236ff). Viele Beispiele für nicht konfessionell gebundene aber religiös orientierte Unterrichtsformen bringt der Biologe Winkel (Winkel 1995, 213ff, besonders bis Klasse 9).

Deutsch

Ästhetische Erfahrung

Der Deutschunterricht befasst sich traditionell mit Textanalyse, ästhetischer Erfahrung, kreativem Schreiben und Erörterungen. Wer, wie, warum über die Umwelt redet und schreibt, kann u.a. durch Analyse und Reflexion der sprachlichen Formen geklärt werden; z.B. wurde der „Waldschadensbericht" umbenannt in „Waldzustandsbericht." Ästhetische Naturerfahrung, wie sie in Texten vermittelt wird, ist eine wesentliche Dimension der Umwelterziehung, die der Sprachunterricht erschließen und nutzen kann. Wichtig ist die Verbindung zur direkten Naturerfahrung. Beim kreativen Schreiben können die Schüler das Angebot wahrnehmen, auch emotionale Elemente aus ihrem Verhältnis zur Natur und in Zusammenhang mit der Umweltproblematik individuell ins Spiel zu bringen.
Bausteine dafür können sein:

- Texte mit der Thematik „Natur, Verhältnis des Menschen zur Natur, Umweltkrise" verstehen und erörtern; literarische Texte und Sachtexte jeder Art, besonders auch philosophische;
- Texte sprachkritisch untersuchen, z.B. hinsichtlich offener oder verdeckter Befangenheit oder Tendenzen, aufklärender Verdeutlichung oder verschleiernder Beschwichtigung;
- Schreiben aus aktuellem Anlass;
- kreatives Schreiben: Naturausschnitte, Landschaften, Umwelten ästhetisch wahrnehmen und sprachlich gestalten;
- Diskurs als Weg zur Konfliktlösung kennenlernen und üben.
  Sprachliche Fähigkeiten sind entscheidend daran beteiligt, wie wir uns selbst und die uns umgebende Wirklichkeit wahrnehmen, wie wir mit anderen darüber sprechen und wie wir versuchen, unsere Absichten in die Tat umzusetzen.

Beschreiben der Wirklichkeit

Das Beschreiben der Wirklichkeit unter naturwissenschaftlichen, gesellschaftlichen, ökonomischen, religiösen oder ästhetischen Aspekten, insbesondere das Arbeiten an treffenden Formulierungen schult eine genaue, komplexe und intensive Wahrnehmung der Außenwelt. Das Bemühen um den sprachlichen Ausdruck dient der Annäherung an das Phänomen. So kann zu einer differenzierteren, sensibleren und bewussteren Behandlung der Umweltproblematik beigetragen werden. Besondere Möglichkeiten zur Schärfung der Wahrnehmung bietet in diesem Zusammenhang die Beschäftigung mit moderner Literatur, da es eines ihrer zentralen Ziele ist, Gewohnheiten in der Wahrnehmung und Bewertung der realen und medialen Wirklichkeit durch Verfremdung, Enttabuisierung und Provokation zu durchbrechen.

Ausdruck von Gefühlen

Beim kreativen Schreiben nach der direkten Naturbegegnung und beim Interpretieren kommt zur Sprache, was die Schüler unausgesprochen, u.U. unterschwellig mit in den Unterricht bringen: Trauer, Ängste, Hoffnungen, schlechtes Gewissen, unterdrückten Zynismus, Bedürfnis nach Trost, Sehnsucht nach heiler Natur, die manchem sentimental erscheinen mag. Wir wissen nicht genau, wie unsere Schüler ihre Wirklichkeit konstruieren und interpretieren. Was empfinden sie angesichts der Natur, was denken sie über

sie? Was bedeutet ihnen Umwelt? Ängste können im Unterricht nicht bearbeitet, Hoffnungen nicht bestätigt, vielleicht aber doch in Worte gefasst, mitgeteilt, gehört und vernommen werden.
Der Deutschunterricht kann helfen, subjektive Zugänge zur Umweltproblematik zu finden und auch zu reflektieren. In literarischen Texten, z.B. auch in Jugendbüchern, sind Gefühle und Gedanken direkt ausgesprochen oder auch metaphorisch und symbolisch dargestellt, die nicht-wissenschaftliche Zugänge zur Natur öffnen. U.U. machen sie betroffen, fordern zu Abgrenzung, Stellungnahme oder Identifikation heraus. Das sachbezogene Unterrichtsgespräch über den Text erlaubt Distanz und gibt Gelegenheit zur eigenen Orientierung.
Konflikte in der Person selbst und auch die mit anderen Personen oder Gruppen, wie sie aus der Zielvorstellung der nachhaltigen Entwicklung entstehen, müssen im Diskurs bearbeitet werden, z.B. als Bemühung um Interessenausgleich. Verhalten und Redeformen, verbale Strategien im Diskurs sind also zu üben. Dabei kann verschiedenen Gefahren begegnet werden, die im Zusammenhang mit Umwelterziehung auftreten können: einseitige ideologische Fixierung (Griff nach einfachen Lösungen), Doppelmoral, Resignation, Aktivismus. Geübt werden kann Geduld, Hartnäckigkeit, Ausdauer für eine Strategie der kleinen Schritte.
Materialien, Unterrichtsmodelle und weiterführende Literatur in: Diskussion Deutsch, Heft 135, Febr. 1994; vgl. auch Heft 87, 1986 (Umweltthematik im projektorientierten Deutschunterricht). Praxis Deutsch 56, 1982 („Natur“); 93, 1989 („Bäume“). Fehl 1994. Dannecker 1998.

Kunst

Ästhetik der Natur

Im ästhetischen Umgang mit der Natur erfahren die Schüler eine Beziehung zu ihrer Umwelt, die nicht instrumentell ist. „Die ästhetische Erfahrung kann kreativ, transformierend oder eher kontemplativ sein. Beide Formen suchen nicht die Aneignung sondern die Begegnung mit der Natur. Anders als der Naturwissenschaft geht es ihr nicht darum, etwas über die Natur, sondern etwas von ihr zu wissen.“ (Brenner 1996, 120).
Spezifische Möglichkeiten des Kunstunterrichts liegen in der Aktivierung der Sinne, in der Verfeinerung des sensorischen Erlebens von Materialien, Farben und Räumen, im Bewusstmachen und Mitteilen dieser Erfahrungen, sei es in Wort-, Bild- oder Körpersprache.
Beim handwerklichen Arbeiten lernen die Schüler über ihre Sinne handelnd das Material kennen, den Ton oder das Holz. Sie können vertraut werden mit einem Stück der Natur, der sie oft weitgehend entfremdet sind. Werkstatt und Werkzeuge verlangen sorgsame, pflegliche Behandlung.
In Kunstwerken kommen Grunderfahrungen zum Ausdruck: die Lust an der Schönheit des Lebendigen, die Trauer über die Vergänglichkeit und den Naturverlust, das Überwältigtsein durch zerstörerische Zivilisation, der Trost in der Begegnung mit der Natur, die Angst vor der bedrohlichen, übermächti-

gen Naturgewalt, die Geborgenheit in der geordneten, fruchttragenden Kulturlandschaft und im Garten. Dabei werden beängstigende Wahrnehmungen und Gefühle akzentuiert, die sonst rationalisiert oder verdrängt werden müssen. Der Umgang mit diesen Erfahrungen bei der Betrachtung des Kunstwerkes ermöglicht Identifikation oder Distanzierung, er verfeinert und schärft die Wahrnehmung und gibt auch Gelegenheit zu kritischer Reflexion und wertender Stellungnahme.
Auf die Dimension des Ästhetischen stoßen auch die Geographie („Landschaftsästhetik"), die Biologie („Von der Schönheit des Lebendigen – Ordnung und Chaos"), die Umweltethik: „Nur die Ästhetik der Natur kann den vollen Sinn eines nichtinstrumentellen Umgangs mit der Natur erläutern und auf diesem Wege die Pflicht der Erhaltung einer Natur begründen, die diesen Umgang erlaubt." (Seel 1991, 342) und die ökologische Theologie: „In der Schönheit der Welt meldet sich das Geheimnis der Schöpfung" (Altner 1989, 169).

21.5 Umweltethik

Wert der Natur

Umweltethik fragt, ob und warum der Mensch auf die Natur Rücksicht nehmen soll, wie diese Rücksichtnahme begründet wird und wie im Konfliktfall zu entscheiden ist (Güterabwägungen). Die Ausgangsfragen sind: Was ist mir wertvoll (Werte-Katalog), was stelle ich an die höchste Stelle (Werte-Hierarchie) und wie begründe ich meine Bewertung (Letztbegründung)?
Die Normierung menschlichen Handelns wird in den unterschiedlichen ethischen Systemen auf unterschiedliche Letztbegründungen bezogen.
Die Kenntnis der folgenden Grundpositionen ist Voraussetzung für die eigene Orientierung und den konsenssuchenden Diskurs in der pluralistischen Gesellschaft. Umweltrelevantes Verhalten kann verpflichtet sein

Letztbegründungen

- allen Menschen — anthropozentrische Ethik,
- allem, was Leid empfindet- — pathozentrische Ethik,
- allem, was lebt — biozentrische Ethik,
- allem, was ist — physiozentrische, holistische Ethik,
- allem, was Gott geschaffen hat — theozentrische Ethik.

Diese glaubensmäßig oder glaubensähnlich geleiteten Letztbegründungen stehen konkurrierend nebeneinander. Die mächtigen erkenntnisleitenden Grundüberzeugungen wollen sich nicht rational hinterfragen lassen. Erfahrungsgemäß lässt sich auf der Ebene vorletzter Begründungen leichter ein Konsens finden. Dies ist die Ebene grundlegender Werte wie Menschenwürde, Geschwisterlichkeit, Solidarität, Gerechtigkeit. Die UN-Beschlüsse zum Leitbild der nachhaltigen Entwicklung auf der Grundlage der Gerechtigkeit (s.o.) sind ein entscheidender Erfolg im globalen umweltethischen Diskurs.
Die anwendungsorientierte Ethik bietet auch methodische Hilfen, z.B. die „Vorzugsregel" für die Güter- und Übelabwägung im Konfliktfall: „Unter sonst gleichen Umständen ist bei Übeln, die unvermeidlich sind, das gerin-

gere dem größeren und das kürzer dauernde dem länger dauernden vorzuziehen." Außerhalb des ethischen Diskurses fragt man häufig nur: „Was bringt am schnellsten das meiste Geld, bzw. die meisten Wähler?" Der ethische Diskurs muss dennoch versucht werden, weil globales Handeln nötig ist, und weil (vgl. Beitrag 19 zur Moralerziehung) die Zukunft ungewiss und weitgehend unerforschlich ist. Daraus folgt, dass statt starrer Positionen prinzipielle Offenheit, Toleranz und die Fähigkeit, Ambiguitäten auszuhalten nötig sind.
Eine große Arbeit für unsere Zukunftsfähigkeit wird z.Z. mit dem „Projekt Weltethos" geleistet, das die ethischen Gemeinsamkeiten der Weltreligionen ins Bewusstsein ihrer Mitglieder bringen will (Küng 1990; vgl. auch Kessler, 1996).

Literatur

Altner, G. (1989). Ökologische Theologie. Perspektiven zur Orientierung. Stuttgart: Kreuz.
Bölts, H. (1995). Umwelterziehung. Grundlagen, Kritik und Modelle für die Praxis. Darmstadt: Wissenschaftliche Buchgesellschaft.
Bolscho, D., Seybold, H. (1996). Umweltbildung und ökologisches Lernen. Berlin: Cornelsen
Brenner, A. (1996). Ökologie-Ethik. Leipzig: Reclam.
Brinkmann, R. (1996). Vom Schöpfungsglauben zum Umwelthandeln – Umwelterziehung im Religionsunterricht. Frankfurt/M.: Peter Lang.
Calließ, I., Lob, R.E., Hrsg. (1987/88). Handbuch Praxis der Umwelt- und Friedenserziehung. Düsseldorf: Schwann.
Cornell, I. (1991). Mit Freude die Natur erleben. Naturerfahrungsspiele für alle. Mülheim: Verlag an der Ruhr.
Cube, F.v., Storch, V., Hrsg. (1988). Umweltpädagogik. Ansätze, Analysen, Ausblicke. Heidelberg: Schindele.
Dannecker, Eisenbarth, Heinkel, Maier, Mittag (1998). Der Wald. Materialien zur Umwelterziehung. Stuttgart: Landesanstalt für Erziehung und Unterricht.
Dieckhoff, K.H., Roth, J., Hrsg. (1996). Umweltkrise als Bildungschance, Tutzinger Stiftung zur Förderung der Umweltbildung. München: ökom verlag.
Dörner, B. (1997). Die Logik des Mißlingens. Strategisches Denken in komplexen Situationen. Reinbek: Rowohlt.
Eichler, H. (1993). Ökosystem Erde. Der Störfall Mensch – eine Schadens- und Vernetzungsanalyse. Mannheim: Brockhaus.
Fehl, P. (1994). Thema „Bäume". Fächerübergreifendes Arbeiten in Deutsch und Biologie. Mittelstufe des Gymnasiums. Projektunterricht im Fach Deutsch. Bad Kreuznach: Pädagogisches Zentrum.
Jüdes, U. (1995). Hat Umweltbildung eine Zukunft? In: Bitz, Finckh u.a. Hrsg. (1995): Runder Tisch Umweltbildung. Mainz: Arbeitsgemeinschaft Umweltbildung der Natur- und Umweltschutzverbände Rheinland-Pfalz. 14-27.
Jüdes, U. (1997). Nachhaltige Sprachverwirrung. Auf der Suche nach einer Theorie des Sustainable Development. In: Politische Ökologie 52, Juli/August; S. 26-29.
Kessler, H. Hrsg. (1996). Ökologisches Weltethos im Dialog der Kulturen und Religionen. Darmstadt: Wissenschaftliche Buchgesellschaft.
Kleber, E.W. (1993). Grundzüge ökologischer Pädagogik. München: Juventa.
Kösters, W. (1993). Ökologische Zivilisierung. Verhalten in der Umweltkrise. Darmstadt: Wissenschaftliche Buchgesellschaft.

Kochanek, Pathe, Szyska (1996). Umweltzentren in Deutschland. München: Ökom.

Kroß, E. (1996). Tragfähigkeit – Zukunftsfähigkeit. In: Geographie Heute, Heft 146, Dezember 1996, S. 4-9.

Kükelhaus, H./zur Lippe, R. (1992). Entfaltung der Sinne. Frankfurt: Fischer.

Küng, H. (1990). Projekt Weltethos. München: Piper

Langner, T. (1996). Umweltkonzepte für Schulen. Halle: Unabhängiges Institut für Umweltfragen.

Liedke, G. (1984). Im Bauch des Fisches. Ökologische Theologie. Stuttgart: Kreuz.

Makowski, H., Buderath, B. (1983). Die Natur dem Menschen untertan. Ökologie im Spiegel der Landschaftsmalerei. München: Kindler.

Mayer, J. (1997). Die Rolle der Umweltbildung im Leitbild nachhaltiger Entwicklung. In: Beyer, A. (1997). Nachhaltige Entwicklung und Umweltbildung. Hamburg: DGU.

Meyer-Abich, K.M. (1990). Aufstand für die Natur. Von der Umwelt zur Mitwelt. München: Hauser.

Pädagogisches Zentrum Rheinland-Pfalz, Hrsg. (1993). PZ Information 2(93. Umwelterziehung. Mein lieber Baum ... Fächerübergreifender Unterricht in der Grundschule. Bad Kreuznach: Pädagogisches Zentrum.

Rest-Hartjes, G. Trauerarbeit mit Kindern und Jugendlichen. In: Pädagogik 9/96. S. 14-17.

Schahn, J., Giesinger, Th., Hrsg. (1993). Psychologie für den Umweltschutz. Weinheim: Beltz.

Schlitt, M. (1992). Umweltethik. München: Schöningh.

Seel, M. (1991). Eine Ästhetik der Natur. Frankfurt: suhrkamp

UNESCO-Verbindungsstelle für Umwelterziehung im Umweltbundesamt, Hrsg. (1986). Die Einrichtungen außerschulischer Umwelterziehung in der Bundesrepublik Deutschland. Berlin: Umweltbundesamt.

Weizsäcker, E.U., Lovins, A.B., Hunter Lovins, L. (1997). Faktor vier. Doppelter Wohlstand – halbierter Naturverbrauch. Darmstadt: Wissenschaftliche Buchgesellschaft.

Wilson, E.O. (1995). Der Wert der Vielfalt. Die Bedrohung des Artenreichtums und das Überleben des Menschen. München: Piper.

Winkel, G. (1995). Umwelt und Bildung. Seelze-Velber: Kallmeyer.

Stichwortverzeichnis

A
Abbilddidaktik 98, 217
Abendgymnasium 35
Abiturprüfung 46
Abrufstrategie 203
Abschluss 36
Absinkmodell 82
Abwechslung 262
Adaption 182
Affektives Lernen 229
Aggression 450f.
Aggressiontheorie 455
Akkomodation 181
Allgemeinbildung 17, 28, 33f.
Alltagstheorie 417
Analye, didaktische 93f.
Angst 231, 421f., 476
Angstauslöser 161
Anlage 394
Anreizfunktion 278
Anthropologie 96
Arbeitslosigkeit 381
Arbeitstechnik 213f.
Armut 373
Assimilation 181
Aufgabenlösen 186
Autonomie 13, 65

B
Bandura 169
Bedürfniskonflikt 353
Begabung 394f.
Behalten 179
Behaviorismus 256
Beobachtungslernen 169, 209
Beratung 24, 304f., 431
Beratung, außerschulische 214
Beratungskompetenz 22
Berichtsfunktion 278
Berliner Modell 77
Beruf, Lehrer- 367
Berufliche Bildung 28, 33f.
Berufliche Schule 35
Besinnung 94
Bewertung 150
Beziehungsaspekt 314, 322
Bezugsnorm 278f.
Bildungsberatung 315
Bildungsgang 27f.
Bildungsgeschichte 33
Bildungsinhalt 228
Bildungsplan 83, 481
Bildungspolitik 28
Bildungstheoretische Didaktik 90f.
Binnendifferenzierung 397

C
Charaktererziehung 435
Comenius 78
Coping 424
Cube 109

D
Demokratie, Erziehung zur 326, 34f.
Demokratische Erziehung 125
Demokratisierung 448
Denken 473
Denkstruktur 330
Didaktik 74f.
Didaktische Analyse 93f.
Didaktische Modelle 114
Didaktische Reduktion 90
Didaktischer Ansatz (Umwelterziehung) 480
Differenzierung 428
Dilemma-Diskussion 447
Disziplinierungsfunktion 278
Drogensucht 168

E
Egozentrismus 183
Einprägen 179
Einzelstunde 88
Einzelstundenvorbereitung 89
Eltern, Kooperation mit 426, 466
Elterngespräch 306
Engagement, politisches 383, 443
Entspannung 231
Entspannungsübung 242
Entwicklung kognitive 181, 183
Entwicklung, nachhaltige 476f.
Erfolg 450
Erfolgsdruck 307
Ergebnissicherung 150
Ermutigung 476
Erziehung in der Familie 12
Erziehung zur Demokratie 434f.
Erziehung, demokratische 125
Erziehungsauffassung 64
Erziehungsdefizite 69
Erziehungsstil 375, 414
Europäische Union 28
Exemplarisches 92
Expertise 188

F
Fächerübergreifender Unterricht 121f., 130f.
Fächerübergreifendes Prinzip 195f.
Fächerverbindender Unterricht 483
Fachorientierung 124
Familie 10, 341, 374, 414
Fehler, logischer 286
Fehlerquellen, Notengebung 285
Flow-Erleben 233, 258
Förderunterricht 430
Freie Träger 39
Freiheit beim Lernen 239
Freiheitsspielraum 97
Freiraum 13, 376
Freiraum, pädagogischer 217
Freizeit 375, 410
Fremdbewertung 334
Frieden 476
Frustration 456
Führungsstil 326f.

G
Ganzheitliches Konzept 228
Ganzheitliches Lernen 481
Ganztagsschule 37f.
Gedächtnis 175
Gedächtnisstrategie 199
Gefühle 310
Gehirnmodell 236
Gelegenheitsunterricht 207
Gesamtschule 43f.
Gesellschaft 27, 53, 272, 372
Gesellschaftlicher Wandel 70
Gesprächsführung 304f.
Gesprächsstruktur 312
Gewaltzunahme 450
Gleichaltrige 341, 380
Gordon-Methode 344f.
Grammatikunterricht 246
Grundgesetz 30
Grundkurs 46
Grundschule 30
Gruppe 339
Gruppendynamik 149
GÜTE-Formel 221
Gütekriterium 281
Gymnasium 19, ,33, 132
Gymnasium, achtjähriges 38f.

H
Haloeffekt 286
Hamburger Modell 111
Handlungsorientierung 99, 124

Hauptschule 33
Hausaufgaben 428
Hemisphärenmodell 236
Herbart 79
Hermeneutik 91f.
Hilfslosigkeit 168
Hochbegabte 396
Hospitation 75f.
Humanismus 112, 229

I
Ich-Botschaft 348
Inhaltsaspekt 322
Integration 54, 58f.
Integration, soziale 420
Intelligenz 278, 387f., 413
Intelligenzquotient 391
Intelligenztest 388
Intentionalität 93
Interaktion 318f.
Interdisziplinarität 147
Interessentheorie 258
Intrinsische Motivation 233

J
Jugend 371f., 409
Jugendkultur 382

K
Kategoriale Bildung 90f.
Katharsis-Hypothese 457
Kausalattribuierung 332
Kindheit 371f., 409
Klafki 90f.
Klasse 339
Klassenarbeit 167, 222, 293f.
Klassenlehrer 447
Klassenmanagement 426
Klassenunterricht 87
Kleinarbeitung 102
Klima, sozio-emotionales 425
Kognition 256
Kognitiver Stil 413
Kohlberg 437
Kommunikation 319
Kommunikationsmuster 309
Konditionieren, emotional-motivationales 160
Konditionieren, klassisches 159
Konditionieren, komplexes 167
Konditionieren, operantes 162f.
Konditionierung, stellvertretende 171
Konflikt 343f.
Konstruktivismus 112
Konsum 377
Kontrollstrategie 204
Konzentration 243
Konzentrationsförderung 427
Konzentrationsmangel 417f.
Kooperation 340, 463
Korrektur 295
Kozentrationsmessung 420
Kramp 95
Kreativität 400f.
Krise 469
Kultur und Umwelt 471
Kulturerschließung 91
Kulturübermittlung 435
Kybernetik 108

L
Laissez-faire 326
Landerziehungsheim 40
Lehr-/Lernkonzept 228
Lehr-/Lernkultur 116
Lehr-/Lerntheorie 108
Lehrer, Überforderung der 344
Lehrer-Schüler-Beziehung 343
Lehrerbild 357f.
Lehrerbildung 9f.
Lehrerpersönlichkeit 20
Lehrerrolle 368
Lehrerverhalten 83, 325, 328, 405
Lehrziele 86
Leistung 340, 424
Leistung, mündliche 297
Leistungsbeurteilung 275f., 429
Leistungsbewertung 295
Leistungsforderung 267
Leistungskurs 46
Leistungsmotiv 414
Leistungsmotivation 262
Leistungsprinzip 60, 276
Leistungsschwierigkeit 410
Leistungsstandard 173
Leitfrage 93
Lernbereitschaft 239
Lernbiologie 237
Lernen 169f., 198f.
Lernen lehren 195f.
Lernen mit Musik 231
Lernen, affektives 229
Lernen, ganzheitliches 481
Lernen, kognitives 229
Lernen, lebendiges 86
Lernen, peripheres 232
Lernen, praktisches 102
Lernen, selbstständiges 217, 226
Lernen, selbsttätiges 190
Lernen, soziales 148
Lernfähigkeit 15
Lernförderung 215
Lernform 144
Lernklima 238
Lernmotivation 251f.
Lernposter 245
Lernpsychologie 159f.
Lernstrategie 180, 199, 224, 426
Lernstruktur 415
Lerntechnik 213f., 216f.
Lerntheorie der Aggression 458
Lerntipps 223
Lerntyp 237
Lernumgebung 242
Lernziele 86
Lernzielorientierung 282
Lesetechnik 221
Lewin 326
Lob 267
Loben 166

M
Macht 354
Mädchen 376
Mediation 316
Medienangebot 377
Menschenbild 10
Mentor 23
Metakognition 189, 218
Metakommunikation 323
Metawissen 198
Methode 87, 144. 218
Methodenvielfalt 88
Methodik 261
Meyer 99
Mikromethode 219
Mind-map 242
Misserfolg 450
Modellbildung 80
Modelle der Didaktik 114
Moralentwicklung 439
Moralerziehung 434f.
Motiv 251. 414
Motivation 16, 233, 238, 251f., 402
Motivieren im Unterricht 259

N
Nachhaltige Entwicklung 476f.
Neurolinguistisches Programmieren 237
Nichtversetzung 430
Norm 335, 411, 430
Normalverteilung 279
Normierung 288
Notengebung 276, 404
Notengebung, Praxis 291f.
Notengebung, Schwachstellen 284f.

O
Oberstufe, reformierte 45
Objektivität 281
Offene Schule 125
Offenheit 81
Ökologie 378
Ökologische Unvernunft 472
Ordnungsmaßnahme 431
Orientierungsstufe 30

P
Pädagogik, ganzheitliche 229
Pädagogisierung 374
Passung, Prinzip 264
Pawlow 159
Peer-group 380
Peripheres Lernen 232
Personalisation 55
Personalität 117
Persönlichkeit 229
Persönlichkeitsbildung 54, 59f.
Planung 81, 140

Planung, Ebenen der 83
Planung, kooperative 88
Planung, Unterrichtseinheit 103
Planungsraster 102f.
Politisches Engagement 443
Prävention gegen Gewalt 462
Praxis 81, 91
Praxisrelevanz, gesellschaftliche 139
Prinzip der Passung 264
Problemlösen 126, 185, 351
Problemlösung 140
Professionalität 117
Projektplanung 134f.
Projektunterricht 121f.
Projektwoche 128
Pygmalion-Effekt 337

Q
Qualifikation 54, 308

R
Rahmenbedingungen 13, 260, 373
Realschule 33
Rechtsgrundlagen 29
Reduktion, didaktische 90
Referendariat 10, 21
Reformpädagogik 79, 121f.
Regelkreismodell 109
Reifung 379
Reliabilität 281
Rhythmisierung 242
Rolle 56, 368
Rollenflexibilität 143
Rollenkonflikt 324
Rollenspiel 446
Routine 337
Routinebildung 82
Rückmeldefunktion 277

S
Schlüsselproblem 93
Schlüsselqualifikation 16, 34
Schulangst 421f.
Schulart 30, 36
Schulautonomie 65
Schuldauer 68, 410
Schule 14, 17, 19, 27f., 50f. 415, 435
Schule, offene 125
Schule, Übergangsquote 409
Schuleffektivität 66
Schülerorientierung 124
Schülerpersönlichkeit 267, 295, 413
Schülerperspektive 365
Schülerzentrierung 261
Schulklasse 339
Schulleistungstest 288f.
Schulorganisation 18
Schulqualität 63
Schulreform 42, 128
Schulschwierigkeit 409f.
Schulsystem 30f., 272
Schulverbund 37
Schulwechsel 431
Schulz von Thun 322
Schulzeit 48
Selbstbestimmung 16, 271
Selbstbewertung 333
Selbstbild 367
Selbsterfahrung 24
Selbsterschließung 91
Selbstexploration 309
Selbstkonzept 238, 333, 341
Selbstorganisation 142
Selbstregulation 265
Selbstständiges Lernen 217, 226
Selbststeuerung 191
Selbsttätiges Lernen 190
Selbsttätigkeit 101, 271
Selektion 54, 57f.
Seminar 9f.
Shell-Studie 381
Sich selbst erfüllende Prophezeiung 337,
Prophezeiung 395
Skalenqualität 284
Skinner 163
Soziale Kompetenz 16
Soziales Lernen 148
Sozialisation 11, 50f.
Sozialisation, schulische 51f.
Sozialisationswirkung 56
Sozialisierungsfunktion 277
Sozialvertrag 440
Speichermodell 175f.
Spiel 375
Störung, Gespräch 314
Strafe 166, 440
Strategie gegen Gewalt 466
Strategie, elaborative 201
Strategievermittlung 206
Stress 421f.
Struktur, kognitive 181
Strukturplanung 84, 89
Strukturskizze von Unterricht 116
Studierfähigkeit 15
Stufen (Entwicklung) 184
Stufenkonzept 441
Suggestopädie 230f.
Suggestopädischer Kreislauf 233f.

T
Tadel 267, 440
Tausch 326
TEAM-Schule 102
Teamfähigkeit 144
Teamteaching 142, 149
Test 287
Test, informeller 289
Theorie 77
Theorieerwerb 82
Thorndike 162
Training 219
Transformation 217
Transformation, didaktische 99
Trennschärfte, Test 288
Typisierung 331
TZI 111

U
Übergangsquote 409
Übung 235
Umwelt 394
Umwelterziehung 469f.
Umweltethik 491
Umweltgerechtes Verhalten 479f.
Umweltkompetenz 482
Unechtheit 352
Unruhe, motorische 420
Unterricht, erziehender 341
Unterricht, fächerverbindender 483
Unterricht, handlungsorientierter 100
Unterricht, Interaktion im 318
Unterricht, Kreativität im 403
Unterricht, Motivieren 259
Unterrichtsarrangement 265
Unterrichtsbeobachtung 76
Unterrichtsgestaltung 21
Unterrichtsklima 61
Unterrichtsplanung 74f.
Unterrichtsplanung, Ebenen 95
Unterrichtsplanung, pragmatische 82f.
Unterrichtssituation 324
Urteilsbildung 341
Urteilsfähigkeit 436

V
Validität 281
Verantwortung 65
Verfassung 30
Verhalten,umweltgereches 479f.
Verhaltensauffälligkeit 411
Verhaltensmodifikation 164
Verhaltensmuster 474
Verlaufsplanung 84, 89
Vernetzung 146
Verstärkung 168

W
Wagenschein 92
Wahrnehmung 237, 330, 473
Waldorfschule 41
Wandel 70, 228, 409
Watzlawick 319f.
Weiterführende Schule 33
Wert 380, 436
Wertekrise 434
Werthaltung 383
Wiederholung 200
Wissen 196f.
Wissen, kognitives 207
Wissenschaftspropädeutik 98

Z
Zielorientierung 257
Zuhören 308
Zuhören, aktives 347
Zukunft 67, 116